# 阅读心理学

〔美〕凯斯·瑞纳 等◎著

闫国利 等◎译

刘振前◎审校

北京师范大学出版集团
BEIJING NORMAL UNIVERSITY PUBLISHING GROUP
北京师范大学出版社

# 序

    阅读心理学是研究阅读过程、解释阅读规律的一门重要科学。阅读是现代人必须掌握的一种技能。揭示阅读时的心理活动规律，对于引领全民科学阅读，推广我国全民阅读活动具有重要的价值。

    凯斯·瑞纳(Keith Rayner)教授是利用眼动追踪技术对阅读心理进行系统研究的美国心理学家，他创造的呈现眼动变化的实验范式，促进了人们对阅读时认知活动的科学认知。

    由凯斯·瑞纳教授等人撰写的这本《阅读心理学》，是在国际学术界享有很高声誉的经典之作。该书从阅读的背景知识入手，介绍了不同文字系统的词汇识别、阅读中眼睛的功用、内部言语、句子加工、篇章加工、学会阅读、阅读障碍、个体差异以及快速阅读等内容，系统、全面地反映了当代阅读心理学研究所取得的成果。

    通览此书，可以看出本书有如下几个特点。

    第一，权威性。本书的四位作者是国际阅读心理学研究领域的著名学者，都精于使用眼动追踪技术探讨阅读心理学的问题。凯斯·瑞纳教授是阅读眼动研究领域的领袖，他一生发表了 400 多篇论文。其中，关于国际阅读心理眼动研究的总结性文章发表于《心理学公报》(*Psychological Bulletin*)(1978，1998)和《实验心理学季刊》(*Quarterly Journal of Experimental Psychology*)(2009)。

    第二，前瞻性。作者在阐述阅读心理学领域的相关问题时，还根据国际学术发展，提出了进一步需要研究的问题。内容具有一定的前瞻性，这对读者来说非常难能可贵。如果读者认真研读此书，应该可以找到自己感兴趣的、可进一步深入研究的切入点。

第三，系统性。本书对阅读心理学的各个领域进行了系统、全面的梳理和分析。读者既能了解阅读心理学不同研究领域的发展史以及出现的经典研究，又能了解不同领域的最新研究进展。对于初涉阅读心理学领域的青年学者或读者来说，本书是一本不可多得的、高水平的入门之作。它既适合对阅读心理学感兴趣的读者阅读，又适合立志从事阅读心理问题研究的大学生和研究生阅读。

第四，借鉴性。他山之石，可以攻玉。中国特色社会主义建设进入新时代，需要以批判的态度借鉴和吸收一切优秀的学术成果，繁荣我国阅读心理学的研究。本书的内容主要是以西文为对象所取得的研究成果，但在研究方法和研究思路方面，对于汉语阅读具有一定的参考价值。同时，本书还反映了汉语阅读的眼动研究成果，这对于中国读者来说，具有一定的启发性。

闫国利教授长期致力于汉语阅读心理的眼动研究，曾经作为访问学者，师从凯斯·瑞纳教授学习一年。之后，在我学科创始人、著名心理学家沈德立教授的支持下，邀请凯斯·瑞纳教授访问中国，共同举办中国国际眼动研究学术大会，与其他国际友人一道，共同推动中国学术界利用眼动追踪技术开展研究。

在教学与科研过程中，闫国利教授提出应该将国际上高水平的教材作为教学参考，以开阔学生眼界。为此，他亲自带领我院研究人员，翻译这本教材。

为了促进学科人才与学术梯队培养，同时也为了保障本书的翻译质量，他精心组织本书的相关工作。具体体现在：①邀请学术水平较高的、具有阅读心理学研究背景的青年学术骨干作为主要翻译成员；②翻译成员全部拥有博士学位或即将取得博士学位；③三分之二的翻译成员有海外留学经历，外语水平较高；④翻译成员主要从事阅读心理学的研究；⑤翻译成员对眼动追踪技术非常熟悉；⑥翻译成员在高水平心理学刊物上，如《认知》(Cognition)、《实验心理学杂志：人类知觉与行为》(Journal of Experimental Psychology：Human Perception and Performance)、《实验心理学杂志：学习、记忆和认识》(Journal of Experimental Psychology：Learning，Memory，and Cognition)、《实验心理学杂志：应用》(Journal of Experimental Psychology：Applied)、《实验心理学季刊》(Quarterly Journal of Experimental Psychology)、《认知心理学杂志》(Journal of Cognitive Psychology)、《阅读与写作》(Reading and Writing)、《心理学报》和《心理科学》发表过阅读心理学的研究论文。

我相信，《阅读心理学》一书的出版，将促进我国阅读心理学的发展。

白学军

# 前　言

　　阅读是一项极其复杂的技能，是人们在一个需要将大量信息通过书面形式进行交流的社会中获得成功的先决条件。因此，对阅读这种人类最基本的行为进行研究，可谓意义重大。近年来，认知心理学家的研究极大地增进了我们对阅读过程的了解。在本书中，我们试图在一个统一的理论框架内，对这方面的研究加以梳理、归纳与总结。大多数情况下，本书把重点放在阅读的过程上。因此，我们所关注的焦点是，读者以何种方式从阅读材料中提取信息以及以何种方式理解文本，而非阅读的结果（或者人们记住了所阅读的材料中的哪些内容）。此外，如何教授儿童学习阅读亦非本书的重心。尽管这些问题在本书中都会涉及（第八、第九章介绍阅读的结果，第十、第十一章探讨阅读的学习），但重心仍然是阅读的实时过程。

　　本书的主要读者是心理学专业本科高年级学生和低年级研究生，当然，作者也希望，对阅读过程感兴趣的各位认知心理学领域同人也能从中受益。本书的部分观点可能与各学校教育学院教师和学生的某些观念相悖，但是希望他们也能够发现本书值得深思、体味，甚至具有说服力之处。作者在本书的编写过程中，尽量使用通俗易懂的语言，目的是希望没有心理学专业背景的学生也能读懂此书。本书共分为四编。第一编是对一些相关背景知识的简要介绍。这些知识对没有认知心理学背景的读者来说，尤其重要。在这一编，作者首先对各种不同语言的文字系统进行了分析，接着又对阅读过程中的词汇识别问题进行了探讨。第二编主要探讨眼睛在阅读中的功能，提供阅读过程中眼动以及与词汇加工这一重要主题相关的基本背景知识。第三编的重心发生了变化，探讨读者以何种方式将词汇组合起来，以理解句子和文本。第四编探讨的内容包括阅读的学习、各种类型的阅读障碍以及阅读中的个体差异（包括快速阅读）。

　　本书写作的初衷并不是要求教师在一门课上向学生讲授所有内容。其核心内容是第三至第五章，这三章内容也是后续各章的基础。本科阶段学过认知心理学课程的学生，可以跳过或者浏览一下第一章的内容，而具有语言学背景的学生可以跳过或者浏览一下第二章的内容。第六章对阅读的眼动模型进行了讨论，可能对有些读者而言，这部分内容比较专业，而且过于庞杂。但是，作者认为，对于那些想要全面、深入理解本书观点的读者而言，这一章非常重要。第七章至第九章是对熟练阅读的探讨，内容涉及阅读的各个方面。第十、第十一章探讨的是阅读发展的问题。第十二章探讨的是阅读障碍问题。第十三章探讨的是阅读中的个体差异问题（包括快速阅读）。每一章都是一个独立的单元，跳过任何一章都不会影响整体的连续性。第十四章是对本书简要的概述和总结。

本书是瑞纳和波拉特塞克（Pollatsek）于1989年出版的名为《阅读心理学》一书的修订、更新版。初版中许多重要的观点在新版中被保留了下来。但是，与初版不同的是，新版中增加了两位新作者。其实，本书所有作者都阅读了全书所有内容，并提出了各自的意见，这些都在书中体现了出来。就初稿而言，具体分工如下。

凯斯·瑞纳：第一、第四、第七、第十三、第十四章。

亚历山大·波拉特塞克（Alexander Pollatsek）：第二、第三、第五、第六章。

简·阿什比（Jane Ashby）：第十、第十一、第十二章。

查尔斯·克利夫顿（Charles Clifton）：第七、第八、第九、第十四章。

在本书付梓之际，首先，向（美国）心理出版社（Psychology Press）及两位编辑保罗·杜克斯（Paul Dukes）与曼迪·科利森（Mandy Collison）表示衷心感谢，感谢前者在本书编写过程中所给予的热情鼓励，以及后者在本书的编辑、出版过程中所付出的辛劳。其次，多位审稿人对本书提出了宝贵意见，在此一并表示感谢。其中，史蒂文·弗里森（Steven Frisson）、西蒙·利弗西奇（Simon Liversedge）和埃德·奥布赖恩（Ed O'Brien）审阅了全书，丹尼斯·德里格（Denis Drieghe）、芭芭拉·富尔曼（Barbara Foorman）、凯瑟琳·麦克布赖德-张（Catherine McBride-Chang）、曼纽尔·佩里（Manuel Perea）、埃里克·雷赫尔（Erik Reichle）、特莎·沃伦（Tessa Warren）和杨金棉（Jinmian Yang）对部分内容进行了审阅。此外，詹姆斯·茹拉（James Juola）和保罗·范·登·布勒克（Paul van den Broeck）审阅了本书初版全书，莫顿·安妮·根斯巴克（Morton Anne Gernsbacher）、西蒙·加罗德（Simon Garrod）和查克·珀菲蒂（Chuck Perfetti）对初版部分内容进行了审阅，并提出了宝贵意见，在此也一并致谢。

作者衷心希望全书中引用的文献，从学术角度来看，就是对相关研究者的感谢。如果有所疏漏，乞请谅解，因为同其他许多作者一样，我们必须从中做出选择，将全书中频繁引用的文献挑选出来。显然，在很多情况下，作者在书中大量引用了自己的研究，如果因此没有论及各位同人的有些研究的话，在此深表歉意。同时，也向一直与我们合作的，尤其是马萨诸塞大学和最近加盟的加利福尼亚大学圣迭戈分校的各位同人、研究生以及博士后研究人员，表示诚挚的谢意。他们不断给予的激励一向是我们进行学术研究的动力源泉之一。

美国国家儿童健康与人类发展研究院（the National Institute of Child Health and Human Development）、美国国家科学基金会（the National Science Foundation）以及微软公司（Microsoft）对我们的阅读研究提供了慷慨的支持，在此也深表感谢。

最后，尤其应该向我们的家人表示感谢，谨以此书献给他们。

# 目　录

第一编　背景知识

# 第二编　熟练的文本阅读

# 第三编　文本的理解

## 第四编　阅读初阶、阅读障碍与个体差异

第一编

# 背景知识

本书前三章着重介绍一些相关的基础知识，以帮助读者更好地理解后面讲述的内容。

第一章主要介绍本书反复使用的一些重要的认知心理学概念。认知心理学是实验心理学的一个分支，主要研究大脑运行的方式与大脑的结构。近年来，许多认知心理学家对阅读过程中的心理活动一直都有非常浓厚的兴趣。在这一章中，我们将介绍认知心理学家在一般心理过程(尤其是阅读)的研究中所使用的许多基本概念。

第二章是对全世界范围内人类使用过的，或者一直都在使用的不同文字系统的概述。与第一章相同，我们在第二章也要介绍一些语言学和心理学的重要概念。本书其他各章所讨论的是读者在阅读过程中解码各种印刷符号的过程，而刺激符号是所有过程的起点，因此必须对其本质有一定的了解。此外，对不同文字系统的主要特征进行探讨也很重要：一方面有助于加深对英语书面语的理解；另一方面也有助于纠正人们对其他文字系统的错误认识。

本书主要关注的是阅读过程中大脑处理信息的方式——实际上，阅读过程中的动机和情绪问题并不在本书讨论的范围内。本书的重心是熟练的读者正常的阅读过程：阅读的动机无论是来自外部还是内部。我们假设，这种有目的的熟练阅读构成了阅读的大部分内容，而且，如本书的各章所述，对其进行解释是一项很大的挑战。我们也会在本书第四编重点介绍初级阅读阶段和某些类型的阅读障碍。

第三章是本书最为重要的一章，因为在这一章中，我们首先探讨的是词汇识别问题，对认知心理学家针对孤立词汇的感知、识别和理解问题做的一些研究进行了描述。这些研究受到其他一些研究者的质疑。他们认为，孤立词汇的识别与正常的流畅阅读大相径庭。关于这一问题，我们的观点(这一观点在本书其他部分都有证明)是，熟练的阅读过程包含若干个子过程，而且各个子过程可以孤立地进行研究。这并不是说阅读仅仅是一个识别单个词汇，并将词汇的意义简单地组合起来的过程；文本理解的过程远比此过程要复杂得多。然而，此刻略加思考就应该明白，只有能够识别、理解所遇到的大多数(尽管并不是全部)单个词汇的意义，我们才能高效地进行阅读。在本书后面的各章中，我们将对正常阅读过程中的词汇识别和语句理解过程进行探讨。第一编提供的背景知识，有助于加深人们对在文本阅读和理解过程中所发生的复杂信息加工活动的理解。

# 第一章 绪论与基础知识

阅读是一项复杂的技能，但是那些已经掌握了阅读技能的人，却视之为理所当然。大约 35 年前（认知心理学家刚开始对阅读产生兴趣），本书的作者之一，当时还只是一名研究生。当他走入美国东北部一所著名大学工程系的电梯时，一名年轻聪明的工程专业新生看到他夹着史密斯（Smith）的《解读阅读》(*Understanding Reading*，1971）一书，脱口而出道："噢，阅读！我 15 年前就已经学会了。"这也正是大多数人对于阅读的态度，能阅读的人认为阅读是理所当然的事。然而，阅读是一个非常复杂的过程，有时候学起来很难（特别是与儿童学说话时的轻松相比），而且不识字的成人学习阅读时会感到十分痛苦和挫败。

阅读本书的任何一位读者可能都已经掌握了 30 000 个或者更多的词汇，而且能够即时识别其中的绝大多数。尽管印刷字体、书写风格、清晰度等存在巨大的差异，熟练的读者仍然能够识别词汇和正常阅读，这种堪称绝技的能力是当今世界上最强大的计算机程序也无法媲美的。然而，事情并不仅限于此。熟练的读者还能够识别出在不同语境中具有不同意思的词。例如，下面两句话中"boxer"一词的使用：

John knew the boxer was angry when he started barking at him. ①

John knew the boxer was angry when he started yelling at him. ②

上述两个句子，除了有一个词不同之外，其他完全相同，而这个词消除了"boxer"一词的歧义。"boxer"最常见的意思是一种狗，而"bark"只能指狗叫，不能指人的行为。因此，例①中的"boxer"显然指狗。同样，从例②中的"boxer was yelling"（拳击手在大喊大叫）可以推知，"boxer"指的是人。如果你用心观察的话，可能已经注意到例①和例②实际上有两处歧义，不仅"boxer"有歧义，代词"he"也指代不明。通常，在例①和例②这类句子中，代词指代的是距离最近的先行词。但是，如果将上例改写为：

The boxer scared John when he started yelling at him. ③

人们可能将"he"与"John"联系起来。但是，需要注意的是，"he"究竟指代谁，并不明确。如果将"scared"替换为"attacked"，那么对这个句子的理解可能就不一样了。

上述论述的中心意思是，尽管词本身具有多义性，代词也可能指代多个对象，但是人们仍然能够轻松地理解这些句子。此外，双关语、习语和隐喻也很容易理解。例如：

John thought the billboard was a wart on the landscape.　　　　　④

任何人都会认为，例④中"wart"（疣、肉赘）的字面意思，并非其实际要表达的意思。人们能够非常容易地将此句话理解为：广告牌太丑陋，大煞风景。例④中的隐喻人们很容易读懂，例⑤中的习语对英语母语者而言亦然。

John hit the nail on the head with his answer.　　　　　⑤

但是，对非英语母语读者而言，理解这句话有困难，因为他们会按照字面意思来理解例⑤，结果却发现根本说不通。因此，熟练的读者善于将孤立词汇的意义组合起来，获得句子、段落、短文以及整本书的意思。读者不仅能够根据已有的知识进行推论，促进对文本的理解，而且能够通过所阅读的词汇形成关于场景的意象，对诗歌进行鉴赏。

如前所述，熟练的读者在阅读中所表现出的能力堪称绝技，即使是非常强大的计算机也无法达到这种水平。计算机（或者更确切地说，计算机里运行的程序）虽然具有超强的加工能力，但不能完成熟练的读者几乎轻而易举就能完成的许多任务。熟练的读者是如何完成这项复杂任务的呢？这种技能是如何获得的？这些都是本书所关注的核心问题。本书讨论的重心是熟练的读者，目的是要对阅读过程做出解释。本书的主要依据是，若要弄清楚阅读能力是如何获得的，首先要对其有深刻的理解；本书的理论取向是认知心理学/信息加工观（对阅读背后加工机制的理解）。下面我们将在本章余下的篇幅中对本书其余各个章节内容所涉及的方方面面做一概述，使之有一个全面、宏观的视角。首先，我们将对历史上研究者对阅读的认识进行探讨，然后对人类的信息加工系统（尤其是阅读过程可能涉及的各种加工机制）做一描述。在此，我们首先对本书关于阅读的视角，即认知心理学视角，做一简要的探讨。

# 一、何谓认知心理学？

认知心理学是实验心理学的一个分支，主要研究大脑的工作机制。认知心理学家所关注的心理活动范围极其广泛，其中包括注意、记忆、语言、概念学习和决策。认知心理学家的工具箱中有各种各样的工具，可用于相关课题的研究。其中最重要的一种工具是，现在普遍称为"行为实验"的方法，通常是在与脑成像研究相对立的意义上使用的一个术语。行为实验要求人们（参与者）执行某种任务，并对其完成任务（或者对刺激做出反应）所需的时间和参与者的实际反应（以及反应的准确性）进行测量。我们将在本书第三章中探讨阅读研究中采用的各种反应时任务，但是，目前只想提醒读者关注这种研究方法。近年来流行起来的脑成像研究要求参与者执行某种任务，同时对其脑神经活动进行记录。认知心理学家常用的第三类主要研究工具是相关课题的计算机模拟。如下将述，近几年出现了许多与阅读相关的模型或计算机模拟。

在本书中，我们将对行为技术和计算机模拟结果进行全面、详细的探讨，而对脑成像技术只做一简要的介绍（关于脑成像研究的综述，请参阅 Dehaene，2009）。目前，研究者通常使用的脑部活动指标有两种：一是正电子发射扫描（PET），二是功能核磁共振成像（fMRI）。两者虽然都可以对脑部活动的位置精准定位，但是，其时间分辨率并不十分准确。两种技术所测量的指标是血流动力学反应，即活动脑神经元血流量的增加。这一反应发生在大约 6 秒钟内，但是存在个体差异。如下所述，阅读中的许多重要过程都发生在 250 毫秒（1/4 秒）内，无论是核磁共振成像技术，还是基于血流变化的脑成像技术都无法捕捉得到。但是，这类研究提供了关于阅读的神经网络定位的重要信息，而且有些研究已开始对阅读障碍（如失语症）的神经机理进行考查（关于阅读障碍神经机制的综述，请参阅 Frost，Sandark，Mencl et al.，2009）。其他一些神经生理指标的时间分辨率极高，达到毫秒级，可用于阅读过程的研究。脑电图（EEG）可用于测量大型神经元网络准备对刺激做出反应放电时的头皮电位变化。这些事件相关电位（ERPs）是对认知过程时间进程的持续实时测量，能够反映出从任务初始阶段开始的大脑活动（如词汇识别）。最复杂的脑成像技术可能是脑磁图（MEG），所测量的指标是脑电活动所产生的电磁反应，不仅具有精细的时间分辨率，还具有高度的空间分辨率，因而能够精确地测量出脑部神经活动的具体位置。关于词汇阅读的脑活动定位和时间进程，脑磁图研究有全新的发现（关于脑磁图研究的综述，请参阅 Halderman，Ashby & Perfetti，2012）。然而，由于其数据的获取方式高度复杂，同时需要高级的建模技术，脑磁图的应用受到限制。尽管上述方法可以提供很多信息，但是目前我们掌握的关于阅读复杂过程的大部分知识，都是通过严格控制的行为实验获得的。因此，本书所讨论的大多数研究都属于行为研究。

## 二、阅读研究的历史回顾

认知心理学的起源可以追溯到 1879 年冯特在莱比锡大学建立实验室。冯特实验室的研究者对有关记忆、知觉和行为的问题都非常感兴趣。之后不久，他们对阅读过程产生了浓厚的兴趣，而休伊（Huey E. B.）的《阅读心理学与教学》（*The Psychology and Pedagogy of Reading*）的出版，将研究者的兴趣推向了顶峰。仔细研读他的这本书第一部分的内容（论述阅读心理学），我们就会发现这部分内容与当代其他大多数关于阅读心理学著作的主题都非常相似。休伊及其同时代的人对阅读中的眼动、知觉广度（一次注视能够获取的信息量）的本质、词汇识别过程、内部言语、阅读理解以及阅读速度，都很感兴趣。休伊对自己和同时代（1908 年之前）的人的研究结果所做的阐述极具说服力且简明扼要，即使现在读起来仍给人以愉悦的感受。虽然与当今记录阅读过程中眼动的精密设备相比，休伊及其同时代的人使用的技术显得有些笨重和陈旧，但是目前已知的关于眼动的许多基本事实，都是他们发现的。他们的发现经受住了时间的考验，而且也经过了精密记录仪器的反复验证。与休伊同时代的一位名叫埃希尔·贾瓦尔（Emile Javal）的法国眼科医生最早注意到：从表面上来看，在阅读过程中，眼睛似乎是沿着页面平稳移动的，然而事实上，眼睛是沿着一条直线不断地跳动的，而且在两次跳动之间，眼睛保持相对静止，约持续250毫秒，这被称为"注视"。

　　为研究读者在一次注视中能够感知的信息量，研究者设计出了速视仪——一种可用于控制呈现给被试的信息量和呈现时间的仪器。现如今，速视仪几乎已成了历史文物，被时间控制可精确到毫秒的高速计算机代替。然而，早期研究者希望通过不断变化视速仪短暂呈现的信息量（以防止眼动带来影响），来推断出单次注视的知觉广度或者有效视野的范围。休伊在书中对卡特尔（Cattell，1886）、厄尔德曼和道奇（Erdmann & Dodge，1898）关于词汇识别的一些经典实验进行了描述，而且用了整整两章的篇幅来论述内部言语在阅读中的作用。休伊关于内部言语和词汇识别过程的透彻论述，总的来说经受住了时间的考验。

　　休伊的著作出版后数年间，心理学家对阅读认知过程的探究一直没有间断。然而，1913年，行为主义在实验心理学中开始占据统治地位，在随后的几年间，心理学家对阅读过程的研究几乎停滞不前。根据行为主义学说，最值得实验心理学家研究的是看得见、观察得到、可测量的行为。熟练阅读的认知过程无法观察和直接测量，因此研究者对阅读的兴趣开始减退。诚然，巴斯韦尔（Buswell）和廷克（Tinker）关于阅读过程的著名眼动研究都是在1920年到1960年完成的，但是，在多数情况下，他们所研究的是与阅读有关的边缘现象。也可以说，巴斯韦尔和廷克所研究的眼动是看得见且可直接测量的行为，但是并没有试图将眼睛的活动与大脑的活动联系起来。

　　事实上，20世纪20年代，阅读认知过程的研究处于停滞不前的状态，直到20世纪60年代才重新开始。休伊的书在1968年再版，也就不足为奇了。在此书初版和第2版出版的60年间，我们对于阅读认知过程的了解并没有增进多少。除了巴斯韦尔和廷克等研究者对阅读认知过程的眼动研究之外，阅读研究在上述历史时期内并未中断，但是大多研究都是在教育学院进行的，其重心一般侧重于应用。因此，那个时期有最佳的阅读教学方法的研究，而且至今仍然使用的很多标准化阅读测试都是当时编制的。但是，关于与阅读相关的心理过程的研究却非常少。

　　如今，许多心理学家都对阅读产生了兴趣。为什么会出现这种变化呢？主要原因是行为主义无法对语言加工做出合理的解释。行为主义一向坚信，心理学家只要将简单任务的学习和行为法则（如膝跳反射和眨眼）研究透彻，就可以将它们推及语言加工这样的复杂任务。1957年，斯金纳（B. F. Skinner）认为，是行为主义者践行其诺言，拿出点实实在在的东西的时候了，因此他出版了《言语行为》（*Verbal Behavior*）一书，从行为主义者的角度对语言做出解释。随后，语言学家诺姆·乔姆斯基（Noam Chomsky，1959）发表评论，不仅对斯金纳的上述著作，而且对整个行为主义进行了严厉的批判。从本质上来说，乔姆斯基认为，行为主义原理不能用来解释普遍意义上的语言学习和语言加工。同年，他出版了《句法结构》（*Syntactic Structures*，1957）一书，与传统语言学理论分道扬镳。乔姆斯基在该书中建构起一套完美的语法理论，认为语言的学习和大脑密切相关。许多心理学家对行为主义不再抱有任何幻想，开始关注乔姆斯基的语言理论与认知过程研究之间的关系。

1960 年前后，受到其他各种因素的影响，对认知过程的研究再度兴盛起来，但是，这些因素并不在本书所讨论的范围内。由于人们对语言的一般过程的兴趣日渐浓厚，因此 1970 年前后，对阅读过程的兴趣也再度复兴。自 20 世纪 60 年代中叶起，大量关于认知过程和人类实验心理学的学术期刊相继创办，而且几乎每一期都刊载至少一篇关于阅读的文章。此外，从 1985 年前后开始，许多关于阅读的教科书陆续出版。显然，认知心理学家对阅读研究的兴趣相当浓厚。

认知心理学家研究阅读的角度略有不同。有些研究者有知觉研究方面的背景，他们将词汇识别的研究看成对精确刺激材料的知觉或者模式识别研究的一种手段。也有一些研究者则具有记忆过程与语言学习理论，或者语言学的背景，各自从不同的角度，而且倾向于通过考查理解过程来对阅读进行研究。还有一些研究者对阅读本身感兴趣，正如休伊在约 100 年前指出的，对阅读中心理活动的理解，乃是"心理学家最高成就的体现，因为这意味着既要揭示文明社会所获得的殊异能力①的复杂性，又要对人类大脑极其复杂的机制进行描述"（Huey，1908）。

我们认为，兴趣和背景的多样性是一种优势，可以很容易地整合到信息加工的大理论框架中。在这个框架中，阅读被看作由许多子过程构成的高度复杂的过程，任何来自单一方面研究的见解，都无法回答所有关于阅读的复杂技能的问题。相反，突破将产生于对阅读各个子过程的研究中。这并不是说没有必要将认知心理学家通过研究所获得的知识整合到一起，而是说这为考查一项复杂技能的各个子过程提供了依据。

对信息加工理论持批判态度者坚持认为，将阅读过程割裂为多个子过程，这使研究中采用的任务距离真实的阅读越来越远。例如，认知心理学家常常在实验中短暂地（如 50 毫秒）呈现某个词，用这种方法来研究词汇识别的过程。实验要求被试读出所呈现的词，或者做出某种判断（如它是否是词？是否为某一范畴的词？它所代表的事物是否比面包盒大）。在对所呈现的词汇做出判断时，被试需要按下对应的按钮，回答"是"或"否"。诚然，这种任务不同于真实的阅读。但是，被试在做出判断的过程中，所使用的加工机制可能与在阅读过程中所使用的加工机制相同，这样才能做出恰当的反应。或许可以用一个类比来对此加以说明。以行走为例，如果我们研究人向前走两步时所

---

① 这里显然指"阅读能力"。——译者注

做出的运动反应，有人可能会批评说："可是，那根本不是行走。因为人若行走，应该走很长一段路。"此话不错，但是，走两步路的运动反应与正常行走有什么不同吗？绝对不会完全不同！认知心理学家通过精心设计，努力做到使实验任务与阅读两者所采用的加工机制相同——有时，甚至做得更为成功。与之前的专著一样，在本书各章中，我们将着重讨论那些与真实阅读任务最为接近的实验。

重要的是，应该指出，认知心理学家使用的主要研究方法是实验。信息加工（尤其是阅读）的理论和模型有助于研究问题的提出，因此也非常重要。但是，最终的试金石一向都是实验，通过实验对不同的理论观点进行检验。有时候，研究的目的只是收集信息（从而为模型或理论的建构奠定基础）。问题的关键是，我们所采集的证据并不仅仅是某个人的想法或直觉，而是通过严格控制的实验获得的数据。在上述基础上，我们对人类的信息加工系统做一概述。

# 三、人类信息加工系统概述

在这里，我们对关于人类信息加工系统的传统观点做一概述。本书虽然提供的是阶段分析，但是，并非所有认知心理学家都认可这种阶段理论。确实，如何对人类信息加工系统进行更好的描述，一直都是一个有争议的问题（其他观点详见 Anderson，1976；Broadbent，1984；Craik & Lockhart，1972；McClelland & Rumelhart，1986；Rumelhart & McClelland，1986）。这里所要介绍的模型乃是一个可谓被动的系统，由加工的三个不同阶段组成（感觉存储、短时记忆和长时记忆）。本部分内容的重心是经过时间验证的现象及其分析，而对当前认知心理学争论的许多问题予以搁置，因为其主要目的是让读者了解信息加工理论，以及几乎所有认知心理学家都在使用的术语（关于这方面的概况，参阅现代教科书，如 Eysenck & Keane，2010）。此外，一些细节上的争议对理解阅读并非十分重要。

图 1-1 是典型的人类信息加工系统的阶段模型。该模型由三个阶段组成，每个阶段具有不同的功能和特征。然而，在系统展开讨论之前，必须先讨论一下眼睛对词汇的感觉登记以及随后的模式识别过程。

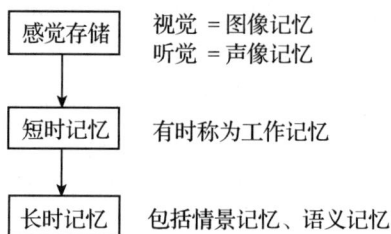

| 感觉存储 | 视觉 = 图像记忆<br>听觉 = 声像记忆 |
| 短时记忆 | 有时称为工作记忆 |
| 长时记忆 | 包括情景记忆、语义记忆 |

**图 1-1　人类信息加工系统的阶段模型**

## (一)视网膜和视敏度

视觉依赖的主要器官是眼睛,其神经感受器可被看作大脑延伸到大脑皮层外的部分。光线落在视网膜的感觉神经元上便形成视觉。人阅读纸质文本时(就像你现在一样),因为有视敏度的限制,所以不能同时看清同一页面上的所有词汇。就视敏度而言,水平落在视网膜上的一行文本可以分为三个视觉区域:中央凹、副中央凹和边缘区域。中央凹区域是注视点(眼睛集中注视的具体位置)周围约 $2°$ 视角的地方;副中央凹区域是注视点约 $10°$ 视角(注视点左右各 $5°$)的地方;边缘区域是一行文本中副中央视觉区之外的所有区域。视觉中心(中央凹区域)的视敏度最高,副中央凹区域的视敏度显著下降,而边缘区域的视敏度则更低,这与视网膜的解剖结构有关。

视网膜由两种感受器构成:视杆细胞和视锥细胞。中央凹区域几乎全部由视锥细胞构成。距离中央凹区域越远,视锥细胞密度越小,视杆细胞密度越大。视网膜的边缘区域完全由视杆细胞构成,而副中央凹区域则由视锥和视杆两种细胞构成。两种感受细胞的功能不同,视锥细胞专门用于处理细节,决定视敏度,其功能不仅包括细节的精确辨识,而且包括对波长和色调的识别。相反,视杆细胞专门用于运动探测、亮度或明暗层次的辨别。视杆细胞对夜视力特别重要。例如,走入一个黑暗的房间,一开始你可能什么都看不清,但是稍过片刻(除非房间是完全黑暗的),视杆细胞适应后,就能看清楚了。

从上述对视杆细胞和视锥细胞的描述可以看出,只有在视觉中央区域,才有细节分辨所必需的(正如视敏度是阅读所必需的)视敏度。这可以用一个简单的实验来加以验证。假如一个单词或者字母串短暂地呈现在电脑显示屏上,要求你说出所呈现的单词或者字母串是什么,刺激距离注视点越远,判断的正确率越低。在实验中,刺激呈现的时间非常短(约 150 毫秒或者更短),你不可能有足够的时间移动眼睛去直接注视刺激。图 1-2 是这个实验中被试的表现与其注视点同刺激之间距离的关系。在图中,我们还标注出了视网膜中视杆细胞和视锥细胞的分布情况。请注意,实验中的准确率

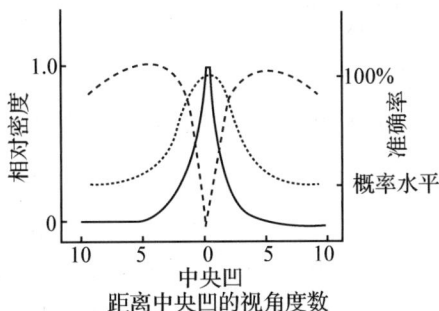

**图 1-2　视野中视锥细胞(实线)和视杆细胞(虚线)的相对密度**

注:点线表示识别短暂呈现在注视点左侧或右侧单词或者字母串的准确率。

与视网膜上视锥细胞的分布呈函数关系。上述实验旨在说明，在阅读中，为了辨识单词和字母串的细节，我们必须移动眼睛，使想要阅读的文本处于中央凹区域。

## (二)模式识别过程

移动眼睛，将想要阅读的一个或多个词置于中央凹区域之后，模式识别随即开始。实际上，对一个词的模式识别过程也许从该词位于副中央凹区域时便已经开始了。本部分的主要内容是大脑如何识别阅读过程中必须加工的字母和词汇。举个简单的例子来加以说明：人以何种方式识别字母"A"? 关于这一问题，研究者提出了两种主要的模式识别理论(相关的讨论请参见 Grainger，Rey & Dufau，2008)。第一种是模板匹配理论。该理论认为人类大脑中存储着每一个能够识别的模式的表征，因此人可以以刺激视网膜细胞的模式与记忆中存储的模板进行对照，来识别字母"A"。如果表征与刺激匹配，那么字母"A"就能得到识别。

模板匹配理论适用于识别高度受限语境中字母和数字(如支票代码的数字)的计算机图形识别设备，但是，众所周知(Crowder，1982；Neisser，1967)，这种系统无法识别形状、大小或方向稍有变化的字母"A"，如图1-3所示。严格的模板匹配理论的主要问题是，它假设每一个可识别的模式的变式都有与之对应的模板。例如，字母"A"这一简单模式有各种不同的字体和手写体，但我们也可以轻松识别出来。如果假设我们头脑中有如此多的字母"A"的图形，这似乎有些不切实际。

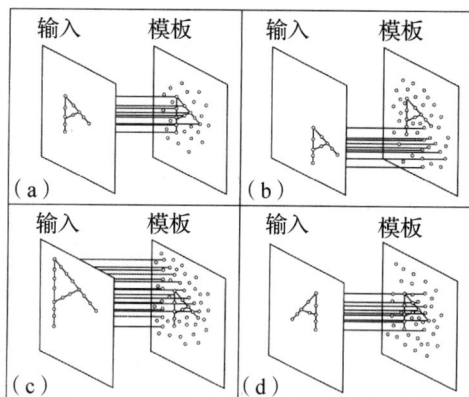

**图1-3　简单的模板匹配系统应用于字母识别时的困难描述 (Neisser，1967)**

使模板匹配理论更具可行性的一种途径是，假设在对新输入的刺激与已存储的模板进行对照之前，先将输入的刺激进行"清理"或者规范，将刺激中的重要信息与非重要信息分离开。例如，在与模板对比之前，先将所有图像转化为标准字号。同样，匹配前，对定位做出解释，似乎也是很合理的。但是，规范化过程以何种方式填补空白、消除与字母"A"的识别无关的模糊、潦草的笔迹(如手写体)的影响，这个问题则更难以理解。

虽然规范化过程为模板匹配理论的可行性提供了支持，但是第二种理论——特征检测理论，对于模式识别过程中变异处理的解释更加经济，而且是公认的更实际的一种解释。特征检测理论的出发点是，字母与字母之间有许多共同的元素（由横线、竖线、斜线和曲线构成），人在图形识别过程中，需要对这些构成元素进行分析。例如，字母"C"和"G"、字母"O"和"Q"有许多相似特征。字母"C"和"G"最明显的区别是"G"有一短横线，而"C"没有；字母"O"和"Q"之间最明显的区别是"Q"多一笔。根据特征检测理论，字母分析的第一个步骤是对字母的特征进行列表归纳，然后与记忆中存储的列表进行对比。这一过程具有分析性，因为需要将不同的元素组合起来完成识别。相反，根据模板匹配理论，识别过程具有整体性。如前文所示，特征检测理论相对灵活，因为其分析过程依靠所有字体普遍具有的少数特征（字体和手写体虽然有别，但是字母"C"和"G"的区别特征都保持不变），而不要求每种印刷体都有对应的模板。

　　特征检测理论有什么证据可以佐证呢？有三种研究证据可以佐证：①由动物实验得到的生理学数据；②稳定图像研究；③视觉搜索数据。

　　最著名的支持特征检测理论的生理学证据来自哈贝尔和威塞尔（Hubel & Wiesel，1962）对猫的视觉系统的研究。哈贝尔和威塞尔考查了猫观察不同刺激物时，大脑细胞放电的速率。从本书的关注点来说，前述研究最重要的发现是，视觉系统的皮质细胞会因刺激的不同而产生不同的放电速率。研究者已经发现了所有对不同视觉形状敏感的脑细胞——线条、边缘、裂缝探测细胞以及更复杂的探测细胞。根据这些研究结果很容易做出推论（虽然，这样做时需要谨慎），大脑中有对应于组成字母表中字母的横线、竖线、斜线以及曲线的特征探测器，人看到这些特征，相应的探测细胞就会放电。

　　在稳定图像的实验中，图像被固定在视网膜的某个位置上（需要一些相当复杂的技术），无论眼睛移动的幅度多大，刺激都会朝着相同方向等距移动。即使要求被试眼睛保持静止，眼球都会小幅度移动或者颤抖（称为眼球震颤）。显然，眼球震颤对感知很重要，因为当稳定图像技术将刺激固定在视网膜的同一位置上时，感知会逐渐消失，结果观察者无法再感知刺激物。如果将光保持在视网膜相同的位置上，该位置上的细胞就会因为疲劳而停止放电，从而对刺激的感知也会终止。无论是刺激还是眼睛的移动，都使刺激视网膜上的位置发生变化，从而产生新的神经放电。有趣的是，图像稳定时，感知不会立即消失而是逐渐消失。如图1-4所示，图像中连续部分，包括同一方向的线条，都会同时消失。但是，刺激消退的方式与模板匹配理论不相符，这反而证明了不同抽象层次特征的重要性。

　　特征检测理论的第三种证据来自内瑟（Neisser，1967）发起的视觉搜索研究。图1-5是其研究任务中使用的刺激材料样本。研究要求被试找出字母"Z"。结果表明，字母"Z"在中间一列中，比在其他列中更容易找出来（速度要快一倍多）。当然，其原因是，在中间一列中，干扰字母与目标字母区别很大，没有很多共同的特征。根据模板匹配理论，列与列之间应该没有差异，因为需要匹配的字母数量都相同。然而，特征检测理论能够对此结果做出解释，因为干扰项不易辨识时，无论目标字母是否出现，实际上，同样的特征检测细胞都会放电。相反，若目标字母"Z"被置于一组不同的字母中，只有目标字母出现时，负责"Z"的细胞才会放电。

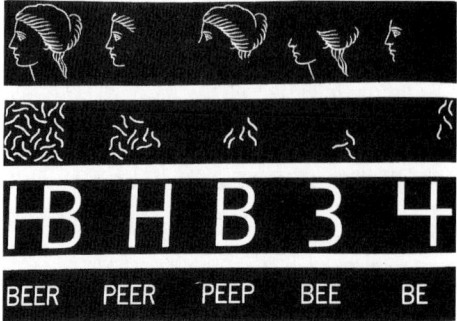

**图 1-4　固定网像中的知觉分解**

注：左图为刺激模式，其余为分解出的典型特征（Pritchard，1961）。

| 标准条件 | 不易混淆条件 | 易混淆条件 |
|---|---|---|
| 目标＝Z | 目标＝Z | 目标＝Z |
| RYVMKF | CBSOGS | VMWNMW |
| PTHSHG | UBSQQQ | WYLKWV |
| GTVCBH | BQOUDG | XMWLLY |
| HUIRYD | SCDOBC | YXZWZL |
| KIREGD | CZOOUS | MMWYMN |
| GBZTBN | DUBCCD | YNLXLI |
| POLKRF | DOQUCB | MNWXMH |
| FTIEWR | CCOQOU | LYWLT |
| … | … | … |

**图 1-5　Neisser 的视觉搜索任务**

注：一组字母呈现后，被试必须自上而下垂直扫描，直至找到目标字母的位置。根据目标位置记录搜索时间。

虽然特征检测理论作为物体感知的一种理论受到批判，但是，它却是一个令人满意的字母和单词的加工模型。这里尚有一个问题没有述及，即模式识别是以序列方式还是以平行方式展开的，这个问题后面有专门的章节予以论述。如果信息按一定的顺序得到分析，那么识别过程一个接着另一个发生。因此，在内瑟的视觉搜索任务中，一个字母的特征分析先完成，接着是另一个字母的特征分析，如此持续下去。如果信息以平行的方式得到分析，那么来自不同空间位置的感觉信息同时得到分析。因此，在视觉敏感的范围之内，图 1-5 中每一行所有的字母，都同时得到加工。本书第三章将要讨论的词汇识别实验也支持词汇内各字母的平行加工。然而，序列加工也很重要，而且在阅读中经常发生。实际上，我们认为，人在阅读时，是依次对词汇进行识别的。

具体而言，就是读者在完成对第 $n$ 个词(当前注视的词)的意义加工后，才开始对第 $n+1$ 个词(注视点右侧的词)的意义进行加工。

在这里，我们坚持认为，适用于书面文字的各种模式识别过程，可以用特征分析过程来进行恰当的界定。下面我们对图 1-1 所描述的信息加工系统做一详细考查。

### (三)感觉存储

信息加工系统的最低层次通常被称为感觉存储。听觉信息的存储叫声像记忆(Cowan，1984)，视觉信息的存储叫图像记忆。图像记忆是短暂的临时记忆的存储。刺激所包含的大量信息在刺激消失后，依然保存在这里。

斯珀林(Sperling，1960)通过认知心理学中被广为引用的一个实验，验证了视觉存储的存在。实验中，他在极其短暂的时间(50 毫秒)内，向实验参与者呈现 3 行刺激材料，每行由 4 个字母组成。在控制条件下，实验要求被试尽量多地报告所看到的字母。结果显示，实验参与者平均报告出 4.5 个字母。在实验条件下，斯珀林使用部分报告技术，要求实验参与者根据不同的提示报告对应行的字母：刺激消失后，若听到高音就报告最上面一行，听到中音就报告中间一行，听到低音报告最下面一行。从屏幕上的字母消失，到不同音高的声音呈现，间隔时间不同，有时字母消失的同时声音出现，有时字母消失一秒之后声音才出现。

斯珀林推断，假如人具有图像记忆(尽管他并未这样称之)，就应该能够通过声音提示"读出"对应行的字母。如果声音在字母呈现之前就出现，那么，被试就可以通过提示音去关注对应的行。斯珀林提出的问题是，刺激字母消失后，人能否通过声音的提示来进行信息加工。如果能，就说明人肯定具有图像记忆，并且刺激中所包含的所有或者大部分信息都存储在这里。事实上，斯珀林发现，实验参与者能够平均报告出提示行的 3.3 个字母。由于无法事先获知接下来会提示哪一行，因此他们很可能每行都能记住约 3.3 个字母，这意味着其记忆很可能存储了大约 10 个字母。

如前已述，实验要求控制组被试尽可能多地报告所看到的字母，平均报告出的字母数为 4.5 个。如何对有提示的部分报告和控制组的整体报告之间的差异做出解释呢？假设在非常短暂的时间内(如 250 毫秒)，图像记忆具有很大容量(如 3×4 阵列中的 10 个字母)，而人们"读出"字母的速度却很缓慢(如在 250 毫秒内说出 3～5 个字母)，这样一来，上述差异就可以得到解释了。实验参与者如果从呈现的所有字母中进行回忆，由于受到"读出"过程的限制，能够回忆起的字母数就减少了。相反，有声音提示的被试只需要回忆其中的一行，那么他们就有充分的时间"读出"每行中的多数字母。

事实上，自斯珀林的研究发表以来，数以千计的实验研究对图像记忆的特征进行了探讨。结果表明，图像记忆的主要特征是：①容量大；②持续时间长，约为 250 毫秒；③产生于范畴形成之前(所存储的是物理形式，而非有意义的客体)；④受新信息干扰；⑤"读出"的速度相对缓慢。

图像记忆的地位和作用在相当长一段时间里，颇有争议（Coltheart，1980；Haber，1983；Turvey，1977）。一些研究者认为，这是在控制极其严密、严重脱离现实的实验室中才能产生的附带现象。毕竟，刺激何曾在我们眼前只出现几分之一秒后就会完全消失了呢？有人认为，图像记忆没有任何实际功用；也有人认为，所有生物机制都具有适应性，不能因为我们目前尚不知道图像的作用，就说它在加工过程中不起作用。

至于图像记忆在阅读过程中的作用，我们目前仍一无所知。显然，图像记忆实验的参与者所完成的任务，并非通常所说的正常阅读。在实际阅读中，刺激不会在我们眼前短暂呈现后马上消失（除非我们在闪电中阅读，或者参阅本书第四、第五章所描述的"消失文本"实验）。人们曾一度认为，图像记忆在阅读中，可能用于整合阅读过程中数次眼跳所获取的视觉信息。关于这个观点，我们将在本书第四章中予以讨论，此处略做提示，现有研究证据与上述结论相悖。确实，眼球运动非常频繁，这就给图像记忆在阅读中的实际应用造成了困难。如前所述，图像记忆保持的时间约为250毫秒，这大概就是我们在阅读时眼睛运动的速度。图像记忆中的信息会被新信息所干扰，眼动的速度很快，加之人阅读的信息随时可以再现（阅读中总是可以回视），因此，图像记忆似乎在阅读中无法发挥任何作用。

至此，你也许会自问：既然图像记忆在阅读中没有任何作用，为什么还要在这里详细探讨？确实，究竟为什么要谈这个问题？我们之所以在此处不厌其烦地详细探讨图像记忆，原因有两个。第一个原因，本部分的主要目的是对人类信息加工系统进行概述。根据早期各种关于阅读过程的信息加工模型（Gough，1972；Mackworth，1972；Massaro，1975；Mitchell，1982），图像记忆是阅读过程中视觉信息登记的初级阶段。如前所述，对不同加工阶段划分的准确性及其对理解阅读的价值有多大，我们并不特别关心；这里之所以对不同加工阶段进行详细描述，更多考虑的是，让读者对信息加工理论有所了解。这就涉及本部分对图像记忆进行详细讨论的第二个原因——缓冲器（或称暂时存储单位）。这一概念在信息加工中非常有用。事实上，图像近似于缓冲器，用于暂时存储信息，留待随后加工。图像记忆保持时间短暂，这表明眼睛一旦不再注视印刷文字，其视觉特征便失去价值。从后面各章节可以看出，缓冲器这一概念在关于阅读过程的各种研究中，都有着重要的意义。我们希望通过对图像记忆的详细论述，使大家了解这样的概念在阅读实验设计和理论构建中的价值。

总之，图像记忆是信息加工模型的初级阶段，虽然保持时间短暂，但容量很大。如前所述，图像记忆对理解阅读的作用确实有限。因为在真实阅读中，文字刺激一直可见。但是，其中类似缓冲器之类的概念，在关于阅读过程的实验中非常有价值。

## （四）短时记忆

根据信息加工系统的观点，图像记忆的短暂性要求我们将感官登记的信息转换为更加持久的表征，存储到另外一种结构（短时记忆，简称STM）中。因为从图像记忆中

"读出"信息的速度缓慢，所以在转换过程中，很多信息就会丢失。然而，总有一部分信息会转移到短时记忆中。但是，短时记忆有其自身的问题。首先，而且最重要的是，其容量有限，可存储 5～9 个项目（Miller，1956）。请注意，此处所说的是项目，不是字母、单词或者数字。的确，我们可以借助各种组块策略，在一定程度上克服短时记忆容量有限的局限。如果给你报一组数字 967835241，并要求你按照顺序回忆出来，而你如果把每一个数字作为一个项目来对待的话，回忆出来就很困难。显而易见，对大多数人而言，短时记忆会负担过重。然而，如果将这些数字 3 个一组分为 3 组（967－835－241），那么，你很有可能可以 100％准确地回忆出来。还有一种方式，即复述，可用于应对短时记忆容量限制的问题。翻阅电话号码簿，查找电话号码时，你常常会（通常是默默地，但有时也会大声地）自言自语多次重复（复述）所查的号码，以防遗忘。这是短时记忆保存信息的另一种策略。

此外需要注意的是，前面说过，人们经常会默默地多次重复某个号码。因此，长期以来，人们一直认为，短时记忆专门存储声音。也就是说，即使通过视觉通道获取的信息，也会被重新编码为声音或者听觉信息。这是因为被试在回忆短时记忆中的信息时所犯的错误类型，往往与实际呈现信息的声音形式而非视觉形式联系起来。现在我们知道，短时记忆既有视觉编码，也有语义编码。但是，语言刺激的短时记忆主要是声音性的。人们常常通过无声的复述，来记忆电话号码这一事实，就是证据。短时记忆的这一特征，对我们理解无声或内部言语在阅读过程中的作用，尤其重要。

人运用各种策略（其中有一些是无意识的）来克服短时记忆容量有限的局限，这一事实促使某些研究者用工作记忆（Baddeley & Hitch，1974）代替了被动存储的概念。也就是说，短时记忆被看成一个灵活的工作空间，其有限容量或者用来存储信息，或者用来加工信息。信息只要正在被加工，就可以一直存储在短时记忆中。作为灵活的工作空间，工作记忆在阅读中也非常重要。如下文所述，不仅词汇在工作记忆中得以整合，阅读理解过程也在工作记忆中启动。

总之，短时记忆的容量有限。但是，我们借助复述，将信息长时间保存在短时记忆中。同时，我们还运用一些高效的策略，来克服短时记忆容量小的局限。此外，短时记忆主要存储声音信息。尽管人们认为图像记忆对阅读过程的理解作用有限，但是短时记忆的特征对于内部言语与阅读过程的理解，可能有重要作用。

## （五）长时记忆

相对于新信息进入短时记忆的速度，我们从短时记忆向长时记忆（LTM）转移信息的速度要缓慢得多，因此，在此过程中相当多的信息会丢失。然而，人们通常认为，信息一旦进入长时记忆，便得到永久的保存。局部麻醉的病人头部受到电击时，能够回忆起他们原以为自己早已经忘记了的事情，甚至是重温很久之前发生的事情（Penfield & Roberts，1959）。长时记忆中的信息并不是随意组织起来的。的确，长时记忆具有高度的组织性，许多无法提取的信息实际上并没有丢失，而是被错置了。因此，长时记忆最主要的问题是，如何通过合适的线索来提取所存储的信息。如果我们考虑到我们每天都要加工大量信息，并将之存储到长时记忆中，这个问题也就不足为奇了。此外，有证据表明，我们所获取的新信息会干扰长时记忆中存储信息的提取。同理，长时记忆中已存储的信息也会干扰新获取信息的提取。

许多认知心理学家发现，将长时记忆区分为"情景记忆"和"语义记忆"（Tulving，1972）非常实用。情景记忆指对生活中发生的事件序列的记忆。语义记忆包含已具备的一般知识，对理解阅读尤为重要。而且，语义记忆对阅读最为重要的一个部分是词典（类似于大脑中存储的一部词典）。词典同长时记忆一样，具有高度组织性，其中包含你所掌握的 30 000 个或者更多个词汇的意义。大多数情况下，阅读的主要目的是理解新的内容，并将其大意存储到长时记忆中。为达到上述目的，我们需要对我们所掌握的词汇的意义进行加工，或者从长时记忆词典中提取词汇的意义。① 此外，习语、隐喻等语言现象的理解，还需要调用长时记忆中存储的一些世界知识（word knowledge）②。而且，当作者意思表达模糊不清时，我们必须借助已有的知识，通过推理来理解其观点。

## （六）信息的选择

同前文框架相关的一个问题是，人如何对信息做出选择，并发送到下一个加工阶段。当然，从视觉的角度来看，人主要通过眼睛来选择信息。眼睛转向想要加工的信息，而对想要忽略的信息则视而不见（此处是比喻的说法）。然而，如前文所述，这种明显的选择并非"全或无"的过程：虽然中央凹区域以外区域的信息加工程度较低，但是信息在这些区域中毕竟也得到了加工。

然而，转动眼睛并非视觉唯一的选择方式。在上述关于斯珀林实验的讨论中，我们默认存在一个选择过程，这个过程有助于"读出"对应行的字母。大量研究表明，确实存在这样一种空间注意机制。实际上，如果得到提示，知道信息出现在中央凹以外的哪个区域，那么被试无论是人还是动物，即使眼睛保持不动，也能够对视觉刺激做出更快、更准确的反应（Posner，1980）。此外，这种注意系统在大脑中的位置越来越明确。我们将在本书第四章至第六章中再深入讨论阅读中的选择问题。

与上述注意机制相反，我们对进入长时记忆中信息的选择（或使长时记忆中的信息更容易提取）过程却所知甚少。显然，材料记忆的动机、短时记忆中存储的时间以及材料的意义等因素，都会对记忆效果产生影响。在本书第九章讲语篇理解时，我们再对

---

① 此句原文为："In order to do so involves processing the meanings of the words we know, or accessing our lexicon in LTM"，语法上是说不通的。——译者注

② word knowledge，本书统一译为世界知识，也可译为一般知识、百科知识等。——译者注

这些问题展开详细讨论。

### (七)加工阶段的概念

前述模型的假设是，存在所谓独立加工阶段。也就是说，根据这一假设，信息在某一个阶段得到加工，当且仅当现阶段的加工完成后，才被输送到下一个阶段进行加工。上述假设是构成认知心理学的基础，因为分解成更为简单的子过程之后，加工过程就更易于研究了。

斯滕伯格提出一个广为应用的"测试"，来检验阶段理论的有效性。在测试中，用于研究加工过程的因变量是反应时间，即从刺激呈现到反应开始之间的时间。我们可以用斯滕伯格实验中的一个例子来对此做出最好的解释。他采用记忆搜索任务，首先呈现记忆材料的内容（1～6个数字），其次要求参与者指出（以视觉方式呈现的）探测数字是否在记忆材料中出现过。结果发现，记忆材料的项目越多，参与者搜索探测数字花费的时间就越长。事实上，记忆材料每增加一个项目，参与者的反应时间随之增加约40毫秒，这表明参与者需要40毫秒来完成对探测项目和记忆项目的一次比对。

由此看来，可测量的搜索过程似乎发生于短时记忆中。如果探测数字出现在视觉噪声（将探测数字置于大量随机的圆点中，使其难以辨识）的条件下，结果会怎样？如果我们视数字识别的过程为短时记忆搜索之前的一个阶段的话，那么，视觉噪声中数字的识别需要更长的时间，但是，短时记忆搜索的速度不受影响，因为探测数字无论在无噪声还是有噪声的条件下呈现，识别阶段都已完成。相反，如果识别和搜索不是相互独立的阶段，结果仍需要将视觉噪声与记忆材料项目进行对照，这样一来，每个项目的搜索时间都相应地增加了。事实上，斯滕伯格所得出的结果是前者，即如果在视觉噪声中呈现探测数字的话，整体时间增加，但记忆搜索时间并没有增加。他由此得出结论：数字的识别发生在短时记忆搜索之前的一个阶段。这个实验的基本逻辑在认知心理学领域广为应用，为本书许多章节的指南（值得注意的是，这种逻辑也受到过挑战，请参见 Townsend，1976）。

### (八)信息加工模型的现实性

如果你是第一次接触信息加工，也许会自问：模型的不同结构究竟有多少在大脑中有确切的定位？答案是，大多数结构在大脑中还没有确切的定位。从事大脑功能研究的神经生理学家已发现，在可能与短时记忆功能相对应的学习阶段，动物大脑中的化学物质会发生变化。此外，大脑功能定位研究发现，脑皮层的不同区域具有不同的功能（特别是语言功能）。然而，短时记忆与长时记忆之间不可能存在解剖学上的分隔。尽管近年来的脑成像研究发现，大脑中有专门负责语言加工的区域，但是脑皮层中没有词典的位置。

事实上，心理是一个非常抽象的概念。我们把它看作最终可用大脑结构和功能来解释的负责认知活动的执行者。认知心理学家的任务是深入了解心理的结构与功能。或许，可能的话，研究阅读最理想的方法是将大脑打开，观察阅读过程中大脑有哪些活动和变化。但是，我们做不到。进而言之，如前所述，当前通用的一些脑成像技术因速度较缓慢，无法精确记录实时过程，而那些能够提供大脑实时过程信息的技术则往往表明，这些过程进行得速度太慢，无法真正地与行为现象紧密联系起来（Sereno & Rayner，2003）。因此，认知心理学家不得不根据已积累的各种证据，通过阅读等高级认知任务，推论出心理工作机制的特征。从某种意义上说，认知心理学家就像侦探一样，其职责是搜寻心理工作机制的线索。图 1-1 和本书其他部分描述的结构图，不仅为我们推测心理工作机制提供了一种简便的方式，而且对目前我们具备的知识做出了总结。在本书中，我们将提供认知心理学家研究发现的很多关于阅读心理机制的证据，而且将频繁使用人类信息加工系统的阶段模型（如图 1-1）对已经掌握的知识进行总结。但是，若认为这些结构与大脑各部分一一直接对应的话，就大错特错了。

## 四、大脑功能与阅读

在前面的内容中，我们已经对大脑和心理做了区分。虽然本书关注的焦点是阅读的心理机制，但是我们也知道有一些特定的大脑功能与阅读有关。在这里，我们将对这部分内容做一简要回顾。

在视网膜上登记的信息被传送到视觉皮层。人类的大脑皮层分属两个半球，两者具有不同但又互补的功能。某些功能两个半球都有，如两个半球的后侧都有一个视觉区域。然而，还有一些区域，特别是与语言加工相关的区域，似乎大多数只定位在某一个半球里。对大多数人而言，左半球的多个区域负责语言加工，右半球则负责非语言和空间信息的加工。但是，某些左利手者的两个半球功能可能正好相反。两个半球由被称为胼胝体的神经纤维联结在一起。

我们可以通过三方面的证据来了解两个半球的不同功能。首先，通常双眼左侧视野的左半部分看到的信息最先进入右半球，而右半部分看到的信息最先进入左半球，参加实验的正常被试往往都会利用这一特点。呈现在视野中央的刺激能够同时进入左右两个半球。左右耳的情形，与视野中注视点左侧或右侧接收的信息，模式相同：右耳呈现的信息主要进入左半球，左耳接收的信息主要进入右半球。从通过左视域或者右视域（左耳或者右耳）短暂呈现刺激的各种实验结果可知，词汇在右视野呈现（意味着左半球加工），加工效率更高；相反，面孔和图片在左视野呈现，加工效率更高。根据前述实验，研究者认为，左半球以序列、分析方式加工信息，而右半球则以平行、整体方式加工信息，但是目前尚没有强有力的证据支持上述结论。

其次，了解两个半球不同功能的途径是对脑损伤病人进行研究。这些患者，有的

（或者由于先天因素，或者由于脑损伤）一个半球缺失，有的患有癫痫症。为治病，左右半球之间的胼胝体被切断，这类人被称为"裂脑人"。关于语言功能，目前已有的基本证据表明，如果左半球的某些区域受损，那么，对大多数人而言，其语言功能也受到损害，而右半球某些区域受损，则不会造成语言功能障碍。对"裂脑人"的研究证据表明，输入左半球的语言信息得到正常加工，而输入右半球的语言信息则几乎没有得到理解。近来，对脑损伤患者的研究，加深了我们对阅读过程的了解。我们将在本书第十一章中，对来自脑损伤患者的证据进行综述。

最后，脑成像（如 PET，fMRI 和 MEG）实验提供了语言加工在大脑相关区域定位的证据。我们在本书中不探讨生理机制的细节，如语言区域的定位。感兴趣的读者可以参阅弗罗斯特等人（Frost，Sandak，Mencl et al.，2009）和皮尤等人（Pugh，Shaywitz，Constable et al.，1996）的研究。

# 五、何谓阅读？

至此，我们在本章中已经对一些必备的背景知识做了介绍，这些知识对读者理解认知心理学家对阅读的认识必不可少。这就使我们要直面一个非常重要的问题：何谓阅读？显而易见，对很多人而言，阅读包罗万象，形式各异。例如，当你从地图上查找从甲地到乙地的行进路线时，你是在阅读吗？当你做校对查找印刷错误时，你是在阅读吗？当你查找电脑程序的错误时，你是在阅读吗？当你浏览报纸了解股市的最新动态时，你是在阅读吗？在本书中，我们持保守的观点，认为上述活动都不是本书中的所谓阅读。显然，下述情形亦然。若你在乘飞机 5 小时的旅程途中翻开一本小说开始阅读，阅读的方式可能跟平常略有不同：当你发现时间已经过去 4 小时，而书只看完一半时，你就会开始跳读，略过那些看似多余的内容，只阅读相关的新信息，其目的是在到达目的地之前，读完整本书。如果用这种方式阅读教材，理解内容有很大困难。但是，通常用这种方式阅读小说，最终仍然能理解其故事梗概。在讲述快速阅读的一章中，我们将探讨略读以及读者在这种条件下阅读方式的调整。然而，除这一章外，我们还将着重讨论以内容的理解为重心的精细阅读，如教材或者报刊文章的阅读，或者完整叙事文本的阅读。而且，重心主要放在默读上。虽然初学的阅读者显然会更多地选择朗读，但是，多数人在大多数情况下，仍然会选择默读，而非朗读。

至此，人们很容易陷入无休无止的辩论，试图回答什么是阅读、什么不是阅读这个问题。我们不希望这样，但愿我们对阅读的概念清楚明了。如果勉强为阅读下一个定义的话，那么我们可能会说：阅读是从印刷页面中提取视觉信息，并理解文本意思的一种能力。例如，我们关注报纸文章的精细阅读，但是，并不希望向读者暗示，前面提到的其他各种类型的阅读索然寡味。我们对校阅、略读这样的阅读行为有些偏见，认为它们可能需要用到一些不同于正常默读的策略与过程。偶尔，我们也会对这些进行考查，但是，关注的重心是人在正常默读过程中是如何阅读的。

这就向我们提出了第二个重要的问题：研究阅读的最好方法是什么？答案是：这取决于你想研究阅读过程的哪个方面。我们在前文中曾提到过，对词汇识别感兴趣的认知心理学家，通常用显示器呈现孤立的词汇，要求参与者对刺激词做出某种判断或者反应。在第三章中，我们将对这种任务进行详细讨论。还有一些研究者对阅读过程中内部言语的作用更感兴趣，设计出巧妙的实验技术，来对书面语言理解中内部言语的作用进行考查。假如研究者对文本的理解感兴趣，他们就要求读者回答与文本内容有关的问题，以考查其对文本的理解程度。关于研究内部言语和阅读理解的技术将在本书第七章至第九章中讨论。

如果研究目标是正常文本默读过程中发生的实时认知过程的话，那么要求读者完成不同任务的技术，如孤立词的命名或者文本朗读，都可能歪曲研究者想要研究的默读的子过程，如词汇识别、听觉编码在阅读中的作用。虽然阅读的子过程不会因任务的不同而发生根本性改变，但是，也没有证据表明就不会发生巨大改变。因此，如果我们对文本默读过程的工作机制不了解，那么阅读与任何技术的相关性问题也就无法回答了。

下面谈一谈我们所钟爱的用于研究默读认知过程的技术——眼动记录技术。从本章前面的内容中我们可清楚地知道，眼动记录在实验心理学中历史悠久。近30年来，眼动记录被广泛应用于推断阅读的实时认知过程（Rayner，1978a，1998，2009）。显然，读者在阅读过程中眼睛看哪里、看多久，乃是重要的信息，通过这些信息可以透视与一个词或者一组词的理解相关的心理过程（Rayner，1978a，1998，2009）。眼动记录的方式多种多样，但是，通常需要向眼睛发射一束不可见（红外）的光，通过角膜或者视网膜反射给传感器，或者使用红外摄像机形成瞳孔的图像，由计算机对瞳孔进行定位。采用这种方法，读者能够自由地阅读文本，选择任何一部分来阅读。如前所述，这种方法具有极高的生态效度，因为眼动实验的参与者实际上是在按照我们的要求完成任务的，即阅读。

这并不是说眼动记录没有受到质疑。为了将眼动与头部运动区分开，研究者常常要将头部固定，使其保持静止。这就需要使用牙印模胶（牙科常用的一种化合物，参与者刚咬进去时非常软，之后快速变硬，形成一个牙齿印痕，用以固定头部）。此外，也可使用前额和下巴支架固定头部，参与者的任务是阅读呈现在面前的实验材料。有批评者提出质疑，因为实验需要严格控制头部的运动，而在眼动实验室以外真实的阅读中，眼睛通常要向下看以便阅读文本（而不是看正前方），因此读者所采用的策略也不同。甚至还有人认为，读者在眼动实验中会意识到有人在记录自己眼睛的运动，这一事实在有些情况下，可能促使读者做一些阅读之外的事情。我们认为，这些担心都是没有根据的。事实上，廷克（Tinker，1939）早就进行过验证，要求参与者坐在柔软舒适的椅子上阅读书的一章时，其阅读速度与在眼动实验室中的阅读速度没有差异。而且，当前眼动记录技术有了很大进步，记录被试的眼动已不再需要固定头部了（但固定头部会使结果更精确）。

本书的所有作者都参加过眼动实验。我们坚持认为，眼动实验室条件下的阅读，实际上，与实验室以外的阅读相同，而且我们的感觉和直觉清楚地表明，眼动技术所提供的环境比其他任何技术都更接近真实阅读，但是我们同时认为，眼动记录并不是研究熟练阅读的唯一方法。本书后面将要讨论的许多技术，都能够提供有价值的信息。最有说服力的证据是那些采用各种不同的技术进行研究得到的数据。本书的目的是通过汇集不同来源的证据，来解读阅读，但是，我们采纳的数据是参与者在默读连续文本时得到的数据，而不是从认知心理学家精心设计的精巧实验任务中得到的数据。

# 六、阅读的模型

虽然认知心理学家已经掌握了关于阅读的许多事实（本书的基础就是这些事实），但是，许多人发现，认知心理学有些令人沮丧，因为关于某一问题的各种证据往往互相矛盾。为何如此，原因有很多。原因之一是：有时候实验设计得不够严密。另一种原因是：认知心理学家关于心理过程工作机制的模型和理论往往大相径庭。何谓模型和理论呢？我们借用卡尔（Carr，1982）的话来对这两个概念做出定义。理论是原理（如假设，或者规则，或者规律）的集合，这些原理组成有机整体，对某个有趣的现象做出语言和数学的描述，并对这种现象发生的方式和原因做出解释。理论是对某个现象重要特征的界定，而这些特征则包含于关于这个现象的模型中。模型乃是对真实过程（如阅读）中主要的工作部件的描写。这种描写可能忽略了大量细节，但是涵盖了每个部件运作的最重要特征。当前，关于阅读过程的模型有很多，各种模型都在不同程度上反映了阅读技能的重要方面（Rayner & Reichle，2010；Reichle，2012）。

我们在这里并不试图对各种阅读模型进行全面的描述（详见第十四章），而仅仅对其主要特征做一概括总结。阅读模型可分为自下而上的模型、自上而下的模型和交互模型。顺便述及，三种不同类型的阅读模型不仅反映了阅读过程的特征，也是对认知心理学家通常所研究的任务和现象的描述。有些关于阅读的著作（Just & Carpenter，1987；Smith，1971）开篇就向读者介绍阅读的模型，然后在这个模型的框架内，对相关研究证据做出解读。有些著作（Crowder，1982；Crowder & Wagner，1992；Downing & Leong，1982；Gibson & Levin，1975）则设法完全避开阅读模型，只提供由作者解读的事实（在有些情况下，其依据是，某个单一模型无法体现出阅读的复杂性，或者不能反映阅读类型的多样性）。还有些著作（Mitchell，1982；Perfetti，1985；Rayner & Pollatsek，1989；Taylor & Taylor，1983）首先提供证据，并在证据的基础上，对某个阅读过程的模型进行描述。总起来说，本书的策略是，首先为读者提供我们所看到的事实。如果先介绍模型，然后将对应的事实套入模型，这样难免有某种危险，因为这会使我们显得无所不晓似的。我们还怀疑，有些研究者往往对某个特定的阅读模型过于钟情，从而把模型本身看得重于所收集到的数据。然而，从本书第六章可以清楚地看出，我们强烈依赖于自己提出的眼动控制模型，并用这个模型作为一种常用的方式，向读者呈现一些重要的问题。

我们认为，大多数模型只是用来理解阅读研究的总体框架，侧重于阅读的某些方面，突出其重要性。下文对各种模型的探讨，反映出我们的许多倾向性，勾勒出一个一般性框架的"骨架"。框架的内容随着本书讨论的不断深入，也会越来越丰富。在本书的最后一章，即第十四章中，我们将对这个贯穿全书的框架进行简明扼要的总结。

根据自下而上的模型（Gough，1972），大多数信息在人类信息加工系统中被动地流动，且信息流动的速度非常快，因此，存储在记忆中的知识几乎不会对加工方式产生影响。相反，自上而下的模型的支持者（Goodman，1970；Smith，1971）认为，这种被动的信息流在加工系统中流动的速度相对缓慢，因为其中有许多瓶颈（系统结构中强迫我们放慢速度的地方）。为了克服这些瓶颈的影响，自上而下的模型强调，我们严重依赖于记忆中存储的信息（世界知识）来提高加工的速度。读者克服信息加工瓶颈的障碍的一个重要方式是形成假设，对接下来阅读的内容进行预测。这个观点常常被称为阅读的假设检验模型，曾一度非常盛行。然而，目前有许多证据表明，文本的视觉加工速度相当快，因此，读者所做的假设或者猜测行为，在阅读过程中的作用微乎其微。我们将在后续内容中继续对这些问题进行讨论。此处，需要指出的是，我们认为自下而上的模型能够更精确地体现出多数证据的特征。我们虽然这样说，但需要马上予以澄清的是，我们并不认为自上而下的模型在阅读中没有任何作用。显然，自上而下的过程有其作用。或许，可以这样来描述我们提出的阅读过程模型。总体来说，这是一个自下而上的模型，读者在此过程中得到了自上而下过程的助益。

前面我们简要介绍了自下而上和自上而下两种模型，但是，尚未提及交互模型。交互模型（Just & Carpenter，1980；McCleland，1986；Rumelhart，1977）认为，自上而下和自下而上的过程之间，各种信息都可以交流。近 30 年来，这种模型非常有影响力。支持者认为，这种模型能很好地解释关于阅读过程的研究数据；而反对者则认为，尽管交互模型可能能够用于解释很多数据，但是由于缺乏约束，因此这种模型不能很好地预测特定实验可能出现的结果。相反，大多数自下而上的模型的优点是，能够准确地预测作业水平。

本书将向读者呈现的阅读观，主要是自下而上的模型，但也会受到一些自上而下过程的影响。值得注意的是，我们在讨论中多次使用过程一词。在本书其他部分中，我们会对阅读过程和阅读结果做出区分。所谓阅读结果，指存储在记忆里的信息，即在阅读过程中所理解的内容。本书的重心是阅读过程，而非阅读结果（后者在第八、第九章也会有所涉及）。因为，从我们的观点来看，阅读过程极其重要，我们需要对此有深入的理解。我们的观点可能带有偏见，并非所有的人都认同。例如，教育工作者无疑会认为，掌握教授儿童学习阅读的最好方法，要比理解熟练阅读的过程更重要。我们赞同其观点，但是，我们认为，如果我们对熟练阅读的过程有深入的理解，那么就能够为教育工作者提供有价值的信息，使其对阅读教学的最终结果有更好的把握（Rayner，Foorman，Perfetti et al.，2001，2002）。其实，我们相信，对（熟练阅读）最终结果的理解，应该有助于得出确切的结论，指导初学者，帮助其成为熟练的阅读者。第十、第十一章将着重讨论其中我们认为已被研究证明的教授儿童学习阅读的有效方法。

有些以阅读结果为研究重点的认知心理学家，可能也会对我们偏重对阅读过程的理解表示质疑。可能从他们的角度来看，记住所阅读的内容，要比读者如何进行阅读的过程更为重要。然而，我们针对上述观点做出的回答是，对由心理结构所产生的阅读过程的理解，从逻辑上讲几乎等同于对心理结构本身的理解。相反，对哪些内容在记忆中保存下来这一问题的理解，并不能很清楚地揭示出产生这一过程的心理结构。因为，理解哪些内容作为语篇理解的结果在记忆里保存下来，并不是阅读所独有的。从根本上说，人在听他人说话的过程中也会产生相同的心理结构。我们并不是说，对阅读结果的理解和对阅读结果以何种方式在记忆中存储的理解并不重要，而是想说，除了综合理解技能和智力等问题之外，阅读也是一项必须掌握的重要技能。

# 第二章  文字系统

或许，对阅读的详细探讨应该始于阅读过程的起点，即印刷（或书写）的页面。对页面上文字所包含信息的认真分析，有助于读者理解他们所面临的任务。在此过程中，我们将介绍一些与口语和书面语相关的语言学概念，了解这些概念对于探讨阅读非常必要。对文字系统的全面探讨，有助于将英语阅读任务置于一个更为广阔的背景之下。

在对文字系统展开讨论之前，我们不妨不揣冒昧地给书写下个定义。乍一看，这样做似乎有些愚蠢，因为人人都知道什么是书写。其中一个定义是，"书写是一种以固定或者半固定的方式对口语的'固化'"（Diringer，1962）。这个定义似乎过于宽泛，因为人一般不会将录音或者唱片看作书写，即使两者与书面记录的功能大致相同。由于某种原因，我们认为，书写就意味着记录是用双眼来感知的。如何看待盲文呢？多数人可能称之为文字系统，在这种情况下，眼睛是不必要的。代码呢？例如，听莫尔斯代码是阅读吗？我们猜测大部分人会认为它是一种书写。所以，书写固有的是某种空间排列的信息，这种信息通常用眼睛来感知，但也可以用触觉来感知（盲人的阅读系统，如盲文，理所当然属于文字系统，但它不在本书的研究范围内，因为用于对这种信息进行编码的感知系统，不同于普通意义上的阅读的感知系统）。

对书写进行定义的过程中遇到的主要问题是，我们是否认同"固化"口语这一必要条件？如果认同，如何看待这一必要条件？有些人可能会认为，这一必要条件将任何可以传递意义的视觉信息均视为书写，显得过于约束。有些人则认为这种定义似乎过于宽泛，因为大部分人可能不会把类似"蒙娜丽莎"这样的绘画看作书写，却会将可理解为口语代码的图形展示看作书写。然而，用于记录口语的图形展示，需要对应到何种程度，才能被看作书写？对此，人们仍没有达成一致意见。

请看下面的交流场景：依次呈现一幅克里斯托弗·哥伦布（Christopher Columbus）的肖像、一幅画有三只小船的图画、一幅画有 80 个太阳的图画、一幅画有一座岛屿的图画等。多数同我们具有同样文化背景的人都会推测出，这是关于哥伦布（或其他探险者）穿洋过海，历经艰险，发现新大陆的故事。这样的表达是书写吗？这个例子似乎模棱两可：有些人认为是书写，有些人则认为不是书写。将其看作书写的人可能认为，这个例子有从中可以获取口头信息大意的书写符号序列，这是书写的一个必要特征。但是，有些人在使用这个术语时更谨慎，要求符号序列应与口头信息字字对译。事实上，现代所有的文字系统和过去出现且保存至今的大部分文字系统，都满足这个更为严格的定义。因此，大部分文字系统的设计都是为口语提供逐字的表征。阅读过程事实上是否涉及口语的解码，或是直接译意，仍然是一个有争议的问题。关于这个问题，我们将在后面讨论。

尽管大部分文字系统能够对口头语言逐字地编码，但是尚不完善。虽然部分语调的抑扬变化和措辞可以用标点符号来表达，但是许多口语语调的抑扬变化和重音都丢失了，结果，书面信息的准确意义并不清楚（如小说中某先生的评论是否是讥讽）。为了对究竟丢失了多少细节产生感性的认识，我们可以从剧本中选一句台词，尝试像剧中人物一样把它说出来，看看究竟有多困难。此外，虽然书写很容易被看成口语的转录系统，但从某种重要意义上来说，事实并非如此。这体现在，典型的口头语言要比书面语言缺乏秩序。口语不仅有许多像"/um/"（嗯）、"/ah/"（啊）、"/I mean/"（我的意思是）之类的表达①，而且有很多重复和省略。不仅非正式的话语如此，而且相对正式的话语，如并非单纯念讲稿的讲座，也如此。因此，从某种意义上讲，书写是口语的一种理想化的转录。

词汇是语言最基本的单位，这一观点是完全正确的。也就是说，只要词汇的特性和语序得以保留，那么信息就基本上是可理解的（也就是说，一些微妙的细节可能丢失）。所以，如果一种文字系统能精确地转录词汇，那它就能够胜任转录任务。事实上，所有当前使用的文字系统都将重点放在词汇的精确表示上，并且大部分文字系统通常不会对话语的某些方面加以表示，如词汇重音。所以，本章重点介绍词汇在文字系统中是如何表述的。


# 一、文字表征可能存在的原则


## （一）表意（logographic）原则

如果我们苦心孤诣设计一种代码，读者可以利用这种代码来解码每个词，那么一种可能的系统是用视觉符号来表示每个词，符号与词一一对应。这样一来，就可以用一幅画有小狗的图画来表示一只狗，用一幅画有一只脚的图画来表示一只脚，等等。这种系统有时被称为词符文字（Gelb，1963）。为了使该系统更加实用，图画必须非常

---

① 本书一律采用"/"来表示口头话语。有一个更正规的注音系统，采用更精确地表示实际发音的符号，来表示图 2-1 的发音。然而，标准字母就可以满足我们的目的。

具有图式性，这样一来，天才艺术家之外的普通人也能够书写，而且学习写字不需要耗费过长的时间(有些文字系统，如象形文字，可能刻意使用一些复杂的符号，用以表达一些宗教信息，这些符号的阅读和书写被认为是一种神奇的能力，通常只能由神职阶层来完成)。

这种图画系统也存在一些问题。首先，辨识问题。口语使用的核心词汇至少有2 000个，但是画出这么多具有可识别性的图画非常困难。其次，图画可以恰如其分地表示一些具体名词，但用以表达口语中其他词性的词汇却很困难。如果用一幅画有一个站立的男人的图画来表示动词"站"的话，那么人们很难将这幅图画与表示"男人"的图画区分开来。表意文字系统通常用同一个符号表示两个这样的词汇，让读者根据语境来判断所要表达的意思。同理，抽象名词也可用图画来表示。例如，可以用画有一个太阳的图画来表示"day"(天)。但是有些抽象名词，如"democracy"(民主)和"vacuum"(真空)，就需要符号系统设计者充分发挥其创造力了，而且大部分虚词(如冠词、介词、代词和连词)，事实上也不可能用图画来表示。

解决难以用图画表示抽象概念这一问题的一种方案是：允许通过任意符号来表示一些词汇，如用一些数字符号表示数字，用"％"和"&"分别表示"percent"(百分比)与"and"(和)两个词。然而，类似任意符号的过度使用可能会增加读者(或作者)的记忆负担。另一种方案是：放宽一字对应一图的标准，允许使用多图的组合来表示一个词。例如，可以用两个符号来表示"God"(上帝)：一个是画有一个人的图画；另一个是画有星星的图画。我们可以用画有一个太阳的图画来表示"sun"(太阳)，但"day"(天)(注：量词)需要用一幅画有太阳的图画和一幅画有钟表的图画来表示它是时间单位。我们可以用一幅画有一个奔跑着的人的图画和一幅画有可以表示过去时态的钟表的图画来表示"ran"(跑)等。[但是，上述解决方案仍很难用以表示"of"(译注：英语表示所属的介词，在很多场合下，可以翻译为"的")和"but"(但是)之类的词汇。]

后一种方案涉及将词汇分解为意义的组成单位，如ran["run"(跑)的过去式]＝跑的动作＋过去时态，或者day＝由太阳衡量的时间单位。这样，一种语言中的大约100 000个词汇，就可以通过可控数量的意义元素(大约有1 000个)来构造。语言学家用词素来表示小于词的意义单位。然而，无论在口头语言还是书面语言中，这些意义单位都并非独立的单元。例如，"boys"(男孩子们)包含了词素"boy"和表示复数的词素"s"。尽管"ran"可以说包含词素"run"和"过去时态"，但是在"ran"的拼写中，显然不能以一种简单的方法来对其进行表征。相反，上述对"day"进行的晦涩且独特的分析，并非词素分解。即便如此，对于一个词汇能否分解成词素以及用什么方式分解恰当，有时仍然有争议。这表明，语言的自然单位是词而不是词素。然而，口语对词汇的界定也并非没有问题。这些问题可以用下述事实来加以说明："basketball"(篮球)的两词素之间没有空格，而"tennis ball"(网球)两词素之间却有空格。我们没有什么原则性的理由对此做出解释。因此，用中间没有空格的字母串来定义词，并不令人满意，因为这样定义仍然没有一种用于判断某一字母串是否是词的原则性方法。另外，大部分复合词开始是两个词，随着使用频率的增加，后来就演变为没有空格的一个词。有些语言学家(如 Selkirk，1982)尝试对词做出更规范的定义，如将某些有空格的复合词[如 punch card(穿孔卡)]定义为词。

词和词素作为语言单位存在的必要性，并非本书探讨的内容，此处不再赘述。然而，即使表层分析也能看出，两者都不是语言的自然单位。在双音节词汇中，如 foot-stool(脚凳)或 bending(弯曲)，词素是语流的基本单位(在该例子中，词素与音节一一对应)，之所以判定这些双音节序列为词，其依据是理智者可能不会同意的相对抽象的标准。相反，在前述"ran"一例中，语流的自然单位是词，而词素("run"＋过去式)是更抽象的单位。大部分表意文字系统都用符号来表示词和词素，这一事实乃是两种分析单位真实性的佐证。在继续讨论其他文字系统之前，应该谈一谈表意系统的一大优势：不需掌握其口语，即可对它进行解码。个体只要知道这些符号的意义，就能够解码书面语言的意义。的确，汉语文字系统的不同变体可用于对互不理解的不同语言进行编码。

## (二)音节(syllabic)原则

解决表意系统所面临的困境的一种方案是：放宽标准，不再严格要求一幅画必须和一个词或词的一部分的意义相对应。例如，我们可能很难想出一个符号来表示"标签"(label)一词，所以可能用表示"lay"(躺)的符号(如画有一个躺着的人的图画)和表示"bell"(钟)的图画来表示。也就是说，我们允许用表示"bell"的图画来表示"/bell/"的发音，至于发音是否和"bell"的意义有联系，则不予考虑。这种用有意义的图画来表示词汇读音的过程，有时被称为画谜原则(rebus principle，以音画为提示的字谜)，大部分读者或许曾在字谜游戏中或者连环漫画书、报纸上见到过。用图画表示的语音单位当然未必是单音节。事实上，许多文字系统都有一些表示单音节的图画，也有一些表示双音节的图画(Gelb，1963)。

如果一个人遇到一种使用一个符号表示一个语音单位的文字系统，人们很自然而然地就会产生疑问：是否需要赋予字符意义？如果用一个字符只表示/lay/这个音而不考虑其意义，那么，为什么还要为选择一幅能表达众多意义的图画而煞费苦心呢？为什么不用一个任意符号(那些更容易画出来的)来代替/lay/这个音节呢？答案在某种程度上取决于需要表示的音节(或可能是更大的单位)的数量。一种语言到底有多少个音节呢？以英语为例：英语有 28 个辅音和 20 个元音。音节可能由辅音＋元音(CV)构成，如/ba/或者/lay/，元音＋辅音(VC)构成，如/ad/，或者辅音＋元音＋辅音(CVC)构成，如/bat/。如果只考虑最后一种情况，即 CVC 组合，假如所有组合都合理的话，英语有大约 $25 \times 10 \times 25$，即 6250 个音节。然而，在所有的组合中仅仅一部分组合是合理的，因此，大部分语言都有大约 1000 个音节。但是，有些语言，如日语，只有大约

100 个音节，因为大部分音节为同一种形式(在日语中，除一个例外，所有音节都是 CV 组合)。

如果只需要用符号来表示 100 个音节，那么用任意符号来表示似乎是可行的。但是，如果有 1000 个音节，那么用任意符号来表示就行不通了。符号数量少于音节数量这一问题的第一种解决方案是：用一个符号表示若干个音节。例如，可以用一个符号来表示/ba/、/bi/和/bu/，或者用一个符号来表示/du/和/tu/(在上述"label"一例中，我们使用过这种方法，因为第二个音节的发音近似于"bell"的发音)。显然，这种系统经常会存在一些歧义，而且两个截然不同的词可能有完全相同的书写形式。如果选取符号的方法很巧妙的话，那么歧义词的数量可能就不会太多，而且歧义词通常可以通过上下文解歧。当然，即使在口语中，发音相似的词也要用同样的方式来解歧。例如，"bank"有几种不同的意义，可以指金融机构，也可以指河岸。

第二种解决方案是：转变符号所代表的音节。例如，可以用两个符号来表示"bam"(欺骗、迷惑)，一个表示"ba"，另一个表示"am"，甚至可以用"cl""la""am"来表示"clam"(蛤蜊)。如果选择不创造图画符号，世界上的语言倾向于采用上述两种解决方案。然而，第二种方案扩展了音节与符号一一对应的规则，因为符号经常被用于表示更小的单位。事实上，如下文所述，音节语言和字母语言之间的区分，常常是模糊不清的。

## (三)音位(phonemic)原则

众所周知，在口语中，英语字母是小于音节的语言单位。虽然在前面已有论述，音节是不需要正式定义的语言单位，但是音位作为更小的语言单位，却并非不言自明。人们首先可能想到的是，音位是能够单独说出来的最小单位。然而，有些音位("爆破音"：/b/、/p/、/d/、/t/、/g/和/k/)不能孤立地发音，其前面或后面需要有元音。但是，认为音位是语流中最小语音单位的观点，基本上是正确的。(不过，认为"一个字母代表一个音位"的观点，则是对"字母原则"过度简单化。关于这一点，下文将详述。)

此处需要对一些略显模糊的概念予以澄清。语言中并非所有存在差异的语音都是不同的音位，只有在语言中举足轻重的语音才是音位。例如，/keep/和/cool/中的/k/的发音不完全相同：发两个/k/音时，如果注意舌位的话，你就会发现两者的位置不同，而且在这两种情形下，实际上，发出的音也不同。(读这两个词时，如果将手放到嘴前，两者的差异就很明显了。)这种可区分的语音称为音位变体。我们可以用"k"表示"keep"中的/k/音，用@表示"cool"中的/k/音。之所以没有用两种符号来表示这两种发音(况且若无人指出，多数英语母语者并不能意识到两者的差异)，原因是在英语中不需要做这种区分。也就是说，从来都没有两个词仅仅因为这种区分而不同：英语中也从来没有两个词仅仅因为那个音而产生差异，因此，我们不需要用字母@区分"keep"

和"@eep"。所以，音位是一个范畴：凡是语言中不加区分的音位变体都属于同一个音位。语音的范畴化因语言而异。在有些语言中，上述两种"k"的发音确实需要区分，因此两者在这些语言中分属不同的范畴，为不同的音位（而且用不同的字母来表示）。相反，/l/和/r/在日语中却是同一个音位。

用符号来表示音位而非更大单位的明显优势是，需要的音位的数量较少。人类所有语言所使用的音位不足100个，英语等主要语言采用了其中大约40个（见图2-1）。音位的数量可能受制于人说话时能够摆出的口形与对快速连续信息感知时能够区分的精细度。

此处需要做出几点说明。第一，绝大多数音位是辅音。这在英语字母表中可以得到体现，其中有21个辅音符号、5个元音符号。第二，字母与音位之间并非简单的一一对应关系。有些音位由两个或两个以上字母来表示，如"sh""ch""th"，尽管这些音位不是字母发音的组合（如/sh/不读作/s/＋/h/）；相反，某些字母可以表示多个音位的组合。例如，在英语中，"j"通常是发/d/＋/zh/音的组合，"x"发/k/＋/s/音的组合。此外，凡是英语母语者都知道，某些字母可以表示多个音位。尽管英语在这方面可能比较极端，但是，在多数拼音语言中，这是事实，元音尤其突出。

因此，虽然理想的字母表应该是字母与音位对应，一音位一字母，但是，事实上，音位与字母通常并非一一对应。原因可能有以下几种。第一，经济性。一种语言中字母的数量通常少于音位的数量。虽然用较少的符号来表示音位可能会导致歧义，但若用较多的符号来表示音位，则不仅意味着需要更精细的视觉辨识能力，而且可能导致阅读与书写速度的降低。第二，说话人之间以及同一个人在不同的语境中，所发出语言信号有差异。这种差异在元音上表现得更为明显。元音的发音在不同个体之间就存在很大差异（不同方言的发音尤其突出），而且字母表的发明者或许已经决定忽略这其中的许多不同（如"i"在某些英语方言中发作/aye/，而在另一些方言中则发作/ah/）。第三，同一个词在不同的语境中，发音不同（如"the"根据其后续词汇首音是辅音还是元音，可读作/thuh/或/thee/）。第四，或许极为重要的是，字母表的发明者可能没有真正地理解什么是音位。一种语言基本音位的发现，需要进行一种特殊类型的分析，而这种分析需要分析者对说话者实际发出的声音具有高度清楚的意识。这是一项非常困难的任务，难点在于分析者必须完全忽略话语的意义（如上面提到的"thuh-thee"例子）。

至此，需要对另外一个术语做一界定。如果世界上的各种语言经常用一个字母来表示多个音位，那么，用同一个字母表示相似的音位，就说得通了。语言学家匠心独运，提出了区别特征系统，来描写音位之间的差异。可以用一个例子来清楚地解释区别特征。塞辅音［/b/、/p/、/d/、/t/，（硬音）/g/和/k/］都具有阻塞这一区别特征，都通过在口腔某个部位短暂切断空气流发出来的。这些音位可以通过另外两个区别特征，即浊化和发音位置，进一步区分开来。浊化是指在辅音发音过程中声带是否振动：发浊辅音/b/、/d/、/g/时，声带振动；发清辅音/p/、/t/和/k/时，声带不振动（发这

6个音时，可以把手放到喉部，感受一下）。发音位置是指声音被阻隔的位置：/b/和/p/在口腔的前部声音被阻隔，/d/和/t/在口腔中部声音被阻隔，而/g/和/k/在口腔后部声音被阻隔。

当然，其基本思想是，区别特征反映音位的结构。如果两个音位有许多共同的区别特征，那么两者就是相似音位。总的来说，拼音语言表现的经济原则，可用区别特征来解释（尤其是元音）。长元音和短元音只有一个区别特征，通常用一个字母来表示。同样，"th"在英语中可以表示两个音位（如在"this"和"thin"中），而两者的区分只有浊化一个区别特征。其他经济性原则似乎更有任意性，如硬音"g"和软音"g"是两个截然不同的音位。

| 辅音 | | 元音 | | 音位组合和双元音 | |
|---|---|---|---|---|---|
| 音标 | 示例 | 音标 | 示例 | 音标 | 示例 |
| p | pill | i | seat | j | jar |
| b | bill | ɪ | sit | m | where |
| d | done | ɛ | set | ay | bite |
| t | ton | e | bait | æw | about |
| g | gale | æ | sat | ɔy | toy |
| k | kale | u | boot | | |
| m | mail | U | put | | |
| n | nail | ^ | but | | |
| ŋ | ring | O | coat | | |
| s | sing | ɔ | caught | | |
| z | zing | a | cot | | |
| f | fat | ə | sofa | | |
| v | vat | ɨ | marry | | |
| θ | thin | | | | |
| ð | then | | | | |
| š | shin | | | | |
| ž | measure | | | | |
| c | chin | | | | |
| l | late | | | | |
| r | rate | | | | |
| y | yet | | | | |
| w | wet | | | | |
| h | hit | | | | |

**图 2-1　用于表示英语语音的标准音标**

注：所列辅音与元音显然都是基本音位，而最后一栏中的语音则可被看作音位的组合。然而，在本书中，我们将采用一种较为非正式的方式来表示语音，用斜线与斜线内的准确的发音来表示某个发音（如用/dawg/表示"dog"的发音）。

你可能会问：一种文字系统能否建立在区别特征的基础之上呢？假如可以用一系列区别特征来定义一个音位，那么原则上，我们就可以用表示一个区别特征集合的符号集合来表示语言。为什么多数语言无法表征区别特征，原因之一可能是，与音位表征相比，区别特征的表征需要对语言进行更细致的分析，而且元音是否有一个令人真正满意的区别特征集，尚不清楚。文字系统之所以止于音位层面，第二种可能的原因是，区别特征表征并不比音位表征更为经济，因为音位表征所需的符号数量（25～40个）似乎并没有给读者带来太大的负担。然而，在韩语（Hangul，韩语的一部分），区别特征非常重要。关于韩语字母，将在下文详述。

总而言之，最后一个被广泛运用的书写原则是，试图用人们称之为字母的书写符号来表示口语中的每个音位。然而，世界上只有少数语言（如芬兰语）基本遵循了这一原则，大部分拼音语言只是大致相符而已。关于出现这种情况的原因，我们做过臆测，本章在后面讨论具体的文字系统时，会详细论述。

拼音语言并没有严格遵守一音位一字母原则——用一个字母来表征一个音位——这一事实或许让我们注意到了文字系统最重要的一点。从前文论述可以看出，有几种语言单位，如词、词素、音节、次音节（subsyllable，如元—辅音组合）、音位，甚至是区别特征，在文字系统中都可以作为表征的基础。原则上，可以构建一种文字系统，只表征其中的某一个单位。但是，在实践中，没有一种文字系统是纯粹单一的系统，相反，许多都是几种类型的混合。

# 二、文字简史

没有人知道人类何时掌握了说话的本领，但是，一般认为，口语至少在 100 000 年前就形成了，而且可能比这还早。猿人（如爪哇猿人和北京猿人）至少出现于 1 000 000 年前，其大脑和现代人的大脑没有很大差异。目前较为一致的观点认为，说话的能力是大脑进化的结果。人类大脑中与语言相关的某些区域，比猿脑相应区域大得多。此外，对大多数人而言，在言语控制功能上存在双侧不对称性：左半球大脑皮层的某些区域专门负责语言功能，表明这是一种独一无二的遗传程序。尽管黑猩猩的大脑功能也呈现出不对称性，但是人类和其他猿类之间则似乎具有质的差异。

相反，书写是人类相对现代化的活动，而且读写能力并不是由生物变化产生的，而是由社会文明变迁引起的。对于会说话的人类而言，具备阅读和写作能力的先决条件是，必须从属一种崇尚读写的文化。然而，因为阅读涉及其他各种能力，如视觉，因此，它可能比口语更耗费语言能力，而且一般来说（与口语相反），必须由他人用语言来教授（我们将在第十章至第十二章详尽全面地讨论这些问题）。

文字肯定是人类历史上最重要的发明。没有文字作为媒介，人类知识相互借鉴、积累的机会可能受到极大的限制。文字不仅使得人类思想得以永久保存，而且还大大拓展了人类表达的广度和复杂性。如果没有文字，这一切都不可能实现。显然，埃及、近东、印度、中国和希腊等地区发生的第一次"知识大爆炸"，在很大程度上是由于文字的发明而引起的。

按照最宽泛的定义，最早可被看作文字的人工产物，乃是具有 20 000 年历史，发现于法国南部、西班牙北部的极其漂亮的著名岩画。岩画大多是动物图像，但也有人物图像，大概是在讲述某种故事，或仅仅是出于情感表达、巫术或宗教的目的。此外，在其他地区还发现了各式各样类似的图画，可追溯到近东伟大文明兴起之前。但是，最早显然可称之为文字的人工产物，可追溯到大约只有 5 500 年以前的美索不达米亚。

为什么文字出现如此之晚呢？可以推测，这可能有其文化原因：社会财富必须足够丰富，才会使人有充裕的时间来创造文字系统，而且，这样才会使许多人有闲暇去学习这些文字。此外，还必须要有一些值得记录下来的事情。最早大规模实行灌溉农业的文明显然可以提供足够闲暇，创造书写的机会(至少在统治阶级中)。然而，文字在这些文化中是如何演进的，就不得而知了。以句子形式记录的最古老的文字(在现在的伊拉克发现)的出现似乎是为了记录商业交易，而在其他文化中发现的最古老的文字的出现则是出于其他目的(如描述国王的功绩)。但是，我们并不能确定所发现的人工产物就是某一文明的代表性文字。另外，关于这些文字的直接前身，我们仅有为数不多的一些线索，而且这些线索的重要性还远远没有搞清楚(Gelb，1963)。

## (一)苏美尔语和楔形文字

最古老的苏美尔文字可追溯到公元前约 3500 年，目前尚未全部破译。苏美尔文字看似象形文字，并且可能与克里斯托弗·哥伦布在本章开篇所举的例子一样，这种文字是一种原始的文字系统。然而，这种文字系统(至少从我们远距离的视角来看)发展很快。其他稍晚出现的人工产物不仅用传统符号，如太阳的图画，来表示太阳、时间、天，而且用箭头的符号(发音为/ti/)表示箭，表示生命(Diringer，1962；Gelb，1963)。因此，在语言发展的早期历史上，人们已经不再完全依赖图形符号来表达意义；至少有一些符号是表示一些具体的声音。

约公元前 3200 年，文字经历了另一次重要的发展。因为在这一地区，黏土是一种比较容易获得的材料，所以越来越多的文字出现在黏土上。显然，为了加速书写的过程，文字符号是用短笔按压到湿泥上(而不是画出来)的。这意味着符号是由短的线段组合而成的，而不是使绘画更自然的平滑曲线。典型的符号可能由 3~10 条线段组成，乃是极其程式化的图画符号。(假如图 2-2 所列符号乃是此类符号典型例子的话，那么那些不精通该文字系统的人能否猜出超过 10% 符号的意义，尚值得怀疑。)由于在制作这些线段时，使用工具按压用力不均，线段就变成了楔形(一边粗一边细)。这种文字系统的命名反映了这种特征——楔形。

因此，在大约仅仅 300 年里，这种文字系统就已经从只能传达信息大意的、原始的图画文字，发展成了一种相对程式化的系统。在这种系统中，符号以一种相对抽象的方式表达意义，而且对一个符号代表一种声音，而不是一种意义，这一原则具有一定的依赖性。从下文可以看出，下述规律很有普遍性：完全依赖图画来表达信息的意义，往往只是一个很短暂的阶段，很快就会发展为一种使用符号表音、表意的文字系统。正如我们在本章前面提到的，这种变化具有重要意义。事实上，语言中每一个单词都用一个可识别的图画来代表，显然是不可能的。虽然使用几幅图画表达一个单词的意义可行，但是很笨拙，因此，作者和读者很快会寻找其他解决方案，即使符号变得更具图式性及/或没有意义。

初期，苏美尔文好像采用同样的符号代替几个意义相关的词，或者几个发音相

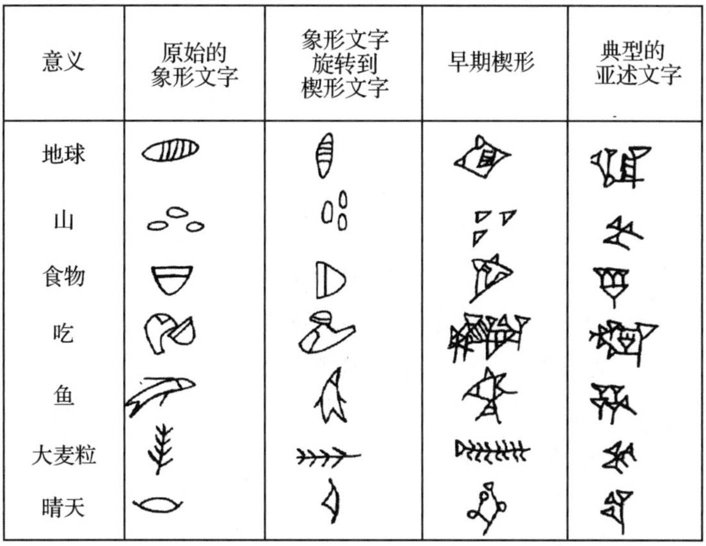

**图 2-2　古亚述语从图画符号到更抽象的楔形文字的演化实例**

注：根据迪林格(Diringer，1962)的研究。已获得泰晤士与哈德逊(伦敦)出版公司授权。

同的词，希望能够通过上下文推测其正确意义，就像英语读者读到"He put the jewels in the chest"(他把珠宝放到了箱子里)便知道"chest"的意思是箱子，而不是身体的一部分。然而，文字系统中有两种译解符号的方法。第一种方法是使用语义提示符，即表明词汇所属范畴的(如鸟类、国家、数字、复数名词)不发音的符号。第二种方法是使用某种线索来提示发音。因此，假如某一符号可替代数个意义相关、发音不同的词汇(如"sun""day""time")，那么其后可以后续另一符号，称语音提示符(phonetic complement；如可以替换/ime/这个音节的符号)。结果，两个音节组合起来，可被解读为"一个意思是太阳，但发音像/ime/的单词，那么这个符号一定是'time'(时间)"。上述两种方法在用符号表示单词意义的文字系统中得到广泛使用(而且汉语中仍在使用)。

楔形文字系统被几个使用不同语言的群体采用。约公元前 2500 年，阿卡德人(又名巴比伦人和亚述人)开始使用楔形文字，其语言遍布中东地区。至公元前 1700 年前后，这种文字系统开始相对规范化，采用了 600～700 个符号，其中约一半表示含义，另一半表示发音。关于是否所有表示声音的符号都是音节，或者也有一些用来表示音素，学者们观点不一(Gelb，1963)。楔形文字还传播到了其他群体中，约公元前 2500 年传给埃兰人，很久以后(约公元前 500 年)才又传给波斯人。埃兰语文字系统中采用了约 100 个楔形符号，多数用来表示音节，而波斯语文字系统中仅采用了 41 个楔形符号，全部表示音节。

同古代所有文字系统一样，直到 200 年前，楔形文字完全是一个谜。幸运的是，楔形文字为波斯语所采用，因为波斯语是与英语相关的印欧语系的一种语言。即使如此，我们首先必须推测波斯楔形文字系统中字符代表的音节，然后才能破译其音节。波斯文字系统的破解耗费了大约80年的时间，为加速巴比伦文字系统以及其他各种楔形文字(包括原始的苏美尔文字)的破解奠定了基础。然而，古代语言完全破解者极其稀少。

## (二)埃及文字

原始的埃及文字，即象形文字("hieroglyphic"的意思是神雕)，几乎同苏美尔语一样古老，可追溯到约公元前3000年。古埃及文字究竟是源于苏美尔文字，还是独立创造的，目前尚不得知。从现已发现的最早文字来看，埃及文字表音的程度非常高。其中有些符号表义("logographs"，义符)，有些符号表示语音(单音节或双音节)，还有一些符号是语音提示符(给出某个单词的发音线索)和语义提示符(提示某一单词的范畴)。

象形文字是后人给的名称，因为这种文字主要用于圣书或碑文的书写，而且通常刻在石头上(至少目前搜集到的文物如此)，但是有时也用于其他目的，以木头和草纸之类为书写材料。这些符号非常精美(见图2-2)，但是不适合世俗(如商业交易)目的。因此第二种文字系统——僧侣书写体(hieratic)文字便发展起来，但比象形文字出现略晚。这种文字略似草书象形文字，用毛笔书写。然而，这些文字略有简化(同楔形文字一样)，字形与其表示的意义之间，关系越来越小。与草书相似，许多符号连在一起。第三种文字(仍是草书)被称为通俗(demotic)文字(大众文字)，出现于约公元前700年。这种文字采用的符号更简单、抽象。

破译古埃及文字的可能性较大，因为后期颁布的法典通常用象形文字、通俗文字和希腊文等(已成为该地区的支配语言)三种文字起草。之所以采用象形文字书写，可能是为了强调法典的神圣不可侵犯。1799年发现的著名的罗塞塔石碑(见图2-3)作为此类文献之一，有助于人们借助希腊文来破译象形文字和僧侣书写体文字(研究者已经破译了古埃及语的最后一个发展阶段的文字——科普特文)。

## (三)汉字

最早的汉字比近东各种文字出现得明显要晚，可追溯到约公元前1500年。其形式与现代汉字差异很大，后世学者最初并不能理解这些文字。尽管到目前为止已确定了近四分之一符号的意义，但还有大部分没有完全被破译出来。汉字一个非常有趣的特征是，至少可以确定有些符号是表示声音的(类似语音提示符)。这使研究者相信：要么这些上古文物上的符号并不是汉字的开端，而是存在更古老、更有图形性的文字，但已丢失或尚未发现；要么汉字源于近东的文字系统。目前尚没有更可靠的证据，足以在几个可能性之间做出抉择。

汉字符号的形态随着时间的流逝发生了变化(尤其是在公元前3世纪发明了毛笔和公元2世纪发明纸张之后)，但是书面语言的结构自最初的文字出现以来几乎没有变化(自公元100年以来，形式也几乎没有变化)。我们将在下文中继续对汉字进行探讨。

**图 2-3　罗塞塔石碑照片**

注：该碑是破译象形文字和僧侣书写体文字的关键，上部为象形文字，中间为僧侣书写体文字，下部为希腊文。

然而，这里需要强调两点：①尽管汉字源于图画，但通常都很抽象，对于没有学过汉字意义的人而言，显然不可辨认；②这个系统不仅仅是每个词都有一个符号（或者词素）来表示，而且在文字系统中也有表示发音的符号。

## （四）其他原始的文字系统

在印度河流域（现在的巴基斯坦）发现的古代文字可追溯到公元前 3000 年到公元前

2500 年。目前尚没有证据表明，这种文字系统借鉴过其他任何文字系统。然而，人们尚未发现，该地区在公元前 2500 年到公元前 1000 年，存在任何文字，因此，早期文字在文字发展历史中的重要意义，尚难以推知。这种文字系统所使用的符号是象形文字，但是由于迄今仍未破译出来，人们对这种文字系统所知甚少（因为有大约 300 个符号，所以所遵循的不可能完全是音节原则）。

新世界伟大文明的文字，尤其是玛雅文和阿兹特克文，之所以成为有很大争议的话题，在很大程度上是因为它们几乎完全没有被破译出来。这一事实是种族主义和文化主义的产物。这些语言的各种变体至今为人们所使用，而且直到 200 年前，人们仍然在使用诸如玛雅文写作。然而，西班牙人对土著文化并不感兴趣，甚至千方百计毁灭其文字。

西班牙人保留了足够的信息，有助于对玛雅文中表示时间单位的符号的了解。因此，其中某些历书性质文本的意义显而易见。日历可以极其准确地确定一年的时间长度。然而，由于得到破译的书面语言极其稀少，因此对其文字系统几乎没有任何把握。例如，迪林格认为，玛雅文和阿兹特克文基本上与古埃及文和苏美尔文的第二阶段，处于同一阶段（如包含一些音节符号），然而盖尔布（Gelb，1963）却认为它们是比"真正文字"更古老的文字系统（大概处于前述克里斯托弗·哥伦布例子的水平）。

## 三、字母的发展

多数人都在学校学过，字母的发明仅有一次，并且是由腓尼基人发明的。这种观点基本正确，因为所有的拼音文字系统都可以追溯到腓尼基人。然而，至于腓尼基文字系统能否称得上真正的拼音语言，尚有争议，因为这种系统没有表示元音的字母。从字母与音位——一对应这个意义上来说，世界上第一个可毫无争议称得上是拼音文字的，非希腊文莫属。

字母并不是来自某个人的灵感，而是逐渐发展出来的。如前所述，早期几乎所有文字系统都采用了某种语音原理，而且，至 2000 年，埃及文字和楔形文字两种文字系统都出现了许多表示音节的符号。正如我们在引言中所说，音节文字（基于音节的文字）和拼音文字（基于音位的文字）之间的区别，并非泾渭分明。

所有通用的音节文字均包含大约 100 个符号（这是否是强加于作者和读者的实际限制，目前还不清楚）。由于近东的各种口头语言中所包含的音节多于上述数字，因此必须用一个符号来表示几个音节。关于音节组合的标准原则，前文已有述及。第一个原则是，用一个符号来表示含有相同辅音的多个音节集合。例如，可以用一个符号表示 /bat/、/bit/、/bet/、/but/、/bot/、/boot/等，或者用一个音节来表示/ta/、/ti/、/tu/、/toe/，等等。第二个原则是，用同一个符号表示几个共享同一元音、辅音不同

（但相似）的音节。例如，可以用一个符号表示/tak/、/tag/和/taq/(q 表示相关的辅音，但英语中不存在这种情况）。巴比伦楔形文字采用了这两种多重表示方法，但以第二个原则（保留元音，弱化辅音）为主。然而，埃及文字系统普遍使用的则是第一个原则。在楔形文字系统中，也可将两个符号组合起来表示某些音节，如用/ral/来表示/ra/＋/al/。

从上述讨论可以看出，字母元素存在于两种不同的文字系统中。在埃及文中，表示所有/t/＋元音音节的符号，与表示音位/t/的符号非常接近。此外，楔形文字系统用两个音节来表示一个音节，表明小于音节的单位在文字系统中亦有表示。但是，如前所述，音节表示法只是楔形文字和埃及文字遵循的一个原则而已，另外还有表示意义的字符。在这一时期（公元前 2000—前 1000 年）近东还有其他类似的文字系统。

公元前 1300 年左右，在腓尼基地区（现今黎巴嫩和叙利亚）出现了第一个全新的文字系统，完全抛弃了象形符号和表示多个辅音的符号。这个系统采用了 25～30 个符号，每个符号对应一个辅音。如前所示，腓尼基文字系统是拼音文字，还是音节文字，学者们尚有争议。此处，我们不需要关注争议的细节，因为该系统的基本特征已一目了然：①所有符号都表示辅音，辅音可进一步组合成为包含多个辅音的音节；②元音偶尔用符号来表示，所以，这种文字系统的语音表征规则还不够完善。

虽然腓尼基文是目前已发现最早的文字，但大约同一时期，许多使用闪米特语（如古希伯来语）的地区还存在其他相似的文字系统。这一地区各种文字之间的相似性显然说明，该地区的人们接触广泛。今后的一些新发现很可能会表明，有其他群体在腓尼基人之前发明了该文字系统。然而，腓尼基人是早期伟大的航海家和商人，在将这种文字系统传播到世界各地的过程中，起了重要作用。所有已知的拼音文字系统都源于腓尼基文字系统。

字母—音位对应原则的演化似乎经历了两个阶段。第一阶段只有表示辅音的字母，之后（随着希腊语的形成）才有了表示元音的字母。为什么会这样呢？可能性之一是，这种演进是势所必然，因为话语所传达的信息大部分由辅音承载，如"s""ths""phrs""sggsts"等。然而，有迹象表明，这种演进根源于具体的语言。请不要忘记，埃及文字系统也没有表示元音的符号（不同于巴比伦楔形文字）。古埃及语和闪语（semitic[①]）中的大量词汇都存在一个共同特征，即辅音表达基本意义，元音表示形式。因此，希伯来语与阿拉伯语的辅音序列/k/、/t/和/b/(可以用/k * t * b/来表示）在书面语中所表达的意思有多种（如在希伯来语中，/katab/意思是"他写"，/kaytib/意思是"作者"，/kit/意思是"书籍"）。尽管这一规则在其他语言中有时也有体现［如英语中的"ring"（按铃）、"rang"（ring 的过去式）、"rung"（ring 过去分词）］，但在古埃及语和闪语中更为重要。

---

① 其中包括古希伯来语、阿拉伯语、阿拉米语、腓尼基语、亚述语、埃塞俄比亚语等。——译者注

因此，在这些语言中，信息的意义不仅可以从辅音的表征中获得，而且意义的要素也可以用辅音来表达。

字母—音位对应原则并非凭空创造，这一事实再次表明，即使双阶段发展并非绝对必要，至少大大简化了拼音文字系统的创造。第一种可能是，另外一种语言字母系统的发明者认为，语音的各个方面（包括口音和重音）都必须以书写形式表示出来，但是完成这项任务极其艰巨。第二种可能是，在闪语族各种语言的口语中，其形式结构直接由其背后的意义结构来表达——辅音表达基本意义，而元音则表达语法形式——这有助于使用该语言的写作者更善于分析语音，从而对语音单位有更清楚的意识。从本书第十章和第十一章可以看出，音位是一个相对抽象的概念，对初学阅读的儿童或者成人而言，肯定不会很明了。

关于闪语族各种语言字母的起源，目前尚有很多未解之谜。从没有符号表示元音这一事实可推断，它们源于古埃及文字系统，用大约相同数量的符号来表示辅音＋元音(CV)构成的音节。然而，这些符号无论是其名称还是其外形，均与埃及文字（或者其他任何文字系统）没有明显的关系，因此，关于从表意音节混合系统向腓尼基语与其他语言的辅音系统的演化问题，学者们并没有达成共识。

虽然腓尼基文字的起源尚无法确定，但其后来的进化历程却相当清晰。希腊人将腓尼基语的符号改造后为己所用。但是，有些保留下来的符号，与希腊字母并不对应，被用作元音。那么，元音的表示是否是逐渐发展的（用于表示元音的许多符号，在闪语族各种语言中所表示的却是像元音的软辅音），或者，是否是某些抄写员突然灵光一闪想到了元音，然后就用保留下来的符号来表示元音，这个问题目前尚没有明确答案。

欧洲所有语言的文字系统，都源于希腊字母。人们创造出一些新字母来表示希腊字母中没有的发音，符号视觉形态也发生了些微变化。然而，基本体系事实上没有变化，保持了 2 000 多年前的原貌。除希腊文之外，现代欧洲还有两个重要的文字系统，一是英语和多数西欧国家使用的罗马字母，二是俄罗斯东正教盛行的东欧国家使用的西里尔字母（南斯拉夫最通用的塞尔维亚-克罗地亚语，现在采用两种字母形式书写）。

其他几种主要的拼音文字系统，通过公元 500 年左右近东的主流语言阿拉姆语，从闪米特语族多种语言（如腓尼基语和希伯来语）的文字系统中派生了出来。闪米特文字取代了楔形文字，越来越多地被用于记录口头语言。阿拉姆语字母表（与希伯来字母表略有不同）经改造，被用于书写阿拉伯语和印度诸语言。上面提到的字母表在东南亚地区广泛传播，波及菲律宾群岛和北非许多地区。这些文字系统中有许多直接建立在闪米特语文字系统（尤其是现代希伯来语和阿拉伯语）基础之上，仍不能完全记录元音。尽管有一些字符被用于表示某些元音，但元音却常常被省略，有时则用标注在相邻辅音上方或者下方的变音符来标记。从这个意义上讲，这些字母系统中有很多都不完全是用字母来表示的。

## 对文字系统演变的评说

在本部分内容中，我们着重讨论了文字系统的演化。事实上，在世界上许多地区，文字始于图画，进而转变为声音的表征（通常是音节的形式），最后发展为字母系统。事实上，任何文化都不能反方向发展，如抛弃音节文字，选择象形文字，或者放弃拼音文字，选择音节文字。因此，从进化意义上讲，拼音文字是"适者"，即在竞争中大获全胜。

然而，上述结论还必须接受以下两方面的检验。第一，为什么拼音文字优于其他类型的文字，原因目前还不清楚。例如，我们没有充分的证据表明，拼音语言的阅读速度快于非拼音语言（如汉语）。有人认为，拼音语言的阅读比汉语阅读易学，但是所谓证据大多是道听途说的。一些非拼音文字系统，如日语，掌握阅读并不困难。因此，字母系统的优势可能与书写和印刷技术有密切关系。书写非拼音语言可能更费时（Taylor，1981），印刷肯定更困难，而且，拼音语言的词典更易于编写与使用。

第二，拼音文字可能更适合那些采用了拼音文字的语言，但是，并不适合那些采用非拼音文字的语言。因此，当今使用的非拼音文字可能并非不合时宜，同拼音文字一样，也可以用以记录口头语言。在后面的内容中，我们将简单介绍一些具有代表性的非拼音文字系统（同时也将介绍一些拼音文字系统），以此来说明当代所使用的文字系统的多样性。

# 四、当代几种文字简介

## (一)表意文字：汉语

汉语的文字系统（及其变体）是现今唯一普遍使用的重要的表意文字系统，因此非常值得在此进行详细探讨。然而，从下文可以看出，若将汉字笼统地归为图画文字，则不免过于简单化了。另外，与汉语类似的语言究竟需要多少字，关于这个问题，目前仍然存在困惑。英语的词汇量为 100 000，甚至更多，所以人们有时假设，汉语也需要这么多字。然而，汉语的词汇量要少于这个数字，因为英语许多词汇有曲折变化[如 word（单数）—words（复数），bring（动词原形）—brings（动词第三人称单数）—brought（动词过去时与过去分词）]，而汉语词汇却没有曲折变化。汉语之所以不需要上万个字，一个重要原因是，一个字即一个词素（亦是一个音节），而不是一个词。① 例如，

---

① 汉语的字肯定是音节，很多字既是词素，可以跟其他语素组成词，又是可以独立使用的词，而有些字只能是词素，跟其他语素组合成词。——译者注

"北京"的意思是北方的首都，由两个字组成，一个是"北/bei/"，另一个是"京/jing/"。《康熙字典》收录了 40 000 个汉字(近代编纂的字典收录多达 80 000 个汉字)，但一部收录大约 8 000 个汉字的字典就可以满足大部分需求(Martin，1972)。据报道，中国的小学生只要掌握 3 500 个汉字，就能够顺畅地阅读书报。这听起来似乎很难，但确实如此。20 世纪，中国的学校改变传统教学方法，开始教儿童先用拼音(汉语的一种注音方式)阅读，然后再教授传统的表意文字。事实上，所有受过教育的中国人都在其受教育期间的某个阶段学习汉字。

值得一提的是，如普通话和广东话这两种口头语言都有一个重要特征：两者都有声调。也就是说，同一个元音可用几种不同的音高曲线(如升、降、升、降①)来发音，声调具有表意功能，它改变了音节的基本意义(英语中，音高的变化只能传达语用信息，如焦点)。因此，汉语的音节多于非声调语言。这就使(由任意字符组成的)音节文字不可能适用于汉语。然而，音节的数量仍远远少于词素(与汉字)的数量，因此，汉语(同大多数书面语言一样)存在同音异义现象。

汉字通常可以分为六类(Taylor，1981)。② 第一类是象形字(pictographs)，用于表征一种事物。然而，这种表征往往已经高度程式化(见图 2-4)。例如，表示太阳的汉字最初是一个圆圈中间加一个点，现在却变成一个长方形中间加一横线。第二类是简单表意字(simple ideograph)，即表达意义的汉字。例如，表示"上"和"下"两个汉字分别用横线，上、下一点以及一条垂直线来表示。第三类是复合表意字(compound ideograph)，由两个或两个以上简单的象形字或表意字组成。例如，"明"是由"日"字和"月"字组成的，而"好"是由意思为女性、妇女的"女"字和意思是孩子的"子"字组成的。第四类是类比字或者派生字(analogous or derived)，即大致以某种隐喻的方式表达意义的汉字。例如，用意为渔网的"网"字来表示网络(network)。第五类是语音假借字(phonetic loans)，即根据画谜原则，用汉字来拼写借自外来语言的词汇。第六类是音义合成字(semantic-phonetic compound)，这类汉字由两个部件组成，一个表示大概的意思，另一个提示发音。因此，"妈"发音为/mā/，写成"女"(发音为 /nü/)加"马"(/ma/)。其基本意思是"发音为/ma/的女人"[表(提示)音的部件通常与整个音节仅仅发音相似]。这些组成复杂汉字的部件有时要压缩变形，以便能够写得紧凑一些，有时还会以相当复杂和重叠的方式进行排列。

---

① 这里实际上指汉语的声调，如普通话的四声。但是，一些南方方言有不止四个声调。——译者注

② 应该注意的是，此处对汉字的分类跟国内文字学家的分类并不一致，所以很难采用汉语文字学研究圈子里通用的术语。——译者注

| 范畴 | 示例 |
| --- | --- |
| 象形字 | ⊙ 日 sun<br>☽ 月 moon |
| 简单表意字 | ‥ 上 above<br>‐ 下 below |
| 复合表意字 | 日，月→明 bright (sun, moon)<br>女，子→好 good (woman, child) |
| 类比字或派生字 | 网 fish net; extended to any network, cobweb |
| 语音假借字 | 米<br>來 } /lai/ ↓ wheat<br>come |
| 音义合成字 | 女，馬→媽 (woman) /nu/+(horse)/ma/<br>=(nurse)/ma/ |

你　知道　準確　的　時間　嗎
you　know　correct　(suffix)　time　(particle)

图 2-4　（上图）汉字的类别；（下图）汉语的一个例句（引自 Taylor，1981，获得学术出版社授权。）

上述分类清楚地表明，汉字不是最小的单元，很多汉字由部件组成。其中有些被称为形旁（semantic radicals）（如"妈"字中的"女"字）的构字部件有其特殊地位。字典根据汉字的形旁对汉字进行排序，《康熙字典》所有的汉字均可按照 214 个偏旁部首来排列。

因此，似乎学习众多汉字令人困惑的关键，不在于有许多汉字像图画，而在于汉字本身的结构。据估计，汉字中，仅有 5％是独体表意字或者象形字，约 90％都是形声字（Alleton，1970，引自 Martin，1972）。（然而，在语言的实际应用中，独体字的使用频率大于 5％，因为这些都是常见字。）总而言之，汉字不是图画文字，许多汉字都高度程式化，而不是词素组成的图画，而且，在用汉字记录汉语语言时，普遍遵守了语音编码原则。

## （二）音节文字：日语和韩语

日语和韩语的书写很有意思，两者都采用大量的音节文字，而且，事实上都完全可以用各自的音节文字系统来书写语言，并且读得懂。然而，两种文字系统都是混合型，两者的口头语言虽然均与汉语没有相似之处（或彼此之间也没有相似之处），但是它们都采用了汉字。下面对这两种语言逐一介绍。

### 1. 日语

日语除了有些词汇源于汉语之外，与汉语几乎并没有联系。除了词汇和语言结构有很大区别之外，另一个显著区别是，日语不是声调语言。实际上，日语只有约 100

个音节(少于多数西方语言),因为日语没有辅音连缀(consonant clusters),几乎所有音节都是辅音＋元音结构(音节结尾唯一可能的辅音是鼻音,根据语境通常表现为/n/或/m/)。语言中音节数量少,其结果是,如果所有的语素都用单一的音节表示的话,就会产生不计其数的同音异形异义词。因此,日语的词素通常由多个音节构成,而且大部分词汇都是由多个音节构成的,这也就不足为怪了(但是,由于音节结构简单,日语中有大量的同音异形异义字)。因此,若要借用汉语的文字系统来表现日语,那么,一个人可以创造一个字与词素对应的系统,或创建一个字与音节对应的系统,但是必须放弃用字同时表征音节和词素的系统。实际上,日语文字系统乃是不同系统的混合,体现了上述两个原则。

日语文字系统由两种不同系统组合、发展而来(见图 2-5)。第一种为日语的汉字(Kanji),是汉字的一个子集,并且和在汉语中的意思相同。[①] (因此,一个字代表一个词素)。汉字被用于表示实词(如名词、动词、形容词和副词)的词根。这个系统的复杂之处在于,同一个汉字可以有几种不同的读法(发音),其中有一些读法和汉字原本的发音有关(音读),而其他一些读法则和日语词根有关(训读)。但是,每种类型都可能有不止一种读法,结果每个汉字都往往有大约 5 种读法(但是,读法虽不同,意义却相关)。日语汉字的数量比汉语少:日语有官方认可的汉字 1 850 个、非官方认可的汉字 1 000 个。

第二种系统为假名,是中国简化汉字。[②] 这些假名符号组成了一个音节表:一个假名代表一个音节[事实上,假名所表示的语音被称为莫拉(mora)[③],是略小于音节的单位]。日语有 46 个基本的假名字符,加两个变音符("＂"和"。")。这两个变音符可以改变辅音的特征(如确定发音为/ha/、/ba/还是/pa/)。如前所述,日语中音节数量相对较少,用这大约 100 个假名能够表征其所有的音节。因此,从理论上讲,日语可以只用假名来书写。然而,日语文字系统是一种混合体。实词的词根用日语汉字来表示,两种假名具有不同的用途。其中一种是片假名(kata＝片段;kana＝外来名),用来表示借自其他语言的外来词[如"baseball"(棒球)]。另一种是平假名(hiri＝草书;gana＝外来名),用来表示语法前缀和后缀、虚词和部分实词。尽管几对平假名和片假名极少有相似之处,但是平假名基本上是片假名的草书形式(英语也如此,手写体和印刷体有时有很大差异,如大写的 A 和 Q)。

据估计(Taylor,1981),正常日语文本中有 65％的字符是平假名,30％是日语汉字,4％是片假名,剩下 1％是阿拉伯数字和罗马字母。然而,日语汉字所传达的意义似乎比估计多。乍看起来,这种混合文字可能造成阅读学习的困难。但是,实际上,日语的阅

---

① 应该注意的是,当代日语中使用的汉字所表达的意思并非都跟汉语相同。——译者注

② 这种说法不够准确,片假名大致是从汉字部首、笔画演化来的,而平假名则是从草书演化来的。——译者注

③ 节律学的传统术语,指节律的时间或轻重的最小单位,现用于非线性音系学的一些模型,称为一个独立的音系表征层次。——译者注

| 发音 | 片假名 | 日文汉字 | 平假名 | 加(")浊音 | | 加(°)半浊音 | |
|---|---|---|---|---|---|---|---|
| ha | ハ | 八波 | は | ば | ba | ぱ | pa |
| hi | ヒ | 比 | ひ | び | bi | ぴ | pi |
| f,hu | フ | 不 | ふ | ぶ | bu | ぷ | pu |
| he | ヘ | 彡部 | へ | べ | be | ぺ | pe |
| ho | ホ | 保 | ほ | ぼ | bo | ぽ | po |
| ka | カ | 加 | か | が | ga | | |
| ki | キ | 幾 | き | ぎ | gi | | |
| ku | ク | 久 | く | ぐ | gu | | |
| ke | ケ | 介計 | け | げ | ge | | |
| ko | コ | 己 | こ | ご | go | | |
| na | ナ | 奈 | な | | | | |
| ni | ニ | 仁 | に | | | | |
| nu | ヌ | 奴 | ぬ | | | | |
| ne | ネ | 祢 | ね | | | | |
| no | ノ | 乃 | の | | | | |

take both (") & (°)

take only (")

take neither (") nor (°)

鶏肉とベーコンは1.5cmの角に切る。

鸡肉　　　　培根　　　　　　　把（食物）　切
　　　　　　　　　　　　　　　切成小方块

图 2-5　（上图）平假名与平假名；（下图）摘自菜谱上的一个日语句子，用以说明汉字、两种假名和罗马字母在日语中的使用（引自 Taylor，1981，已获得学术出版社授权。）

读速度(见第四章)跟英语大致相当。而且，掌握日语读写能力人口比率是世界最高的，这说明学习日语并不比学习拼音文字更难(可能更容易)。在日语阅读的学习过程中有一个有趣的现象，即儿童一开始先学习假名(平假名)，后来才逐渐过渡到日语汉字的学习。日语阅读困难者的人口比例很低，说明对某些人来说(如 Rozin & Gleitman，1977)，使用音节语言可能是教授儿童阅读的最好办法，即使在使用拼音语言的文化中，也是如此。

**2. 韩语**

从基本外形来看，韩语的文字系统和日语文字系统相似。韩语用 1300 个汉字(同日语汉字一样)来表征大部分实义词的词根，其余全部用表音的韩语字母(意为大字母)表征(如同日文的假名)。然而，朝鲜已经彻底废除了汉字。由于韩语字母有其独一无二的特点，此处有必要进行简单介绍。韩语并不使用任意的字符来表示音节。相反，它是由表征音位和发音特征部件构成的。韩语用 5 个基本辅音符号表示发音时的口形(如"L"形符号表示发/n/音时舌尖的形状)，并且在这些基本符号上添加不同的笔画，来表示区别特征的变化，由此派生出了 19 个辅音符号。长横线或竖线加上一条或两条短线表示元音。然而，这是一种音节文字，因为表征音位的符号不像标准的拼音语言那样线型排列，而是打包成方块来表征音节（如何排列音位符号，存在一定制约规则）。在西方人看来，尽管韩语字母的音节符弯曲度不高，但仍酷似汉字（见图 2-6）。

ㄱ/g/：舌根上翘，抵软腭，阻塞喉部通道

ㄴ/n/：舌尖抵上齿龈的形状

ㅅ/s/：上（ノ）、下（、）齿合拢

ㅎ/h/：发/o/音时不受阻的喉部通道由两条线段连接

ㅁ/m/：嘴合拢的形状

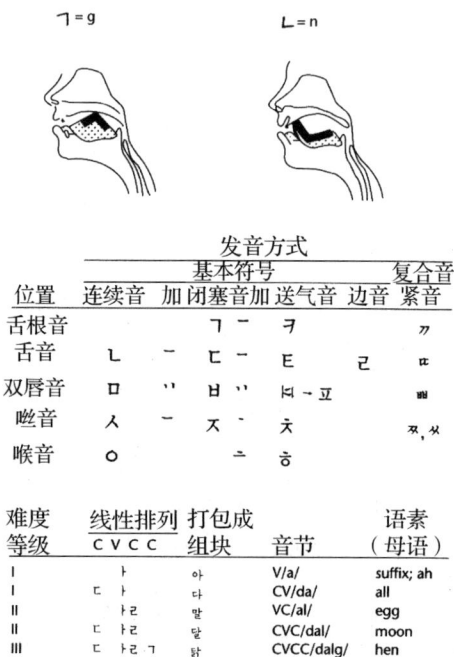

图 2-6　（上图）韩语字母 5 种基本辅音发音方式的图解；（中图）5 种基本辅音符号上添加某些部件派生出其他辅音符号的图解；（下图）三种复杂水平的韩语字母符号打包组块成音节的图解［引自 Taylor，1981，已获得普莱纳恩（Plenum）出版社和学术出版社授权。］

因此，韩语字母的独特之处在于，它是拼音系统与音节系统的混合。韩语中有数千个音节（而日语只有 100 个左右），因此仅仅采用简单的音节系统是行不通的。韩语字母是 15 世纪在当时的帝王指导下创造出来的。同日本的情形相同，韩国人文化水平高，很少有阅读障碍（尽管数据往往并不很可靠），这表明韩语字母乃是一种很好的文字系统。创造这一文字系统的学者，在对拼音文字进行广泛研究的基础上，最终做出了抉择。这一系统是否是对标准拼音文字系统的改良，尚不清楚。

# 五、英语与其他拼音文字

世界上有许多特点各异的拼音文字。本书之所以以英语为重心，一方面，它是本书撰写所使用的语言；另一方面，它是最广泛使用的拼音语言。多数英语读者都很清楚，字母所表征的语音只是近似的读音。然而，只有在某些情况下，发音舛误才纯粹是由于反常规造成的。下面让我们看一下拼音语言中有哪些选择。

作为一种广泛使用的拼音语言，西班牙语的拼写非常规则。西班牙语的拼写与发音密切联系，其表现之一是"ch""ll""ñ"和"rr"都被看作字母。就"ch""ll"和"rr"的情形而言，这就意味着字母组合不仅是两者的混合："ch"的发音与英语类似，"ll"的发音因方言而异，可发/ly/或者/y/，而"rr"一颤动辅音，发音比"r"强。某些辅音有不止一种发音（如"c"的发音可能为英语中的硬音/c/，或者是软音/c/，而"g"或者发硬音/g/，或者发软音/h/）。但是，发音很规则。例如，在"e"或"i"之前发软音，而在其他所有情况下发硬音。所有元音都有长短之分，而且规则简单，很容易做出判断。复合元音中包含一个软辅音。例如，"ue"发作/way/，近似于/oo/和/ay/两个复合元音快速发音的情形。但是，"u"还有其他功能。首先，它总是出现在"q"之后（如同在英语中），并且出现在"g"前面时具有特殊用途。当"u"出现在"g"后、"e"或"i"之前时不发音，仅仅是用来表明"g"在"Guerra"（战争）中发硬音["u"上加一音变符，以表明"u"实际上是发音的，如在"vergüenza"（羞耻）一词中]。另外，还有一些规则表示重音的位置，如果某个词违反了此规则，重音应置于重读音节的元音上。

因此，西班牙语是拼写和发音相近的语言，即只要知道其规则，就能够正确读出单词的发音，但是所适用的规则远远要比字母、音位一一对应的简单语音程序要复杂得多。此外，西班牙语中生词误拼也可能发生，这是因为同一个音可用不止一个字母来表示（如在很多方言中，"s"和"c"都可以发作/s/，而"g"和"j"均可发作/h/）。然而，有一种语言（芬兰语）更符合字母、音位对应原则。在芬兰语中，一个字母表征一个辅音（一个辅音用一个字母来表征），而且元音亦有合理的表征（尽管元音在不同的语境中要发生一些微妙的变化）。虽然如芬兰语拼写规则这样简易者相当罕见，但仍然有另外几种语言（如意大利语、塞尔维亚-克罗地亚语和匈牙利语）的拼写和发音之间的关系，同西班牙语一样直接。这就引发了一个显而易见的问题：既然其他语言的拼写规则如此简单，为什么英语的拼写规则却如此复杂呢？

我们可以从以下四个方面对上述问题做出回答。第一，英语拼写的不规则性，在多数情况下，并非真正的无规则，所应用的乃是与上述类似的规则。例如，"c"和"g"发硬音还是软音，取决于其后续元音，某些字母组合，如"ch""sh""th"和"ph"，实际上相当于单个字母，而且（与西班牙语中"g"之后的"u"相似，本身不发音，但是可以改变"g"的发音），不发音的"e"改变了其前面的元音特征，成为长元音。

第二，历史原因。英语拼写的规范化相对早于其他印欧语言，而且是在发音变化期规范化的。值得注意的是，同多数拼音语言一样，英语的拼写以前非常混乱，不同的书籍之间拼写有可能差异很大（尽管所有的拼写形式都试图真实反映语音，但是，可能因方言不同而异）。因此，曾经有一个时期，"bough"（树枝），"rough"（粗暴的、粗糙的），"through"（通过）和"though"（尽管）的词尾辅音相同。口头语言发生变化，但书面语言却固化了，所反映出来的仍然是以前的发音。此外，英语是德语和罗曼诸语言（Romance languages①）的混合，不同的拼写系统都融于其中。以"g"的发音为例，"g"在日耳曼语族诸语言（Germanic languages②）中始终是硬音，英语中许多不符合"在'e'和'i'前'g'发软音"这一规则（源自罗曼语的）的词汇，都起源于德语［如"girl"（女孩），"gift"（礼物、才华）］。另外，还有一些奇怪的现象，将词尾的"i"替换为"y"，这在抄写实践中反映出来（人们认为，词尾的"y"看起来更优美）。

第三，英语拼写的结构不同于西班牙语和芬兰语。因为在很多情况下，英语的拼写意在表达语素结构，而不是发音。因此，"vineyard"（葡萄园）的拼写表示该词与"vines"（葡萄树）有某种联系，不是为了表示"i"为长音而不是短音。可以用两个普通例子来对这一规则加以说明：一个是复数形式"s"——无论其发音为/s/（tops）还是/z/（bins），都表示复数；另一个是动词过去时"ed"——无论其发音是/id/［related（相关的）］、/t/［based（基于）］，还是/d/［spelled（拼写）］，都表示过去时态。在英语中，还有一个常见的例子是派生词，如"courageous"（勇敢的）或者"rotation"（循环）。尽管在"courage—courageous"这一对词中，词干的元音发音发生了变化，"rotate—rotation"中的辅音发音发生了改变，但其拼写仍然很相似。与英语的情形相反，西班牙语为了正确地表示发音，会隐藏单词之间形态上的联系。因此，通常英语中词素相关的单词，为了表达其相关含义，拼写亦相似，而在西班牙语等重语音的语言中，语音的表征重于词素联系的表征。

有人认为，英语近乎完美地用精细的规则系统来反映底层的形态结构（Chomsky & Halle，1968）。尽管这种说法在有限的词汇集合上得到了证明，但在实际应用中，有很多不统一之处，因此不能把上述观点当真。例如，"pin—pinning"（别住、钉住）和"pine—pining"（痛苦、怀念）这些词的拼写，淡化了词素关系，以彰显语音规则（在词中单辅音前或者词尾字母为"e"时，"e"发长音；在词中双辅音前或者词尾为辅音时，"e"发短音）。与西班牙语一般规则相似的例子还有"picnic—picnicking"（野餐）、"panic—panicking"（惊慌）。而且，派生词并不能总是保持原来词素的拼写，如"pronounce—pronunciation"（发音）。

---

① 印欧语系的一个语族，衍生自拉丁语，包括法语、意大利语、西班牙语、葡萄牙语、罗马尼亚语等。——译者注

② 亦为印欧语系的一个语族，主要包括英语、德语、荷兰语、瑞典语、挪威语等。——译者注

第四，英语拼写重表义，不重表音，这就导致了同音异义词不同的拼写方式，如"their（他/她们的）—there（那儿）"和"cite（引用）—site（工地）"。这样一来，书面语言做出了口头语言无法做出的区别。当然，用不同的拼写来表征同音异义词，并不局限于英语：这种现象在表意文字系统（如汉语和日语的汉字）和许多拼音文字中都普遍存在。这种区分在西班牙语中虽然非常少见，但并非没有［如"sí"意为"yes"（是），其拼写是在"i"上加一个重音符号，同表示"if"（如果）的"si"区分开来］。

拼音语言有时分为"浅"形态语言和"深"形态语言，分别取决于拼写规则是表音（如西班牙语），还是表词素结构（如英语）。然而，上述论述说明，这种区分不是绝对的，因为大部分拼音语言都同时遵循这两种原则。但是，拼音文字系统（尤其是英语）中有些规则比较特殊，且没有道理［如将动词"lead"（引领、领导）的过去式写成"led"，但将金属铅拼写成"lead"］。

# 六、对文字系统的综合评价

## （一）书写方向

英语作者习惯于从左到右书写，却忘记了此顺序绝非全世界通用。事实上，各种语言采用了几乎所有可能的系统来安排页面上文字的顺序。英语和其他欧洲当代拼音语言的书写方向都是从左到右的，笔画的书写都是从上到下的。希伯来语、阿拉伯语以及其他闪语族语言的书写方向都是从右到左的，但笔顺都是自上而下的。中国传统印刷体是分栏排列，一栏竖排，从上到下读，其他栏则横排，从右到左读。但是，现代汉语主要采用水平方式排版，而书写方向变成从左到右。日语既可以竖写，也可以横写，两者均可（但是，从左到右书写更通用）。历史上，文字的书写方向有多种。埃及文字起初是竖写，后来变成从右到左，而楔形文字则是从左到右书写。早期的拼音文字，如希腊语或罗马语，虽然一直按列书写，但是书写方向并不统一，从左到右、从右到左，或运用更具有创造性的"牛耕式转行书写法"（boustrephedon），上一行从左到右，下一行从右到左，且字符的方向是颠倒的（所谓牛耕式转行，意思是像牛在耕地一样）。

如何理解这种书写方向上的不统一现象呢？这种现象显然表明，尽管表面看起来有两种限制条件，但书写的方向具有相对任意性。首先，纵向书写（无论是行内还是行间）的方向一向是从上到下，表明上端作为起始位置很自然。其次，拼音语言通常以行而非列的形式书写，从所谓视觉的角度来看，横写是合乎情理的，因为与垂直方向比，水平方向上注视点之外可敏锐观察到的范围更大。因此，如果需要关注一行中的大量文本，按照行来组织文本，比按照列来组织文本更受青睐。汉语在很长的历史时期内采用竖排形式，这说明汉语不需要（或者不可能）一次性关注大量文本。

因为当人用右手写字时（超过 90%的人都是如此），手摆放的位置更自然，因此刚用墨水写过的字也不会被弄模糊，然而，从左到右的书写方向并不受青睐，这确实令人匪夷所思。有两个因素或许可以解释为什么人们在很多情况下会采用从右到左的书写方向。首先，文字系统是逐步发展、完善起来的，最初可能不是用墨水书写，而是用一些不会将字迹弄模糊的方式，如刻在石头或木头上（楔形文字采用的是从左到右的顺序，这绝非偶然，因为其书写材料是湿泥土，模糊字迹就可能是问题了）。其次，书写方向在某种文字系统中已被固化，而其他由此派生出来的文字系统可能也采用同样的顺序。因此，闪语族各种语言可能是效仿了埃及文字的书写方向，而日语和韩语则采纳了汉语的书写方向。

书写方向是否会对读者产生影响，这很难用实验方法来验证。跨语言比较研究（如比较希伯来语和英语的阅读速度）没有多少价值，因为这两种语言之间除了书写方向不同外，还有许多差异（Albert，1975）。汉语既可横写，也可竖写，所以这为抛开语言差异研究书写方向效应，创造了极好的机会。然而，有研究者（Shen，1927）的研究却发现，两者存在差异，竖写优于横写；近来的一项研究（Sun，Morita & Stark，1985）也发现两者存在显著差异，但是与上述结果恰好相反。上述研究结果不同，可能反映了一个事实：80 年前竖写形式占主流（因此，读者对此经验更丰富），而横写形式在当今的中国大陆占主流。

一般来说，对不同的文字系统是否会对读者产生影响进行对比研究所遇到的障碍是，语言及/或文化差异难以消除。若进行组内比较，则很难确保读者对文字系统的熟悉度相同。因此，对于书写方向是否会产生影响这个问题，仍然不可能得到最终答案。语言不同，采用的书写方式亦不同，而且似乎不同语言的读者阅读速度没有明显差异，这一事实表明，书写不存在最佳方向之说。唯一的例外可能是，拼音语言横排优于竖排，因为水平方向的视敏度更好（然而，由于所有的拼音语言同源，因此之所以水平组织文字，可能仅仅是历史造成的）。

## （二）标点符号和空格

英语和大部分拼音语言都用空格来表示词边界[①]，用句号表示句子边界，用逗号、括号、分号和其他标点符号表示小句和短语边界，偶尔用连字符表示词素边界。然而，在多数表意语言中，词素边界标记很清晰，但是，如前所示，词边界却无标记。而且，在许多语言中句子有明确标记（如用小圆圈来表示，而相邻两字符之间没有空格），同样也使用类似逗号的标点符号。由于日语混合使用表意符和音节符，因此词和词素都有明确的标记。实词可能由多个汉字来标记，其作为词的属性会有所标记，因为周围的字符都是假名（两者视觉区别很大）。另外，词的结构不仅通过一系列汉字来表示，

---

① 这是一个例外，因为它采用了词与词之间无空格的拼音正字法。

而且其曲折变化也通过与汉字词根相邻的假名来表示。日语词边界仍然无统一的标记。源于汉语的书面语言起初也没有标点符号，因此词素是唯一得到标记的单位。然而，现在各种语言中已经普遍使用标点符号来标记短语和其他更大的语言单位，而且其中某些语言用空格表示词边界。

然而，此处需要强调的是，拼音语言的标点符号系统并不简单明了。例如，有关学者都知道，逗号的使用并未经过规范化。逗号并非所有短语的边界的标记（可能只有在说话者停顿较长时才使用逗号），此外，还可用其表达其他意思（如列举）。而且，显然，任何语言的标点符号系统都不可用于表示所写内容的发音。例如，如前所述，几乎没有统一的标记来表示何处应停顿；另外，文字系统中没有任何手段来标记口语中音高和音量的升降。

句法的另一个方面，即词类，在书面语言中通常只是偶尔有标记。日语的实词和虚词分别用汉字和假名标识（尽管实词有时也用假名书写）。英语用大写字母标识专有名词（及其形容词形式），而德语所有名词都采用大写形式。

从上述讨论可清楚地看出，创造文字系统的主要目标是保证书面语言在词汇或者词素层次上得到表征。一些高层次的单位，如句子，在许多文字系统中都有统一标记，但是，口语中的许多高级结构并没有得到统一标记。

## (三)是否有某种最佳文字系统?

问题的答案明显取决于"最佳"的含义。文字发展的历史揭示出一个清晰的演化趋势。各种文化以图画文字为肇始，其符号排列好似一幅画，而不是按照确定的顺序。上述图画文字进化为表意文字系统，表意文字系统进化为音节文字系统，最终演化为拼音文字系统。尽管不是所有的文化都发展出自己的拼音文字系统，但上述演进顺序是固定的。目前，尚没有可考证的例子说明，哪种文化沿着与上述顺序相反的方向进化。上述进化观认为，拼音文字（从达尔文的进化论来看）比音节文字更适宜，而音节文字比表音文字更适宜。但是，假如我们接受严格的进化论观点的话，就必须牢记，适应性总是依据有机体（或文化）的生态位来定义的。

文字系统可以从多个维度来评价。例如，相对表音文字系统而言，表意文字系统的优势在于，同一系统可用于表征不同的语言或方言（语言和方言之间的区别并不明确。人们通常认为，语言是众多人说的方言）。汉语的文字系统历来被用于表征许多相互之间无法理解的不同语言。[①] 如果词素以大致相同的方式（如法语、西班牙语和意大利语）发音的话，那么表音成分有其用途。但是，表意文字不仅更难编辑成典（字典更难编排和使用），而且更难印刷与书写（书写汉字好像比书写拼音文字要慢，而且印刷也困难得多）。因此，表意文字向另外的文字类型演化的主要压力，可能是简化书写和

---

① 这明显为西方人的观点，是错误的。——译者注

印刷。汉语目前采用一种字母系统（拼音）帮助人们学习阅读，这一事实表明，表意文字可能更难学。拼音文字系统相对于音节文字系统的优势在于，无论是对作者还是对读者来说，用于明确表征每个音节的符号数量巨大。然而，日语的音节数量极少，此类语言能否拼音化，以改进假名，这仍然是一个未知数。

上述讨论并未表明，主要是降低阅读难度的目的促进了字母系统的演化。唯一可能的例外是中东音节系统向拼音文字的进化，中东音节系统模糊地标记音节，可能对读者而言造成了很大的不能接受的歧义。也就是说，音节文字系统的歧义性，对作者来说可能并不是什么难题，所以不可能为了简化书写而被迫采用拼音系统。

进化论认为，每一种文字系统都在其独特的生态区位上演进为最适合的系统，而且现有的文字系统不能比它更恰当地表征其口头语言。例如，西班牙语之类的语言可能拥有浅层正字法，因为其词素和发音之间的关系，比英语更透明，因为英语可能需要深层正字法。当然，目前尚没有可靠的证据表明，不同的文字系统之间，在熟练读者阅读速度或是初学者学习难度方面，有任何显著差异（关于这个问题，我们将在本书后面的内容中论述）。另外，我们不应该盲目接受所用的文字系统乃是表征其口头语言的最佳选择的观点。毫无疑问，每一种书面语言在很多方面都保留有与现代作者与读者毫不相关的历史和传统遗迹。此外，生态位也会发生变化。例如，几百年前，在中国文化中，汉字优于拼音文字系统的优势压倒了其劣势。但是，现在人们的文化水平提高了，印刷、打字和文字处理更容易了，拼音语言系统显示出了更多的优势（不过从一种系统转换到另一种系统，需要付出很多努力），有可能引起汉语文字系统的变革。

# 第三章　词汇知觉 1：基本问题与方法

　　显然，词汇识别乃是理解阅读过程的关键。这也是近年来认知心理学研究的一个焦点。关于词汇识别，我们已经有所了解——不仅掌握了一些相关的事实，而且对所涉及的具体研究问题也有了更清晰的认识。然而，仍有一些领域目前无法突破，提出与回答问题的能力还十分有限。

　　尽管非专业人士无疑对词汇识别的方式及其在整个阅读过程中的地位的认识会有差异，但是我们仍然要简明扼要地对强调阅读学习的常识观点做一介绍，这样才能提出一些问题，同时指明讨论的思路。许多人认为，儿童如何学习母语阅读的问题，是理解阅读过程（包括熟练阅读）的关键。从本章的探讨中可以看出，这一不成熟的发展观导致了对熟练阅读的误解。然而，在此处，我们希望通过呈现出上述这样一种观点来引出几个关于阅读的重要问题。其中有些问题在本章即得到解决，其他问题将在本书其他部分讨论。

　　若以发展的视角为出发点，阅读的关键似乎是印刷文字的识别。6 岁的儿童可能已经具备了较完善的口语理解系统，需要学习的主要内容是，如何将印刷在纸面上的各种字体的文字输入前述系统中。由此可推论，如果儿童能够通过印刷的文字提取口语词汇，那么他们就理应能够理解适合其年龄的文本。由此引发出关于阅读的第一个核心问题：词汇识别是全部需要学习的吗？

　　观察一下初学者的情况，就会发现，书写（印刷）文字的识别过程极其费力，而且，事实上，某些儿童根本学不会流畅地识别词汇。相反，他们对复杂的口语的加工，反倒比对试图阅读的简单文本的加工更为轻松，这似乎是生物程序决定的（从某种意义上讲，凡是没有受过脑损伤的人，似乎都能够很好地理解口头语言）。尽管成人（甚至是年龄大一些的儿童）都能够比初学者更轻松地对词汇进行解码，但是，从这个角度来看，词汇加工可能是阅读过程中的一个瓶颈：阅读过程需要付出努力，是"刻意而为"的一个重要步骤，即必须嫁接到由进化形成的几乎是反射性的语言理解系统中（Dehaene & Cohen，2007）。由此引发出第二个一般性问题：在阅读过程中，词汇识别需要付出努力，那其余皆为自动加工吗？

除了表明阅读过程中的词汇识别需要付出努力，其余乃是自动加工之外，上述观点还表明，词汇识别（尤其是在拼音文字系统中）大体是从字母到恰当语音的通达过程。尽管在前一章中已阐述清楚，在多数拼音文字系统中，字母与语音之间的关系，要比字母与语音单位之间的简单对应关系复杂得多。但是，如果初学阅读者对拼音原则有大致了解的话，他就能够通过印刷的文字通达相应的语音，而且，多数词汇的发音非常接近口语的发音，从而为提取正确的意义奠定基础。由此引发出第三个问题：词汇识别是先通达语音，然后通达语义吗？

我们如果对字母到语音的转换加以考虑的话，就有可能会认为，阅读过程是逐个字母进行加工的过程（尽管速度很快）。也就是说，构成词汇的字母可能从左到右（在印欧语系各语言中），以序列方式（每次一个字母）进行加工，这样才能识别词汇。上述观点与人的注意似乎是从左到右扫视页面的一般认识相符。由此引发出第四个问题：构成词汇的字母是序列加工的，还是以词汇作为整体加工的？

显然，读者的阅读技能越熟练，词汇识别也越熟练。在此过程中，人究竟学到了什么？第五个问题就是：熟练的读者是否学会了熟练地应用拼写规则，或者说，他们是否掌握了视觉模式与语音、语义之间特定的联系？显然还有第六个重要的问题：语境对词汇识别有很大影响吗？由于本章主要对关于孤立词汇编码的大量研究文献进行讨论，因此，这一问题将在下一章进行深入探讨。然而，我们认为，本书后面的内容所提供的证据表明，虽然语境确实对编码过程有影响，但是，词汇的编码过程在孤立的条件下和在文本中没有本质的差别。因此，本章所讨论的研究与对阅读过程的理解关系密切。事实上，正如读者猜测的那样，上述非专业人士关于阅读过程的不成熟看法，对于熟练的读者来说，大部分都是错误的（而人们对初学阅读者的加工过程所知更少，其中大部分观点对他们来说可能也不正确）。事实上，关于熟练的读者的词汇识别，可用下面几个陈述句做一归纳总结（尽管并非所有的阅读研究者都认同下述总结，但至少多数人认同）。

总的来说，对熟练的读者而言，词汇识别是一个简单直接的过程，识别每个词需要约1/4秒。但是，较高层级的加工，如正确语法结构的建构、词汇语义联系的建立、文本与读者所理解世界的融合，在阅读困难的条件下，通常会有障碍。

词汇识别不仅是将字母转换为语音、语音再转换为语义的过程。而且强调，字母转化为语音的过程在词汇识别中确实起到重要作用。此外，在词汇识别之后的阅读过程中，字母向语音的转换也起到一定的作用——其中之一是，有助于短时记忆。

词汇并不是逐个字母序列加工的。短小常见的词汇的字母是平行（同时）加工的，尽管读者并没有将词汇作为视觉模板或者"格式塔"整体来学习。虽然较长的词往往不会所有字母同时加工，但是也并不是逐个字母序列加工的。

词汇在孤立的条件下和在文本语境中，以同样的方式加工。虽然语境对词汇加工速度略有影响，但是影响往往非常小。

（另外两个问题，即人们在学习阅读的过程中学习了什么，他们在阅读过程中是否使用拼写规则，难以用一两句话概括清楚。后一个问题将在本章探讨，前一个问题将在本书第十章和第十一章讨论。）

对第四个问题的探讨具有重要的方法论意义，因为这为利用孤立词汇的识别实验，来阐述阅读中词汇的加工方式提供了依据。在本章中，我们仅是略微提及语境中词汇的加工，但是要具体讨论语境中词汇是如何加工的，还需要提供一些眼动方面的信息（见本书第四章）。因此，本章的重心是孤立词汇的识别，并且重点是孤立词汇识别的研究已明确回答了的核心问题。脱离语境的词汇识别，乃是早期多数词汇识别实验的核心，因为文本阅读过程中词汇加工的研究更加困难（因为不仅需要更复杂的仪器设备，而且实验条件也更难以控制）。

然而，由于语境对词汇编码有一定的影响，因此我们不能假设脱离语境的词汇识别的研究结果，能够完美地揭示出词汇识别在文本阅读过程中的作用方式。因此，关于句子语境中词汇加工的问题，将在本书第五章中讨论。同时，前述关于语境中词汇识别的讨论，将回过头来对本章所探讨的许多核心问题进行审视，看一看通过经典的脱离语境的词汇加工的研究，我们对词汇识别的认识有多少进步，而且我们也将在本章不同的地方提醒读者，经典研究所做出的结论可能过于简单化了。

# 一、识别一个词需要多少时间？

在详细回答上述提出的几个问题之前，首先需要回答一个原始的问题：识别一个词需要多长时间？这可能是阐明问题、帮助读者熟悉解决这些问题所使用的技术的最佳方式。

## （一）反应时法

我们以一个简单的实验开始。我们在屏幕上向实验参与者呈现一个词，测量其大声读出这个词所需要的时间。如果我们能够精确地控制词汇开始呈现的时间，同时能够精确地测量实验参与者开始做出反应的时间，那么就可以得到相关的反应时数据。但是，这个数据是词汇识别所需要的时间吗？是什么使我们不能做出结论说，这就是词汇识别所需要的时间呢？

首先，我们测量了从刺激呈现到实验参与者开始发音所需要的时间。然而，我们所关注的是，实验参与者的大脑达到我们称为"识别"的状态所需要的时间。实验参与者在识别词汇之后，还要完成如下几个过程才能做出反应：①实验参与者必须确定实验要求其做出什么样的反应，如在上述研究中是读出词汇；②实验参与者必须提取与执行反应相应的运动程序；③指令必须通过神经通路传递到口腔；④口腔和喉部的肌肉必须执行接收到的指令。所有这些过程都需要时间。因此，我们所测量到的时间，是词汇识别所需的时间与额外时间消耗的总和，简而言之，即"决策时间"和"反应执行时间"的总和。但是，这个问题显然不是命名任务所独有的；不管要求实验参与者对呈现的词汇做出什么反应，这个问题都会存在。

事实上，训练有素的实验参与者命名一个常用词所需的时间（或者更准确地说，是从呈现到实验参与者开始说出词汇的时间），为400~500毫秒。因此，我们认为，此类实验至少告诉我们，人识别一个词需要的时间少于400~500毫秒。但是，我们还面临另一个基本问题：准确地说，所谓"词汇识别"究竟是什么意思？阅读中重要的是词汇语义的提取。但是，一个人命名词汇时，他是否一定知道其意义？答案显然是否定的。我们能够命名根本不知道其意思的词汇，而且，有些脑损伤病人能够命名许多词汇与非词，但是他们显然并不理解所阅读内容的意思（见本书第十二章）。因此，从记忆中提取某个词汇的名称未必意味着语义的通达。尽管对于正常人来说，两个事件可能同时发生（命名词汇的同时，亦通达了其相应的语义），但是词汇名称的提取绝不意味着其语义的提取。事实上，词汇加工中的一个核心问题是，词汇名称的通达和词汇语义的通达之间，究竟有什么联系。

或许有更恰当的任务，可用于考查实验参与者是否通达了词汇的语义。让我们尝试一下范畴判断任务，如让实验参与者判断某个词指代的是否是动物。这样一来，我们就可以确定实验参与者是否已经通达了词汇的语义。然而，我们可能付出了很大的代价，才实现上述目标。命名任务是相对简单、不费力的。尽管命名过程包含一个决策阶段，但是，看到"dog"（狗）这个词，我们便做出决策，发出/dawg/这个音，这种执行口头反应的决策似乎是天生的，相对快速，而且比较稳定，不因词而异。然而，范畴判断任务却并非如此。实验参与者在判断一个词指代的是否是动物时，对"starfish"（海星）做出"是"的反应和对"bacteria"（细菌）做出"否"的反应，速度都比较缓慢，甚至对"rose"（玫瑰）做出"否"的判断，速度也比较缓慢。但是，对"stone"（石头）做出"否"的反应，速度却很快。显然，范畴判断任务中决策阶段受到的干扰更大：实验参与者在识别词汇的语义后，需要进行心理操作来判断它是否属于某个范畴。尽管如此，实验参与者通常能够在700毫秒内，对相对常见的事物做出范畴判断。因此，可以非常肯定地说，识别词汇的语义所需要的时间在700毫秒以内。

是否有一种更简单的任务，让我们既能确定实验参与者对语义进行了加工，同时之后不需要经历一个漫长的决策阶段？很遗憾，还没有人如此聪明，设计出这样的任务。测量词汇识别所需时间的一个常用任务是词汇判断（lexical decision①）。在词汇判断任务中，向实验参与者呈现一个字母串，要求实验参与者判断是否是词（显然，"mard"之类的非词也会被用作刺激材料）。这个任务比范畴判断更简单（而且反应也更

---

① 也有人将这个术语译作词汇决策。——译者注

快）。词汇判断实验所测得的反应时，略慢于词汇命名任务所测得的反应时（大约 500 毫秒）。而且，实验参与者要判断字母串是否是词，就必须在一定程度上识别该词。但是，我们不能完全肯定实验参与者在做出为"词"的反应时，已经提取了语义信息（词汇判断任务大多以按键方式做出反应：判断为"词"按一个键，"非词"按另一个键）。

## （二）短时呈现法

或许，测量反应时的各种方法并非测量词汇的编码时间的最佳方式。我们反倒可以测量刺激呈现的时间。假如我们在屏幕上短时（如 60 毫秒）闪现词汇，实验参与者仍然能够识别（如命名或者给出同义词），那么，这是否意味着实验参与者识别词汇需要 60 毫秒的时间？（请注意，在这样的实验中，一般不测量反应时；时间压力由短时呈现刺激诱发出来）。上述结论尚存在以下几个问题。物理刺激只呈现了 60 毫秒，但是视觉表征保持的时间超过 60 毫秒。这就是我们在第一章中讨论过的图像记忆现象。图像记忆的数据显示，视觉图像保持的时间至少为 250 毫秒，但是，在这段时间内会逐渐消失。

我们是否能解决图像保持问题？可以用掩蔽（masking）来解决这个问题。模式掩蔽通常由字母片段或者与字母相似的图形构成，跟随刺激在相同的位置上呈现。也就是说，实验参与者首先看刺激 60 毫秒，紧接着呈现掩蔽。主观感觉上，掩蔽呈现时，刺激词便消失。尽管如此，经过少量训练，若刺激词呈现 60 毫秒，实验参与者仍能够识别词汇（Adams，1979）。

这是否表明词汇识别需要 60 毫秒呢？这似乎表明，词汇识别至少需要 60 毫秒，因为人需要接受 60 毫秒的视觉信息量，才能够识别词汇。然而，掩蔽是一种复杂的现象，至今仍然没有得到很好的解释。即使看上去是掩蔽呈现后，刺激词消失，但与刺激相关的信息可能仍然存储在大脑的某一部位，等待进一步加工。事实上，一种可能性是，60 毫秒后，被掩蔽的视觉刺激信息，被传送到视觉短时记忆的缓冲区，不再受到掩蔽的干扰，这样一来，词汇识别过程仍然能对信息进行操作；不过，存储在缓冲区的信息可能不会引发有意识的知觉。

然而，即使我们假设不存在这样一个短时记忆存储，这些数据也不是表明词汇识别只需要 60 毫秒的有力证据。也就是说，我们必须牢记，60 毫秒仅仅是掩蔽出现之前刺激呈现的时间。但是，这并不意味着从刺激呈现到掩蔽（以某种方式）向大脑发布命令放弃先前刺激经历的时间就是 60 毫秒。众所周知，神经冲动从眼睛开始，通过视神经，传递到大脑相应的视觉识别区域，需要一定的时间。大脑中负责物体识别的区域位于次级视皮层（Petersen，Fox，Posner et al.，1988）。相关数据显示，这个神经传导过程耗时为 80～100 毫秒。姑且挑一个简单的数字，就是 100 毫秒吧。因此，所呈现的词汇沿着神经通道运行，到达模式识别系统，60 毫秒后，掩蔽紧随其后。如果掩蔽传递到模式识别系统所需时间与词汇刺激所需时间相同的话，那么掩蔽达到模式识别系统的时间应该在词汇刺激开始呈现 160 毫秒之后。也就是说，大脑可能加工刺激的时间只有 60 毫秒，但是从刺激开始呈现到大脑因掩蔽干扰而停止对刺激的加工，总时间是 160 毫秒。因此，假如我们接受上述所有假设，那么短时呈现法显示，词汇加工需要至少 160 毫秒(即使假设当掩蔽到达大脑相应区域时，刺激信息完全消失)。近期的一项研究(Cohen et al.，2000)采用功能核磁共振成像和诱发电位技术，其结果显示，在大脑左半球有一个区域(梭状回)可能负责视觉词汇的识别，而这个区域的激活时间也与本章提到的其他研究结果一致(180～200 毫秒)。

### (三)来自文本阅读的估计

研究词汇识别，或许我们掺入了太多的人为因素，把问题复杂化了。为什么不考查真正的阅读呢? 大学生的阅读速度是每分钟 300 个词或者每秒 5 个词。这就意味着在文本中，每个词的平均加工时间是 1/5 秒，即 200 毫秒。然而，这样估计词汇加工所需的时间，存在几个问题。首先，阅读时间中有一部分与词汇识别几乎没有关系。若文本难度大(甚至没有非常用词汇，也可能很难读懂)，阅读速度大约降低一半。因此，阅读显然不只是词汇识别。其次，我们无法确定读者是否识别了每一个词。读者可能是猜测出某些词甚至短语的意思，我们很难检测出读者是否识别了所有的词汇。

尽管存在种种问题，但是我们似乎得到了公认的词汇识别时间的估计。反应时研究表明，词汇识别的时间可能少于 400 毫秒; 短时呈现研究表明，词汇识别至少需要 160 毫秒; 而文本阅读的估计结果是大约 200 毫秒(我们将在本书后面的内容中，应用眼动研究的数据对阅读进行更细致的分析)。

### (四)生理学方法

或许用间接方法研究词汇识别是在浪费时间。为什么不直接对大脑进行研究，看看什么时候词汇得到了识别? 问题首先在于，显然，我们必须对人类进行研究，才能进而对阅读进行研究，但是研究伦理禁止我们打开人的颅骨去寻找答案。即使可以，我们也无法知道大脑怎样辨识词汇识别。我们既无法精确定位词汇识别在大脑中发生的区域，也无法知道我们是应该寻找脑电活动增强、减弱的模式，还是应该寻找大脑状态的其他细微变化。

尽管有多种方法可用于在不动手术的情况下研究人类大脑的状态，但目前只有事件相关电位一种方法适用于研究刺激加工的时间进程。这种方法采用在头皮外放置的电极测量脑电活动的相对强度，但是若用于确定脑电活动的来源，结果则不够准确。此外，所获得的信号还有很多"噪声"干扰，因此需要将多次实验的结果加以平均，才能得出结论。这种脑电记录结果显示，在刺激呈现后的一定时间区间内，有一些相对明确的峰值(但是，任务不同，实验参与者不同，这些峰值是否仍然保持不变，目前尚有争议)。如果我们暂且抛开这些争议，会发现有几个有价值的峰值值得一提(Kutas &

Hillyard，1980；Van Petten & Kutas，1987）。早期的研究表明，在词汇开始呈现后50～100毫秒时有一个峰值，但是它似乎更多反映的是探测到"某事发生"，而不是对特定刺激的识别。另一个常见的峰值出现在词汇开始呈现后300～400毫秒，似乎与反应选择的决策有关。因此，上述两个峰值似乎都与词汇识别的时间无关。研究者（Sereno，Rayner & Posner，1998）对高频词（常见词）和低频词（罕见词）诱发的ERP波进行了比较，得出了一个较为合理的估计。如图3-1所示，低频词在150毫秒处诱发出一个更大的负向成分（请注意，负向在横坐标轴的下方，但是在有关ERP研究的文章中并不总是如此），而在300毫秒处诱发出一个更大的正向成分。早期的ERP成分分析表明，词汇识别可能发生在词汇开始呈现后150毫秒，这与前述采用其他方法进行的研究结果相符。

那么，从上述采用各种方法进行的研究中，我们能得出什么结论呢？可以肯定，700毫秒（范畴判断的反应时）作为印刷词汇语义的通达时间，未免太缓慢。我们很确信，但不完全肯定，400～600毫秒（命名或词汇判断的反应时）作为词汇识别的时间，也太慢。60毫秒肯定太快，150毫秒左右则恰好。但是，如果词汇识别发生在刺激词汇第一次被眼睛感知到的少到100毫秒，或者多到250毫秒，也不必大惊小怪。

在回头探讨本章开篇提出的问题之前，首先考虑一下词频对词汇识别速度的影响，以此来结束本部分的讨论。词频通常是通过所谓具有代表性的文本语料库，根据某个词在语料库中出现的次数计算得出的。弗朗西斯和库赛拉（Francis & Kučera，1982）统计出来的美国英语词频，乃是早期很多研究采用的标准。然而，现在有了建立在更大的数据库基础上的新语料库，如作为英语词典项目成果的美国英语语义存储模型（HAL①）语料库（Balota et al.，2007）和英国英语的词汇信息中心（Centre for Lexical Information，CELEX）语料库（Baayen，Piepenbrock & Gulikers，1995）。下面举几个例子，以便对词频有更直观的感受。"irk"（使烦恼）、"jade"（翡翠）、"cove"（山凹）、"vane"（风向标）和"prod"（刺针）在百万词中出现的次数为2～5次；而"cat"（猫）、"coat"（大衣）、"greet"（迎接）和"square"（平方）在百万词中出现的次数却超过30次（Brysbaert & New，2009）。

在词汇判断任务中，高频词和低频词［如"coat"（大衣）和"cove"（山凹）］的反应时差距，大约为100毫秒；然而，在命名任务中，差距小得多，大约为30毫秒（Balota & Chumbley，1984）。显然，上述两种差异至少有一种，不能作为高、低频词识别时间的差异。在阅读过程中，高、低频词注视时间（fixation time，读者注视某个词的时间）的差异大约为30毫秒（Inhoff & Rayner，1986）。因此，30毫秒似乎为词汇识别中的词

---

① HAL 的全称为 Hyperspace Analogue to Language，也被称为语义存储模型（semantic memory），由加利福尼亚大学河滨分校的 Kevin Lund 和 Curt Burgress 于 1996 年提出。HAL 模型的前提是，意义相近的词总是反复共同出现（也称 co-occurrence）。——译者注

频效应更恰当的估计。需要指出的是，高频词往往词长较短，低频词词长通常较长。然而，词频效应是在高、低频词字母数均相同的情况下得到的。

现在，让我们回头来探讨本章开篇提出的问题。讨论词汇通达所需要的时间，有如下几个目的。第一，我们想要展示如何使问题进一步明确，以便做出回答。例如，词汇识别之类的术语不够精确。第二，我们要介绍一下可以利用的一些实验工具，以回答词汇加工的问题。第三，我们要对某一争论进行全面、深入的探讨，以找出通常给出的答案。任何一项技术都有其自身的问题，但是如果采用多种技术进行研究，得出相似的结果，那么我们就对所得出的结论有充分的信心了（我们有时很幸运，有时不那么幸运，采用不同的技术得到的结果不一定相同）。第四，我们要提供一些数据来表明，脱离语境的词汇和文本中的词汇，其加工没有很大的区别：在两种情况下，词汇识别的时间并没有很大差异（我们将在本章后面部分和第五章中提供更多的证据来佐证上述观点）。

## 二、词汇加工是自动的吗？

前面我们已经断言，或许与人的直觉相反，书面词汇语义的识别是一个相对简单、直接的过程，阅读过程中需要付出努力的部分，可能是更高级的加工过程：组合词汇语义、掌握句子结构、理解句子与段落意义等过程，以及把握作者意图和语气的过程。

尽管有人坚称，词汇识别不仅简单、直接，而且是自动的，但是词汇自动加工的说法有点言过其实。但是，其基本思想还是正确的：对于熟练的读者而言，词汇语义的识别是一个快速的过程，一般不会成为阅读的瓶颈。这一点很重要，因为它决定阅读过程的整体模型。例如，一些在阅读教学中颇有影响的阅读理论认为，词汇识别是阅读中一个非自然、困难的步骤，因此假设读者在进行词汇识别时，在很大程度上依赖于语境（Goodman，1970；Smith，1971）。相反，如果词汇识别是相对自动的，那么，语境对词汇识别的速度和准确性的作用可能就没有那么大了。

现在，你可能已渐渐失去耐心，想知道"自动"到底是什么意思。对于非专业人士而言，"自动"意味着快速、无意识以及无须付出努力。我们将采纳波斯纳和辛德（Posner & Snyder，1975）为自动加工确定的三条标准来定义这个概念：①人们可能意识不到词汇识别过程；②这个过程的执行并没受到意识的控制，也就是说，人执行任务的意图与任务是否被执行可能没有关系；③这个过程不需要占用加工资源，也就是说，它不会占用其他心理操作可能使用的资源。上述标准乃是对自动加工尝试性的定义，这样一来，就可以对后续的讨论加以组织。然而，满足上述全部标准才称得上是词汇的自动加工，也未免太苛刻了。这些标准可能过于严格，或许，没有哪一种过程（除了某些反射）可以同时满足这三个标准。

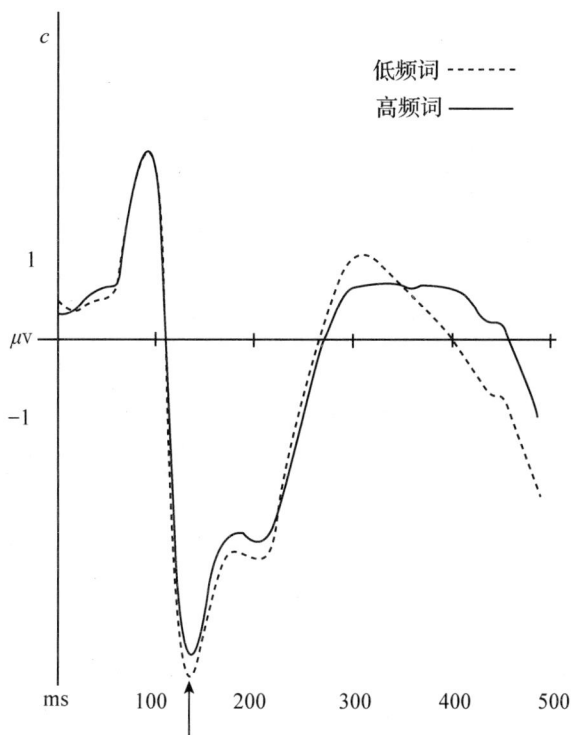

**图 3-1　来自塞雷诺等人(Sereno et al.，1998)的事件相关电位(ERPs)演示**

注：图中显示了高频词和低频词的 ERP 反应。箭头指示的是低频词引发的早期更大负波。

## (一)词汇识别是无意识的吗?

我们怎样才可能识别词汇的语义，却觉察不到词本身呢？请看下面的实验。如前所述，词汇在屏幕上短暂闪现，之后呈现模式掩蔽。但不同的是，词汇的闪现时间只有 20 毫秒(请记住，词汇需要呈现 50~60 毫秒，实验参与者才能百分百地识别一个 4~6 个字母的词)。如果实验情境被设计得非常精巧——图形掩蔽有效，而且词汇和掩蔽的亮度相同，那么，人们会报告说没看到所呈现的词汇，并且在被要求报告掩蔽呈现前是否看到词汇时，实验参与者回答"是"的概率不高于随机水平，但是词汇的语义仍能够得到识别。

如果读者没有觉察到词汇的语义，那么，我们怎样才能够检验这个词汇是否得到加工了呢？我们需要一种比让实验参与者报告词汇更加巧妙的检验手段。假设"dog"是那个短暂呈现的词汇。一种可能的方法是，向实验参与者短时呈现两个词，呈现时间的计算以实验参与者看清楚为宜[如"dog"和"boy"(男孩)]，然后要求实验参与者选择哪一个是之前短时闪现的词汇。在这个再认记忆测验中，实验参与者正确选择的概率仍然为随机水平，因此仍没有证据表明实验参与者已经识别了词汇(Balota，1983)。

因此，需要用更加迂回的方法来进行实验。此处有必要对被称为语义启动(semantic priming)的实验程序做一介绍（Meyer & Schvaneveldt，1971），暂且不考虑短时呈现问题。在启动实验中，实验者向实验参与者依次呈现两个词汇：先是启动刺激，然后是目标刺激，如先呈现"dog"，然后是"cat"。实验者主要关注第二个词，即目标刺激的加工速度。具体而言，目标刺激"cat"的加工速度，在启动刺激与其相关时（如"dog"）是否快于启动刺激与其无关时［如"fan"（扇子）］？我们如果测量实验参与者判断"cat"是否是词汇的反应时（词汇判断任务），就会发现当启动刺激为"dog"时，实验参与者回答"是"的反应时比启动刺激为"fan"（无关词汇）时快 30～50 毫秒。实验要求实验参与者命名目标词时，也发现有类似的效应，只是略小一些。关于对上述语义启动效应的准确解释，目前仍存在争议。然而，就我们目前的目的而言，重要的一点是，语义启动效应表明启动词的语义得到加工，因为目标词加工的速度取决于启动词的语义。

现在让我们再回到"dog"闪现大约 20 毫秒，并紧接着呈现掩蔽的情境。这次我们不要求实验参与者报告看到了什么，而是对其后 500 毫秒呈现的字符串做词汇判断。令人十分惊奇的是，实验参与者没有意识到自己看到了启动词"dog"或"fan"，在启动词为"dog"时，比启动词为"fan"时，判断"cat"为词的反应时快。由此可见，启动词的语义已被识别，即使实验参与者没有意识到自己识别了启动词，因为对目标词的判断反应时，受到其与启动词语义相关性的影响。尽管上述无意识的启动现象在一定程度上仍存在争议，但是已经被多次重复和验证（Allport，1977；Marcel，1983；Balota，1983；Fowler，Wolford，Slade et al.，1981；Carr，McCauley，Sperber et al.，1982）。而且，语义启动效应的大小，往往不受实验参与者是否识别目标词汇的影响（Balota，1983；Carr，McCauley，Sperber et al.，1982；Van den Bussche，Van den Noortgate & Raynvoet，2009）。

对"意识"（awareness）一词的意思，我们一直不很清楚，这也一直是一个有争议的话题。意识的标准是，要求实验参与者命名词汇时，其正确回答应该达到随机水平。但是，有一位研究者（Marcel，1983）报告，即使当实验参与者判断掩蔽之前启动刺激的正确率低于随机水平时，也发现有语义启动。尽管并非所有研究者都坚信，在实验参与者完全意识不到刺激呈现的情况下，仍能有语义启动（Cheesman & Merikle，1984；Holender，1986）。但是，视觉呈现的词汇的语义，显然可以在未被有意识知觉的情况下"查得"。因此，根据前文简要讨论的第一条标准是，视觉呈现的词汇的语义是可以自动识别的。

## （二）词汇加工的意图重要吗？

从某种意义上讲，上述实验可能已经表明，即使实验参与者没有意识到，词汇的语义也会得到加工。然而，由于实验参与者在实验中试图做出好的表现，尽可能看到所有的东西，所以他可能有加工刺激的意图（即使自己没有意识到已经进行了加工），而这种意图可能对语义的提取很重要。在上述语义启动的实验中，如果实验参与者不努力去加工启动刺激的话，启动刺激的语义仍会得到提取吗？答案不确定，因为实验设计不够严密。但是，有明显的证据表明，在实验参与者努力不加工词汇的语义的条件下，词汇的语义仍然会得到提取。发现上述证据的标准实验是向实验参与者呈现用彩色印刷的表示颜色的词汇，要求其命名字体颜色。如果实验参与者看到的是用绿色印刷的颜色名称（如"红色"）时，做出为"绿色"的反应时明显延长。这种干扰作用被称为斯特鲁普效应（Stroop effect；Stroop，1935），这是一种很强的效应——实验参与者命名颜色的时间，在刺激为用绿色印刷的"red"（红）一词的条件下，比单一的绿色图案慢大约 200 毫秒；即使在大量练习之后，这个效应也没有显著减弱（Dyer，1973）。实验参与者知道词汇的名称有干扰，但是仍然无法避免进行加工（关于斯特鲁普效应的全面综述，参见 MacLeod，1991）。向实验参与者呈现中间有"cat"一词的狗的素描，并要求其命名素描图片时，也产生了类似的效应（Rayner & Posnansky，1978）。

虽然上述现象告诉我们，当人们努力忽略词汇时，与之相关的一些信息得到了加工，但是不能确定得到加工的信息是词汇的语义还是名称。检验语义信息是否通达的一个方法是，对绿色字体的单词为一种竞争的颜色词（如"red"）和无关词［如"ant"（蚂蚁）］两种实验条件进行对比。事实上，这两种条件都有干扰作用（与呈现绿色图案时相比），但是"red"的干扰效应显著大于"ant"（Keele，1972）。由此看来，这种干扰有两个成分：①因为无关词也有干扰作用，词汇名称和颜色名称构成竞争；②因为颜色词的干扰效应更大，词汇的语义与颜色的意义构成竞争。另一个研究印证了上述结论，即与构成竞争的颜色名称相关的词，如"blood"（血），对命名"green"（绿）的干扰效应，大于无关词"ant"（Dyer，1973）。

然而，词汇编码可能不是完全自动的。事实上，在上述引用的所有研究中，词汇所呈现的位置恰好是实验参与者应该加工的信息所在的位置。由此可见，实验参与者的空间注意聚焦在词汇上。有研究证据表明，这种空间注意焦点是识别词汇所必需的。例如，有研究者采用启动范式，向实验参与者同时呈现上下两个字母—数字字符串，两者与注视点等距。无论是启动刺激，还是目标刺激，一个字符串为词，另一个则是数字（这是一个重复启动范式；启动词与目标词相同，不同之处是，一个是大写，另一个是小写）。研究结果发现，目标刺激出现的位置（是上面的字符串还是下面的字符串），在启动刺激呈现前有提示，且启动刺激与目标刺激出现在相同位置上时，启动效应很显著；相反，若两者位置不同，则没有启动效应。由此可见，线索似乎引导实验参与者将注意转向目标词汇呈现的位置，若启动刺激没有在相同位置上呈现，目标刺激就不会得到加工。相反，若线索未提示目标词的位置，无论启动刺激和目标刺激是否在相同的位置上呈现，都会有启动效应。因此，启动效应并不依赖于启动刺激与目标刺激是否在相同的位置上呈现，而依赖于启动刺激呈现的位置是否得到关注。

总而言之，斯特鲁普效应表明，熟练的读者即使极力回避词汇加工，仍然会提取词汇的名称和语义。因此，无论是从无意识加工的意义来讲，还是从极力避免加工的意义来讲，词汇识别似乎都是一个自动过程。然而，上述所引研究表明，空间注意必须指向要加工的词汇。因此，决定词汇是否得到加工的关键因素，似乎并不在于词汇加工的意图，而在于空间注意是否指向词汇的位置（我们将在第五章讨论阅读过程中的词汇识别时，提供更多的相关证据）。

### （三）词汇识别占用加工容量吗？

回答这个问题之前，首先需要简单地讨论一下什么是加工容量以及如何对其进行检验。在第一章关于认知心理学的讨论中，我们已经接触过有限容量的概念。多数认知理论（或直言或隐含地）假设，许多认知活动都需要某种注意过程，而这种注意的容量是有限的，对同一时间能够加工的信息量有限制。有些过程，如日常生活中的对呼吸的控制，是不需要任何注意过程的，但是其他一些过程，如话语的加工，则需要注意过程，因为同时加工两个对话非常困难。

检验某个过程是否需要占用注意容量的基本方法似乎并不难：如果某个过程可以和另一过程同时开展，且互不干扰，那么，就可以假设这个过程不需要注意参与；相反，如果这个过程在一定程度上干扰了另一过程的开展，那么，就可以认为这个加工很可能需要占用一定的注意容量。例如，如果人在驾驶的同时，心算两位数乘法的速度，同安静地坐在椅子上心算的速度一样，那么，就可以得出结论：驾驶或者心算（或者两者都）不需要占用注意容量。相反，如果驾驶时，心算的速度减慢，或者错误增多，那么就可以得出结论：两个任务都需要占用有限的注意容量。简而言之，检验有限容量的方法通常是看两个任务是否能够像完成一项任务一样，同时顺利完成。

如果某个过程与其他过程同时进行时，速度不会减慢，也不会相互干扰，那么，我们就假设这个过程不需要占用注意资源。然而，干扰未必是共享有限资源造成的。为了更好地理解这个问题，现在回过头再看一看斯特鲁普效应。我们发现，若"red"一词用绿色字体呈现，要求实验参与者说出刺激颜色"green"的名称，其反应时显著慢于刺激是简单的绿色图案的情况。这是否意味着加工"red"这个词和加工绿色这种颜色都需要占用加工资源呢？可能并不能做出回答。"red"一词的干扰效应与"ant"一词的干扰效应不同，但是无法解释为什么"red"的识别比"ant"的识别需要占用更多的资源。再者，向实验参与者呈现的是绿色字体的"green"一词，其命名颜色的反应时比呈现绿色图案时快（Hintzman，Carre，Eskridge et al.，1972）。因此，任务间的干扰未必是竞争注意资源的结果。实际上，对斯特鲁普效应的一种合理解释是，颜色和词形的识别都不需要占用任何资源，但是两者都得到加工之后，相互之间会产生竞争的反应。

如果能够用实验证明加工两个词的速度与加工一个词一样快，那么，我们就可以更加相信词汇加工不需要占用有限的资源。假如我们设计出一种任务，同时呈现两个词，要求实验参与者做出同呈现一个词相同的反应，那么两种条件的差异（如果观测得到的话）可能是两个词的识别更困难造成的（显然，命名任务无法实现这一目的）。已经采用的一个任务是视觉搜索。实验向实验参与者呈现一个或多个词，要求其判断呈现的词汇中是否有（例如）动物的名称（Karlin & Bower，1976；Reichle，Vanyukov，Laurent et al.，2008）。因此，不管呈现的词汇数量是多少，实验参与者的反应是一样的，按键来表示"是"或"否"。数据显示，范畴判断（如视觉刺激中是否有动物的名称）的反应时，随着呈现词汇数量的增加而增加（每增加一个词，反应时增加大约 200 毫秒）。由此可见，词汇加工似乎是需要占用资源的。

然而，占用资源的可能不是词汇语义识别的过程，而可能是后续阶段中判断词汇是否属于实验要求的特定范畴的过程。我们能够确定是哪一个过程吗？有一个以字母和数字为实验材料的相似的实验，它向实验参与者呈现 1~6 个字符，其任务是判断刺激材料是否包含数字。结果发现，呈现的刺激包含 5 个字母时和没有字母时，实验参与者检测数字的反应时几乎没有增加（Egeth，Jonides & Wall，1972）。由此可见，实验参与者加工 6 个字符的语义，并且将它们归类为字母或数字的速度，与加工一个字符的速度相同。因此，范畴判断也未必需要占用资源。然而，判断字符是字母还是数字，可能比词汇的范畴判断更自动化。

遗憾的是，目前还没有明确的解决方案，因此我们还是先对已获得的结论做一总结。首先，从斯特鲁普效应的研究数据中可以看出，词汇语义的加工与颜色的加工相伴，并且就目前所知，词汇语义的加工并未占用颜色加工的资源（反之亦然）。然而，我们从视觉搜索的数据中却得到了相反的结论：对两个词进行范畴判断，比对一个词进行范畴化，需要更多的时间，因此与词汇的范畴判断有关的某些过程似乎占用了资源。尽管识别一个词需要 100~200 毫秒的时间，但是，我们不知道这个加工时间占用了多少有限的中央加工资源，进而也就无法知道它们占用了阅读所需要的其他过程的资源，如建构句子的语法结构、建构句子的语义，或者判断一种表达是字面表述还是隐喻，等等。

# 三、字母加工与词汇加工有何联系？

从外形来看，英语对词汇（特别是印刷体词汇）的描述似乎一目了然。如果一个两岁的孩子给你一本书，问你什么是词，你的任务其实很简单，只需要解释说，词就是空格之间的物理实体。你还可以进一步解释说，字母就是词汇内部被更小的空格分开的小单位（但是，对手写体字母的解释要困难得多）。相反，音节没有清晰的物理标记，因此很难指着文本给出解释。

上述几点突出强调了似乎是显而易见的现象：词是语义单位。因此，多数拼音文字系统的创造者认为，重要的是，要对词汇做出界定，这样才能对字母序列进行解码。尽管表面看来显而易见，字母肯定是词汇识别的自然单位，但事实未必如此——对熟练的读者而言，尤其是这样的。也就是说，对于熟练的读者来说，词汇识别是一个非常快速和自动化的过程，字母的识别过程可能被逾越。例如，史密斯(Smith，1972)认为，对于熟练的读者来说，英语词汇的识别与图片的识别过程极其相似：他们把词汇作为一种视觉模式，通过视觉特征来加以识别，而构成词汇的字母则与词汇识别无关。也有人持截然相反的观点(Gough，1972)。高夫认为，人们通过字母来识别词汇，阅读者按照从左到右的序列方式逐个字母地阅读，而且将词作为字母序列来编码。虽然上述观点由于意味着阅读速度过慢，不合乎道理，而受到批判，但是在后面我们提供的数据表明，人扫描字母的速度为每个字母 10 毫秒(Sperling，1963)，因此每分钟 300词的典型阅读过程与上述字母的扫描过程相符。

我们认为，目前的数据显然支持介于两个极端之间的观点，即词汇显然是通过其包含的字母进行识别的，但是字母的加工并不是以序列方式，而是以平行方式进行的。尽管长词可能不是完全以平行方式进行加工的，但是，几乎可以肯定的是，不是逐个字母进行加工的，而是 2 个或 3 个字母组块进行加工的。在下文中，我们首先介绍两个用 4～5 个字母构成的小词为刺激材料所做的实验，相信这两个实验的结果可以明确地排除上述的极端观点。然后，我们将根据这两个实验的结果建构一个简单的词汇加工模型。这个模型可能有助于我们厘清与词汇知觉有关的其他一些重要问题，如语音在语义通达过程中是否起作用等。

## (一)构成词汇的字母并不是以序列方式加工的

假如字母以序列方式加工才能识别词汇的话，那么，显然可以进一步假设，单个字母的加工要快于词汇的加工。如前所述，据斯珀林(Sperling，1963)估计，随机字母序列加工的速度是每个字母 10 毫秒。他发现，如果无关字母序列的呈现时间为 10 毫秒(之后呈现图形掩蔽)，实验参与者能够报告出 1 个字母；如果呈现时间为 20 毫秒时，实验参与者能够报告出 2 个字母；如果呈现时间为 30 毫秒时，实验参与者能够报告出 3 个字母；如果呈现时间为 40 毫秒时，实验参与者能够报告出 4 个字母(由于短时记忆容量的限制，呈现时间延长，实验参与者最多能够报告出 4 个字母)。

如果构成词汇的字母同样以序列方式加工，那么，识别一个词汇需要多长时间呢？由于词汇并不是由无关字母构成的，所以，我们可以预测，加工一个包含 4 个字母的词所需要的时间，应该少于加工 4 个无关字母构成的字母串所需要的时间。例如，如果词的第一个字母是"t"，那么读者可能预测下一个字母是"h"或者"e"；如预测正确，那么第二个字母的加工时间可能缩短。但是，重要的是，词汇序列加工模型预测的是，词汇的加工时间应该长于单个字母的加工时间，因为尽管加工第一个字母之后的字母所需要的时间可能因预期而缩短，但是仍然需要一定的时间。

120 多年前，卡特尔(Cattell，1886)就对这个预测进行过检验。他向实验参与者快速呈现一个词或一个字母，要求实验参与者报告自己看到了什么。结果发现，人在词汇识别上的表现优于字母识别。然而，其实验有几个缺陷。首先，在呈现词和字母之后，没有随后呈现掩蔽，因此尽管物理刺激已消失，但是其图像表征（见本书第一章）无疑还会保持一段时间。因此，视觉信息的编码可能并不受时间的限制，而且观察到的错误可能在很大程度上是短时记忆的失败造成的。其次，实验没有对猜测加以控制。人可能并没有看到构成词汇的所有字母，但是通过词汇的一部分猜出了是哪个词。

然而，上述因素并不能解释为什么人们报告词的正确率高于字母。第一个问题仅仅表明，图像表征可能长时间保持，从而为词汇和字母的编码提供了足够的时间。第二个问题也只是解释了为什么词汇和字母的识别没有显著差异。若要对为什么词汇的识别实际上优于字母的识别进行解释，就需要另外一种因素。普遍接受的一个假设是，词汇比字母更容易记忆。首先，实验采用的词汇大多是具体的名词，比字母更有意义。其次，若一个实验包含多个试次，词汇在试次之间有变化，而字母则必然重复，这样就很难记住哪个字母出现在哪个试次。

卡特尔的实验就此被束之高阁，直到 20 世纪 60 年代认知心理学革命，才又受到关注。赖歇尔（Reicher，1969）重复了这个实验，试图排除各种可能的干扰因素（Johnston，1978；Johnston & McClelland，1974；Wheeler，1970）。首先，他采用了图形掩蔽来控制刺激呈现的有效时间。其次，他改变了实验任务，以消除猜测的可能和减小记忆的影响。实验采用的目标刺激有词（如 WORD）、字母（如 D），或者乱序排列的词（如 ORWD）。（所有字母都是大写。）目标刺激之后紧跟图像掩蔽和两个探测字母，一个在词的关键字母的上面，另一个在下面（见图 3-2）。在这个例子中，探测字母"D"和"K"位于"WORD""ORWD"或者"D"中字母"D"的上面和下面。之所以选择"D"和"K"为探测字母，是因为它们与所呈现的其他字母都能拼合成为词（在这个例子中，分别为"WORD"和"WORK"）。这样一来，无论是已知或者假设目标刺激为词，猜测的正确率都无法超过随机水平（50%的正确率）。

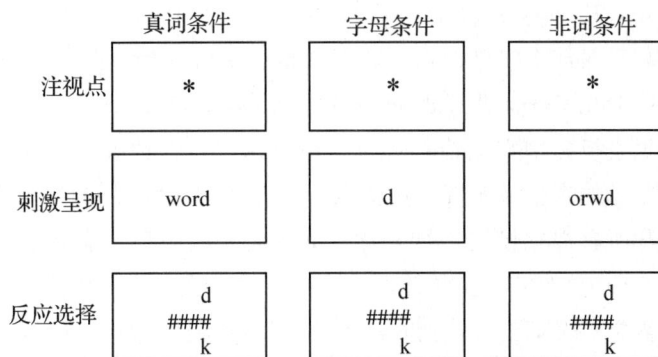

图 3-2　赖歇尔（Reicher，1969）实验的样例展示

赖歇尔发现，关键字母在目标词中比单独呈现时识别的正确率高。他还发现，在

单独呈现和在非词(如 ORWD)中呈现两种条件下，字母识别的正确率基本相同。因此，卡特尔发现的现象似乎是真实的：词汇中的字母比单独呈现的字母的正确识别率高。由此现象可得出下述结论：如果实验中出现的识别错误是由掩蔽造成的编码时间减少所致，那么，序列加工模型可能不正确，因为根据序列加工模型，加工 4 个字母所需要的时间，应该多于加工一个字母。若要证明序列加工模型正确，那么，就必须坚持掩蔽并没有增加知觉的难度，实验中发现的差异是短时记忆错误造成的。尽管后续实验的确发现记忆对词优效应(在某种意义上)有一定作用(Mezrich，1973；Hawkins，Reicher，Rogers et al.，1976)，但是，我们有如下几种理由相信，赖歇尔的研究结果具有知觉性。首先，刺激呈现的时间是关键。如果目标刺激呈现 80 毫秒，然后呈现掩蔽刺激，那么，即使是 4 个字母组成的非词刺激，正确识别率几乎达到 100%(Adams，1979)。因此，短时记忆显然并非实验中的制约因素。其次，对序列加工模型最不利的现象可能是，非词字母串"ORWD"中字母"D"的正确识别率与字母"D"单独呈现时相同。由于非词字母串条件下的记忆难度，至少与单独呈现字母条件一样大，因此，序列加工模型无法解释两种条件下正确识别率相同这一现象。

## (二)词汇不是视觉模板

赖歇尔的实验排除了词汇中的字母是以序列方式加工的假设，但是，这能证明什么呢？一种可能是熟练的读者建立起特殊的词汇模板，词汇和字母由不同的系统来加工，而且两者互不影响(词汇系统的运行速度更快)。(由这种理论派生出来的一种观点认为，词汇是由一系列视觉特征来定义的。)然而，我们认为(并非仅仅是标新立异)，几乎可以肯定，凡是忽视词汇字母构成的理论都是错误的。事实上，各种字母平行加工模型都能够解释词优效应。事实上，模板模型不能对词优效应做出合理解释，其明显证据是，假词也有词优效应。所谓"假词"(pseudowords)是指可发音的非词，如MARD，其字母的识别正确率也高于单独呈现的字母(Baron & Thurston，1973；Hawkins，Reicher，Rogers et al.，1976)。事实上，尽管多数实验发现，真词中字母的识别正确率略高于假词中字母的识别，但是也有实验发现，两者并无差异(Baron & Thurston，1973；参见 Carr，Davidson & Hawkins，1978)。

若要明白视觉模板模型究竟错在哪里，请考虑一下这种说法：词汇知觉可以不通过对构成词汇的字母的知觉来实现。这就意味着存在词汇"dog"的视觉模板，人在词汇识别过程中将其与所有视觉模式进行对比，如视觉模式与模板有足够的相似性，那么这一模式就可被识别为"dog"。换句话说，如前所述，我们可以假设，存在一系列的视觉特征，可用于界定每个词汇。然而，即使用不同的字体(包括电脑屏幕上显示出来的稀奇古怪的字体)来拼写"dog"和"DOG"，我们仍然能够将"dog"识别出来。

或许，人识别外在形式非常奇异的词汇的能力，可以从使用大小写交替文本(Al-TeRnAtInG cAsEs sUch aS tHiS)所做的演示中，极其清楚地揭示出来(Smith，

Lott & Cronell，1969)。如果字母的字号大小均衡，经过少量的练习，读者阅读此类文本的速度与阅读正常文本几乎相同。但是，阅读类似上述大小写交替文本的速度要略慢一些。史密斯等人的研究结果可能受人质疑，因为阅读速度可能并不是加工难度足够敏感的指标。如果文本极其简单，人们能正确地猜测出大小写交替拼写的词汇和字母，顺利地进行阅读。相反，有证据表明，在词汇判断实验中，大小写交替呈现对词汇判断产生影响。针对这一问题的原始实验(Coltheart & Freeman，1974)发现，大小写字母交替拼写的词汇判断速度比全部用小写字母拼写的词汇判断速度慢12毫秒。然而，近期的一些实验(Perea & Rosa，2002)则发现，其效应更大。对实验结果的解释中所存在的问题在于，反应速度的减慢就是词汇识别速度的减慢，还是仅仅因为用大小写字母交替拼写的词汇看起来奇怪，出于谨慎，速度才减慢？

上述两种将词汇作为整体的理论(whole-word theory)如何对这些研究结果做出解释呢？模板理论似乎完全无能为力，因为多数人显然之前从未遇到过这种形式的词汇。支持特征理论的史密斯认为，用于识别词汇的特征与字母的大小写无关。这种观点似乎很牵强，因为很难看出大写字母和小写字母之间有什么共同的视觉特征，如"A"和"a"，"R"和"r"，以及"D"和"d"。字母大小写与词汇知觉基本没有关系，这一事实使下述观点为人们所广泛接受，即词汇识别主要通过与大小写和字体无关的抽象的字母特征(abstract letter identities)来实现(Coltheart，1981；Evett & Humphreys，1981；Rayner，McConkie & Zola，1980)。由此也得出结论，词形并非词汇识别的重要线索(Paap，Newsome & Noel，1984)。

### (三)一个相对简单的词汇知觉模型

我们简明扼要地对目前已有的论据做一评价。首先，前文所描述的词汇识别实验似乎排除了词汇(甚至简短的非词)的字母以序列方式加工的假设。其次，词汇的快速知觉似乎也不是由其视觉模板或一系列特征引发的(下面我们将提供更多反对模板理论的证据)。现在似乎只有一个具有竞争力的假设，即构成词汇的字母以平行方式得到加工，词汇的编码通过对构成词汇的抽象字母的加工来实现(见图3-3)。但是，由于词汇的识别不仅优于孤立呈现的字母，而且优于无关字母组成的字母串，因此仅仅说明字母以平行方式加工还不够。也就是说，在某种程度上，词汇中字母的加工与词汇加工是相互促进的关系。

下面我们以一个直截了当的陈述对上述理论的证据加以归纳，并以此为出发点展开讨论。事实上，关于平行加工模型的计算机模拟能够预测词优效应。初期用计算机对平行加工理论进行模拟的研究有很多(McClelland & Rumelhart，1981；Paap，Newsome，McDonald & Schvaneveldt，1982；Rumelhart & McClelland，1982)。我们虽然并不声言此种模型一定就是大脑感知词汇的准确方式，但是这种模型至少具有合理性，而且与我们现有的关于词汇知觉的知识相符(但是，如下所述，这个模型必定具有复杂性）。下面我们将对这种模型的运作机制加以描述，以便读者对其有一些认识；如果你认为下面的描述尚不够清楚，那么你可以以我们所言为事实，承认这类模型能够解释现有数据，也可以查阅原著。下面集中介绍帕普等人的模型，因为其工作原理相对简单一些。

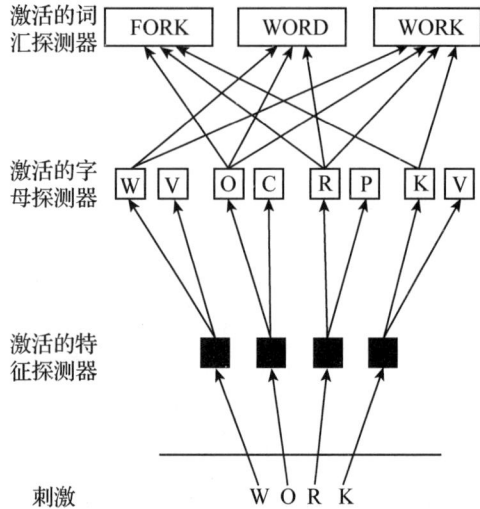

**图 3-3　字母并行加工的词汇识别模型示意图**

注：该模型包含三个阶段：特征探测器、字母探测器以及词汇探测器。然而需要注意的是，在字母探测器阶段和词汇探测器阶段，不止一个探测器被输入信息激活。例如，在字母探测阶段，刺激"W"不仅激活了字母"W"的探测器，还激活了字母"V"的探测器（此外还可能激活其他字母的探测器，不过激活强度会随着刺激与"W"的视觉相似度的降低而减弱）。然而示意图中并没有显示这种激活的不均等性。事实上，刺激"W"对字母"W"的激活强度几乎总是高于字母"V"的激活强度。词汇探测器阶段也存在相似的逻辑。上述示意图过度简化的另一方面，是只包含了兴奋联结，而大部分模型也包含抑制联结。因此，最后位置上字母"K"的出现会抑制词汇"WORD"的探测器。

从图 3-3 中可以看出，自下而上分析的第一层是特征探测器，探测视觉特征，如横线、边、角等。这些特征传递到分析的第二层，即字母探测器，继而传递到词汇探测器（为了简单明了起见，我们省略了另一个分析层次，即区分大小写和字体的字母探测器，如将"A""a""α"全部都归结到抽象字母"A"的字母探测器）。探测器与单个神经元（神经细胞）的工作原理非常相似：如果多个神经元活跃起来，向某个特定的神经元提供输入，那么接受输入的神经元则被激活。因此，如果某个区域的视觉输入激活了构成字母"A"的诸多特征（如横线、斜线、向上的尖角），那么"A"就得到识别（新异字体可能需要学习，要么创造针对每个字母的探测器，要么修正原有探测器对应的特征，从而使其能够识别新的字体）。

此类模型的一个重要特点是探测器的激活并不符合全或无律。大写"A"有 4 个特征被激活时比只有3个特征被激活时，其探测器的激活程度更高；同理，3个特征被激活时比只有2个被激活时，"A"探测器的激活程度更高。词汇的识别也如此。"dog"的激活不需要"d""o""g"三个字母都激活，其中任何一个字母的激活都可以在一定程度上激活词汇"dog"的探测器；字母的激活程度越高，整个词汇的激活程度也越高。早期的模型进一步假设，词汇探测器能够识别词汇中每个字母的确切位置，否则，就无法将"dog"和"god"区分开来。尤其是对一些包含更多字母的长词而言，上述假设似乎并不切合实际（例如，读者能够自动地将"o"编码为"detectors"（探测器）的第7个字母）。之后，我们还会回到这个话题上来，对近些年来严肃认真地探讨字母顺序问题的研究展开讨论。但是，目前暂时先假设人们能够完美地编码字母的位置。

现在我们再回到词优效应上来。请回忆一下，若向实验参与者短暂呈现词汇或字母，接着呈现掩蔽，识别就会产生错误。由此可见，并非所有的视觉特征都得到了充分的加工。为了便于讨论，我们姑且假设刺激呈现一段时间，将视觉信息设定在某一水平上，这样一来，每个字母探测器的激活水平都达到最高值的50%。但是，词汇探测器的激活水平可能更高（达到最高水平的80%），这有其合理性。为什么会这样？因为词汇具有冗余性：在所有可能的字母组合方式中，只有一小部分是合乎规则的词汇。因此，即使字母"d""o"和"g"仅得到一点激活，刺激词就有可能是"dog"，而不是另外一个词。根据帕珀（Paap）等人的模型，字母可能通过字母探测器直接得到识别，也可能通过词汇探测器来识别。因此，由于孤立的字母只能依赖于字母探测器的激活来识别，而词汇中的字母既可以通过词汇探测器的激活来识别，也可以通过字母探测器的激活来识别，因此，即使字母探测器的激活先于词汇探测器的激活发挥作用，词汇中的字母比孤立字母的识别也更准确。

麦克莱兰和拉梅尔哈特（McClelland & Rumelhart，1981）的交互激活（interactive activation，IA）模型及其许多修正模型（Coltheart，Rastle，Perry et al.，2001；Grainger & Jacobs，1996）的工作机制略有不同。根据这些模型，词汇探测器的激活可以反馈到字母探测器。因此，前述模型似乎不同于帕普等人提出的模型，因为后者并没有明确的反馈回路。但是，从功能上来讲，帕普等人的模型在一定程度上也有反馈，因为根据这一模型，字母的识别部分得益于词汇探测器的激活（如"我识别出刺激是'dog'，因此第3个字母一定是'g'"）。

上文粗略地对各种模型对词优效应的解释进行了介绍。在此过程中，我们对一些复杂的问题并未给予关注，其中最主要的一个问题是：某个字母实际所处的特定位置的决策是如何做出的？这个决策之所以复杂，是因为不仅需要同时关注字母探测器和词汇探测器的激活，而且还必须克服激活竞争（例如，字母"D"呈现时，"D"探测器被激活，同时，字母"O"和"P"的探测器也被激活，因为两者与"D"有部分相同的视觉特征）。即使猜测因素得到控制，你可能仍然不理解为什么词汇中字母的识别优于孤立呈现字母的识别，但是，帕普等人的模型与麦克莱兰和拉梅尔哈特的模型，都对词汇中的字母和单独呈现的字母在识别正确性上的差异，做出了很好的量化预测。

这里必须强调一点：我们此处所讨论的数据，是在两个字母之间迫选的条件下，所得到的正确识别的百分比。模型清楚地表明（见图3-3），字母识别只是间接地与词汇的激活或者字母的激活有关。总起来说，人所完成的任何任务，都仅仅是间接地与某些基础心理过程相联系。而且，到目前为止，我们和帕普都没有对模型与词汇知觉或字母知觉的对应关系进行过潜心研究。一种简单的可能的解释是，特定探测器的激活超过某一阈限——如最高激活水平75%——词汇（或字母）就被感知。从上述假设可以推导出一个看似荒谬的预测，即词汇的知觉会先于其构成字母的知觉。然而，这个预测或许并不荒谬。首先，词汇错误的拼写有时会被（错误地）识别成正确的拼写，而且读者完全没有意识到拼写的错误（Ehrlich & Rayner，1981）。因此，这些"词汇"的知觉在某种程度上来讲先于其组成字母。同样，词汇还可能被错误地知觉（如识别成另外一个词）。也许，更为突出的是，人经常能够意识到某个字母串有拼写错误，如"dif-frence①"，但是要花一点时间才能发现究竟是哪里拼错了。这些例子都表明词汇的知觉和字母的知觉是相对独立的过程。

你可能认为我们忽略了假词词优效应（pseudoword superiority effect），因为这些模型无法对此做出解释。但是，事实上，帕普等人的模型可以对假词词优效应做出解释。目前我们所描述的各种模型是无法对假词中字母和真词中字母的识别准确率相同这一现象做出解释的。但是，如果在模型中增加一个机制，问题就迎刃而解了（如下文所述，可以用一个类似的机制来解释假词的读音方式）。下面就是对这个机制的描述。一个字母串的出现不仅激活了与其完全对应的词条，而且激活了其"邻居"（neighbors②）。因此，刺激"WORK"不仅激活了"work"这个词条，而且激活了"word"（词）、"wore"[wear（穿）的过去式]、"fork"（叉子），以及其他拼写相似的词条（见图3-4）。"相似性"的界定是一个复杂的问题：刺激与词汇探测器的相似性不仅取决于相同位置上相同字母的个数，以及不同字母的视觉相似程度，而且取决于产生差异的位置（例如，刺激与词条在第一个字母上有差异，可能比其后位置上有差异更重要）。无论如何定义相似性——让我们假设（为简明起见）相似性只取决于相同字母的数量——字母串与词条的相似性越大，所激活的兴奋水平也越高。"WORK"（工作、工事、著作）一词之所以得到正确识别，是因为"work"的兴奋水平最高。

如果刺激是"MARD"会怎样呢？尽管没有对应的词条，但是有其"邻居"，如"card"（卡片）、"ward"（病房、牢房）、"mark"（记号、评分）、"mare"（母马）、"maid"（侍女、保姆）等，而且所有这些词条都在很大程度上得到激活（见图3-4）。若要对字母是如何被探测到的做出解释，我们需要提出另一个假设，即人们能够读出词条所有位

---

① 其正确的拼写为"difference"，意为区别。——译者注
② 即相临近或者相似的词条。——译者注

置上的字母。在上述例子中，多数被激活的词条都"赞同"m在第一个位置上，a在第二个位置上，r在第三个位置上，d在第四个位置上，于是，假词"MARD"的字母可以从词汇探测器中读出（但是，"读出"过程是平行的）。根据此模型，构成真词的字母也通过相同的机制从词汇探测器中读出，因此，存在某种产生于邻居误投票的"噪声"干扰。然而，可能仍然令人难以置信的是，这一加工过程会产生真词中字母和假词中字母的识别同样准确的结果。因此读者必须相信我们所言，该模型的确可以预测出这个结果（如上所示，麦克莱兰和拉梅尔哈特的模型使用了一个略微不同的隐喻——词汇探测器到字母探测器的反馈——这等同于我们之前描述的从词汇探测器中读出字母的过程）。

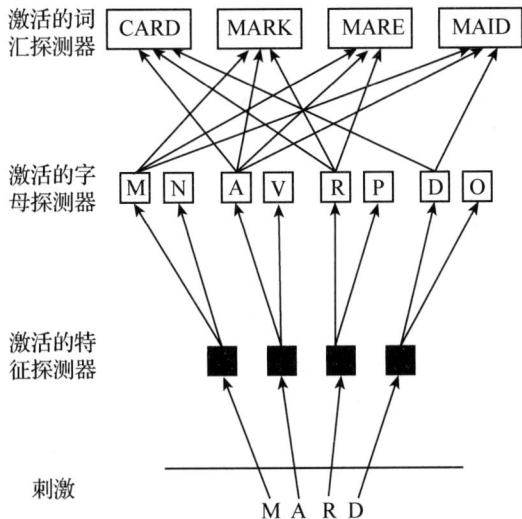

**图3-4　通过图3-3的机制识别假词的过程**

注：像图3-3那样，该图只呈现了一些激活了的字母和词汇的探测器。另一个在模型中没有显示的阶段是"投票"阶段，即通过激活的词汇探测器找到在每个字母位置上出现概率最高的字母（见正文所述）。该模型还有更复杂的版本，包含"字母串探测器"（例如，在起始位置字母串"MA"的探测器）。正如在后续讨论中展示的，模型需要这些额外的探测器来解释所有包含假词的现象。

经过适当的修正、完善，这个字母平行加工模型便可以变得更灵活、更有解释力。需要强调的一点是，尽管除了字母以外，模型中没有词以下的单位，从词汇探测器读出字母的过程是分析性的：对词汇探测器的"投票"是逐个字母进行的。这一点在我们对词汇（以及假词）的发音进行讨论时，尤为重要。

## (四)临近词的识别在词汇识别中的作用

上述讨论表明，词汇的识别并不是一个简单的过程，当且仅当合适的字母出现在合适的位置时，词汇才能被识别。下面我们将对一个明显的反例进行讨论：一个词有时会被错误地识别为其同音异义词[如"meet"（会面）被错误地识别为"meat"（肉）]。但是，在对语音在词汇加工中的作用展开讨论之前，首先需要对在正字法水平上识别具有不确定性的两方面研究做一介绍。第一，拼写相似的词汇对印刷词汇的识别有影响；第二，错误的字母顺序影响词汇识别。前者似乎可以从上述模型推导出来。

关于第一个问题，研究者进行了广泛的研究，所提出的问题是拼写相似的词的存在是否会对词汇识别的时间或者正确率产生影响？如果有，其影响是抑制性的，还是促进性的？早期，我们用正字法邻居(orthographic neighbor)这个概念来表示那些与目标词汇长度相同但有一个字母不同的字母串[例如，"ward"(病房、牢房)是"wand"(棍棒、魔杖)的一个正字法邻居]。有研究(Davis，2010；Davis，Perea & Acha，2009)表明，正字法邻居的定义过于严格，应该包括其他一些类型的邻居，如减字母邻居，如"wad"(小软块、填块)；增字母邻居，如"waned"[wane(减少、缩小)的过去式]等。但是，我们在讨论中仍沿用正字法邻居经典的狭义定义(字母替换邻居)，这也正是学界普遍认可的观点。

关于正字法邻居的研究主要关注以下几个问题：①邻居词汇的数量对词汇识别时间和正确率的影响；②邻居词汇的词频对词汇识别的时间和正确率的影响。你的第一反应可能是答案很明显：邻居词数量越多，词频越高，对目标词汇识别的抑制性越强。也就是说，印刷的词汇不仅激活了与之相对应的词条，同时也激活了与其相似的邻居词的词条(正如前面所讨论的模型)，因为邻居词的存在似乎延长了确认阶段，这样才能确定究竟哪一个是刺激真正对应的词条。但是，过程可能并没那么简单：如果一个词有很多邻居词，那么这些邻居词可以反过来激活它们与目标词汇共有的字母，从而促进目标词的加工。

当然，干扰和促进可能同时发生，而最终得出的数据模式可能很复杂。这也是要对词频高于目标词的邻居词和词频低于目标词的邻居词做出区分的一个原因。在极端的情况下，假如一个词有多个邻居词汇，但是其词频都低于目标词汇，那么，在这种情况下，促进效应可能凸显。也就是说，正是因为有这些邻居词，字母识别过程得到促进的可能性大大增加，同时又极大减少了确认阶段的竞争。相反，如果只有一个邻居词，而且其词频高于目标词，那么它就可能在词汇加工过程中造成主要干扰。

词汇的邻居效应起初主要是采用词汇判断任务来进行研究的，用于对两个词长和词频等变量都匹配，但是与其邻居词汇特征不同的词汇的判断时间进行比较，结果与我们在上述讨论中所做出的期待非常一致。也就是说，研究普遍发现，若两个词的邻居词数量不同(往往对高频邻居词的数量加以控制)，邻居词较多的词汇的判断时间更短，但是增加高频邻居词的数量，往往会产生对词汇判断时间的抑制效应(Andrews，1989，1992；Carreiras，Perea & Grainger，1997；Grainger，1990；Grainger & Jacobs，1996；Grainger & Segui，1990；Huntsman & Lima，1996；Johnson & Pugh，1994；Perea & Pollatsek，1998)。

与此相关的一个问题是如果构成一个词的字母都正确，但顺序不同，会产生什么效应呢？如前所述，似乎假定每个字母的位置都得到完美的编码是不现实的，较长词的情形尤其如此。的确，之前在网上广泛流传的一种说法声称，剑桥大学研究人员研究发现，阅读词汇中个别字母调换位置或者打乱顺序的文本，与阅读正常的文本一样简单，正如我们当下正在阅读的这句话［原文：resarceh at Cmabrigde Uinervtisy fuond that sentences in whcih lettres weer transpsoed (or jubmled up)①］。事实上并没有这项研究。然而这个例子清楚地表明，尽管可能需要付出更多的时间和努力，但人们能够读懂这样的文本（Rayner，White，Johnson et al.，2006）。从更深一层来讲，上述例子表明，正确的字母在错误的位置上出现并非与词汇的识别无关，因此前述模型中的位置编码（slot coding）假设（关于每个字母特性的视觉信息只传送到合适的字母位置）可能需要修正。目前，有两种模型试图对字母乱序词汇的加工方式做出解释。

第一种是绝对编码模型（absolute coding model），也是之前所讨论的模型的一种变式。此种模型假设每个字母都被赋予一个绝对位置值，但编码过程存在知觉的不确定性（Gómez，Ratcliff & Perea，2008）。例如，"experiment"（实验）一词中的"m"，其最合理的编码位置为第 7 个字母，但编码为第 6 个或第 8 个字母位也有其合理性，有时甚至可编码为第 5 个或第 9 个字母位。此外，根据这个模型，编码可能有一个绝对位置，也可能是根据与词首或词尾的距离进行的。

第二种是相对编码模型（relative coding model），试图以不同的方式解决字母乱序词汇的加工问题。根据相对编码模型，字母的位置并非以绝对方式来编码，顺序信息源自对较短字母位序列的编码（Mozer，1983；Seidenberg & McClelland，1989）。一种可能性是所有相邻的双字母组合都得到编码。因此，"dog"可编码为［space（空格）d ］、do、og 和 g（space），而"experiment"则可编码为（space）e、ex、xp，等等。这个假设看似合理，因为每个字母对的相对顺序可以几乎完整地保存。当然，还有其他可能的编码方案。其中之一包含更大的单位，如三字母组。另一种编码方案是开放的双字母对（Whitney，2001）。例如，在"experiment"一词中，开放的双字母对"p—m"表示字母"p"出现在字母"m"之前。

为了探明字母位置在词汇编码中的作用，研究者对字母调换效应（transposed letters，TL）这一现象进行了研究。已研究过的经典调换字母是指相邻字母次序的调换（如 clam 与 calm）。对这种调换效应进行研究的主要动机是，根据绝对编码模型，正确的字母出现在错误的位置上应该与词汇知觉无关。也就是说，"calm"与"clam"存在两个不同的字母，两者之间正字法上的差异大于"clam"与"cram"之间的差异。

研究字母调换效应的方式与研究邻居词效应方式相似，但是，在这种情况下，邻居词是有两个字母换位的词，如"clam"是"calm"的邻居词，反之亦然。研究对有这种

---

① 其正确的形式是：research at Cambridge University found that sentences in which letters weer transposed (or jumbled up)。——译者注

调换字母邻居词的词汇与没有这种邻居词的词汇进行了对比，两组词除了上述特征不同之外，其他特征都得到控制，如词频、词长等。典型的发现是，"clam"之类有字母调换邻居的词汇无论是在词汇判断任务还是在命名任务中，反应时和错误率都高于控制词（Andrews，1997；Chambers，1979）。

上述研究结果显示，有字母调换的邻居词导致了干扰，但是未必能由此得出肯定结论：干扰产生于字母的错位。也就是说，两个字母被替换的邻居词（如"talk"和"tick"）也可能导致同样的干扰效应。对这个问题进行研究的标准范式是，对词汇中的两个字母互换位置的 TL 条件和词汇中两个字母被其他字母替换 RL（replacement letters）条件进行比较研究。比较研究采用的任务是词汇判断，重心在对非词的反应上。例如，TL 条件下的非词"jugde"（"judge"的字母调换位置的邻居词）是否比"jupte"（RL 控制词，即将"judge"中两字母替换形成的非词）做出为非词的判断更困难？英语和西班牙语的研究数据清楚地表明：与 RL 条件下的非词相比，TL 条件下的非词被正确判断为非词的反应时更长，而且判断的错误率更高（Andrews，1996；Chambers，1979；O'Connor & Forster，1981；Perea，Rosa & Gómez，2005）。

这些研究无疑表明，即使相对短小的词，字母在由字母位置决定的特殊通道内得到完美编码的假设是不正确的。然而，作为对假设词汇是通过双字母组或三字母组模型的检验，这些研究也有一定的问题。例如，在上例中非词"jupte"、非词"jugde"同"judge"不匹配的双字母组合数量相等："jugde"中不匹配的组合是"ug""gd"和"de"；"jupte"中不匹配的组合为"up""pt"和"te"。因此，虽然这种方案能很好地编码词汇中字母的顺序，但是似乎好得有点过了头，因为这些方案似乎对字母换位并不包容。相反，上述研究结果与假设字母顺序信息与随机位置错误一同编码的模型相符，如戈麦斯、拉特利夫和皮瑞（Gómez，Ratcliff & Perea，2008）的模型。同时，这些结果似乎也与包含开放的双字母组的编码方案相符，如 SERIOL 模型（Grainger & Whitney，2004；Whitney，2001；Whitney & Cornelissen，2008），因为"jugde-judge"之间比"jupte-judge"之间共享更多的开放式双字母组（"u-g"和"u-d"）。

另一个用于研究字母调换的范式是在福斯特和戴维斯（Forster & Davis，1984）的掩蔽启动范式中，对 TL 邻居词以 RL 邻居词作为启动刺激的效应进行研究。在该范式中（见图 3-5），启动刺激像三明治被夹在中间：之前是前掩蔽（一般为一串＃＃＃＃＃），之后是目标词汇。所有刺激都在同一个位置呈现，启动刺激一般呈现 40～60 毫秒，这样能够保证产生启动效应，但是实验参与者几乎意识不到启动刺激的特性。该范式的另一个特点是，启动刺激通常采用小写字母，而目标刺激通常为大写，这样一来，启动刺激和目标刺激之间视觉的重叠最小化。

```
#####          前掩蔽刺激
Judge 启动刺激
JUDGE          目标刺激
```

**图 3-5　福斯特和戴维斯的掩蔽启动范式中一个字母调换启动的例子**

注：前掩蔽刺激通常呈现约 500 毫秒(尽管前掩蔽刺激的呈现时间并不是关键)，启动刺激通常呈现 40～60 毫秒。然后目标刺激呈现，直到被试做出反应。通常情况下启动刺激和目标刺激的大小写不同，以便减少两者之间的物理相似性。见文中介绍的其他启动条件，在这些条件中启动刺激也都是小写字母。

掩蔽启动范式优于之前讨论的非词词汇判断范式的地方在于，可用它来检验词汇而不是非词加工的 TL 效应。更具体地说，错误的位置上出现了正确字母，对词汇加工的早期阶段有影响吗？答案显然是"有"。在词汇判断任务中，RL 条件下启动—目标对(jupbe-JUDGE)反应时长于 TL 条件下启动—目标对(Andrews，1996；Christianson，Johnson & Rayner，2005；Perea & Carreiras，2007；Perea & Lupker，2003，2004；Schoonbaert & Grainger，2004)。这里引用的大部分研究都采用词汇判断任务，但也有研究采用命名或语义范畴判断任务。

因此，上述字母调换效应显示，字母位置编码的方式尚不确定，即使错位(但是距离正确位置不远)，字母仍有助于词汇的激活。研究结果不仅明确排除了认为字母信息仅仅源自确切位置编码的模型的可能性，而且也排除了假设字母顺序信息完全由相邻字母组合(如双字母组)决定的模型的可能性。但是，这种绝对位置模型难以解释的一种结果是，不相邻的字母错位也会产生 TL 效应。例如，研究者(Perea & Lupker，2004；Lupker，Perea & Davis，2008)发现，在英语和西班牙语中，不相邻的辅音字母调换位置，有显著的掩蔽启动效应[例如，"relovution"(字母"l"与"v"调换位置)对目标刺激"REVOLUTION"(革命)的启动效应显著大于"retosution"(用字母"t"和"s"替换了"v"和"l")]。

上述研究的后一个实验发现了一个奇怪的现象，即元音和辅音不同。也就是说，辅音在词汇识别中的作用大于元音。例如，看到"c_s_n_"序列(其中"_"代表缺失的字母)比看到"_a_i_o"序列，人们更容易联想到"casino"一词。掩蔽启动的研究结果显示，启动刺激与目标刺激辅音不匹配时比元音不匹配时，启动效应小(Carreiras，Duñabeitia & Molinaro，2009)。但是，当谈到字母的位置时，元音和辅音之间的差异恰好相反。例如，判断 CANISO 为非词要比判断 CINASO 为非词更难(Lupker，Perea & Davis，2008；Perea & Lupker，2004)。这意味着元音的位置比辅音的位置对词汇识别更重要。掩蔽启动实验支持上述结论。结果发现，不同于前述辅音调换引发的 TL 启动效应，元音调换没有产生 TL 启动效应(例如，"reluvotion"对目标刺激"REVOLUTION"的启动效应并不比"relavition"大)。如何解释元音和辅音在位置和特征编码中重要性的差异，目前还不清楚。一种可能是，辅音较早地激活了词汇探测器，只要拥有相同辅音的词汇(第一个辅音相同的词汇不是特别多),词汇探测器就会得到充分激活,结果辅音位置在很大程度上被忽略,元音位置在词汇识别的最后阶段起重要作用。

总而言之,我们目前对词汇识别过程中字母位置的编码方式的了解还远远不够。但是,我们清楚地知道,每一个字母位置都是独立通道,字母信息能够正确地传送到通道的观点是错的。我们还知道,尽管以相邻的双字母组的方式编码顺序是一种明智的字母位置编码方式,但是它无法解释 TL 效应。或许,允许位置编码中的随机错误、包含开放双字母组或者无序双字母组之类松散单位的模型,才有竞争力。但是,这个模型也不能对错误过分宽容,因为人能够区分正确和错误的拼写。另外可能值得一提的一点是,上述所有实验都假设位置编码发生在正字法水平上,但是多数实验中正字法和语音相混淆。也就是说,由于音位的顺序与字母的顺序基本相同,因此许多顺序效应究竟发生在正字法水平上还是语音水平上,尚不完全清楚。但是,有证据表明,在语音得到控制的条件下,正字法效应仍然显著。例如,在西班牙语中,"cholocate-CHOCOLATE"(巧克力)和"chodonate-CHOCOLATE"的 TL 效应与"racidal-RADI-CAL"(激进的)和"ramibal-RADICAL"的 TL 效应相同,尽管"RADICAL"中的"c"的发音发生改变(Perea & Carreiras,2006)。

# 四、语音在词汇编码中的作用

在本书中,我们假设帕普等人与麦克莱兰和拉梅尔哈特提出的模型对词汇识别与字母识别的关系做出了基本正确的描绘:词汇中的字母以平行方式进行加工,进而促进词汇的识别。(此处再次声明,此结论可能不适用于较长的词汇,见本书第五章。)但是即便是短小的词汇,其通达过程就那么简单吗?根据目前所探讨的模型中,每一个词汇作为一个单位在心理词典中都有表征,而心理词典中的词条或者词汇探测器的通达是通过一个直接的视觉通路来实现的,其中词汇的下级单位只有字母或字母串。根据这类模型,词汇其他方面的信息,如语义、发音、词源等,只有在词条通达后才能获得(正如读者在真实词典中查到"work"这个条目之后,才能找到"work"的发音和语义信息)。由此产生了一个问题:即使语音和语义基本上同时通达,语义通达是否与词汇的语音信息无关?

词汇知觉中最有争议的一个问题是语音通达和语义通达之间的关系。尽管人们已经达成普遍共识,认为熟练的读者跳过语音,直接由印刷词汇通达到语义的观点是错误的,但是在以下几个方面仍存在很大分歧:①语音编码的作用有多重要?②如何对语音编码和正字法编码之间的关系进行界定?造成这种分歧的部分原因是,不同的实验范式在语音编码的作用上得出了不同的结论,因此对各种范式与这一问题的关系也产生了争议。

首先对一种支持语音编码在词汇识别中起核心作用的范式做一介绍：前文提到的语义范畴判断任务。迈耶和古奇拉(Meyer & Gutschera，1975)对拒绝语义范畴中假成员和非成员的难度进行了对比研究。例如，在"fruit"(水果)这个范畴中，"pair"(双、对)是假成员[成员"pear"(梨)的同音异义词]，"rock"(岩石)是非成员。结果发现，假成员(将其判断为范畴成员)的错误率更高，即使判断正确，其反应时也增长。遗憾的是，在迈耶和古奇拉的实验中，假成员与真成员之间有较多共享的字母，因此难以确定上述结果是视觉相似性造成的，还是假成员与真成员同音造成的。范·奥登(Van Orden，1987)在其试验中对视觉相似性(两个词汇共享的字母的数量)进行了控制，纠正了前述实验中存在的问题。研究结果发现，其效应出乎意料得大：与真成员只有一个字母不同的假成员[如"meet"(遇到、会面)与"meat"(肉)只有一个字母之差]被错误地判断为范畴[如"food"(食物)]成员的概率约为30%；同样只有一个字母之差，非成员[如"melt"(融化)]被判断为范畴成员的概率只有5%。由于这些词汇在屏幕上呈现500毫秒，因此这些结果意味着在词汇清晰可见的情况下，被试判断词汇范畴的错误率达到25%，而且即使做出"否"的正确判断，对假成员的反应时也比非成员长。

我们认为，上述关于同音异义词的研究清楚地表明，语音编码与词汇的语义通达有关，而且起重要作用。但是，关于语音编码在何时激活才能产生上述干扰效应这一问题，目前仍存在相当大的争议。此外，关于语音编码(sound codes[①])被激活的机制，也存在很大争议。行文至此，有必要先对几个术语做一明确区分。我们用同音异义词(homophones)来指两个发音完全相同但拼写和语义都不同的词汇[如"hare"(野兔)-"hair"(毛发)]，而同形异义词(homographs)则指两个拼写完全相同但语义不同的词汇(如"port-port"，一个意为港口，另一个意为一种酒)。同形异义词可以有两个不同的发音[如"bass"，一个意为一种鱼(鲈鱼)，另一个意为一种乐器(贝斯)]。若同形异义词的发音也相同，我们则称之为同形同音异义词(homonym)。

## (一)通达语音可能的两条通路

上述语义范畴判断实验表明，字母串所激活的语音编码参与了语义的通达。但是，语音编码是如何被激活的呢？就"hair"之类的词汇而言，这个问题可能很简单，字母串激活了词条，进而激活了存储的语音表征。因此，上述干扰效应的发生可能就是由于"hair"的语音编码先于其语义被激活，而语音编码反过来又激活了"hare"的词条，进而激活了"动物"的语义。但是，"sute"的语音编码的激活肯定不同，因为并没有与这一串字母对应的词条。其语音一定是通过视觉信息(以一定方式)构建出来的。这种词和非词语音编码的不同导致了语音编码的双通路理论的提出。该理论认为，语音通达有两

---

① 作者在本书中交替使用"sound code"和"phonological code"，但是多数情况使用后者。——译者注

条通路：一条被称为语音寻址通路（addressed phonology），另一条被称为语音合成通路（assembled phonology）。前者认为，语音编码是在记忆中查询的相应"地址"，而后者则认为，语音编码是在视觉刺激呈现的同时合成或构建出来的（Coltheart，Davelaar，Jonasson & Besner，1977）。进而言之，根据双通路理论的某些观点（Coltheart，Rastle Perry et al.，2001），合成过程应遵循一系列的规则。大部分文献（以及大部分争议）围绕以下两个问题：一是是否存在两个不同而且独立的通路；二是非词的合成过程是遵循从拼写到语音的规则还是其他规则。

支持双通路存在的一项证据来自脑损伤患者，他们似乎有选择地损伤了语音的寻址通路或者合成通路。被称为浅层阅读障碍者（surface dyslexic）几乎能够读出所有的词和非词（尽管几乎不理解）；但是他们可能将很多发音不规则的词以发音规则的方式读出来，如将"island"（岛屿）读成/izland/（Marshall & Newcombe，1973）。其问题似乎在于语音合成系统是完整的，而语音寻址系统被损伤（然而，患者的语音寻址系统并没有完全被损坏，因为并不是所有发音不规则的词都被规则化）。相反，语音阅读障碍患者（phonological dyslexic）能够正确地读出大部分词，但却不能读出非词（Coltheart，1981）。其问题似乎在于语音寻址系统相对完好，而语音合成系统几乎完全损坏。单通路观点的支持者认为，从上述患者身上所获得的证据比前面所介绍的更复杂，因此不能作为双通路结论性的证据。但是，对于多数人来说，也包括我们自己，脑损伤患者的证据很有说服力，举证的责任应该由单一通路的支持者承担，提供证据说明为什么双通路理论是错的（我们将在第十二章深入地探讨阅读障碍者提供的证据）。

目前的证据似乎支持了两个独立的系统的存在，但仍存在几个问题：①合成通路是如何工作的（特别是在英语这样存在很多发音不规则的词汇的语言中），目前仍不清楚；②上述证据无法说明这两个系统对正常的读者来说是相互独立的。关于合成通路的工作原理，其中一个假设是通过从拼写到语音规则来合成的（Coltheart，1978；Coltheart，Rastle，Perry et al.，2001）。然而，此处所谓"规则"未必意味着这些规则的应用是有意识的过程。确实，鉴于非词可以很快被读出（大约半秒钟），有意识的规则运用就更不合理了。若要对这个争议展开讨论，恐怕至少要用一章的篇幅，而且最终也不可能得出一致的结论。因此，此处我们将向读者呈现一些我们认为相关的问题和有意思的数据。关于这个问题，普遍采用的任务是向实验参与者呈现词或非词，并要求其尽快读出。

### 1. 词和非词的发音

虽然从逻辑上来讲对正常的读者而言，词汇的语音编码可以仅仅通过语音寻址通路获得，但是数据显示并非如此。最引人关注的方面之一是对规则词和不规则词发音的比较，因为不规则词[如"one""two"、"choir"（唱诗班）、"women"（女人）]的发音在某种程度上必须在记忆空间中查询，但是规则词[如"tree"（树）]的发音却不需要查询。

但是，不规则词的发音也可以通过合成来获得，如"mard①"的发音可通过一些合成加工获得。根据这一观点，规则词的正确发音可以通过查询来获得，也可以通过合成方式来获得，而不规则词的正确发音必须通过查询来获得。

若假设上述分析正确，那么我们对规则词、不规则词和假词的发音难度或者速度会做出什么样的预测呢？尽管根据目前的假设还无法预测不规则词和假词发音的相对难度有何差异，但是我们可以设想不规则词的发音可能更快，因为语音寻址过程（发音存储在心理词典中）应该比语音组合过程快。事实的确如此，假词的发音比真词需要的时间长。但是，这个过程仍然速度较快；对于没有经过训练的人，真词和假词的发音速度相差 200 毫秒，经过训练，差异大大减小（Baron & Strawson，1976）。假词的加工效率高，并不足为怪，因为机体应该做好准备，同以前实际遇到过的刺激一样来对合理的刺激高效地进行处理。

那么，规则词和不规则词的情形呢？上述分析表明，若假定语音寻址通路和语音合成通路在加工的时间进程上存在相当大的重叠的话，那么规则词发音更快。其可能机制有如下两种。首先，"one"等不规则词的发音可能因冲突而被减慢，因为语音寻址系统生成的发音是/won/，而规则系统生成的发音则是/own/，两者之间会产生冲突，这种现象类似于之前讨论过的斯特鲁普效应。其次，规则词的发音可能由于两个独立的系统产生了相同的发音而加速，因此与只有一个系统输入信息的情况相比，反应才会被加强。

事实上，一项可靠的研究证据也表明，规则词的发音快于不规则词（Baron & Strawson，1976；Seidenberg，Waters，Barnes et al.，1984a）。但是，若皆为高频词，规则词和不规则词的命名时间几乎没有差异；相反，若皆为低频词，规则词和不规则词的命名时间有显著差异（Seidenberg，Waters，Barnes et al.，1984a）。上述结果可用双通路理论来合理地解释。因其基于"规则"，合成语音和合成通路几乎不受词频的影响。但是，若用语音寻址通路，高频词加工速度理应快于低频词。因此，就高频词而言，至少在发音任务上，语音寻址通路的加工速度可能很快，间接通路的作用几乎降至为零。而对于低频词，两个通路的速度更具有可比性；因为有两个通路来通达语音编码，所以规则低频词的发音快于不规则词。

虽然在上述讨论中我们用双通路理论对研究数据进行了解释，但是我们认为，也可用其他理论做出类似的合理解释，只是不规则词的冲突可能发生在不同的加工层次上。那么，争议的焦点是什么？我们认为争议主要集中在以下两个方面的合理性上：①英语词汇的发音确实有规则；②规则可以在几百毫秒内得到应用。然而，非词必须以某种方式读出来，而且速度相当快。如果非词的语音编码不是通过规则来合成的，

---

① 英语中不存在这个词，但是因其符合英语的语音规则，所以也可以通过合成的方式发音。——译者注

那么它们又是如何合成的呢？

有些人之所以对假设存在这样一个规则系统有异议，其主要原因是无法确定英语词汇的发音规则。例如，"dumb"（沉默的）的发音有规则还是没规则？如果有规则，许多规则就必须通过具体语境来确定（如字母"b"在"m"之后不发音）。如果不允许这类规则存在的话，那么"b"的发音也就脱离了它所存在的语境，"dumb""numb"（麻木的）和"thumb"（拇指）就会因其中的"b"不发音而被归为不规则词。这似乎并不正确。我们可能还需要这种基于语境的规则来解释一些常见的现象。例如，普遍存在的不发音的字母"e"，其作用是延长前面的元音［如"fate"（命运）和"fat"（肥胖的）］。但是，如何用规则来解释"comb"（梳）、"combing"和"combine"（使结合）呢？可以将"combing"归为不规则词，也可以将"combine"归为不规则词，但是从直觉来判断这样并不令人满意。反之，如果坚持用某一规则来解释，就必须提出更复杂的规则："combing"中的"b"因其为音节（或者词素）"comb"的一部分所以不发音，而"combine"中的"b"同"m"属于不同的音节所以发音（若要知道"m"和"b"属于不同音节这一规则，可能需要具备构词知识，要知道"combing"中的"ing"是后缀，而"combine"中的"com"是前缀。但是，"bine"并不是一个词，这样就很难将其前面的"com"看作前缀）。对于较长的词汇还有其他一些难题。例如，如何在不增加不规则词的前提下制定出重音分配的一般规则。但是，科尔哈特（Coltheart，2001）提出了一个包含规则系统的工作模型，该模型对上述问题做出了明确的回答。

有人对规则系统提出批评，认为类似于帕普等人模型的词汇系统就可以解决词和非词的发音问题。下面我们来看一看其工作机制。首先考虑一下非词"mard"的情形。它可能激活许多相邻的词条，如"ward"（病房）、"card"（卡片）、"mart"（市场）、"mark"（标记）、"maid"（少女）和"mare"（母马）。每一个词条反过来又会激活相应词汇的发音。"mard"通过发音单位（音素）的组合生成。因此，多数邻居词支持第一个位置发/m/音，第二个位置发/ah/音，以此类推。因此，根据这个模型，看似规则制约的新颖字母串的发音行为并非是抽象规则引发出来的，而是对心理词典中保存的知识进行计算的结果（Brooks，1977）。这种模型被称为类推模型（analogical model），因为新颖字母串的发音是通过已知词汇类推生成的。我们对这个术语并不完全满意，因为它并没有真正反映出对心理词典计算派生出发音的机制。但是，由于也没有找到更合适的术语，此处我们姑且称之为类推模型。

类推模型是一个产生规则行为的精巧的系统，但问题是：①它有证据支持吗？②它真的可行吗？最有力的支持证据是词汇对非词发音有影响（Glushko，1979）。也就是说，"bint"之类的非词，其发音若与其邻居词［如"pint"（品脱）、"hint"（提示、暗示）和"mint"（薄荷）］发音不一致，比发音与邻居词一致的非词（如"tade"）需要的时间长。格卢科对真词的研究也发现了类似的效应。那些发音规则但是邻居词汇发音不规则的词［如"gave"（给，give 的过去式）有发音不规则的"have"（有）作为邻居词］，其发音所需要的时间长于没有发音不规则的邻居词的词汇[如"coat"（外套）]。然而，支持规则系统者可能认为，这种效应是由于规则的强度不同产生的：经常应用的规则强于不经常应用的规则。

然而，上文描述的类推模型的问题在于它并不真正可行。困难之一是，"joov"之类的非词尽管没有很相似的邻居词汇，即既没有以"joo"开头的词，也没有以"oov"结尾的词，但是仍较容易发音(Coltheart，1981)。若要根据这个模型生成"joov"的发音，我们必须假定"groove"（沟）和"join"（参加）为邻居词，但是这样一来就改变了邻居词的概念。此外，类推模型还必须将合适的元素合理地配置，以便"groove"中多余的音素得到合理的处理。较长的非词也会有同样的问题，因为它们也没有邻居词汇，如"mardtork"或"brillig"。因此，格卢科提出的类推模型因其扩展了心理词典，将词汇的片段也纳入其中，而更加复杂化。在这个模型中，心理词典实际上包含了所有小于词的单位（如"wor…""wo…"" …ork""w…"" …rk"等），而且所有这些单位都同时附带发音。一个词或者非词出现，其中包含的所有单位（包括词和小于词的单位）都会被激活，发音通过对所有这些单位进行计算得出。

读者可能已推知，这样的一个模型与规则模型非常相似。对"mardtork"中"a"的发音可做出两种解释：可以说它可发作/ah/，因为根据规则"a"在"r"前就应该这样发音，也可以说心理词典中有许多被激活的" …ar"之类的小于词汇的条目，决定了其发音为/ahr/。这种解释其实并没有很大差别。无论是对规则模型还是对类推模型进行检验都是针对相关观点的实现的检验，因此很难断定哪一种隐喻更贴切，或者说它们是否只是在讨论"规则"时使用的两种不同隐喻。不管哪种情况，显然人类确定一个新的非词发音的过程是一个非常复杂的过程。

多数人可能会发现，类推系统这类的模型，要比大脑中存储但又（有时在自省之后）意识不到的复杂规则系统，更具有解释力。但是，我们认为有一种思维实验表明规则系统能够快速生成语音编码。首先，需要指出的是，关于拼写—语音转换的争议，实验的刺激材料都是英语，而英语的拼写非常复杂，缺乏规则性。相反，世界上有许多种语言，如西班牙语，其从拼写到语音的规则系统都非常简单。而且，如果给只会说英语（而且心理词典中没有存储大量的西班牙语词汇供其类推词汇的发音）的人解释西班牙语（简单）的拼写—发音规则，他们只需要少量练习就能够相当快速地读出西班牙语的词汇（虽然带点口音）。

据我们所知，目前尚无人做过类似的实验。但是，如果结果真如我们所预料的那样，那么就说明规则系统似乎可以快速生成字母串的语音编码。如前所示，类推模型对结果的解释是假定存在小于词汇的单位（如音节），作为视觉字母串和语音编码之间的中介。然而，这样一来，类推假设和规则假设似乎就没有什么差别了，这两种观点的主要差异在于编码过程是同时完成的，还是如科尔哈特的规则系统所假设的以序列方式完成的。科尔哈特(Coltheart，2001)认为有一种现象是支持词汇序列加工模型的证据，即不规则发音位于词首时，规则词和不规则词的命名反应时差异最大。但是，平行加工模型对此似乎也不难做出解释，只要赋予词首字母更高的权重即可。此外，对词首和非词首字母效应做比较时，不规则的程度是否得到了控制，目前尚不清楚。

前面我们走了很长的一段弯路，集中考查了非词的发音问题。然而，在阅读中一个更重要的问题是，真词的语音是如何通达的。可想而知，针对这个问题的模型甚至更复杂。其中之一是单一系统模型(single system model)，其中包含某种类似于前面描述的类推模型的机制，负责词汇语音的生成(Glushko，1981；Humphreys & Evett，1985)。根据单一系统模型的观点，每当遇到一个词，如"one"，与之对应的词条的每一个组成部分及其邻居词的每一个组成部分都会被激活，发音基于所有这些被所有输入激活的语音编码生成。该模型认为，目标词词条的激活必须强于其邻居词，才能解释在几乎所有情况下"one"都得到正确发音这一事实。因为这样一来，邻居词冲突的发音只会减慢，但不会抑制目标词"one"的词条所激活的发音。请记住，根据单一系统模型的观点，刺激词及其对应的词条之间的直接联系并非处于某种特殊状态，只是比所有其他情况更强而已。

由于以下几种原因，上述单一系统模型的观点似乎存在几个问题。首先，它很难解释为什么指导语会改变人们的输出。例如，如果仅仅要求人们读出"have"，其发音是/hahve/；但是如果要求人们根据英语的发音规则来读，他们能够轻松地改变为/hayve/①。指导语以何种方式改变了人们的发音，单一系统模型的观点尚无法做出清楚的解释。同样，单一系统模型也难以对前述关于阅读障碍患者的研究结果，即脑损伤可以导致语音合成或语音寻址有选择的损失做出解释。单一系统模型的支持者对这个问题通常做出的另一种解释是，恰恰是生成被破坏的语音编码的心理单元的大小，将表层阅读障碍与语音阅读障碍区分开来：较大心理单元的破坏导致表层阅读障碍行为，而较小单元的破坏则导致语音阅读障碍行为。然而，这种解释与双通路理论的观点似乎并无差异，大的单元生成语音寻址，小的单元生成语音合成。

另一个主要问题是系统的独立性。根据科尔哈特的模型，即使是正常的人，其语音寻址系统和语音合成系统相互独立，各行其是，生成语音编码，只是到最后由机体做出选择。可能在正常情况下，最快的通路生成最终的发音(这种模型有时也被称为赛马模型：最快的通路或者说"马"获胜)。如前所示，这种模型能很好地解释规则效应的研究数据，即高频词几乎不会产生规则效应(可能是因为语音寻址通路事实上总是速度最快)，而低频词则会产生规则效应，因为其语音合成通路有时可能获胜。然而，这个模型的一个方面不容忽视，即认为就多数所能够识别的词汇而言，字母的创造是为了表征词汇的语音这一事实，与词汇识别没有关系。根据这一模型，在英语等有许多不规则词汇的语言中，规则系统的主要作用似乎就是干扰词汇的识别。由于赛马模型存

---

① 采用我们所熟悉的音标是/hæv/。——译者注

在这方面的困境，我们认为更具有交互性的双通路模型更为合适，如合作通达模型（cooperative access model；Carr & Pollatsek，1985）。

这种交互模型与许多单一系统模型相似。但是，它们的不同之处在于，它仍然假设存在两个不同的系统：语音组合系统和语音寻址系统。根据这一模型，"one"呈现时，组合系统不仅激活/own/，而且激活与其发音相似的语音编码，如/on/和/cone/；而且，恰如帕普等人的模型所预测的，语音寻址通路亦激活一系列备选项和相关的语音编码。获得两个系统汇总激活水平最高的词条作为词被识别。因此，两个系统合作，激活视觉和语音相似的词条，而非独立运作，发送备选项或"赛马"。这就意味着就规则词而言，合成系统在寻址系统激活正确的词条的基础上，进一步提高其激活水平，从而促进词汇通达。而且，如前所示，其他多数拼音语言都较规则，因此可以预测两个系统共同参与词汇的识别，几乎总是具有促进效应。我们认为，英语读者似乎不可能采用一个有本质区别的系统。

虽然不规则词会由于不同语音编码之间竞争增强而产生一定的抑制，但是大部分英语不规则词其实并非完全没有规则，而且规则效应实验所采用的不规则词中大多数都只有一个不规则发音——通常为元音（如"pint"）。即使是那些更不规则的词，如"one"词首音/w/根据规则会完全缺失，但根据规则仍可以正确地预测出词尾辅音发音为/n/，而且元音的发音也很接近正确的发音。这也许就是规则效应如此之小的一个原因。只有语言中有极其不规则的词汇（假如"droon"为词，发作/step/），才能对规则效应做出明确无误的检验。事实上，极端不规则的词（如"choir"）和规则词的命名时间确实有明显差异（Baron & Strawson，1976；Seidenberg et al.，1984a）。因此，不同实验所得到的规则效应不同，在某种程度上可能因为一些实验采用了略微不规则的词汇，从而得到的规则效应极小。事实上，塞登伯格等人（Seidenberg，Waters，Barnes et al.，1984a）发现，其所谓"奇异词汇"（如 choir）与规则词汇之间差异显著，而一般不规则词汇（如 pint）和规则词汇之间的差异则小得多。他们认为，歧义词之所以规则效应显著，不仅是因为其非同寻常的发音，而且是因为其奇特的拼写形式（许多是借自其他语言的外来词）。

或许，这种在一个无误差的通道（寻址通道）上增加一个噪声更大、易于出错的通道（合成通道）来获取语音的模型，似乎有悖于人们的直觉。然而，我们认为，来自口语加工的证据显然表明，这种合作通达过程确实存在。亦即，人理解口语有两个路径（在手机发明前，大部分情况下如此）：一是言语的声音，二是口形（主要是唇）信息。两者显然都传达信息，因为人见不到说话人时，亦能理解口语；失聪者可以仅通过唇读来理解话语大意。而且，我们清楚地知道，看着人说话有助于口语理解。然而，单纯依靠唇语难以充分理解口语所表达的意思（某些发音上的区别并未体现为脸、口的外部表现）。的确，有证据表明口形信息在口语理解中与发音信息整合为一体。麦格克和麦克唐纳（McGurk & MacDonald，1976）的研究显示，假如人在观看发/ga/音视频的同时，倾听以听觉通道呈现的/ba/，有时会将后者误听为/da/。根据合作计算模型（cooperative computation model），这很好解释：因为/da/与/ga/皆同/ba/相似，因此/da/作为两者之间的一个音，可能通过两个通道获得比/ga/和/ba/更强的总激活。

总之，尽管有些研究者可能并不赞同我们的观点，但是我们认为词汇语音编码通达的各种模型之间并没有很大不同，因为所有的模型都认为存在与真词和假词语音编码通达相关的组合过程，不同之处在于合成过程的细节及其与寻址过程的分离程度。然而，在探讨语音通达与语义通达之间的关系这个问题之前，有一点需要予以澄清，即合成语音即使在高频词的识别中亦起重要作用，但是高频词在发音任务上几乎或者完全没有规则效应的实验数据似乎支持恰好相反的观点。

支持语音编码与高频词的通达有关的最明显的证据来自启动研究。此处仅以福斯特和戴维斯（Forster & Davis，1984）以西班牙语为刺激材料，采用前面讨论字母倒序效应时介绍过的掩蔽启动范式进行的研究为例，对此加以说明。该实验利用了西班牙语与英语类似的一个特点，即字母"c"后面的元音会影响"c"的发音（Pollatsek，Perea & Carreiras，2005）。在西班牙语中，如果"c"后跟"a""o"或"u"，其发音近似/k/（与英语相同）；而在卡斯蒂利亚西班牙语中，如果"c"后跟"e"或"i"，其发音为/th/（在英语和拉丁美洲西班牙语中，其发音为/s/）。问题是，对于"CANAL"（运河）之类目标词（在西班牙语中属于高频词），"conal"和"cinal"（两者都是假词）的启动效应是否不同。这两个启动刺激与目标词的差别都在第二个字母位置上，不同之处在于，"cinal"与目标词"CANAL"有两个音素不同，而"conal"只有一个音素不同。结果发现，"conal"的启动效应大于"cinal"（词汇判断时间更短）。在控制条件下，元音不会改变词首辅音的发音["ponel"和"pinel"为启动刺激，"PANEL"（专门小组、陪审团）为目标词]，两者的启动效应没有差异，这表明之前发现的启动效应差异不是由于"i"和"A"的相似度小于"o"和"A"造成的。在本书第五章中，我们将对此做进一步探讨，人在默读文本时，也有类似的早期语音效应。

**2. 语音组合通路在词汇语义通达中的作用**

目前为止，我们一直在追问的一个问题是词汇语音的通达是否先于语义的通达？如果答案为"是"，人又是怎样获得语音的？图 3-6 是对上部分所讨论内容的总结，表明直接词汇系统和规则或称类推系统都在确定字母串的发音时起作用。现在需要考虑的一个相关问题是，哪几个系统参与了印刷词汇的词条和语义通达。本部分探讨的核心问题与图中箭头（2）所示内容紧密相关：规则（类推）系统是否能够及时生成词汇的发音，促进词汇的通达？一个极端的观点（Gough，1972）认为，规则系统生成的语音编码是词汇通达的唯一通道（然而，这是不对的，因为读者不能将"there"和"their"区分开来）。或许，目前最为普遍的是另一极端观点：语义的通达都是通过直接视觉通路的，通过规则（或类推）生成语音然后通达词条的通路在语义通达中（使其）作用微乎其微。这个观点有一定道理，但并非唯一的可能性。下面我们来看看相关证据。

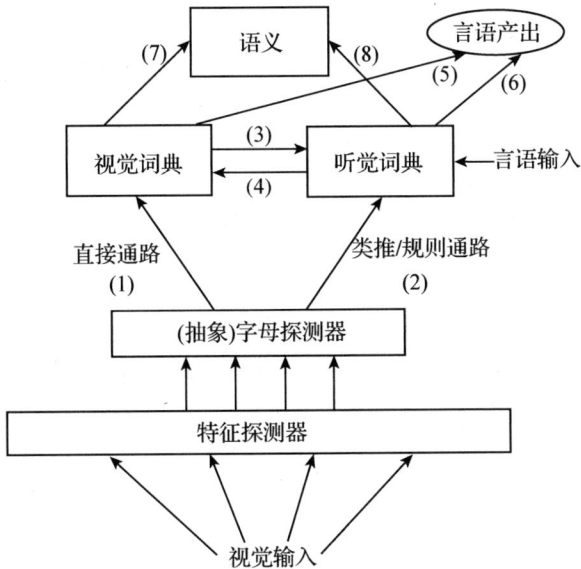

**图 3-6 词汇识别模型**

注：语义通达包含通路(1)～(7)和通路(2)～(8)的协作。词汇判断包含通路(1)和(2)～(4)，尽管来自听觉词汇的信号会干扰一定的反应(如同音假词)。命名词汇包含通路(1)～(5)和(2)～(6)，而命名假词只包含通路(2)～(6)。规则/类推通路包含一些图 3-5 中没有显示的阶段，如字母串探测器阶段。

许多旨在考查规则(或类推)系统是否参与语义通达的研究采用了词汇判断范式。所研究的一个问题是，正确判断拼写规则的词为词，是否比正确判断拼写不规则的词为词的速度快。关于规则效应的研究结果并不一致：有些研究发现有规则效应(Bauer & Stanovich，1980；Parkin，1982)，而有些研究则发现没有规则效应(Coltheart，Davelaar，Jonasson et al.，1977)。

第二个问题是，正确判断假同音词(与某个真词的发音相同的非词，如"phocks")为"非词"，是否比正确判断其他类型的非词为非词的时间长。相反，关于假同音词效应，研究结果趋于一致(Coltheart，Davelaar，Jonasson et al.，1977；Rubenstein，Lewis & Rubenstein，1971)，但也有少数研究结果不同(Dennis，Besner & Davelaar，1985)。假同音词效应的实质意义因下述两个原因而遭到质疑。首先，虽然假同音词效应表明规则系统生成的语音参与了非词的判断，但是并不能说明规则系统参与了真词的词汇通达(Coltheart，Davelaar，Jonasson et al.，1977)。其次，假同音词效应可能是一种人为结果，即假同音词可能比其他类型的假词看上去更像真词。然而，下面的证据可以用以反驳第二条批评。研究发现，严重的诵读障碍者(与前述语音阅读障碍者相似)因其规则/类推系统严重受损，没有显示出假同音词效应(Patterson & Marcel，1977)。

迈耶等人（Meyer，Schvaneveldt & Ruddy，1974）的启动实验是对基于语音的编码对词汇判断时间影响的充分展示。其研究结果表明，若目标词"touch"（触、碰）在启动词"couch"（咳嗽）之后呈现比在无关启动词之后呈现，词汇判断时间长，因为"couch"诱发错误的发音预期（若目标词前面为与其押韵的启动刺激，比其前面为无关启动词，促进效应较小）。

然而，上述实验中都采用了词汇判断任务，但是对字母串是否为词的判断并不能清楚地表明词汇语义的通达。况且，词汇判断任务可能涉及某些与词汇语义通达无关的特殊核查策略，如进入词典后核查语音编码（Balota & Chumbley，1984，1985；Chumbley & Balota，1984；Seidenberg，Waters，Sanders et al.，1984）。因此，若有更为直接的证据表明语音在词汇语义通达中发挥作用，那就再好不过了。

一种可能性是，采用范畴判断任务（例如，判断一个视觉呈现的词是否属于某个语义范畴，如家具）来验证对反应时的 touch-couch 效应。这一任务的问题在于，范畴判断时间并非词汇通达时间，其长短取决于其他一些因素，如某个词在相应范畴中的典型性（例如，判断知更鸟是鸟类，要比判断火鸡是鸟类容易得多）。这些因素可能掩盖了迈耶等人（Meyer，Schvaneveldt & Ruddy，1974）发现的相对较弱效应。事实上，虽然范畴判断任务揭示出具有一定倾向性的效应，但很微弱（McMahon，1976）。

另一个表明语音合成通路参与词汇语义通达的证据来自同音异义词的语义范畴判断任务。虽然研究结果（如很难判断"meet"是否为食物）清楚地表明，语音编码在语义通达中起作用，但是这未必意味着规则（或类推）系统参与了语义通达。换言之，"meet"可以通过直接视觉通路激活其词汇条目，进而激活"meet"的发音，最终激活"meat"。此序列加工过程是可能的，但是，激活"meat"的语义比激活"meet"的语义多两个额外步骤，至于为什么会造成如此大的干扰效应，尚不清楚。

但是，两个后继实验提供的证据清楚地表明，语音合成通路在语义通达中起重要作用。首先，范、约翰斯顿和黑尔（Van，Johnston & Hale，1987）的研究发现，若在范畴判断任务中假同音词（如将"sute"[1]归类为一种衣服），干扰效应与采用同音异义词（如将"hair"归类为某种动物）相同。由此可见，"suit"的语义肯定通过语音合成通路得到激活。莱施和波拉特塞克（Lesch & Pollatsek，1998）的另一个实验采用了相似的范式，结果发现真词的语义通达亦如此。作者在研究中采用了语义相关性判断任务（判断屏幕上呈现的两个词是否具有语义联系），结果发现，与控制条件相比，假同音词对[如 pillow（枕头）—bead（珠子）]判断的错误率更高，做出正确反应需要的时间更长。因为，"bead"可能由"head"的发音 /hed/ 类推为 /bed/，从而成为"bed"的假同音词。虽然后一实验发现的效应不如前一个范畴判断实验显著，但却清楚地表明语音编码而不是直接路径查询参与了语义的通达（关于这一问题，我们将在本书第五章进一步讨论）。

---

① "sute"与"suit（套装）"发音相同。——译者注

# 五、简单词汇和复杂词汇的加工

上文所讨论的大部分词汇识别研究均采用短小词汇(由 3～6 个字母组成)为刺激材料。词优效应实验(与模拟实验)实际上均采用由 4 个字母组成的词汇。前述的规则效应实验选材范围较广,但多数仍为 6～7 个甚至更少字母组成的单语素(语义单位)词。再者,选用的词汇大部分都是名词,只有很少一部分动词和形容词。因此,我们描绘的词汇识别图景并不完整。在本部分内容中,我们将介绍其他两种类型词汇的识别。首先讨论功能词(function words[①],包括介词、连词、冠词和代词)的识别。有研究证据表明,功能词的加工方式可能不同于前述其他类型的词汇。其次讨论关于复杂词汇加工的已知研究。但是,由于这些领域并非词汇识别研究的重心,因此所描绘的图景仍然仅仅是一个轮廓。

## (一)功能词

心理语言学家常常将功能词和实词区分开来,前者包括介词、连词、冠词和代词,后者包括名词、动词和形容词。虽然趋于一致的观点认为,两类词的心理基础不同,但是两者之间的界限并不是泾渭分明的(例如,多数人并不知道副词应该归于哪一类),其中一个区别是,功能词是封闭类词,也就是说,在世界上的(大约几百种)语言中,功能词的数量相对很少,而且很少有增加。相反,实词是开放词类:名词、动词和形容词,不仅数量庞大,而且没有限制,每天都有新的词汇出现。两者的另一个区别在于,大部分实词都有一定的实际含义,而功能词却没有。例如,实词"树"单独呈现时表示某种事物,但是"和"单独呈现时则几乎没有意义。判断一个词是否有意义,一种可能的检验方式是看其能否独立成有意义的话语。可以想象,孤立说出的名词"dog"、动词"climb"、形容词"red",甚至抽象名词"democracy"(民主)具有一定的意义,但是功能词"of"(的)却无法单独使用来表达意义[但是,表示位置的介词,如"above"(上面)和代词,似乎与实词一样具有词汇意义]。多数功能词的意义似乎主要是连接实词的纽带,将句子黏合起来的胶水。功能词也是语言中词频最高的词汇(冠词"the"是英语中词频最高的一个词)。

认为功能词具有特殊性的证据主要来自神经心理学的研究文献。可能最令人瞩目的发现是,有一些脑损伤患者其朗读和理解实词的能力实际上没有受损,但是朗读和理解功能词的能力明显受到损伤(Coltheart,Patterson & Marshall,1980)。前述许多语音阅读障碍患者都有这种缺陷。许多失语症(一般语言障碍)尤其是布洛卡失语症患

---

① 一般语言学文献中常称虚词。——译者注

者，也有这种症状。布洛卡失语症患者产出功能词困难，因此其言语犹如电报语言。以上现象表明，功能词在心理词典中可能是独立于实词存储的。

### (二)复杂(多词素)词

如前已述，语言中实词的数量是无限的。事实上，人类语言的一个显著特点是词汇的生成性。许多新词汇产生于对新的地方、概念、技术发明等的描述，但也可以通过现有词汇大量产生。如果把词汇定义为用空格间隔的字母串的话，那么在世界上的许多语言中，每分钟都会产生新的(复合)词。例如，在德语中可以说"the came over for dinner last Tuesday night man"(直译成中文就是"那个上星期二晚上过来吃饭的男人")。英语虽然没有这么极端，但是像"headroom"(净空)之类的新复合词每天都可能会产生。

这里我们想提出的问题是，目前已提出的词汇加工模型是否能恰当地解释所有类型词汇的加工。我们认为，目前已探讨的平行字母加工模型可能并不适用于解释所有类型词汇的识别，其原因是，将所有认识的词汇都存储在心理词典中似乎是不可能的。如前所述，有些书中列出了英语词汇的使用频率(取自杂志文章或书籍构成的语料库)。许多词汇[如"abusive"(谩骂的、诽谤的)、"creases"(折缝、折痕)、"ponder"(思索、考虑)、"thinning"(变薄的、变细的)]从表面上看一点都不奇怪，但是其词频仅为一百万词汇中出现一次。即使假设每个高中生10年每年阅读4000页，每页约500词，那么他们一生也只能阅读 $4000 \times 10 \times 500 = 20\ 000\ 000$ 词。因此，频率为每百万词出现一次的词他们毕生平均只能遇到20次。但是，由于统计的波动性，这类词汇可能有许多从未遇见过。上面所列出的词汇，你确信曾见过其过去式(如果是动词的话)或者其复数形式(如果是名词的话)吗? 但是，你只要遇到，就可能能够识别出来。而且，许多词汇有多种形式[如"character"(特性、性格)、"characteristic"(特有的、典型的)、"characteristics"(特征、特点)、"characteristically"(典型地)等]。因此，所有的形式可能并非都存储在心理词典中，而是通过一个词基和某种规则构建而成的。

然而，即使所有词汇实际都存储在心理词典中，仍然有充分的理由建立一个比单阶段平行查询更复杂的词汇通达程序，即序列加工。存在序列加工的第一个原因是，视觉系统平行加工字母的数量可能有限。因此，长词的加工可能在某种程度上以序列方式进行，即一次通达一部分。由于短词的加工似乎以平行方式进行，因此序列加工的单位应大于一个字母，可能是4~6个字母①。存在序列加工的第二个原因是，这种方式可能有助于词汇的理解。例如，几乎所有的语言分析都表明，词汇"ended"(结束)的意思是"end＋过去时态"。假如词汇通达需要两个阶段，那么词汇"ended"的意义在通达过程中就可以得到理解，不需要额外增加一个加工阶段。

---

① 即一个普通词的长度。——译者注

塔夫脱和福斯特（Taft & Forster，1975，1976）最初提出、后来数次修订（Taft，1979，1985，1986）的多语素词汇通达的双阶段加工模型，颇有影响力。根据我们最能接受的初始模型，词汇通达的第一个加工阶段是根语素（root morpheme）的通达。根语素的定义因多语素词的类型不同而异。第一种多语素词为词缀词汇，由词干加前缀和后缀[如"ending"（结尾）、"include"（包括）、"selective"（选择性的）、"undoing"（取消）]。这些词汇的根语素（词根）是词干，前缀、后缀附着其上。第二种多语素词为复合词汇，如"headstand"（倒立）和"toadstool"（伞菌），由两个基本等同的语素（均为常见词汇）构成。塔夫脱和福斯特将所有多语素词（包括复合词）的根语素定义为前缀以外的第一个语素。这一定义与语言学的定义（Selkirk，1982）相悖，因为就大部分英语复合词而言，第二个语素从概念上讲是词根："headstand"是一种"stand"（站立），而"footstool"（脚凳）也是一种"stool"（凳子）。但是，根据塔夫脱和福斯特的理想模型，读者应能够依赖正字法信息，而不需要精深的语言学知识。

　　为了达到上述目的，塔夫脱（Taft，1979，1985，1986）提出，多语素词的通达是一个双阶段过程，第一个阶段是所谓 BOSS（其全称是"Basic Orthographic Syllabic Structure，基本正字法音节结构——粗略地说，就是根语素的索引）单位的通达。这个单位是根据正字法规则定义的，（粗略地说）是词汇的第一个元音后接多个辅音。你可能会问，这种系统以何种方式来处理有前缀的词汇呢？因为前缀作为词汇的第一个语素，并非根语素。塔夫脱（Taft，1981）认为有一个特殊的过程（前缀剥离）来处理带有前缀的词汇。他假设，如果一个词词首像是前缀，那么系统就会认定其为前缀加以剥离，然后再定位根语素[例如，"rejuvenate"（使回春、使返老还童）中的"re"①看似前缀，因此被系统剥离，然后将"juvenate"或其一部分确定为根语素]。在有些情况下，词首的单位看似前缀，实际却不是，此所谓假前缀。他假设，在这种情况下，"repertoire"（全部剧目）中的"re"开始仍然会被剥离，搜索"pertoire"的词条；只有在心理词典中搜索不到"pertoire"时，才会反过来搜索"repertoire"词条。他发现，前缀词比假前缀词的词汇判断需要的时间短，但两者之间差异只有 30 毫秒，在这么短的时间内不可能完成剥离、搜索、再搜索这一过程。在这种情况下，以平行加工方式完成词汇通达过程似乎更合理——Taft 的分解通路比直接通路更快。但是，请注意，塔夫脱（Taft，2006）近期修正的模型要复杂得多，包含多个加工阶段的词素分解。

　　根据塔夫脱和福斯特（Taft & Forster，1975）的模型，所有类别复杂词的通达的基本过程相同：起始阶段是根语素的通达（通过 BOSS）；之后是整个词汇的通达。其思想用文件夹做类比解释，可能更好理解一些（Forster，1976）。起始阶段根语素的通达激活了包含所有带有这个根语素的词汇的文件夹。例如，看到"ending"一词，第一个阶段的加工激活了包含所有以"end"为根语素词的文件夹，如"ended""ending""endplay"（桥

---

　　①　英语中表示重复的前缀。——译者注

牌的残局打法)、"endgame"(残局)。你对 ending 的搜索就限制在这个文件夹中所包含的项目上。需要注意的是，塔夫脱和福斯特的模型并不涉及陌生的复杂词汇语义的识别，这类词汇语义的识别必须通过一个不同的建构过程来完成。

前缀词的词汇判断实验是对塔夫脱和福斯特模型最有力的支持。实验中，塔夫脱(Taft，1979)对词汇的表面词频(surface frequency，复合词整体出现的词频)和根语素的词频(包含同一根语素所有词汇的词频总和)都进行了编码。其基本假设是，如果复合词的通达仅仅是在对应的词条中搜索每个词的话，那么，就可以用表面词频来预测词汇的判断时间。然而，事实上，塔夫脱发现，在控制表面词频的条件下，词汇判断的反应时受根语素频率的影响。但是，塔夫脱发现，在控制根语素频率的条件下，表面词频也有效应。布拉德利(Bradley，1979)以后缀词为刺激材料，进行了相似的实验，也发现根语素频率对词汇判断时间有影响。

对上述结果的解释似乎一目了然。如果词汇判断的第一个阶段是通达根语素(或者说文件夹)，那么根语素的频率应该是决定词汇判断时间的主要因素。根据塔夫脱和福斯特的模型，表面词频以何种方式在起作用？文件夹的搜索是一个序列过程，在此过程中，词条在文件夹中的相对频率(所搜索的词条在文件夹中的相对位置)起重要作用。表面词频越低，词条在文件夹中排序的位置越靠后。但是，词在文件夹中排序的相对位置不仅取决于其整体的表面频率，而且取决于文件夹中其他项目的频率。因此，仅仅根据表面词频很难预测某个词在文件夹中的相对位置，而只能说其排序位置通常很靠后。

采用词汇判断任务来研究复杂词汇的通达存在一个问题：研究数据的模式因非词的选择而有较大差异。但是，不幸的是，其他标准的实验任务也都不适于复杂词汇通达的研究。例如，命名反应时(从刺激呈现到实验参与者开始发音的时间)的问题在于，人可能在完全通达复杂词汇之前就开始发音。范畴判断任务也不适用，因为多数多语素词要么难以归类，要么仅通过根语素即可归类。也许最恰当的任务是测量发音结束的时间。但是，从技术上来讲，测量一个词发音结束的时间，要比测量开始发音的时间困难得多(因为前者通常更平稳)，因此这项技术尚未得到应用。

用于研究词素作用的一个更有前景的方法是前述的掩蔽启动范式(Forster & Davis，1984)。因为根据这个范式，目标词保持恒定不变，所以目标词的词汇判断难度问题也保持恒定(此外，由于实验参与者并没有意识到启动刺激的存在，因此决策过程产生的人为效应即使未全部消除，也最小化了)。在此类实验中，一般情况下，向实验参与者呈现的多语素复杂词[如"CLEANER"(清洁工、清洁器)]为启动刺激，根语素[如"clean"(净化)]则是目标词，并将其启动效应，与类似字母重叠但无根语素关系的启动—目标对[如"BROTHEL(妓院)—broth(肉汤)"]的启动效应进行比较。其主要发现是词素有联系的启动刺激产生的启动效应更显著(Feldman，2000；Pastizzo & Feldman，2002；Rastle，Davis & New，2004)，表明语素参与了早期的词汇识别过程。但是，有研究者（Rastle，Davis & New，2004）的实验表明，部分效应源于启动词的后缀，而不是启动词和目标词的语素相关性。在这个实验中，启动词词尾要么是可能的（实际不是）后缀［如"CORNER"（墙角）］，要么肯定不是后缀（如"BROTHEL"）。结果发现，"CORNER"对"corn"（玉米）的启动效应显著大于"BROTHEL"对"broth"的启动效应，这表明后缀（即使是可能的后缀）在词汇加工早期就被作为一个单位提取出来。

至此，我们暂且结束对复杂词的讨论，在第五章继续详细探讨，因为我们关于复合词识别的很多知识来自采用眼动测量技术所做的阅读实验。然而，我们认为目前所述及的实验已清楚地表明，本章前半部分所采用的模型可能不适用于解释多语素词的识别，因此需要一个更复杂的模型来对至少某些语素成分的识别与以某种方式将各个成分组合起来的过程做出解释。

# 六、词汇知觉的跨语言研究

在本章的后半部分，我们着重讨论了以下两个主要问题。第一个是词汇中字母的加工方式问题。我们坚持较短词汇中的字母以平行方式加工的观点，并对可用于对字母识别和词汇识别之间的关系进行解释的一个模型进行了介绍。第二个是语音在词汇识别中所起的作用的问题。我们认为，有两条通达心理词典的路径，一条直接由印刷字母通达心理词典（直接路径），另一条通过印刷字母激活语音表征并通过语音表征通达心理词典（间接路径）；同时还指出包含多个语素的较长词汇的知觉模式更为复杂，因为至少其所包含的某些语素是作为独立单位来加工的。由此产生了一个问题：我们所得出的结论在多大程度上适用于英语以外的其他语言？

首先，关于字母加工与词汇加工的关系问题，我们认为，前述结论适用于所有拼音文字系统。就汉语之类的表意文字系统而言，这是一个悬而未决的问题，因为印刷汉字所表征的是词素而不是音位。而就音节文字系统（如日语的假名）而言，目前尽管缺乏直接证据，但是我们认为字符和词汇之间的关系与拼音文字系统中字母和词汇的关系相似。

其次，语音表征在词汇通达中的作用问题似乎更耐人寻味，因此得到了非常广泛的研究（Henderson，1982，1984；Hung & Tzeng，1981）。研究者对具有浅正字法的拼音语言系统（字母和音位具有紧密对应关系的语言，如塞尔维亚-克罗地亚语）（Feldman & Turvey，1983；Katz & Feldman，1983；Lukatela，Papadic，Ognjenovic et al.，1980；Lukatela，Savic，Gligorijevic et al.，1978；Turvey，Feldman & Lukatela，1984），与具有深正字法的拼音语言系统（语素特征与文字系统紧密联系的语言，如英语）中的词汇知觉，音节语言与英语（Besner & Hildebrandt，1987；Morton & Sasanuma，1984），表意语言与英语（Tzeng，Hung & Wang，1977），进行了大量的对

比研究。此外，还有研究者对希伯来语(在这种语言中，转换成语音表征的主要信息并不明显地包含在印刷文字中)与英语进行了对比研究(Bentin，Bargai & Katz，1984；Navon & Shimron，1981)。

　　然而，有证据表明，某些语言形态(morphology)在词汇识别中的核心作用大于在其他印欧语言中的作用。其中大部分相关证据来自对闪语族语言(如阿拉伯语和希伯来语)的研究。如本书第二章所述，闪语族语言与英语的根本区别在于，前者的根语素是一辅音串(一般有三个)，另一个根语素(称为词汇模式，word pattern)既非前缀亦非后缀，而是中缀。因此，不存在简单(如塔夫脱和福斯特提出的)的正字法程序来将根语素与词汇模式区分开来，这表明在这些语言中，根语素的识别可能是词汇识别过程中更为基本的一部分。相关证据来自关于字母调换的研究。相关研究(Velan & Frost，2009)发现，希伯来语根语素中的两个字母调换位置，词汇判断时间长于英语中类似的情况。同样，还有研究(Perea，Abu Mallouh & Carreiras，2010；Velan & Frost，2009)发现，若将阿拉伯语和希伯来语启动刺激的字母调换位置，所产生的干扰效应大于印欧语言相同的情况。由此看来，语素可能在汉语等语言(语素在文字中得到直接表征)中发挥更为直接的作用，但是这一结论尚未得到验证。

　　上面提及的(与其他研究)研究结果给我们的印象是，可以得出以下结论：特定的正字法可能改变读者对某条通路的依赖程度，但跨语言研究结果符合心理词典通达的双通路假设。对塞尔维亚-克罗地亚语所做的研究使某些研究者(Turvey，Feldman & Lukatela，1984)坚持认为，对这种语言的读者而言，通过语音表征通达心理词典并非一种备选策略。但是，仍有理由推测，这些语言的读者仍然能够由直接通路通达心理词典(Seidenberg，2011)。在像塞尔维亚-克罗地亚语这样一种具有浅正字法的语言中，形音对应的规则性可能促使读者更依赖于语音到心理词典的通路。同样，与英语相比，象形文字系统(如日语的汉字)可能使读者更多地依赖直接视觉通路(Morton & Sasanuma，1984)。有研究者(Morton & Sasanuma，1984)认为，音节系统(如日语的假名)在词汇通达之前，必须转化成语音编码。然而，有研究发现，用日语假名(片假名)书写的外来语，比非词的命名时间更快，这表明语音通达并不总是由印刷文字直接到语音而不需要查询心理词典的。最后，对希伯来语读者的研究(Navon & Shimron，1981)发现，尽管直接通路在词汇识别中起重要作用，而且希伯来语的正字法不如英语精确，但是读者仍然采用了语音通路。

　　总之，我们认为，尽管不同的文字系统可能对读者产生不同的影响，使其更依赖某一通路，但是目前已有的证据表明，两条通路在所有语言中都能得到应用。一旦读者具备了解码书写符号的能力，书写系统对阅读过程的影响几乎微乎其微，从这个意义上讲，阅读就可能变成不受文化影响的认知活动(Gibson & Levin，1975；Hung & Tzeng，1981)。因此，我们相信在本书后面的内容所重点强调的观点一般也都具有跨文化的适用性(在第四章和第五章中，我们将探讨文字系统的特征对眼动的影响方式)。

当然，文化和语言结构的差异可能对人们理解口语和书面话语都有深远的影响，但是，这些问题不在本书的讨论范围之内。

# 七、最后一个问题

关于词汇编码模型，目前尚存在争议，在此需要提及，因为读者在阅读近期文献时可能会遇到。之所以在本章最后才对这个问题进行讨论，是因为我们不能确定各种新的分布平行加工模型，与前面所讨论的各种平行加工模型之间是否有本质的差别，或者说前者只是建模方式不同的体现。

这些新的模型（Harm & Seidenberg，2004；Plaut，McClelland，Seidenberg et al.，1996；因其假设正字法、语音和语义之间有交互作用，有时被称为三角模型）属于平行分布模型（parallel distributed processing，PDP）。这些模型试图"降低"加工层次，在单个神经元或多个神经元的水平上模拟词汇识别。但是，根据这些模型，神经元加工的模拟方式非常理想化和简化。这些模型提出的主要动机是摆脱存在词条的想法，而这恰恰是本章前面所讨论的各种模型的指导思想。前述各种模型之所以有时被称为"局域"模型，是因为这些模型坚持认为，与字母和词汇对应的离散的结点（nodes）得到激活。相反，PDP模型是分布的（distributed），因为它们只包含低水平的探测器，即（理想化的）神经元或神经元集合。这些探测器对刺激以层级方式做出反应，探测器的激活模式是具体的词汇和字母的表征。例如，正字法加工系统的探测器可能不仅对"DOG"做出相当强的反应，而且对"DOT"（点）和"DOC"也有一定强度的反应，但是事实上可能对某种非词有更强烈的反应。同样，语音和语义系统的探测器也并非针对某个特定语音或语义，而是对与语音或语义相关的某些信息进行编码。反应系统试图通过数以千百计的探测器的激活模式来构建出一个反应。

一方面，分布模型之所以具有吸引力，是因为它们认为大脑中绝对不可能存在一个与"DOG"词条相对应的神经元或者神经元集合。另一方面，大脑的确在某一结点上判断印刷的文字是"dog"。再者，就我们目前的知识水平而言，很难做出判断说分布模型与前述局域词汇加工模型确有不同，或者说它们从根本上讲上是对等的，只是分布模型采用了不同的概念化方式，将词汇通达推到低一级层次。

为了将两种类型的模型区分开来，研究者做了大量实验，其中多数拘泥于一些关于细节的具体假设。如上所述，我们认为两种模型在逻辑上确实是对等的，只是解释的层次不同而已。因为用前述模型对现象更容易做出解释，所以我们在前文中将重点放在了这些模型上。人们将来有可能会发现，由于增加了某些假设，其中的某一模型用于对实验数据进行解释时可能更加自然。PDP模型可能更有优越性的原因是，这类模型可对人如何学习更好地阅读词汇做出一致的解释，因为根据此类模型读者不需要依赖视觉词汇探测器。另一个解决途径是综合分布和局域两种模型的优点提出新的模型(Perry，Ziegler & Zorzi，2007)。然而，目前我们认为，前面所述及的各种模型是对熟练的读者的阅读过程进行思考的一种更有启迪的手段。[1]

## 八、总结与结论

在本章开头，我们提出了关于词汇加工的几个问题，其中有些问题的答案比较简单。第一个问题是，词汇加工是否是一个自动过程，或者说，词汇识别是否是阅读过程中需要付出心理努力的一个重要部分？我们已经知道，孤立呈现的词汇(至少是相对常见的短小词汇)可以在无意识、无意图的情况下得到识别，这似乎是一种自动过程。尽管目前尚不清楚这一活动是否需要付出心理努力——词汇的识别确实需要 200～250 毫秒——但是，词汇识别可能是熟练的读者在文本阅读过程中所遇到的困难中相对较小的部分。下一章我们将详细讨论语境对词汇识别的影响。然而，本章所呈现的研究数据可以帮助我们做出合理的猜测：由于词汇孤立呈现时语义的通达是自动的、简单的过程，因此我们预测语境不会显著加快阅读速度。同样，若说词汇在文本中与孤立呈现时的识别方式截然不同，我们也会感到诧异。换言之，因为两种词汇识别机制都如此快速、准确，采用两种不同的机制来识别词汇似乎是一种浪费。第二个问题与上述问题相关，即词汇中的字母是以平行方式还是序列方式进行加工的？答案是词汇(至少较短小的)中的字母似乎是以平行方式来进行加工的。虽然平行加工往往等同于自动加工，但是从回顾的研究数据来看，词汇识别似乎是需要占用中央处理容量的。

本章后面的讨论并没有得出任何简单的答案。事实上，已有研究数据清楚地表明，词汇识别是一个非常复杂的过程，远比初始想象的要复杂得多。语音编码似乎在熟练阅读中对语义的通达起一定作用，但是，至于具体起什么作用，目前还存在很大争议。有些观点主要是根据仅仅在低频词上发现较小的规则效应(Seidenberg，Waters，Barnes et al.，1984a)，就认为其作用很小。但是，也有证据支持不同的结论。首先，即使是高频词也可能由于语音编码的作用而产生偏向性(Pollatsek，Perea & Carreiras，2005)，而且有些词(甚至是假词)也可能被错误地归类为其同音词(Van Orden，1987)。判断语音在词汇识别中的作用的主要困难在于，多数语言中词汇的不规则性极小，因此预期产生较大的规则效应是否合理，目前尚无法断定。这个问题没有简单的解决方法。我们认为，现有的研究数据一致支持合作计算模型。根据这一模型，直接视觉通

---

[1] 除本章所讨论的模型以外，还提出了其他一些针对词汇知觉各个方面的模型，其中包括贝斯读者(Norris，2006)，SOLAR 模型(Davis，2010)，SERIOL 模型(Whitney，2001)，多层读出模型(Grainger & Jacobs，1996)和重叠模型(Gomez，Ratcliff & Perea，2008)。

路和间接的规则—语音通路都能够激活心理词典中的词条，词汇的识别是两者激活累积的结果。也就是说，语音系统在词汇通达过程中起着重要的作用。但是，目前理智者可能持完全相反的观点。基本一致的观点是，直接视觉通路非常重要，而语音编码也起一定作用。

另外，有研究证据表明，多语素组成的复杂词可能需要在词素规则的指导下，分两个阶段进行查询(Taft, 1985；Taft & Forster, 1976)。因此，词汇编码可能涉及三个系统：直接视觉通路、拼写—语音通路和词素分解通路。也就是说，是一个直接通路和两个建构通路。由于支持词汇识别是自动过程的证据主要来自对相对较短小的高频词(在这类词汇的加工中，直接通路早期可能占据优势)的研究，因此那些更依赖建构通路的词汇加工很可能并不是自动过程。

必须强调的是，本章的大部分篇幅都在围绕词汇知觉中一个相对较狭窄的窗口：所讨论的是英语、熟练的阅读者和孤立呈现的词汇的阅读。然而，对跨文化研究的简要探讨使我们得出下述结论：总的来说，所强调的几点也适用于其他文字系统。我们讨论的重心是英语，因为对英语的相关研究远比其他语言深入。我们没有对手写字体的识别进行探讨，因为对这方面的研究很少。手写字体的识别很可能与印刷字体不同。

首先，由于手写字体往往很潦草，所以句子语境对手写字体的解码可能更重要。

其次，由于手写字体的字母并不像印刷字那样是清晰可辨的视觉单位，因此，除了自动字母探测以外，可能还需要更多的建构加工。

最后，我们对关于熟练的阅读者的研究与阅读学习过程的关系做一评述，以此来结束本章内容的探讨。对熟练的阅读者的词汇识别过程理解得越深入，我们对阅读教学目标的理解就越全面。但是，即使对熟练的阅读者的理解至善至美，对初学者的情况也几乎无权置喙。一种极端的观点认为，成人读者的阅读和初学者的阅读过程完全相同，只是速度更快、整个过程更加自动化而已；另一种极端的观点认为，初学者的阅读过程就像挂着一根拐杖跨栏，因此熟练阅读者的阅读和初学者的阅读可能是完全不同的过程。因此，熟练的阅读者如何习得阅读技巧对初学者可能没有任何启示。我们将在第十章和第十一章对这些问题进行深入的探讨。我们想要申明的一个观点是，关于阅读学习的许多研究和问题，均以本章所讨论的词汇的熟练阅读研究为框架。

第二编

# 熟练的文本阅读

文本的阅读远非词汇识别所能涵盖的，需要读者做得更多。然而，词汇识别显然是文本理解的第一步——随着眼睛在印刷文本上移动，词汇可能首先得到识别，然后被黏合成更大的结构，如短语、句子和段落。通过这些更大的结构，我们能够理解所阅读的文本。我们能够推理出文本的大意或者某些关系，并将所获得的信息存储于记忆中。阅读研究的主要任务是揭示读者是如何完成这一切的。如果我们真的想去了解阅读过程，就要弄明白这一认知活动的时间进程的各个细节。例如，当读到"The man bit the dog"（人咬狗）这样一个句子时，就需要弄清楚读者何时、以何种方式识别每个词，何时、以何种方式识别出"the man"为动作发出者、"the dog"为动作接收者，以及何时、以何种方式认识到这句话虽然语法正确但意思有点怪异。

本书的核心理念是，记录读者在文本默读过程中眼睛的运动轨迹是迄今为止研究阅读过程的最好方法。其他一些研究方法亦有价值（如本书第一编中所描述的孤立呈现词汇的方法），但是通常会对阅读过程干扰很大，永远无法确定采用这些方法进行研究所得出的结论能否推广至正常的默读情境中。眼睛的运动可以在默读过程中相对较少受干扰的情况下加以测量，因此可以用来研究真实的阅读过程。除了无干扰外，眼动记录还有助于深刻揭示阅读认知过程的本质（本书后面的内容将做出证明）。然而，要理解眼动与阅读中的认知过程之间的关系需要首先掌握一些技术细节。

本编的编写计划如下：第四章和第五章探讨从印刷文本上提取信息的方式。其中第四章首先介绍一些关于眼动的基本事实，之后讨论读者在一次注视中能从页面上获取何种信息。第五章讨论熟练的默读过程中眼睛在页面上移动时信息的流动。具体而言，我们要努力弄清认知事件对眼睛运动究竟有多大的控制力，并试图从印刷文本上获取的信息与眼睛运动联系起来。这两章主要探讨的是视觉信息的提取，因此其重点自然是词汇识别。第六章主要介绍阅读中眼动控制的计算模型，我们可以用这个模型将前几章中介绍的许多事实整合起来，以便进一步探索各种因素如何交互决定正常阅读中眼睛何时及向何处移动。

# 第四章 眼睛的功用

在阅读中，我们会产生如下印象：眼睛（和大脑）连续扫视整个文本，只有遇到困难时才会停下来，此时我们会思考刚读过的内容，或回视（返回）重读先前所读过的内容。但是，这种印象其实是一种错觉。首先，眼睛扫视文本的进程并不是连续的。眼睛会停留一段时间，通常稳定保持在 150～500 毫秒，这段时间被称为注视（fixations）。在连续的两次注视之间，眼睛快速移动。这种眼睛的运动被称为眼跳[原文"saccade"源于法语，意为"jump"（跳动、跳跃）]。眼跳是一种弹道运动（ballistic movement，一旦发动就不可改变）。一般来说，阅读中每次眼跳的距离为 7～9 个字符。眼跳的时间与眼睛移动的距离有关，一次眼跳的时间通常为 20～35 毫秒。由于存在眼跳抑制（saccadic suppression），因此眼跳过程中我们无法从印刷文本中提取视觉信息（Matin，1974），所有视觉信息都是在注视过程中被提取的。阅读过程中信息的提取模式有点像观看幻灯片放映。一张幻灯片观看时间为 1/4 秒，之后为短暂的休息，接着另一张新幻灯片呈现 1/4 秒。这种注视和眼跳的交替模式并不局限于阅读。凡是静物的知觉呈现（如图片或场景）都以同样方式进行加工，但是注视的模式或时间不同于阅读（Rayner，Li，Williams et al.，2007）。眼睛追踪一个动态目标的情况[追随运动（pursuit movement)]就是一个例外。在这种情况下，眼睛的运动相对平稳（而且比眼跳期间慢），有用的视觉信息在眼动过程中被提取。

其次，眼睛并非如我们所认为的那样在文本上持续向前移动，这种主观印象也是一种错觉。在阅读中，多数眼跳是向前的，10％～15％的眼跳是向后的，后者被称为回视性眼跳（regressive saccades），简称回视（regression）。回视可以这样来理解：眼睛每秒钟跳动 4～5 次，每 2 秒钟回视一次。但是通常情况下，人们可能意识不到回视。若在文本理解中遇到需要远距离回视才能解除的重大困惑，回视则可能会被意识到；但在多数情况下的回视，距离较短，仅仅是数个字符（向后一两个词），则可能无法被意识到。

另一种眼动类型是回扫（return sweep），即读者从前一行的末尾处移至下一行的开头。回扫虽然是从右到左的运动，但不能被看作回视，因为回扫乃是促使读者继续向前阅读文本的眼睛运动。实际上，回扫过程很复杂，通常始于行尾的 5～7 个字符处，结束于下行行首 3～7 个字符处。回扫通常无法准确定位目标位置，较大幅度的回扫后，常常有从右至左的小幅度眼跳。但是，有时候最左端的注视仍然落在同一行的第二个单词上。因此，在大多数情况下，一行 80% 的内容处于左右两端的注视之间（关于为什么读者未能注视行首和行尾的单词，下文会详细解释）。回扫后伴随的小幅度眼跳可能是对眼睛目标定向误差的纠正；由于眼睛通常不能准确地定位，因此执行精确的远距离眼跳很困难。此类眼动的细节并非我们关注的重心，我们着重关注的是眼动记录中每行中间 4/5 的区域。当然，若要获得阅读的整体指标，如整体阅读速度，则需要将回扫过程也计算在内。

在阅读过程中，眼动的另一个基本属性是，双眼在注视同一个词时视线并非总是协调地落在相同的位置上。长期以来，人们都认为，双眼会注视单词的同一个字母，或者说注视位置完全重合。然而，尽管在大于 50% 的情况下注视点落在同一个字母上，但是，在很多情况下两眼注视的并非同一个字母，而且有时甚至交叉注视（Liversedge，Rayner，White et al.，2006；Liversedge，White，Findlay et al.，2006）。尽管这是关于阅读过程中眼动特征的一个重要事实，但是眼睛在合适的位置上停留多久，受双眼是否注视相同的字母的影响并不是很大，这同样也是事实（Juhasz，Liversedge，White et al.，2006）。

本章及后面各章的重心是默读过程中眼睛运动的特征。但是，需要指出的是，朗读与默读中眼动的特征既有相同之处，也存在差异。目前所了解的大部分关于朗读中眼动的特征均源于巴斯韦尔（Buswell，1922）的具有开创性的研究，但是，近期有一些研究（Inhoff，Solomon，Radach et al.，2011；Laubrock & Kliegl，2011）使用了更先进、更精确的眼动追踪系统，这是巴斯韦尔那个时代所不具备的。尽管如此，巴斯韦尔的大多数研究结果至今仍然成立。默读与朗读究竟有哪些区别呢？朗读时平均注视时间比默读长 50 毫秒，平均眼跳幅度也更短，而且回视次数更多。毋庸置疑，上述研究结果是读者不想让注视位置距离发声位置太远这一事实造成的。因此，眼睛在运动过程中，有时会处于一种停滞状态，以保证眼睛不会距离发声位置太远。眼音距（eye-voice span），即眼睛注视的位置与发声位置之间的距离，一般是朗读的眼动研究关注的重点。研究的主要发现是，眼睛注视通常比发声快两个单词，如果眼睛距离发声位置过远，读者会（无意识地）放慢眼动的速度。

总之，阅读过程中眼睛向前运动（平均眼跳幅度为 7～9 个字符），但并非没有间断，中间会有 200～250 毫秒的停顿，也有 10%～15% 的时间产生了回视。本章将详细地讨论阅读过程中的认知加工及其与相关眼动模式的关系。这个话题本身就很有趣，因为它是对阅读过程中的视觉认知和一般的视觉认知过程进行理解的核心。另外，对眼睛在阅读过程中的具体作用的了解是理解阅读过程的重要途径。我们认为，事实上，眼动是迄今为止了解正常默读加工过程的最好工具（能确切无疑地对成人读者阅读中

90％以上的情况做出解释）。

第一章介绍了文本（与之对应的是孤立的单词）阅读研究的一些方法。本章主要介绍从文本中提取视觉信息的方式。因此，在本章中我们将主要关注注视过程中所提取的有效信息的类型及眼睛在整个文本阅读过程中被引导的方式。阅读过程中眼动的基本信息，乃是理解上述两个主题所不可或缺的内容。但是，如果通过对某个眼动记录实例的考查来使两者更为具体，则研究数据会更有意义。在此之前，需要注意的是，读者的眼动受当前注视词特性的影响非常大。因此，读者注视时间的长短受到诸如词频等词汇因素的影响很大。我们将在本章详细回顾这些研究结果，但目前重要的是需要记住，英语词汇的使用频率等因素，对单词的注视时间有很大影响。

# 一、眼动的基本特征

图 4-1 展示的是一位读者所阅读的一页文本的部分内容，其眼动记录轨迹被穿插在行间。平均眼跳幅度是 8.5 个字符，其范围为 1～18 个字符。平均注视时间是 218 毫秒，而其范围则为 66～416 毫秒。

需要注意的是，大部分单词仅被注视一次。但是，"enough"被注视过两次，而"pain"和"least"则完全没有得到注视。注视点落在几乎所有单词上或单词的附近，可见，眼睛运动的主要目的是将所有单词置于靠近中央凹的位置——进行最精细加工的视觉中心区域（见本书第 1 章）。但是，什么因素会使这种情况发生变化？为什么某些单词未得到注视，而有些却被注视过两次？这究竟是同回扫的情形一样仅仅是眼睛计算失误造成的呢，还是反映了某种更深层原因？

同样，为什么注视时间有差异？注视时间长是否说明读者对注视词的加工花费了较长时间，还是说注视时间的不同是由随机因素造成的？假如注视时间差异并非随机因素造成的（事实也确实如此），那么究竟应该用哪个注视时间来指代单词的加工时间？如果对某个单词只注视一次，那么就别无他选，测量出这个单词的注视时间（通常被称为单一注视时间）。但是，图 4-1 中的"brainstorm"有很多种选择可用来衡量其加工时间。一是首次注视时间（first fixation duration），为 277 毫秒。二是凝视时间（gaze duration），即眼睛移开所注视的词之前所有的注视时间之和（277 毫秒＋120 毫秒＝397 毫秒，这个指标意味着需要第二次注视才完成对所注视词的加工）。三是总阅读时间，包括后来的回视时间。"brainstorm"的总阅读时间为 576 毫秒（该指标假设回视是为了在某种程度上继续对该单词进行加工，但是，有时回视是读者为了证实之前的加工是否正确）。另外两种常用的指标是单一注视时间（single fixation duration，当一个词仅有一次注视时，如"sweet"和"reward"的注视情况）和回视时间[go-past time，有时也称回视路径时间（regression path duration）：读者眼睛向前移动的时间，包括返回前面文本内容的注视时间，如图 4-1 中的第 41～44 个注视点]。

Roadside joggers endure sweat, pain and angry drivers in the name of

| 1 | 2 | 3 | 4 | | 5 | 6 | 7 | 8 |
|---|---|---|---|---|---|---|---|---|
| 286 | 221 | 246 | 277 | | 266 | 233 | 216 | 188 |

fitness. A healthy body may seem reward enough for most people. However,

| 9 | 10 | 12 | 13 | 11 | 14 | 15 | 16 | | 17 | 18 | 19 |
|---|---|---|---|---|---|---|---|---|---|---|---|
| 301 | 177 | 196 | 175 | 244 | 302 | 112 | 177 | | 266 | 188 | 199 |

for all those who question the payoff, some recent research on physical

| 21 | 20 | 22 | 23 | 24 | | 25 | 26 | 27 |
|---|---|---|---|---|---|---|---|---|
| 216 | 212 | 179 | 109 | 266 | | 245 | 188 | 205 |

activity and creativity has provided some surprisingly good news. Regular

| 29 | 28 | 30 | 31 | 32 | 33 | 34 | 35 | 36 | 37 |
|---|---|---|---|---|---|---|---|---|---|---|
| 201 | 66 | 201 | 188 | 203 | 220 | 217 | 288 | 212 | 75 |

bouts of aerobic exercise may also help spark a brainstorm of creative

| 38 | 39 | 42 | 40 | 43 | 41 | 44 | 45 | 46 | 47 | 48 |
|---|---|---|---|---|---|---|---|---|---|---|---|
| 312 | 260 | 271 | 188 | 350 | 215 | 221 | 266 | 277 | 120 | 219 |
| | | | | | | | | 50 | | |
| | | | | | | | | 179 | | |

thinking. At least, this is the conclusion that was reached in a study that

| 49 | 51 | 52 | 53 | 54 | 57 | 55 | 56 | 60 | 59 |
|---|---|---|---|---|---|---|---|---|---|---|
| 266 | 213 | 210 | 216 | 416 | 200 | 177 | 113 | 206 | 220 |
| | | | | | | 58 | | | |
| | | | | | | 218 | | | |

**图 4-1　摘自阅读文本的一个片段，其中注视点系列和注视时间已注明**

## (一)阅读指标的变异

图 4-1 是成人读者典型的眼动记录数据。图 4-2 是从一个大型语料库中获取的成人读者的注视时间和眼跳幅度分布。从图 4-2 中可以看出，所选取的阅读片段的平均眼跳幅度、注视时间(及其变异性)与更大范围的汇总数据相吻合。

### 1. 文本差异

图 4-2 中的平均数及其分布并不是一成不变的数字，阅读指标，如阅读速度、平均注视时间、平均眼跳幅度和回视概率，因阅读文本不同而存在差异。表 4-1 显示了成人阅读不同类型文本时指标的变化，文本难度越大，需要的注视时间越长、眼跳幅度越小、回视次数越多，因而阅读速度越慢。

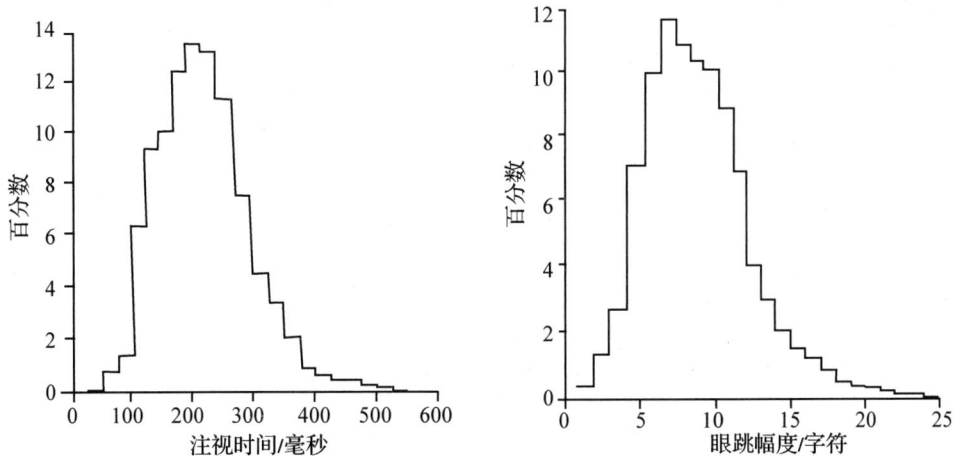

**图 4-2　8名大学生读者的注视时间(左图)和眼跳幅度(右图)的频率分布**

注：分布中既不包含回扫过程，也不包含矫正性眼跳前、回扫后的短时注视。

**表 4-1　成人阅读不同类型文本时各种指标的变异性**

| 主题 | 平均注视时间/毫秒 | 平均眼跳幅度/字符 | 回视率/% | 每分钟读词个数/个 |
|---|---|---|---|---|
| 通俗小说 | 202 | 9.2 | 3 | 365 |
| 报刊文章 | 209 | 8.3 | 6 | 321 |
| 历史 | 222 | 8.3 | 4 | 313 |
| 心理学 | 216 | 8.1 | 11 | 308 |
| 英语文学 | 220 | 7.9 | 10 | 305 |
| 经济学 | 233 | 7.0 | 11 | 268 |
| 数学 | 254 | 7.3 | 18 | 243 |
| 物理 | 261 | 6.9 | 17 | 238 |
| 生物 | 264 | 6.8 | 18 | 233 |
| $M$ | 231 | 7.8 | 11 | 288 |

注：10名大学生读者在阅读不同类型文本时的平均注视时间、平均眼跳幅度、回视率、阅读速度。其中平均注视时间的单位是毫秒，平均眼跳幅度的单位是字符(4个字符＝1°视角)，回视率表示回视占总注视的百分比。

**2. 排版差异**

眼动模式是否会受到文本排版(如字号、字体和行间距等)的影响呢？廷克(Tinker，1963，1965)以英语为考查对象，对这一问题进行了细致的研究(关于这一研究的综述，参见 Morrison & Inhoff，1981)。研究所获得的数据很复杂，但其精髓可简要总结如下。首先，字体的作用较小，但廷克所研究的所有字体(从主观上讲)相对都比较容易。也有些字体异常难懂(如德语复杂文字，即德文黑体字)，其阅读加工速度明显减慢。有一项实验对一种标准字体[Times New Roman(新罗马字体)]和一种较难字体[Old English(黑字体)]进行了比较，结果表明，字体编码难度增大，会使注视时间增长、眼跳幅度缩短、回视次数增多（Rayner，Reichle，Stroud et al.，2006）。斯莱特里和瑞纳（Slattery & Rayner，2010）也发现文本印刷越清晰（字母外形十分清晰），阅读速度越快。

其次，根据廷克的研究数据很难推断出字号对阅读速度有何影响，因为在大多数研究中字符大小和每行的字符数是相混淆的：字符越小，每行所包含的字符数越多（Morrison & Inhoff，1981）。然而，廷克在其一项研究中控制了每行的长度（字号大小恒定不变），发现不同字号之间的差异可以用行宽效应来解释，最佳值是 52 个字符左右。这个最佳值可以简明地用两个对立因素的平衡来解释。如果行过宽，回扫困难，可能看错行。此外，读者一次注视能提取不止一个词的信息。如果行过窄，那么读者一次注视无法获得多个词的信息。因此，最佳行宽度似乎是综合这两种因素后折中的最佳结果。然而，可以说，这类效应影响相对较小，因此从关于排版的研究可得出基本结论：若字体、字号和行长均合适，那么阅读速度几乎相同。

### 3. 注视距离效应

阅读中平均眼跳幅度为 7～9 个字符，在正常阅读距离条件下约为 2°视角。但是，7～9 个字符是最基本的数值，因为无论文本在视网膜上的大小如何（只要字母不过大或过小）平均眼跳幅度均为 7～9 个字符。因此，无论读者眼睛距离文本是 36 厘米还是 72 厘米，眼跳幅度仍然是 8 个字母，尽管距离为 72 厘米时 8 个字母对应的视角是距离为 36 厘米时的两倍（Morrison & Rayner，1981；O'Regan，1983）。这一事实表明，在一定距离范围内，若字号保持不变，文本的可见度保持相对稳定。因此，眼跳幅度一般用比视角更自然的度量单位——字母空间来表示。近期一项控制精密（下文详细介绍）的研究表明，每次注视视觉中心外围的字母变大时（从某种程度上弥补了视觉中心外围区域字母相对较弱的视敏度），眼睛移动的距离仍然受字符数的影响（Miellet，O'Donnell & Sereno，2009）。

文本距离（字母的绝对大小）不会对眼跳幅度产生很大作用，这可能是两个因素所产生的作用之间相互权衡的结果：①文本距离眼睛越近，字母就越大，因此也就越容易看清；②文本距离眼睛越近，目标字母离注视中心的距离越远，因此就越难看清（见本书第一章）。当然，这也有限制，文本若在 1 英里（1 英里约为 1609 米）以外或者贴近面部，就无法进行阅读。

### 4. 正字法差异

与版式差异相关的一个问题是，文字系统是否会影响阅读过程。目前，本章所提供的关于眼动的基本信息都是基于英语读者而获得的数据。阅读其他文字系统的文本时，眼睛运动的特性是否有所不同呢？

关于汉语和日语眼动模式的实验已经表明，答案是肯定的。然而，将英语阅读的眼跳幅度与此类语言进行比较，其主要问题是采用何种测量单位。如前已述，英语的基本单位是字母（或字母空间）。但是，汉语和日语中没有字母，字符代表音节（syllables）或词素(morphemes)(见本书第二章)。若以字符为单位(一个字母为一个字符)，那么汉语读者和日语读者的眼动幅度要小于英语读者。汉语读者的眼跳幅度为 2 个汉字(Shen，1927；Stern，1978；Wang，1935；请记住，此处所谓字是词素而非词，因此汉语读者的眼动幅度实际上小于 2 个词)。日语文本由音节字符[Kana(假名)]和词素字符[Kanji(日本汉字)]组成，其读者的眼动幅度为 3.5 个字符(Ikeda & Saida，1978)，同样少于 3.5 个词，因为日语一个词通常由好几个字符组成。由于英语读者的平均眼跳幅度为 7～9 个字符(约 1.5 个词)，若折合为词或词素，英语的眼跳幅度似乎略小于汉语和日语读者。

希伯来语读者的眼跳幅度(平均约为 5.5 个字符)也小于英语读者(Pollatsek，Bolozky，Well et al.，1981)。希伯来语与英语在正字法和结构上存在重要差异。首先，如本书第二章所述，并非所有的希伯来语元音都具有正字法表征。此外，希伯来语的许多功能词都黏着语素，如同前缀或后缀一样附着在实词上。正是由于这些差异，在正常情况下，希伯来语句子所包含的词和字母数少于对应的英语句子。总之，尽管希伯来语属于拼音语言系统，但信息分布比英语密集。

汉语、日语和希伯来语读者的平均眼跳幅度表明，眼跳的距离取决于文本中信息分布的密度。这一研究结果与英语中眼跳幅度随文本难度(信息密集度增加)增加而减小这一发现相契合。然而，语言之间信息密度的差异是否能用意义密集度或者每个字符的视觉信息量(每个字的笔画数)来衡量，这是一个悬而未决的问题。希伯来语与英语的字符复杂度基本相同，因此两者之间的差异用每个字符所包含意义量的差异来解释。但是，汉语与日语的文字系统与英语迥异，很难说是哪种信息密度造成了这两种语言阅读上的差异。我们认为，视觉和语义因素都在起作用。

汉语、日语和希伯来语阅读中的注视时间与英语阅读很相似。尽管在前三种语言中阅读速度从表面来看比英语慢，但是若以单位时间内提取的意义量来衡量，各语言之间的阅读速度相同。实际上，希伯来语的阅读速度若用对应的英语翻译的词数来计算，以色列和英语读者的平均阅读速度几乎完全相同(Pollatsek，Bolozky，Well et al.，1981)。

正字法的最后一个维度是书写方向。如本书第二章所述，文本排版方向是否对眼动或阅读效率有影响，目前尚无定论。总起来说，上述结果符合文本印刷方向不妨碍阅读这一假设，而所观察到的阅读速度的差异是读者对排版方式熟悉程度的不同造成的：越熟悉，读起来就越容易(Shen，1927；Su，1985)。大量以文本印刷方向为变量的实验均得出相似的结果。例如，廷克(Tinker，1955)发现，英语读者初次阅读竖排版的文本比阅读横排版速度慢 50%。但经过 4 周练习后，竖排版文本的阅读速度仅比横排版文本慢 22%。大量实验研究(Kolers，1972)发现，英语读者在经过练习后能非常熟练地阅读从右至左排版的文本。正在学习阅读的儿童也能同阅读自左向右排版的文本一样，很熟练地阅读从右至左排版的文本(Clay，1979)。虽然在实验条件下，练习量相对较少，无法消除排版的差异(Kolers，1972)，但研究结果仍表明，排版差异即便存在，也可能比较小。从生理学的角度来看，横排在任何语言中都可能优于竖排，因为竖排的视敏度减退速度快于横排。但是，两种排版方向均无特别优势，这表明生理学因素对阅读速度的影响可能相对较小。

## (二)关于眼跳和注视的几点评论

我们在本章开篇曾提出，阅读就如同观看幻灯片：眼睛会在某个位置停留一段时间(注视)，随后快速移动(眼跳)，而且在移动的过程中不能提取任何视觉信息。尽管上述观点基本正确，但未免有点过于简单化。下面我们将简单讨论下这些复杂过程，以便对眼动记录有正确的认识。然而，在本章余下的内容与本书后面各章中，这些复杂过程无关紧要，我们可以放心地使用幻灯片这个隐喻。

### 1. 眼跳

首先，谈一谈眼跳过程中不能提取视觉信息这一观点。你可以通过一面镜子来观察眼睛的运动，亲自去证实眼跳过程中几乎不能感知到任何信息。早在 100 多年前，研究者就已发现眼跳过程中视觉对刺激的感受性降低了(Dodge，1900；Holt，1903)。

为什么我们在眼跳过程中看不到任何东西呢？首先，由于眼跳速度太快，某个固定刺激在视网膜上的成像模糊，根本无法看清，但是，我们却根本没有意识到。因此，可以肯定，有某种机制在眼跳过程中抑制了基本无用的信息在视网膜上的成像。其中一种可能的机制是中枢麻醉(central anesthesia)，即若大脑获知眼睛正在(或者将要)进行眼跳，就会向视觉中枢系统发出信号，忽略(或弱化)所有输入信息，直至眼跳结束。事实上，有证据表明(Matin，1974)，在眼跳过程中或眼跳刚刚发生前和刚刚结束时，刺激的阈限值升高(眼跳过程中呈现的刺激效应更显著)。眼跳前后刺激阈限值的提高对阅读来说并不十分重要，因为文本中所看到的字母远在阈限值以上。因此，这种相对较小的阈限效应(如同在 60 瓦灯与在 150 瓦灯照射下阅读产生的差异)是否意味着提取信息的能力受到显著影响，目前尚不清楚。但是，阈限效应对移动中的眼睛可能更显著，因为此时模糊图像明暗反差小得多。

多年来，中枢麻醉一直被认为是眼跳过程中抑制信息的主要机制。然而，近期的实验表明，有一个不同的机制可用于至少部分解释抑制过程。在某种特定(非自然的)情况下，眼跳过程中的视觉输入可以被知觉到(Uttal & Smith，1968)。如果在眼跳前后使室内完全黑暗，图案仅在眼跳过程中呈现，那么可以知觉到一个模糊影像(Campbell & Wurtz，1978)。这种模糊影像只有在眼跳前后都没有视觉信息呈现时才能看到，这表明在正常视觉条件下，眼跳前后呈现的信息掩蔽了眼跳过程中获取的所有信息。上述现象与阈下启动实验之类的实验室掩蔽现象有关(见本书第三章)。总之，尽管我们目前不能十分肯定地说人在阅读眼跳过程中不能提取视觉信息，但是，有证据表明，即使在眼跳中提取了视觉信息，也没有什么实际意义。事实上，沃尔弗顿和佐拉(Wollverton & Zola，1983)在读者每次眼跳时用掩蔽刺激代替了文本，结果表明掩蔽不仅没被知觉到，而且其对阅读没有任何影响。

**2. 注视的界定**

眼睛在注视过程中静止不动的观点，乃是一种有点过于简单化的说法。如本书第一章所述及的，在注视过程中实际上始终有非常微小的快速眼动，被称为眼球震颤（tremor）或者颤动（nystagmus），可以使视网膜神经细胞维持在激活状态。但是，因其非常微小，因此对正常阅读的研究几乎没有实际意义。另外，还有一些略大的运动，被称为微眼跳（microsaccade）和漂移（drift）。尽管产生此类眼睛运动的原因目前尚不完全清楚，但是眼睛似乎由于中枢系统未能很好地控制眼球运动而偶尔发生漂移（小而慢的运动）。漂移发生时，通常会有一次（1个或少于1个字符的）微眼跳（非常快速的小眼跳），使眼睛回到原来的位置。在有些情况下，漂移实际上是双眼注视方向之间的微调整，用于减少两眼之间的注视差。

许多研究者认为，上述微小的眼睛运动是"噪声"，因此采用计算程序将之予以忽略。例如，有些计算程序将1个字符以内的连续注视点合并为一个注视点。有些微眼跳可能（如同其他眼跳）受认知控制，因此有些研究者认为应该将微眼跳与其他眼跳同等对待。另外还有一种更复杂的合并计算程序，若中间的眼跳等于或小于1个字符，且至少有一次注视等于或小于100毫秒，将临近的注视点进行合并。多数阅读的眼动数据都要采用某种程序进行调整，合并其中某些注视点，且至少忽略一些小的漂移和微眼跳。在有些情况下，眼动记录系统不够灵敏，不能检测出此类微小的眼睛运动，因此会自动被忽略。有些眼动设备比较灵敏，就按照某种标准将这类运动加以合并。相对来说，漂移和微眼跳不是阅读研究关注的重点，有更繁杂的眼动数据需要研究，因此，在后面我们不再对这类运动加以考虑。

## （三）小结

以上是对阅读中眼动的基本特征的总结。对英语读者而言，眼睛每秒移动4～5次，平均每次眼跳为7～9个字符，但是有10％～15％的时间回视，而且眼睛向前运动的幅度和注视停留时间有很大的变异性。由于所有的信息都是在注视期间提取的，因此对注视的研究兴趣在于注视时间与信息加工之间的关系。由于眼跳是促使眼睛向另一位置移动的运动，因此对眼跳的研究兴趣在于眼跳方向与幅度在多大程度上能反映所加工的内容。

# 二、知觉广度

由于读者阅读时眼睛每秒移动4～5次，因此可以合理地假定，眼睛之所以移动到页面新的位置上，是因为从每个注视点上提取的信息量有限。但是有些人主张采用各种技术来提高阅读速度。他们认为，多数眼动都是不必要的，而且读者只要看一眼就能提取大量信息(见本书第十三章)。因此,若要弄清楚哪种观点正确,即眼动是阅读过程的一个核心功能,还是在传统阅读方式中习得的一种不良习惯,就必须弄清楚默读时,读者一次注视能从文本获取多少信息。从下文中可以看出,眼睛不停地运动并不是一种不良习惯:在每次注视中可供提取有效信息的区域比较小。

人们之所以认为通过一次注视就能够提取大量信息,其原因之一是我们似乎常常认为一眼就能看到很多单词。然而,这只是一种错觉。感觉一次注视就能看到很多单词,其实读者只是知道某一位置上有某种类似单词的东西。大脑接收从每个位置提取到的细节,并以某种方式将注视区域内获取的细节整合为一种知觉。我们将在下面对整合过程进行探讨。

本部分将简要介绍用于确定一次注视的有效视觉区域[或知觉广度(perception span)]大小的研究技术。首先介绍速示技术,其次介绍基于眼动的技术,最后介绍先进的随注视变化移动窗口技术(gaze-contingent moving-window technique)。

## (一)固定眼睛技术

本书第一章所介绍的速示器(t-scope)在某种程度上可用于考查阅读中一次注视获取的信息量。心理学家希望通过快速呈现句子(100~200毫秒),让实验参与者尽可能报告看到的所有内容来测量知觉广度。如此短暂的呈现时间足以排除句子呈现过程中眼睛运动的可能性,所以速示法能测出一次注视中所提取的信息量。因此,在某种程度上可以说,这种技术是对阅读中一次注视过程的模拟。

马塞尔(Marcel,1974)的一项实验是这种技术的逻辑及其相关问题的例证。他要求实验参与者在速示器上阅读一个段落片段,当读到最后一个单词时,需要朗读出来。单词的发音导致文本消失;100毫秒后,发音单词的右侧呈现其他单词,呈现时间为200毫秒。实验参与者的任务是尽可能多地报告出第二段中呈现的单词。第二段中所呈现的单词并非文本内容,而是一系列在不同程度上接近正常英语的单词。当单词序列随机呈现时,实验参与者只能报告2个多单词(约13个字符长度),若单词序列接近正常英语,则能报告出3~4个单词(18~26个字符)。在后一种条件下,刺激与正常文本非常相似,因此3~4个单词可能是对阅读知觉广度的恰当估计。

此类研究存在三种潜在的问题。第一,文本片段呈现结束与目标词开始呈现之间的延迟不同于正常阅读的情形。延迟时间通常为约600毫秒(第一段中对最后一个单词发声所需约500毫秒,加上实验条件延迟100毫秒)。第二,实验参与者的眼睛位置没有记录,因此实验者无法确认其眼睛究竟在注视哪里。第三,也是最大的一个问题,实验参与者有意识猜测的程度没有得到控制。例如,在马塞尔的实验中,实验参与者的任务是报告所看到的内容,但对其反应速度几乎没有加以控制。因此,在与正常英语文本相似的单词序列任务中,实验参与者可能根据语境限制(部分刺激信息)猜测出后续单词,因此其作业成绩较好。相反,随机呈现单词序列可以排除猜测,但是却破坏了正常的阅读过程。

另一种常用于测量阅读知觉广度的速示技术(Feinberg，1949)要求实验参与者注视某个点，并对快速呈现在离注视位置不同距离的单词或字母进行识别，呈现速度非常快。这类实验研究的结果显示(见图4-3)，知觉广度大概为2～3个单词或10～20个字符(Feinberg，1949；Woodworth，1938)。

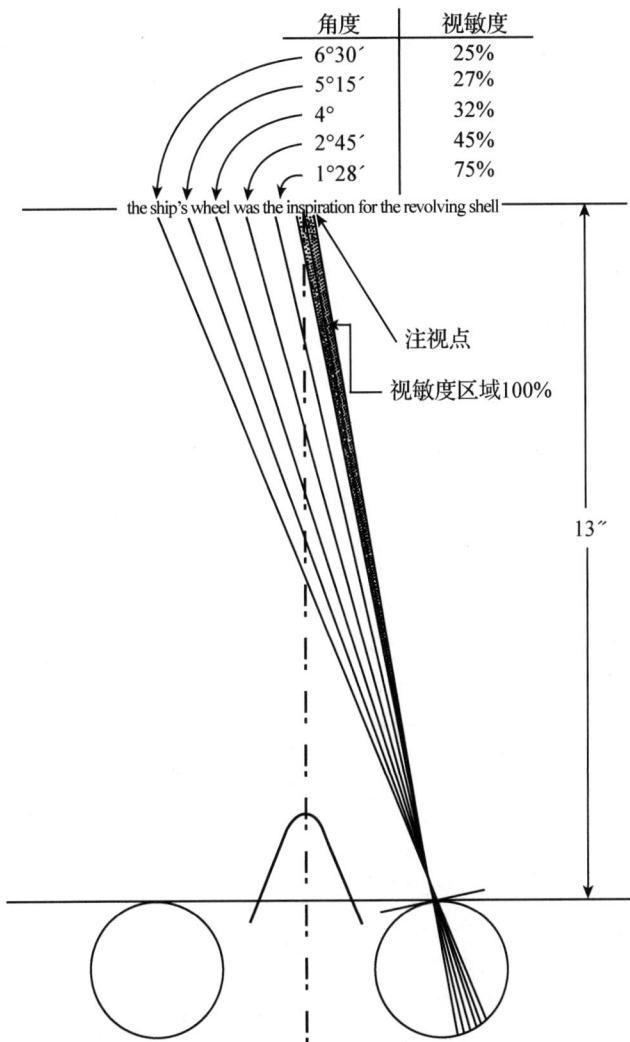

| 角度 | 视敏度 |
| --- | --- |
| 6°30′ | 25% |
| 5°15′ | 27% |
| 4° | 32% |
| 2°45′ | 45% |
| 1°28′ | 75% |

the ship's wheel was the inspiration for the revolving shell

注视点

视敏度区域100%

13″

图4-3　根据速示视敏度数据对知觉广度的估算(Taylor，1965)

后一种方法的优势在于，在视野内孤立地呈现词汇，可以解决猜测问题，这样一来，就能根据有效的视觉信息更好地判断词汇是否得到识别。然而，这种方法也存在一些问题。正如本书第一章所述，斯珀林(Sperling，1960)的研究表明，我们实际看到的远多于所保存的与之后报告出的内容。因此，实验参与者所报告速示条件下呈现的单词或字母，并不完全等同于他们实际看到的内容。即使口头报告与所看到的内容恰好一致，也无法确定采用速示器呈现法得出的知觉广度等同于实际阅读中一次注视的范围。第二个问题是反应未限定时间。因此，用这种研究方法可以发现词汇是否能够根据视觉信息得到识别，但是无法探明词汇是否可以通过正常阅读需要的速度得到识别。

即使消除了所有可能的问题，实际默读的知觉广度与用速示法呈现词或句子进行研究所得出的结果，也可能存在较大的差异。前者可能大于后者，因为读者能够在视觉信息较少的条件下，根据文本语境完成对词汇的识别，或者因为速示法要求实验参与者保持眼睛不动而干扰正常的知觉。相反，因为快速序列出现的注视点与周围刺激的复杂性可能会导致"视野狭窄"（tunnel vision），从而导致阅读知觉广度变小（Mackworth，1965）。

## (二)简单窗口技术

简单窗口技术（primitive window techniques）与上述各种技术略有不同，它通过限制某一时刻读者可视内容的量来对注视内容进行控制。波尔顿（Poulton，1962）的研究要求实验参与者朗读通过掩蔽"窗口"呈现的文本。文本保持固定，窗口在文本上移动，文本通过窗口呈现，每次呈现的内容量受到控制。窗口移动的大小和速度在不同试次（trial）中系统变化，同时记录实验参与者眼睛的运动轨迹。纽曼（Newman，1966）、布马和伍歌德（Bouma & Voogd，1974）的研究采用了相反的步骤，读者保持注视点不变，从左至右移动屏幕上的文本。窗口大小通过随时变换屏幕上呈现的字母数来加以操纵。

上述实验普遍发现小窗口对阅读的干扰远远大于大窗口。然而，这些技术也因为干扰了正常的阅读而受到质疑：读者自然的眼动模式受到抑制（后一种方法要求实验参与者保持注视位置不变，而前一种方法则要求读者眼睛必须跟随窗口移动），而且在两种情况下读者都无法（通过回视来）对文本重新审视。此外，这些实验由于要求读者读出文本，从而干扰了正常的阅读。

## (三)自然眼动条件下阅读知觉广度的估测

目前述及的技术似乎都不能令人满意。这些技术中所采用的任务都对正常阅读产生了干扰。另外，对知觉广度的估测有很大差异，其范围从1个或2个词到4个词。显然，在正常的阅读条件下直接估算出的知觉广度将更准确。

估计自然阅读条件下知觉广度的一种简单技术是测量平均注视单词数，即记录阅读的眼动轨迹，并用总单词数除以阅读这些单词所需的注视次数（Taylor，1965）。泰勒使用这种方法估算出熟练的读者的阅读知觉广度为1.11个词。这种方法很简单且对正常阅读无干扰，但其缺点是必须首先假设连续注视点的知觉广度没有重叠，即同一个词或字母不能靠重复注视来加工。从下文可以看出，这种假设是错误的。

## (四)呈现随注视变化技术

麦康基和瑞纳(McConkie & Rayner，1975)开发的呈现随注视变化技术采纳了之前介绍的移动窗口技术的理念——旨在对正常默读过程中一次注视可看到的内容加以操纵，读者可根据需要随时移动眼睛。文本采用显示器来呈现，所呈现内容随读者眼睛的移动而变化。研究仪器是与计算机和显示器连接的复杂的眼动追踪设备。计算机对读者的注视位置每毫秒采样一次，文本随注视位置的变化而变化。由于这类研究对理解熟练的读者的阅读有非常重要的意义，而且明确回答了知觉广度的问题，因此，下面我们将对此类研究进行较为详细的描述(综述见 Rayner，1978a，1998，2009)。

在典型的移动窗口实验中，显示器上最初呈现的是被破坏的文本(原文中每个字母均由其他字母替代)。当读者注视文本时，在注视点周围的某个区域内，文本立即被替换为与原文一致的字母，这样就创设了实验所定义的可供阅读的正常文本窗口区。当读者眼睛移动时，原来窗口的文本复原为不可阅读的形式，而新窗口的内容则在新的注视位置上变为正常的文本。因此，无论读者看到哪里，哪里就会出现正常的可读文本，而其他部分则为不可读内容。表 4-2 呈现出移动窗口条件下读者阅读一行文本时的四个连续注视点。[①](由于设备精密，可记录 5～10 毫秒呈现的变化，而且变化速度极快，读者根本无法觉察出来。)

**表 4-2　移动窗口示例**

| 注视数目 | 例句 |
| --- | --- |
| 1 | Xxxxhology means persxxxxxxx xxxxxxxxx xxxx xxxx xxxxxxx. Xxxx xx x<br>　　　　　　* |
| 2 | Xxxxxxxxxx xxxxs personality diaxxxxxxx xxxx xxxx xxxxxxx. Xxxx xx x<br>　　　　　　　* |
| 3 | Xxxxxxxxxx xxxxx xxxxxxxxxxx xiagnosis form hanx xxxxxxx. Xxxx xx x<br>　　　　　　　　* |
| 4 | Xxxxxxxxxx xxxxx xxxxxxxxxxx xxxxxxxxx xxom hand writing. Xxxx xx x<br>　　　　　　　　　* |

注：* 表示四个连续注视位置。

研究的基本假设是，如果窗口小于读者的知觉广度，阅读就会受到干扰。研究者可以通过改变窗口的大小与位置来测量读者在注视中实际提取了文本哪个区域的有效信息。研究者可以通过改变背景的信息类型来保持或破坏可能对阅读有用的各种信息，

---

① 为了避免呈现变化时字母的"跳动"，所有的随注视变化呈现的研究(移动窗口、移动掩蔽和边界范式)均采用了等宽字体。

进而分析出读者在有效视野区域内提取的信息类型。

麦康基和瑞纳(McConkie & Rayner，1975)在其最初的移动窗口实验中，要求实验参与者阅读窗口大小为13，17，21，25，31，37，45或100个字符空间的文本。17个字符的窗口意味着正常文本的范围在注视点左右各8个字符，如表4-3所示(窗口大小为100个字符时，几乎整行内容完全呈现出来)。另外还要求实验参与者阅读6种不同类型的残缺文本(见表4-3)。文本的篇幅为500个词，要求实验参与者阅读文本后回答相关的阅读问题以检验其对文本的理解。

**表4-3　文本中的一行及不同文本呈现形式举例**

| 文本 | Graphology means personality diagnosis from hand writing. This is a |
|------|------|
| *XS* | Xxxxxxxxxx xxxxx xxxxonality diagnosis xxxx xxxx xxxxxxx. Xxxx xx x |
| *XF* | XXXXXXXXXXXXXXXXXXXonality diagnosisXXXXXXXXXXXXXXXXXXXXXXXXX |
| *VS* | Cnojkaiazp wsorc jsnconality diagnosis tnaw kori mnlflra. Ykle le o |
| *VF* | CnojkaiaqpawsorcajsnconalitydiagnosisatnawakoriamnlflrqaaaYklealeao |
| *DS* | Hbfxwysyvo tifdl xiblonality diagnosis abvt wfdnh bemedv. Awel el f |
| *DF* | HbfxwysyvoatifdlaxiblonalitydiagnosisaabvtawfdnahbemedvaaaAwelaelaf |

注：每行中窗口大小为17个字符，假设读者注视点位于"diagnosis"中的字母"d"。

*XS*＝字母用*X*替代，保留空格

*XF*＝字母用*X*替代，填充空格

*VS*＝字母用相似字母替代，保留空格

*VF*＝字母用相似字母替代，填充空格

*DS*＝字母用不相似字母替代，保留空格

*DF*＝字母用不相似字母替代，填充空格

麦康基和瑞纳发现，从各种眼动指标上来看，减小窗口大小对阅读速度有很大影响，阅读时间增加了60%，但对读者回答阅读理解问题的能力没有影响。之后，瑞纳和伯特拉(Rayner & Bertera，1979)使用大小在1～29个字母变化的移动窗口进行了实验研究。结果表明，窗口小于7个字母时，读者通常一次只能看到1个词，阅读速度降低为正常阅读速度的60%，但是，读者仍能继续阅读，理解正常。瑞纳和伯特拉还发现，除非将窗口减小到1个字母(在此种情况下，读者只能逐个字母进行阅读)，否则窗口大小对阅读理解没有影响。

麦康基和瑞纳提出的第一个问题是，窗口多大才能使读者正常阅读(保持正常的阅读速度及阅读理解)。答案是31个字母，或者所注视字母左右两边各15个字母。若窗口小于31个字母，阅读速度就会降低。换言之，实验表明知觉广度为注视点两边15个字母的区域。随后的大量研究均重复了该结果，即知觉广度为注视点右侧14～15个字母的范围(DenBuurman，Boersema & Gerrissen，1981；Rayner & Bertera，1979；Rayner，Castelhano & Yang，2009a；Rayner，Inhoff，Morrison et al.，1981)。有趣

的是，米尔特等人(Miellet，O'Donnell & Sereno，2009)采用一种新异的注视追随范式(每次注视中，视觉中心以外的字母逐渐变大，如图4-4)，也得出了相同的结果。这表明视敏度限制虽然很重要，但是并非影响知觉广度的主要因素。因此，读者在注视点右侧14～15个字母范围内，能够提取出某些有效信息(关于为什么只与注视点右侧信息有关系，见下文有关介绍)，但此范围之外的有效信息则无法提取。那么，所提取出来的是哪种信息呢？读者提取出来的是这一范围内的语义信息呢，还是字母信息，抑或仅仅是对确定下一注视位置有用的词汇首尾信息？

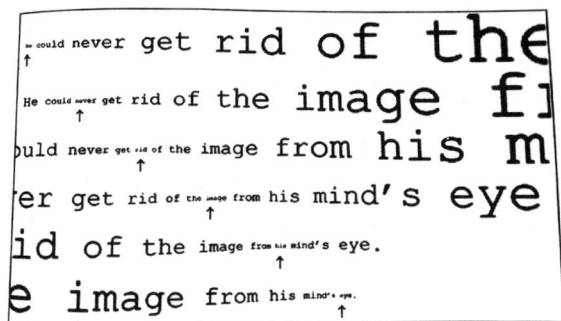

**图4-4 米尔特等人(Miellet et al.，2009)使用的副中央凹放大(parafoveal magnification，PM)范式图解**
注：每次的注视位置用箭头表示，同时呈现了该注视对应的文本。连续的行与行之间是按注视次序排列的。

不同类型信息在离注视点多大范围内能被提取？若要对这一问题做出回答，需要在实验中对正常文本窗口之外呈现的信息加以操控。麦康基和瑞纳通过比较窗口外呈现的两种不同类型的信息，对词边界信息的知觉广度进行了考查。在其中一种条件下，单词所有的字母用X来代替，但保留词间空格；而在另一种条件下，空格也用X代替。通过对这两种背景条件进行比较，可以看出在注视点之外多大范围内有无空格会表现出差异。若窗口为25个字母或更少(注视点右侧为12个或者少于12个字母)，窗口之外的X字符串之间有空格比没有空格时的阅读速度快。相反，若窗口为31个字母或更多(注视点右侧为15个或者更多个字母)，窗口之外字符串之间有无空格没有差异。可见，读者能运用距离注视点15个字符位的空格信息来引导读者眼睛的运动。

另外，麦康基和瑞纳还对字母和词汇外形信息的提取范围进行了考查。他们比较了与原文字母具有视觉相似性(字母上半部分和下半部分具有相同模式)和没有视觉相似性两种窗口背景(见图4-3)。使用同样的逻辑思路：如果在某种特定窗口中，两种不同背景条件下的阅读存在差异，那么就说明读者能够从窗口外提取字母或词的形状信息。实验数据显示，只有在词边界信息出现后，字母形状信息才能被提取，因为只有当窗口大小达到21个字母(注视点右侧为10个字母)时，两种背景条件才有差异。值得注意的是，对字母信息的"意识窗口"显著小于上述窗口大小，几乎不会超出所注视词的范围。如果保留注视词，且窗口背景接近正常文本(如保留词间空格，且所有窗口背景字母用相似字母代替），读者几乎意识不到所看到的内容不同于正常文本（即使有些人知道文本不正常）。但是，他们往往知道自己阅读速度很慢，似乎是受到了某种阻碍。

进一步的研究大大加深了我们对知觉广度的理解（Rayner，1999，2009）。必须指出的是，许多研究之所以使用单个句子，是因为在技术上很难实现文本快速呈现变化而又不能有太多闪变。幸运的是，句子阅读实验所得到的结果与文本阅读的实验结果非常相似，因此我们有理由相信句子阅读的实验结果非常接近自然文本阅读条件下所得到的结果。

另一个问题是知觉广度是否对称。在麦康基和瑞纳早期的实验中，窗口内呈现的正常文本范围离注视点左右两边距离相同，因此不可能检验出读者注视点两边信息提取量的多少。为了考查知觉广度的对称性，麦康基和瑞纳（McConkie & Rayner，1976a）分别改变注视点左右两边文本的窗口边界，结果发现注视点左侧 4 个字母和右侧 14 个字母与左右两侧均为 14 个字母两种条件下的阅读速度相同。相反，如果窗口为左侧 14 个、右侧 4 个字母，则阅读速度明显减慢。因此，对于英语读者来说，知觉广度具有不对称性，注视点右侧信息的提取范围更大。

研究者（Rayner，Well & Pollatsek，1980；Rayner，Well，Pollatsek et al.，1982）对知觉广度进行了进一步研究，结果发现知觉广度左、右边界的构成不同。他们对比了以字母为单位与以单词为单位的两种窗口下的阅读，结果发现左侧边界主要由当前注视词的词首决定，即若对窗口左边界加以操控，阅读速度可以根据当前注视词是否可见推测出来：只要确保注视词的词首可见，那么注视点左侧的字母数目对阅读事实上没有影响。相反，知觉广度右侧的边界并不取决于词边界。若对注视点右侧窗口的大小加以操控，阅读速度取决于可见的字母数——在一定数量的字母可见的条件下，整个单词或一个单词的部分字母（即使是当前注视词）是否可见就无关紧要了。例如，窗口右边界在当前注视字母的右侧 3 个字母与右边界为注视词末尾处两种条件下，阅读速度没有差异，尽管就前一种条件而言，有大约 1/3 的时间所注视的单词并非完全可见。阅读速度与窗口右边界的词是否保持完整无关（见表 4-4），这一事实表明读者从副中央凹视觉区获取了单词的某些部分信息。

瑞纳等人（Rayner，Well，Pollatsek et al.，1982）提供了读者从副中央凹视觉区获取单词部分信息的更详细的证据。他们要求实验参与者在下述三种不同条件下进行阅读：①只有注视词可见，而注视点右侧的所有字母用其他字母代替；②注视词及注视点右侧单词可见，同时其他字母均被替换；③注视词可见，注视点右侧词的部分信息可见。在第三种情况下，注视点右侧单词的 1、2 或 3 个字母可见（见表 4-4）。在注视点右侧单词的前三个字母可见，而其他字母在用视觉相似的字母替换（第三种条件）与注视点右侧整词可见（第二种条件）两种条件下，阅读速度没有很大差异。这表明读者在阅读中利用了单词的部分信息，词汇可能需要注视一次以上才能得到加工。这些实验还表明从注视点起至少有 9 个字母的信息被获取（Underwood & McConkie，1985）。

表 4-4　瑞纳等人(Rayner et al.，1982)的研究中各实验条件下的用例及其相应的阅读速度

| 窗口大小 | 句子 | 阅读速度(个/分) |
|---|---|---|
| 1W　(3.7) | An experiment xxx xxxxxxxxx xx xxx xxx | 212 |
| 2W　(9.6) | An experiment was xxxxxxxxx xx xxx xxx | 309 |
| 3W　(15.0) | An experiment was conducted xx xxx xxx | 339 |
| 3L | An experimxxx xxx xxxxxxxxx xx xxx xxx | 207 |
| 9L | An experiment wax xxxxxxxxx xx xxx xxx | 308 |
| 15L | An experiment was condxxxxxx xx xxx xxx | 340 |

注：在 W 窗口条件下，词汇整体呈现，而在 L 条件下右边界取决于可见的字母数。括号内的数值指 W 条件下的平均可见字母数。在所有条件下所注视的字母为"experiment"(实验)一词中的第二个"e"。

移动窗口技术实验表明，注视点右侧 14～15 个字母之外的信息在正常阅读中几乎没有用处。原因之一可能是，读者忙于对当前注视点周围的信息进行加工，无暇顾及其他信息。采用移动窗口技术的一个变式——移动掩蔽技术(moving-mask technique)进行的研究表明，由于中央凹视觉区中的信息没有呈现出来，即使非常需要，副中央凹视觉区中的信息几乎没有用处(Rayner & Bertera，1979)。移动掩蔽技术是移动窗口技术的反向变式：中央视觉区以外的文本内容正常呈现，掩蔽随着眼动而同步移动，读者无法从中央凹视觉区获得有效信息(Rayner & Bertera，1979；Rayner，Inhoff，Morrison et al.，1981)。因此，中央凹视觉区完全被掩蔽(见表 4-5)，这样就人为地形成了一个视网膜盲区(有些人由于视网膜损伤或大脑损伤有视觉盲区，从而对其阅读造成极大障碍)。

表 4-5　7 个字母移动掩蔽举例

An exXXXXXXX was conducted in the lab.
　　　　　＊

An experiXXXXXXX conducted in the lab.
　　　　　　　＊

An experimenXXXXXXXnducted in the lab.
　　　　　　　　　＊

注：＊表示连续三次注视的位置。

瑞纳和伯特拉(Rayner & Bertera，1979)发现，若中央凹视觉区(注视点周围 7 个字母空间)被掩蔽，仍然可能通过副中央凹视觉区进行阅读，但其速度只有 12 个词/分(参见 Fine & Rubin，1999；Rayner，Inhoff，Morrison et al.，1981)。若中央凹视觉区及部分副中央凹视觉区(注视点周围 11～17 个字母空间)被掩蔽，阅读几乎不可能进

行。实验中读者知道视觉中心以外有单词(或至少知道有字母串),但却不能分辨出究竟是什么。他们有可能能够识别出一些简短的功能词,如"the""and"和"a",当这些词出现在行首和行尾时,情形犹然。根据读者在中央凹视觉区和副中央凹视觉区被掩蔽条件下所犯的错误类型可以看出,读者能提取副中央凹视觉区单词的词首字母(有时也可以获得词尾字母)信息以及字母形状与词长信息,而且试图将已掌握的信息组织成连贯的句子。例如,读者可能将"The pretty bracelet attracted much attention"(这副漂亮的镯子吸引了很多人的注意)读成"The priest brought much ammunition"(牧师带来了很多弹药);而将"The banner waved above the stone monument"(旗帜在石碑上方飘扬)读为"The banker watched the snow mountain"(银行家观看了雪山)。但是,研究并不表明,读者能够在未识别单词的条件下理解句子的大意。

下面对目前关于知觉广度的研究结果进行简要的概括。目前已知,知觉广度是有限的,而且右侧的限制是由于知觉的限制所致,即使中央凹视觉区的信息被消除,读者仍能从14~15个字符范围外提取少量字母和词的信息。在另一侧(左侧),可以提取信息的范围更小,一般包括当前注视词的大部分信息(Binder,Pollatsek & Rayner,1999)。而且,采用注视追随移动窗口范式进行的研究(Pollatsek,Raney,LaGasse et al.,1993)表明,读者不能从当前注视行的下面一行获取有用的信息。因此,读者似乎将其注意力全部集中在当前阅读行的词上。波拉茨克等人还发现,如果采用视觉搜索任务(实验要求实验参与者必须从段落中找出目标词),那么实验参与者就能够从当前注视行的下面一行中提取有用的信息。

阅读技能也会影响知觉广度。初学阅读者(Häikiö,Bertram,Hyönä et al.,2009;Rayner,1986)和阅读障碍者(Rayner,Murphy,Henderson et al.,1989)的知觉广度小于阅读水平较高的读者。这可能是由于初学者和阅读障碍者对当前注视词进行编码时存在困难,从而导致知觉广度变小。老年人比青年大学生阅读速度慢(Laubrock,Kliegl & Engbert,2006;Rayner,Reichle,Stroud et al.,2006),其知觉广度似乎也略小于青年人,而且更对称(Rayner,Castelhano & Yang,2009a)。

**1. 其他文字系统中的知觉广度**

我们在本节中先对目前所掌握的其他书写系统的知觉广度问题做简单的介绍,然后再在下一节中继续对注视点右侧提取的信息类型进行探讨。研究者使用移动窗口技术对多种拼音文字系统的知觉广度,尤其是荷兰语(DenBuurman,Boersma & Gerrissen,1981)、芬兰语(Häikiö,2009)和法语(O'Regan,1980)进行了考查,结果均与英语一致。

移动窗口技术也被用于汉语、日语和希伯来语阅读研究。文字系统不仅影响眼睛运动的特征,而且影响知觉广度大小。如第二章所述,文字系统差异最大的是英语与汉语。移动窗口研究表明,汉语读者(在中国一般是从左至右的阅读形式)的知觉广度为从注视点左侧1个字到右侧2~3个字(Chen & Tang,1998;Inhoff & Liu,1998)。

显然，如果同样以字符为单位计算，汉语读者的知觉广度远远小于英语读者。但是，如前所述，汉字并不同于英语的字母，考虑到汉语的词多数由两个字组成(也有很多单字词和一些三字、四字词)，若以词为单位计算，汉语中每次注视加工的信息量或许与英语没有很大的差异。

艾克达和赛德(Ikeda & Saida，1978)使用移动窗口技术对日语读者进行了考查(请记住，日语是一种混合语言，由词素文字、日本汉字和音节文字假名组成)。结果表明，日语读者的知觉广度为注视点右侧 6 个字符。因此，若将日语字符等同于英语的字母，那么日语文字系统的知觉广度也小于英语；而且，若使用表意文字，知觉广度则更小。研究者(Osaka，1987)使用移动窗口技术的研究发现，主要用表意的汉字书写的日语文本的知觉广度小于主要用假名书写的日语文本。但是，日语文本比英语文本密度高得多，每次注视所加工的信息量更大。因此，虽然各种语言的知觉广度不可同日而语(英语的知觉广度主要用字母来界定)，但目前对各种文字系统进行的研究表明，知觉广度大概为 2 个词(当前注视词和注视点右侧 2 个词)。

波拉特塞克等人(Pollatsek，Bolozky，Well et al.，1981)发现，以色列读者阅读希伯来语文本时，其知觉广度左右不对称，偏向注视点左侧，但是，同一批实验参与者阅读英语时，其知觉广度则偏向注视点右侧。可见，窗口的不对称性并不是天生的，不仅因语言不同而异，而且双语读者在不同语言之间进行转换时，也会改变其提取信息的区域。当然，希伯来语与英语的主要差别在于，前者的阅读方式是从右向左。这意味着这两种语言的主要眼动模式恰好相反。一个重要启示是，读者将其注意力集中在眼睛移动方向上的文本材料。

### 2. 盲文的知觉广度

既然说到了其他文字系统，那么暂时偏离一下主题，看一看盲人以何种方式"阅读"触觉信息可能会有些意思。拼音语言中最常见的是布莱叶盲文(以其发明者之名命名)。在布莱叶盲文中，一个 3×2 的凸点矩阵代表一个字母，因此凸点可以出现在这六个位置的任意一个位置上，字母主要通过凸点出现和未出现的模式来界定。字母从左至右排列，同印刷文本一样，词与词之间的边界用空格来表示。对大多数盲文读者来说，其知觉广度为 1 个字母(Bertelson，Mousty & D'Alimonte，1985b)。他们用手指阅读，每次只能"读"一个字母，而且一般不会跳读，甚至在回扫时也必须保持手指与页面的接触(虽然扫视的速度比正常阅读速度快)。

有些盲文读者用右手食指来阅读，用左手食指来标记位置，以便回扫时能准确地找到正在阅读的那一行的位置(Mousty & Bertelson，1985)。用两根手指阅读的速度比用一根手指高 30%。然而，另外一些(极其熟练的)盲人读者能够用双手食指提取信息。还有些盲人读者在阅读整篇文本时能将双手食指相互挨着放在相邻字母上。但是，更常见的模式是，两根手指从一行中间位置的相邻两字母上开始同步移动，随后移动右手食指到同一行的行尾，同时左手食指移动到下一行的行首，上一行读到行尾时，同时开始阅读下一行(Mousty & Bertelson，1985)。通常，在左手食指完成下一行 1～2 个单词的"阅读"之后，右手食指再次与左手食指同步移动。这些非常熟练的盲人阅读时的知觉广度大概为 2 个字母，至少在有些情况下如此，因为用两根手指阅读的速度比用一根手指快 30%。但是究竟是如何做到的，有一些细节尚不清楚。虽然用左手食指作为位置标记明显有其好处，但是，同时使用两根手指提取信息所获得的效益实际有多大，目前还很难弄清楚。盲人读者使用双手阅读方法的速度最快可以达到 100 个词/分(Mousty & Bertelson，1985)。

## (五)读者注视中提取了何种信息？

我们接下来谈一谈读者注视中所提取的信息类型。在英语中，注视词左侧的信息(或希伯来语中注视词右侧的信息)总的来说似乎并没有用处，因为这种信息并未引起读者的注意。移动窗口和移动掩蔽实验表明，由于视敏度和容量限制，注视点右侧 14～15 个字母之外的信息在文本加工中没有作用。但是，我们仍需弄清注视点与知觉广度右边界之间的信息以何种方式发挥作用。前文引用的瑞纳等人(Rayner，Well，Pollatsek et al.，1982)的实验很清楚地表明，除注视词之外，其他词也得到加工。若窗口中只呈现注视词，实验参与者的阅读速度只有 200 个词/分，而在正常无窗口条件下，阅读速度为 330 个词/分。根据最简概念模型，读者在每次注视过程中肯定对当前注视词进行了加工，但除此之外，他们还可能会对其他一个或两个词进行了编码。然而，瑞纳等人(Rayner，Well，Pollatsek et al.，1982)的其他研究数据表明，现实情况复杂得多。因为读者并不受不完整词的影响——事实上，影响阅读速度的主要因素是注视点右侧可用字母数，因此读者在加工过程中所做到的远比将词汇作为视觉单位来提取复杂得多(见本书第三章和第五章)。

其中一种可能是，因为在注视点有限范围内的单词得到编码，而可提取字母信息的范围则大得多。这是瑞纳(Rayner，1975)采用另一种呈现随注视变化技术(边界技术)所做的一项研究得出的结论。该研究对注视点周围不同类型信息的提取范围及眼跳之间信息的整合方式进行了考查，此后，边界技术相当广泛地应用于语言加工的研究(综述参见 Rayner，1998，2009)，我们在这里详细介绍。这种技术主要用于考查——注视点在与段落中特定关键词位置(critical word location，CWL)之间的距离不同时，读者能获取信息的类型。这是通过当眼跳跨越不可见的边界位置时改变关键词位置的内容来实现的。这种方法的逻辑是，如果 CWL 呈现刺激的某个方面可在副中央凹区域进行编码，那么关键词被注视时编码的内容就会发生变化，正常的阅读就会受到某种干扰。尤其是呈现内容发生变化后，对关键词的注视时间要长于正常情况，因为读者需要解决两次注视所获取的信息的冲突。边界技术优于移动窗口技术之处在于，它可以更精确地操纵副中央凹区域的信息，因为每次只对一个词加以操纵(预视词)。此外，由于非正常文本区域很小，所以实验结果更接近正常阅读。在瑞纳的实验中，当关键词位置的刺激得到注视时，目标词与文本内容相符。而在眼睛越过边界之前关键词位置上的刺激有时是词，有时则为非词（若要对各种可能性有所了解，见图 4-5）。

Ⅰ　The old captain put the chovt on the…

1　B

Ⅱ　The old captain put the chart on the…

B　2

图例　B—诱发呈现变化的边界位置

1—跨域边界前最后一次注视的位置

2—跨越边界后第一次注视的位置

目标位置上"chart"（图表）的几种替换条件：

chart：完全相同的真词（W-Ident）

chest：词形和字母相似的真词（W-SL）

ebovf：词形相似的非词（N-S）

chovt：词形和字母相似的非词（N-SL）

chyft：字母相似的非词（N-L）

**图 4-5　边界研究：瑞纳边界实验中的呈现变化类型举例**

瑞纳采用上述技术对刺激变化前关键词位置左侧多个注视点以及刺激变化后对关键词位置的直接注视进行了考查。假如注视点距离关键词位置左侧过远的话，则无法从那个区域获取信息。倘若如此，读者就不会注意到任何呈现变化［此处注意（notice）和检测（detect）的意思是，读者眼睛行为受到影响，而不是说读者能够有意识地注意到这些变化；事实上，在这些实验中，读者通常意识不到这种变化］。相反，如果注视点靠近关键词位置，读者就有可能获得某些信息，可能是词型或字母信息，甚至是语义信息；而且，假如刺激的变化引起了那种信息类型的变化，那么注视时间会随之增长。但是，如果刺激的变化没有引起读者获取信息类型的变化，那么所发生的变化就不会被察觉，从而也就不会对阅读产生干扰。

由于有些最初在关键词位置上所呈现的刺激是假词，这就引发出一个有趣的问题：读者的眼睛距离关键词位置多近时非词字母串才开始影响阅读？一种方法是对呈现变化前的注视进行考查，根据距离关键词位置的远近对刺激进行分组，计算每种距离条件下的平均注视时间。瑞纳发现，只有关键词位置在注视点右侧不多于 3 个字母，非词才会对阅读时间产生影响。如果关键词位置在注视点右侧 4 个及以上字母，那么暂时占据此位置字母串的词汇度（wordness）对注视时间没有影响。

紧随呈现变化后的对关键词的注视时间也在被考查之列，根据以下标准进行了分类：①呈现变化的类型；②前次注视位置。结果如图 4-6 所示。如果跨越边界前注视点在关键词位置左侧超过 12 个字母，无论哪种刺激变化都对阅读没有影响。如果前次注视在关键词位置左侧 7～12 个字母，那么读者确实能够提取出关键词位置上单词的词型或其字母信息以及刺激中首尾字母的识别特征信息，因为越过边界时，两者任何一个发生变化，都会延长目标词上的注视时间。相反，如果最初呈现的刺激与目标词词形和首尾字母相同，阅读就不会受到干扰。最后，当注视点离预视位置 6 个字母时，预视刺激的词汇度对目标词的注视有影响。因此，判断词汇信息是否得到提取，这一指标比前次注视时间的指标更灵敏。

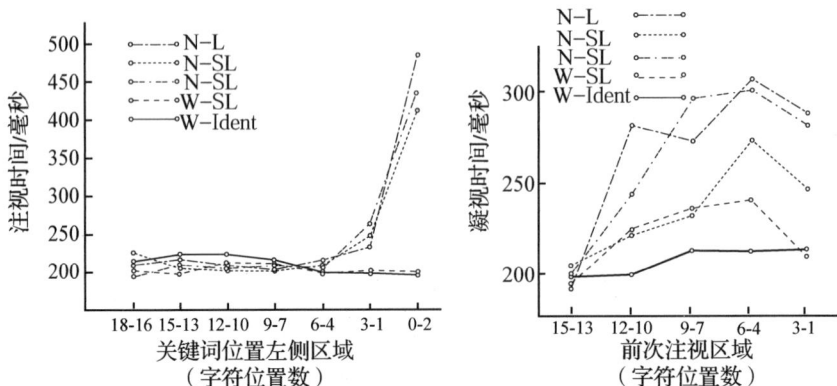

图 4-6　来自瑞纳的研究数据

注：左图显示出越过边界前最后一次注视的时间，右图显示出越过边界后目标词的凝视时间。在此例中，基础词为"chart"，预视刺激为"chart""chest""ebovf""chovt"和"chy-ft"，分别表示 W-Ident、W-SL、N-S、N-SL 和 N-L 条件。

瑞纳的研究结果最初被解释为读者虽然不能识别副中央凹视觉区的单词，但可以从中提取词形信息的证据。但是，后续研究（见下文）表明，词形效应的产生实际上是词首字母及整体词形相同的单词（如瑞纳的研究）有很多相同的字母特征造成的。瑞纳的研究结果还有可能表明，若距离较远，注视点左侧词汇的意义就无法提取，因为非词呈现的位置与注视点的距离大于 3～6 个字母时，读者根本意识不到非词的存在。上述结论得到另一项对默读眼动过程研究结果的验证（McConkie & Hogaboam，1985）。在阅读过程中，文本中某些位置上出现空屏，要求实验参与者报告最后看到的词。这里存在猜测问题，因为实验参与者虽然实际未看到单词却能根据前文语境将其推测出来。尽管如此，研究结果与前面所综述的边界研究结果一致。麦康基和霍格布姆（McConkie & Hogaboam，1985；见如图 4-7）发现，读者虽然有时报告出了注视点右侧的词，但在多数情况下所报告出来的都是其最后注视的词。然而，对注视点左侧的词和右侧距离注视点 2 个词以上的单词则几乎报告不出来。

**1. 预视效益**

瑞纳的实验首次对阅读情境中预视效益的本质进行了考查：在注视单词前，与无效预视相比，读者对该单词的有效预视能减少对该词的注视时间。关于预视效益，还有两点很重要，我们应该了解。首先，亨德森和费雷拉（Henderson & Ferreira，1990）在实验中采用了边界技术，对中央凹视觉区的加工难度进行了操控，同时还变化了副

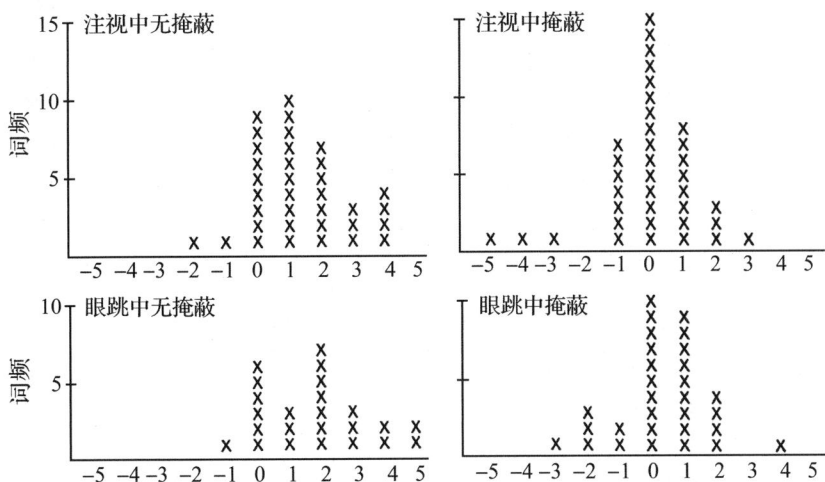

**图 4-7　相对于有文本呈现的最后注视位置，最后读到的词汇位置频率分布**

注：0 表示最后注视的词，1 表示注视词右侧的词。在掩蔽条件下（右图），文本消失，掩蔽呈现，而在无掩蔽条件下（左图），文本只是变成空白。距离以单词为单位来测量，不考虑词长。

中央凹视觉区信息的有效性。研究结果发现，中央凹视觉区加工的困难导致读者无法获得注视点右侧副中央凹视觉区的词汇预视信息，这表明一次注视可以提取的信息量并不确定，会受到当前注视词词长以及与注视词加工难度有关的各种因素的影响（Kennison & Clifton，1995；Rayner，1986；White，Rayner & Liversedge，2005a）。其次，读者一般能获得后续注视词的预视效益（McDonald，2006）。因此，读者一般能获得当前注视词后第一个词（$n+1$）的预视效益，但无法获得当前注视词之后第二个词（$n+2$）的预视效益（Angele & Rayner，2011；Angele，Slattery，Wang et al.，2008；Kliegl，Risse & Laubrock，2007；Rayner，Juhasz & Brown，2007）。有趣的是，对汉语进行的一项研究表明，汉语读者获得当前注视词后第二个词的预视效益的可能性比英语读者大（Yang，Wang，Xu et al.，2009）。而且，与英语读者不同的是，汉语读者能够获得未注视词的语义预视效益（Yan，Richter，Shu et al.，2009；Yang，Wang，Tong et al.，2011）。这两种效应可能与汉语中词 $n+1$ 和词 $n+2$ 通常离注视点比英语更近这一事实有关。

**2. 词汇跳读**

测量注视点右侧识别范围的另一个指标是词汇跳读。词长对跳读的影响最大：对短词的跳读显著多于长词（Brysbaert，Drieghe & Vitu，2003；Rayner，Slattery，Drieghe & Liversedge，2011）。3 个字母单词被跳读的可能性为 67%，而 7~8 个字母单词在多数情况下则被注视（Rayner & McConkie，1976）。如前文所述，由于注视词左侧的区域大多数会被读者忽视，因此假如某个词被跳过，那么该词要么是在跳读之前已

第四章　眼睛的功用

经得到识别，要么是虽未看到却很容易被读者猜中。由于跳读在眼动记录中普遍存在，因此如果多数情况下跳读不能用猜测来解释，那么对注视点右侧多数词进行识别则可以合理解释大多数跳读。有时读者会从相当远的距离对词进行跳读。巴洛特（Balota，Pollatsek & Rayner，1985）后来的一项边界实验发现，当前注视点距离关键词位置开头大于 9 个字母时，关键词位置偶尔也会被跳过（但概率不到 1％）。由此可见，有时在距离注视点很远的位置上的副中央凹视觉区的词汇的意义也能够得到提取，但是，即使是具有高度可预测性的词汇，这种情况也并不多见。

巴洛特等人（Balota，Pallatsek & Rayner，1985）在其实验中使用了在句子语境中预测性很高的目标词。若关键词位置上的词在语境中不可预测，则跳读很少发生，因此实验中所发现的跳读现象不仅仅是关键词位置上的词具有可预测性而导致被猜测的结果。巴洛特等人的实验不同于瑞纳最初的实验，因为在后者中，目标词无法从前文句子语境中预测出来。这一差异表明词汇的可预测性之类的变量会影响距离当前注视词多远的内容会被编码与提取。关于词汇可预测性的作用，我们将在本书下一章中详细探讨。

在前面两部分，我们主要讨论了四十多年前的一些经典实验。之所以如此关注这些研究，是因为这些研究在许多方面为我们深入理解熟练阅读奠定了基础。而且，其结果经得起时间的考验。例如，麦康基和瑞纳的移动窗口基础性研究后来得到无数研究的验证，而且从其他数种拼音文字研究中也得到验证。

综上所述，知觉广度是有限的，即从当前注视词开始到注视点右侧 15 个字符空间。词汇识别区域的范围甚至更有限。读者有时能识别注视点右侧的词汇（有时能识别右侧两个单词，尤其是注视词及其之后的两个单词均为短词时）。事实上，如前文所述，读者通常不会注视行首和行尾的单词。很明显，行尾的单词已经在副中央凹视觉区得到充分加工。但是，为什么行首的词汇有时没有得到注视，较难理解？一种可能的解释是，行首的单词在向左回扫过程中即得以注视。如果读者的知觉广度能够反映眼动的方向（如前文所提及的以色列读者），那么由于首次注视时内隐注意（covert attention）转向左侧，因此知觉广度涵盖了当前注视词以及注视点左侧的词。

读者虽然能够识别没有得到注视的词，但是当前注视词之外多数实词的识别通常是不完全的（Kliegl，2007；Kliegl，Nuthmann & Engbert，2006）。我们知道，保留副中央凹视觉区词的部分字母有助于阅读，因此，单词的部分信息似乎可以在一次注视中得到编码，并在随后的注视中对该单词的识别起促进作用。下面我们将对注视之间信息的整合方式进行探讨。

## 三、眼动中信息的整合

前面所提供的趋于一致的研究数据表明，有些单词在第一次注视中仅部分得到加工，然后在后续注视中完成加工。另外，英语读者的知觉广度为平均眼跳幅度的两倍，这一事实再次表明，词汇加工需要一次以上的注视。然而，这种比较并不十分合理，因为知觉广度不是平均数值，而是信息提取范围的最大值。尽管如此，知觉广度和平均眼跳幅度的差异更加验证了眼睛将移动到已经得到某种程度加工的文本区域。

眼跳中的信息整合绝非有意识的过程，因为我们并没有意识到眼睛的运动。眼睛的每一次运动都会改变视网膜上光的模式，读者能知觉到当前注视词稳定、协调的图像，却从未感觉到在250毫秒的时间里有刺激输入，以及随后由于眼跳导致刺激输入中止。前文提到，关于眼跳抑制的研究可以解释为什么人看不到幻灯片之间的"无用"信息。但是，关于为什么读者注意不到注视点之间的间隙，我们目前所知甚少。大脑能够消除每次注视中输入信息的不连续性，并建立一个连续统一的知觉世界。

假如词汇信息的获得需要连续两次注视(一次是在副中央凹视觉区，另一次是在中央凹视觉区)，且整合过程有利于阅读的话，那么对副中央凹视觉区的预视能促进随后中央凹视觉区对该词的加工。因此，下面主要从上述促进作用的角度对注视之间信息的整合过程进行探讨。自从道奇(Dodge，1906)以来，人们就已知道副中央凹视觉区的预视能促进随后发生的词汇识别。然而，这种促进作用未必是眼跳之间信息整合的证据，因为单词可以在副中央凹视觉区完全得到识别。若要找到眼跳之间信息整合的证据，需要使副中央凹视觉区中的预视和中央凹视觉区中的目标刺激相似但不同，以确定预视是否依然有促进作用。

瑞纳(Rayner，1978b)发明了一种实验技术，要求实验参与者命名分别呈现的单词。研究者利用这种技术获得了大量关于注视点之间信息整合的数据(Balota & Rayner，1983；McClelland & O'Regan，1981；Rayner，McConkie & Ehrlich，1978；Rayner，McConkie & Zola，1980)。这是一种微型化边界技术。研究要求实验参与者首先注视一个中心注视点，之后在副中央凹视觉区呈现一个字母串，此时实验参与者需要将眼睛移动到该区域。在眼跳过程中，原来呈现的刺激被目标词代替，要求实验参与者尽快命名目标词。因此，副中央凹视觉区刺激呈现的时间是从副中央凹视觉区字母串呈现到执行眼动之间的时间，约为200毫秒。尽管副中央凹视觉区刺激呈现的时间很长，但是实验参与者几乎意识不到副中央凹视觉区词汇的特性，甚至几乎觉察不到任何变化。因此，实验参与者在对词汇进行命名时没有任何困难。

图4-8展示出一项实验结果的基本模式。若注视点 $n$ 和注视点 $n+1$ 呈现的刺激相同，副中央凹视觉区的信息对目标词的命名有促进作用(相比于副中央凹视觉区最初呈

现的是星号串或者字母串的情况）。更重要的是，即使副中央凹视觉区中呈现的预视中仅有几个字母与目标词相同，也对目标词的识别有促进作用。从知觉广度实验可以推测，促进作用的大小取决于刺激与副中央凹视觉区距离的远近。也就是说，原始刺激在注视点1°视角范围内，促进作用大于3°视角范围，而在注视点以外的5°视角（15个字母空间）范围几乎没有任何促进作用。因此，研究结果表明，读者能够利用副中央凹视觉区中词汇的部分信息来帮助其识别，但前提是，与注视点的距离不能超过15个字母。

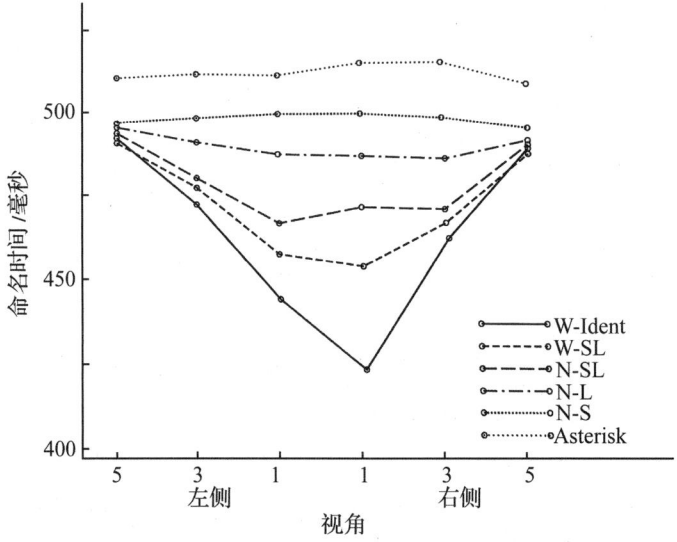

图 4-8　初始呈现的各种类型刺激和不同视角时对平均命名反应的影响

注：在该例中，目标词是"chart"，预视词为"chart""chest""ebovf""chovt"和"chyft"，分别表示 W-Ident、W-SL、N-S、N-SL 和 N-L 条件。星号预视是一串星号。

副中央凹视觉区中呈现的单词"chest"促进了对随后注视单词"chart"的识别，这一事实说明所提取的"chest"的部分信息有助于对"chart"的识别。显然，"chest"与"chart"的拼写确实有相似性，而且仅这一点就足以产生对目标词加工的促进作用（Williams, Perea, Pollatsek et al., 2006）。但是，其更深层的一个问题是为什么两个拼写相似的词存在预视效益。对此，现有研究文献对五种潜在促进源进行了详尽的考查：①"chest"的某些视觉特征存储在大脑中，并且对随后注视词"chart"的识别具有促进作用；②"chart"语义的某个方面在副中央凹视觉区的预视中得到编码，这种编码反过来促进了"chart"的识别（但在本例中似乎是不可能的）；③"chest"（可能是词首的/ch/）所激活的某些语音编码（音位或音节），促进了随后"chart"一词的识别；④某些字母得到识别，这些字母的抽象特征（不是其形状）具有促进作用；⑤"chest"副中央凹视觉区的预视部分激活了"chart"词条，从而促进后续"chart"的识别。①和④的区别在于：①中的字母信息是一种视觉形式，而④中的字母信息较为抽象。②和⑤的区别在于：就②

而言，词义的某个方面及其特征在副中央凹视觉区得到加工。当然，上述假设并非互相排斥，因为促进作用可以有多种来源。从下文可以看出，从目前的研究证据可以得出相对简单的答案：目前尚没有证据表明前两种机制相互排斥；研究结果表明，通过排除程序，③、④和⑤似乎是信息整合之源。下面我们将对照前两种机制对研究证据进行论述。

### (一)眼动过程中信息是否得到整合?

精细的视觉信息在眼跳过程中得到整合的观点似乎最为合理，因为它恰好符合我们的直觉，即两次连续注视的视觉信息综合起来形成了单一的视觉表征，从而使我们看到了一个无缝对接的连续世界(McConkie & Rayner，1976b)。也就是说，读者在注视过程中可能从副中央凹视觉区获得总体特征信息，并将其存储在临时的视觉缓冲器——整合性的视觉缓冲器中。当之前的副中央凹视觉区被注视时，以原先从副中央凹视觉区提取并存储在缓冲器中的视觉信息为基础，新信息将被加入进来。两次注视所提取的信息可能在眼睛运动的距离和两次注视模式的共同性的基础上被整合起来。当然，所有计算一般都是无意识的，因为我们通常意识不到眼睛的运动。阅读中整合的视觉缓冲器可被看作图像记忆(见本书第一章)，其不同之处在于，视觉缓冲器中所存储的是眼动过程中获得的信息。

这种信息整合观或许是从直觉上看最有吸引力的一种观点，但是，其反证也很有说服力。首先，瑞纳等人(Rayner，McConkie & Ehrlich，1978)的研究表明，信息整合并不是得到图 4-8 显示结果的必要条件。请记住，两个连续图像在缓冲器中的合或验证，应该以追踪到的眼睛移动的距离为基础。但是，在瑞纳等人的另一个实验中，他们通过操纵移动刺激而不是移动眼睛来获取视觉信息，也得到相同的结果。也就是说，首先在副中央凹视觉区呈现一个刺激，经过一段时间后——大概是眼跳潜伏期与眼跳时间之和(约 200 毫秒)，在中央凹视觉区呈现目标词并要求实验参与者对其进行命名，与此同时，副中央凹处的刺激将消失。请注意，视网膜上所发生的系列事件，与眼睛移动到副中央凹视觉区刺激时的情况相同：先呈现在副中央凹视觉区的一个刺激，随后在中央凹视觉区呈现一个刺激。但是，这里包含两种情况：一种情况是眼睛的运动发生在两个视网膜呈现事件之间(正常条件)，而另一种情况则是通过移动刺激而不是移动眼睛来模拟眼睛的运动(无眼动条件)。如果追踪眼睛移动的距离在整合过程中发挥重要作用的话，那么实验参与者在无眼动条件下的表现要比正常眼动条件下差。然而，瑞纳等人却发现两种条件下没有显著差异。

下面两个实验直接对视觉特征能否得到整合进行了检验，其结果对视觉缓冲器的观点更具颠覆性。第一个实验表明，如果单词的语义没有改变，那么视觉形式上的变化不会影响加工(Rayner，McConkie & Zola，1980)。瑞纳等人发现，尽管存在明显的副中央凹预视效应，但预视和目标词之间大小写的变化(如"CASE"变成"case")对词汇命名时间没有影响。第二个实验采用另一种方法考查了视觉信息的整合过程。奥里甘和利维-舍恩(O'Regan & Levy-Schoen，1983)在实验中，先在前一次注视中呈现单词中每个字母一半的特征，然后在下一次注视中呈现另一半特征(两次注视中刺激呈现位置相同)。在这种条件下，实验参与者几乎不能识别出目标词。相反，如果两半内容在相同的空间位置上呈现的时间间隔非常短暂，那么实验参与者很容易识别出目标词。因此，信息整合是在注视内完成的，而不能在眼跳过程中进行。

你可能在自语，至此这里所介绍的所有实验均未让实验参与者完成真正的阅读任务。如前所述，实验任务可能促使读者形成一种不同于正常阅读的加工策略。然而，大量采用真实阅读任务进行的实验结果(见下文)与上述实验结论一致。

研究者还对阅读情境中信息整合是否与眼动距离有关这一问题进行了考查。实验(McConkie，Zola & Wolverton，1980；O'Regan，1981)要求实验参与者阅读真实的文本，在事先设定的位置上，文本整行的内容在眼跳过程中向左或右移动。在正常知觉状态下，图像在注视之间移动的距离取决于眼睛移动的距离。如果两次连续注视视觉信息的整合依赖于眼睛移动的距离，那么若文本移动，即使只移动几个字符，也会对阅读产生很大干扰，因为两次注视获得的视觉图像中所有位置上的字母信息都会发生冲突。由于眼睛在移动过程中会发生一些微小的校正性眼跳，因此这种移动有时可能(即使无意识地)在头脑中登记。但是，有时这些眼动可能只是无意地落在某个位置上，而没有在大脑中登记。然而，实验结果却发现若文本移动 2 或 3 个字符，读者不会意识到这种移动，因此对阅读速度和理解的影响可以忽略不计。

麦康基和佐拉(McConkie & Zola，1979)考查了信息整合是否发生在两次连续注视中的视觉形式整合过程中。研究要求实验参与者阅读类似于 AlTeRnAtInGcAsE 用大小写交替印刷的文本，并在某些眼跳过程中大小写字母交替变化，两次连续注视中字母的视觉形式不同。因此，在注视点 $n$ 上看到的是 cAsE，而在注视点 $n+1$ 上就变成 CaSe，在注视点 $n+2$ 上又变成 cAsE，以此类推。读者注意不到这些变化，所以也不会影响其理解和阅读速度(Slattery，Angele & Rayner，2011)。另外，实验还发现部分信息的提取对注视单词的命名具有促进作用(如"chest"能促进"chart"的命名)，这与前面所描述的实验结果一致，即注视点右侧单词词首 2~3 个字母可视时比被替换时阅读速度快。

总之，副中央凹视觉区词汇命名实验的结果在默读实验中也已得到验证。两种实验情境各具优势，真实阅读情境的生态效度高，命名实验任务控制更严格且其反应显然与词汇识别密切联系，实验结果互为验证，增强了前述结论的效度。

(二)语义的部分编码

读者可能通过两种不同的方式来提取单词的部分语义信息。第一种方式是整词得到加工，但较模糊。也就是说，刺激物理特征的激活不能直接引起单词的识别，却可以获取单词模糊的含义，这可能是某个语义特征得到激活。第二种方式是获取单词某个片段的意义，即某个词素得到了识别。下面将依次对这两种可能的方式进行探讨。

## 1. 语义的预加工

当环顾四周时，我们可以感觉到从眼睛副中央凹视觉区和边缘区域所看到的事物是一种模糊的景象。例如，如果不去直接看某条狗，那么我们可能觉察出它是一种动物，大概知道其体型，但却不能精确识别它。图片知觉研究提供的证据表明，部分语义的提取可能无意识地对加工过程产生影响。例如，在图片知觉中，眼睛会迅速地移动到那些被认为信息丰富（Antes，1974；Mackworth & Morandi，1967）或语义异常的位置（Becker，Pashler & Lubin，2007；Loftus & Mackworth，1978；Rayner，Castelhano & Yang，2009a；Henderson，Weeks & Hollingworth，1999）。这些现象表明阅读过程中可能有类似的情况。

然而，必须指出的是，文本和图片的刺激模式有相当大的差别（Loftus，1983；McConkie & Rayner，1976b）。文本的刺激模式具有同质性，都是由字母和空格组成的，但侧面（相邻单词和字母对）单词和字母的掩蔽作用可能更大。相反，图片中物体的某个信息丰富的区别特征就有可能以某种方式传达意义，而词汇的单一视觉特征却不能传达意义。在图片知觉中，恰恰是这些区别性特征容许对物体进行大致的语义分类，并引导眼睛的运动。

语义加工之所以说可能是对副中央凹视觉区预视效应的一种有说服力的解释，原因之二是本书第三章中所描述的无意识启动实验（Allport，1977；Balota，1983；Marcel，1983）。在这些实验中，单词在中央凹视觉区快速呈现，随后是掩蔽刺激。如果条件设置恰当，实验参与者就不能识别所呈现的单词，但对随后呈现的语义相关词的识别速度则会加快。马塞尔（Marcel，1978）基于其中央凹视觉区启动研究的结果提出，从同一页面的多个位置上能同时获取语义信息。例如，马塞尔注意到，读者阅读页面顶端一行文本时，眼睛也会看到底端的部分内容。他进一步论证说，只有在语义分析不受注意位置影响的条件下，这种情况才有可能发生。上述推论的关键假设是，词汇在中央凹视觉区的短暂呈现类似于阅读过程中副中央凹视觉区词汇的呈现。

这种类比可能具有误导性。因为尽管中央凹视觉区短暂呈现的词和副中央凹视觉区呈现的词从视觉的角度看均被弱化，但是弱化的方式不同。中央凹处短暂呈现词汇的弱化是注视时间缩短和后向掩蔽（backward masking）造成的，而副中央凹视觉区呈现词汇的弱化则是视敏度降低和边侧掩蔽（lateral masking）造成的。在正常文本的阅读中，由于视敏度和边侧掩蔽的作用，词汇与注视点距离越大，其识别就越困难。目前，人们对中央凹视觉区掩蔽现象的理解仍然很肤浅，但是认为刺激可以被完全识别的观点似乎也有些道理，只不过与掩蔽刺激有关的某种东西使读者觉察不到直接的通达过程。相反，仅仅借助于词汇的一些模糊信息，如其整体形状、词长或熟悉其中1~2个字母等，词汇部分语义的通达看似不可能发生，但是却真实发生了。对马塞尔所描述的现象——读者翻开书页阅读顶端一行内容时，其眼睛会同时看到页面底端内容——的一个可能解释是，当读者把眼睛移动到本页顶端时，可能会短暂地注视靠近该页底端的内容。因此，这种现象可以用类似于中央凹视觉区掩蔽实验而不是副中央凹视觉区或外周视觉区的语义加工来解释。

目前，阅读中还没有明确的证据表明语义加工的存在。有一项研究试图使用前一章中所描述的语义启动技术的一种变式来证明语义加工的存在。实验中，在中央凹视觉区呈现歧义词（如"bank"一义为银行，另一义为河堤），而在副中央凹视觉区呈现其中一个可以消歧的单词[如"river"（江、河）或"money"（金钱）]。两词分别在中央凹视觉区和副中央凹视觉区快速呈现，测量实验参与者将中央凹视觉区呈现的单词（bank）与哪个意义相联系。如果实验参与者选择由副中央凹视觉区呈现的词汇所提示的词义的频率超过随机水平，那么就说明副中央凹视觉区呈现词汇的语义得到了加工。

事实上，实验参与者的选择频率确实超过随机水平。但是，从前面对跳读内容的讨论可知，副中央凹视觉区呈现的词汇确实能得到识别。关键问题是部分语义信息是否也得到了加工。对这一问题的回答，通过考查实验参与者选择"bank"的哪个义项以及副中央凹视觉区呈现的词汇是否能得到识别得以验证（Bradshaw，1974；Inhoff，1982；Inhoff & Rayner，1980；Underwood，1980，1981）。若实验参与者选择恰当一项的概率超过随机水平，即便在副中央凹视觉区呈现的词汇没有得到有意识的识别时亦如此，那么我们就有证据表明语义加工发生了。可惜的是，研究结果并不完全一致。有些研究发现实验参与者选择的正确率高于随机水平，但有些研究却发现选择的正确率低于随机水平。然而，即使在前一类实验中，选择正确率并未超过随机水平多少。此外，对于那些得到选择正确率超过随机水平的实验，难以保证其是不是有些因素（如眼睛注视的位置、猜测、图像记忆的提取）没有得到控制所致。总之，从上述实验中可以看出，目前我们尚没有明确的证据表明语义预加工的存在（Rayner & Morris，1992）。

瑞纳等人（Rayner，Balota & Pollatsek，1986）采用前文所描述的边界技术，对阅读中的语义预加工进行了更加直接的考查。实验中，目标词["song"（歌曲）]被注视前在目标位置上呈现的刺激或者是具有视觉相似性的非词（sorp），或者是语义相关的真词["tune"（曲调）]，抑或是拼写与语义均不相同的控制词["door"（门）]。研究结果发现，与控制条件相比，具有视觉相似性的预视对目标词的加工具有促进作用（对目标词的注视时间缩短）；但是，语义相关和无关两种预视条件之间没有差异，即没有发现语义启动效应的证据。相反，若相关词对先后在中央凹视觉区序列呈现，对第二个词命名时就会产生语义启动效应。最近，其他研究者试图采用边界范式对是否存在语义预视效益进行考查（Altarriba，Kambe，Pollatsek et al.，2001；Hyäön & Häikö，2005），也没有发现语义预视效益。有意思的是，虽然对英语的研究几乎没有发现支持语义预视效益的证据，但是对汉语（Yan，Richter，Shu et al.，2009；Yang，Wang，Tong et al.，2011)和德语(Hohenstein，Laubrock & Kliegl，2010)的研究却发现了一些支持语义预视效益的证据。后面一组研究之所以得出与前面一组研究不同的结论，是否是由文字系统的某些特征造成的，有待进一步确认。相对于英语，汉字字形与字义的联系更直接；而在德语中，目标词(均为名词)词首字母都是大写。

**2. 词素的识别**

阅读中，眼跳之间信息的整合有四种可能：整个词条得到激活，语音编码得到激活，有意义的亚词汇单位(词素)得到激活，或者仅仅几个字母得到激活。下面我们先回顾一下关于副中央凹视觉区预视的实验，然后再来谈一谈词素的激活。

瑞纳等人(Rayner，McConkie & Zola，1980)的研究表明，若在两次注视中目标词和预视词词首有2～3个字母相同[如"chest"(胸)—"chart"(图表)]，对阅读有显著的促进作用。若只有首字母相同或者首字母不同而其他字母相同[如"board"(木板)—"hoard"(贮藏)]，对阅读则没有促进作用。因此，词首数个字母的编码似乎对副中央凹视觉区的促进作用至为关键。有意思的是，英霍夫(Inhoff，1987)发现，当要求实验参与者从右到左阅读时会有类似的结果。此时，副中央凹视觉区的预视在注视点左侧，词首字母离注视点最远。他还发现接受过训练的实验参与者从右到左阅读文本时，对由6个字母组成的单词的词首3个字母的预视能够促进阅读。当然，从右到左阅读时，注视点左侧单词的词首字母距离注视点更远，而右侧单词的词首字母不仅离注视点更近，而且还包含某种重要信息。在移动窗口实验中，当只把词$n+1$的前半部分呈现给实验参与者时，同样显示词首2～3个字母的副中央凹预视效益很大；当预视词其他位置上的字母与目标词具有视觉相似性时，尤其如此。如果其他位置的字母没有视觉相似性，读者的阅读就不如词$n+1$全部呈现时效果好(Inhoff，1989a；Lima & Inhoff，1985；Rayner，Well，Pollatsek et al.，1982)。尽管副中央凹视觉区中单词的词首字母的预视效益显著，但采用字母转置研究范式(如将"st"转变为"ts")的实验表明，单词——尤其是短词词尾的字母同样提供了有用的信息(Johnson，Perea & Rayner，2007)。

由于词首2～3个字母信息呈现出较大的预视效益，因此从副中央凹视觉区词汇中提取词素信息的合理位置理应是词首。而且，研究表明，词首字母有助于寻找到相对较短的词素。根据利马(Lima，1987)提出的假设，由于词首字母可能有助于读者首个词素的识别，因此至少在某种程度上对阅读具有促进作用。她采用带有前缀的词汇对上述假设进行了验证，因为多数常用前缀由1～3个字母组成，并且前缀通常是读者高度熟悉的词首字母组合。利马尤其想要弄清楚前缀分离(prefix stripping)是否在单词被注视之前就已经开始(见本书第三章)。实验将带有前缀的单词[如"mistrust"(不信任、怀疑)]与假前缀单词[如"mistress"(主妇、女主人)]进行了对比。研究者对两类实验刺激在音节数、词长和词频等方面都进行了匹配，并将两类词汇编入相同且合理的句子框架(例如，The teenager's abrupt/absurd answer…)。利马的实验主要采用了边界范式，即在呈现发生变化前，关键词位置(CWL)上包含两类单词共有的字母及随机字母或 x 字母串(如 abnsbl 或 abxxxx)，也可以是随机字母串或 x 字母串(如 kmnsbl 或 xxxxxx)。当读者的眼睛越过边界时，单词"abrupt"(突然)或"absurd"(荒谬的)(根据不同实验条件)将呈现在关键词位置上。

利马发现，当呈现目标词词首字母时，实验参与者对目标词的注视时间少于词首字母未呈现的条件，而且她还发现，如本书第三章所述及，真前缀词的注视时间短于假前缀词。但是，真前缀词和假前缀词的副中央凹预视效益没有差异，这可能有两种原因。第一，如果前缀分离是识别两种类型单词的唯一通道(对假前缀词而言，接下来还有第二条通道)的第一个步骤的话，那么副中央凹视觉区的前缀分离是合理的，即副中央凹预视启动了两种条件下词汇识别所共有的第一个阶段(前缀分离)。但是，正如我们在本书第三章所述，假前缀词可以直接通达，也可以通过前缀分离出错误词首后通达，这种假定更合理。若如此，真前缀词的副中央凹预视效益理应更大，因为词首词素与词首 3 个字母的识别有助于词汇通达。但是，由于真前缀词和假前缀词两种条件之间没有差异，这就支持了不能从副中央凹视觉区提取词素的观点。卡姆比(Kambe，2004)重复并扩展了利马的研究，也没有发现英语有词素预视效益的证据。有意思的是，采用边界范式对希伯来语(人们认为词素在其词汇加工中起更重要的作用)进行的研究却发现了词素预视效益(Deutsch，Frost，Peleg et al.，2003；Deutsch，Fros，Pollatsek et al.，2000，2005)。

第二，一个以复合词为刺激材料的实验进一步证明在英语阅读中读者不能从副中央凹视觉区获取词素信息。英霍夫(Inhoff，1986b)考查了 6 个字母长度的复合词[如"cowboy"(牛仔)]。与利马的研究类似，英霍夫在研究中设置了三种副中央凹预视条件：整词(cowboy)、词首词素(cowxxx)和无字母信息(xxxxxx)。此外，他还设置了两种控制条件：一是假前缀词，如"carpet"(地毯)，其词首 3 个字母是一个单词，但不是一个词素；二是单音节词，如"priest"(牧师)。结果发现三种条件下的预视效益相同，这表明词首词素和词首音节在眼跳的信息整合过程中并不是重要的单位。英霍夫的研究结果似乎与利马和波拉特塞克的研究结果相矛盾。利马和波拉特塞克的研究发现词首词素对词汇判断的促进作用大于词首字母不能构成词素时的情况。但是，在利马和波拉特塞克的实验中词素预视发生在中央凹视觉区，因此信息整合并非发生在两次注视之间。

(三)语音编码

下面我们将探讨读者从副中央凹视觉区刺激中提取基于语音编码信息的可能性(如词首音位或音节)。副中央凹语音编码信息提取的可能性似乎对我们很有吸引力，因为我们目前已描述的许多研究均要求实验参与者在第二次注视时完成词汇命名任务。从副中央凹视觉区获取的词汇信息可以让读者调整发音系统中的肌肉组织，做好读出词汇的准备，这样就可以缩短当读者把眼睛移到中央凹位置后开始对目标词进行发声的时间。

目前有充分证据表明，语音编码被用来进行眼动过程中的信息整合，而且也是读者可以获取的一部分预视效益。例如，波拉特塞克等人（Pollatsek, Lesch, Morris & Rayner et al., 1992）的研究发现，语音编码可以用于眼跳之间的信息整合。与形近异义词［bench（板凳）］作为预视词的情况相比，同音异义词［如目标词"beach"（海滩）的同音异义词为"beech"（山毛榉）］作为副中央凹预视词时更能促进读者在下次注视中对目标词的加工。然而，由于预视词与目标词的正字法相似性也有助于增强预视效益，语音编码之外的各种编码（如抽象的字母编码）在眼跳过程中也被保留下来。关于语音编码在眼跳之间信息整合中的作用，我们将在本书第五章进一步提供证据。

### （四）字母与单词

目前已有的证据表明，副中央凹预视的促进作用有两种方式。第一，副中央凹视觉区的单词完全得到识别（可能会被跳读）。第二，副中央凹视觉区的单词得到部分激活，从而加速随后对该单词的识别。已有足够令人信服的研究证据（前文已有述及）表明，视觉编码在单词的部分识别中并没有发挥作用。研究证据还表明，语义预加工至少在英语中不起任何作用。此外，也没有研究证据表明词素参与了英语阅读中跨眼跳的信息整合过程。但是，有充分且有力的证据表明，英语中语音编码参与了信息整合。

信息是如何跨眼跳进行整合的呢？如前文所述，其中一种可能是单词的数个字母得到识别，从而促进了对整词的识别。下面对这一过程做简要的描述。假设注视点落在距"change"（变化）词首字母左边7个字母位置上（见图4-5中的注视点1），读者能够精确地识别出第一个字母（c），并对随后几个字母初步进行识别。字母"b"和"h"有很多共同特征，同样字母"c""a""e"和"o"也很相似。一种可能是，读者识别出字母"c"后，根据正字法方可排除第二个字母为"b"的可能。同样，"c"为第三个字母的可能性亦可排除，正字法知识进一步促使读者确信第三个字母应为"a"。因此，读者注视字母"n"时，已经初步识别出了词首三个字母"cha"。还有一种可能是，直到注视第$n+1$个字母时，字母识别才达到阈限。在这种情况下，副中央凹词汇词首字母的初步识别发生于注视第"$n$"个字母时，但并未完成识别。虽然从副中央凹词汇词首字母中提取的部分视觉特征与部分基于正字法规则的信息开始累积，但是直到眼睛移动后词汇识别才能完成。

需要强调的是，如前所述，字母的初步识别涉及字母的抽象特征。因此，对字母的不完全激活形式必须是"这个字母很可能是b"，而非字母的视觉特征，因为大小写变化（视觉特征的变化）对促进作用大小没有产生影响。这强化了本书第三章探讨词汇识别时所提出的一个观点。注视点之间大小写的变化对阅读没有产生干扰，这一事实充分说明词汇的外形不是词汇识别的重要线索。如果发现了词形效应（如在一些副中央凹启动研究中），那么这种效应很可能仅仅是字母特征效应的“副产品”。也就是说，若当两个词汇外形相似，其构成字母自然共享一些区别特征。

那么，一个有趣的问题是，词汇的部分激活是否是由字母（主要但不完全是词首字母）的激活引起的？我们在本书第三章中所讨论的帕普等人（Paap，Newsom，McDonald et al.，1982；Rumelhart & McClelland，1982）提出的各种模型，对部分激活问题做出了解释。根据这些模型，字母串中包含的字母不仅激活了探测字母，同时还激活了探测词的邻近词（neighborhood）。因此，副中央凹处的“chest”会激活与之相似的邻近词［如“chest”（胸）、“chart”（图表）、“chalk”（粉笔）］，而这种阈下激活随后会促进对“chart”的识别。如果恰当地假定词首字母比词尾字母在词汇激活中作用更大的话，那么副中央凹预视的促进作用的模式就能得到解释。

副中央凹命名实验中没有发生某类错误，可以证明这种促进作用主要是探测词的部分激活而不是探测字母的完全激活引起的。其中有些实验（Rayner，McConkie & Zola，1980）设置了词对，如先在副中央凹视觉区呈现“train”（火车），之后在中央凹视觉区呈现“clash”（冲突、刺耳的撞击声）。如果在副中央凹视觉区呈现的两个词首字母“tr”在一些试次中完全被识别，并与中央凹视觉区呈现的字母串信息进行整合，那么就可以预测，实验参与者可能会将“clash”识别为“trash”（垃圾）。然而，实验参与者并没有犯此类错误。上述结果与词条邻近词的部分激活引起的促进作用的观点一致。由于词首字母的错误匹配对阅读影响重大，因此，刺激单词“train”能合理地激活“trash”，而“clash”却很少能激活“trash”。

“错觉结合”（illusory conjunction）没有发生，并不意味着就能排除副中央凹视觉区的促进作用是由字母识别引起的可能性。不过，可以否定主张有些字母在副中央凹视觉区得到完全识别而在中央凹时就被完全忽视的这一模型。由此可见，副中央凹视觉区的促进作用是由词条的部分激活产生的，还是由构成词汇的字母激活引起的，目前尚缺乏有力的证据做出判断。因此，我们认为两种可能都存在。

# 四、阅读过程中的眼动控制

在前面内容中，我们首先集中对眼动的一些基本事实进行了探讨，之后我们对一次注视中所提取的信息量与信息整合的方式进行了考查，得出如下两个主要结论：第一，读者在一次注视中所加工的不仅仅是当前注视的词汇；第二，有些词汇在加工时需要注视不止一次。然而，我们对眼动的了解还不够全面，对阅读过程中眼睛从一个注视点到另一注视点移动过程中所发生的事情所知甚少。例如，我们在讨论眼动的基本事实时已经明确指出，阅读速度、平均注视时间和平均眼跳幅度等指标都会因文本类型的不同而变化，但是却没有阐明文本类型的差异对这些变量的影响方式，即文本难度增大，阅读速度会降低，平均注视时间增加，平均眼跳幅度缩小，回视次数增加。但是，我们尚未对是什么因素导致注视时间增长、下一次眼跳变短或回视进行过探讨。同样，我们知道从一次注视中能够获取的信息量，但是对信息获取的时间进程仅仅是提及而已。

在这里，我们将详细地讨论阅读过程中眼动控制的方式。之所以这样做原因有两个：第一，眼动是阅读过程的一个重要部分，对全面了解阅读具有重要意义；第二，我们认为，眼动数据对推断阅读的认知过程非常重要。事实上，在本书后面的内容中，我们将在很大程度上依据眼动数据来揭示阅读的各种过程。

由于阅读的认知控制程度取决于信息提取的速度，因此眼动控制问题与信息提取的时间进程密切相关。我们知道，阅读过程中的平均注视时间为 225 毫秒。假如编码注视单词的时间为 50～60 毫秒，那么，单词的编码完成后，就有足够多的时间来计划并执行下一次眼动。相反，假如单词的编码时间大约为 225 毫秒，而且计划和执行眼跳的时间较长，那么眼动的认知控制过程就会使阅读变慢。也就是说，如果读者完成单词编码后才去计划下一个单词的眼动，那么阅读过程中平均注视时间应该是 225 毫秒，再加上计划和执行下次眼动的时间（125～175 毫秒）。这样一来，阅读过程中平均注视时间至少为 350 毫秒，远多于实际用时。

如果对当前注视词的编码时间为 225 毫秒，读者就需要在单词编码的过程中提前做出眼动计划以使注视时间缩短在 225 毫秒。一种可能策略是在注视开始后的一段固定时间内计划下一次眼动，这个固定时间需保证眼睛移动前多数单词都能得到加工。如果选择的时间段得当，就几乎不需要回视那些没得到充分编码的词汇，而且阅读会以 225 毫秒的平均注视时间进行下去。换言之，如果词汇能够得到快速编码，那么对眼睛运动的认知控制就有意义。相反，若词汇不能得到快速编码，那么最好可以让眼睛"自主地飞跃"（automatic pilot）。但是，不管是何种情况，当无法理解文本内容时，需要有某种程序来终止眼睛向前移动，以便进行回视。

下面我们对描述眼睛控制过程的几个术语进行界定。其中一个极端情况是眼睛控制的自主飞跃模式，被称为整体控制（global control），是指一种眼动控制模型，即眼睛的运动在某一文本片段开头就做好计划，以预定速度向前运动，每次注视开始后在预先设定的时间点发出眼动信号，眼跳的幅度亦预先设定。这样的模型必须假定执行眼动计划的时间及实际眼动距离有随机变异性，才能对注视时间和眼跳幅度的变异做出解释。如前已述，该模型需要用一个辅助系统来终止阅读过程，实施回视。

另一种极端情况是直接控制（direct control）。直接控制不仅意味着眼睛移动的信号是对当前注视词的识别，而且意味着眼睛移动到哪儿取决于当前注视词视觉信息的提取。另外还有一种折中的观点认为，眼动受认知的控制（由从文本中提取的信息直接控制），但未必受从当前注视点上提取信息的控制。换句话说，直接控制是一种极端的认知控制。

直接控制的一个强势观点是直接假说(immediacy hypothesis；Just & Carpenter，1980)，认为眼睛只有在完成对当前注视词的全部加工后，才开始移动。贾斯特和卡彭特的所谓"全部加工"不仅指词汇的通达，还包括将词义整合到句子、段落等意义中。如果直接假说正确的话，那么通过对眼动记录数据的考查来推断认知过程就轻而易举了，因为某个词的注视时间是该词加工的总时间。在另一种极端情况下，如果整体控制正确，那么注视时间只是揭示出为文本片段预先设定的速度，而与阅读过程无关。

　　从下文可以看出，眼动控制似乎在多数情况下是直接的，而且阅读中的眼动在多数情况下可能直接受认知控制。也就是说，尽管两者之间的关系远比贾斯特和卡彭特想象的复杂很多，但是，眼睛的运动在很大程度上似乎可以根据当前注视的文本来预测。因此，虽然眼动记录是推断阅读认知过程非常有效的工具，但是在解释时必须十分谨慎。

## (一)认知控制的证据

　　如果对每次注视都能解释为什么注视时间这么长，为什么随后的眼跳会落在特定的位置上，那么我们就能够对眼动(可能还有阅读过程)做出全面的解释。我们目前对这一切的了解尚为粗浅。我们的确对影响注视时间和眼跳方向(与大小)的很多变量已有所了解，而且能够合理地推测出哪些内在过程对眼睛的行为起调节作用。下面先简要地回顾一下关于眼动认知控制的研究证据。

　　之所以首先对关于眼动认知控制的研究进行探讨，是因为人们曾经(在20世纪60年代和70年代初)对是否存在眼动的认知控制有一些质疑。关于这个问题，主要有三种观点。第一，有几项研究对默读过程中的眼动轨迹进行了考查，试图发现注视时间和眼跳幅度与文本某些方面的相关性(Morton，1964)，但结果并没有发现眼动轨迹与文本有任何重要联系。第二，另有数项研究表明，注视时间与随后的眼跳幅度和注视时间均无相关性(Andriessen & deVoogd，1973)。这表明两种指标的变化是随机的，因此眼睛运动受整体控制。第三，词汇编码的速度相对较慢(至少200毫秒)，因此直接控制是不可行的。而且，若没有直接控制，间接的认知控制也几乎没有什么作用。那么，提取1~2个单词信息对读者决定当前单词的注视时间或者随后眼睛移动的位置有什么作用呢?

　　当然，第三种认为直接控制不可行的观点并没有很强的说服力，因为词汇的识别时间可能少于200毫秒(见本书第三章)。前两种研究数据应如何解释呢?眼动记录与所读文本没有关系的结论与后来多数研究结果不符。早期的研究结果可能是下述原因造成的：①记录眼动的仪器相对而言不够精确；②所分析的数据量相对较小。精密眼动记录仪的问世与电脑的使用使研究者能够对所搜集的大量数据进行分析，研究结果发现文本与眼动模式之间存在有趣的联系(见下文)。相反，有数项研究发现，眼跳幅度与注视时间以及连续两次注视的时间不相关(McConkie & Zola，1984；Rayner &

McConkie，1976）。这一结论是在对大量数据进行分析的基础上得出的，因此可能比较符合阅读事实。然而，这未必意味着眼动的模式是随机的。后续研究表明，在某些情况下（如文本难度大），长时间注视之前或者之后可能是小幅度的眼跳，而当文本难度较低时，大幅度的眼跳会导致长时间的注视（Kliegl，Nuthmann & Engbert，2006）。

从根本上讲，没有充分的理由认为阅读某一文本时连续的眼跳之间相互呈正相关。尽管有些段落可能难度大，从而导致所有注视时间延长，但仍然有理由认为连续的注视时间之间呈负相关（因为在语篇中长实词后接续短虚词的概率很高；反之亦然）。因此，从总体上看，正、负相关抵消，相关值大致等于零。眼跳幅度和注视时间之间相对独立颇为有意思，说明眼睛移向何处与何时移动的决策可能是独立做出的（Rayner & McConkie，1976）。例如，有某种机制可能将下次眼动的目标定位在下个单词的第三个字母上，而后面的机制（如注视词的识别）则可能启动眼睛移动的实际决策。因此，下面我们将提供关于两种决策由不同认知机制控制的研究证据。

### （二）眼跳幅度的控制

大量的数据显示，构成词汇的字母数与读者眼睛的注视位置密切相关。第一，瑞纳和麦康基（Rayner & McConkie，1976）计算出了不同词长词汇注视的概率和相同词长词汇中某个字母的注视概率，发现词长增加，单词被注视的概率也增加。上述结果并不新奇，因为它与整体控制的观点相符——即使在随机的连续注视过程中，对长词的注视也较多。然而，随机的一系列连续眼动还表明，词中某个字母被注视的概率与字母在词中的位置或词长无关。瑞纳和麦康基发现，相对于短于或者长于4～7个字母长度的单词，4～7个字母长度的单词中任意一个字母被注视的概率都可能较高。短词由于容易被跳读，因此其字母被注视的频率较低，而长词中的字母之所以比中等词长的字母注视得少，是因为长词中的信息冗余量大。第二，单词中的注视位置并不是随机的，而是存在偏向注视位置（preferred viewing location），即词首和中间字母之间的位置（McConkie & Zola，1984；O'Regan，1981；Rayner，1979；Rayner，Fischer & Pollatsek，1998）。而且，眼睛往往不落在句末的句号或空白处（Rayner，1975b）。此外，读者更可能注视单词中的字母，而不是词间的空格。

上面主要是对注视位置的分析。认知控制的另一个指标是眼跳幅度。第一，研究显示注视点右侧的词会影响眼跳幅度。同短词相比，注视点右侧为长词时，读者眼睛跳跃的幅度更大（O'Regen，1975，1979；Rayner，1979）。第二，眼跳幅度受到与文本有关因素的影响。移动窗口的实验表明，注视点右侧窗口小于15个字符时（窗口外的词间空格用符号填充），眼跳幅度减小。

上述研究结果表明，眼睛的运动容易受词长的影响。因此，眼睛似乎受基于词边界（用空格来标记）计算的引导，倾向跳过空白区域。上述事实说明，这种几何算法至少是阅读过程的一部分。莫里斯等人（Morris，Rayner & Pollatsek，1990）的实验为上述观点提供了更为直接的证据(下面我们将使用"$n$"表示当前注视词,"$n+1$"表示下一个词,"$n-1$"表示前一个词,等等)。在其中一种条件下,注视点右侧只有空格信息,表示词$n+1$的边界(词$n$右侧所有字母都用$X$来替换)。尽管在词$n+1$被注视前所有字母均用$X$替换,但词$n+1$越长,读者眼睛从词$n$移开的眼跳幅度就越大。由此可见,词长本身对眼跳幅度有影响。

词长信息起重要作用,其进一步的证据另有两个来源。第一,若词间空格被消除,组成句子的单词连在一起呈现[如"thatwordsinsentencesruntogether"(正常呈现方式是"that words in sentences run together")],阅读速度降低40%。其中一个问题是词汇识别受到影响,但更大的问题是空格(或下一个词的词长)信息的缺失造成眼跳幅度减小(Perea & Acha,2009;Rayner,Fischer & Pollatsek,1998)。第二,呈现随注视变化的实验表明,如果下一个词的词长在眼跳过程中发生变化,如"backhand"变成了"back and",或者"back and"变成"backhand",那么在副中央凹视觉区呈现"backhand"比呈现"back and"时眼睛移动得更远(Juhasz,White,Leversedge et al.,2008;White,Rayner & Liversedge,2005b)。

然而,词长与词频常常混淆(短词更常见)。因此,在自然阅读中,词长效应可能不是词的边界位置,而是由边界之间字母的加工造成的。关于何时发生词汇跳读的研究结果明确证实了词长效应的存在。尽管短词比长词更易被跳读,但数项研究表明,若对词长加以控制,高频词更易于被跳读或者更易于得到加工。例如,"the"比其他三个字母长度的单词更易被跳读(O'Regan,1979,1980),高频词比相同词长的低频词被跳读得更多(Rayner,Sereno & Raney,1996),并且根据前文句子语境可预测的词也更容易被跳读(Balota & Chumbley,1985;Drieghe,Rayner & Pollatsek,2005;Ehrlich & Rayner,1981;Rayner & Well,1996)。另外,眼动的方向直接受认知的控制。如果对当前注视词的加工表明之前对句子的分析无效时,读者更有可能回视(Frazier & Rayner,1982;Rayner & Frazier,1987)。这里提到预测性和句子语境的效应是为了证明认知控制存在的依据,详细讨论见本书后面内容。

(三)注视时间的控制

如前所述,眼睛移向何处决策的做出既受到低层次视觉信息的控制,如空格的位置,同时也受到高层次变量的控制,如文本的意义。在接下来的几章中,我们将详细介绍控制眼睛何时移动的各种因素。

第一,低频词的注视时间比高频词的注视时间长。这一研究结果首次发表在20世纪80年代,其中,实验对词长进行了控制(Inhoff & Rayner,1986;Rayner & Duffy,1986)。由于词长与词频信息往往自然地混杂在一起,低频词比高频词长,所以需要对词长进行控制(Kliegl,Olson & Davidson,1982)。研究发现词频效应极其显著(可以引用的相关研究太多,在此不一一列举,综述见Rayner,1998,2009)。第二,在句子语境中可预测词的注视时间短于低预测的词(Balota & Chumbley，1985；Drieghe，Rayner & Pollatsek，2005；Ehrlich & Rayner，1981；Rayner & Well，1996；Zola，1984)。第三，歧义词(有两个或多个词义的单词，如"bank")比单义词的注视时间长(Duffy，Morris & Rayner，1988；Rayner，Cook，Juhasz et al.，2006；Rayner & Duffy，1986；Rayner，Pacht & Duffy，1994)。第四，即使词频得到控制，注视时间还受到其他诸如习得年龄(Juhasz & Rayner，2003，2006)和熟悉度(Williams & Morris，2004)等许多因素的影响。第五，凝视时间受许多因素影响，包括推理和语义解释，还涉及先行词的识别(如用代词或名词短语指代语篇中先前提到的事物；Duffy & Rayner，1990；Ehrlich & Rayner，1983；Schustack，Ehrlich & Rayner，1987)。第六，在句法歧义的句子中，当读者注视消除歧义的词时，注视时间增加(Frazier & Rayner，1982)。第七，从句和句子末尾的凝视时间比从句和句子中间部分的长(Hirotani，Frazier & Rayner，2006；Just & Carpenter，1980；Rayner，Kambe & Duffy，2000；Rayner，Sereno，Morris et al.，1989)。

上面列出的影响注视时间的因素并不全面(详见 Rayner，1998，2009；以及本书后面内容)。然而，在下面的篇幅中我们将主要探讨词汇识别与低水平信息(如词边界位置)在眼动记录上的表现。虽然其他一些因素也很重要，但是那些影响孤立呈现词汇识别的因素(如词频和词长)对凝视时间的效应最大、最一致，且最易被操纵(Just & Carpenter，1980；Kliegl，Olson & Davidson，1982)。因此，即使不考虑高水平因素，也可以得到一个很清晰的眼动模式全貌。下面首先谈一谈当前注视词属性以何种方式对眼动直接进行控制。

## (四)直接控制的证据

初看上去词频效应——对高频词[如"church"(教堂)]的注视短于低频词[如"mosque"(清真寺)]这一事实，支持直接控制的观点。但是，"church"的平均注视时间之所以较短，可能是因为在前一次注视过程中(当该单词在副中央凹视觉区时)已经完全得到识别。事实上，只要略加反思就应能够认识到，在正常文本阅读的过程中，我们永远都不能确定哪次注视提取了特定的视觉信息，因此在完全自然阅读情境中无法证明直接控制的观点。因此，我们只好采用特定的技术——呈现随眼动变化技术来进行研究。

### 1. 眼跳的直接控制

瑞纳和波拉特塞克(Rayner & Pollatsek，1981)首次提供了支持眼跳直接控制的完美证据。他们在研究中使用了移动窗口技术的一种变式，窗口大小从一个注视点到另一个注视点随机变化。他们发现眼跳幅度随着正常文本注视窗口大小从 9 个到 17 个再到 33 个字符空间增加而显著增大。由于窗口大小变化完全不可预测，因此眼跳幅度变化肯定受到当前注视时实际可见文本的影响。瑞纳和波拉特塞克(Rayner & Pollatsek，

1981)还考查了注视点 $n$ 后的眼跳幅度是否受到注视点 $n-1$ 窗口大小的影响。结果发现，注视点 $n-1$ 上的窗口越大，注视点 $n$ 后的眼跳幅度更大，这说明眼跳幅度既有直接控制也有延迟控制。

**2. 注视时间的直接控制**

为了考查阅读中注视时间的直接控制过程，瑞纳和波拉特塞克（Rayner & Pollatsek，1981）在其实验中每次眼跳后呈现视觉掩蔽，以延迟文本开始呈现的时间。实验的基本原理：如果注视时间与当前注视点的信息编码有关，那么文本的延迟呈现会导致注视时间延长，并且延长幅度与文本延迟量有关。为了明确注视时间与当前注视点上的文本延迟有关，他们随机变化了从一个注视点到另一个注视点的时间间隔。结果明确支持了直接控制：注视时间随着注视点之间延迟时间的延长而增长（然而，注视点 $n-1$ 的延迟对注视点 $n$ 没有影响）。

一个强有力的检验是注视时间的增长是否是由等于文本延迟呈现的时间引起的。若假定对当前注视词的识别是下一次眼动的信号，那么我们就可以预测文本呈现延迟200毫秒，注视时间同样延长200毫秒。瑞纳和波拉特塞克的研究数据在这一点上并不一致。在其中一个实验中，注视点之间延迟时间保持不变，注视时间随着延迟间隔的增长（相对较短延迟间隔）而增长。但是，在上文提到的随机延迟实验中，注视时间增长的量小于延迟时间量。随后的一项研究（Morrison，1984）发现，在固定延迟和随机延迟两种条件下，注视时间的增加量均小于文本呈现延迟的时间长度。由此看来，眼睛似乎并不总是在当前注视词完全被加工后才开始移动。

支持直接控制更具说服力的一个研究结果是，若延迟时间很长（200毫秒或者更长），读者的眼睛有时可能在文本呈现前就开始移动了。假如对此仔细考虑的话，预期眼跳（anticipatory saccades）会产生相反的结果。也就是说，在延迟200毫秒呈现的条件下，如果注视190毫秒后开始眼动，那么文本不会再呈现200毫秒。因此，此类眼动是与阅读无关的自动加工的结果。若将预期眼跳从长时间注视的数据中剔除，平均注视时间的增长幅度约等于文本延迟呈现的时间。瑞纳和波拉特塞克认为上述分析可能表明，注视时间可能是直接控制和整体控制混合作用的结果：在某些注视点上，中央凹视觉区的信息加工（如对注视词的识别）是眼睛移动的信号，而在其他情况下注视的终结则是预期眼跳所导致的（独立于阅读编码的眼跳计划）。若延迟间隔缩短，预期眼跳就很难识别，因此文本延迟与注视时间的非对应关系是注视直接控制和预期眼跳混合作用的结果。然而，仔细分析预期眼跳的数据后发现（Morrison，1984），预期眼跳也并非与正在阅读的文本无关，最好将其看成是前一次注视时已经计划好的。但是，瑞纳和波拉特塞克认为注视时间是直接控制和间接控制混合作用结果的观点可能是正确的。

从瑞纳和波拉特塞克的实验还得出了另一个有趣的结果。若将预期眼跳的数据剔除，窗口大小对注视时间没有影响，同时文本延迟也对眼跳幅度没有影响。这不仅表明，两种决策（何时、向何处移动）的做出是相互独立的过程，而且表明影响这两种决策的主要因素有哪些。瑞纳和波拉特塞克在实验中采用最小窗口（9 个字符的窗口或注视点右侧 4 个字符）时，注视时间略有增长，但是，若采用大窗口（17 个字符和 33 个字符窗口），注视时间则没有差异。在后两种（非最小窗口）条件下，注视词多数时间都是可见的。这样看来，如果注视词可见，那么窗口大小对注视时间的影响相对较小（大量的移动窗口研究都得出一致的结果）。由于文本呈现的延迟会影响注视时间，因此注视时间似乎主要受与注视词编码相关事件的控制，而受到副中央凹视觉区信息的影响很小。相反，由于窗口大小对眼跳幅度影响确切，因此副中央凹视觉区信息对眼睛向何处移动的决策有重要影响。

## （五）哪些信息参与直接控制

现在我们简要地总结一下已经得出的结论。第一，我们认为，眼睛的移动受正在阅读文本的影响，其中既包括低水平信息（如词长、词间空格），又包括高水平因素（如词频和词在句子语境中的预测性）。因此，眼睛是受认知控制的。第二，如本章前面所示，眼睛的运动在某种程度上受到直接控制，文本的一些显著变化，如注视开始后延迟文本呈现、限制可视窗口大小（窗口外用 X 符号串掩蔽），分别会对注视时间和眼跳幅度产生影响。但是，第二个研究相对粗糙，因为先在中央凹视觉区呈现"无用"刺激会使注视时间延长，而在副中央凹视觉区呈现"无用"刺激会使眼跳幅度缩小。究竟哪些因素影响阅读中眼睛的运动，这还需要更多精细的实证研究加以验证。

### 1. 眼跳幅度

首先来看看眼跳的幅度。波拉特塞克和瑞纳（Pollatsek & Rayner，1982）试图对边界的作用进一步考查。他们在其研究中对不同注视间词间空格进行了操纵（词汇的字母保持不变）。结果不仅发现，若词 $n+1$ 和词 $n+2$ 之间没有空格，眼跳幅度缩小，而且还发现当空格在注视开始 50 毫秒后被填充时，眼跳幅度与其他阅读指标上均没有受到影响。也就是说，填充空格的影响仅仅发生在前 50 毫秒期间。他们由此得出如下结论：词 $n+1$ 右边的空格可帮助读者确定该词的位置，明确下一次眼动的落点位置。另一种可能的解释是空格填充的符号干扰了词 $n+1$ 和词 $n+2$ 的识别。为使这种可能最小化，波拉特塞克和瑞纳在有些条件下用干扰字符（与字母非常不同）来填充空格。因此，用于填充空格的符号不会被当作字母来编码，且填充符号本身不会导致词汇识别错误。但是，由于边侧抑制机制（lateral inhibitory mechanism）的作用，空格填充符号可能会加大相邻字母识别的难度（见本书第一章），这样一来，我们就不能确定空格效应发生在词边界上了。

莫里斯等人（Morris，Rayner & Pollatsek，1990）在不同的延迟时间条件下在相同区域"加入"词间空格（见图 4-9），更直接地对词边界的作用进行了检验。由于副中央凹视觉区没有任何字母，因此加入空格所产生的任何效应都应该归因于空格所提供的词边界信息。研究发现，空格的加入导致了眼跳幅度的增大，并且若空格在 50 毫秒后加入，则几乎不产生任何效应。

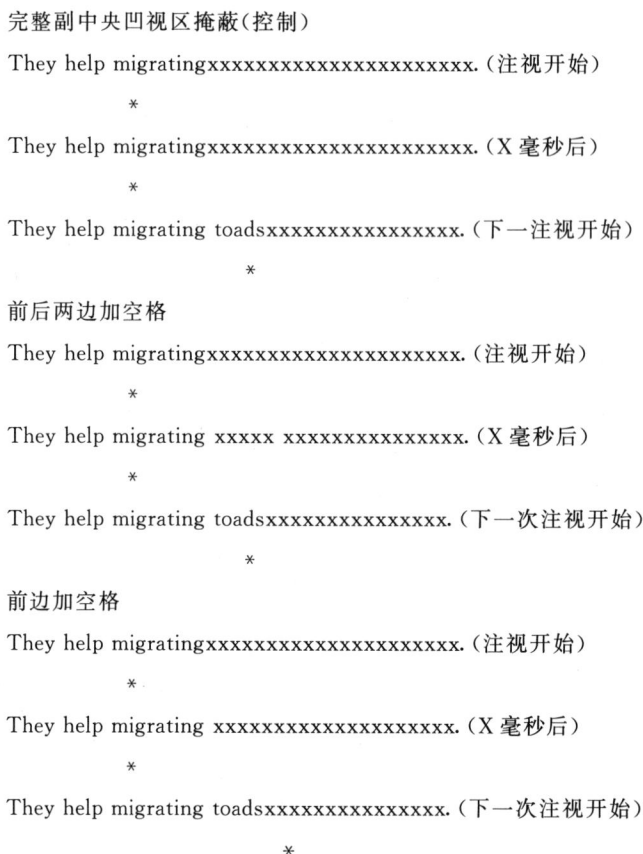

完整副中央凹视区掩蔽(控制)

They help migratingxxxxxxxxxxxxxxxxxxxxxxx.(注视开始)

　　　　　　　*

They help migratingxxxxxxxxxxxxxxxxxxxxxxx.(X 毫秒后)

　　　　　　　*

They help migrating toadsxxxxxxxxxxxxxxxx.(下一注视开始)

　　　　　　　　　　*

前后两边加空格

They help migratingxxxxxxxxxxxxxxxxxxxxxxx.(注视开始)

　　　　　　　*

They help migrating xxxxx xxxxxxxxxxxxxxxx.(X 毫秒后)

　　　　　　　*

They help migrating toadsxxxxxxxxxxxxxxxx.(下一次注视开始)

　　　　　　　　　　*

前边加空格

They help migratingxxxxxxxxxxxxxxxxxxxxxxx.(注视开始)

　　　　　　*

They help migrating xxxxxxxxxxxxxxxxxxxxx.(X 毫秒后)

　　　　　　*

They help migrating toadsxxxxxxxxxxxxxxxx.(下一次注视开始)

　　　　　　　　*

**图 4-9　莫里斯等人(Morris et al.，1990)的实验中的几种条件**

注：若 50 毫秒后没有出现空格信息，说明空格实际上没有任何影响(＊号代表注视点)。

若词 $n+1$ 为高频词或者具有可预测性，那么它被跳读的可能性就增大，因此眼跳不仅受到词边界信息的引导。但是，这种词边界效应不一定是直接的。麦康基等人(McConkie，Underwood，Zola & Wolverton，1985)首次对字母信息的直接控制作用进行了实验研究。其实验设计与波拉特塞克和瑞纳的实验类似，两者均随机变化呈现窗口的大小，但有两点不同。其一，多数注视中都没有窗口(文本整行内容正常呈现)，但在使用窗口的条件下，其大小和位置(左或右边界距离注视点的远近)可变。其二，实验中所有空格均正常呈现，而文本外的字母用随机字母替代。他们发现有窗口时，眼跳幅度缩短，这说明一次注视中呈现的特定字母对眼跳幅度产生了影响。由于窗口边界在所注视字母右侧仅 4 个字母处，因此副中央凹视觉区与中央凹区视觉区的字母信息可能均对眼跳幅度产生了影响。

因此，眼跳幅度似乎受不同类型信息的直接控制：注视早期从副中央凹视觉区提取的词边界信息以及字母信息。副中央凹视觉区的字母信息是否影响眼跳幅度，主要取决于副中央凹视觉区词汇是否得到完全加工与是否跳读。

**2. 注视时间**

前文所讨论的瑞纳和波拉特塞克(Rayner & Pollatsek，1981)的研究数据表明，注视时间的长短受到对当前注视词识别的控制。但是，文本延迟呈现之所以使注视时间增长，是因为读者在等待类似文本的出现而不是等待词汇识别。

如本书第三章所述，词频对词汇的识别有很大的影响。因此，如果词频在阅读中对单词的注视时间也有影响的话，那么就可以认为对当前注视单词的编码(至少有时)是眼睛移动的信号。但是，若要确定单词只有被注视时才能进行编码，读者对其就不能有预视。英霍夫和瑞纳(Inhoff & Rayner，1986)在其实验中对目标词的频率进行了操纵(字母数保持相同)，其中一种条件是无副中央凹预视。结果很复杂。若没有预视，词频对目标词的首次注视时间没有影响，但对凝视时间(gaze duration)有影响。也就是说，(没有副中央凹预视条件下)单词的编码速度对首次注视之后眼睛何时移动的决策似乎没有影响。但是，由于凝视时间反映了单词第二次被注视的概率，因此在没有副中央凹预视的条件下，单词的编码速度对下一次注视的位置产生了影响。在有正常预视条件下，情况就不同了：首次注视和凝视时间都会受当前注视词频率的影响。

对上述研究数据最简化的解释是，如果单词的编码速度足够快，就会对眼动何时开始的决策产生影响。因此，若存在副中央凹预视来加速词汇的识别，那么词频就对首次注视时间有影响。相反，如果编码速度减慢，词频仍然可能对眼睛移动的位置产生影响(不论单词是否被再次注视)。因此，即使没有副中央凹预视来加速单词的识别，词频仍然会影响单词的注视次数。上述数据表明，快速利用副中央凹视觉区信息对单词快速进行编码促使读者高效地计划下一次眼动，这是阅读技能的一个组成部分。

消失文本(disappearing text)实验为直接眼动控制的观点可能提供了最强有力的证据(Ishida & Ikeda，1989；Liversedge，Rayner，White，et al.，2004；Rayner & Pollatsek，1981；Rayner，Liversedge & White，2006；Rayner，Liversedge，White et al.，2003；Rayner，Yang，Castelhano et al.，2011)，根据这一研究范式，每次注视的文本会在一段时间后被掩蔽或直接消失。实验的详细情况我们将在本书第五章介绍，这里仅对其中一个重要结论做一概述。假如文本在呈现 50～60 毫秒后消失(或被掩蔽，无论何种情况均对结果没有影响)，阅读会正常进行。这并不意味着单词在 50～60 毫秒内就得到了识别，而是说读者在这个时间内能够对从文本中获得所有需要的视觉信息进行编码。更有意思的是，眼睛在某个注视点上持续停留的时间受词频的影响，这也是对直接控制观点非常有力的支持。在加工过程中，眼睛在低频词上停留的时间长于高频词。因此，即使单词消失，但眼睛在原位置上停留时间的长短仍受到消失词的词频的影响。这一结果强有力地支持了直接控制及词汇加工支配眼睛运动的观点。

最后，正常阅读与无心阅读（mindless reading；Reichle，Reineberg & Schooler，2010）以及文本视觉搜索（Rayner & Fischer，1996；Rayner & Raney，1996）过程中眼动模式的差异为支持阅读中眼睛何时移动直接受到（认知）控制的观点提供了强有力的证据，但在无心阅读或完成视觉搜索任务中并非如此（见本书第十三章）。具体来说，实验参与者在整篇文章中搜索某个目标词时，词频效应消失。同样，实验参与者进入无心阅读状态时（他们虽然在文本上移动着眼睛，却报告没有对文本的意义进行加工），词频效应也消失了。这两个研究的结果均与阅读过程中眼睛的运动与词汇加工或认知加工密切联系的观点高度相符。

## 五、总结

在本章中我们探讨了阅读过程中眼动的基本特征，其中一个主要事实是读者对文本中的多数词都进行了注视。本章大部分篇幅是在探讨一次注视中所加工的确切内容。一次注视过程中所加工的信息量为当前注视词加上注视点右侧的一些信息。对此我们提出一个简单的观点来加以解释，即在某些注视点上有一个词得到加工，有些则有两个词得到加工，还有些可能有三个词得到加工。但是，实际情况要复杂得多，因为单词的部分信息的提取可以促进在随后注视中对该词的识别。可见，要弄清楚一次注视所加工的信息量并非易事。然而，一次注视所提取的信息有限这一事实意味着眼动模式很有可能向我们揭示出很多深层的阅读认知活动。的确，本章最后对阅读过程中眼动控制的方式进行了探讨。实验结果表明，眼睛向何处与何时移动的决策均受到认知过程的强烈影响。

# 第五章 词汇知觉 2：文本中的词汇识别

在第三章中，我们对几种独立呈现词汇的研究方法进行了介绍，并对与印刷词汇的编码有关的一些基本问题做了探讨。从综述性的研究中可以得出以下几个结论：①短小词汇的编码是通过对字母的平行加工来进行的；②熟练的读者的语义通达肯定有语音转化的参与，但是语音在此过程中的重要性或普遍性还有争议；③就长词汇（尤其是由多个词素构成的词汇）而言，字母的平行加工可能是行不通的，可能需要分成多个组块来进行；④词汇编码相对自动化。（关于最后一个问题，关于是否存在多个词汇同时加工的问题，我们在本章后面再详细探讨。）我们在本书第三章中曾断言，根据综述研究得出的结论从总体上说适用于句子语境中词汇加工的情形。因此，本章开篇首先论证上述多数（即使不是全部）研究都得到了眼动研究数据的支持的结论，然后探讨近年来词汇加工文献中所关注的一些新的热点问题。

我们在本章首先重温一下前面各章提到的一些关于眼动的基本问题，然后讨论词汇中的字母是平行加工还是序列加工，以及语音编码在词汇语义通达中是否起重要作用等问题。之后则是对下述问题的回顾：第一，文本意义的提取方式（以歧义词汇的加工为重心）；第二，阅读过程中多个词汇的序列加工与平行加工；第三，词汇形态的加工（特别是长词汇）。在本章的最后部分，我们将对读者在阅读过程中如何利用语境信息来促进词汇的识别这一问题进行探讨。

## 一、基本问题回顾

在本书第四章中已经提供了某些相关研究数据，但是在对这些数据与其他一些眼动研究数据进行分析之前，我们首先需要阐明眼动数据为什么可用于回答词汇识别问题。确实，研究者目前已达成共识，认为眼动数据可用于回答词汇识别问题，但是这经历了一段相当长的时间，原因之一是，当时人们认为，用对某个词的注视时间之类的指标作为词汇的加工时间是不合理的。

眼动数据作为阅读认知过程中的有效指标受到质疑，其论据如下。首先，考虑到人在眼睛受到简单刺激（如一道突然闪烁的光）时做出运动的反应需要 150～175 毫秒（Becker & Jurgens，1979；Rayner，Slowiaczek，Clifton et al.，1983），另外有研究数据表明这种简单刺激需要 60～75 毫秒才能在大脑视觉加工区域登记，因此做出和执行眼动决策所需要的时间至少为 75～90 毫秒。其次，如我们在本书第三章中所述，词汇识别需要 175～200 毫秒。因此，鉴于阅读过程中的注视时间通常为 200～300 毫秒，词汇识别的速度似乎在多数情况下尚未快到足以影响眼睛运动的程度。

　　然而本书的第四章最后一节表明这种论点是错误的，这是因为诸如词频等变量会影响词汇的注视时间。而且第四章还指出前述论点的另一个缺陷是认为对一个词的加工始于对该词的首次注视。也就是说，移动窗口和边界实验的数据表明，很多（即使并非多数）词汇的编码均始于其处于注视词的右侧紧邻位置（$n+1$）时。下面我们将讨论的观点表明，眼动测量数据——特别是词汇的注视时间（如凝视时间）与词汇跳读的概率——确实能够反映即时认知加工过程。然而目前我们仅仅断言，这是根据第四章中提供的数据推论出来的必然结果。具体而言，我们将在第六章中提出词汇序列（逐词）加工模型，用于解释此类眼动行为的即时效应在阅读中发生的方式。根据这一模型，当前注视词的加工达到一定水平时，读者才能发出信号，将眼睛移向下一个单词。达到这种加工水平所需要的时间受到很多变量的影响，如词频、词汇的可预测性，以及词汇是否有多个意义。

　　凝视时间（gaze duration）似乎是词汇早期加工时间最恰当的测量指标。例如，本书第四章述及，凝视时间是指从首次注视某个词开始，到眼睛跳到另一个词之前的总注视时间（确切地说，这一测量指标只计算第一遍注视时间。也就是说，如果某个词在某个试次中一开始就被跳读，那么该试次的数据就不被计算到凝视时间中）。尽管本章的重点是凝视时间，但是我们首先应该明确，从眼动数据中提取出来的任何一个测量指标都不能被简单地视作"通达词汇的时间"或者"通达词汇语义的时间"。这是因为正如我们在本书第四章中所述，尽管有很多证据表明眼动计划受到直接认知控制，但是仍有大量证据表明，并非所有的词汇加工效应都可以用词汇的注视时间来解释。例如，大量证据表明，一个词的词频也会影响到下一个词的注视时间。这种延迟效应经常被称作"溢出效应"（spillover effect）（Rayner & Duffy，1986）。这表明词汇加工的难度并未全部在其凝视时间上体现出来。然而，如下所述，这种溢出效应非常小，并且在很多情况下，把凝视时间作为词汇早期加工时间的近似估计并非不合理。另一个我们经常提及的测量指标是首次注视时间（first fixation duration）。这是认知活动更早的测量指标，因为它反映出第一次注视之后何时将视线移开的决策。相反，凝视时间取决于首次注视时间、词汇再次被注视的概率、第二次注视的时间（下面我们首先讨论较短小的单词素词汇，这种词汇的注视次数一般不超过两次）。

　　本书第三章所讨论的两个主要问题分别是，语音编码是否对词汇的语义通达起重要作用，以及构成词汇的字母是平行加工还是序列加工的。第二个问题由于与"一个词的加工需要不止一次注视"，以及"是否一次只加工一个词"等问题交织在一起，因此很复杂。因此，我们将首先探讨语音编码问题。

## （一）文本阅读过程中词汇的语音信息究竟何时得到提取？

在本书第三章中，我们从独立呈现词汇的研究中得出的结论是，研究者普遍认为语音编码确实参与了词汇语义的通达，但是关于语音编码在其中的重要性仍存在分歧。一方面，研究发现"meet"在实验中多次被错误地归类为食物，表明语音编码在语义通达中起重要作用；另一方面，规则效应（拼写规则和不规则的词汇在判断时间上的差异）很小，表明语音编码可能只存在轻微的影响，而且在很大程度上局限于低频词。然而，眼动数据不仅表明，语音编码在阅读过程中起重要作用，而且表明语音编码在词汇被注视之前就已开始。如本书第四章所述，大量令人信服的数据来自采用边界技术的研究。请记住，根据这一技术，实验中要对预视词和目标词之间的关系加以操纵（见图 5-1）。我们在第四章中介绍了一组实验（Pollatsek，Lesch，Morris et al.，1992），其中实验组中的预视词与目标词同音异义，而对照组中的预视词则是拼写相似的词汇〔前者如"beech"（山毛榉）—"beach"（海滩），后者如"bench"（板凳）—"beach"〕。研究结果发现，若预视词与目标词为同音异义词，则被试对后者的注视时间（首次注视时间和凝视时间）缩短，这表明在词汇被注视之前语音编码就已经得到提取（Henderson，Dixon，Petersen et al.，1995）。采用另一项呈现变化技术，即快速启动范式（Sereno & Rayner，1992）的相关研究也发现，语音编码发生在注视的早期阶段（Lee，Binder，Kim et al.，1999；Lee，Rayner & Pollatsek，1999；Rayner，Sereno，Lesch et al.，1995）。根据这一研究范式（见图 5-2），预视的内容是与目标词没有任何关系的字母串。当读者的眼跳越过边界时，之前预视的字母串被一个启动词替换，呈现大约 35 毫秒，

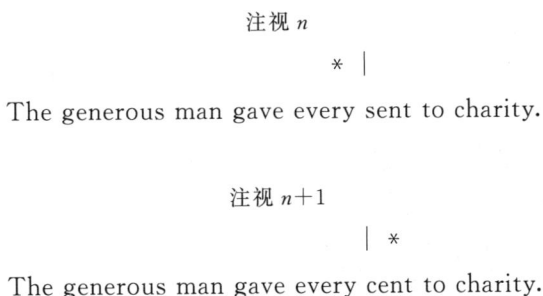

注视 *n*

\* |

The generous man gave every sent to charity.

注视 *n*+1

| \*

The generous man gave every cent to charity.

**图 5-1　边界技术示例**

注："every"和"sent"之间空格上方的竖线（对实验参与者不可见的）表示词边界。在跨越边界前的所有注视点上，文本显示与第一行相同。在跨越边界的眼跳期间，目标词位置上的文本从预视词到目标词（在本例中分别为"sent"和"cent"）变化。实验中采用的其他预视词为"cent"（相同）、"rent"（拼写相似的控制词）和"rack"（架子；无视觉相似性的控制词）。

然后被目标词替换。可见，快速启动技术与本书第三章中所讨论的福斯特和戴维斯（Forster & Davis，1984）采用的掩蔽启动范式相似，不同之处是，在快速启动范式中，眼睛可自由移动。（也就是说，两个范式都是在目标词位置上依次呈现以下刺激：无意义的起始刺激、启动刺激、目标刺激。）与上述对预视的操纵相似，研究结果发现，在目标词"cent"（分）前呈现同音异义词"sent"［send（发送）的过去时和过去分词］，比呈现拼写相似的词"rent"（租金），注视时间短。

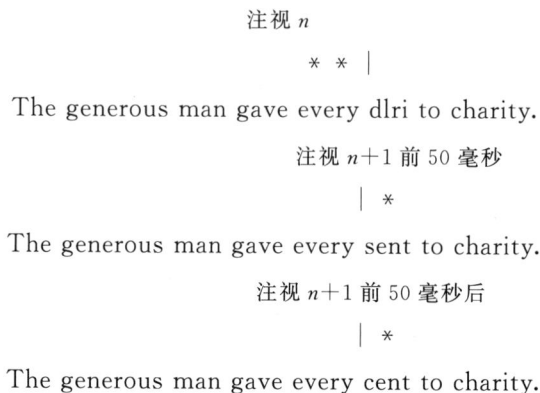

注视 $n$

＊ ＊ ｜

The generous man gave every dlri to charity.

注视 $n+1$ 前 50 毫秒

｜ ＊

The generous man gave every sent to charity.

注视 $n+1$ 前 50 毫秒后

｜ ＊

The generous man gave every cent to charity.

**图 5-2　快速启动技术示例**

注："every"和"sent"之间空格上方的竖线（对实验参与者不可见）表示词边界。在跨越边界前的所有注视点上，文本显示与第一行相同。在跨越边界的眼跳期间，目标词位置上的文本从无意义的随机字母串到掩蔽刺激（在本例中分别为"dlri"和"sent"）变化。在目标词最初的注视点上，启动词"sent"在启动呈现时间结束后变成目标词"cent"。其他启动刺激为"cent"（相同）、"rent"（拼写相似的控制词）和"rack"（无视觉相似性的控制词）。

因此，上述实验表明语音编码发生在词汇加工过程的早期阶段。同时，我们应该指出，在两种实验范式中，读者都没有意识到预视的内容和启动刺激。确实，如本书第四章所述，读者在眼跳过程中几乎意识不到呈现内容的变化。在采用快速启动技术的实验中，若呈现内容发生变化，读者能够意识到发生了某件事，但几乎意识不到启动刺激究竟是什么。

显而易见的一个问题是，早期语音信息的提取是否只局限于拼音文字。波拉特塞克等人（Pollatsek，Tan & Rayner，2000）首次对这一问题进行了考查。他们采用了边界范式的命名实验（在本书第四章中已有论述），首先在副中央凹视觉区呈现一个汉字，当实验参与者眼跳移向所呈现的汉字时，呈现内容在某些条件下会发生变化（实验参与者的任务是命名汉字）。与前述实验相同，这个实验主要对预视的内容是目标字的同音异义字和具有视觉相似性的非同音异义字两种条件进行了比较。研究结果与前面的实验相似，预视内容为目标字的同音异义字时，优势明显。波拉特塞克等人（Pollatsek et al.，1992）在其边界范式的命名实验中发现，相对于具有视觉相似性的控制词，英语也有类似的同音异义词优势效应。

后来的一些实验对汉语的同音异义字效应是否适用于句子的阅读这一问题进行了考查。研究结果与之前的命名实验结果基本一致，表明对汉语的语音编码在加工早期就得到提取，但是在细节上有一定的可变性。例如，有研究者（Liu，Inhoff，Ye et al.，2002）发现，同音异义字的促进效应只有在汉字被重新注视时才会产生。但是，若预视汉字及其组成部分（小于字的单位）均与目标字同音时，促进效应稳定（Tsai，Lee，Tzeng et al.，2004）。值得一提的是，如何判断这种促进作用产生于加工过程早期还是晚期尚有困难，因为汉语的词与词之间没有空格，所以很难确切地知道汉语阅读中眼跳如何定位（Li，Liu & Rayner，2011；Yan，Kliegl，Richter et al.，2010）。因此，汉语目标词注视时间预视效应的不确定性，可能仅仅是与拼音文字相比，汉语中眼睛当前注视位置和空间注意焦点之间的间隔更大造成的。

在本书第三章中，我们介绍了语音寻址和语音合成之间的区别。尽管上述所有实验均表明语音编码发生在文本阅读的早期阶段，但是尚没有研究明确对早期的语音加工是否是语音合成的（通过字母串建构出来，而不是从心理词典中查询获得的）这一问题做出回答。可用于检验语音合成作用的一个研究范式是（语音）规则效应（见本书第三章）。有研究者（Inhoff & Topolski，1994；Sereno & Rayner，2000）发现，人们对发音不规则的词［如"pint"（品脱）］的注视时间比对发音规则的词［如"dark"（黑暗）］的注视时间长。眼动记录数据显示，语音的规则效应产生于加工过程早期，因为在两项研究中这一效应均产生于首次注视期间。塞雷诺和瑞纳（Sereno & Rayner，2000）在其研究中不仅发现在凝视时间方面有规则效应，还发现规则效应与词频有交互作用，即低频词的规则效应反而更大。这一模式与本书第三章所讨论的词汇判断研究所发现的模式相同（Seidenberg，Waters，Barnes et al.，1984），而且是假定语音寻址通路与语音合成通路竞争的语音编码模型建立的关键动机。同时，高频词规则效应小这一研究发现也符合我们在本书第三章中所论证的双通路交互模型。

有效启动的识别是研究语音合成的另一种方法。本书第三章中所探讨的掩蔽启动实验（Pollatsek，Perea & Carreiras，2005）［"conal"比"cinal"对"CANAL"（运河）的启动作用大］表明，语音合成加工发生在孤立呈现词汇加工过程的早期。这种实验方法尚未被应用于对句子的研究。然而，阿什比等人（Ashby，Treiman，Kessler et al.，2006）在其边界研究中对刺激材料进行了相似的处理，结果表明语音合成参与了从预视中提取信息的过程。目标词之前为预视非词刺激，其最后一个辅音使其元音的发音和目标词的元音一致或不一致。例如，目标词"rack"之前或者为元音一致的预视非词（如"raff"），或者为元音不一致的预视非词（如"rall"）。（与本书第三章所探讨的规则效应一致，我们会预期"rall"的语音合成表征应与"call"押韵。）阿什比等人发现，若预视非词的元音与目标词的元音发音一致，目标词的注视时间缩短，表明语音编码的早期阶段有某种语音合成加工。到目前为止，我们所讨论的语音效应均限于音位层（如操纵预视词和目标词的语音重合度）。然而，语音系统还有其他几个层次：高于音位层的音节和低于音位层的区别特征。阿什比和瑞纳（Ashby & Rayner，2004）的系列实验对目标词预视的第一个音节加以操纵，使其与目标词的第一个音节匹配或不匹配，以考查音节在语言加工中的作用。目标词的首音节由两个或三个音素组成［如"magic（魔法）"或"magnet（磁铁）"］，预视的内容或者是目标词的首音节（如"magic"的预视词为"max-xx"，"magnet"的预视词为"magxx"），或者比目标词首音节多一个或者少一个字母（如"magic"的预视词为"magxx"，"magnet"的预视词为"maxxx"）。实验结果表明，若预视词和目标词的首音节匹配，目标词的注视时间缩短。这种音节促进效应在随后的以单词判断时间作为因变量的单个词副中央凹视觉区边界范式（Ashby & Martin，2008），以及一个掩蔽启动 ERP 实验（Ashby，2010）中都得到了进一步验证。后一个实验发现，若启动词与目标词的音节结构匹配，目标词呈现后 100 毫秒出现的 ERP 波幅小于两者的音节结构不匹配的情形，从而表明词汇加工在早期阶段受音节结构的影响。

阿什比和克利夫顿（Ashby & Clifton，2005）在其实验中通过操纵单词的重音模式来检验早期提取的语音编码仅仅是一连串的音位还是音节。他们对由四个音节组成的词汇中有一个重读音节和有两个重读音节两种情况［如"intensity"（强度）和"radiation"（辐射）］的凝视时间进行了比较。这种比较的基本原理是，根据反应编程（response programming）的研究文献（Sternberg，Monsell，Knoll et al.，1978），说出有两个重读音节的词比有一个重读音节的词，需要的时间长。阿什比和克利夫顿发现，人们对有两个重读音节的词的凝视时间长，但是首次注视时间不受影响。这种凝视时间效应表明，在默读过程中，语音编码包含对重读音节的计算，若在单词中增加一个重读音节，眼睛就可能再次予以注视。重读音节的数量效应并不是发音时长的简单反映。包含两个重读音节的词汇发音时间长于只有一个重读音节的词汇，但是阿什比和克利夫顿却发现，这种词汇并未得到再次注视。

另一项研究（Ashby，Sanders & Kingston，2009）发现，音位层之下的语音特征——清浊音，也在词汇加工早期起作用。正如本书第二章所述，发音的清浊是区分若干辅音对的区别特征：如 z、d、b、g 发浊音，而 s、t、p、k 则发清音。这一研究的逻辑与之前简要提及的阿什比（Ashby，2010）的 ERP 掩蔽启动研究相似，但是，其不同之处在于，在这项研究中所比较的焦点为：与目标词有无共同的区别特征及两种类型的启动词之间是否有差别。例如，在目标词"FAD"（狂热、一时风尚）之前呈现"faz"或者"fak"，因为"faz"中的"z"与目标词中的"D"有浊音特征，因此研究者预测它能更好地启动目标词。阿什比（Ashby，2010）的研究发现，ERP 早期成分（这次是出现在目标词开始呈现后的 80 毫秒）波幅下降，表明在词汇加工早期，虽然实验参与者没有识别出启动刺激，但其相匹配的区别特征已为词汇加工系统所"注意"。

## (二)语义提取

上述实验表明，语音信息在词汇识别过程的早期阶段就已得到提取：因其发生得很早，从而影响到眼睛向下一个单词移动的决策（决策可能在人们注视词汇大约150毫秒时做出）。我们想要用实验数据来表明，语义的提取也发生在加工的早期阶段，并且语音编码参与了词义通达的过程。你可能疑惑为什么在这里提出这个问题。如本书第四章所述，影响词汇注视时间的因素多种多样，如词频和在文本语境中的可预测性。此处之所以提出这个问题，原因是这种效应未必表明词汇的语义得到提取。也就是说，这种效应可能仅仅表示词汇的拼写信息或（和）语音信息得到识别。换言之，当读者做出一个诸如"我之前读过这个单词"之类的判断时，就会觉得可以安全地向前移动视线了，但此时语义尚未得到提取。

语义是在注视过程中得到提取的，其证据来自考查语境对同音异义词（如"port"一词有两个互不相关的意思，一是一种红葡萄酒，二是港口）加工的影响研究（Duffy，Morris & Rayner，1988；Rayner & Duffy，1986；Rayner & Frazier，1989）。（目前，我们关注的焦点是读音和拼写都相同的异义词。）对于语义有偏向性的歧义词（如"port"），其中一个义项的频率远远高于另一个义项。研究对这类歧义词与匹配词频的无歧义控制词（如"wine"）的凝视时间进行了比较。在例句5.1中，解歧发生在目标词呈现之后，而在例句5.2中，解歧发生在目标词呈现之前。

Of course the port（wine）was a great success when she finally served it to her guests. (5.1)

When she finally served it to her guests, the port（wine）was a great success. (5.2)

［当她最终为客人提供时，这个港口（红酒）非常成功。］

若对"port"的注视时间反映的仅仅是词汇的正字法信息和语音信息的通达时间的话，那么歧义词的加工理应与非歧义控制词的加工速度相同，并且不受前文语境的影响。相反，若"port"的注视时间也包含了词汇语义信息通达时间的话，那么，在前文语境仅仅与其低频义项（红酒）相符的条件下，与前文语境保持中性的条件相比，其注视时间更长。也就是说，如果词汇的注视时间不仅反映正字法信息和语音信息的通达，而且反映其语义信息通达的话，那么读者若被迫提取词汇的低频义项，其注视时间就会延长。

情况确实如此。若前文语境迫使读者去获取歧义词的低频义项（见例句5.2），那么读者对歧义词的凝视时间长于非歧义控制词。这种效应在首次注视时间上的确有显著体现（Sereno，O'Donnell & Rayner，2006）。这是反复得到实验验证的所谓"次要意义偏向效应"（subordinate bias effect）（Rayner，Pacht & Duffy，1994；Rayner，Cook，Juhasz et al.，2006）。与前述语境偏向次要意义的情形相反，若前文语境无偏向性，歧义词和非歧义词的凝视时间基本相同。这倒是说得通，因为歧义词错误意义（在本例中"port"的词义为港口）的频率和非歧义词的频率大致相同。然而，如果人们在没有前文偏向性语境的情况下提取歧义词频率较高的意义，那么，若后续语境具有偏向性，且必须提取其低频义项，读者就可能遇到困难(如回视)。事实上这恰恰是研究数据所揭示出的情形[在达菲(Duffy)等人的实验材料中,句子语境始终偏向低频义项]。

达菲等人(Duffy et al.,1988)也对平衡歧义词[如"straw"(草、吸管)]的加工进行了考查。这种平衡歧义词也有两个义项,但是两个义项的使用频率大体相同(见例句5.3和5.4)。这类词的加工模式很有可能不同于语义具有偏向性歧义词的加工模式。对于无前文偏向性语境的情况(见例句5.3),鉴于歧义词的每个义项使用频率均比非歧义控制词的频率低,而且由于歧义词两个义项之间可能存在竞争,因此可以预测歧义词的初始加工速度比控制词慢。事实的确如此:被试对歧义词的凝视时间显著长于控制词。

He put the remaining straw (ashes) away in the box after spreading some all over his garden. (5.3)

After spreading some all over his garden, he put the remaining straw (ashes) away in the box. (5.4)

[他把草(灰)撒在他的花园后,把剩下的放在箱子里。]

相反,若前文语境偏向其中一个义项(见例句5.4),两个义项之间的竞争强度降低,因此歧义词和控制词的凝视时间几乎没有差异。实际上,在例句5.4中,两者的凝视时间并没有差异。就具有偏向性的歧义词而言,歧义词在句子后面被解歧时,需要付出一定代价。然而,平衡歧义词的代价小得多。假设前文语境不偏向于平衡歧义词的任何一个义项,读者提取正确义项的概率为50%,而提取有偏向性义项的概率很小。在这种条件下,前述差异就合乎情理了。

关于词汇意义的提取与前文语境对其影响的方式,下面让我们对前述实验结果做一简要总结。首先,实验结果明确表明,词汇意义的提取发生在加工过程的早期,结果对其凝视时间产生了影响。其次,实验结果还表明,自下而上的语义提取和前文语境之间具有相当强的交互关系。平衡歧义词的加工最能体现这一点。也就是说,假如存在一个语义提取的初级步骤,其间,词汇编码系统将两个义项传送给后面的加工过程,那么前文语境就很难在加工过程早期发挥效应。相反,前文语境似乎确实对正确语义选择的初始过程有调节作用。显然,前文语境对正确的义项具有强化作用,从而极大地削弱了两个义项之间的竞争。相反,就具有偏向性的歧义词而言,前文语境似乎降低了不正确义项的强度,结果,若前文语境无偏向性,初期的语义通达耗时增长。这是重排序通达模型(reordered access model)的简化形式(Duffy, Morris & Rayner,1988)。

上述研究表明语义编码发生在加工的早期阶段。但是,语音编码在阅读过程中发生在哪个阶段呢?研究者采用相似的范式、不同类型的歧义词(同形异音异义词),对此进行了研究。这类词汇不仅有两种不同的语义,而且有两种不同的发音[如"bows"(这个词有两个发音,多个意思)]。福克和莫里斯(Fork & Morris,1995)在其实验中将这类词汇嵌入中性句子结构中(两种语义均符合前文语境),并与词频、词长都匹配的控制词进行了比较,例如,"Mary knew that her bows/joke needed practicing before the last performance."（玛丽知道在最后的演出之前，她的鞠躬/笑话还需要练习。①）他们发现同形异音异义词和控制词的注视时间有很大的差异。这种歧义效应比同音同形异义词［如"bank"（一义为河堤，另一义为银行）］大（首次注视时间的效应大约为 40 毫秒，凝视时间的效应大约为 80 毫秒），表明在加工早期因受到单词的两种不同语音表征激活的阻碍，歧义的消解需要更多的时间。

福克（Folk，1999）以同音异形异义词［如"soul"（灵魂）/"sole"（单独的、唯一的）］为实验材料，从一个略有不同的角度对同一问题进行了探讨，将其与词频、词长均匹配的控制词的注视时间做了比较。其研究发现与达菲等人（Duffy，Morris & Rayner，1988）的研究结果相近，若句子初始语境支持同音异形异义词频率较低者，则被试对同音异形异义词的凝视时间显著长于对非歧义控制词的凝视时间。也就是说，初始句子语境似乎促进了频率较低的同音异形异义词的语音表征，从而干扰了实际呈现词汇语义的提取，即使频率较低的那个词与实际呈现的词拼写并不相同。

总之，从上述研究数据中可以得出以下两个重要结论。第一，读者对词汇的凝视时间（甚至是首次注视时间）不仅是对识别过程（如"我已对词汇的外形和语音进行了编码"）的反映，而且是对语义信息是否已经被提取以及所提取语义信息与前文语境是否匹配的反映。第二，前文语境并非要等到单词的初始加工发生才开始指导着读者获得正确的语义；相反，它对单词语义信息的初始选择也有指导作用。就同音异形异义词而言，即使印刷词汇没有歧义，其同音异义词（及其语义）仍被激活，而且似乎对与上下文语境相符的语义的提取起到干扰作用。就异音同形异义词而言，至少在相当一部分实验中两种语音表征都被激活，而且读者需要在这两种语音表征中做出抉择；而对于同音同形异义词（如"bank"）就不需要做出这种抉择。所有这些加工过程都在很短的时间内发生，并做出是否注视下个单词的决策，这的确很令人惊奇。然而，这个过程之所以能够如此快速实现，一个主要原因是大部分单词的加工在被注视之前就已经开始了。

## （三）词汇编码自动化再探：自动化意味着在阅读过程中多个词汇同时得到加工吗？

在本书第三章中，我们针对这几个问题探讨了词汇加工的自动化问题。第一个问题是，人是否能够无意识地加工词汇的语义信息。答案是肯定的。第二个问题是，人是否在没有意图或者有意不去加工词汇语义时仍然能提取词汇的语义信息。这个问题的答案仍然是肯定的。相反，词汇的加工是否可以不占用中央处理资源这一问题的答案可能是"否"。确实，本书第三章所讨论过的视觉搜索实验结果表明，词汇的加工必须逐个进行。因此，如果不得不从这类研究中推断出在阅读过程中是否多个词汇同时得到加工这一问题的答案的话，数据中似乎存在潜在的矛盾。也就是说，前两个发现

---

① 由于包含有歧义词，因此例句译文仅仅能够表达其一层意思。——译者注

似乎表明词汇加工是自动的，凡是知觉范围内的词汇都可以得到加工，并能获取其语义信息，但是，后来的实验却表明读者一次只能注意一个词。然而，这种矛盾可能仅仅是表面上的。也就是说，现有的研究数据符合下述假设：对词汇的（空间）注意是词汇语义提取的必要条件，但是人们无法总是完美地控制其注意力的分配，以及应该加工特定位置上的刺激的哪些方面。

然而，至此，我们猜测读者可能在想，本书第四章所给出的数据与上述观点相矛盾。首先，大量研究数据表明，当注视点在词 $n$ 上时，词 $n+1$ 也得到很大程度的加工。这肯定意味着多个单词得到了同时加工！这的确清楚地表明，通过一次注视，多个单词可以得到加工，但未必就意味着多个单词得到同时加工。考虑下面一种选择。读者在注视某个单词时，首先要做的事情是对这个单词进行编码。然而，这个单词的编码完成后，在眼睛跳跃到下个单词前，他们将空间注意力转移到下个单词上，并开始对其进行加工。认知心理学研究文献（Posner，1980）提供的大量证据表明，空间注意可以自由转移，不受个体当前注视位置的限制。尽管用于验证这种效应的典型研究范式不够自然，要求实验参与者在注视着一个位置时将注意力放到另一个位置上，但是这些研究的确表明眼睛注视的位置和注意力指向的位置可能不同。结果，由于明显的注意力的转移比眼跳运动的执行速度快，因此在正常的视觉（不仅仅是阅读）中空间注意力的转移通常发生在眼动之前，这是说得通的。为什么在正常视觉中空间注意和眼睛注视的位置不一致，其另一个原因是，眼跳可能（由于程序错误）并没有落在注视者所期望的位置上。因此，读者很可能将其注意力转移到眼跳本该落点的区域，而不是实际落点的位置。

此外，本书第四章还表明词汇跳读的情况并非少见。这似乎也支持了多个词汇同时加工的假设。尽管一定比例的跳读可能是眼跳程序错误造成的（见 Drieghe，Rayner & Pollatsek，2008），但是单词跳读经常是更深层次的原因造成的：跳读要么在某种语言中是一种常见现象，要么可以通过前文语境得到预测。倘若如此，单词有时被跳读是因为前一个单词被注视时，它们已被快速地加工。然而，我们再次强调这未必意味着两个单词同时得到加工。也就是说，在单词被跳读时，若注视点后面一个词的加工速度很快，那么被注视的单词和被跳读的单词两者可能在同一个注视下相继得到加工（我们将在第六章中详细探讨这一过程发生的机制）。

（四）有证据表明存在词汇平行加工吗？

读者逐词、序列地加工词汇这一假设乃是我们的阅读模型——E-Z 读者模型（the E-Z reader model）——的基础（关于这一模型，我们将在本书第六章中详论）。然而，上述假设并没有为人们所普遍接受，并且其他一些阅读眼动模型认同词汇平行加工的观点，如 Glenmore 模型（Reilly & Radach，2006）和 SWIFT 模型（Engbert，Nuthmann，Richter & Kliegl，2005）。这两种模型均认为存在大规模的平行加工，但是在眼动的控制方式上的观点不同。首先，这两种模型均认为，知觉广度内所有词汇都能得到平行加工。其次，每一种模型都提出了各自非常复杂的眼动控制机制，根据这种机制，当下正在被平行加工的、具有不同激活水平的词汇彼此竞争，此外还存在一个涉及这种竞争的复杂决策规则，决定诱发眼动的方式。换言之，与 E-Z 读者模型不同，根据平行加工模型，诱发眼动的信号并不是对词 $n$ 的识别，因此读者对其的凝视时间随着词频变化而变化只是一种偶然。

我们将在下一章对各种模型进行讨论。在本章中，我们将着重关注是否多个词汇同时被加工的实验证据。如第四章所述，可能影响被注视词加工时间的各种变量（如某个词在书面语言中的频率）和读者对词汇的注视时间（尤其凝视时间）之间的确关系密切。如前文述及，尽管有一些变量（如词频）的影响延迟到下一个单词被注视时，但是这种影响通常很小。此外，本书第四章所介绍的消失文本实验为阅读过程中的词汇序列加工假设提供了更有力的证据，不仅表明词汇注视时间与加工时间之间联系紧密，而且表明注视点右侧词汇（词 $n+1$）的加工直到词 $n$ 的注视晚期才开始。

研究者（Liversedge, Rayner, White et al., 2004；Rayner, Liversedge, White et al., 2003）要求实验参与者阅读句子，关键操作是在单词被首次注视 50～60 毫秒后，有一个或两个单词消失或者被一个图案掩蔽（在句子的某一个区域消失和被一个图案掩蔽两种情况下所得到的数据基本相同）。其中最重要的两种条件为：①注视词（词 $n$）消失，②词 $n+1$ 消失（见表 5-1）。令人极其惊奇的研究发现是，若单词被注视 50 毫秒或者 60 毫秒即消失，实际上对注视时间没有显著影响。消失文本不仅没有影响平均注视时间，而且在文本消失条件下词频效应也没有改变。这充分说明词汇的注视时间在很大程度上受被注视单词加工时间的影响，因为刺激呈现方式的较小变化对注视时间似乎没有影响。

表 5-1　在 60 毫秒后单词 $n$ 与单词 $n+1$ 消失时高、低频关键词汇凝视时间

| 测量指标 | 条件 | 60 毫秒后<br>单词 $n$ 消失 | 60 毫秒后<br>单词 $n+1$ 消失 |
|---|---|---|---|
| 高频词凝视时间（毫秒） | 正常条件 | 295 | 245 |
| | 消失条件 | 288 | 301 |
| | 差异 | −7 | 56 |
| 低频词凝视时间（毫秒） | 正常条件 | 325 | 276 |
| | 消失条件 | 329 | 355 |
| | 差异 | 4 | 79 |
| 正常文本条件<br>词频效应 | | 30 | 31 |
| 消失文本条件<br>词频效应 | | 41 | 54 |

注：根据 Rayner, K., Liversedge, S. P. & White, S. J., "Eye movement when reading disappearing text: The importance of the word to the right of fixation,"*Vision Research*, 2006, 46, pp. 310-323.（《阅读消失文本时的眼动：注视点右侧词汇的重要性》，载《视觉研究》。）

也许，对区分序列加工和平行加工更为重要的一个发现是，若词 $n+1$ 在呈现 50～60 毫秒后消失，会造成对词 $n+1$ 注视时间的增长。这一结果很难用平行加工模型来解释。也就是说，如果在所有的注视过程中，字母清晰可辨的词都得到平行加工，那么我们就没有理由预测词 $n+1$ 比词 $n$ 受到掩蔽的影响更大。相反，这些数据用词汇序列加工假设就很容易解释了。也就是说，若假设一次只能注意一个词，而且只有得到注意的词汇才能进入短时记忆存储，那么词 $n$ 被掩蔽时就不会产生时间损耗，因为事实上单词总是在开始注视后才会被注意到。相反，如果只有在词 $n$ 被加工后注意才开始转向词 $n+1$，那么词 $n+1$ 在词 $n$ 被注视 60 毫秒后消失时转移注意力已为时太晚，预视的信息已经丢失，无法加以利用，这是有道理的。

词汇的平行加工假设中有一个方面的意思总是很模糊，即词汇在多大程度上是平行加工的。确实，任何一种阅读模型都必须假设所注视单词之后的单词的低层次视觉信息得到加工，否则读者就不能确定下一个注视点应落在何处。如本书第四章所述，读者确实能获得词 $n+1$ 的预视效应。因此，问题的关键是注视词后词汇的加工水平或者假定与注视词平行加工的词汇的加工水平。我们认为，绝大多数数据表明词 $n+1$ 的加工通常限于初级水平（如字母和语音的识别）。上述结果符合词汇序列加工观：在注视开始阶段加工所注视的单词，如果在注视后期仍有时间，就开始加工下一个单词。此外，这种观点还与本书第四章中所讨论的研究结果相符，读者在预视中所见词汇与目标词的语义相关性对加工没有促进效应。

坚持在阅读过程中多个词汇同时加工的观点是建立在存在"副中央凹—中央凹"效应（parafoveal-on foveal effect）（Kennedy，1999）的假设基础上的。也就是说，尚未被注视到的单词的词汇属性会影响被注视单词的注视时间。我们将在下一章中对这一观点的深层含义做更详细的探讨，但是，如果说尚未被注意到的单词的语义属性对被注视词汇的注视时间有可靠的影响的话，那么再坚持词汇序列加工观就有问题了。然而，这种效应一般不是很可靠，有时这样有时那样（Hyänö & Bertram，2004）。然而，较稳定的"副中央凹—中央凹"效应（Rayner，2009）发生在下一个单词在某方面看起来很奇异的情况下（例如，下一个单词中奇异的字母串会延长当前注视词的注视时间）。因此，这些效应是否是下一个单词语义通达的反映，尚不清楚。而且，这种效应一般在词 $n$ 和词 $n+1$ 的注视点接近时最为稳定。在这种情况下，读者的意图是否是注视词 $n+1$，但因未命中目标使注视点落在了词 $n$ 上，目前尚难以确定（详细综述，参见 Drieghe，2011）。

我们将在下一章探讨我们所提出的 E-Z 读者模型时，再来讨论序列加工与平行加工问题。根据我们的模型，每次只有一个单词在词汇层面上得到提取。如上所述，这一模型也可用于解释为什么读者的眼睛会跳过高频词汇（这看似是一种序列加工模型所不能解释的"副中央凹—中央凹"效应）。然而，这要求我们建立起超出目前我们所讨论范围的许多机制。此处需要着重强调的是，我们尚没有令人信服的证据来否定序列加工观(逐词加工)，而且若没有类似证据就认可序列加工，也未免过于草率(Reichle，Liversedge，Pollatsek et al.，2009)。另外还需要指出的是，平行加工模型难以解释我们之前讨论过的前文语境效应(对同音异形异义词的加工)以及在后面章节中将探讨的类似效应。也就是说，若词汇仅仅得到部分加工——结果无法确定词 $n$ 得到注视时前文所有词汇都已得到加工，那么就无法(从逻辑上)弄清楚前文语境意义为什么对词 $n$ 的加工会产生如此大的影响(Slattery，Pollatsek & Rayner，2007)。在某些情况下，有人可能坚持认为前文语境在词 $n$ 被注视之前就已完全确立，但是在其他一些情况下这一观点就很难成立了。

## 二、文本阅读中的邻居词效应和字母调换效应

### (一)邻居词效应(neighborhood effects)

我们在本书第三章中提出了邻居词是否影响目标词加工时间这个问题。如第三章所述，研究最多的两个变量是邻居词的数量(邻居词多少)与邻居词频率的高低。我们在第三章中所讨论的词汇判断反应时的数据显示，两个变量的作用恰好相反。也就是说，在这些实验中，邻居词数量越多，词汇判断的反应时越快，相反，邻居词频率高于目标词，则会延缓词汇判断反应时。上述研究结果符合交互激活模型(McClelland & Rumelhart，1981)以及本书第三章所讨论过的其他多数词汇编码模型。大量邻居词的存在可能促进构成目标词字母的识别，因为邻居词和目标词共享部分字母，从而促进其识别。然而，假设看到一个单词，不仅所看到的词被激活，其邻居词也被激活，那么高频邻居词可能产生抑制作用，因为其探测器和目标词探测器会相互竞争。此处我们沿用本书第三章中对邻居词的经典定义：一个词与另一个词几乎完全相同，但在同一位置上有一个字母不同[例如，"cord"(细绳)、"ward"(病房)、"work"(工作)都是"word"的邻居词汇]。

对这些结果的解释中存在一个问题：它们可能只适合于词汇判断任务，并不能反映在实际阅读中邻居词对目标词加工的影响。佩雷亚和波拉特塞克(Perea & Pollatsek，1998)以及波拉特塞克等人(Pollatsek，Perea & Binder，1999)在系列实验中对这个问题进行了探讨。佩雷亚和波拉特塞克研究的重点是高频邻居词的作用，对有一个(或更多)高频邻居词的目标词和没有高频邻居词的目标词进行了对比。其词汇判断实验重复了上述研究，发现有高频邻居词的目标词的词汇判断反应时更慢。他们把这些词对作为可供选择的目标词放在句子语境中，仍观察到了高频邻居词的抑制效应。然而，这种效应在阅读过程中发生得相对较晚。也就是说，有高频邻居词对目标词的凝视时间

没有影响。相反，抑制效应发生略晚，主要表现为注视之后呈现一两个单词时对目标词的回视次数增多。这一结果表明，高频邻居词的抑制效应并非延缓目标词的识别，而是有时将目标词错误地编码成高频邻居词。若后续语境表明单词被错误地编码，读者必须再次注视错误编码的单词，以修正错误。

波拉特塞克等人(1999)在一个相似的研究中对邻居词数量的作用进行了探讨。正如佩雷亚和波拉特塞克在其实验中所做的一样，他们也在词汇判断任务中采用了相同的词对，研究结果与文献中通常报告的结果一致——若某个词有很多邻居词，其词汇判断时间缩短。然而，若将同样的词对作为目标词置于句子中，结果却大不相同。也就是说，有许多邻居词的词汇效应与佩雷亚和波拉特塞克的研究结果相似：邻居词数量效应对目标词凝视时间没有影响，但是存在晚期抑制效应，其具体表现为注视到下一个或两个词之后回视到目标词的次数增多。另一项研究(Sears，Campbell & Lupker，2006)报告的阅读实验并没有重复出佩雷亚和波拉特塞克的高频邻居词具有抑制效应这一结果。然而，塞拉(Sera)等人的实验设计有几个方面没有达到最理想的状态，如目标词的位置上可能存在很多眼动变异性(例如，恰巧出现在文本换行回扫之后)，况且斯莱特里(Slattery，2009)的实验重复了佩雷亚和波拉特塞克的研究。此外，斯莱特里还对高频邻居词与前文语境是否一致这一变量进行了操纵。他发现，若高频邻居词与前文语境一致，会产生晚期干扰效应(正如佩雷亚和波拉特塞克观察到的)，但是若高频邻居词与前文语境不一致，干扰效应消失，表明前文语境可以阻止不正确的邻居词被错误地识别。

上述结果表明在阅读过程中邻居词主要给读者带来干扰，而认为邻居词因有助于目标词组成字母的识别从而对目标词汇早期加工有促进作用的假设是错误的。然而，一项预视实验(Williams，Perea，Pollatsek et al.，2006)的结果确实表明邻居词在阅读过程中具有促进效应。实验主要对副中央凹预视为邻居词与符合邻居词特征的非词[例如，目标词是"sleet"(冻雨)，预视内容是"sweet"(甜蜜)或者"speet"(非词)]两种条件进行了对比。实验一的结果发现，在预视为高频邻居词的条件下，比预视词为非词的条件下，目标词的注视时间实际上要短。然而，在实验二中，预视词与目标词恰好相反，即预视词为目标词的低频邻居词，此时，邻居词与非邻居词相比，没有显著的促进效应。这一结果表明，邻居词(尤其是高频邻居词)的确对词汇编码早期阶段的副中央凹加工有促进作用。

下面让我们对研究结果做一评估。第一，我们认为，词汇判断实验和阅读实验所得到的结果不同，原因相对而言简单明了：词汇判断时间可能并非词汇识别时间的有效指标。尤其是根据格兰杰和雅各比(Grainger & Jacobs，1996)提出的模型，邻居词数量的促进效应主要产生于所有词汇的激活总和，而不是目标词的激活水平。因此，一个词拥有的邻居词越多，来自词汇探测器的激活总和就越大，那么在词汇判断任务中就更容易做出"是词"的反应，而与哪个具体单词识别的难易度可能没有关系。

第二，佩雷亚和波拉特塞克等人的阅读实验数据表明，尚没有一个清晰的模式显示邻居词影响目标词的词汇通达时间。尽管这一结果看似与交互激活模型和激活—验证模型不相符，但是我们可以认为在加工早期邻居词具有促进效应[如威廉（William）等人的实验所显示的]，但在后期因目标词及其邻居词之间的竞争而产生的抑制效应抵消了。

## （二）字母位置编码

我们在本书第三章中对字母在词汇中的位置编码进行了探讨，而且对字母位置，尤其是长词的字母位置能得到完善的加工表示怀疑。单独呈现词汇字母调换的实验支持了我们的怀疑。实验结果表明，词中正确的字母出现在错误的位置上，如同出现在正确的位置上，仍然得到一定程度的加工。现有两个方面的证据支持这种观点：两者都设计包含调换字母（TL）的刺激。第一种类型的证据与我们在前面所讨论的邻居词效应类似。例如，一个词与另一个词包含相同的字母，但字母排列顺序不同[如"clam"（蛤蜊）与"calm"（平静）]，从而构成所谓邻居词（尽管我们在第三章中对不相邻字母调换位置时的字母调换效应进行过探讨，但是大部分单独呈现词汇研究以及下面我们将讨论到的研究均为相邻字母的调换）。

如本书第三章所述，命名实验和词汇判断实验的典型发现是具有高频调换字母邻居词的词汇（如"clam/calm"），比没有此类邻居词的词汇[如"clap"（为……鼓掌）]的反应时长（Andrews，1996；Chambers，1979；O'Connor & Forster，1981；Perea，Rosa & Gómez，2005）。阿西和佩雷亚（Acha & Perea，2008）以及约翰逊（Johnson，2009）考查了（西班牙语和英语两种语言）阅读过程中的调换字母邻居词效应，也发现若将这类词汇嵌入句子中时，有调换字母邻居词的词汇阅读起来比控制词困难（与同类实验类似，目标词均在词频、词长和其他相关指标上进行了匹配，而且嵌入了相同的句子结构，另外，采用独立的评级研究对目标词与所嵌入句子结构的契合程度进行了评估）。然而，与前述邻居词效应的研究结果相似，阅读困难的出现较晚，主要表现为读者的眼睛在文本上移动一定距离后对目标词的回视。因此，如同阅读过程中的邻居词效应，阅读中调换字母邻居词的主要效应似乎是读者偶尔错误地将目标词识别为调换字母邻居词。

第二种用于研究单独呈现词汇字母调换效应的范式是掩蔽启动（Forster & Davis，1984）。采用这一范式的研究主要对字母调换启动词和字母替换（SL）启动词两种条件下，目标词的词汇判断时间进行比较（如目标词"work"的字母调换启动词是"wrok"，字母替换启动词是"wsak"）。研究发现，字母调换启动词条件的各种反应时（主要是词汇判断时间）均短于字母替换启动词条件（Andrews，1996；Christianson，Johnson & Rayner，2005；Perea & Carreiras，2006；Perea & Luapker，2004；Schoonbaert & Grainger，2004）。

边界技术是对词汇加工早期阶段进行检验的一种阅读研究范式。其中，副中央凹预视与启动相似。结果与阅读过程中副中央凹预视任务类似，不同之处是，其效应不是那么显著。约翰逊等人（Johnson，Perea & Rayner，2007）发现字母调换效应稳定，并且上述结果得到马塞朗等人（Masserang，Pollatsek & Rayner，2009）的实验的支持。

总之，我们对词汇视觉识别过程中字母位置编码方式的了解还远远不够。诚然，假设每一个字母位都有一个单独的通道，并且字母信息均完全无误地进入该通道，这是错误的。这从掩蔽启动和副中央凹预视研究数据中可以清楚地看出，两种研究结果一致：调换两个字母带来的破坏作用小于单纯将不同的字母置于两个通道的破坏作用。这个结果是可能的，因为实验任务所针对的就是词汇加工的早期阶段，并且实验参与者大多没有意识到对变量的操纵。因此，孤立词汇范式研究和阅读范式研究中的效应可能都是词汇编码时间的差异，而非反应时间不同造成的。两种实验范式的研究结果表明，在词汇加工的早期阶段字母位置的编码有很大的不确定性，因为字母错位反而对加工具有促进作用。在马塞朗等人（2009）的研究中，只有词汇内部的字母调换位置，预视为字母调换位置的目标词与预视即为目标词两种条件之间没有差异，表明在词汇加工的早期阶段，对字母位置（可能词首和词尾的字母除外）的加工可能相当不够充分。

字母调换邻居词对词汇识别的最终影响尚不清楚。孤立呈现词汇实验和阅读实验的数据均表明，这种调换字母邻居词对目标词的加工具有干扰作用。孤立呈现词汇实验表明，这种干扰效应在很大程度上是由于调换字母邻居词和目标词汇之间的竞争减缓了目标词的加工。然而，迄今的阅读实验数据表明，这种干扰效应主要表现为目标词有时候被错误地识别为其调换字母邻居词。

# 三、词素在书面词汇加工中的作用

我们在本书第三章中对词素的作用简单地进行了讨论。之所以简单地进行讨论，是因为当时所采用的标准行为测量指标——词汇判断时间和命名反应时，似乎并不适合研究较长的词。命名反应时测量的是开始说出单词的时间，但是对于较长（尤其是由可识别的组成部分构成）的词汇，这似乎并不是一个测量识别整个单词所需时间的恰当指标。就词汇判断时间而言，问题的关键是在实验中使用何种非词。如果非词与真词差别太大，那么无须识别整个刺激就能轻而易举地做出词汇判断。相反，若采用可以以假乱真的非词，任务难度增大，甚至与提取所看到的语义信息无关。例如，如果你完成词汇判断任务时看到的是"overkill"、"unwrappable"或"overbuttered"，你能回答出它们是真词还是非词吗？（因为后两者在多数标准的语料库中的频率为零，所以正确的回答应该是"非词"，即使它们很明显都是有意义的词。）

首先，我们应该简单地谈一谈多词素词的三种构成方式（虽然讨论限于英语，但是实际上此处所探讨的内容适用于所有印欧语言，并且其中大部分也适用于所有语言）。首先是前缀词，如"replay"（重放），由一个根词素和一个前缀词素组成。其次是后缀词，可分为两类。一类是曲折后缀，附加在名词上，表示它的单、复数，而且（在许多语言中）表示名词是从句的主语、宾语或间接宾语；附加在动词上，表示主语是单数还是复数，或者动词的时态。（同大多数欧洲语言相比，英语的曲折后缀相当贫乏。）另一类是派生后缀，通常使根词素由一种词性变成另外一种词性［如"compare"（动词比较）和"comparison"（名词比较），"subject"（名词主体）和"subjective"（形容词主观的）］。最后是多词素复合词［如"baseball"（棒球）和"nightmare"（噩梦）］，其中每个词素都是一个独立的词。同样，还需要注意的是，在上例中"base"（基础、极低）本身是一个名词，所以这个复合词并不是形容词＋名词的组合。然而，在英语中，第二个词素是核心词素［例如"baseball"是一种"ball"（球）］。显然，复杂词汇的组合方式有不止一种［如"refinanced"（再提供资金）、"baseball"］，因此可以由两个或者两个以上词素构成。如前面所述，还有一种被称为中缀的词素存在于阿拉伯语和希伯来语等闪语族语言中，而非印欧语言中。其中根词素是一组辅音（例如，相当于英语中的辅音"xbr"），表达一个意思（如"组装"），而中缀（曲折变化或派生）是一组穿插在辅音之间的元音（如在"xibber"中添加的字符）。关于中缀，我们将在下文进行讨论。

在读到最后一段时，你可能会发现复杂词素词汇的一个重要方面：其语义透明度因词而异。复合词的情况尤其明显，如"blackberry"（黑莓）的语义可从各个组成部分推导出来，但是"nightmare"的语义就完全与"马"无关了。相反，后缀的语义通常是完全透明的，前缀的透明度因词而异，有的非常透明，如"mis"（表示坏、不当等的前缀）、"re"（表示重复的前缀）、"pre"（表示前、在前的前缀），有的则可能有多种意思，如"in"，整体的意思难以从词根和前缀推断出来［如"information"（信息）］。然而，值得强调的是，除了曲折变化和派生词，由多个词素构成的复杂（即使是那些被认为透明度较高的）词汇的语义很少，可以明确地从其组成部分推导出来。即使是在"blackberry"（黑莓）这个例子中，其语义也不仅仅是黑色的莓（还有其他黑色的莓，但不是黑莓）。然而，如果复合词的语义与每个组成词素的语义皆有关，那么该复合词就被认为是语义透明的。因此，"cowboy"（牛仔）被认为是语义透明的，尽管其语义可能是一个喜欢牛的孩子，而不是与牛有着特定联系的人。在所谓语义透明的前缀词中也会发生相同的现象，如"misstep"（过失）。其语义可能是迈出了不该迈的一步，也可能是迈向了错误的方向。

关于复杂词汇，尚有两个相关问题应予以明确。第一，有一些根词素不能作为独立的单词存在（它们被称作附着词素），如英语中有"revolve"（旋转）、"devolve"（被移交、被转移）和"involve"（关涉、涉及），但没有"volve"这个词。这往往是历史的偶然，如"gruntled"［disgruntled（不满的、不高兴的）的根词素］曾经是一个词。第二，有一些词看上去像是由独立的词素组合而成的，但实际上不是，如假后缀词［如"corner"（角落）］和假复合词［如"carpet"（地毯）］。

初看上去似乎很显然，词素参与了词汇编码的过程，但是从逻辑上讲并非如此。也就是说，如果人看到了一个形态复杂的词并且知道其意思，那么在编码过程中就没有必要对其构成词素进行分析了。即使词素分解完全透明［如"sees"（see 的单数第三人称）］，也没有必要在编码时进行词素分解。也就是说，可能存在一个"sees"的词条，人可以查阅其信息，将其识别为"see"的单数第三人称形式。因此，词素分解可能仅仅发生在词汇编码之后。这正是吉劳多和格兰杰（Giraudo & Grainger，2001）的超词汇模型（supra-lexical model）的基本思想。鉴于不透明复合词、前缀词、假后缀词和假复合词的大量存在，尝试在编码的过程中进行词素分解可能是没有意义的。另外，我们怎样理解"undoable"之类以前可能从未见过的词汇？一种可能是人们直接在心理词典中查找已存在的词汇，若找不到，便进行词素分解。尽管这一假设很诱人，但是，我们认为大量的研究数据表明这种假设是错误的，词素分解确实是词汇编码过程的组成部分。

有一种研究范式对整体词频相匹配但其中一个词素频率不同的两组词素构成的复杂目标词进行了比较，结果为词素参与复杂词汇编码的过程提供了证据。最常见的实验设计是将目标词置于相同的句子框架中，当然，实验设计应注意这两个词必须都符合句子的前文语境。研究者以芬兰语的复合词为刺激材料进行了一系列实验（关于荷兰语类似的实验，参见 Kuperman，Schreuder，Bertram et al.，2009）。与德语相似，芬兰语的复合词在书写时构成词素之间向来没有空格，因此由两个成分构成的复合词相当常见（实际上，芬兰语复合词的构成成分并不都是单一的词素，词尾经常有变化，用于标记语法格）。最初的实验材料为 10 个以上字母组成的复合词，结果发现词首或词尾词素的频率高低对单词的凝视时间有很大的影响（大约为 100 毫秒）（Hyönä & Pollatsek，1998；Pollatsek & Hyönä，2005；Pollatsek，Hyönä & Bertram，2000）。上述数据表明，构成复合词的成分参与了词汇的编码，尤其是词首成分的频率甚至对词汇首次注视时间有影响。

然而，词汇的编码不仅仅是其构成成分的编码，因为即使是在长复合词各组成成分的频率相同的条件下，整词的频率对凝视时间也会有很大的影响（也是大约 100 毫秒）（Pollatsek，Hyönä & Bertram，2000）。因此，波拉特塞克等人提出了一个双通路模型。这个模型类似于用以解释语音编码效应的模型。两条通路分别是用于对词的整体进行编码的整词通路（whole word route）和对构成词的成分分别进行编码然后整合起来的组合通路（compositional route）。尽管从上述数据来看这一假设似乎有其合理性，但是我们可以看出，两条通路不可能彼此独立地运作。

长度似乎是同复合词的加工相关的一个因素。有研究者（Hyönä & Bertram，2004）以不同长度的芬兰语复合词为材料进行研究发现，较长复合词（平均长度为 12.5 个字母）词首成分的频率对词汇的凝视时间有影响，但是，就较短复合词（平均长度为 7.5 个字母）而言，此影响消失，但整词的频率对凝视时间仍有影响，表明较短的复合词很容易被作为统一的整体来加工，并且词汇的直接通达占主导地位；但是，就较长词汇而言，因为加工更为困难，因此组合过程参与了词汇编码过程。词长对组成成分的频率效应具有调节作用，可能说明为什么英语中类似的研究数据模糊不清（在上述研究中，英语复合词几乎从来没有芬兰语复合词那么长）。尽管在英语中也发现了构成成分效应（Andrews，Miller & Rayner，2004；Juhasz，2007；Juhasz，Starr，Inhoff et al.，2003），但是并没有在芬兰语中那么大，而且数据模式也因研究而异。

除词长外，芬兰语和英语之间数据差异的另一个解释可能是，在芬兰语中复合组词方式更为常见。芬兰语读者每天都可能遇到新奇的复合词，而且其拼写成分之间没有空格(尽管新异复合词在英语中并不罕见，但其拼写总是在成分之间留有空格)。因此，芬兰语读者若遇到没有空格的复合词，很可能不能确定它们是否是新词，然而英语读者通常确信构成成分之间无空格的复合词理应存在于其心理词典中。

英语前缀词的研究数据模式与芬兰语复合词颇为相似，同时令人联想到双通路模型。尼斯旺德-克莱门特和波拉特塞克(Niswander-Klement & Pollatsek，2006)在研究中对前缀词整体的词频与词根的频率进行了操纵(见表5-2)。前缀(如"mis""re")语义透明；此外，用于比较的两个目标词前缀相同，从而控制了前缀加工所产生的难度差异。同对芬兰语复合词的研究结果相似，研究者发现前缀词的频率和词根的频率均对凝视时间有显著影响。另外，他们还发现较长前缀词的构成成分频率效应更大，这符合芬兰语复合词的实验结果。然而，他们也发现，较长前缀词整体词频效应较小(与芬兰语复合词的研究结果不相符)。根词素的频率对英语后缀词的凝视时间也有较小的影响(Niswander，Pollatsek & Rayner，2000)。

**表5-2　在尼斯旺德-克莱门特和波拉特塞克(2006)的研究中所采用语料举例**

长前缀词：词频保持不变

It was Robin's responsibility to [rearrange/reprocess] the employees' work schedules.

短前缀词：词频保持不变

Hugh asked Jake to [unfold/unroll] the dirty sleeping bag out on the porch.

长前缀词：根词素频率保持不变

The scientist set out to [disprove/discount] his rival's theories one by one.

短前缀词：根词素频率保持不变

Jack and Fran tried to [relive/recall] the evening of their first kiss.

注：在上述所有例子中，斜线前的刺激为低频刺激。当词频保持恒定的时候，操纵的是根词素的频率。当根词素的频率保持恒定时，操纵的是词频。

在孤立呈现词汇的研究中，旨在验证词素在词汇编码中发挥作用的第二种范式是，考查词素是否对包含相同词素的目标词具有启动作用。掩蔽启动范式(本书第三章所讨论的)经常被用来对此进行研究。研究的基本发现是，若将词素作为启动刺激或者预视刺激呈现，与词汇的非词素构成成分作为启动刺激相比，更能够促进目标词的加工(通常以词汇判断时间为测量指标)。上述结果已经在印欧诸语言中得到了印证(荷兰语和德语：Drews & Zwitzerlood，1995。英语：Forster & Azuma，2000。Rastle，Davis，Marslen-Wilson et al.，2000。法语：Grainger，Cole & Segui，1991)，但是仍存在效应不显著的情况(Masson & Isaak，1999)。此处需要探讨且令人感兴趣的是，这种范式已经被用来研究具有不同形态类型的希伯来语的形态加工。

如前所述，在希伯来语(以及在其他闪语族诸语言)中，词素是中缀。同英语一样，根词素表达单词的基本语义，动词或者名词形式具有与英语后缀基本相似的功能(如标志动词的时态，或者名词是主格还是宾格)。例如，根词素/xbr/可以和动名词词缀结合产生口语形式/maxberet/，意思是"notebook"(笔记簿)；或者和动词形式结合产生口语形式/xibber/，意思是"he combined"(他结合/联合)。希伯来语和其他闪语族诸语言的另一个重要的特点是辅音总是有文字表征，但是元音没有。根词素通常包含三个辅音(如上例)；动词形式主要包含元音，但也可包含一个辅音。独立呈现的根词素(在很少情况下为词)对于包含同一根词素的单词具有很明显的启动作用，而动词形式的启动作用较小，名词形式的词没有启动效应(Deutsch，Frost & Forster，1998；Frost，Forster & Deutsch，1997)，这可能并不奇怪。

副中央凹预视实验(Deutsch，Frost，Peleg et al.，2003；Deutsch，Frost，Pollatsek et al.，2005)也得出了相似的结果。这里预视刺激不是独立的词素，而是与目标词共享同一词素的另一个单词。控制词与预视词匹配，所包含的字母数与目标词相同(尽管在上述两种情况下，启动词和目标词的字母位置未必相同)。结果发现，与掩蔽启动实验结果相似，根词素和动词形式的预视都能产生显著的预视效应，而名词形式的预视却没有。上述研究结果表明，词素的促进效应并不取决于词素是连续的字母串，而是更多地取决于词汇的基本结构。

副中央凹预视实验的第二种现象以另一种方式为词素分解在词汇编码中的作用提供证据(Hyänö，Bertram & Pollatsek，2004)。在边界变化(boundary change)实验中，若芬兰语复合词的第二部分被替换成"废字母"(garbage)(不正确的字母)，在正常预视条件下，词汇前半部分的凝视时间没有改变。然而，在"废字母"预视条件下，词汇后半部分的凝视时间延长。这一结果与之前描述的边界在不同词汇之间的数据模式相同，表明复合词后半部分是作为一个独立的单位得到加工的(Drieghe，Pollatsek，Juhasz et al.，2010；Juhasz，Pollatsek，Hyönä et al.，2009)。

这里所讨论的实验清楚地表明，词汇中所包含的词素经常被作为独立的单位得到加工，而且这些单位的加工为整词的加工提供信息。然而，词汇组成成分的加工在哪个层次上整合为整词的编码，目前尚不清楚。一种可能是，词素仅仅是熟悉的字母组合，其作为一个单位得到加工，然后在一个相对表层水平上"黏合"到一起。另一种更有趣的可能是，词汇构成词素的重组在一定程度上是一种语义组合。检验后一种可能的方法是变化复合词的语义透明度。也就是说，如果重组发生在语义水平上，与语义较透明的词(如"basketball")相比,我们预测,"nightmare"之类语义不透明的复合词会产生干扰,因为构成"nightmare"的词素,其语义无助于整词意义的通达(如噩梦与马没有任何关系)。

在语义透明度实验中,语义透明与不透明的复合词被嵌入句子中,而且在两种情况下,句子结构至少在复合词出现之前完全相同(两种复合词整词的频率和组成成分频率均相匹配)。最初的芬兰语实验(Pollatsek & Hyönä,2005)发现,语义透明度对复合词的凝视时间和其他测量指标均没有影响。然而,第一个构词成分的频率对透明复合词和非透明复合词的凝视时间都有影响,表明词汇编码(在一定程度上)是通过词首成分的识别来进行的。英语中可能存在一定的语义透明度效应。尽管弗里森等人(Frisson,Niswander-Klement & Pollatsek,2008)发现英语复合词没有语义透明度效应,但是尤哈斯(Juhasz,2007)发现英语复合词在注视时间上具有显著而相对较小的语义透明度效应。

因此,也许颇为令人吃惊,支持词素组合过程发生在一个较深的语义层的证据并不是特别有说服力。然而,如前文所指出,语义透明度并不是一个简单的概念,因为能完全从组成成分推断出整词语义的复合词即使存在,数量也极少。例如,人们普遍认为前文提到的"cowboy"是一个透明复合词,因为每一个构词成分都与整体词义有联系,读者知道"cow"(母牛)和"boy"(男孩)的意思,却无法弄清"cowboy"的整体意思。因此,复合词的语义透明度效应即便有也极小,因为即使是语义透明复合词,其语义也必须从心理词典中提取出来。

另一个考查词素组合过程"深度"的方法是采用由三个词素构成的歧义词,如"unlockable",因为这种词汇的语义依赖于词素成分附着的顺序。例如,如果先将"un"附着于"lock",然后将"able"附着于"unlock",最后形成"(unlock)-able",其意义为"某种可以被解锁的东西";然而,如果附着的顺序恰好相反,最后形成 un-(lockable),词义就成了"某种不能被上锁的东西"。这种语义的模糊性导致了一个问题:读者如何在这两种可能的附着结构之间做出抉择呢?利伯恩(Libben,2003)的研究表明,若实验要求以最自然的方式对单词进行切分,实验参与者通常将分割线画在前缀和词之间(如"re/lockable")。然而,波拉特塞克等人(Pollatsek,Drieghe,Stockall et al.,2010)在其眼动实验中要求实验参与者读出此类单词(词中没有斜线分割),结果发现前文语境倾向于"un(lockable)"(某种不能被上锁的东西)解读时,比前文语境倾向于"unlock(able)"(某种可以被解锁的东西)解读时,阅读速度慢。

假设上述结果表明,人们倾向于将这种歧义词解读为"unX(able)",这种解读便与达菲等人(1988)的研究发现相似,即若前文语境强烈偏向于歧义词的低频语义,其注视时间延长。但是,两者之间也有一个不同之处:达菲等人发现的效应表现在凝视时间上,而波拉特塞克等人发现的效应表现在略晚的一个指标上,即回视路径时间/回看时间(go-past time,见图 4-1),表明在后一个研究中,读者回视重读了前文。"(unX)able"这一义项似乎仍然是读者偏好的选择。但是，究竟为什么会这样呢？一种最有可能的解释是构词成分的频率。实际上，在波拉特塞克等人呈现的所有刺激中，"unX"构词成分(如"unlock")的频率均远远高于"Xable"成分(如"lockable")的频率。此外，那些偏向效应最小的刺激恰恰是"unX"成分频率最低的词汇。

## 四、语境对词汇识别的影响

### (一)几个一般问题

如本书第三章所述，高层次的加工对词汇识别的影响相对较小。首先，熟练的读者对孤立呈现的词汇的识别高度流利、自动化，因此在初始阶段并不需要太多帮助。其次，许多变量，如词长和词频，可用于预测读者眼睛注视的大部分变异。这一结果与以下观点不相符：大部分词汇加工过程源自自上而下的加工，如词汇与文本的契合程度。此类(以及其他一些)研究结果导致一些研究者(Fodor，1983)得出更为激进的观点(被称作模块理论)，认为高层次的加工对词汇识别没有任何影响。由于这种观点得到人们的大力推崇，若其正确的话，将有助于简化阅读过程的分析，因此这里将对自上而下的过程对于词汇识别是否有影响的证据展开讨论。近年来，关于模块论的争论有所减弱，但是就某些论点展开讨论仍然是有益的。因此，我们首先需要澄清几个问题。

第一个问题(下文详论)是语境对词汇加工时间具有无可争议的影响。例如，对于文本中预测性较高的词汇来说，其注视时间短于预测性较低的词汇。支持高层次过程对词汇识别没有影响这一观点者也对这些数据没有争议。但他们坚持认为，在两种条件下，加工时间上的差异并非源于词汇识别的难易程度，而是后期过程造成的，如读者将词汇整合到正在建构的语篇结构中所花费的时间。

第二个问题是高层次过程对词汇识别没有影响是否有其结构性原因。例如，福多尔(Fodor)与其他一些研究者(Forster，1979；Seidenberg，1985)认为，词汇通达是通过信息加工系统中不与其他系统或者模块产生交互的一个独立模块来完成的。根据福多尔的理论(可能是最极端)，词汇识别模块和语言加工系统的其他模块之间唯一的交流是，前者将已经识别出来的词汇送入下一个模块中进行加工。如果其他系统陷入困顿(如单词被误读或者输入错误)，那么高层次过程会告诉词汇识别模块"再试一次"(不能告诉词汇识别模块具体查找哪个单词)。

初看起来，可能很难看出人们如何坚持这一观点。例如，在填字游戏中，如果一个单词的几个字母已经填入，那么你往往可以通过字谜中提供的定义顺利地确定正确的单词，但是若没有字母或定义，你只有留空白。定义和部分视觉信息似乎相互作用促成了词汇的通达。然而，模块观的支持者可能坚持认为，在这种情况下语境效应并非自上而下的。相反，对词汇通达的任何影响都可以调用"激活扩散"机制来解释。根据"激活扩散"机制，定义中相关词汇的词条得到激活，并且将自动激活沿着词条与所通达的词汇之间的连接发送出去。这种激活有助于词汇的通达。这种机制在词汇之间（完全在词汇模块内）发挥作用，因此并非自上而下的加工。

另外一种观点与上述自上而下的加工原则上不参与词汇通达的观点略有不同，认为自上而下的加工在流利默读过程中几乎没有作用，因为这样做的代价大于收益。也就是说，如果词汇通达能够在没有任何帮助的情况下顺利进行（与词汇孤立呈现时一样）的话，那么加速这一过程就几乎得不到任何益处，而且设法通过语境来促进词汇的通达可能需要付出很大的代价（Stanovich，1980）。这一论点看似格外有说服力，如同阅读的猜谜游戏模型的观点（Goodman，1967，1970；Hochberg，1970；Levin & Kaplan，1970），语境被用作一种有意识的预测时，尤其如此。根据猜谜游戏模型，有意识的预测在文本的词汇识别中发挥重要作用，因此视觉信息并不一定必须得到完全加工。这种有意识的预测似乎需要付出两个主要代价。第一个代价是，预测可能发生错误，即使是没有时间限制，读者通常不能很好地对下一个单词做出预测（Gough，Alford & Holley-Wilcox，1981；McConkie & Rayner，1976b）。第二个代价是，预测将会占用将词汇组合起来形成句法和语义结构的高级过程所需要的加工资源。

## (二) 语境对词汇通达速度有影响吗？

多年以来，这个问题一直是认知心理学研究的一个主要课题，但其答案仍然存在争议。有证据表明语境对词汇识别有促进效应，然而，是将所有的效应都归因于"词汇间"过程（如启动效应），还是需要调用高级过程与词汇通达之间的交互机制，目前尚不清楚。对相关证据进行讨论时遇到的一个主要问题是，对语境是否影响词汇通达这一问题的回答，可能视情况而定。例如，在填字谜游戏中，词汇通达速度缓慢，在这种条件下，语境可能对词汇通达有很大的影响。然而，在正常默读之类的情形中，词汇通达在几分之一秒内瞬间完成，这时语境就可能不起重要作用。

最初旨在验证类似阅读情境中语境效应的实验（Morton，1964；Tulving & Gold，1963；Tulving，Mandler & Baumal，1964）与前述的填字谜游戏没有很大差异。实验要求参与者先阅读一个句子片段，如：

The skiers were buried alive by the sudden.　　　　　　　　　　　　(5.5)

（滑雪者突然被活埋了。）

然后，用速示器向实验参与者非常短暂地呈现目标词"avalanche"（雪崩）。实验参与者对目标词的识别速度，在有语境预测时比没有语境预测时快得多。有人认为，上述实验是语境影响词汇识别的证据。然而，许多研究者对这种情况是否与正常阅读有任何关系提出质疑，因为实验所采用的刺激材料为非正常语言，实验参与者对其做出的反应可能会减慢。因此，实验参与者选择的反应可能是有意识地问题解决过程的结果，而非知觉的识别。

因此，研究者对实验程序做了修改，在句子片段之后的目标词并非短暂地呈现出来，实验参与者能够对此快速做出反应(Stanovich & West，1983)。多数实验要求实验参与者命名目标词(Beck，1985；Stanovich & West，1979)或者对目标词做出词汇判断(Fischler & Bloom，1979；Schuberth & Eimas，1977)。尽管这种实验程序也改变了自然阅读过程，但是只要句子片段和目标词之间间隔时间较短(在有些实验中只有250毫秒左右)，其时间关系就和正常阅读过程没有很大差异。多数实验结果表明，与中性条件相比(如例5.6)，预测性高的语境事实上缩短了命名和词汇判断的反应时。

The next word in the sentence will be…                    (5.6)
(句中下一个词是……)

因此，在要求实验参与者快速做出反应的情况下，语境似乎能够促进词汇的加工。关于这一点，后来几乎不再有争议。争议在多数情况下集中在前文讨论过的两个问题上：①词汇通达是得到促进的过程，还是加工后期的一个阶段？②语境效应是源自某种高级过程(如句中词汇的可预测性)，还是词汇间过程(如激活扩散)？关于第二个问题，此处暂且不讨论，目前主要集中讨论词汇通达的速度是否(以某种方式)受句子语境的影响这一问题。

尽管词汇判断和词汇命名两种任务均与流畅阅读过程相似，但是也有几个关键的不同之处。两种任务中都插入了并非语篇理解的额外任务。此外，包含语境的句子框架和目标词之间通常有延迟。因此，我们认为对流畅阅读过程中的这种效应进行研究的最佳方式是研究阅读理解过程中的眼动。因此，这里将集中探讨眼动在语境效应研究中的应用。

**1. 阅读中的语境效应**

早期旨在探索正常阅读中语境效应的实验[Zola，1984；最早在麦康基和佐拉(McConkie & Zola，1981)的研究中有报告]与前面描述的实验程序类似：目标词的可预测性作为自变量得到操控，因变量为目标词的平均注视时间和注视概率。例如，在一个关于电影工业的段落中包含下面的句子：

Movie theatres must have buttered popcorn to serve their patrons.      (5.7)
(影院应该为顾客提供奶油爆米花。)

或者是用"adequate"(恰当的)替换了"buttered"的相同句子。佐拉发现，语境效应小得令人惊讶：当目标词"popcorn"的语境可预测性高时，注视时间只缩短了15毫秒，而且实验参与者跳读目标词的概率在高语境可预测性和低语境可预测性两种条件下无显著差异。在我们讨论的各个研究中，可预测性通常在正式实验前采用标准化测验来进行评估，只要求实验参与者通过前文语境猜测目标词，而高语境可预测性通常意味着不少于60%的实验参与者能根据语境正确地猜测出目标词。

在佐拉的实验中，可预测的语境总是由形容词（如例 5.7 中的"buttered"）加目标名词构成。埃拉利赫和瑞纳（Ehrlich & Rayner，1981）认为，这并非阅读中常见的典型语境，而且许多词汇的可预测性是通过更大的语境片段来确定的。在其研究采用的段落中，目标词要么具有高语境可预测性，要么没有语境可预测性，但语境的确立却更早（见表 5-3）。他们发现，读者跳读目标词的概率，在高语境可预测性条件下显著高于无语境可预测性条件下，并且对于目标词的平均注视时间，前一种条件比后一种条件缩短了 30～50 毫秒（为佐拉的实验结果的两倍多）。

**表 5-3　埃拉利赫和瑞纳（1981）的实验中使用的段落**

高语境制约条件（实验一）

He saw the black fin slice through the water and the image of shark's teeth came quickly to his mind. He turned quickly toward the shore and swam for his life. The coast guard has warned that someone had seen a *shark* off the north shore of the island. As usual, not everyone listened to the warning.

低语境制约条件（实验一）

The young couple were delighted by the special attention they were getting. The zoo keeper explained that the life span of a *shark* is much longer that those of the other animals they had talked about. The scientists decided that this man would make a great ally.

高语境制约条件（实验二）

It is often said that dead men tell no tales. But Fred was very nervous as he put his shovel into the ground where he knew the makeshift grave was. He soon uncovered the skeletal remains and cleared the dirt away. He reached down and picked up one of the *bones* and quickly threw it aside realizing that it was not what he was searching for.

注：此处所谓语境制约条件指语境（实验中没有用斜体）中目标词（斜体）的可预测性。在最下端的例子中，低语境制约条件就是把其中的"bones"（尸骨）改为"boxes"（盒子）。

因此，上述研究以及下面讨论的各个研究均肯定语境确实对词汇的加工时间有影响，但影响的强度相对较小。上述研究结果乃是对阅读的猜测游戏模型的否定：也就是说，倘若猜测是词汇识别的一个重要部分，那么在前文信息的积累足以使猜测占主导的条件下，效应理应更大（如前所述，多数实词并不像在实验中使用的目标词一样具有可预测性）。然而，语境效应未必是可预测词汇的快速通达造成的，而可能是可预测的语境使目标词更容易与句子语境契合，从而加速了目标词的加工。

考查词汇通达是否受语境影响的一种方法，是探寻语境和目标词纯粹视觉方面的交互作用。巴洛塔等人（Balota，Pollatsek & Rayner，1985）的实验采用边界变化程序，对副中央凹视觉区的视觉信息加以操纵。

Since the wedding was today, the baker rushed the wedding cake (pies) to the reception.

(5.8)

［因婚礼今天举行，面包店主匆匆将结婚蛋糕（饼）送到招待会上。］

在目标位置得到注视时，呈现两个目标词之一："cake"，从前文语境中可以得到高度预测；"pies"，虽然不能从前文语境中推测出来，但是符合语境要求。然而，在读者的眼动越过边界位置之前，目标位置（副中央凹视觉区预视）上呈现的字母串可能与目标词不同。预视的字母串既可能与目标词相同（如"cake"和"pies"分别是"cake"和"pies"的预视刺激），也可能与目标词具有视觉相似性（"cahc"和"picz"分别是"cake"和"pies"的预视刺激），还可能与另一个目标词相同（"pies"是"cake"的预视刺激，反之亦然），也可能与另一个目标词相似（"picz"和"cahc"分别是"cake"和"pies"的预视刺激），还可能与目标词既无视觉相似性也无语义相关性（"bomb"是"cake"或"pies"的预视刺激）。

高可预测性的词及其视觉相似但拼写错误的词（如"cahc"），比不可预测的词及其拼写错误的形式（如"picz"）更易于被跳读[与埃拉利赫和瑞纳（Ehrlich & Rayner，1981）的研究发现相同]。另外，目标词的凝视时间是可预测性和预视刺激的视觉信息交互作用的反映（见表 5-4）。巴洛塔等人认为，理解这种交互作用的最佳方式是对表 5-4 中左边的两列数据（预视刺激和目标词相同或者具有视觉相似性）与右边的三列数据（预视刺激和目标词不同，如目标词是具有高可预测性的"cake"，而预视刺激则是"pies"、"picz"或"bomb"）进行比较。若目标词具有高可预测性，预视刺激与目标词相同或具有视觉相似性条件，比无视觉相似性条件的凝视时间缩短了 43 毫秒。若目标词可预测性低，差异仅为 21 毫秒。这一结果表明，若副中央凹视区刺激（或者是视觉相似的刺激）有可预测性，那么在这一区域加工的字母就更多。

### 表 5-4　高、低可预测性

|  | IDENT | VS | SR | VD | AN |
|---|---|---|---|---|---|
| 高可预测性 | 232 | 284 | 280 | 280 | 192 |
| 低可预测性 | 264 | 263 | 287 | 277 | 290 |

注：巴洛塔等人（Balota et al.，1985）的研究中具有高、低可预测性目标词的平均凝视时间（如"cake"和"pies"）。列表示预视条件。IDENT＝相同，VS＝具有视觉相似性（如"cahc/cake""picz/pies"），SR＝具有语义相关性（如"pies/cake""cake/pies"），VD＝无视觉相似性（如"picz/cake""cahc/pies"），AN＝异常（如"bomb/cake""bomb/pies"）。

其他许多关于可预测性影响的研究（Ashby，Rayner & Clifton，2005；Drieghe，Brysbaert，Desmet et al.，2004；Drieghe，Rayner & Pollatsek，2005；Kliegl，Nuthmanm & Engbert，2006；Rayner，Ashby，Pollatsek et al.，2004；Rayner，Li，Juhasz et al.，2005；Rayner，Slattery，Drieghe et al.，2011；Rayner & Well，1996；Schustack，Ehrlich & Rayner，1987；White，Rayner & Liversedge，2005a）结果表明，预测性语境缩短了目标词的注视时间，增加了目标词跳读的可能性。上述研究发现非常值得关注。首先，德里格等人（Drieghe et al.，2005）部分重复了巴洛塔等人（Balota et al.，1985）的研究，只对

具有可预测性的目标词进行了考查。结果发现，在预视刺激与目标词相同的条件下，跳读的概率高于其他几种不同预视条件(包括巴洛塔等人在实验中所使用的预视刺激材料)，但是与巴洛塔等人的研究结果的不同之处在于，与目标词不同的几种预视刺激类型之间的跳读概率没有差异。他们认为，两个研究之间的差异可能是由于用于呈现刺激的显示器质量在近些年来有所提高，因此读者可能在最近的研究中能够更有效地提取副中央凹视觉区的信息。其次，瑞纳等人(Rayner et al.，2004)发现词频和词的可预测性不仅对跳读产生交互影响，而且对目标词的注视时间产生额外的影响。最后，瑞纳等人(Rayner，Slattery，Drieghe et al.，2011)的研究显示，在跳读率和注视时间上，目标词的可预测性和词长的交互作用不显著。众所周知，词长对单词的跳读影响最大(Brysbaert & Vitu，1998；Rayner & McConkie，1976)，因此可预测性对短词(4～5个字母)和长词(9～13个字母)具有相似的影响，这一结果令人很意外。

结束对语境效应的讨论之前，另外一点值得一提，除了完形填空的任务以外，研究者还采用了其他方法来研究阅读过程中语境如何影响加工过程。例如，麦克唐纳和希洛克(McDonald & Shillcock，2003a，2003b)极力主张采用过渡概率(transitional probability，即一个词先于或跟随另一个词的统计概率)来对语境效应进行研究，认为过渡概率至少在可预测性低的条件下独立于一般的可预测效应而运作。他们通过一项实验和对眼动数据的语料库分析所获得的证据提出，若语料库词频统计表明当词 $n+1$ 在词 $n$ 之后出现的概率较高(请注意，即使高过渡概率的词汇，其过渡概率仅为1%，而低过渡概率词的过渡概率则是0.04%)，读者对词 $n+1$ 的注视时间将缩短。然而，在后续的研究中，弗里森等人(Frisson，Rayner & Pickering，2005)重复了上述结果，但是同时他们也证明这一结果相对于过渡概率而言，更有可能是(通过完形填空程序测量的)可预测性的差异造成的。最后，另一种研究语境效应的方法是用前文语境的句法和语义来估计所谓"惊奇"("surprisal"，根据前文语境的分析估计单词出现概率的负对数量；Levy，2008)。利维(Levy)认为在特定语境中出现概率低的词汇的阅读需要更长的时间。

总之，有几项研究已表明，当词汇可从句子语境中预测出来时，其注视时间缩短，跳读发生的概率增加。研究还发现，具有可预测性的语境对副中央凹视觉区域信息的提取有影响，因此进一步表明语境会影响阅读过程中的词汇通达。他们还认为，阅读过程中语境效应的一个主要作用是加速了副中央凹视觉区视觉信息的提取。这个观点有其道理，因为副中央凹视觉区视觉信息不如中央凹视觉信息完善，因此其提取更需要语境的帮助。

**2. 语境的作用机制是什么？**

这个问题没有明确的答案。虽然我们将语境操作定义为可预测性，但是这个机制未必是借助于高层次加工对目标词进行的预测。它至少在一定程度上也可能是，具有可预测性的词汇比无可预测性的词汇更容易整合到文本表征中(见本书第八章和第九章)。对预测效应的另一种解释是我们在本书第三章中所探讨的(词间)启动。例如，在例5.8中，"cake"的加工效率之所以提高，可能是由于"wedding"的语义启动，而不是在那个语境中"cake"的可预测性高。事实上，斯塔诺维奇和韦斯特(Stanovich & West，1983)将预测效应解释为在目标词之前的所有词汇对目标词启动效应的总和。

虽然这种解释有其合理性，但是尚无有力证据表明启动按照上述方式运作。首先，即使目标词和启动词之间只插入了一个或两个词或非词，并且要求实验参与者对每个刺激都做出词汇判断，相关词汇产生的启动效应在词汇判断任务中很快就会消失(Gough，Alford，Holley-Wilcox et al.，1981)。如果启动词和目标词之间的距离必须非常临近才能产生启动效应，那么用启动效应在很多情况下就不可能解释阅读的语境效应。然而，真实的阅读情境可能不同于实验室的词汇判断任务，因为读者可能由于句子意义的建构而启动刺激存储在短时记忆中并保持其活跃状态，而且这种短时记忆的活跃表征可能发挥启动作用(Foss，1982；Morris，1994)。其次，实验室里观察到的启动效应是否是由于自动联想机制产生的，目前尚不清楚。如果实验参与者看到启动刺激"doctor"(医生)，他或她可能会猜测目标词是"nurse"(护士)(也就是说，启动可能产生于预测；Neely，1977)。

阅读的眼动实验表明，语境对词汇通达的主要影响可能在对副中央凹视觉区信息的提取上。语境效应在跳读上表现得最为突出。另外，巴洛塔等人的实验显示，语境与副中央凹视觉区信息的提取有交互作用，因此词汇注视时间的缩短可能是副中央凹视觉信息提取效率的提高造成的。实际上，在词汇识别水平上，中央凹视觉区的信息本身可能就很完善，因此语境几乎没用武之地[这符合斯塔诺维奇(Stanovich，1980)的观点，即语境主要在视觉信息以某些方式被削弱的情况下才发挥其作用]。

# 五、结论、思考与前瞻

## 我们学到了什么？

本章所探讨的重点是目前从文本阅读过程的词汇识别实验中获得的知识；孤立呈现词汇识别实验所得出的结论在多大程度上需要修订。首先回答后一个问题。就许多基本现象而言，阅读研究总的来说重复出了第三章中讨论的研究现象。一个简单的例证是本书第三章中所讨论的词频和词长效应(如本章和第四章所讨论的研究所表明的)也存在于阅读中。但是，在有些孤立呈现词汇(尤其是词汇判断)任务中，在反应时上表现出来的词频效应(Schilling，Rayner & Chumbley，1998)比凝视时间上表现出来的词频效应大。这表明在词汇判断任务中部分词频效应发生在"词汇"判断时间上，而非在实际编码时间上(Ratcliff，Gomez & McKoon，2004)。同理，孤立呈现词汇研究范式和阅读研究都显示，语音通达是词汇识别过程的一个重要部分，其对早期阶段的加工过程有影响。

然而，阅读研究以一种重要的方式增加了我们的知识。关于词汇编码，人们想知道的中心问题是词汇的语义是否得到识别，语义通达需要多长时间，以及哪些因素对语义通达时间有影响。目前，我们尚没有有力证据支持命名或者词汇判断反应是语义通达引发的。相反，歧义词实验显示，词汇注视时间确实能够反映词汇语义是否通达。鉴于此，注视时间（尤其是词汇凝视时间）的测量可能是具有生态效度的阅读研究范式，是用于对阅读中词汇语义编码进行研究的绝佳工具。然而，此处需要做出两个重要说明。第一，我们并没有声称凝视时间等同于词汇语义通达时间。第二，若某个变量对词汇凝视时间有影响，这未必意味着它对词汇语义通达时间也有影响（参见本书第八章和第九章）。

本章中所讨论的邻居词和字母调换效应与孤立呈现词汇研究所发现的效应一致，表明词汇的邻居词对其编码时间有影响；错误位置上的正确字母确实对词汇的识别具有促进作用。但是，与孤立呈现词汇研究文献中所报告的结果的不同之处在于，邻居词对阅读产生影响的主要方式是，它们增加了词汇错误识别的概率。

本章关于由多词素构成词汇的讨论支持几个观点。结论之一是，复合词并非被平行加工的，并且在某些情况下，序列加工并不仅仅是逐词加工，而且是逐词素加工。结论之二是，数据显示，整词频率和构成词素的频率均对词汇凝视时间有影响，这表明多词素词汇的加工涉及从心理词典中整词的提取与词汇构成成分的通达。但是，其他数据（尤其是语义透明度效应缺乏证据）表明，构成词素在复杂词汇语义的通达过程中如何发挥作用，目前尚不清楚。

# 六、前瞻

本章中数次提到的一些现象（特别是单词跳读）均为阅读过程的一部分，而且与词汇识别有关。每次提及，我们都谈到将在本书第六章中详论，并提出一个阅读眼动控制模型，用于对这些现象进行符合我们所提出假设的解释：我们在阅读过程中通常每次只加工一个单词，而且何时完成词汇识别和何时发出移动到下一个单词的信号，这两者之间有紧密联系。接下来我们将对这一模型进行详细讨论，并用这个模型来对这些现象进行解释。但是，我们需要强调的是（在本书第六章中也如此），这个模型主要用于解释单词识别与阅读过程中眼动的联系。显然，这个模型无法反映阅读过程中眼动的全貌，因为文本的理解远远不止于独立的词汇语义的理解。句法的理解与句子或段落的整体意义的建构等过程也对眼动行为有影响。我们将在本书第八章和第九章中对这些现象进行详细的讨论。其中有很多现象并非本书第六章所述模型能够涵盖的。

# 第六章　阅读的眼动模型

　　本书第三章至第五章探讨了孤立呈现词汇的识别、阅读中眼动的基本问题以及文本阅读过程中的词汇识别。本章将介绍我们所提出的简单的阅读眼动模型，这个模型可用于解释为什么词汇识别与眼睛注视位置之间的联系如此紧密。

　　下面详细讨论的 E-Z 读者模型（Rayner，Li & Pollatsek，2007；Reichle，Pollatsek，Fisher & Rayner，1998；Reichle，Rayner & Pollatsek，2003；Pollatsek，Reichle & Rayner，2006）的核心观点是，词汇识别是文本阅读过程中触发眼睛在文本上移动的基本动力。当然，这并不意味着词汇意义的编码是文本理解的全部。然而，本模型的关键假设是，词汇识别是驱动眼睛在文本上移动的引擎，而其他过程通常滞后于词汇编码（然而，本书第八章、第九章所述及的一些现象表明，有时某些过程也并非远远滞后于词汇编码）。在 E-Z 读者模型的早期版本中，假设高层次的文本理解过程是持续进行的，并且不会影响眼睛向前运动；然而，该模型后期的版本（Reichle，Warren & McConnell，2009）试图在某种程度上，对高层次的文本理解加工过程是如何介入，并导致即刻回视与注视时间延长的方式进行解释。关于这些现象，我们将在本书第八章和第九章中讨论，因此，此处的讨论限于旨在对阅读过程中的词汇编码以何种方式驱动眼睛运动做出解释的早期模型。

　　为什么说这样一个模型合乎情理呢？请您考虑一个极端的情况：当读者阅读一个单词时，他不得不思索作者的深层意图，然后继续阅读下一个词，这样一来，就需要花费很多时间。如本书第三章所示，个体完成命名、词汇判断及分类等任务需要500～700毫秒。由于完成这些任务所必需的简单运动反应就要耗费200～300毫秒，因此词汇识别和语义通达似乎需要耗时几百毫秒。但是，熟练的读者一分钟能够阅读250～300个单词（平均约200毫秒阅读一个单词）。由于计划和执行眼动任务至少需要150毫秒，因此仅留下50毫秒用于识别词汇，读者显然没有足够的时间去确定作者的意图。因此，我们认为，这一系统首先完成"足够好的加工"，指导眼睛向前运动，若发生错误，由其他善后操作予以纠正，这在一定程度上是说得通的。

　　词汇识别是一个模糊的概念，这一点我们在本书第三章中就已经提出来，此处应该再强调一次，然后再对我们提出的模型进行描述。词汇识别是否意味着一个词及其在心理词典中的某一个词条联系的建立，其读音的通达、语义的通达、熟悉感，或者是上述几个过程的复杂结合？那么，什么程度的词汇识别对于读者来说算足够完善并可以继续进行文本的阅读？对此问题，我们尚没有确切的答案。相反，E-Z读者模型只是简单地假设词汇识别过程中有两个与眼睛运动相关的加工阶段：在前一阶段首先发出眼跳的信号，然后在后一阶段发出将内部注意转移到下一单词上的信号。需要强调的第二点是，如前所述，词的定义也模棱两可，尤其是汉语等语言，词与词之间没有空格之类的明显边界标记。然而，问题远比这复杂。例如，就词汇识别而言，"basket-ball"（篮球）是一个词还是两个词？此外，我们在本书第五章中所提供的研究数据表明（Drieghe，Pollatsek，Juhasz et al.，2010），构词成分之间无空格的复合词在一定程度上可能被当作两个单词来进行加工。但是，在本书后面的内容中，我们将词定义为"由空格隔开的字母序列"。

现在我们回顾一下E-Z读者模型的关键假设：读者对英语（或其他任何欧洲语言）词汇的加工（以序列方式）是按照它们在文本中出现的先后顺序，一次只加工一个单词。也就是说，根据这一模型，在任一时间点上为达到词汇识别的目的，只有某一个单词中的所有字母处于内部空间注意机制的"聚光灯"下，页面上的其他字母则一概被排除在外。这与一次注视只加工一个单词的假设不同。的确，在本书第四章中所探讨的移动窗口实验发现，一次注视通常能够加工不止一个单词。相反，E-Z读者模型认为，注视期间注意可能发生转移，因此读者在开始时将注意力集中于所注视的词，一旦词汇被识别，内隐注意机制会在眼睛实际运动到下一单词之前将注意力转移到下一个词上。确实，上述加工序列——注视始于注意力集中于当前所注视的词汇，但是之后在某一时间会将注意力转移到下一个单词（如右侧的一个单词），并开始对其进行加工——是E-Z读者模型所预测的一次注视期间最普遍的事件序列。

为什么假设词汇编码是逐词序列加工呢？首先，如本书第三章中提供的证据表明，当实验参与者对词汇进行旨在获取其意义的加工时，每次只能加工一个词（Karlin & Bower，1976；Reichle，Vanyukov，Laurent & Warren，2008）。这与视觉搜索研究的发现相符，若判断基于某些复杂因素，而非单一物理特征（如颜色）时，物体以序列方式来加工（Treisman，1988；Treisman & Gelade，1980）。其次，文字或印刷文字是对口语的转写，而口语或多或少受到生物遗传控制的一种基本技能，乃是阅读发展的基础。口语在时间中逐次延展，而且尽管其音节甚至词汇难以用物理边界来恰当地界定，但个体基本上仍然是逐词进行加工。另外，已有大量证据表明，即使是熟练的读者通常也需要无意识地提取单词的读音。最后，即使序列加工假设不完全正确[如人们可能会对"does not"（不）作为一个单位来进行加工]，但这一假设使阅读过程更易于理解。相反，如果假设在同一时间内多个单词同时被部分激活，那么我们将很难理解读者如何形成连贯的文本表征，尤其是在一个词先于其左侧的词得到编码的情况下（Rayner，

Pollatsek，Liversedge et al.，2009；Reichle，Liversedge，Pollatsek et al.，2009）。然而，需要强调的是，我们的假设是词汇以序列方式逐一得到加工，但同一个单词内的字母（至少对于较短或中等长度的单词而言）以平行方式得到加工，这与我们在本书第三章中所讨论的文献相符。

# 一、模型的简史和概览

## (一)为什么需要一个形式计算模型?

在介绍 E-Z 读者模型之前，我们首先对这类模型建构的目的做一解释，尤其是要回答为什么要用一章的篇幅来介绍这个模型的问题。正如前文和本书第四章与第五章所述，有大量研究证据表明，词汇编码的时间影响其注视时间。这些数据有力地表明，眼睛移动到下一个单词的信号往往来自词汇编码系统的某种信息，这种信息表明所注视词汇的编码已完成，并且是时候将眼睛移动到下一个单词上了。这似乎非常符合逐词序列加工的假设。

然而，时间的局限使这一过程难以解释：首先，多数实词的编码时间约为 200 毫秒。其次，对眼睛的运动做出计划也需要一定的时间，即眼睛移动到下一目标的潜伏时间（就像电灯的启动）为 150～173 毫秒(Becker & Jürgens，1979；Rayner，Slowiac-zek，Clifton et al.，1983)。即使后期的某些时间并非眼跳的计划时间，而是刺激编码时间，但从对信号进行编码到实际眼睛移动，保守的估计也需要近 100 毫秒。因此，两阶段时间之和长于在一般情况下阅读中的注视时间，后者一般为 200 多毫秒。

当然，这不是全部，正如本书第四章和第五章所提供的相当多的证据表明，许多单词在被注视前在副中央凹视觉区开始得到加工。因此，序列加工模型或许能够对第四章、第五章中讨论的眼动数据进行解释。然而，仅仅说这种模型可能具有解释力，未免缺乏说力。因此，若要有说服力地论证这一模型能够揭示眼动数据，唯一的方式是建立起一个计算机程序或者数学公式之类的模型，并实际运行，看其是否能够正常运行来做出判断。的确，我们在构建 E-Z 读者模型之初，对是否能够得到这样一个满足上述要求，可用于验证关于词汇编码时间和眼跳计划时间实际假设的模型缺乏信心。事实证明，我们成功地证明了这样一个模型具有可行性。此外，我们将在下文中论证：这一模型可以对所得数据做出简单明了的解释，并且是对阅读的眼动数据进行思考的有力工具。

## (二)背景

关于 E-Z 读者模型，有些复杂的问题需要花点时间做一解释，因此，可能最好首先介绍一下莫里森(Morrison，1984)提出的较为简单的眼动控制理论，在一定程度上，这一理论是 E-Z 读者模型的基础。莫里森从未提出过一个正式的模型，从未对此进行过验证[尽管波拉特塞克等人(2006)曾对某一个版本的模型进行过验证]。但是，这个模型的基本理念是 E-Z 读者模型的核心，但其中有一个关键的不同之处(下文详述)。莫里森认为，注视期间发生下述一系列事件。首先，读者将注意力集中于当前所注视的单词上。其次，在单词被识别后，以下两个事件同时发生：向注意系统发出信号，将注意力转移到下一单词上；向眼动系统发出信号，做好眼睛移动的计划。如果注意力快速转移，那么对下一个单词的加工在眼跳(该单词被注视)之前就已经开始。因此，这一模型能够解释本书第四章和第五章中所讨论的各种效应，表明读者能够在注视某个单词前就已经获取该单词的某些信息。

我们应该对几个术语做一界定，然后继续讨论。首先，我们使用注意来指某次聚焦于某个单词的内部过程，但未必是眼睛指向的位置；其次，为了方便起见，在谈到当前注视的单词时，我们用"$n$"来表示，其右侧第一个单词用"$n+1$"表示，右侧第二个单词用"$n+2$"表示，依此类推。

到目前为止，我们已建立起一个能够解释阅读中许多重要方面的模型。首先，如前所述，词频等变量对词汇的注视时间有影响。莫里森的模型做出了自然的解释，因为词汇识别是促使眼睛向下一个单词移动的信号。其次，如前已述，它还能够解释如何从注视单词右侧的预视中获益，同时，还能够解释为什么注视词左侧的单词对眼动没有影响。后者是移动窗口范式研究所得到的结果。但是，如前所述，这个模型始终有一个明显的缺陷：无法对单词的跳读做出解释。

莫里森也考虑到了这一问题，受到贝克尔和于尔根斯(Becker & Jürgens，1979)具有里程碑意义的眼跳控制实验的启发，在其模型中加入了一个巧妙的机制来对跳读进行解释。贝克尔和于尔根斯的实验并不涉及阅读，而是要求实验参与者根据不连续亮的光点来做出眼跳。实验中的核心情境是"两级"情境：光点从起始注视位置(位置一)开始移动到注视位置二，再到注视位置三(所有的注视位置都在一条想象的水平线上，位置三比位置二距离位置一更远一些)。研究要求实验参与者首先注视位置一，然后注视位置二，最后注视位置三。显然，若光点出现在位置一上 1 秒钟后，出现在位置二上，再过 1 秒钟后出现在位置三上，那么实验参与者首先要注视位置二，然后才注视位置三。然而，若光点出现在位置二上之后立即出现在位置三上，会发生什么变化呢？他们仍然会先注视位置二吗？贝克尔和于尔根斯的研究结果表明，这取决于时间间隔的长短：若位置二和位置三时间间隔长，实验参与者首先注视位置二，然后注视位置三；若时间间隔短暂，则只注视位置三(若时间间隔居中，实验参与者有时注视中间位置，但无论是莫里森的还是其之后的模型均未试图将这一现象纳入其中，否则会使模型复杂化，作为分析工具难以应用)。

莫里森将贝克尔和于尔根斯对这些数据的解释加以修改，并应用于对阅读的解释。

贝克尔和于尔根斯认为，眼动计划初期处于不稳定状态，可能会被终止或改变。因此，如光点在位置二出现后迅速在位置三上出现，位置二上的眼跳计划临时被取消，由位置三上的眼跳计划取而代之。相反，若位置二上的眼跳计划已在较大程度上得以执行，眼跳计划趋于稳定状态且无法取消，在这种情况下，眼跳计划继续执行，随后快速地跳跃到位置三上。

这一解释究竟与阅读和词汇跳读有什么关系？如果词汇短小、出现频率高且具有可预测性，易于加工，就可能被跳读。因此，请考虑一下，若词 $n+1$ 能够快速得到加工（如"the"），会发生什么情况呢？在这种情况下，读者正在注视词 $n$，而且在某个点上将注意转移到词 $n+1$，同时做出眼跳计划。但是，若词 $n+1$ 很快得到加工，注意力随即转移到词 $n+2$，同时做出向词 $n+2$ 的眼跳计划。若在做出第一个眼跳计划之后极其快速地做出第二个眼跳计划，那么第一个眼跳计划就会被取消，词 $n+1$ 被跳读。这只有在词 $n+1$ 能够得到极其快速加工的情况下才会发生。一种中间状态是，词 $n+1$ 的加工难度较低，注视词 $n$ 时就已得到完全识别（但是速度尚不够快，无法取消向词 $n+1$ 的眼跳计划），因此对词 $n+1$ 短暂注视后，随后是到词 $n+2$ 的眼跳。

关于跳读的机制，下文将要详述，但是目前暂且认为这是一种合理的机制，可用于揭示词汇跳读现象，即使读者每次只能加工一个词。前面我们详细介绍了莫里森的模型，目的是试图阐明：几乎没有假设的词汇识别的序列加工模型，也能够对认知加工控制阅读中的眼睛运动做出解释。具体而言，这一模型基本上能够解释有关阅读的两个重要方面：①注视词右侧有限的信息——一个或至多两个单词得到加工；②有些词被跳读，但并非任何词都可以跳读。短的、高频的、具有可预测性的单词比那些难以编码的单词，跳读的可能性更大。但是，如下文将述，莫里森的模型中仍存在一些问题，其编码假设过于简单，而且缺少一个能够解释为什么单词多次被注视的机制。而 E-Z 读者模型被认为是对莫里森模型的扩展和运用，能用于对阅读数据做出定量解释。

## （三）模型概述

在详细介绍 E-Z 读者模型之前，我们应该重申建立这个模型的目的。这并不是一个阅读的深度认知加工模型。模型中唯一与认知加工相关的重要假设是每次只加工一个单词。该模型既不试图对词汇的识别方式做出解释，也不对阅读过程中的其他认知操作做出解释，而是仅仅假设这些过程已经以某种方式完成，但是模型对某些变量以何种方式影响词汇识别的速度做出了假设。因此，E-Z 读者模型主要解释词汇识别背后的认知过程如何与眼动系统"对话"，并对眼动模式实施控制。

我们并没有坚持说 E-Z 读者模型在所有细节上都很精确，但是，我们认为这个模型非常接近现实，是对阅读的眼动模式进行探索、思考的一个很恰当的工具。其中，这一模型不仅为考查阅读中无法用词汇识别成功与否来解释的其他眼动模式提供了恰当的框架，而且为思考这类现象影响阅读中眼动的方式提供了抓手。早期的 E-Z 读者模型所不包含的一个显而易见的现象是词间回视（眼睛回视到前一个单词）。结果，我们用 E-Z 读者模型来解释的数据源于阅读无词间回视的句子时的眼动记录。但是，如前所述，近期的 E-Z 读者模型版本已经建立起某些词间回视的模型。关于这一点，我们将在本章后面专门加以讨论。

从概念上看，E-Z 读者模型与莫里森的模型基本相同，只有一个重要区别：E-Z 读者模型假设存在分离的"触发器"，启动内隐注意转移到下一单词和做出向下一单词的眼跳。除此之外，E-Z 读者模型只是填充了一些必要的细节，增加了用于解释词汇再注视的机制。如前所述，细节的补充与定量模型的建立至关重要，因为这是序列加工模型能够解释阅读中眼动控制方式的明证。此外，这种模型表明，单词长度、词频等变量对凝视时间等指标有明显的影响，这并非偶然；相反，这说明这些测量指标与词汇编码时间有密切联系。

如上所述，E-Z 读者模型区别于莫里森模型的关键假设是，前者假设存在分离的"触发器"，负责将注意力转移到右侧下一个单词，并做出眼跳计划（见图 6-1）。首先我们谈一谈为什么这一假设具有合理性，然后再提供能够证明模型必要性的研究数据。具体而言，E-Z 读者模型假设词汇加工包括以下三个阶段。

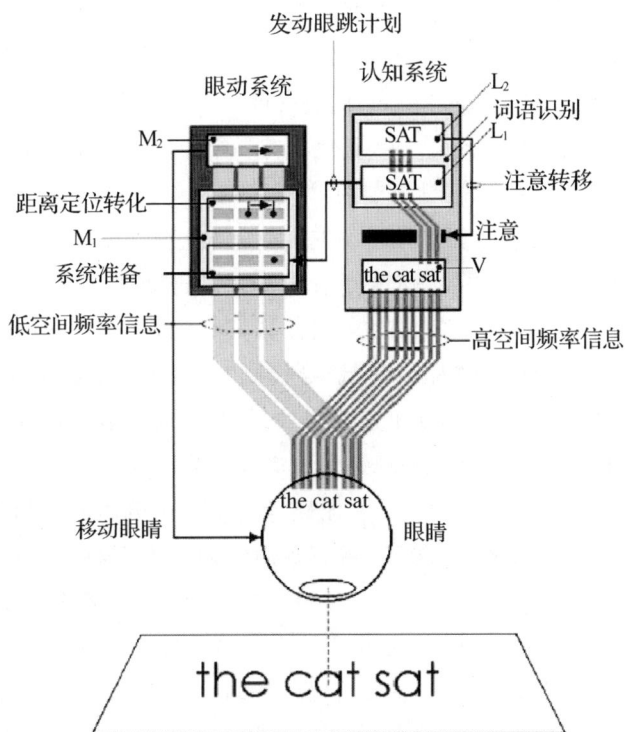

图 6-1　E-Z 读者模型示意图

第一阶段（V）是新的注视的开始，从视网膜上提取原始视觉信息。这大致上可被看作一个自动化阶段，在视网膜上平行发生；此外，词 $n+1$ 的原始信息被用于计划下一注视点的位置。然而，接下来的两个词汇加工阶段——$L_1$ 和 $L_2$，乃是需要注意力的聚焦加工。两个认知阶段在本质上并无差异，但是，在这两个阶段进行了不同类型的加工。两者最好被看成是词汇识别同一过程的两个完成程度不同的阶段（关于我们为什么认为导向 $L_1$ 和 $L_2$ 的加工之间没有本质差异的原因，下文讨论）。最后一个阶段 $L_2$ 结束时，词汇识别完成，因此可以将注意力转移到下一个单词上，并明确地对其开始加工。相反，第一个阶段 $L_1$ 的结尾并非词汇识别完成的"梦幻时刻"，而是认知系统做出判断确定词汇的加工是否已经完成，"安全"地计划向下一单词眼动的时刻。

至此需要对一个技术问题做一补充说明。为了便于构建模型，我们将 $L_1$ 和 $L_2$ 看作持续时间受到所读单词频率、词长等各种参数影响的连续序列阶段。但是，我们认为这并不是有本质差别的过程。因此，不仅 $L_1$ 的持续时间（读者知道可以安全地做出眼动计划的时间），而且 $L_2$ 的持续时间（眼动计划的做出与词汇实际得到识别之间的时间），都会受到这些变量的影响。

为什么要形成这样一个双阶段机制？为什么不（像莫里森模型那样）采用单一信号来完成这两项工作？我们认为，之所以要由 $L_1$ 阶段来触发眼动而不是只由 $L_2$ 阶段完成全部工作，是因为 $L_1$ 阶段是一个高度熟练的阅读技能发展过程中形成的用于加快识别过程的"诱导机制"（cheat）（Reichle & Laurent，2006）。这是合乎情理的，因为从移向下一个单词的眼跳的诱发到眼跳实际发生，有一个相当长的潜伏期（至少 100 毫秒）。因此，如果人能够可靠地预知何时当前所注视词的加工已接近完成（词汇被识别前约100 毫秒），那么当前注视词的加工在眼跳发生前就已完成。一般来说，除非在 $L_1$ 阶段结束时"安全做出眼跳计划"的判断速度慢且不可靠，否则这一过程在眼睛向下一单词移动前几乎总是有足够的时间来完成对当前注视词汇的加工，同时开始对下一个单词的加工。然而，正是因为有了这样一种"诱导机制"，读者能够在将注意力转移后即刻开始注视下一个单词（视觉信息的加工速度很快）。初学阅读者可能尚未掌握这一策略，因此不会有这种双阶段过程。但是，这一假设尚未得到验证。

从上述论述中可以看出，注意转移和眼跳计划由两个分离的机制来负责可能有利。另外，模型建立时，有相关研究证据表明需要用这种分离机制来解释阅读的数据。亨德森和费雷拉（Henderson & Ferreira，1990）的研究发现多次得到重复（Drieghe，Rayner & Pollatsek，2005；Kennison & Clifton，1995；White，Rayner & Liversedge，2005b），乃是例证。其结果都发现，若词 $n$ 加工困难（如为低频词），词 $n$ 与词 $n+1$ 的注视时间均增加（但是，词频效应对词 $n+1$ 的影响小于对词 $n$ 的影响）。这种溢出现象（影响词 $n$ 注视时间的因素同样对词 $n+1$ 也产生影响）与莫里森的模型相悖。也就是说，如果对词 $n+1$ 的眼跳计划和朝向词 $n+1$ 的注意力转移由同一个信号触发的话，那么，"触发时刻"之后，注意在词 $n+1$ 上应停留一段时间，即 $T_a$。反之，"触发时刻"之后，到词 $n+1$ 的实际眼睛运动也需要一段时间，即 $T_b$。因此，读者在注视词 $n$ 时对词 $n+1$ 的预视时间等于 $T_b-T_a$，与词 $n$ 的特性无关。但是，事实并非如此，词 $n+1$ 的加工难度受词 $n$ 加工难度的影响。

E-Z 读者模型对上述现象的解释：眼动信号和内隐注意转移信号之间的时间差异，是由 $L_2$ 阶段持续的时间决定的，而且 $L_2$ 阶段（眼动信号与注意转移之间的时间差）的持续时间会因词汇难度的增加而延长。因此，相对于 $L_1$ 阶段所发出的眼动信号，若 $L_2$ 阶段的持续时间增长，朝向词 $n+1$ 转移注意力和开始加工信号的发出就会延迟，而且注视之前对词 $n+1$ 进行加工的时间就会减少。这就意味着需要更多的时间对当前注视词进行加工。但是，解释这类溢出现象并非为了解释阅读数据，而假设 $L_1$ 和 $L_2$ 为两个分离阶段的唯一原因。将 E-Z 读者模型与单一阶段模型（如莫里森的模型）进行对比（Pollatsek et al.，2006）就会发现，为了使单一阶段模型正常运作，就必须首先假设信息从副中央凹能够极其高效地提取，结果所预测的预视效应远远大于本书第四章和第五章所观察、报告的结果。

莱因戈尔德（Reingold，2003）提出的一个颇为匠心独运的预测引发了莱因戈尔德和瑞纳（Reingold & Rayner，2006）的实验，其结果验证了 $L_1$ 和 $L_2$ 阶段的分离假设。他预测，若对刺激的操纵只影响词汇识别的早期阶段，那么影响就只发生在 $L_1$ 阶段。若如此，对刺激的操纵只对所操纵的词的加工时间有影响，而不会对句子阅读过程中的其他眼动行为产生影响。尽管完全理想的刺激操纵并不存在，但莱因戈尔德和瑞纳的实验中的一种刺激操纵非常接近理想。在实验中，句中目标词或用正常字体，且与背景形成正常的对比度，或呈现刺激模糊（目标词与背景的对比度显著降低），结果发现，对模糊呈现目标词的注视时间比对正常呈现的词汇的注视时间长（正常呈现目标词的凝视时间为 260 毫秒，而模糊呈现的目标词凝视时间为 380 毫秒）。但是，模糊呈现的目标词之后单词的注视时间实际上没有增加，而且对之后的眼动指标也没有任何显著影响。因此，这与 E-Z 读者模型所假设的双阶段编码一致，如果刺激变量只在词汇编码的早期阶段产生影响，那么这些变量只对目标词的注视时间有影响。当然，总的来说，这一结果乃是支持序列加工模型的证据，因为人们根据平行加工模型可能预测目标词呈现模糊所导致的加工困难会对多个单词的注视时间有影响。

上述词汇加工的双阶段假设以及加工与眼动和内部注意系统联系的方式，是 E-Z 读者模型与莫里森的模型之间唯一的本质区别。下面主要是填充一些细节。到目前为止我们尚未对 E-Z 读者模型如何预测跳读加以说明。尽管在有些情况下跳读是眼跳未落到目标区域造成的（见下文），但根据 E-Z 读者模型解释跳读的关键机制仍是假设一次眼跳能取消前一次眼跳（如我们在讨论莫里森的模型时所述）。根据 E-Z 读者模型，对这一问题的处理首先假设眼跳计划分两个阶段完成（在图 6-1 中用 $M_1$ 和 $M_2$ 表示）。在 $M_1$ 完成之前，朝向词 $n+1$ 的眼跳处于不稳定阶段，可能被之后眼跳计划的启动取消。然而，在 $M_1$ 阶段完成之后，眼跳计划无法取消，在 $M_2$ 阶段完成后执行。图 6-1 中用从 $M_2$ 指向眼睛的实线箭头表示一次完整的眼跳。若注视词 $n+1$ 计划的 $M_2$ 阶段完成，此为朝向词 $n+1$ 的眼跳。然而，若朝向词 $n+1$ 的眼跳计划执行仍处在 $M_1$ 阶段时，朝向词 $n+2$ 的眼跳信号已发出，那么眼睛就会跳向词 $n+2$。

需要补充的第二个细节是，我们还没有对为什么词汇会被再注视的机制做出描述。这一机制的细节因 E-Z 读者模型版本的不同而略有差异，但是其基本思想与上述针对跳读的机制相似。假设再注视的眼跳计划（与所有眼跳计划一样）也分为 $M_1$ 和 $M_2$ 两个阶段。模型较早的版本简单地假设：若注视点落到某个单词上，再注视（指向该单词中心）的计划是自动化的。这可以解释再注视现象（在下文详论）。但是，模型并未预测哪些词汇总是会被再注视。若某个词相对容易加工（如短词或高频词），注视词 $n+1$ 的眼动计划得以快速执行，自动再注视计划已无法将其取消。若某个词加工困难，再注视眼跳计划可能在词汇识别的 $L_1$ 阶段完成之前进入 $M_2$ 阶段，而且再注视的眼跳已经执行。这一机制可以很容易地解释为什么易于加工的词汇再注视频率低。

还有几个细节因为也与某些理论争议相关且具有现实意义，因此也值得详述。它们与眼跳的目标位置与实际着落的位置相关。E-Z 读者模型认为，朝向词 $n+1$ 眼跳的信号（如图 6-1 中 $L_1$ 与"系统准备"方框之间的箭头）乃是使眼跳落在词 $n+1$ 中间字母上的信号（这一假设对真正的长词而言可能并不正确，因为在这种情况下眼跳的目标位置可能是词中偏左的位置）。这是有道理的，因为假如注视点落在词中间位置的话，词中字母到注视点的平均距离就会缩小。如本书前面所述，字母距离中央凹越远，其信息获取的速度越慢，准确性越低。因此，E-Z 读者模型认为，字母距离注视点越远，其加工速度越慢。这一观点足以从定性和定量两个角度对为什么加工较长单词需要更长时间做出解释。因此，E-Z 读者模型不需要针对为什么较长单词的加工需要更多时间另做假设；从加工效率损失中可以自然推论出这种关系，因为长词中各字母距离注视点的平均距离，比短词中各字母距离注视点的平均距离远。

然而，同其他任何种类的运动行为一样，眼睛运动的执行并不完美。因此，下一注视的实际落点未必是眼动的目标位置。麦康基等人（McConkie, Kerr, Reddix et al., 1988）对大量眼睛运动数据的分析表明，眼动计划中存在两类误差。第一类，随机误差，即人原本计划注视点落在目标位置上，但在计划执行过程中出现偏差。眼跳的实际落点反而大致是中间值周围的正态分布位置。第二类，系统误差，在阅读中，平均向前眼跳距离为 7～8 个字母。麦康基等人的研究数据表明，阅读中眼动的趋势是向这个值回归的，也就是说，读者的实际眼跳往往比预期的短距离眼跳距离长，而比预期的长距离眼跳距离短。因此，系列眼跳运动中的实际眼跳距离往往逼近平均眼跳距离（这种模式也适用于其他许多系列运动）。实际眼跳距离长于短眼跳距离这一倾向性也能够解释为什么短词可能被跳读：有时，读者可能意欲注视某个词，而眼睛却跳跃过去，从而导致跳读。然而，若发生这种情况，即使被跳读，短词仍然能够获得读者内部注意的关注。这是阅读中眼睛运动的一个重要特例：即使位于注视点的开始，得到注视的词也不总能够得到注意。

事实上，眼睛并非总是能够准确地移动到读者所期待的位置上。对新版 E-Z 读者模型做出的另一个修正与上述事实相关。早期的模型认为，词汇的中心位置的自动再注视程序在注视一开始就启动了。这似乎过于简单化了。新模型则认为，词汇中心位置的再注视是根据概率来计划的，原注视点距离词汇中心位置（最佳注视位置，见本书第四章）越远，再注视计划的概率就越高。上述假设与我们的直觉相符：读者想获取的信息提取越困难，越感觉有必要再注视。另外，这也与研究数据相符——初始注视点距离单词中心越远，该词被再注视的概率就越高，首次注视时间也就越短（Rayner，Sereno & Raney，1996；Vitu，McConkie，Kerr et al.，2001）。

目前，我们已揭示出 E-Z 读者模型的全部本质，从该模型被首次提出至今，多年来已经历了多次修正（Reichle，2011）。但是，其基本假设仍保持不变，更为重要的是，读者一次只加工一个词，这一假设保持不变。本书无法提供支持模型的各种假设的细节（Reichle，Pollatsek，Fisher et al.，1998；Pollatsek，Reichle & Rayner，2006）。但是，此处用一定的篇幅就如何对这一模型进行检验做一说明，可能仍然是有价值的。此前，首先对 E-Z 读者模型的关键假设做一总结：

第一，内部注意机制每次只注意一个词，按照说话的顺序（英文阅读是从左到右），逐次对文本中的词汇进行加工。

第二，被注意的词汇识别完成是内部注意机制转移到下一单词的信号。

第三，计划朝向下一个单词眼跳的信号乃是发生在所注意单词尚未完成识别的阶段。

第四，各种过程继续进行，一次注视可能完成两个单词的加工，并启动朝向词 $n+2$ 的眼跳计划。而且，尽管可能性小，但注意力也可能转移到词 $n+2$ 上。

第五，如果后续眼跳计划紧跟着前一个眼跳计划，那么后续眼跳计划可能取消前一个眼跳计划。因此，词 $n+2$ 的注视计划紧跟词 $n+1$ 的注视计划，就可能发生跳读。

第六，当注视点落到某个单词上时，再注视计划便有可能自动做出。但是，若注视词 $n+1$ 的计划快速做出，再注视眼跳就可能被取消，已注视过的词就不会被再注视。

第七，眼跳的目标是词中间的位置。但是，眼睛的实际落点可能偏离目标落点，实际落点与目标落点之间存在系统误差和随机误差。因此，注视点的实际分布模式遍及目标词（尽管在多数情况下是在词中间附近，但也有可能落在中间偏左侧；Rayner，1979）。而且，正是因为有误差，实际所注视的单词可能并不是目标词。

第八，高级语言过程只有在读者感到话语意义加工有困难时才参与加工过程，并且通常或者让读者保持对目标位置的注视，直到问题得到解决，或者让读者返回到之前阅读的文本，解决所遇到的困难。这些问题目前尚未论及。尽管对高级语言过程的全面解释超出了 E-Z 读者模型的范围，但仍有研究（Reichle，Warren & McConnell，2009）试图用它来解释由理解错误所导致的回视，关于这一点我们将在本章最后做一简明扼要的讨论。

## 二、阅读行为模拟过程

目前，我们已阐明 E-Z 读者模型确实能够很好地对阅读行为进行预测，但是其意义尚不明了。用于评估阅读行为的方法多种多样，但是我们一般选用的是下面一种方法。我们所使用的阅读数据取自阅读理解实验。我们用于建模的数据取自席林等人（Schilling，Rayner & Chumbley，1998）以不同频率目标词为材料的研究。原始的研究并未对目标词所出现的句子语境加以控制。但是，后续研究（Rayner，Ashy，Pollatsek et al.，2004）对句子语境进行了控制，其数据与模型拟合结果均与之前的研究接近。在瑞纳等人的研究中，词长相同的高、低频目标词出现在句中的同一位置上。根据主观评价数据，无论是高频目标词还是低频目标词，其所嵌入的句子结构相同，且与其语境相协调。采用这种方法对变量进行操纵能够排除其他因素的干扰，以便对词频效应进行考查（但是，每个实验参与者只完成一种条件的任务）。作为对模型检验的一部分，我们考查了模型在多大程度上能够预测目标词的各种指标，如凝视时间和首次注视时间。另外，除句首和句尾词之外，我们还建立了句中所有词的数据模型（句首词之所以被排除在外，是因为读者会花费时间寻找它；句尾词之所以也被排除在外，是因为在每个句子结尾都有手动反应而不是眼动触发来表示已经理解了句子）。显然，非目标词在各方面的控制不如目标词控制得好（如非目标词在句子中的适配程度），但我们想要探究 E-Z 读者模型是否能够很好地解释所有的眼动数据。

我们建立的模型试图采用两种方式来体现数据的特性。根据任何同类模型，E-Z 读者模型中包含各种自由参数，如 $L_1$ 和 $L_2$ 的持续时间、眼跳计划时间、前一个眼跳计划被后续眼跳计划取消的计划时间、决定离开注视点后视敏度衰减速度的参数。其中一些参数仅仅为时间值，但有些参数，如 $L_1$ 阶段和 $L_2$ 阶段的持续时间，乃是客观测量（如词频）与阶段持续时间的函数关系（我们假设，在这种情况下，$L_1$ 和 $L_2$ 两阶段的持续时间是词频的对数的线性函数）。在这种情况下，自由参数即线性函数的斜率和截距，但是总的来说，参数可能是将操作水平与客观值（如字母离开注视点的距离）联系起来的函数值。

接下来，我们取某些数据，对模型的参数进行校正，以达到与数据完美的拟合。若要达到完美拟合，就要使变量的观测值（如某单词的凝视时间）与模型的预测值之差的平方和最小。而且，用于估计拟合度的指标是语料库中所有词汇的各种测量指标（如首次注视时间、凝视时间、词的注视概率)与预测值之差的平方和。这个模型十分复杂，因此无法用代数的方法计算出其最优拟合参数(类似模型均如此)。确定最佳拟合值的一种方法是，在一个合理的范围内变化参数值(如将模型中眼跳潜伏期的参数限定在100~150毫秒)，多次进行模拟，然后取拟合度最佳的模拟(预测值与观测值之差的平方和最小)为"最佳模拟"，其参数值即为最可能的参数值。

然而，判断一个模型的优劣，不能仅看其拟合度及其值是否最小，而且要看其能否准确地捕捉到某些规律。其中一个关注点是 E-Z 读者模型能否准确地预测词频效应(是否能够正确预测高、低频词凝视时间的差异)。我们通过席林等人的语料库试图采用两种方法来回答上述问题。首先，我们将语料库中的词汇(不仅是目标词)分成 5 个频率等级，并对每一频率等级词汇的眼动指标(如凝视时间)的观测均值的和预测值进行考查。其次，我们采用上述参数值对在其他各种条件下(如词长)均对等的目标词的词频效应做出预测。结果发现，E-Z 读者模型确实能够很好地预测注视时间和注视概率的绝对值，以及目标词词频效应的大小与溢出效应(见表 6-1)。另外，模型(使用相同的参数)还能成功预测不同实验参与者和试次的注视时间差异(见图 6-2)。但是，你可能会质疑上述研究结果的意义。也就是说，我们所构建的模型明确指出，词汇加工时间与词频和可预测性之间为函数关系，因此模型显然能够对此做出预测。

表 6-1　五个频率等级词汇平均注视时间和注视概率的观测值
(Schilling，Rayner & Chumbley，1998)与预测值(E-Z 读者模型 9)

| | | 词频(百万分之一) | | | | |
|---|---|---|---|---|---|---|
| | | 1~10 | 11~100 | 101~1000 | 1001~10 000 | 10 001+ |
| 凝视时间 | 观测值 | 293 | 272 | 256 | 234 | 214 |
| | E-Z 读者模型 9 | 295 | 275 | 241 | 220 | 216 |
| 首次注视时间 | 观测值 | 248 | 234 | 228 | 223 | 208 |
| | E-Z 读者模型 9 | 251 | 239 | 225 | 217 | 214 |
| 单一注视时间 | 观测值 | 265 | 249 | 243 | 235 | 216 |
| | E-Z 读者模型 9 | 259 | 244 | 226 | 217 | 215 |
| 一次注视概率 | 观测值 | 0.68 | 0.70 | 0.68 | 0.44 | 0.32 |
| | E-Z 读者模型 9 | 0.75 | 0.74 | 0.75 | 0.52 | 0.42 |
| 两次注视概率 | 观测值 | 0.20 | 0.16 | 0.10 | 0.02 | 0.01 |
| | E-Z 读者模型 9 | 0.15 | 0.13 | 0.06 | 0.01 | 0.00 |
| 跳读概率 | 观测值 | 0.10 | 0.13 | 0.22 | 0.55 | 0.67 |
| | E-Z 读者模型 9 | 0.09 | 0.12 | 0.19 | 0.47 | 0.58 |

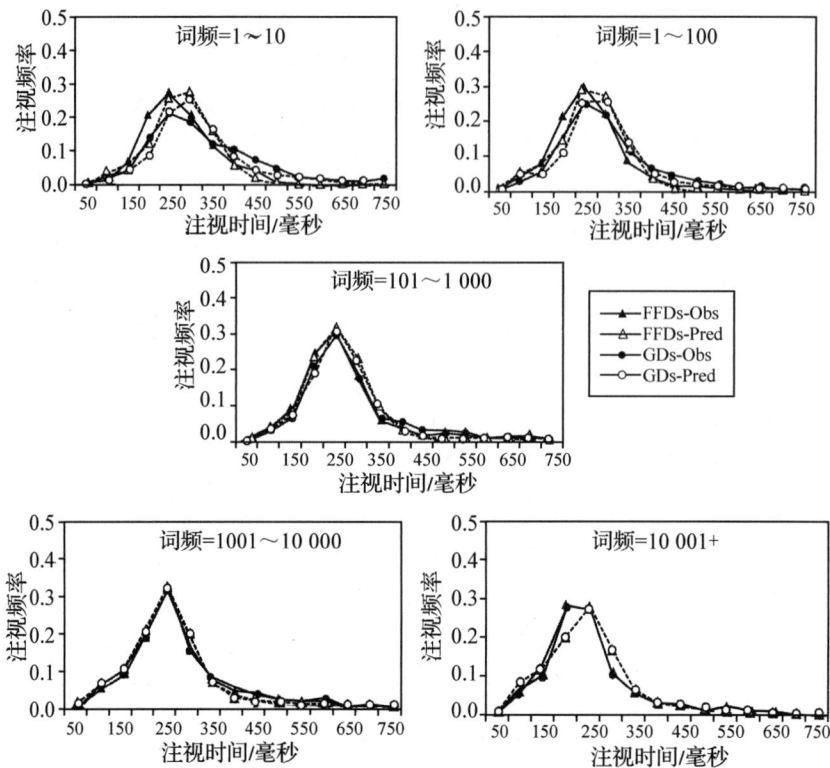

**图 6-2 五个频率等级词汇首次注视时间和**
**凝视时间的观测值和预测值(Schilling，Rayner & Chumbley，1998)**

从某种意义上来说，这个问题的答案既可以为"是"又可以为"否"。也就是说，由于这些假设内嵌于模型中，所以从本质上讲，能够预测某些词频效应是理所当然的。然而，模型虽然能够正确地预测注视时间和注视概率的绝对值，但绝不可以说，理所当然同时能预测词频效应的大小。更重要的是，如前所述，我们刚开始建模时，并不确信任何一个建立在序列加工假设基础上的模型能够准确地预测阅读数据。也就是说，若有人拿词汇编码与眼动计划时间的真实数据来说话，我们不能确定有一个模型可以预测词汇的加工(以及受词频影响的加工时间)能够快速做出反应，来预测对注视时间仅为 200～250 毫秒的效应。但是，我们认为目前模型中所选择的参数值是合理的(见表 6-2)。

表 6-2　E-Z 模型中的参数解释及缺省参数值

| 加工类型 | 参数 | 解释 | 缺省参数值 |
|---|---|---|---|
| 词汇识别 | $\alpha_1$ | L1 阶段最大的平均值（毫秒） | 98 |
| | $\alpha_2$ | 词频对 L1 时间的影响（$\log_e$ 频率）（毫秒） | 2 |
| | $\alpha_3$ | 可预测性对 L1 时间的影响（毫秒） | 27 |
| | $\Delta$ | L1、L2 持续时间之比差 | 0.25 |
| 高级语言加工 | A | 平均注意转移时间（毫秒） | 50 |
| | I | 平均整合时间（毫秒） | 25 |
| | $P_F$ | 整合失败概率 | 0.1 |
| | $P_N$ | 向前回视概率 | 0.5 |
| | $M_1$ | 眼跳计划不稳定阶段平均持续时间（毫秒） | 125 |
| | $\xi$ | $M_1$ 分配到预备子阶段时间的比例 | 0.5 |
| 眼跳计划与执行 | $M_1$，R | 不稳定的回视计划额外所需时间（毫秒） | 30 |
| | $M_2$ | 眼跳计划稳定阶段平均时间（毫秒） | 25 |
| | $\psi$ | 最佳眼跳距离（字符空间） | 7 |
| | $\Omega_1$ | 系统误差对起跳位置注视时间的影响 | 7.3 |
| | $\Omega_2$ | 系统误差对起跳位置注视时间的影响 | 3 |
| | $\eta_1$ | 最大随机误差的平均值（字符空间） | 0.5 |
| | $\eta_2$ | 眼跳距离随机误差效应（字符空间） | 0.15 |
| | $\lambda$ | 再注视概率的增值（字符空间） | 0.05 |
| | S | 眼跳时间（毫秒） | 25 |
| 视觉加工 | V | 眼—脑传导延迟（毫秒） | 50 |
| | $\varepsilon$ | 视敏度效应 | 1.15 |
| 总体 | $\sigma_\gamma$ | $\gamma$ 分布的标准差 | 0.22 |

注：此处缺省参数值有多重意思。所有的值都被用于获取最优拟合值。其中一些参数值，如 $\alpha_1$、$\alpha_2$、$\alpha_3$，在模拟过程中允许有变化，乃是最优拟合值。但其他参数值，如 V、S 和 $\psi$，都是合理的参数值，或是取自以往研究。

# 三、一个基本问题：触发眼动的加工单位是什么？

到目前为止，我们一直在假设词是由空格间隔的字母串，理解和继续加工的加工单位完全取决于空格。然而，本书第五章所探讨的系列实验（Drieghe, Pollatsek, Juhasz et al.，2010）结果表明，长复合词似乎是分段进行加工的。支持上述结论的证据之一是，实验参与者通常意识不到（边界范式中）呈现刺激的变化。若呈现的变化发生在读者眼睛从一个构词成分向另一个构词成分跳动的过程中，这种情况甚至发生在复合词内部。证据之二是，对复合词前一构词成分的凝视时间不受后一构词成分"模糊"预视效应的影响（但是，若发生"模糊"预视效应，后一构词成分的凝视时间会显著增长）。而且，前一构词成分的凝视时间受其作为孤立词频率的影响。

这一结果近乎不可思议。既然读者在第一次注视时并不知道所注视的是一个复合词，为什么第二个构词成分对前一个构词成分的注视没有影响呢？上述数据有一种可能解释，但是，这只是一种语言解释，尚没有用 E-Z 读者模型来进行检验（关于芬兰语复合词加工研究的证据，参见 Pollatsek，Reichle & Rayner，2003）。必须承认首次注视时，读者并不知道所注视的是一个复合词，但在加工的初期阶段（可能借助于副中央凹视觉区的词汇加工），读者断定复合词的前一构词成分是一个词，并将注意窗口收缩到相应区域。结果如下：①朝向下一区域眼跳的触发发生变化，变成对前一构词成分的 $L_1$ 阶段加工；②上述眼跳的目标变为后一构词成分的中间位置；③前一构词成分的 $L_2$ 阶段加工完成之后，注意力转移到后一构词成分。但是，德里格等人（Drieghe，Pollatsek，Juhasz et al.，2010）的实验发现，从凝视时间来看，复合词后一构词成分的预视效应远远大于一般的预视效应（词 $n+1$ 的预视）。这可能是在首次注视复合词期间（读者将此切分为两个构词成分之前）初期阶段加工造成的，因为此时构成该词的所有字母的信息已得到提取。

类似实验结果表明，在某些情况下，加工单位可能小于词，且每次均只注意一个单位。而且，短词、高频词的组合（如 to the）也可能作为加工单位得到加工。这种词汇组合机制得到拉达克（Radach，1996）的研究证据在某种程度上的支持，他发现两个邻近词的最初落点位置符合单一正态分布。但是，德里格等人（Drieghe，Staub & Rayner，2008）对由三个字母构成的冠词的研究重复了拉达克的研究发现，但对实词的研究没有得到相同的结果。德里格等人的研究结果不仅表明，词汇组合的依据不仅仅是词长，而且还进一步表明，落点分布只需要假设虚词比实词更可能被跳读就可以得到解释。此外，缩略形式（如"didn't"）是作为一个词还是两个词进行加工，目前仍然是一个无解的问题。我们再次强调，E-Z 读者模型是对现实阅读的近似模拟，而不是对与阅读有关的所有现象的解释。根据其目前的假设，词（平行加工的单位）是由空格间隔的字母序列。上述研究结果表明，E-Z 读者模型是一个简单化的模型，需要进一步修正、完善，以对多语素词、高频词组合以及其他符号（如连字符和省略撇号）进行处理。

## 四、近期对模型的修正

早期版本的模型并未试图对 $L_1$、$L_2$ 完成加工阶段的本质究竟是什么做出解释。相反，我们只是假设 $L_1$、$L_2$ 的持续时间是词频的函数，但是这究竟代表哪一层次的词汇识别，仍然是一个无解的问题。如本书第三章所述，即使我们并不能确定词汇判断和命名任务的反应程序启动后，词汇意义是否得到提取，但是两种任务的反应均受词频的影响。的确，在建模之初，我们就认为，$L_1$ 和 $L_2$ 两阶段区分的诱人之处在于，前者代表表层识别的完成（或者是将词汇与心理词典建立起联系的时刻，或者通达词汇的语音表征的时刻），而后者则代表通达词汇语义的时刻。

然而，在模拟达菲等人（Duffy，Morris & Rayner.，1988）关于歧义词［如"bank"（意为银行或者堤岸）］加工的数据时发现，上述解释显然是错误的。尤其是，研究数据表明，目标词首次注视时间可能受前文语境能否解除词汇歧义的影响。这一结果与之前认为 $L_1$ 阶段加工只针对词汇拼写或语音识别的假设不相符。但是，研究结果可以用赖克勒等人（Reichle，Rayner & Pollatsek，2007）提出的另一种假设来解释，即 $L_1$ 和 $L_2$ 两阶段均受到词汇语义通达的影响。具体而言，赖克勒等人认为，由于两种词汇的语义之间有冲突，从而导致词汇语义识别阶段时间的延长。也就是说，若其中一种词汇语义使用频率更高，且上下文语境为中性，不偏向任何一种语义，那么占主导地位的语义实际上能同单义词一样，快速得到识别；相反，若两种词汇语义使用频率相同，两者之间就会发生冲突，因此相对于无歧义词，其词汇语义识别速度减慢。但是，若前文语境偏向非常见词汇语义，则语义冲突加剧，从而导致词汇意义识别减速。相反，若前文语境偏向词汇常用义，那么语义冲突就会减弱，从而导致目标词注视时间缩短。当然，这是否是对这类研究数据的终极解释，仍然是一个悬而未决的问题。然而，此处之所以对此展开讨论，原因如下：首先，这说明对 E-Z 读者模型加以改造，用于解释词频效应之外的各种现象，并非难事；其次，我们希望能够突出强调眼睛运动对语篇意义极其敏感这一点；最后，词汇语义不仅对词汇的注视时间有影响，而且会影响语义与前文语境的互动方式。

如前所述，E-Z 读者模型的第二个修正版本，开始对由于词汇水平之上的语言单位理解错误而导致的词间回视进行解释（Reichle，Warren & McConnell，2009）。由于尚未讨论过针对这一修正部分的相关实验，因此此处仅简述其基本思想。我们认为，之所以产生词间回视，一般来说是因为读者在阅读中遇到某个词并理解其意义时，发现包含该词的句子或者没有意义，或者不符合语法。

词不达意且显而易见的一个例子是"Jane used a pump to inflate the large carrot"（简用打气筒给大胡萝卜充气）（Reichle，Warren，Juhasz et al.，2004）。此处的问题并非说话者在理解"carrot"（胡萝卜）这个词上有困难，而是这个词不符合前文语境，意思说不通。这种异常现象不仅导致目标词（如"carrot"）凝视时间增长，而且导致即时回视（Rayner，Ashby，Pollatsek et al.，2004）。此外，这种异常通常导致眼睛向下一个单词运动，随即是向前文回视。非常引人注目的是，人对这种异常现象的反应速度相当快。赖克勒等人（Reichle，Warren & McConnell，2009）为解释上述现象，在 E-Z 读者模型中的 $L_2$ 阶段之后增加了一个阶段（图 6-3 顶部的"整合"方框），用于决定至此文本是否需要进行"计算"。有两种可能方式导致此阶段发生回视：其一，做出"加工发生错误"的判断，从而产生回视；其二，如果第三个"整合"阶段的加工时间超过临界值，则向眼动系统发出做出回视的信号。

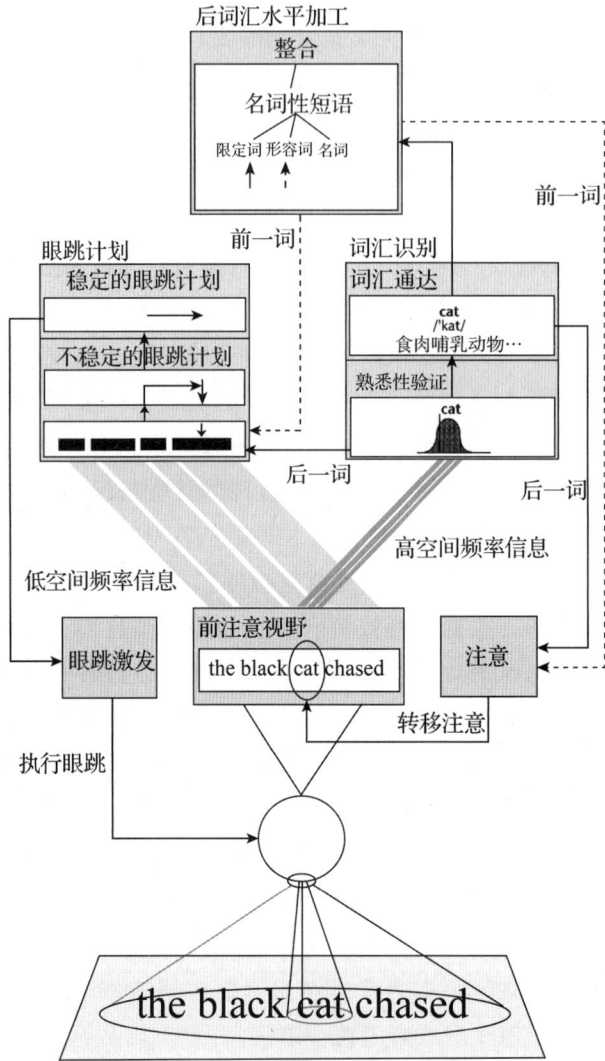

图 6-3　E-Z 读者模型 10 示意图

总之，赖克勒等人认为，有两种机制用于对词汇意义之上的文本理解进行监控。一种机制是用相对快速的方式计算出"加工的错误"（如胡萝卜不能用打气筒充气），因而需要立即加以修正；另一种机制是作用相对滞后的机制，即读者试图将目标词与前文语境进行匹配，但经过一定时间（如句中下一单词被识别）后发现这种匹配无法实现，因此最好回视前文，以判断问题究竟出在哪里。如本书后面的几章所述，可能需要不局限于第二种机制，因为有研究数据表明，异常或问题越严重，回视速度越快。假如只有一种机制可以触发回视，且经过很长时间后，文本意义仍得不到正确理解时才做出回视的决策的话,那么问题的严重性可能并不影响回视的潜伏期。这一机制是否能对回视做出很好的解释,是另外一个仍有待商榷的问题,因为尚未与其他可能的解释进行严格的比较。但是,似乎很有前景。

关于词间回视,此处需要强调两点。首先,若说基本的 E-Z 读者模型完全不能预测词间回视,也是不够准确的。也就是说,因为眼跳目标定位会发生错误,有时读者本想注视词 $n$,却错误地注视了词 $n+1$。尤其是,若词 $n$ 加工困难,眼跳计划将变成再注视词 $n$——因为原始眼跳落在错误的词上,所以需要从词 $n+1$ 回视到词 $n$ 上。但是,很明显,这种机制只能解释一小部分词间回视,在早期模型中,我们以超出模型所涉及的范围为理由,忽视了包含词间回视的句子。

其次,对包含词间回视句子或篇章阅读眼动过程的解释和眼动模式的建模相当复杂。赖克勒等人(Reichle,Warren & McConnell,2009)仅仅尝试建构了回视的模型,而回视之后的数据模型却没有,原因似乎很明显,后者更为复杂。读者可能意识到已读内容理解不通,但不清楚困难源自何处。仅仅是关键词汇识别错误吗?还是错误地提取了关键词汇的语义?或者说问题很关键,需要重读整个篇章吗?即使读者知道困难源自何处(如看错了某个关键单词),也只是知道这个词的大概位置,因此,回视注视究竟落到哪个词上,仍然有很大的变异性。然而,即使上述问题得到解决,仍需要一种完善的"修复"来对随后的一系列眼睛运动做出解释。我们这样说并不意味着词间回视无法解释——而仅仅是说解释起来确实有困难,而且可能超出了我们目前对文本意义计算方式的理解。

## 五、总结:E-Z 读者模型与其他模型的比较

本章详细地介绍了 E-Z 读者模型,其目的主要是向读者提供一个概念框架,以便将眼动模式与认知过程建立联系。正如我们在本章中所努力阐明的,我们并不坚持说这一模型是对阅读过程的终极解释。然而,我们的确认为,这是对文本阅读过程中向前眼跳的合理解释,而且目前至少在拼音文字中的研究文献中尚无数据对该模型用于解释阅读过程的适用性提出严肃挑战。的确,虽然多数旨在检验 E-Z 读者模型的研究对象均为(美国)英语,但也有研究发现该模型对法语阅读研究数据能做出很好的解释(Miellet,Sparrow & Sereno,2007)。另外,如本章前一节所述,我们认为,以此模型为基础在未来的 10 年间能构建出一个对阅读过程解释更加完善的模型,尤其是对(将在本书第八章、第九章中讨论的)宏观层次上的阅读理解错误。而对于适合于词与词之间没有空格语言(如汉语)的阅读模型的建构,难度则大得多,因为在这类语言中如何定位眼跳目标更不清楚。然而,E-Z 读者模型扩展研究(Rayner,Li & Pollatsek,2007)表明,该模型的基本理念同样适用于汉语阅读。

如本书第五章所述，还有其他几种定量阅读眼动模型，包括 Glenmore 模型和 SWIFT 模型。这些模型不同于 E-Z 读者模型，主要是因为这些模型均假设一次可以加工多个单词。因此，这些模型远比 E-Z 读者模型要复杂。正如本书第五章中所述，我们尚未发现任何有力的证据支持平行加工。SWIFT 模型（Engbert et al.，2005）假设，每次可加工 4 个单词，而 Glenmore 模型则假设每次可加工（含空格）30 个字母（或者 4～5 个词）。我们认为，这种大规模的平行加工是不可能的（Reichle，Liversedge，Pollatsek et al.，2009）。而且，他们认为平行加工的 4 个词中有一个是第 $n-1$ 个词。但是，本书第四章所讨论过的移动窗口实验结果表明，一般而言，从注视点左侧的单词所提取的有效信息极少。另外，如果多个单词得到平行加工，那么眼睛何时开始运动、落到何处，此类决定的做出过程远比 E-Z 读者模型复杂。根据 SWIFT 模型，眼动决策的做出主要依靠自动"计时"机制，这一机制受到当前平行加工的单词的相对激活程度调节。计算时间的公式相当复杂，并且所预测的模型往往依赖于特定参数值的设置。根据 Glenmore 模型，眼动决策的做出取决于副中央凹区域刺激激活的增强程度。上述两种模型十分复杂，而且根据模型所做出的预测往往很难理解。这与 E-Z 读者模型形成鲜明对照，根据后者所做出的预测非常简明。当然，即使根据 E-Z 读者模型，效应的大小仍取决于所选择的拟合数据的参数值。

如本书第五章所述，通常提供的支持平行加工的证据是所谓副中央凹—中央凹效应，即词 $n+1$ 的各种属性会影响词 $n$ 的注视时间。但是，此处需要指出的是，E-Z 读者模型确实能够对某些副中央凹—中央凹效应做出预测。第一种方式是词汇跳读。根据 E-Z 读者模型预测，若词 $n+1$ 得到极快速加工，就会发出注视词 $n+2$ 的信号，取消词 $n+1$ 的眼跳计划，从而发生跳读。正如模型所预测的，若（在其他各方面均相同的条件下）词 $n+1$ 被跳读，那么词 $n$ 的注视时间会增长，因为前面的眼动计划被随后的眼动计划取消。这一预测已得到广泛验证。E-Z 读者模型预测副中央凹—中央凹效应的第二种方式是下文将要探讨的注视错位。

关于副中央凹—中央凹效应，有人坚持认为词 $n+1$ 的频率等许多变量都对词 $n$ 的凝视时间等测量指标有系统影响，此乃反对 E-Z 读者模型的证据。假如这种效应普遍存在的话，这的确构成反对 E-Z 读者模型的证据，因为根据 E-Z 读者模型，向前眼跳的决策的做出是以词 $n$ 在 $L_1$ 加工阶段的完成为前提的。也就是说，根据 E-Z 读者模型，影响词 $n+1$ 加工的各种变量绝对不会对词 $n$ 的 $L_1$ 阶段产生影响，因为只有在词 $n$ 的 $L_2$ 阶段（发生于 $L_1$ 阶段完成之后）完成之后，词 $n+1$ 的加工才能开始。

然而，如本书第五章所述，副中央凹—中央凹效应是否可靠，根本不清楚（Drieghe，2011）。虽然数项语料库研究（对文本中所有词汇，而非仅仅对词汇特性得到严格控制的目标词进行分析）发现存在此类效应（Kliegl，Nuthmann & Engbert，2006），但多项研究表明，注视点右侧词汇的频率对当前所注视的词没有影响（Rayner，2009）。而且，如前所述，"注视定位错误"可以解释这种表面效应并不显著。也就是说，若读

者本要注视词 $n+1$，但因定位错误，注视点落到词 $n$ 上，在这种情况下偶尔可能观察到此类效应。若发生这种情况，由于注意力集中在词 $n+1$ 上，所以词 $n+1$ 的词汇属性决定眼睛何时向前跳动。若眼跳定位错误，词 $n$ 上的注视点可能落在词尾处（这种目标定位错误通常不会太严重），说明这种可靠的副中央凹—中央凹效应往往发生于注视点落在词 $n$ 的词尾处时。我们认为，副中央凹—中央凹效应目前还没有定论，而且，注视定位错误可能是对现有证据的解释。然而，如果未来的研究表明副中央凹—中央凹效应确实存在，那就意味着逐词序列加工假设（至少在某些情况下）没有根据。但是，到目前为止，我们还没有理由放弃这一假设。

在结束关于副中央凹—中央凹效应的讨论之前，以下三种现象值得做一比较：①词 $n+1$ 的频率影响词 $n$ 的注视时间；②预视效应；③词汇跳读。你或许会疑问为什么 E-Z 读者模型能够轻松地解释②和③，而不能解释①呢？首先谈一谈预视效应。根据 E-Z 读者模型，若注意力在对词 $n$ 的注视结束之前转移到词 $n+1$ 上，就会发生预视效应。这种现象即使并非总是发生，但也是经常发生的，因为计划眼跳的时间是从发出朝向词 $n+1$ 眼跳信号到眼跳开始之间的时间，在多数模拟中通常约为 100 毫秒。只有词 $n$ 在 $L_2$ 阶段的加工时间长于 100 毫秒的条件下，注意力不会转移到词 $n+1$ 上。因为根据我们提出的 E-Z 读者模型，$L_2$ 阶段的加工时间一般为 $60\sim70$ 毫秒，因此这种情况理应极少出现（但是，由于加工时间因注视点不同而随机变化，因此上述情况尤其是遇到低频词时，可能偶尔会发生）。

接下来谈一谈词汇跳读问题。从直觉上看，词汇跳读似乎比副中央凹—中央凹效应更能说明平行加工的存在，但事实并非如此。根据 E-Z 读者模型的序列加工假设，词 $n$ 得到注视时，词 $n+1$ 也可能得到加工；若其 $L_1$ 阶段加工速度极快，则可能取消落点在词 $n+1$ 的眼跳，而做出落点在词 $n+2$ 的眼跳计划。这种情况并不总是发生，只有在遇到高频、短的或者可预测的词汇时，跳读率才会提高 10%。上述两种现象与词 $n+1$ 词汇属性对词 $n$ 注视时间影响的不同之处在于，两者都不存在回溯（reach back）。也就是说，预视效应和词汇跳读反映的都是预视词或当前注视词的属性以何种方式影响注视时间（或某次注视是否发生），而副中央凹—中央凹效应反映的则是后续词汇的属性对当前注视词注视时间的影响。

平行加工的另一个问题在于，如果词汇是平行加工的，那么就可以颠倒次序来进行加工。但是，世界上有很多语言，尤其是英语这种没有格（表示名词短语句法属性的）标记（case marking）的语言，语序在句子意义的理解中起着重要作用（Rayner, Castelhano & Yang, 2009；Reichle, Warren & McConnell, 2009）。此外，若词汇编码的顺序不固定，就很难看出人如何才能对预测性效应之类的现象做出解释。也就是说，可预测性假设认为，人对词 $n$ 之前的全部词汇按顺序进行了加工，而现在则在做出预测或者运用语境信息来促进对词 $n$ 的加工。根据 E-Z 读者模型，内隐注意机制能够确保文本中的词汇按正确的顺序得到加工，而且除了眼跳目标错误之外，词 $n$ 之前的所有单词的加工都在注视词 $n+1$ 之前已完成。E-Z 读者模型并未对读者实际做出预测的方式做出解释，而是仅仅假设这样一种计算的存在，其愿望是通过对阅读的深层次理解建立起某种机制。然而，假如词 $n$ 之前的全部词汇都按照先后顺序得到了加工，那么这种预测计算至少从表面来看是合理的。相反，根据平行加工模型，读者无法确定词 $n$ 之前的所有的词汇是否都得到了加工。并且，根据各种平行加工模型，个体需要额外的某种机制来对文本中词汇的顺序进行编码。因此，如果词 $n$ 之前的所有单词都不能得到完全加工（某些次序信息就有可能丢失），那么就很难弄清读者如何对下文内容进行了预测（Slattery，Pollatsek & Rayner，2007）。我们认为平行加工模型的建构者应该拿出相关证据来解释读者如何能做出此类预测。我们认为，同样的问题将在本书后面两章的讨论中再次出现，因为许多现象都默认这种假设，即目标词之前所有的词汇都已经按顺序得到加工。

总之，我们已详细地介绍了 E-Z 读者模型，因为我们认为它是一种具有启发意义的理论框架，适用于对眼睛运动与阅读的认知过程（尤其是对单个词汇意义的编码）之间的关系进行思考。本书接下来的三章将介绍高于单个词汇理解水平的很多现象，因此总的来说超出本章所介绍的模型进行探讨。尽管如此，但我们仍然相信，对 E-Z 读者模型的了解将为我们理解阅读中这些高层次现象提供很好的背景。

第三编

文本的理解

你或许有过这样的阅读经验，所有的词汇都认识，但是对所读内容是什么意思知之甚少。这种现象表明文本的理解不仅是对其词语意义的理解，此外还需通过整合文本中的词汇、词序和语法标记等的加工过程来理解其整体意义。

在随后的三章中我们将着重介绍阅读理解的基本构成——"高层次"过程。请记住前句中的介绍一词，因为这个题目涵盖的面很广。假如我们简明扼要的讨论还有点趣味的话，那么，还有许多优秀的心理语言学著作可供研读。开始可以先读一读以下两部心理语言学著作（Traxler & Gernsbacher，2006；Gaskell，2007）（关于较为详细的对本编某些方面内容的探讨，参见 Rayner & Clifton，2002）。通过这些文献（和其他一些文献，如 Cutler & Clifton，1999），你将对书面语言和口语之间的相似与区别能够有所了解。而在本书中，我们的目标是书面语言。

第七章探讨内部言语在默读中的作用。从本部分中可以看出，内部言语的一个重要功能就是促进将词语整合成更大的单位。我们在阅读过程中有时听到内部的声音既是我们所阅读词汇结构的反映，同时也有助于词汇的结构化。我们将对支持内部言语存在及其作用的研究证据进行回顾，因为我们认为这有助于文本的理解。

第八章分为两节。第一部分首先简要地介绍语言学，然后对人如何"切分"句子——确定句子中词语语法关系的方式，进行考查。此外，我们还要对过去许多关于句子切分研究有引导作用的两个宏观理论进行探讨。第二部分的中心是"解读"人如何确定句子的意义。如下文将述，"解读"取决于已经确定的语法关系，但是远远超越这些语法关系。

第九章主要探讨大于句子的单元是如何被理解的，着重考查读者对通过阅读说明文或者记叙文所获得的知识进行表征的方式，此外还对读者如何将构成文本的句子组合成整体——包括照应、关联词的使用与信息结构等主题——进行讨论。在本章中我们要回答读者在何种条件下做出某种推理这一问题，然后简要介绍各种"心理模型"，最后讨论可读性问题。

# 第七章　内部言语

我们在默读时常常有一种感觉，似乎听得到自己说出所注视词汇的声音。在默读过程中，某些读者的嘴唇实际上在张合，而且即使在默读过程中我们感觉不到声道内肌肉的活动，却可以测量出来。这些肌肉活动究竟有何功能呢？如本书第三章所述，词汇通达既可通过视觉通道也可通过语音通道来完成。但是，在多数情况下，我们能够清楚地听到自己所读文本中的词汇的声音，而且有证据表明，多数读者在默读时伴有类言语活动。在本章中我们将探讨与言语有关的各种活动，解释其发生的可能原因。

休伊（Huey，1908）坚持认为，阅读过程中发生的听到发自内部的声音（inner hearing）或者无声发音（inner pronouncing）乃是文本理解的关键构成要素。从休伊的时代起，内部言语的作用一直是饱受争议的问题，关于内部言语的研究究竟要研究什么，也存在很大争议（McCusker，Bias & Hillinger，1981）。从一开始我们希望强调的一点是，我们所听到的自己声音的听觉意象与声道内的运动，可能未必产生直接联系。

在本章中，我们将声道中所发生的活动（或者是肌肉运动，或者是发音过程）称作"无声发音"（subvocalization），而把人具备的能听到自己说话体验的言语心理表征称作"语音编码"（phonological coding）。但语音编码并非总是引起有意识的听觉体验。所谓语音编码，也可称为言语转录（speech recoding）（Kleiman，1975；Martin，1978），语音转录（phonetic recoding）（Taylor & Taylor，1983），音韵转录（phonological recoding）（Coltheart，Davelaar，Jonasson et al.，1977），音位转录（phonemic recoding）（Baron，1973；Baron & Strawson，1976；Meyer，Schvaneveldt & Ruddy，1974）以及深层音位转录（deep phonemic recoding）（Chomsky，1970）。使用的术语不同，其所代表的关于内部表征本质的假设也不同。言语转录表明存在某种有助于内在发音的内部表征；语音转录表示存在书面词汇转化为发音特征过程，而音位转录则表示存在某种基于抽象理论单位的表征。

本书之所以采用语音编码这一术语，是因为其相对中立性。上述其他术语凸显出语音编码问题的不同方面很有意思，但是从下文可以看出，迄今尚未得到解决，因为目前还没有一种完全令人满意的方法来辨识阅读过程中内部言语的真正形式。致力于研究内部言语作用的心理学家迄今尚未确定语音编码与内部言语的相关度。因此，在本书中，我们将内部言语当作某种一般现象来对待，并按惯例把音韵编码与无声发音统称为语音编码或内部言语。但是，我们将尝试对语音编码与无声发音做一区分。

关于内部言语，人们经常坚持的一种观点认为，它是一种经常发生但是无实际意义的"附带现象"。根据这种观点，内部言语是人在阅读学习过程中的副产品——人先学会有声阅读，然后才学会默读，而且内部言语仅仅是初期阅读形式的残留。也就是说，内部言语是默读中保留下来的固有阅读习惯，这种习惯非但没有任何实际价值，有时甚至可能会减慢阅读速度。尽管这种观点并不合理，但是这样一种如此普遍却对文本理解毫无用处的过程能够保留下来，似乎有些非同寻常。

验证内部言语不仅仅是附带现象的一种直接方式，证明它在文本理解过程中发挥了作用。有三种用于研究正常英语读者内部言语的常用方法：①考查阅读过程中是否伴有发音部位的肌肉运动；②采用阻碍内部言语使用的任务是否对阅读具有干扰作用；③文本的语音特征（如同音异义或发音相似性）是否影响阅读。我们还对不同类型的读者群体进行了考查，如失聪读者或者表意文字（如汉语）读者。尽管本章是对内部言语在阅读中的作用的全面总结，但是我们首先要对某些可能性做一简要介绍，从而为随后的讨论提供框架。

# 一、内部言语与理解

支持内部言语在阅读过程中发挥作用者认为，阅读只不过是可视化的言语。儿童在阅读学习的过程中，在努力理解生词的同时，常常将它们读出声来，自己能闻其声。这是儿童在学习阅读过程中所使用的审慎策略（Rayner，Foorman，Perfetti et al.，2001，2002）。也就是说，儿童阅读学习伊始，就已经熟练掌握了其母语的口头言语。因此，为了节省认知资源，儿童应该尽量使阅读过程向口语理解靠拢，这是有道理的（Gibson，1965）。同理，对于大龄读者而言，书面形式向听觉替代形式的转化也未消失，但是，其过程已大大地简化和内化。的确，从下文将要探讨的肌电（如肌肉活动的测量）研究中可以看出，即使没有外显的言语行为，读者仍然存在无声发音。

但是，"可视化言语"并不完全等同于发声的外显言语，因为人默读的速度远远比朗读快。如果阅读同真实的言语一样都必须获得相同的听觉表征的话，那么人的阅读速度就会比实际阅读速度慢得多。有声阅读的速度通常为每分钟150～200词，与正常口语的速度非常接近（Rayner & Clifton，2009），但是，熟练的读者默读的速度大约是每分钟300词。但是，如前所言，熟练的成年读者的内部言语肯定受到压制。若内部言语不完全等同于外显言语，那么，它究竟是什么呢？尽管一种可能的情况是，在偶尔遇到困难的词汇时才会用到内部言语，但是，人在阅读时如果需要注意"头脑中声音"的话,那么,似乎远不止于此——你会产生这样的印象:头脑中的声音即使没有说出全部,也会说出大多数词汇。阅读速度可能减慢,给无声发音足够的时间完成这项工作,并且,若不去注意它,内部声音说出的词汇就少得多。另一种可能就是,内部言语是一种速记形式,其中某些发音被省略或简化(如元音),或者某些词语被省略,如功能词。我们将在本章的最后部分探讨对内部言语的形式的猜测。

下面做一个思维实验,或许对我们关于内部言语的思考有所启发。请默读接下来的几个句子,保证在头脑中能够听到自己读出的这些内容,同时尽可能快地大声重复说出"blah-blah-blah"。结果可能令让你感到吃惊:尽管嘴巴正在做另一件事情,但是你仍然能够很容易地听到头脑中的声音。因此,如前所述,无声发音和语音编码未必等同,因为两者可能同时发生。然而,两者在阅读过程中可能密切相关,无声发音乃是语音编码的主要来源。无声发音和语音编码的关系是本章探讨的主要问题。至此,你需要记住:大脑中可能有一个声音,至少说出了所阅读的大部分词汇,而且在此过程中不需要任何言语肌肉的运动。

内部言语存在的另外一项证据乃是科斯莱恩和马特(Kosslyn & Matt,1977)的研究(同时参见 Alexander & Nygaard,2008;Kurby,Magliano & Rapp,2009)。科斯莱恩和马特的研究表明,默读速度受到文章作者说话速度的显著影响。在阅读文章之前,实验参与者首先听虚构文章作者的声音。如果作者说话语速快,则实验参与者阅读文章的速度加快;如果作者说话语速缓慢,则实验参与者的阅读速度也减慢。上述研究证据与关于内部言语的内省解释相符。当你读一封来自很熟悉的人(如母亲)的信件时,通常能听到她在说话,听出她的口音、重读,或者语调(Brown,1970)。另外,你在阅读本书之类的文本时,听到并非单一的声音(除非你平时说话就用这种单一的声音)。相反,你会有意识地添加重音和语调。

既然我们对内部言语现象已经有了一些初步的认识,下面简要地探讨一下它在阅读中的作用。第一种可能性是内部言语有助于读者词义的提取。第二种可能性是它有助于高级阅读理解过程。也就是说,在词汇意义获得提取之后,大脑中便形成关于所阅读词汇的某种"言语"表征,从而促进短语、从句、句子或者其他更大语言单位的加工。

为什么内部言语有助于文本的理解?一种极为普遍的观点认为,它可以强化短时记忆,从而有助于高层次的理解过程。如本书第一章所述,短时记忆从根本上具有听觉优势(但并不排除其他类型的信息)。因此,尽管单独词汇意义的通达可能并不需要听觉表征,但是听觉编码或者类语音编码有助于短时记忆表征的建立,这样一来,就可以在保存词汇的同时,完成其他加工任务,如分析句子的句法结构,或者保存易提取名词的表征以便于查询代词的所指对象。短时记忆有助于此类任务的完成,因为它不仅比长时记忆更易于通达,而且短时记忆中的时间序列[1](temporal order)以类似于

---

① 指按照顺序呈现的信息内容。——译者注

言语表征的方式自然保存。

第二种观点认为，内部言语有助于词汇通达或词汇通达后的理解，或者两者兼而有之。从下文可以看出，内部言语在词汇通达后的作用显而易见。这致使一些研究者得出结论：词汇通达前不存在内部言语。但是，下面我们将要探讨的其他一些研究证据表明，此结论过于武断。第三种观点认为，内部言语的韵律——节奏和旋律，即哪些词语应予以强调，什么地方应该停顿，有助于读者对所读句子的意义做出判断。关于这些问题，目前虽然没有什么有力的证据，但是我们仍然要在本章的最后回到这一主题上来。

下面我们先介绍一些有关的研究数据。首先，我们将介绍几类旨在验证内部言语是否在正常阅读中具有重要作用的研究，其重心在于试图测量或者操纵无声发音，用于考查内部言语与阅读速度或理解有何种关系的各种研究方法。其次，我们将对不同人群阅读的本质以及口语中语音通达受限的文字系统的阅读本质做一简要的探讨。最后，我们将结合已有研究证据探讨内部言语在文本理解中的作用。

## 二、肌电记录

肌电（electromyographic，EMG）记录在相当一个时期内被广泛地应用于研究无声发音在阅读中的作用。研究中，实验者将针状电极插入肌肉或者将表层电极置于言语器官（唇、舌、喉、下巴、咽喉）上，用于记录默读过程中肌肉的动作电位，然后将默读过程中的肌电记录结果，与实验参与者安静地坐着不思考任何事情时的肌电记录结果进行比较。通常，身体其他部位的肌电也有记录，如前臂，而这个部位的肌肉活动应该与阅读无关。事实上，正常的熟练读者在阅读过程中很少有前臂活动，但是，与基准条件（实验参与者安静地坐着）相比，阅读过程中发音部位的肌肉活动显著增强。相反，失聪者在阅读过程中前臂活动相当多（我们将在本章的后面解释其原因）。在其肌电研究的综述中，麦圭根（McGuigan，1970）发现，几乎所有的研究都发现完成语言任务（阅读、听人说话或者思考）时，语言发音部位的活动会增加。

此外，肌电还受阅读条件的影响。例如，埃德费尔特（Edfeldt，1960）发现，与阅读难度小的文本相比，人们在阅读难度大的文本时肌电活动增强。而且在阅读可理解的外文文本时，尤其是在实验参与者还不习惯阅读外文文本的条件下，肌电活动也会增加。索科洛夫（Sokolov，1972）发现，将俄语翻译成英语后，实验参与者阅读难度大的译本时，要比读简单的译本，言语活动更多。阅读技能的高低也跟发音器官肌肉活动密切相关。初学读者要比熟练读者发音器官肌肉活动多。研究者（McGuigan，1967；McGuigan & Bailey，1969）认为，随着阅读技能的提高，肌电活动的数量会减少。同理，不熟练读者比熟练读者的发音器官表现出更多的肌电活动（Edfeldt，1960）。

上述研究数据表明，无声发音是自然默读的一种正常成分。据我们所知，对此断言几乎没有什么争议。但是，无声发音是否有什么作用，目前尚不得而知。研究者试图通过对无声发音的控制来观察它在阅读中的功用。消除无声发音的一种实验程序是，若实验参与者的肌电活动超过某个既定水平，主试就会给予反馈。具体做法是向实验参与者耳朵中输入一种难听的嗡嗡噪声。研究者（Hardyck，Petrinovich & Ellsworth，1966）发现，经过一个阶段的反馈，即可消除无声发音（或者至少肌电图记录显示如此）。实验参与者在后测中，没有发现无声发音的证据。阿伦斯（Aarons，1971）也报告说，读者能够对反馈训练做出反应，无声发音减少，并会在训练结束之后持续一段时间。相反，麦圭根（McGuigan，1971）则坚持认为，反馈训练效果短暂，训练结束之后，无声话语很快就会恢复。他对实验参与者进行了反馈训练，发现重测时肌电活动水平和训练前相同。因此，他坚持认为，反馈训练效果极为短暂。可以看出，此类训练是否具有长期消除无声发音的效应，目前尚不确定。但是，此处我们暂且假设此程序有效。

或许，肌电活动实验中最广为引用的是哈迪克和彼得罗温维奇（Hardyck & Petri-novich，1970）的研究。研究的实验参与者为英语补习班的大学生，他们在正常、反馈和控制三种不同条件下阅读难易程度不同的文章选段。在正常条件下，实验参与者在阅读文章的同时，其发音器官的肌电活动被记录下来。在反馈条件下，除了实验参与者发音器官的肌电活动幅度超出预先设定的放松水平就给予声音反馈之外，其他要求与正常条件完全相同。实验要求参与者尽量摆脱反馈语调。在控制条件下，除了前臂屈肌肌肉的活动幅度超出预先设定的放松水平给予声音反馈之外，其他要求均与反馈条件相同。哈迪克和彼得罗温维奇发现，由于反馈训练会降低发音器官的肌肉活动水平，难度较大文本的理解会受到影响。相反，简单文本的理解几乎没有受到影响（如图7-1所示）。

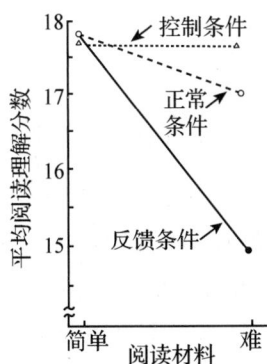

图7-1　在哈迪克和彼得罗温维奇（1970）的研究中，
不同实验条件下的阅读理解分数

上述研究可以被看作文本理解（尤其高难度）需要无声发音辅助的证据。若无声发音被消除，理解就会受到影响。但是，上述结果也未必说明无声发音是阅读理解必不可少的。泰勒（Taylor & Taylor, 1983）的研究表明，理解之所以出现问题，可能仅仅是因为实验参与者必须把注意力集中到消除发音部位肌肉活动的学习任务上。关于肌电抑制技术，一个相关的难题是，随着文本难度的增加，整体的肌肉活动增强，因此实验参与者可能需要更加努力，才能降低肌电活动水平。一种对于发音器官肌电活动研究的一般性批评是，语言发音部位活动显著增强是否是由语言加工引起的，并非总是很清楚。然而，洛克（Locke, 1971）发现，阅读包含较多双唇辅音的文本，与阅读包含较少双唇辅音的文本相比，前者的唇部肌肉活动显著增加（发双唇辅音 b、v、m 时，需要嘴唇运动）。加里蒂（Garrity, 1977）在其关于肌电的研究综述中提供的证据表明，从某种程度上讲，肌电活动是言语所特有的。

肌电研究表明，在阅读过程中存在无声发音。显然，阅读技能低的读者比阅读技能较高的读者在阅读过程中有更多肌电活动，而且随着文章难度的增加，内部言语的速率亦随之提高。若内部言语被消除，阅读理解会发生什么变化，目前尚不很清楚。至少阅读难度较大的文本时，若消除内部言语，理解则会受到影响。

值得注意的是，近年来，肌电记录研究的数量急剧减少。前文关于对各种研究结果不可靠性的批评，可能与这种类型的研究较少有关。从某些方面来讲，肌电记录可被看作实验心理学中行为主义传统的一种余脉，认为思维与理解之类的高级心理过程是内化的言语或行为。因此，肌电记录研究所关注的是阅读过程中是否出现内隐言语，基于此类研究所建构的阅读模型极少对阅读过程中可能发生的认知过程做出假设。本章后面内容将要充分探讨的一个特别棘手的问题是无声发音和内部言语的关系。对阅读认知过程理解的缺失，是由于肌电记录技术使然，还是研究者的研究取向存在问题，目前尚不确定。但是，大多数对内部言语感兴趣的认知心理学家已经开始采用后面将要探讨的其他各种技术。

## 三、同时发音活动（concurrent articulatory activity）

肌电记录研究采用反馈技术尝试消除阅读过程中的无声发音。第二种更广泛使用的技术是用其他活动来占用声道。发音抑制实验的理念或者原理很简单：如果读者的言语通道在阅读过程中同时被占用，那么就不能无声地读出文本内容。所使用的其他技术也试图使嘴巴保持不动。首先，早在大约 19 世纪末就进行过类似实验（Huey, 1908），要求实验参与者将气球置于口中（用一根管子来呼吸），气球充满气，从而使其言语肌肉组织无法运动。同样，研究要求实验参与者口咬一物、紧闭下巴，以阻碍发音（Sokolov, 1972）。这些物理方法并不能有效地抑制发音，而且显然令实验参与者感觉不舒服，因此目前一般不再使用。因此，本节重点是用于消除无声发音的"同时发音"任务。

平特纳(Pintner，1913)率先采用这种技术进行第一种类型的实验研究。实验要求参与者在阅读文本的同时完成计数任务或者发出 la-la-la 音。显然，假如实验参与者被迫说出一组耳熟能详的词汇(如儿歌)，或者持续重复一组无意义的音节(如 la 或者blah)，或者高声计数，使其发音装置(或器官)无法同时读出文本。因此，根据同时发音研究范式的逻辑，实验参与者完成与阅读无关的词或音素的发音任务时，发音程序就不能针对正在阅读的词汇启动。使用熟练、简单的材料来占用发音装置，是为了避免抑制发音任务占用实验参与者过多注意资源，最大限度地减少其对阅读所必需资源的竞争，而做出的一种尝试。因此，在理想的发音抑制实验中，抑制任务应该只干扰发音器官的活动，而不会妨碍保证阅读正常进行的其他任何机制的运行。如何达到这种理想的状态则是这类研究面临的一个主要问题。

许多使用同时发音研究范式的实验关注的焦点是，阅读过程中言语的重新编码发生在词汇语义通达之前还是之后(Chmiel，1984；Martin，1978)。这里我们首先将详细回顾一项经典的同时发音实验(Kleiman，1975)。(研究得出的结论是同时发音主要对词汇通达后的加工产生影响。)然后，我们将探讨与同时发音研究范式有关的一般性问题，以及其他一些采用同时发音研究范式的研究。

## (一)词汇与短语阅读过程中的抑制问题

克莱曼(Kleiman)在其研究中采用的同时活动称为"复述"(shadowing)。复述任务要求实验参与者首先听一串数字，然后大声重复(所谓"复述")，以此来抑制无声发音。其主要任务(实验参与者必须完成的任务)是尽快地对视觉呈现的词汇或者句子做出判断，判断用手动反应来表示，并计时。因此，无声言语参与的基本测量指标是，实验参与者必须大声重复数字条件，与不需要完成复述任务条件相比，对主任务反应的减慢程度。克莱曼推测，复述产生的干扰量取决于所做出判断的类型。如果判断事关词汇的字形特征(词汇之间有多大相似性)，那么复述对判断几乎是没有干扰的。相反，若判断事关词汇的音位特征(如押韵)，那么在完成复述任务的同时做出这种判断应该非常困难。

实际上，克莱曼发现，复述使得对两个词视觉相似性判断的速度减慢 120 毫秒，而对两者是否押韵判断的速度减慢大约 370 毫秒。你或许会疑惑，为什么复述对字形判断也产生影响。答案可能与下述事实有关：任何一种同时完成的任务都有可能对与假定的主要目的(在该研究中即为发音抑制)无关的作业成绩有一定的不良影响。关于这个问题，下文会详细叙述。

最重要的一个问题是，若其根据是语义，那么在做出这种判断的过程中究竟发生了什么事情。若心理词典的通达取决于内部言语，那么同时发音对意义判断的干扰，应该与对语音判断的干扰一样大。相反，若意义通达独立于言语加工，那么意义判断成绩应该同字形判断相似。在后一种情况下，其结论是在阅读中语音编码发生在词汇通达之后。实际上，克莱曼发现，干扰量在词形判断中和意义判断中相同（见表 7-1），表明做出同义判断，不需要内部言语的参与，而做出是否押韵的判断，则必须有内部言语的参与。基于上述结果，克莱曼坚持认为，单个词汇意义的提取不需要内部言语的参与。

表 7-1　克莱曼的实验 1 中的主要结果

| 任务 | "是"反应 | "否"反应 | 无复述条件/毫秒 | 复述条件下的变化/毫秒 |
|---|---|---|---|---|
| 语音 | TICKLE PICKLE | LEMON DEMON | 1 137(8.3) | +372(+7.7) |
| 字形 | HEARD BEARD | GRACE PRICE | 970(4.5) | +125(+0.4) |
| 语义 | MOURN GRIEVE | DEPART COUPLE | 1 118(4.2) | +120(+3.8) |

注：括号内数值为错误率。

　　为了进一步考查字形判断中是否有语音编码参与，另一项实验要求实验参与者在有复述和无复述两种条件下做出相同的视觉判断。需要做出"是"反应的刺激类型有两种：音似["BLAME-FLAME"（谴责—火焰）]词对和非音似["HEARD-BEARD"（听到—胡须）]词对。若实验参与者在无复述条件下使用了语音编码，那么相对于非音似词对而言，语音编码会促进对音似词对的判断。实验结果表明，复述对两种类型的刺激的干扰程度相同，因此支持视觉比较任务中发现的干扰与语音编码无关这一观点。

　　另一个实验采用句子为实验刺激，结果与需要对词对做出判断的实验结果相似。在这个实验中，首先向实验参与者呈现目标词，然后要求其在有复述和无复述两种条件下阅读以视觉方式呈现的句子。所进行的判断与词对实验相同。例如，可能向实验参与者呈现目标词"BURY"（掩埋），要求实验参与者回答目标句["YESTERDAY THE GRAND JURY ADJOURNED"（昨天大陪审团休会了）]中是否有字形相似的词。跟以前的实验相同，实验参与者必须手动做出"是"或者"否"的判断。这个实验还增加了另一种条件，要求实验参与者对句子的可接受性做出判断（从语义上讲，这句话可接受吗）。因此，实验参与者会对"NOISY PARTIES DISTURB SLEEPING NEIGHBORS"（喧嚣的晚会打扰熟睡的邻居）做出"是"的反应，而对语义异常的句子"PIZZAS HAVE BEEN EATING JERRY"（比萨一直在吃杰里）做出"否"的反应。研究用这一条件来考查验证下述观点，即语音编码有助于词串的短时保持。若要做出准确的判断，实验参与者必须记住主语名词，直至动词及其宾语出现，因此可接受判断可能需要占用工作记忆。如表 7-2 所示，克莱曼发现，复述对句子可接受性判断的干扰作用很大。实际上，比对押韵判断的干扰更大。

表 7-2　克莱曼的实验 3 的主要结果

| 任务 | 刺激材料 | 复述条件/毫秒 | 复述条件下的变化/毫秒 |
|---|---|---|---|
| 语音 | CREAM<br>HE AWAKENED FROM THE DREAM(True)<br>SOUL<br>THE REFEREE CALLED A FOUL(False) | 1 401(6.8) | 312(+2.1) |
| 字形 | BURY<br>YESTERDAYTHE GRAND JURY ADJOURNED（是）<br>GATHER<br>RUNNING FURTHER WAS TED'S MOTHER（否） | 1 557(6.3) | 140(+2.0) |
| 范畴 | GAMES<br>EVERYONE AT HOME PLAYE MONOPOLY（否）<br>SPORTS<br>HIS FAVORITE HOBBY IS CARPENTRY（否） | 1 596(9.9) | 78(-2.6) |
| 可接受性 | NOISING PARTIES DISTURBED SLEEPING NIEIGHBORS（是）<br>PIZZAS HAVE BEEN EATING BURRY（否） | 1 431(7.3) | 394(2.6) |

注：括号内数值为错误率。

## (二)短文阅读过程中的抑制

克莱曼认为，句子阅读实验的结果是内部言语用于工作记忆保持而非词汇通达的证据。克莱曼的研究结果受到研究者的广泛引用，另有一些研究支持和发展了其一般性结论。克莱曼的研究大多以单个词、短语和句子为研究材料，因此，连贯语篇的阅读过程中无声发音的阻碍是否也会带来干扰，这是一个颇为有趣的问题。然而，对较长段落阅读理解的研究所面临的一个主要问题是，理解过程中的干扰难以检测，即使没有任何干扰任务，读者也可能忘记所阅读内容的许多细节。我们所采用的一种折中策略是让人们阅读由 5～10 个句子组成的段落，每完成一个段落的阅读，马上测验其对阅读材料的记忆，之间间隔时间极其短暂，因此其结果应该能够敏感地反映出同时任务对理解所产生的任何干扰作用。虽然这种短小段落的阅读并非真实的文本阅读，但是已相当接近。

上述实验的典型程序是，按照实验者确定的速度，在屏幕上将句子逐一呈现给实验参与者。实验参与者或者默读，或者在默读时同时完成发音活动(例如，计数或反复重复无意义的短语)。因此，阅读速度受到控制，实验者可以对段落理解是否会受到同时发音活动的影响进行测量。利维(Levy，1975，1977)要求控制组的实验参与者在听读短文的同时，或者高声计数，或者保持沉默。有人可能会认为，高声计数对听的干扰比对阅读的干扰大。但是，利维坚持认为，如果参与听读过程的语音编码不包含发音成分，而参与阅读过程的语音编码包含发音成分(Baddeley，1979)，那么可能只有在阅读任务中观察到发音的干扰效应。利维要求实验参与者完成包含测试段落中的某个句子或者在措辞上略有改变的某个句子的再认测验，来检测其理解。所做出的改变可能是词汇方面的(用同义词来替换句子中的某个词)，或者是语义方面的(主语名词和宾语名词调换位置)。利维发现，在阅读过程中，发音对两种类型句子的理解均有影响。但是，在听的过程中并未发生理解衰退的情况。同样，巴德利等人(Baddeley、Eldridge & Lewis，1981)发现发音抑制会导致实验参与者发现词汇异常或词序错误的能力明显降低。

若将其他研究纳入考查范围内，情况则变得更加复杂。在其后续的一个研究中，利维(Levy，1978)仅仅对意义的改变进行了检测，结果发现同时发音活动对语言理解并没有影响，表明发音抑制可能仅仅对语言形式的记忆有影响(与其早期的研究结果相悖)。然而，斯洛维亚切克和克利夫顿(Slowiaczek & Clifton，1980)随后的一项研究表明，虽然同时发音活动对"主动宾"[利维(Levy，1978)在其研究中已检验过]形式的离散命题的记忆没有影响，但是若需要对多个句子的信息进行整合，同时发音活动对命题的理解则有影响。第二个并发的问题是利维最初的研究发现，即在听觉条件下，语音抑制对理解没有影响，这一结论通常无法验证。因此，上述研究的典型结果(Slowiaczek & Clifton，1980)是在听觉条件下语音抑制对成绩有影响，但是相对于阅读条件的影响要小。

由此看来，语音抑制可能只对某些种类的理解任务产生影响：涉及逐字记忆的任务和读者充分整合数个句子的意义从而需要对文本进行记忆的任务。而且，抑制效应对阅读的影响大于对听读的影响，表明抑制效应对将印刷文本转换成听觉形式的过程有影响。上述研究与前面所讨论的以单个词为材料进行的语音抑制研究(Kleiman，1975)结果表明：内部言语与单个词汇意义的通达几乎没有关系，但是在随后对连续语篇的理解起促进作用的记忆过程中发挥重要作用。

## (三)语音抑制技术存在的问题

前文中所呈现的对发音抑制研究数据的通常解释并非不合理。但是，若形成其论证无懈可击的印象的话，则未免有误导之嫌。针对发音抑制技术，有两个关于主要研究方法方面的批评。

## 1. 干扰未必为发音抑制所致

发音抑制技术存在的一个问题是，发音抑制对阅读的影响未必是由抑制任务占用了发音器官导致的，这样一来就否定了发音抑制任务对阅读过程的作用。首先，在两种任务同时进行时，人们需要付出努力将两种任务区分开来。其次，发音抑制任务可能不仅会干扰发音器官的运动，还可能干扰一般的心理活动（Margolin，Griebel & Wolford，1982）。事实上，正如我们在前文中探讨克莱曼的实验时所述，可能是上述原因之一或者两者共同作用（语音抑制既对发音器官又对一般心理活动产生干扰作用）的结果，阅读时间无论是在视觉任务中还是在语义对比任务中均缩短了 100 毫秒。由此推论，有可能对阅读的任何干扰效应事实上"皆非"无声言语所致，而是对一般心理活动的干扰所致。

上述论点究竟有多少说服力？请看克莱曼的研究结果：押韵判断的速度减慢 300 毫秒。这种额外干扰可能未必是无声发音的抑制造成的，而是因为押韵判断比字形或者语义（同义）判断任务需要更多的一般心理活动的参与。根据上述观点，任务因"难度"而异，越困难占用的一般认知资源越多，因此，受同时性任务的干扰也越大。

押韵判断任务比语义判断任务需要占用更多的认知加工资源，这一假设未免有点牵强附会（尽管完成押韵判断任务需要的绝对时间长于完成语义判断任务所需时间）。是否有某种方式来做出判断说明这种具有普遍意义的对干扰的解释，优于将干扰效应归因于对声道的竞争？沃特斯等人的实验（Waters，Komoda & Arbuckle，1985）为此做了尝试。研究对各项任务对与语音和言语毫不相关的任务（点探测）的干扰效应进行了测量，然后（采用协方差分析技术）从阅读的干扰效应中减去前述干扰效应，即获得各种任务所占用的加工资源。可惜的是，研究结果相互矛盾冲突。将点探测任务的干扰效应减去之后，复述的干扰效应也大大降低，无统计学上的显著性。然而，干扰效应仍然相当大（阅读速度减慢约 15%，理解上也受到一定影响）。

沃特斯等人的实验的另一个问题是，在研究中选择复述任务为同时任务，而其他研究则要求实验参与者在阅读文章段落（Levy，1977；Slowiaczek & Clifton，1980）的同时，完成另一项不同任务（如从 1 数到 10，或者不断地重复一个或两个词）。可惜的是，复述任务远非用于研究无声发音抑制的理想手段。在克莱曼（1975）和沃特斯等人（1985）的研究中，单个数字的复述速度最快为 2/3 秒。由于正常语速比复述速度至少快 50%，而且通常是其两倍，因此复述可能不会像人们所期望的那样连续驱动发音器官。复述的速度之所以相对较慢，一个可能的原因是，这种任务需要占用相对较多的一般心理资源（正如在克莱曼的实验中，视觉和语义对比任务的干扰），而且若强迫实验参与者加快速度，可能导致复述任务的中断。一般用于文本段落理解研究的重复任务（如 blah-blah-blah）（Levy，1975）因其占用的一般心理资源极少，似乎是锁定发音器官更接近理想的手段。

借助于抑制技术所观察到的阅读水平的下降可能并非无声发音抑制所致，而是占用一般心理资源造成的。同理，复述任务对阅读的影响大于其他同时性任务(例如，利维使用手指叩击任务)，这或许是因为复述或者谈话(发音)占用了更多的心理资源而不是言语资源。目前，只有一个研究(Waters，Komoda & Arbuckle，1985)真正严肃地尝试对多种不同的同时性任务所需要的一般心理资源进行考查。结果虽尚非定论，却表明复述除了一般干扰效应之外，还有其他方面的影响。关于重复任务，目前尚没有人做过类似的研究。然而，从表面来看，重复任务似乎能够在不占用大量认知资源的前提下，有效地锁定发音资源，因此是一种较理想的言语抑制任务。

**2. 抑制任务或许不能有效地抑制内部言语**

抑制任务也从其他方面受到攻击。人们坚持认为，没有干扰效应未必意味着所感兴趣的过程不涉及内部言语，如克莱曼的任务要求实验参与者判断两个词是否同义。既然同时任务在很大程度上占用了发音器官，怎么可能不干扰内部言语？请记住，我们早前的直觉演示表明，即使发音器官完全被占用，语音编码仍然有可能发生。而且，大部分人的内省表明，即使嘴里在说一些不相关的话，头脑中仍能容易地获得阅读的声音。换言之，尽管克莱曼的研究清楚地表明无声发音对于两个词语意义的理解并非必要，但是也很难说明在此过程中是否有内部言语(头脑中的声音)的参与。

我们再略微展开讨论一下这个论点。假设任务 X(如比较两个词的意义)不受同时发音的影响(这是理想的真实数据)，我们便可以确定地得出结论，任务 X 中没有无声发音参与，因为即使同时发音任务不能完全抑制无声发音(实验参与者可能会时不时地在不知不觉中无声发音)，也会对其产生显著干扰作用，因为嘴巴一次只能做一件事情。我们针对同时发音任务对语音编码(头脑中的声音)效应的考查却没有如此确切的依据，因为两种任务能够(至少在宏观水平上)同时进行。尽管我们凭直觉认为，口中发出的声音对头脑中的声音一定会有一些干扰，但是并不确定。

一种可能性就是外部言语可能会产生另一种对内部声音的听觉有干扰作用的声音。然而，关于选择性注意的研究表明，如果实验参与者努力关注来自一个空间位置的听觉信息，来自另一个空间位置(要求实验参与者忽略)的听觉信息对理解第一种听觉信息几乎没有干扰作用(Broadbent，1958)。因为外部言语与内部言语来自不同的位置，人们认为"第二种声音"的干扰并不重要。似乎更加合理的解释是需要无声发音来强化、丰富或者可能调整内部言语的产出，结果发现，阻碍无声发音使内部言语更加贫乏。但是，若实验参与者在无知觉中加入一点无声发音，就足以产生恰如其分的内部言语。

这就产生了对同时发音实验的第二种方法论方面的批评。据我们所知，目前没有任何研究真正地对由阅读任务(可能是由无声发音)引起的同时发音任务的削弱进行过研究。有证据(Posner & Boies，1971)表明，在双任务情境中，人们所意识到的次要任务是使成绩显著降低的任务。也就是说，只要两项任务的要求相矛盾，次要任务通常需要让位。由于在这种情况下，同时发音活动几乎肯定被看作次要任务，因此人们预测难以捉摸的干扰效应发生在同时发音任务上，而非阅读任务上。

## 3. 小结

总之，由同时发音引起的干扰可能并非内部言语敏感的测量指标，因为人能够在发出某个音的同时，对另一语言单位进行语音编码；干扰可能主要发生在发音任务中，未得到精心测量，因此某些微小的干扰效应可能被忽略。此处我们偏离主题，似乎在喋喋不休地对方法问题进行讨论，为此深表歉意，但是同时任务研究范式很复杂，其中许多问题确实需要探讨。从本部分的讨论中可以看出，从同时任务研究的数据中得出的结论几乎都不真正可靠。然而，尽管对于积极效应的"一般干扰解释"无法排除，但是我们认为，研究数据很有说服力地表明，语言理解中不可或缺的短时记忆过程中有语音编码和无声发音的参与。此外，尽管相反的研究结果表明无声发音可能与词汇意义通达无关，但是并不能对本书第三章至第五章所提供的词汇识别有语音编码参与的证据产生任何影响。

许多研究者（Besner，1981；Besner & Davelaar，1982）也持有类似的观点，认为以词汇通达为目的对书面文本的语音再编码（phonological recoding），不同于对来自书面文本的语音编码信息的缓存及/或保持，而且无声发音只对后者产生影响。他们尝试设计出一个对前者（语音编码）进行考查的任务，以确定是否存在同时发音效应。贝斯纳（Besner）及其同事使用的押韵任务不符合此标准。它需要语音编码和缓存，因为必须以听觉形式对第一个词进行编码，并存储在记忆中，然后与第二个词进行比较。因此，在押韵任务中所观察到的干扰在多数情况下很可能不是听觉形式的编码导致的，而是存储和比较的结果。贝斯纳等人试图通过让实验参与者判断两个词是否同音异义来降低缓存的重要性，假设这种判断所要求的记忆对比（"相同"与"不相同"）要比押韵判断任务的要求简单得多。他们发现，干扰效应明显降低（但依然显著），表明押韵任务的干扰在多数情况下是初期编码之外的过程所致。

贝斯纳等人在其研究中采用了一种任务，要求实验参与者判断非词的发音是否听起来像真词（如同音异义假词），试图以此方式来消除缓存产生的所有影响。上述任务可能不需要长时间存储信息或者对声音进行对比，因为需要提取的是一个词的发音，并用于提取非词的语音编码。研究结果存在矛盾冲突。他们在一项任务中发现了干扰效应，实验参与者尽快地进行了抑制，而在另外一个任务中却没有发现干扰效应，实验参与者仍然以合理的速度（每秒 3 个数字）进行了加工，但速度有所减慢。

贝斯纳等人采用同音异义假词任务的研究表明，语音编码可以在不产生任何干扰效应的情况下进行。然而，有人也可能认为，之所以没有发现这种效应，是因为实验参与者没有强烈地对加工过程进行抑制。而且，他们（同其他人一样）也没有考查其对次要任务的影响。尽管贝斯纳等人的实验有其自身的问题，但是研究结果确实能够表明发音干扰任务对内部言语的存储和操纵有较大影响，而对文本初期干扰的产生没有影响。

## 四、语音相似性效应(phonological similarity effect)

用于对阅读过程中内部言语进行研究的第三种范式是由三种具有某些共同特征的独立技术组成。我们将其一般性特征称为"语音相似性效应"(phonological similarity),因为三种技术的相同之处为：所使用的实验材料都是同音异义词或者是发音相似的词。同音异义短语技术(homophonic phrase technique)要求实验参与者判断用同音异义词[拼写、意义不同但发音相同的词,如"meet"(遇到)—"meat"(肉)]替换其中一个关键词的短语是否具有可接受性。绕口令和音素相似性技术(tongue twister and phonemic similarity technique)要求实验参与者对包含多个发音相似词汇的句子的可接受性做出判断。从下文可知,这类研究范式背后的假设相似,而且不同范式的研究所得出的结果也一致。采用三种范式的研究均要求实验参与者完成同时性发音抑制任务,以此方式探讨语音编码与无声发音的关系。

### (一)同音异义短语

请读下面两个句子,你觉得容易吗? 句子的发音不变,而其视觉特征却完全改变了。

The bouy and the none tolled hymn they had scene and herd a pear of bear feat in the haul. ①                                                                                     (7.1)

Iff yew kann sowned owt this sentunns, ewe wil komprihenned itt. ②          (7.2)

在前一个句子中(LaBerge,1972),多数词被同音异义词替换,因此句子听起来没有问题,但是从视觉上看却不正确;而在后一个句子中(Baddeley et al.,1981),所有的词语都拼写错误(且多数为非词),但是你依然能够读出来,并且理解它。

如果阅读完全依赖于言语编码的运用,那么(如前例)词语拼写发生改变但可正确发音的文本读起来应该不会比没有改变的文本更困难。根据这种推理,鲍尔(Bower,1970)以希腊—英语双语的实验参与者为对象,使用希腊字母拼写英语词汇进行研究。由于实验参与者发现阅读这类文本的困难很大,因此得出阅读中并没有使用语音编码的结论。然而,根据这一研究结果我们可以从结论中推断出,语音编码并非意义通达的唯一途径。另外一个以同音异义词为研究材料的诊断性实验(Baron,1973)采用拼写和发音都不正确(如"new I can't"或者"I am kill")的短语,或者视觉不正确但是语音正

---

① 此例的正确拼写为：The boy and the nun told him they had seen and heard a pair of bare feet in the hall. ——译者注

② 此例的正确的拼写为：If you can sound out this sentence,you will comprehend it. ——译者注

确的短语(如"don't dew it"或者"tie the not")为实验材料,要求实验参与者判断其表意性。在第一种情况下,拼写和发音均不正确的词"new"和"kill"代替了"no"和"ill",而在第二种情况下,同音异义词语"dew"和"not"代替了"do"和"knot"。同样,向实验参与者呈现有意义短语(如"I am ill")的概率为50%。巴伦(Baron)推断,如果发生语音编码的话,对于同音异义错误的词,其正确的发音应该会对做出句子无意义的判断产生干扰,因此在做出句子无意义判断时,对同音异义错误的词的反应时长于拼写错误的词。如果没有发生语音编码,判断的依据仅仅为短语的视觉特征,两种条件没有差异。实际上,巴伦的研究得出后一种结果,说明语音编码在阅读过程中并非必不可少的。

然而,有人可能认为,在巴伦的实验中的反应时数据不如错误率数据重要。事实上,巴伦还发现,实验参与者在同音异义短语上("tie the not")的错误多于非同音异义短语("I am kill")。因此,错误率数据支持阅读中确实存在语音编码这一观点。巴伦研究发现,拒绝包含同音异义词和非同音异义词短语的反应时并没有差异,但前者错误率高于后者。多克托和科尔哈特(Doctor & Coltheart,1980)与班克斯等人(Banks,Oka & Shugarman,1981)重复上述研究,得出相同的结论。而且,另有数项研究(Treiman,Freyd & Baron,1983;Treiman,Baron & Luk,1981;Treiman & Hirsh-Pasek,1983;Baron,Treiman,Freyd et al.,1980)均发现,拒绝包含同音异义词的短语,比拒绝对照组包含非同音异义词的短语,错误率高,反应时长。因此,目前的研究证据似乎清楚地表明,短语评价任务中有语音编码的参与。

尽管根据最初的设计短语判断实验主要用于研究语音编码在词汇通达中的作用,但是研究发现的干扰效应是出现在词汇通达前还是在词汇通达后,目前尚不清楚。也就是说,同音异义词的发音可能只有在把短语当作一个整体(在短时记忆中)评估其意义时,才会产生干扰效应。对上述结果的一种解释是,实验参与者通常能够从大脑词典中提取单个词语(因此反应时没有差异),但是语音编码出现在词汇通达后,这一事实导致其在完成整个短语阅读过程中出现错误。

## (二)绕口令

另一种用来验证阅读过程中语音编码的技术是让实验参与者阅读包含绕口令的句子。绕口令是包含许多有相同词首辅音单词的句子。例如,儿童(和成年人)经常尝试快速地说出下面这个妇孺皆知的绕口令:

Peter Piper picked a peck of pickled peppers. (7.3)

显然,朗读类似绕口令的速度之所以减慢,是因为多个词首辅音相同的词连续使用,即使在不需要朗读的情况下,也很难说出来。也就是说,发音所使用的肌肉群在此类语音序列的发音过程中反复使用,产生疲劳,从而导致困难。人们感兴趣的是,当读者默读时,绕口令和控制句之间的差异是否依然存在。

哈伯(Haber & Haber,1982)向实验参与者呈现绕口令[如例(7.4)]和控制句[如例(7.5)]：

Barbara burned the brown bread badly.　　　　　　　　　　　　　　(7.4)

Samuel caught the high ball neatly.　　　　　　　　　　　　　　　　(7.5)

他们发现，阅读绕口令的时间长于阅读控制句的时间，两种句子类型之间的差异在默读和朗读两种条件下相同（默读自然快于朗读）。艾尔斯（Ayres，1984）在其实验中将绕口令插入段落中，得到与哈伯的研究相同的结果：中间插入绕口令的段落要比没有插入绕口令的段落，阅读时间长。这些实验的原理是，如果默读也需要启动发音程序且无法抑制的话，那么，绕口令与控制句默读时间的差异应该与两者朗读时间之间的差异相同。

麦卡奇和佩尔费蒂（McCutchen & Perfetti，1982）对绕口令进行过全面研究。实验要求实验参与者默读句子，并且判断其语义可接受性。其中部分句子是重复词首辅音的绕口令[如例(7.3)和例(7.4)两个句子]，其余为相匹配的语音中性句子（词首辅音不重复）。结果发现，绕口令句子的语义可接受性判断所需时间长于中性句子，而且绕口令短语的同时发音任务完成速度减慢。也就是说，若实验参与者必须在读出"Pack a pair of purple pampers"或者"I owe you an I. O. U."的同时，进行语义可接受性判断，那么无论是阅读绕口令句子还是阅读中性句子，反应时都会延长。但是，麦卡奇和佩尔费蒂发现，同时发音任务的内容对语义可接受性的判断时间几乎没有影响。发音的短语是否包含与绕口令短语中重复辅音相似的辅音（如双唇音/p/）亦无关紧要，表明绕口令的干扰作用并非发生在无声发音运动程序水平上。

有研究对绕口令效应进行了更详尽的探讨。奥本海姆和德尔（Oppenheim & Dell，2008）考查了默读或者朗读"lean reed reef leach"之类词构成的词表时所犯的或者报告的错误。他们发现，无论是在朗读中还是默读中，导致真词产生的错误（如将"reef"说成"leaf"）发生频率都高于产生非词的错误。但是，降低相互混淆语言片段的语音相似度（如用闭塞音代替流音，将词表中的"lean … leach"替换为"bean … beach"）降低了朗读的错误率，但没有降低默读的错误率。他们得出结论，内部言语虽然缺乏语音细节，但仍然保持关于音位的特征信息。艾奇逊和麦克唐纳（Acheson & MacDonald，2009）关于言语工作记忆本质的研究，对朗读或者记忆非词词串（如"shif seev sif sheeve"）时所犯的错误进行考查。关于绕口令的研究结果（如上述词表）表明，工作记忆在默读过程中对各种无声言语过程具有依赖性。

其他研究探讨了绕口令的破坏性效应是否产生于单个词的阅读中，或者仅仅产生于宏观的层次上。肯尼森及其同事（Kennison，2004；Kennison，Sieck, & Briesch，2003）采用以短语为单位的自控步速阅读技术，对包含词首音位重复单词和不包含词首音位重复单词两种类型句子的阅读速度进行了研究[如例(7.6)所示]：

Tina and Todd took the two toddlers the toys, despite the fact the weather was bad.

Lisa and Chad sent the four orphans the toys, despite the fact the weather was
bad. (7.6)

他们发现，包含重复音位句的阅读速度，只是在从句结尾之后才开始减慢（在例句中逗号之后），表明绕口令效应或许仅仅发生在晚期的整合和记忆复述过程中，或许内部言语效应实际上在孤立词汇阅读和句子理解中并未显现出来。然而，沃伦和莫里斯（Warren & Morris，2009）记录了实验参与者在默读绕口令句子时的眼动轨迹，发现无论是在早期还是后期，绕口令均减慢了阅读速度。绕口令似乎确实对句子加工后期涉及句子记忆的各个阶段有影响，而且，若测量指标更精确，还会发现绕口令对词汇识别和句子理解早期的各阶段有影响。

因此，无论是在局部还是在宏观层次上，绕口令似乎都会降低阅读速度，并且还会对句子的理解、词汇和句子的记忆产生干扰作用。这种干扰作用可能是由阅读过程中自动激活的音素表征重合造成的。但是，同时发音和阅读任务相互之间没有干扰（McCutchen & Perfetti，1982），音素相似效应亦未产生（Oppenheim & Dell，2008），这一切均表明音素表征并非无声发音运动程序，亦缺乏语音细节。

### (三)音素相似效应（phonemic similarity effect）

同绕口令效应紧密相关的是音素相似效应。巴德利和希契（Baddeley & Hitch，1974）在其阅读研究中首次考查了对记忆广度有很大影响的音素相似效应。研究要求实验参与者对几乎全部由音素相似词汇组成的句子进行语义可接受性判断。例如，请看例(7.7)：

Crude rude Jude chewed stewed food.
Crude rude chewed Jude stewed food. (7.7)

第一个句子在语义上是合乎逻辑、可接受的，而第二句恰好相反。与由无相似音素词汇构成语义相同的句子相比，实验参与者接受和拒绝这种类型的句子均需要较长的时间。在其后续实验中，巴德利和刘易斯（Baddeley & Lewis，1981）要求实验参与者在不断高声计数的同时完成语义可接受性判断，结果发现抑制发音使错误率增加，但是不影响音素相似性效应的大小（这不禁使人产生疑问，即这种效应是否真的涉及内部言语）。

在一项相关研究中，特雷曼等人（Treiman & Baron，1983）向实验参与者呈现句子片段，要求其完成迫选的句子补全任务。例如，首先呈现句子片段"He made a nasty hasty"，随后为两个完形选择："remark"或"profusely"。实验参与者的任务是，选择其中一个词语，组成完整有意义的句子。其中有些片段包含拼写相似但发音不同的词对（如例句中的"nasty-hasty"）。其他词对则由拼写和发音相似的词组成（如"never-sever"）。特雷曼等人发现，词对中两词之间的语音关系影响作业成绩：对由拼写相似但发音不同的词构成的词对的反应时，长于对由拼写和发音都相似的词构成的词对的反应时。他们还发现，在句子可接受性判断任务中，包含根据规则发音与正常词（如"played"）相同的异常词（如"plaid"）的不可接受句子[见例（7.8）]，比包含规则词的不可接受句子[见例（7.9）]，更难让个体做出拒绝判断：

The children plaid outdoors. (7.8)

He wore a played shirt. (7.9)

音素相似性效应符合内部言语在阅读中起重要作用的观点。大多数研究数据和假设一致：内部言语仅仅是与词汇在工作记忆中的保存相关的一种后词汇通达过程（post-lexical process）。特雷曼等人的研究表明，内部言语是由非词汇的拼写—发音对应规则激活的，因为"plaid"只能通过这种通道激活"played"。这一研究结果支持范奥登（Van Orden，1987）得出的结论，认为音素编码在词汇通达中起着重要的作用（见本书第三章）。

### （四）总结

这里探讨的研究得出的结论是，内部言语在阅读中起着重要作用。贯穿于本节所描述的所有研究的主线是词汇的发音影响默读的速度及/或准确性。若用与短语或者句子中目标词发音相同（或者相似）的词来替换目标词，与用发音不相同的词汇来替换目标词相比，实验参与者做出短语或者句子不可接受的决策更困难。此外，句中若包含多个以相同音素开头的词汇或者多个词相互押韵，不仅朗读困难，更有意思的是，默读也同样困难。采用这些研究范式对这些问题进行过研究的学者普遍将这种效应归因于工作记忆中的词汇通达的加工，但是也有一些研究（Treiman & Baron，1983；Warren & Morris，2009）结果支持本书第三章至第五章得出的结论，即存在词语编码的早期效应。

# 五、听障读者

至此，我们一直在探讨读者的默读在多大程度上依赖于语音编码才能完成语言理解这一问题。贯穿于所有研究的主线是研究者在想方设法对可能与内部言语有关的变量进行操控（如使用语音抑制技术来阻碍语音编码）或者发现与语音编码有关的变量（如肌电研究）。对这个问题进行探讨的另一个不同途径是对在文本加工过程中不能充分完成语音编码的读者进行研究。当然，此处我们所指的是重度听力障碍者。听力障碍存在程度上的差异。有些人有轻度到中度听力丧失，但仍然能够感知到环境中的某些声音和某些口头语言。我们的兴趣点在于那些患有严重听力障碍对不同声音极少或者完全没有意识者。若非看到有人嘴唇在动，他们根本不知道房间里谁在说话。研究者最感兴趣的实验参与者也是那些生来就有严重听力障碍者（其父母也为听力障碍患者的占

10％；Goldin-Meadow & Mayberry，2001)或者出生后一年内罹患严重疾病导致听力障碍者。这样一来，这些人接触口头语言的机会就极其有限。

严重听觉障碍者能学会阅读吗？如果答案肯定是"不能"的话，这就是只有获得语音编码才有可能进行阅读的很好证据。尽管多数听障儿童确实在某种程度上学会了阅读，但是其阅读水平通常都不是很高(Allen，1986；Conrad，1972)。康拉德(Conrad，1972；1977)，特雷曼和赫什-帕塞克(Treiman & Hirsch-Pasek，1983)对关于严重听障儿童的特征的研究进行了综述，得出如下结论：听障者不能很好地完成阅读任务。他们通过研究进一步得出结论：成人听障者的平均阅读水平大约是四年级水平，仅约25％的严重听障者具备功能性阅读能力。(此处所谓功能性阅读能力指四年级水平的阅读能力。[①])事实上，听力丧失在 85 分贝以上的听障者中约有 50％的人没有阅读理解能力(Conrad，1977)。

近几十年来，听障高中生的平均阅读水平一直徘徊在三、四年级水平上，尽管有许多研究在关注这个群体，并采用了多种方法对这个群体进行阅读教学(Allen，1986)。然而，大约只有 5％的听障高中生确实具备可与无听障同学相媲美的熟练的阅读技能。研究者认为，追根求源，造成听障者整体阅读能力低下的原因，似乎包括以下因素：听力丧失程度(Conrad，1977)、第一语言的获得年龄(Mayberry，2007)、口语与手语的一般语言知识(Goldin-Meadow & Mayberry，2001)。一种通达假设认为，听障者的阅读障碍与其学习阅读时不能通达语言的发音有关(Perfetti & Sandak，2000)。大量研究聚焦于听障者在完成涉及词汇识别或者短时记忆的阅读任务时是否使用语音编码。但是，其中有些研究表明他们在阅读过程中确实使用了语音编码(Dyer，2003；Hanson & Fowler，1987；Hanson Goodell & Perfetti，1991；Leybaert & Alegria，1993；Transler & Reitsma，2005；Transler，Gombert & Leybaert，2001；Treiman & Hirsh-Pasek，1983)，而其他一些研究却没有得出上述结论(Beech & Harris，1997；Burden & Campbell，1994；Harris & Moreno，2004；Chamberlain，2002；Mayberry Chamberlain，Waters et al.，2005)。此外，只有极少的研究对阅读水平加以控制。尽管上述证据尚有争议，而且缺少对阅读水平的严格控制，但是已有研究表明，只有年龄较大的(儿童)、较优秀的听障读者才在阅读过程中使用语音编码(Hanson & Fowler，1987；Perfetti & Sandak，2000)。然而，有研究结果表明，熟练和不熟练的听障读者在掩蔽启动的词汇判断任务和短时记忆回忆任务上，在语音编码的使用方面没有差异(Bélanger，Mayberry & Baum，2012)。

考虑到上述所有因素，听障者阅读水平低，也就不足为怪了。首先，严重听障者不能通过一般(与正常人相同的)渠道学习英语，没有掌握英语特有的语音结构知识，因此，他们在学习阅读时，没有机会像听力正常儿童一样获得字母文字系统(如英语)的益处。其次，许多听障者使用的主要语言不是口头语言而是手语(北美手势语，或者

---

① 即足以满足日常生活和工作所需要的阅读能力。——译者注

一些其他手语。例如，尽管英格兰和加拿大的英语口语与美国英语基本相同，但是其手语不同）。北美手势语不同于英语之处在于，前者是一种视觉—空间语言，主要是用手（而非口）来发音的，使用不同的形态过程将简单的词素组合起来，另外使用空间来表达语法过程。因此，听障者可能除了耳聋之外，还有其他方面的困难，因此，从某种意义上说，他们必须学习阅读一种并非其母语的语言。

或许更让人感到意外的是，有些严重的听障者经过努力，阅读能力能够达到相当高的水平。据康拉德（Conrad，1977）估计，经过学校的正规训练之后，英格兰和威尔士4.5％的听障学生能够达到与其年龄相称的阅读水平。严重听障人群中优秀读者的人数远远少于尚有一定听力的人群（Conrad，1977）。因此，那些能够从接触口语中获益的人往往能够成为较优秀的读者。然而，在几乎不接触英语口语的严重听障人群中，其父母罹患听障者比那些父母具有听力的人的阅读水平高，这可能是因为前者很早就开始学习北美手势语，与此同时，具有正常听力的儿童则在学习口语（Hoffmeister，2000；Treiman & Hirsh-Pasek，1983）。

对严重听障者的研究表明，语音编码在其阅读过程中可能并没有发生（Locke，1978；Quinn，1981；Treiman & Hirsh-Pasek，1983）。鉴于其口语充其量可以说受到了很大限制，前述研究发现并不令人吃惊。严重听障者对书面语言进行任何形式的编码吗？特雷曼和赫什-帕塞克（Treiman & Hirsh-Pasek，1983）对14名以北美手势语为其母语的先天严重听障成年人和14名阅读水平相当的听力正常的实验参与者，进行了测试，实验参与者参加了旨在检验以下四种可能性的测试：①编码成发音，②编码成用手指拼写，③编码成北美手势语，④完全没有进行编码。实验任务为包含同音异义词和绕口令的短语评估。特雷曼和赫什-帕塞克发现听障者在同音异义词或者绕口令任务上没有困难，而听力正常者却存在困难，表明其存在有限的发音编码。此外，没有证据表明听障者能将书面词汇编码成为用手指拼写。但是，听障实验参与者在包含相似手势的句子上有很大困难["绕手令"（hand twisters）]，表明其在解码过程中确实使用了手势。

因此，第二代严重听障者在英语阅读中似乎参照了其偏好语言。尽管其本族语言（北美手势语）和书面文字没有直接关系，但是这种语言的通达（可能以一种简化的"内部"形式）似乎能够促进阅读成绩的提高。正如特雷曼和赫什-帕塞克所指出的，一个人的支配语言对理解和记忆所提供的优势肯定对编码系统的选择有影响。

总之，严重听障者具有阅读能力，这有时被看作正常读者的语音编码可有可无的证据（Conrad，1972）。但是，如前所述，只有极少数听障者具有较高的阅读能力，现有有力的证据表明，阅读英语文本时，为了达到理解目的，听障者将书面信息重新编码成本族语（北美手势语）。由于他们从来没有体验过语言的声音，语音编码在其阅读中也就被排除了。相反，信息被重新编码为手势，以促进理解。因此，听障者阅读能力之所以低下，部分原因可能是内部言语是比外显手势更有效的一种编码系统。

## 六、文字系统效应

特雷曼和赫什-帕塞克的结论把我们引向了正字法对内部言语的影响这一问题。正如本书第二章所述，非字母文字系统对语音的表征与书面符号并没有紧密的联系，词汇的发音几乎完全不受字素—音素对应规则的制约。这样的事实常常促使人们认为，主要是表意（如汉语）语言的读者能在没有内部言语参与的情况下直接从书面文字获取意义。这里有两个假设与之前提供的证据相悖。第一个假设是词汇总是由视觉表征直接激活。但是，正如本书第二章所述，文字系统并非纯粹表意，而且某些字符表征的基础（原则上）是声音。第二个假设是词汇通达后将信息转化成语音编码，以此来助益短时记忆或者工作记忆，但这并没有任何益处。

显然，汉语读者在阅读过程中也有语音编码，因为他们在短时记忆中会将音似字相混淆（Tzeng & Hung，1980；Tzeng，Hung & Wang，1977；Yik，1978），而且正如本书第三章至第五章所表明的，他们在阅读的词汇识别中会使用语音编码。然而，有研究证据表明，汉语读者在阅读过程中对语音编码的依赖程度低于英语读者（Treiman et al.，1981）。因此，根据已有的研究数据，一旦学会了表意文字，这些文字就同英语词汇一样在工作记忆中以语音形式被编码（Erickson，Mattingly & Turvey，1977）。

表意语言文字（如汉语）的读者可能能够通过视觉表征直接通达许多书面字符的意义。但是，书面词汇与对应的发音之间的联系在阅读中会被激活，而且在文本理解中起重要作用。

## 七、内部言语以何种方式影响阅读

至此，我们重点对多项表明内部言语确实发生而且在多种决策和阅读任务中起作用的研究进行了描述与评估。这些研究涉及对内隐言语活动的测量与抑制、内部言语的抑制，即呈现口语中可能产生混淆的书面材料。我们还对听障人群与语音编码有限的文字系统的人群的阅读中内部言语发生的可能性进行了探讨。目前有大量证据促使我们得出以下结论：内部言语并非阅读过程中的一种附带现象，它确实在阅读理解中发挥了作用。但是，我们很少关注内部言语的机制。我们将在本章其余部分中专门探讨这一主题。

## （一）内部言语在词汇编码中的作用

我们在本书第三章至第五章中对关于语音表征在词汇识别中的作用的研究证据进行了回顾。尤其是，我们所探讨的研究证据表明，音似但不相同的词汇在副中央凹的预视能促进当前词汇的阅读（Pollatsek et al.，1992）。这方面的一些研究深入探究了所提取的语音信息类型，表明副中央凹呈现的词汇的音节结构（发音相同但未必拼写相同的）和语音得到了编码。这些研究结果确实能表明语音编码在正常阅读中具有重要作用，但是未必意味着头脑中的微弱声音就是内部言语。也就是说，人们通常意识不到副中央凹预视的语音本质，但是经常能够意识到内部言语的存在。

其中一系列研究对音韵和语音特征对词汇阅读速度的影响进行考查，近乎揭示出内部言语（完全不同于语音编码）在阅读中的作用。我们已经（在本书第三章至第五章中）就不同的词汇特征（如出现频率）对阅读速度的影响方式进行了回顾。这些词汇特征中包含语音编码的成分吗？如果内部无声言语实际上对阅读是必要的，那么就可以预测词汇发音所需时间越长，阅读速度就越慢。

研究证据表明，词汇的阅读确实如此，至少在词汇判断中确实如此。艾布拉姆森和戈尔丁格（Abramson & Goldinger，1997）采用词汇判断任务，对包含从发音来看长、短不同的元音和辅音的词汇进行了比较。例如，他们对"game"（其元音因为在浊辅音之前，所以发音时间长）和"tape"（其元音因为在清辅音前，所以发音时间短）的平均词汇判断时间进行了对比。结果表明，包含长音片段的词的判断时间长。艾布拉姆森和戈尔丁格认为这不仅是阅读中存在内部言语的证据，而且是内部言语保存了语音细节而非仅仅是音位特征的证据（本书第三章至第五章中已经提供了多种证据）。你可能会注意到，这与在本章前面所讨论过的奥本海姆和德尔的研究（Oppenheim & Dell，2008）中的内隐背诵数据相悖。他们得出的结论是，绕口令的内隐背诵中所涉及的内部言语保持了音位特征，但没有语音细节。但是，他们的研究采用的是不同的任务，所研究的是不同材料中的不同的语音特征，因此目前尚无法得出任何有说服力的结论。

即使读出一个词所用的时间影响其词汇判断时间，但是可能对它在句子中的阅读时间并没有影响。双音节词的发音时间长于单音节词的发音。但是，前者（双音节词）在默读中（在词汇长度相匹配的情况下）所需阅读时间并不比单音节词长（Ashby & Clifton，2005）。相反，阿什比和克利夫顿的研究表明，有两个重读音节的词比有一个重读音节的词发音需要的时间长，在默读条件下亦如此（如"RA-di-A-tion"与"ge-O-met-ry"①）。对阅读速度的影响仅局限于凝视时间，但是对首次注视时间没有影响，因此说明若一个词有多个重读音节，对它再注视的次数就会增多，再注视的注视时间就会延长。作者认为，默读受到词汇的内部言语表征所需时间的影响，但是不受其执

---

① radiation（辐射）和 geometry（几何）。——译者注

行时间的影响。他们根据斯滕伯格等人(Sternberg，Monsell，Knoll et al. ，1978)的研究证据来对其研究结果做出解释，认为言语计划时间是准备阅读重读音节数量的函数。

第二种影响句子中词汇阅读的音韵词汇特征是词的重读模式。例如，是词首音节重读[如名词"PREsent"(礼物)]还是第二个音节重读[如动词"preSENT"(呈现)]。布林和克利夫顿(Breen & Clifton，2011)记录了实验参与者阅读五行打油诗时的眼睛运动特点。这种体裁是一种具有规则的重读模式，读者完全能够预期重读落在哪个音节上。在例(7.10)(一首五行诗的前两行)中，读者能够根据第一行的重读模式预测第二行的重读落在最后一个音节上(preSENT)。

There once was a clever young gent.

Who had a nice talk to present.                                                                    (7.10)

但是，在例(7.11)中，读者根据第一行预测第二行的最后一个音节为弱重读(PREsent)：

There once was a penniless peasant.

Who went to his master to present.                                                        (7.11)

若目标词是动词(注意在"PREsent-present"这种名—动词对中，动词通常是第二个音节重读)，预期重读模式在例(7.10)中是合理的，但是在例(7.11)中就不适用了。读者阅读至例(7.11)中的第二行最后一个词时，就会终止，不得不对所预期的名词重新编码，从名词"PREsent"转换到动词"present"，这样才符合语境所要求的动词形式。布林和克利夫顿坚持认为，这表明读者在默读过程中创造出一种内隐的韵律结构(重读模式)，而且眼睛的运动受到语法合理的韵律结构的影响。

## (二)内部言语的不完整本质

事实上，阿什比和克利夫顿(Abshy & Clifton，2005)认为，正常阅读过程中内部言语的语音表征可能是不完整的，因为它可能只是无声发音的准备而不是真正的无声发音。这个观点与佩尔费蒂和麦卡琴(Perfetti & McCutcheon，1982)对默读过程中被激活的语音编码的特征描述大致相符，认为词汇通达无论是通过视觉模式的直接方式，还是规则—类比系统的间接方式进行，其结果都是语音信息的自动激活(McCutcheon & Perfetti，1982)。但是，他们同时认为，文本中每个词的完整语音表征是不可能发生的，因为这种详细的语音激活耗时过多，不利于高效阅读。具体而言，他们认为，对词汇发音的说明并不完整，偏向词首部分(Oppenheim & Dell，2008)的研究也得出了类似结论。此外，因为功能词(如限定词、介词、连词等)在口语中经常被简化，因此可能不需要同实词一样精细的语音表征。

佩尔费蒂和麦卡琴坚持认为，包含词首音素和总体语音轮廓信息的抽象语音表征在阅读理解的整合过程中起重要作用。词首语音信息与词汇通达初期激活的简明语义信息构成理解过程中可能需要的特定词汇再次通达的简明索引。佩尔费蒂和麦卡琴假设，语音表征激活中所使用的编码多取决于辅音特征(尤其是其区别性发音特征)而非元音。上述假设的提出基于两个原因：首先，辅音比元音负载更多的语言信息，能够更有效地区别词汇，因此更有助于确定所指代的词汇；其次，辅音发音时长短于元音，因此与默读的速度更合拍。

佩尔费蒂和麦卡琴的观点很有趣，但是有一些潜在问题。首先，当你倾听进入头脑中的声音时，它似乎并非以简略的形式出现——所有词汇的声音似乎都呈现出来，功能词也不例外。而且，很有可能当你意识到内部言语的存在时，这个过程就发生改变，而且内部言语不仅变得不那么简略，而且呈现速度会慢下来。其次，这种简略形式的内部言语是否能够得到充分理解。功能词显然对句子的正确解读作用很大(Potter, Kroll & Harris, 1980)，目前尚没有直接证据表明功能词在记忆中的表征不如实词明确。功能词的语音编码可能也应该被激活。当然，内部言语未必是促进句子理解的"唯一"记忆表征。

### (三)内部言语滞后于眼睛吗?

佩尔费蒂和麦卡琴认为，并非所有词的语音编码都在默读过程中得到激活，提出此观点的部分动机是为了解释朗读和默读之间阅读速度上的差异。但是，关于朗读有一个观点我们已经清楚(见本书第四章)，即声音落后于眼睛大约两个词语(大约两个注视点或者半秒钟)(Buswell, 1922; Inhoff, Solomon, Radach et al., 2011; Laubrock & Kliegl, 2011)。尽管人们经常强调眼睛先于声音，但是重要的是应该认识到在朗读中眼睛不会远离声音；若离开声音一定的距离，眼睛就会保持在合适的位置上，不会远离声音。当前所注视的词与说出的词之间的时间差可归因于言语产出的运动程序运行相对较慢这一事实，若考虑到这一点，眼睛和声音之间的时间差可能也就不会显得这么大了。

那么，默读的情形是怎样的呢? 内部言语也滞后于眼睛吗? 内省经验表明，即使有滞后，幅度也很小，因为我们似乎听到所发出的声音恰好是眼睛正在看的词。但是，这可能是一种假象，因为所有这些过程发生的速度都特别快，而且若对眼睛与无声发音之间的协同方式加以内省，我们可能会改变默读的过程。

一种用于考查在默读过程中内部言语的时间进程的间接(但是很有前景的)方法是记录实验参与者阅读同音异义词时的眼动轨迹。大量以同音异义词为实验材料的眼动研究证据表明，书面词汇意义的通达过程中使用了语音编码(Folk & Morris, 1995; Inhoff & Topolski, 1994; Jared, Levy & Rayner, 1999; Pollatsek, Lesch, Morris et al., 1992; Rayner, Pollatsek & Binder, 1998; Binder, Sereno, Lesch et al., 1995)。

下面我们将主要探讨瑞纳等人(1998)的研究结果。他们在其研究中使用的研究材料是同音异义词对，分为以下几种情况：一是拼写相似词对(如"break-brake""meet-meat")，二是形异音同词对(如"right-write""chute-shoot")，三是假同音异义词对(如"brane""skair")。同时，研究者还变化了上下文语境的限定程度，从而使某个同音异义词具有高预测性（如对"brake"具有预测性的段落）；词对中被预测的词（brake）可能在段落中出现，但也可能是词对中的另一个词（break）在段落中出现。

瑞纳等人发现，在高语境限定性、拼写相似条件下，正确和不正确的同音异义词对（如"break-brake"）在阅读早期阶段的测量指标（首次注视时间和单一注视时间）上没有差异。但是，拼写控制词对（如"bread"和"meal"看似"break"和"meet"，但是发音不同）的首次注视时间更长。上述结果表明，在做出眼睛移动的决策时，语音分析已进展到发现目标词"发音错误"的阶段，但是正字法分析尚未达到发现目标词"看似错误"阶段。而且，在这些条件下，读者显然在很多情况下不能检测出不正确的同音异义词。但是，同音异义词的异常却在50%的情况下得以发现，偶尔以对该词的二次注视时间和凝视时间的延长为指标，但是在多数情况下是以回视为指标。这种结果模式表明，在高限制条件下，通过语音通达语义的速度快于通过正字法通达语义，语音编码（或许是内部言语）进展的速度往往快于通过正字法表征提取所有信息。

相反，瑞纳等人发现，在低限制各种条件下和拼写不同的高限制各种条件下，对于不正确的同音异义词的首次注视时间长于对正确的同音异义词的首次注视时间，而且对拼写控制词的首次注视时间甚至更长。这一结果模式表明，读者（至少在某些试次中）不仅探测出目标词的发音错误，而且探测出其拼写错误。一种可能是高限制性段落中目标词的高预测性加速了内部言语表征的准备，另一种可能是"错拼"的目标词（如"write"拼写为"right"）正字法的巨大差异极快地被捕捉到，从而对语音编码产生干扰。在这些条件下，语音与正字法究竟哪个能更快地通达语义，尚不清楚。目前，只能说两者都先于眼动决策之前在某种程度上通达语义。

最后一种用于考查阅读过程中内部言语时程的方法是英霍夫等人（Inhoff，Connine，Eiter et al.，2004；参见 Inhoff，Connine & Radach，2002）在其研究中采用的方法。研究要求实验参与者阅读包含之前定义好的目标词语的句子。当眼睛移动至目标词时，口头呈现给实验参与者一个词。口头呈现的词与目标词有时是相同的词（看到的是目标词"plate"，听到的也是"PLATE"），也可以是发音相似的词（如"PLACE"），或者是发音不同的词（如"HORSE"）。英霍夫及其同事发现，在口头呈现的词与目标词相同的条件下，目标词的注视时间短于口头呈现的词为发音相似和不相似无关词两种条件，但在后两种条件下，目标词注视时间没有差异。但是，这种模式在实验参与者离开目标词之后发生改变，他们对目标词之后的词的注视时间，在语音相似条件要长于相同或者不相似条件。根据英霍夫等人的观点，与无语音相似性的词相比，语音相似的无关词更容易对目标词在工作记忆中成功加工产生干扰。但是，在一项研究中，艾特尔和英霍夫（Eiter & Inhoff，2010）认为语音编码对词汇通达和在工作记忆中保持信息活跃有关的后期出现的语音编码，均有影响。

### (四)语音编码的本质

我们注意到，佩尔费蒂和麦卡琴强调发音的长短与发音特征对所建立的语音编码的重要性。其理由可能是默读中的语音编码(phonological code)依赖于广义的言语编码(speech code)。在默读过程中言语活动(speech activity)和语音编码之间肯定存在某种关系,但是两者是否完全相同,目前还不清楚。举例来说,我们指出,同时发音对无声发音具有干扰作用,但未必对语音编码有干扰作用。如果在默读的同时不断地发"ba-ba-ba"音,你显然不能使用言语发声器官来执行语音编码。这可能意味着语音编码似乎独立于外部言语的发音特征和声学音长(acoustic duration)。显然,需要做更多的研究去完全厘清默读条件下语音编码的特征及其与外部言语之间的关系。

关于这个问题,在没有确切数据和相关理论的条件下,我们的观点是默读过程中的词汇识别和词汇通达,在某种程度上导致了独立于发音过程的语音编码的自动激活(McCutchen & Perfetti,1982;Perfetti,Bell & Delaney,1988)。文本中每个词的语音编码很快就建立起来,但可能不够完整。我们认为在默读过程中建立起来的词汇的语音编码,尽管可能被大幅度地简化,但仍使读者听到所阅读词汇在头脑中的声音。这种编码与你听到自己思考时产生的编码相同。这并不是说所有的思维都是以言语过程为基础,单纯的视觉思维也存在。但是,我们坚持认为,思维和阅读过程中发生的语音编码是完全相同的。从这个意义上讲,我们完全接受默读是"外部指导下的思维"(Neisser,1967)这个隐喻。

## (五)理解过程中如何运用语音编码

除了参与词汇通达,本章前面曾提到过语音编码促进阅读的一种方式。语音表征有利于工作记忆中词汇和词序信息的保存。因为新词的加工速度很快,若词汇不能在工作记忆中以一种有意义的方式组块,那么短时记忆很快就会超负荷。工作记忆中的词汇被加工为语音编码,并被保存在那里,形成有意义的单元,进入长时记忆。由于句子中相关词汇之间常常间隔一段距离,词汇以语音编码的形式在工作记忆中存储有助于我们根据句子后面出现的词汇来重新解读句子前面的内容。你可能总是将眼睛移向句子前部,这是在遇到句法困难时,读者经常采取的一种方式(Frazier & Rayner,1982;Kennedy & Murray,1984)。然而,一种更经济的方式是直接使用工作记忆中存储的信息。因为工作记忆能够对时间顺序的信息进行表征,因此读者可以随时调取所存储的信息,对句子重新进行解读。因此,工作记忆中存储的语音编码能够方便对所阅读词汇出现顺序的提取,从而允许我们根据工作记忆中存储的新信息对词汇进行重新组构和解读。此乃语音编码促进理解的一种方式。

除了提供有效的记忆存储之外,内部言语也可能以其他方式来指导阅读理解。与口语相比,书面语言至少在一方面是贫乏的。口语具有区别性承载信息的节奏和旋律(称韵律)。读者创建内部言语表征时可能增加了韵律信息,而且这种韵律信息可能影响句子的理解。

斯洛亚和克利夫顿(Slowiaczek & Clifton,1980)提出这一观点来解释其研究结果:

默读中阻止无声发音不利于需要整合从句和句子信息的阅读理解（但似乎对单个词和简单命题的记忆没有不利影响）。他们认为，连续语篇的完全理解需要韵律。然而，他们并没有直接证实韵律在理解中的作用。

大量研究证据表明句子韵律确实对口语理解有影响（Frazier，Carlson & Clifton，2006；Carlson，2009）。句子韵律影响默读的证据是颇有意味的，但仅仅具有某种暗示。目前相关的在线证据尚极其匮乏。巴德（Bader，1998）的研究是很少见的一个例子。其研究使用自定步速的阅读程序，表明若句法再分析需要韵律再分析辅助，那么阅读需要句法再分析（见本书第八章）的德语句子速度就会减慢；若句法再分析不需要韵律再分析，阅读速度就不会减慢。巴德的实验要求实验参与者阅读（主句之后的）从句，如例（7.12a）和例（7.12b）：

… dass man（sogar）ihr Geld beschlagnahmt hat.　　　　　　　　　　　(7.12a)

［… that someone（even）her money confiscated had.］

… dass man（sogar）ihr Geld anvertraut hat.　　　　　　　　　　　(7.12b)

［… that someone（even）her money entrusted had.］

在例（7.12a）中，代词"ihr"是所有格代词"her"，整个从句的意思是"that someone had confiscated（even）her money"（有人没收了她的钱），而在例（7.12b）中，"ihr"是间接宾语"to her"，从句的意思是"that someone had entrusted money（even）to her"（有人把钱委托给她）。巴德认为，"ihr"的前一种解读倾向于后者（其句法更加简单；参见本书第八章）。增加了"sogar"（一个聚焦小品词）一词将焦点转移至其后的内容上，从而使之与语境中的其他内容形成对照。巴德坚持认为，一般情况下，焦点落在后续名词"Geld"上，而非紧接着的代词"ihr"上，而且，他还坚持认为，焦点导致内部言语的标记重音（句子重读）。这适合例（7.12a）的情形，却不适合例（7.12b）。在后一种情况下，读到句中成分"anvertraut hat"时，焦点肯定放在所有格代词"ihr"上；"sogar"将"her"与另一人做了对照。若读者在内部言语中确实产生了内部韵律，在例（7.12b）中，如"sogar"出现的情形相同，需要将重音从"Geld"转移到"ihr"上，这将降低阅读速度。巴德发现了这种效应（关于不涉及内部韵律的焦点小品词研究，参见 Filik，Paterson & Liversedge，2005；Liversedge，Paterson & Clayes，2002）。

现有多数支持内隐言语影响句子理解方式的研究证据均来自离线（off-line）判断任务和理论学家的直觉。福多尔（Fodor，2002）对多数研究证据进行了评述，提出了例（7.13）的内隐韵律假设：

In silent reading, a default prosodic contour is projected onto the stimulus, and it may affect syntactic ambiguity resolution.　　　　　　　　　　　(7.13)

［在默读过程中，默认韵律曲拱（prosodic contour）被投射到刺激上，而且可能对句法歧义性消解产生影响。］

该假设认为，读者在默读时产生的内部言语乃是对所读内容的一种语法与语用上可接受韵律的表征，这种隐含的韵律能够对句子的理解方式施加影响。一系列直观的证据来自对歧义关系从句解读方式的研究（如"The daughter of the colonel who was on the porch"可以是"在走廊上的女儿"，也可以是"在走廊上的陆军上校"）。结果表明，若关系从句较长[如例(7.14)]，读者更有可能解读为关系从句修饰第一个名词；若关系从句较短[如例(7.15)]，读者更可能将关系从句解读为修饰第二个名词（Walther，Frazier，Clifton et al.，1999）。

The doctor met the son of the colonel who tragically died of a stroke. (7.14)

（医生见了那位悲剧性地死于中风的上校的儿子。）

The doctor met the son of the colonel who died. (7.15)

（医生见了那位去世的上校的儿子。）

福多尔[2002]认为，这是因为读者更有可能把韵律边界（停顿或者明显的音调曲拱）放置在较长关系从句而非较短关系从句之前。其听力实验提供的证据表明，若将韵律边界放置在关系从句前，其被解读为修饰第一个名词的频率会增加，而且这种效应除了英语之外在多种语言中都存在。她认为，关系从句是修饰第一个还是第二个名词短语，语言之间这方面的差异可归因于语言间在关系从句的典型韵律方面的差异。但是，句子解读方式上的差异是否在即时阅读中也存在，目前尚不清楚。是眼睛注视相关词汇时，这种偏好就显示出来呢，还是句子被读过后对其进行思考时，才显示这种偏好？而且，现有研究证据甚至无法有把握地表明，这些偏好可以归因于内隐韵律，而非从句长度差异产生的其他效应。尚需要进一步研究，才能回答内部声音在指导句子理解中起什么作用的问题。

# 八、总结

在本章中我们对内部言语在阅读中的作用进行了考查。来自许多不同类型实验的证据形成如下观点：内部言语在阅读理解中发挥了很重要的功能。尽管单个词汇的意义不需要将书面语言编码成言语就能得以确定，但语音表征确实对词汇的识别方式有影响。而且，我们所读的多数词汇其语音编码似乎都被激活，而且这种语音信息被保存在工作记忆中用于文本的理解。尽管内部言语由发音运动（无声发音）和语音编码（听到的声音）组成，但是有研究证据表明对无声发音的干扰未必会阻止语音编码的建立，但是可能会对语音表征的某些方面（如韵律结构）产生干扰。最后，我们对语音表征的实质和作用进行了较为详尽的考查，表明除了其在单个词汇识别中的作用之外，语音表征可能被用以在工作记忆中保持时间顺序信息，提供有助于文本理解的韵律线索。

# 第八章　词和句子

在本书前面的各章中我们已对读者在文本阅读过程中的眼动及词汇的识别方式进行了考查。我们不仅提出阅读总的来说是一个逐词识别的活动，还讨论了语境对词汇识别的影响。但是，正如我们所知，阅读与广义的语言理解不仅仅是词汇的识别，词汇必须组合成有意义的句子，句子的解读必须参照其出现的语境，而且必须将句子串联起来成为连贯的语篇，阅读才能够顺利进行。词作为语言的单位在心理词典中存储（忽略新的合成词），但是句子的数量太多无法存入句子"词典"中。因此，句子必须临时组合起来。句子有语义组合的特性，读者或者听者通过词汇所包含的意义及其语法关系构建或"组合"出句子的意义。本章将对这个过程进行探索。

## 一、句子意义的构建

在本书前面的内容中，对于什么是词我们给出了一个不尽如人意的定义，即词是有空格间隔的一系列字母组合。同理，句子也可以用同样的方式来定义，即用大写字母和句号来标识的词串。然而，自乔姆斯基于 1957 年出版著作以来，现代语言学的主要议题是构建理论来解释是什么使词串成为符合语法的句子。这种理论以语法的形式体现出来，集规则、原则于一体，并详细说明在语言中哪些词的组合是合法的句子。所谓符合语法，即句子应遵循句法和形态规则（粗略地讲，句法规则规定句子的可能结构，而形态规则则规定词呈现出来的形式，如词的屈折变化形式）。（无内嵌句的）简单句，大致说来等同于一个思想单位，或者严格说来，等同于一个命题，即可以定义为具有真假值的符号对象（symbolic object）。若读到"The man bit the dog"（人咬狗）这句话时，你就会根据语境（狗的确咬了人）来考虑其真假。句子并非词的简单集合。但是，若将同样一组词组合为"The dog bit the man"（狗咬人），且表达一个真命题，那么前述句子就为假。词以何种方式组合起来（而且在很多语言中，词所呈现的形态形式）至关重要——通常如此（在本章末，我们将对读者以何种方式完成"足够好的"加工进行讨论）。

语言学家们早已认识到，句子是由大于词、被称为短语的成分组成。其中有名词短语，可以由多词构成，如"the dog"（这条狗），也可以是一个单词，如"Fido"，或者是复杂的结构，如"the dog that my brother told me was chasing him"（哥哥告诉我正在追他的那条狗），这些都可以被称为名词短语。还有动词短语，如"bit the man"（咬了那个人）[或者是一个动词，如"barked"（狗叫），或者是一个复杂结构，如"acted like it had been hit with a rock"（做出像是被用石头击中的行为）]。上述例子清楚地表明，短语可以包含其他短语。从句是一种特殊类型的短语，其中包含句子所有的成分。而一个句子中也可能包含多个从句，如"I thought that you said that the dog bit the man"（我认为你说过那条狗咬了那个人）；还有架床叠屋的句中句（内嵌句）。读者必须确定如何将单词组合成短语以及每个单词在短语中所起的作用。这一任务叫作句法分析。句法分析需要运用读者的内隐句法知识、形态知识和其他信息，关于这一点，在下文中将会详论。

　　符合语法的句子未必有意义。人能够分析句子的语法结构，但仍不知其义。请看乔姆斯基（Chomsky，1957）的著名例子"Colorless green ideas sleep furiously"（无颜色的绿色思想愤怒地睡觉）或路易斯·卡罗尔在《炸脖龙（或伽卜沃奇）》（Jabberwocky①）中一个精彩的句子"Twas brillig and the slithy toves did gyre and gimbol in the wabe（这句话引自'Jabberwocky'这首诗）"。但是，在一般情况下，读者确实能够理解一个句子的意义。例如，对简单陈述句的理解等同于确定句子所表达的命题，并判断其真实性；而复杂句的理解则相当于确定句子所表达的多个命题所描述的事态及其与现实世界的对应关系。

　　确定句子的意义并非易事。词和短语在句子中出现的顺序（在英语中，很大程度上决定了句子的句法结构）本身不能决定句子的意义。请比较下面两句话："The girl is eager to please"[这女孩急于取悦于（他人）]和"The girl is easy to please"（这女孩易于取悦）。在第一句话中，"the girl"是"please"的施事（取悦他人的人），而在第二句话中，"the girl"则是"please"受影响的客体或者经受者[undergoer，经历者（experiencer）]。两句中的"eager"和"easy"的不同是两者差异所在。再如，主语"The girl"在"The girl kissed the boy"（女孩吻了男孩）和"The girl liked the boy"（女孩喜欢男孩）两句话中扮演的角色也迥然不同。在前者中，"the girl"是施事，而在后者中则并非施事，仍然是"经历者"。在歧义句"The girl frightened the boy"中，"the girl"既可能是施事（女孩故意做某事吓唬男孩），也可能是主题（theme），即男孩（经历者）惧怕之源。根据某些语言学

---

① 意思是"无聊、无意义的话"。《爱丽丝梦游仙境》中，恶龙（Jabberwocky）像恐龙一样高大，有着一副爬虫的翅膀，身上还覆盖着鳞片，它的爪子长而尖锐，长着两条分别向上向下的尾巴。在预言中的辉煌日，恶龙（Jabberwocky）被手持佛盘剑的爱丽丝斩杀。恶龙（Jabberwocky）也被音译作炸脖龙或伽卜沃奇。《爱丽丝梦游仙境》的姊妹篇《爱丽丝穿镜奇幻记》第一章里收录了一首名为"Jabberwocky"的诗。——译者注

理论，上述意义上的不同也会表现出句法关系上的差异，但是我们此处着重强调的是短语所表达的意义的不同。

　　读者除了能够识别句子的语法结构及其所表达的外显意义之外，甚至可能（还要）确定句子暗含的额外命题。读到"The man paid for the car"（此人付了车款）这句话，读者很可能推断这个人已拥有这辆车；读到"The man drove the car off the precipice into the thousand-foot deep canyon"（有人把车开下悬崖，掉进万丈深渊），很可能推断这个可怜的人现在已经死了。读者还可能确定一句话实际所表达的意思，未必是命题所传达的意思。假如听到一段对话，其中一个人说"You could close that window，I think"（我想，你能关上那扇窗子），你可能不会认为这是对听话人能力的评价，而是一种不太礼貌的表达请求的方式（人们表面上可能说的是一件事情，而实际上间接表达的是另外一种信息，关于这种思想具有开创意义的论述，参见 Austin，1962）。句子跟语境的关系也会影响读者的理解（例如，读者根据语境能够推断出话语中所包含的哪些是新信息，哪些是已知信息，并据此理解句子）。类似关系是"语用学"研究的范畴。下面我们首先探讨句法分析，然后再讨论语言解读的过程（但是，其中某些方面，如推理和语用关系的加工，将在下一章中探讨）。

# 二、句法分析

　　此处"句法分析"指句子成分（或者短语）及其之间关系的识别过程。语言学家早就认识到，句子可以分解为短语，而且可以用树形图来表示（如图 8-1，所采用的是老式易懂的标记），反映了句子中词与词之间许多重要的句法关系。树形图可用于对句子进行描写（但从下文中可以清楚地看出，树形图并不能直接规定句法分析的方式）。对句子结构的描述始于表示整个句子的最高 S 节点，比较容易理解。句子一分为二，表示为母节点 S 下的两个子节点，分别标记为 NP（名词短语）和 VP（动词短语），表示构成句子的成分或短语。用树形图来表示句子的结构，能够反映出句子的等级层次性，有些单位在这个等级层次结构中低于其他单位。例如，主语 NP 位于句子节点 S 之下，而宾语 NP 位于动词短语 VP 之下，因此距离 S 节点更远。句子结构继续通过子节点划分，直到每一个子节点都成为最低端的独立的词或语素。树形结构是对句子中词汇和短语间句法关系描述的一部分。

　　乔姆斯基（Chomsky，1957，1965，以及后期的著作）彻底革新了语言学家分析树形结构的方式。他提出，语言学的任务是要制定出显性规则来列举和描述[生成（generate）]语言中所有符合语法的句子。他提出，这些规则的集合等同于某种语言理论，而且语言使用者必须拥有规则的内隐知识。他关于可能的语言规则的一些主张乃是广义的人类语言的理论。根据乔姆斯基的观点（Chomsky，1957），短语结构规则和转换规则乃是其最早提出的语法规则。

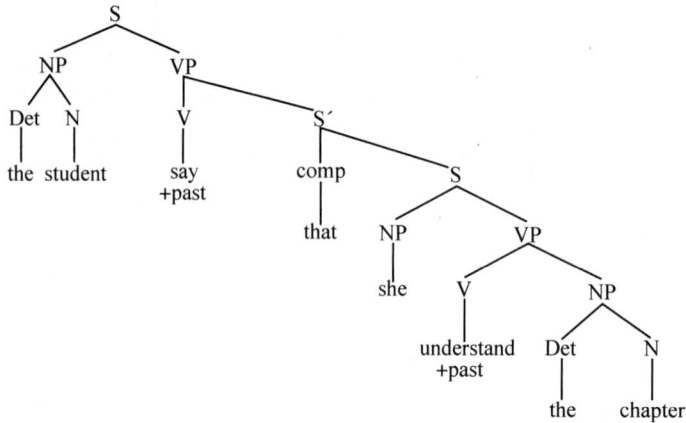

图 8-1 "The student said that she understood the chapter"的树形图

所谓短语结构规则，是将一个符号(如 S)改写为一个或多个符号(如NP＋VP)的规则。这些规则将起始符号写在改写箭头的左边，拓展符号写在箭头右边。如图 8-2 所示，一个简单的短语结构规则集合足以生成图 8-1 所示树形结构。

S→NP＋VP

NP→Det＋N

VP→V＋S'

S'→comp＋S

VP→V＋NP

Det→the

N→student，she，chapter

V→said，understood

图 8-2 足以生成图 8-1 所示树形结构的短语结构规则集合(忽略曲折变化形态)

请看如何使用这些规则来生成图 8-1 所示的树形结构。第一条规则以 S 为假定的起始符号，改写为 NP＋VP 序列。第二条规则将 NP 节点拓展为其子节点，分别为 Det(限定性成分)和 N(名词)。然后，这些符号被改写为单词"the"和"student"。第三条规则将 VP 拓展为 V＋S'。第四条规则的起点为 S'(本身是内嵌句的母节点)，转写为标句词[complementizer①(引导句子的功能词)]和一个新句子节点 S。请注意此 S 即最初的起始节点，至此整个过程可重新开始，这个过程被称为递归。这个过程使句中套句成为可能，允许规则产生无限多的句子，S 之上加 S 再加 S……，如此循环往复，以至无穷无尽。你能够根据前述(此前的)描述非常容易地写出剩下的步骤。这些短语结构规则能够生成无穷尽的句子，但并非所有的英语句子[例如，这些规则以当前的形式并

_____

① 亦可译作：标补位或者标句语。——译者注

不能生成内嵌在名词短语中的句子，因此不能生成"the sentence that you just read"（你刚读过的句子）这样的短语，该名词短语中包含一个关系从句]。

乔姆斯基(Chomsky, 1957)用转换规则把短语结构规则生成的树形结构变形，成为各种各样的非简单句（如将陈述句变成疑问句，甚至将两个句子合并为一个句子）。然而，人们很快便认识到，他所使用的转换规则过于强大（它们能够生成与人类语言截然不同的语言，从这一点上讲，这种作为人类自然语言理论的语法理论显然就不尽如人意了）。此外，由于短语结构规则也有递归性，所以转换规则总起来说是多余的。移位规则作为转换规则的重要残留，仍存在于某些语法中。根据这些规则，可以将符号从短语结构中的合法位置移位到另一个位置，允许结构树上某些距离较远的成分相互依存。[例如，在"which book did the man read"（这个人读的是哪一本书）中，"which book"（哪一本书）依存于"read"，前者是后者句子底层结构中的直接宾语和语义题元，即大致相当于"受影响的实体"。短语结构规则生成句子的底层结构，据此应将"which book"分析为"read"的直接宾语，然后通过转换规则将其移位至句首，在"read"后面留下隐形的"语迹"(trace)，通常用下标符号"t"来表示，如"which book$_i$ did the man read t$_i$"。]

树形结构是用以说明词、短语之间某些可能关系的自然方式，包括母女关系（如哪些短语包含或者包含于其他短语中）和姊妹关系（哪些成分相毗连，共享同一个母节点）。但是，语言学家并未将自己局限于这些关系。某些语法理论中也认可的其他一些语法关系不仅包括各种各样的依存关系，还包括主语和施事与主题(theme)或者经受者之类的题元关系。

此处有几点需要说明。首先，语言学家并未声称句法规则必须是学校里讲授的"规范语法"。语言学家不是制定语言规范的语法学家。语言学家认为，说话者和作者（听者和读者）都具备内隐的语言规则知识，从而允许他们能够产出或者理解自己语言的句子，充分认识到不同语言甚至不同方言有其不同的语法。其次，即使最合格的说话者与作者偶尔也会犯语法错误。然而，这被看作语言运用中的缺陷（执行错误），而非基本语言能力缺陷，因为当讲话者和作者"回放"讲过的话语时，能够意识到自己所犯的错误。

早期的心理语言学家接触到乔姆斯基的理论后提出一种假设，认为读者可能以某种方式运用乔姆斯基提出的规则，来构建起所读句子的短语结构，指导其对句子的理解。但是，他们并未声称读者对短语结构树有何自觉意识，而只是认为读者先将词组合为短语，并确定短语之间的相互关系，而且短语间的关系可以用短语结构树恰当地加以描述。但是，20世纪70年代末之前，关于读者以何种方式使用内隐语法知识来对句子进行分析，心理语言学家几乎没有提出任何好想法（关于早期不尽完善的一些尝试，参见 Fodor, Bever & Garrett, 1974; Miller, 1962）。下面我们将对一些比较完善的理论进行探讨(Pickering & van Gompel, 2006; van Gompel & Pickering, 2007)。

但是，首先有几点提醒。第一，自乔姆斯基(Chomsky, 1957)划时代的著作出版以来，语法理论经历了巨大的变化。乔姆斯基本人的理论也历经几次根本性变革（Chomsky，1965，1981，1995）。短语结构规则已不再有市场（尽管在其他某些语法理论中仍然以不同的形式存在），取而代之的是限制短语结构树的一些抽象的普遍规则。原始短语结构规则所包含的大部分详细信息现在都归入详尽的词条。这些词条相当于关于词汇以何种方式组成句子的理论。目前仍然有很多心理语言学家发现短语结构规则在人类句法分析理论的构建中用途很大。例如，弗雷泽（Frazier，1989）认为，短语结构规则作为某些当代语法理论中抽象规则的预汇编结果，实质上是一种局部短语构型模板，可能具有心理基础，因此可能是人们在句法分析中运用的语法知识。

第二，短语结构树既表示成分构成[哪些词构成哪些短语，哪些短语包含其他（哪些）短语]，又表示顺序（哪些词出现在其他词前面）。在世界许多语言中（如英语），句子的词序能够提供某些词汇构成短语的重要信息。位于动词前的名词短语一般是主语，动词后的名词短语正常情况下则是直接宾语。但是，在其他一些语言中，词序并不能提供明确的句法结构信息。例如，在德语中，根据语用考虑（如焦点），任何一个名词短语都能够移位到句首（Hemforth & Konieczny，2000）。其句法作用限定成分用格标记来表示。（对德语第二语言学习者来说，颇为令人沮丧的是，这有可能有歧义。例如，德语中"Patient"之类的阳性名词其限定成分"der"表示主格，"den"表示宾格。但是，对于"Ärztin"之类的阴性名词，"die"既表示主格又表示宾格。）日语则更为极端。日语的动词必须出现在从句末（相反，在英语中，动词基本上是动词短语中的第一个词），与动词相关的名词短语出现的位置基本上没有限制，可以置于句前。[由于置换（scrambling）过程因话语的信息结构而定——例如，不论其语法功能，句子的主题可以出现在句首。]显然，不同语言的使用者依赖不同的信息源来确定哪些词在短语中相互联系，以及以何种方式相联系（关于适用于不同语言语法体系的句法分析理论，参见Bornkessel & Schlesewsky，2006）。

请注意，读者必须密切关注复杂的句法和形态的细节，才能正确地理解句子。关于这一点，弗雷泽（Frazier，1983）的某些观点很有说服力，认为读者和听者必须运用固有的语法知识，将形式相近但意义截然不同的句子区分开来。她指出，英语读者对例（8.1）中与棒球有关的句子会产生不同的解读：

The umpire helped the child to third base.

The umpire helped the child on third base.　　　　　　　　　　　　　　（8.1）

第一句话的意思是裁判做了某事来帮助孩子到达了第三垒，而第二句话的意思是裁判做了某事来帮助处于第三垒上的孩子（裁判做了某事帮助在第三垒上的孩子）。介词"to"和"on"之间的差异使两者意思截然不同。

读者对例（8.2）中的句子也可能有三种不同的解读：

He showed her baby pictures.　　　　　　　　　　　　　　　　　　　（8.2）

第一种解读为例（8.3）的第一句话：一个男人正在向某位未知女性的孩子展示照

片。第二种解读：一个男人正在向某位女性展示小孩的照片。第三种解读：一个男人正在向某个未知的人展示某人(可能是"她的")孩子的照片。

He showed her baby the pictures.

He showed her the baby pictures.

He showed (someone) her baby pictures.　　　　　　　　　　　　　(8.3)

例(8.1)和例(8.2)的不同解读或者是词汇构成的细微差异的反映，或者是句法无形差异的反映。但是，这些差异却具有句法结构方面的重要启示。为什么句法在阅读理解过程中起着如此重要的作用呢？为什么我们不能根据情境简单地理解所读所闻呢？加勒特(Garrett，1976)认为，语法的存在就是让我们能说出惊人之语，如"The man bit the dog"(人咬狗)，可谓一语中的。

## (一)方法

首先让我们简要地探讨一下对这个课题进行研究的各种实验方法，然后再深入地挖掘一些关于句法分析的理论与研究数据。从下文中可以清楚地看出，我们相信，阅读过程中的眼动轨迹与阅读时间的测量乃是极其有效的研究方法。关于句法分析的很多问题都转向了解析句子的难易，具体体现为阅读时间的长短。本书前几章已表明，眼睛的注视时间与单词识别过程关系密切。在本章中我们将论证句法分析亦复如是：眼睛注视时间的长短与眼睛移动的位置能够反映句法分析和理解过程。因此，对眼动的测量能够在很大程度上反映出句法分析的过程。

句法分析和理解的研究中可能采用的眼动指标，不同于词汇识别研究中采用的核心指标。第一遍阅读时间(first pass reading time)(从首次进入句子某个区域到离开该区域的注视时间总和，即多词凝视时间)比在句子某区域第一个单词上的第一次注视时间长或者凝视时间长，传达的信息量大，因为需要多个词的信息来传达句子的意思。通过视阅读时间(go-past time)，亦称回视路径时间(regression path duration)(从第一次进入句子某区域到第一次向右移动离开该区域的总注视时间)能够反映加工困难的两个结果，即长时注视和回顾前文，因此是非常重要的指标。对某个区域回视或回视另一个区域的频率可能传达一些重要的信息。某个区域第二遍阅读时间及总阅读时间(见本书第四章)可能是读者克服加工困难所需时间的一个指标。很多研究者将第一次注视时间和第一遍阅读时间看作阅读早期阶段的测量指标，而将第二遍阅读时间和总阅读时间看作阅读晚期阶段的测量指标，但是早期、晚期过程与不同眼动指标之间并没有任何明确的关系。我们所能确定的是，眼动记录所反映出来的句法分析效应出现的时间乃是句法分析过程发生时间的上限。

尽管眼动测量是研究句法分析应当选用的方法，但其他一些方法也对我们理解句法分析有诸多帮助。在自定步速阅读实验中，读者操控按钮逐词呈现文本中的单词(通常后续词呈现，前面的词随即消失)。读者根据自己的阅读速度操控按钮，由电脑记录按动的时间。研究者采用这种方法发现了很多可靠的效应（Mitchell，2004），但仍存在缺陷。首先，自定步速阅读速度慢于正常阅读。因为读者需要用不熟悉的按键反应来使下一个新词出现，从而使读者可能有额外的时间做一些正常阅读中不可能做的事情，而且（与正常阅读相比）任务生疏，可能以某种方式影响实验结果。其次，这种方法阻碍了对后续词汇在副中央凹区域的预视（见本书第四章）。最后，由于采用这种方法读者无法回视已阅读过的文本，而且在自定步速逐词阅读中，理论上应该在某个词上出现的效应实际上往往出现在后续词上，因此其并不是理想的研究方法。然而，这种方法易于使用且在多个领域也已证明很有效。

用于研究句法分析的另一个方法是跨通道启动。在跨通道启动研究中，实验参与者或者采用自定步速的阅读方式，或者采用由主试操控逐词呈现的方式，阅读句子（在某一时间点上以听觉方式呈现探测词），并完成某项任务，如词汇判断任务（Swinney，1982）。如果所呈现的探测词与探测词呈现时读者头脑中的内容相关（如从语义上与当前对句子的解读相关），那么探测词可能促进词汇判断。这就使得任务能够探测出读者在句子阅读过程中的任何时候所构建的心理表征。

速度—准确性权衡测量是另一种方法。这种研究范式在目标词呈现后，在不同的短暂间隔后，以视觉方式呈现探测，读者被迫马上做出选择（如探测词是否与句子相匹配）。实验句逐词呈现，目标词通常在句末。实验参与者所做出的反应乃是其对探测词与句子匹配度的最佳猜测。对训练有素的实验参与者来说，判断的准确性在目标词与探测词间隔较短的条件下，开始仅达到机遇水平，但是随着时间间隔的增加而迅速提高。速率和增长的渐近线让我们了解了句子表征及其影响判断的方式（Martin & McElree，2008）。

许多研究运用脑成像的方法来研究句子理解。脑电图用于测量头皮上大脑的电位活动，脑磁图则用于测量大脑活动产生的磁场。功能性磁共振成像（fMRI）用于测量大脑激活部分血液流动的增加。对脑电图进行分析的一种有效方法是寻找事件相关电位（ERP），即与具体刺激事件（如句中关键词的开始）同步的典型脑电活动的波形。典型的 ERP 研究结果发现，读到出乎意料或语义异常的词时，负波出现（在单词出现后 400 毫秒左右达到峰值，称 N400），如语法分析发生错误或者语言刺激不符合语法，正波作为其反应出现（大约在 600 毫秒时达到峰值，称 P600）。这些测量都可以用来确定读者认为哪个词有异常，读者何时犯了必须改正的句法分析错误（关于 ERP 方法的详细讨论，参见 Kutas & Federmeier，2007；Kutas，Van Petten & Kluender，2006）。

另外还有其他一些有价值的测量方法。有时直接问读者句子的难易度或自然度，或者通过问歧义句的意义，也能够获得很多有价值的信息。这类问卷调查可用以确定哪种结构易于/难于进行句法分析（Arregui，Clifton，Frazier et al.，2006），哪些因素有助于进行句法判断（Frazier & Clifton，2005）。当前许多研究均对边听句子边看相应场景的眼睛注视情况进行了测量（Tanenhaus & Trueswell，2006）。结果显示，听者通常会观看当前谈论的事物（Copper，1974），因此这种方法可以用来研究听者对注视句子的实时理解。因为这个技术研究的是听力而非阅读，此处不再赘述；然而，我们认为，无论是在阅读中，还是在听力理解中，句法分析和理解的过程是相同的（这是与本书第七章所论述的语音重新编码和内隐言语两主题相关的事实），而且我们相信，通过听力理解研究所获得的知识同样适用于阅读。

## (二)句法分析的序列模块模型

现代对句法分析的研究始于 20 世纪 70 年代的理论发展，即后来所谓序列模块模型（Forster，1979；Frazier，1979；Kimball，1973）。弗雷泽的理论被称为花园路径模型，它所考查的是如下现象：读者在阅读的过程（由于某种原因）中被"误导入花园路径"（误入歧途），发现错误后抛弃原来的路径自行加以修正（此模型由此得名）。由于这个模型对心理语言学关于句法分析的研究影响最大，而且在同一篇文章中被介绍给心理语言学界，从而引发了句法分析的眼动研究，因此我们将在本章中对此模型进行详细论述（Frazier & Rayner，1982；关于花园路径模型的发展，参见 Frazier，1987，1990；Frazier & Clifton，1996；关于另外一种具有序列模块模型的一些重要特征的句法分析模型，参见 Croker，1995）。

花园路径模型背后的核心理论是语言理解，是近乎即时性的过程。句法分析逐词（"递增式地"）展开，而非等到从句末。但早期的心理语言学家认为事实并非如此，他们提出的从句模型之类的理论坚持认为，大部分理解过程，甚至句法分析过程都发生在从句边界处（Fodor，Bever & Garrett，1974）。但是，从早期的调查（Just & Carpenter，1980；Marslen-Wilson，1973）一直到当前的研究结果显然表明，对词在句子中所起作用的理解一经读过即已发生。这可以从下面关于语义异常的研究中明显地看出来：因为认识到某个词在句子中无意义，首先需要读者识别该词、确定其在句子中的语法功能，而且意识到其意义与其在句子中的句法作用不相符。瑞纳等人（Rayner，Warren，Juhasz et al.，2004）在其研究中使用的一个例子足以说明这个问题（参见本书第六章的相关讨论）。他们发现，读者读到例(8.4)句中的"carrot"（胡萝卜）一词时，眼睛的运动马上发生紊乱（disrupted）。

John used a pump to inflate the large carrots for dinner last night.　　　(8.4)
（昨晚，约翰用气泵给大胡萝卜充气。）

上述眼睛运动的紊乱就意味着阅读完"carrot"一词前，读者将"large carrots"看作"inflate"的直接宾语和语义题元[可能受到"use a pump"（用气泵）的诱导，他们预测到了"inflate"（充气、使膨胀）一词]，最后才确定"carrots"并非那种能够膨胀的东西。（我们将在下文中详细介绍这个实验。）

根据弗雷泽和瑞纳提出的花园路径理论，读者（听者）运用隐性短语结构规则来建构句法树（识别构成句子的短语及其之间的关系）。花园路径理论中制约的短语结构树构建基本规则是"接受首选分析"(take the first available analysis)(Frazier，1990；Frazier & Fodor，1978)。其假设是，句子的理解前提是必须首先弄清各个成分之间的句法关系。任何人若不弄清楚"carrots"是否为"inflate"的直接宾语，就无法确定两者之间的关系是否合乎情理。

根据花园路径理论，读者快速地以逐词附加方式将句法树建构起来，首先确定单词的词性，然后扫描允许将该词附加到迄今建构起来的短语结构树上的所有短语结构规则。如果没有短语结构规则可以直接将某个词附加到短语结构树上，那么读者就需要扫描出那些允许多步骤附加的规则。例如，没有规则允许句首的"The"直接附加到起始符号 S(句子节点)上，因此一遇到句首"The"，读者就必须扫描额外的规则。这些规则可能首先将"the"识别为限定成分(词)，然后投射为更大的短语，如名词短语[NP→Det＋N(名词短语→限定成分＋名词)]，最后将名词短语投射到 S 节点上[S→NP＋VP(句子→名词短语＋动词短语)]。所有规则可能都得到了平行扫描。允许将词附加到结构树上的第一套规则胜出。

花园路径理论认为，只有一个结构，即第一个可及结构(the first available structure)，得以即时构建。若后续信息表明所构建的结构错误，或者若对结构的解读有异常，那么这个结构就被淘汰，需要构建出另外一种结构(重新分析，见下文)。因为每次只能构建一个结构，因此花园路径理论是一种序列加工的理论。从初始结构的构建不依赖于句法模块之外的任何信息(如意义、合理性、话语等)这个意义上讲，这种模型也可以被称为模块理论(关于模块化的详细讨论，参见 Fodor，1983)。但是，请记住：意义、合理性、话语等均对阅读有非常快速的影响。其加工速度并非缓慢，而是依赖于前期句法关系的构建。

根据花园路径理论，句法分析应遵循两个"策略"，即最小附着策略(the minimal attachment strategy)和迟闭合策略①(the late closure strategy)，将它们称为策略或许会引起误解，因为它们并非有意识选择策略的结果，而仅仅是上文所述基本原则的结果：接受首选分析(the first available analysis)。第一个是最小附着策略规定"构建最简单的可能结构"。最简结构一般来说就是短语结构规则应用最少的结构。因为每次应用规则都需要一定的时间，而且(如上文述及)以最快的速度将词与结构联系起来的规则应用胜出，因此最终选定的分析是应用规则数量最少的最简结构。第二个是迟闭合策略，规定"只要附加合乎语法，将新出现的词附加到目前正在得到分析的句子或者短语上"。也就是说，花园路径理论指出，在其他一切完全相同的条件下，对新词进行分析的最快速方法是将其与当下正在分析的短语或小句联系起来，形成一个相对完整的结构，因为这是记忆中最可及的结构。因此，迟闭合策略与最小附加策略相同，都是"接受首选分析"(the first available analysis)的结果。

---

① 亦可译作：后闭合策略。——译者注

弗雷泽和瑞纳的眼动研究证据支持上述两个策略。请看例(8.5)中的两个句子：

The girl knew the answer by heart.（直接宾语）

（女孩牢记了答案。）

The girl knew the answer was wrong.（补语）                          (8.5)

（女孩知道答案是错的。）

在前者中，"the answer"（答案）是"know"（知道）的直接宾语；而在后者中，"the answer"既是内嵌句的主语，又是"know"的补语。树形图如图 8-3 所示。

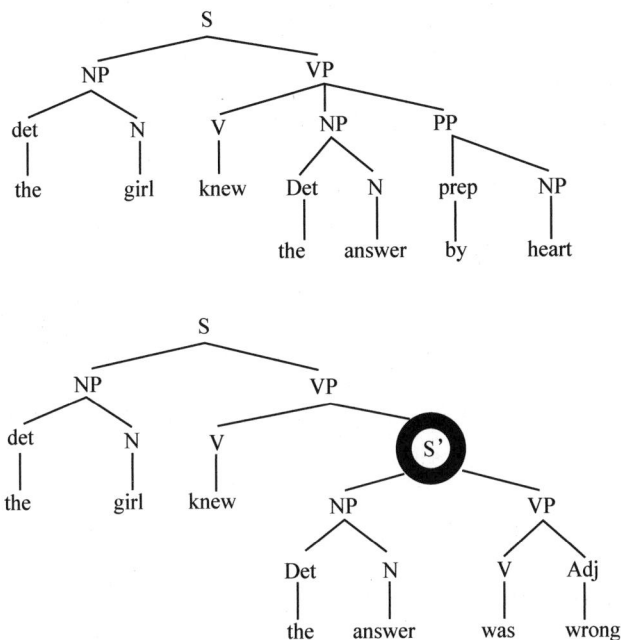

图 8-3　"The girl knew the answer by heart"（最小附着）和"The girl knew the answer was wrong"（非最小附着）的结构树。下面树形结构中圆圈圈出的节点在上面的结构树中并不必要，从而使后者更简单明了

请注意，与第一句话相比，在第二句话中，补语从句的结构包含一个额外的节点，即动词下圆圈内的 S' 节点。第一句话的结构相对简单，因为"the answer"作为"know"的宾语直接附加在其后；而第二句话则需要应用多个规则（先将 VP 扩展为 V＋S'，再将 S' 扩展为 NP＋VP）。当需要将"the answer"附加到树形结构上时，最小附加原则规定，接受较简单的分析（因为简单分析速度快）。但是，读到"was wrong"时，读者发现自己误入歧途，因此必须放弃初始分析，从而使加工减速。（需要进一步注意的是，许多句法分析方面的研究大都采用类似的暂时歧义句，并非因为歧义句本身有意思——尽管确实如此，而是因为歧义句能让研究者探讨句法分析是如何进行的。）

弗雷泽和瑞纳(Frazier & Rayner，1982)的眼动研究表明，最小附加策略可以预测句法分析的难度。他们发现读者对内嵌句子补语的句子加工困难。读者读到表明有后续句子补语的动词时，注视时间增长，回视频率增高，表明需要对句子进行重新分析（如放弃最初的分析，重新构建新的结构）。这一点从图8-4中可以看出。图中显示出非最小附加句中关键解歧短语"was wrong"被注视前，三个注视点的时间长度，即解歧短语第一次注视时长（D），以及随后两次注视的时长。阅读到解歧短语时，眼动马上减速，开始重新分析。

弗雷泽和雷纳（1982）非最小附加句

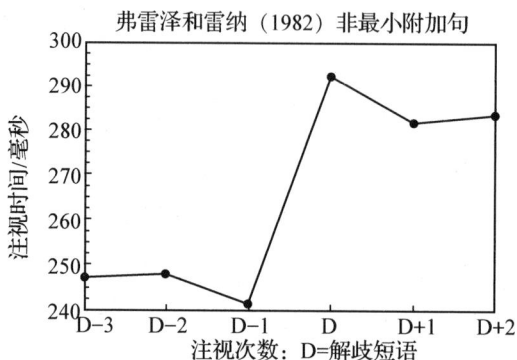

图 8-4　弗雷泽和瑞纳(1982)眼动追踪实验的阅读时间数据，表明在非最小附着句中，在解歧短语处，阅读速度减慢

弗雷泽和瑞纳提供的研究证据验证了迟闭合策略的运用。请看例(8.6)：

Since Jay always jogs a mile it seems like a short distance to him.（迟闭合句）

(8.6a)

［由于杰伊经常慢跑一英里（约 1.61 千米），所以一英里对他来说距离很短。］

Since Jay always jogs a mile seems like a short distance to him.（早闭合句）

(8.6b)

（由于杰伊经常慢跑，所以一英里对他来说距离很短。）

弗雷泽和瑞纳认为这两句话不仅句法复杂度相同（均为主句后接从句），而且都符合语法。然而，根据迟闭合原则，读者并非将"a mile"看作第二个小句的主语，使第一个小句早闭合，而是将"a mile"看作第一个小句"jogs"的直接宾语，延迟其闭合。当然，因为第一个小句是以"Since"开头的从句，因此读者可能认识到第二个小句是必要的，但"a mile"仍然被快速、轻而易举地附加到当前注视的句子中。弗雷泽和瑞纳发现，与阅读迟闭合句（"…it seems…"）相比，阅读早闭合句时，一读到解歧词"seem"，就会发生严重的紊乱（注视时间延长和回视频率增高）。这再次表明，初始分析遵循迟闭合原则，随后不得不放弃，进行重新分析，这需要时间。

上述研究结果引发了大量实验研究，但同时也招致了各种各样的批评。批评之一是，在例(8.6a)之类的早闭合句中，"jogs"之后通常加逗号，但是实际上并非强制。然而，有逗号确实会减轻或者消除早闭合句的困难。逗号提供相关语法信息。但是，不加逗号亦非错误。例如，在早闭合句中，"jogs"后需要一个逗号，而在迟闭合句中，"a mile"之后也需要加逗号。迟闭合句中不加逗号似乎并未产生混乱。一种可能是早闭合句的某种特殊性造成理解困难，另一种可能是因为它违反了迟闭合原则。一个相似的批评是，在非最小附加句中插入显性标句词（complementizer）"that"（The girl knew that the answer was wrong）可以消除加工困难（Ferreira & Clifton, 1986；Mitchell & Holmes, 1985；Frazier & Rayner, 1987）。然而，在自然语篇中，无标句词的句子不仅符合语法且普遍存在，标句词的作用仅仅是提供相关的语法信息。

第三种批评是，句法分析的最小附加原则和迟闭合原则肯定会被意义、合理性或者语境所否决。从下文可看出，在有些情况下确实如此。然而，大量研究证据表明，这些原则并非轻而易举可以否决的。瑞纳等人（Rayner, Carlson & Frazier, 1983）对不同种类的句子进行了研究，其中包括"The boy hit the girl with the wart"之类的句子。根据其句法假设，将"with the wart"分析为动词的修饰成分容易（受最小附着原则偏好所青睐），而分析为名词的修饰语则有困难，因此"with the wart"作为工具的分析得到优先考虑。但是，这种分析的不合理性不应该受到抵制吗？瑞纳的研究表明，并不会受到抵制。读到"with the wart"时，读者的眼动活动受到干扰，似乎是因为他们首先将"with the wart"理解为使用一种工具（符合最小附着原则的预测），然后因它不合理而重新进行分析。

费雷拉和克利夫顿（Ferreira & Clifton, 1986）的研究为句法加工的模块性提供了强有力的证据。他们对"减缩关系从句"（reduced relative clause）结构进行了研究，如贝弗（Bever，1970）所举的著名例子"The horse raced past the barn fell."（被赶过谷仓的马摔倒了）。[如果不理解这个句子，请试一试下一句话："The car that was driven down the road crashed."（被沿着道路开走的车发生了故障），变为"The car driven down the road crashed."，再变为"The car raced down the road crashed."，最终找到与"horse raced"匹配的句子]。费雷拉和克利夫顿用眼动跟踪技术对例(8.7)之类的句子进行了研究：

The defendant examined by the jury was misleading.

（陪审团质询的被告令人误入歧途。）

The evidence examined by the jury was misleading.　　　　　　　　　　　(8.7)

（陪审团质询的证据令人误入歧途。）

最小附着原则预测第一个名词短语在两个句子中均为主句动词（main verb）"examine"的主语。这种分析比减缩关系从句结构简单，在这种结构中，"examine"是修饰第一个名词短语的定语从句动词（第一个名词短语是动词的宾语和题元）。然而，尽管"defendant"充当"examine"的主语和施事合乎情理，但"evidence"却不行。难道"evidence examined"（作为主谓结构）分析的不合理性不会妨碍读者进行简单主谓分析的建构吗？弗雷泽和克利夫顿的研究证据表明，这并不会妨碍读者建立一个简单的主谓结构（详见下文）。在两种情况下，眼睛的运动都受到解歧区域的短语"by the jury"的干扰。这从

图 8-5 中可以看出来，图中显示出句中三个区域第一遍阅读的平均时间（请注意，阅读时间用毫秒/字符表示，是对目前已不常用的区域长度差异的大致矫正）。在两种暂时歧义（实验）条件下，在句子解歧区域，阅读速度明显降低，但是，在包含"that was"的非歧义（控制）条件下，阅读速度并未降低。另外请注意，"examined"在"The evidence …"语境下，阅读速度减慢，这可能因为"The evidence examined"被分析为主语＋动词结构不合理。但是，这种不合理性并未消除花园路径效应，阅读仍然受到"by the jury"的干扰。

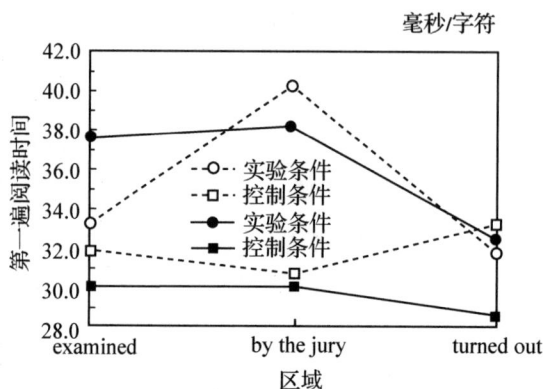

**图 8-5　费雷拉和克利夫顿（Ferreira & Clifton，1986）第一遍阅读时间的数据，单位为毫秒/字符**

很多研究对最初的花园路径模型进行了修正。比如，在最早的版本中，加工过程中所使用的唯一一种词汇信息是词性。诸如"kick"（踢）、"shout"（喊）之类的及物动词（可以直接接名词短语作宾语的动词）与诸如"sneeze"（打喷嚏）、"arrive"（到达）之类的不及物动词（不能直接跟宾语的动词），等同对待。最初提出的观点是，任何一个动词若后接名词短语，那么根据最小附着原则，此名词短语为动词的直接宾语。现在看来，这一观点似乎并不正确（因为有确切的研究证据表明，不及物动词后的名词短语没有将读者引入花园路径（参见 Staub，2007a；另参见 Pickering & Frisson，2001）。花园路径理论的支持者目前一般都承认至少某些词汇的细节信息（如及物性）在句法分析中发挥作用。而且，显然，句法分析和理解的速度虽然很快，但并非总是即时发生。例如，弗雷泽和瑞纳（1987）对例（8.8）之类的句子进行了研究：

I know that the desert trains young people to be especially tough.

（我知道沙漠把年轻人训练得尤其强悍。）

I know that the desert trains are especially tough on young people.　　　　　（8.8）

（我知道沙漠训练对年轻人来说很严酷。）

请注意到"desert trains"既可以是名词＋动词结构，也可以是复合名词结构，因此暂时具有歧义。弗雷泽和瑞纳（采用离线方法）对读者的偏好结构进行了研究。读者若最初对所偏好结构进行了指派（在特定的句子中可能是名词＋动词结构），那么读到"are especially tough"这几个词时其阅读速度减慢，因为需要对句子结构重新进行分析来消除歧义。但是，"are especially tough"的阅读时间并没有增加。事实上，当用"this"或者"these"替换"the"（"trains"在"this desert trains"中肯定是动词，而在"these desert trains"里一定是名词），暂时歧义被消除时，短语"the desert trains"的阅读速度确实减慢了。弗雷泽和瑞纳认为，遇到这种特殊的歧义现象，读者事实上会推迟任何分析，因为他们确信歧义——词汇范畴歧义（如"trains"是名词还是动词）——后续的材料会消除歧义，因此他们可以暂时安全地推迟分析，避免可能产生的花园路径效应。

花园路径理论的原则已经被广泛应用于其他很多结构的研究，包括具有长距离依赖性的"缺位—填充"（filler-gap）结构（Phillips & Wagers, 2007）。例如，相对于例(8.9b)，读者遇到例(8.9a)这样的句子，其自定步速阅读的速度在"us"处减慢（Stowe, 1986）：

My brother wanted to know who Ruth will bring us home to at Christmas.

(8.9a)

（我的哥哥想知道露丝在圣诞节会把谁带到我们家。）

My brother wanted to know if Ruth will bring us home to Mom at Christmas.

(8.9b)

（我的哥哥想知道露丝是否会在圣诞节带我们回家见妈妈。）

为什么呢？因为读者试图将句首的"who"和句中赋予它解释（赋予论元角色）的第一个位置联系起来（请注意，这是即时解读的又一表示）。逐词读下去，首先找到的是"bring"。但是，后续的"us"表明这是不可能的；"us"占据了正确的位置。同没有"who"的控制句相比，阅读速度在"us"处减慢，表明这个词引发了对最初论元指派的重新分析。这就是所谓"缺位—填充"效应（Stowe, 1986），管辖缺位—填充的原则叫作"积极缺位填充策略（active filler strategy）"（Clifton & Frazier, 1989；Frazier & Flore d'Arcais, 1989）[包括其他语言在内，概括为"最小链原则"（the minimal chain principle）；De Vincenzi, 1991]。

读者和听者运用各种可及信息（如意义、话语语境、情境、合理性，以及关于说话者的知识等）来获取句子最合理的意义，但是这种信息在最初的句法分析中没有得到应用。花园路径理论如何对上述事实做出解释？序列模块模型把这归因于重新分析，即最初快速的模块化句法分析之后的阶段。瑞纳（Rayner, Carlson & Frazier, 1983）对重新分析进行了探讨，假设存在一个题元处理器用于搜索可用以对最初分析进行精细加工的信息。关于重新分析发生的方式，其他一些研究者也提出过各种有趣的想法（关于这个话题的论文集，参见 Foder & Ferreira, 1998；关于读者不情愿放弃最初分析的研究证据，参见 Schneider & Phillips, 2001；Sturt, Pickering, Scheepers et al., 2001）。

有研究者提出（Levy, Bicknell, Slattery & Rayner, 2009），读者认识到自己可能

误读了句中前面某个单词，这对重新分析会产生影响。利维等人重复了泰伯等人（Tabor，Gallantuci & Richardson，2004）的研究，采用自定步速阅读任务，对例（8.10）类句子的阅读时间进行了测量：

The coach smiled at the player tossed the Frisbee.　　　　　　　　　　　　(8.10a)

（对运动员微笑的教练抛掷飞盘。）

The coach smiled at the player thrown the Frisbee.　　　　　　　　　　　　(8.10b)

（教练对抛飞盘的运动员微笑。）

泰伯等人发现，和例（8.10b）"thrown"之后的阅读相比，例（8.10a）的阅读在"tossed"后会出现问题。显然，读者倾向于把"tossed"看作主句动词，"player"是其主语。这当然不符合语法，因为"player"是主句动词的直接宾语。这种局部连贯效应（local coherence effect）在例（8.10b）中不会出现，因为"thrown"无疑是一个过去分词，不能充当主句动词。利维（2009）使用眼动追踪技术进行的研究表明，若句子前面某个关键词［如例（8.10）的"at"］被替换为"toward"之类可能引起混淆的相似邻近词数量较少的某个词，连贯效应就会被削弱，甚至消除。显然，若读者对句子前面出现的某个词没有把握，那么后面出现的似乎与最初的句子分析相悖的语言材料，可能促使他们考虑对前面的材料进行重新分析，从而降低了阅读速度。也就是说，读者随时检查以确认所读到的"at"不是另一个相似的词"as"。

## （三）句法分析的交互、基于制约模型（interactive，constraint-based models of parsing）

序列模块理论（如花园路径模型）并不被所有研究者作为对句法分析的准确描写加以接受。事实上，据一项权威性综述报告（Pickering & Van Gompel，2006），一种既否认模块化也不承认句法分析阶段性的理论目前正受到追捧。这种理论一般被称为交互、制约满足理论。早期理论的先驱者声称：①读者和听者根据词条的详细信息构建或"投射"出语法结构（Ford，Bresnan & Kaplan，1982）；②读者和听者同时运用多种信息资源（Marslen-Wilson & Tyler，1987）；③句法分析需要像侦探一样搜索所有可用线索［侦探模型（detective model）；Fodor Bever & Garrett，1974］；④各种线索互相竞争以确定句子的意义［MacWhinney & Bates's，1990，竞争模型（competition model）]。这种多种信息源交互作用、相互竞争整合的理论从 20 世纪 80 年代（在本书第三章中简要讨论过）的各种联结主义模型（connectionist models）的发展（McClelland & Rumelhart，1986）中获得很大的动力。

当代多数交互、基于制约理论有一些共性（关于这些理论的综述，参见 MacDonald & Seidenberg，2006；MacDonald，Pearlmutter & Seidenberg，1994；Trueswell & Tanenhaus，1994）。这些理论背后的依据是下述广为认可的事实：在特定语境中，语言理解一般能够成功得出句子的恰当意义。这些理论一般突出词汇、频率在阅读理解中的作用，强调各种信息之间在阅读理解中的交互作用。谈到各种理论突出词汇信息的作用，是因为人们认为读者所具备的语言结构的隐性知识与词汇存储在一起，而不是作为抽象的短语结构规则被存储，而且各种理论普遍认为句法分析与运用规则构建结构无关。相反，假设的节点网络(每个节点代表一个概念、一个词，或者概念或词的一部分)在阅读理解过程中得到激活。交互、基于制约模型一般认为，某个语言结构出现的频率和词汇在该结构中出现的频率在句法分析中起重要作用。这种观点很重要，但也很有争议，因为乔姆斯基(Chomsky，1957)的一个核心观点是语言结构并非简单的统计概率序列。这种理论是交互性的，因为它们允许各种知识(不仅仅是语法知识)在最初的句法分析中相互影响。根据这些理论，句法分析受到意义、语境、说话者所具备的知识、统计信息等的引导。

交互、基于制约句法分析理论的提出引发了大量的相关研究，其中许多研究旨在表明不同类型的信息事实上确实对句法分析有影响。此类研究的价值在于提供了与语言理解的各种现象有关的实证证据，同时对极端的模块序列理论模型的某些极端观点做出了限制。然而，这些理论虽然具有启迪性，但也不能不加批判地予以接受。问题之一是，句法分析是各种因素交互作用且满足制约条件的结果，这种笼统的观点(虽非完全不可能)难以证伪。这种观点只是说明不同因素都在句子理解中可能起作用，但是并没有预测究竟哪些因素实际上在起作用，亦未阐明这些因素何时以何种方式产生影响。这并非一个可证伪的观点。

支持交互、基于制约句法分析模型的理论家设计出了计算模型，将其理论付诸实施。图8-6是其中最有影响力的计算模型的图示(McRae，Spivey-Knowlton & Tanen-haus，1998)。图中间的两个六边形是表示句子歧义部分两种可能解读的节点：一是主句，一是减缩关系从句，如上文例(8.7)中所示。但是，该理论并没有阐述这两种解读从何而来，而是仅仅假设其存在，且由不同的信息所激活。这些信息包括主句与减缩关系从句的相对频率、词汇的题元适配度(如主语或者宾语)等。各种信息逐词相互竞争，提升或者降低中间两个节点的激活水平，直至达到某种相对激活水平的标准，此时句法分析器进行积极的解读，然后移向下一个单词。这一理论应用模型的优点在于对解读困难做出了明确的预测(若达到某种激活水平需要时间较长，阅读速度就会减慢)。下文中我们将论证并非所有的预测都得到认可。

交互、基于制约模型不强调句子结构建构过程中句法规则的应用，而是突出语言的统计信息(某个结构的使用频率)和具体词汇知识(特定词汇的使用方式)。大量研究(Demberg & Keller，2008)表明，某个结构的使用频率越高，越容易理解。请看前文讨论过的一个减缩关系从句结构("Horse raced"句)。在这类句子中，暂时歧义动词被动语态，要求使用过去分词形式。例如，在"The message recorded by the secretary could not be understand(秘书所记录的信息不可理解)"这句话中，"recorded"是过去分词。特鲁斯韦尔(Trueswell，1996)的研究发现，若句中的第一个动词在语料库中以过去分词(一般过去时，如"searched")形式使用频率高，此类句子的理解难度就会降低。

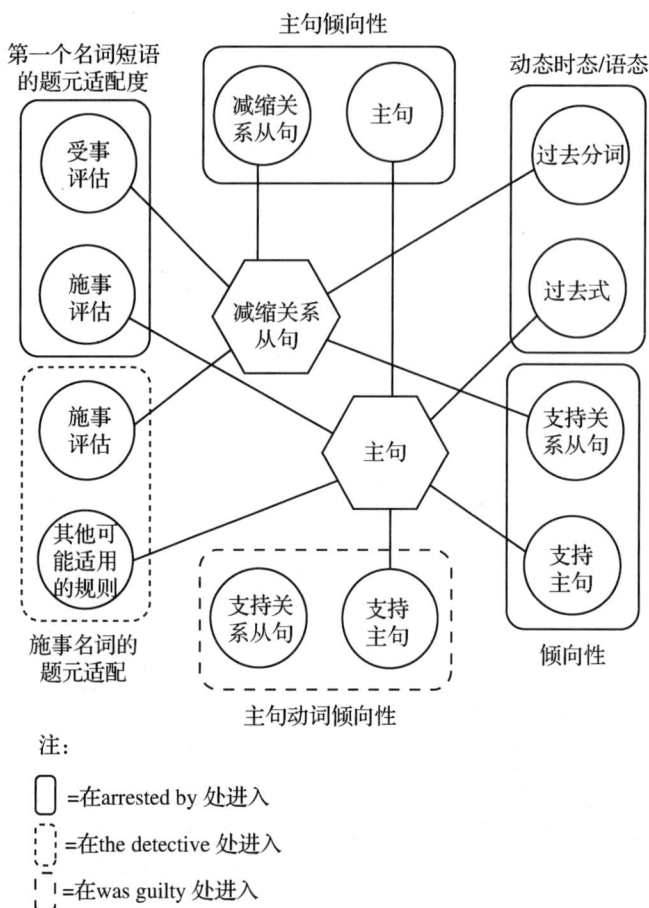

**图 8-6 麦克雷等人在 1998 年提出的"联结主义的制约一满足"(connectionist constraint-satisfaction model)模型["竞争一整合"模型("competition-integration"model)]示意图**
注：圆圈表示激活读者需要做出选择的主句和减缩关系从句两种分析的信息源。

另外还有一些其阅读时间可能受到特定词汇使用频率影响的结构也受到研究者关注。直接宾语和句子补语结构就是此类有着一波三折历史的结构之一。这一结构中，动词后的词是存在暂时歧义的，或者为其直接宾语（符合简单的最小附加分析），或者为补语从句中的主语［如"The waiter confirmed the reservation was made yesterday"（招待确认座位是昨天预订的）］。费雷拉和亨德森（Ferreira & Henderson，1990）在其研究报告中指出，此类句子的阅读速度不受动词后出现补语从句或直接宾语频率的影响（如"confirmed"后面常接直接宾语，而"insisted"则经常接补语从句）。他们认为，最小附加策略而非使用频率在指导句法分析（使用频率较少的最小附加策略决定了句法分析）。相反，特鲁斯韦尔等人（Trueswell，Tanenhaus & Kello，1993）提出阅读速度的确与使用频率密切相关。

肯尼森（Kennison，2001）指出，上述两个实验都没有恰当地控制句子的合理性。

例如，在特鲁斯韦尔等人的研究中，若句子中的动词很少后接直接宾语，那么其后面的名词作为直接宾语出现就不合理。肯尼森认为，此类句子的阅读之所以受到干扰，并非句法分析造成的，而是短语语义不合理所致[如在"The waiter insisted the reservation was made early"（招待坚持要提早预订座位）中，"insist a reservation"是不合理的]。肯尼森在实验中对句子合理性进行了控制，结果发现，阅读速度恰好是最小附加原则所预测偏好的反映，而非动词后接直接宾语或补语从句频率的反映。在很多结构中，使用频率对阅读时间有影响（Clifton, Frazier & Connine, 1984；Garnsey, Pearlmutter, Myers et al., 1997；Mitchell & Holmes, 1985；Snedeker & Trueswell, 2004），但也有很多反例（Mckoon & Ratcliff, 2003；Pickering, Traxler & Crocker, 2000；Staub, Clifton & Frazier, 2006）。近期的一些研究强调不同的词或者词类在具体语境中的相对使用频率，计算出每个可能的词或者词类出现的概率，且在其中一些情况下发现，频率对读者的期望有影响，而读者的期望反过来对阅读的难易有影响（Hale, 2006；Jurafsky, 1996；Levy, 2008）。对句子语料库的眼动追踪研究（Demberg & Keller, 2008）表明，频率能够在很大程度上预测阅读速度。频率显然很重要，但是若要明了频率以何种方式发挥其作用、为什么重要，尚需要做很多研究。

意义和合理性显然均影响理解。问题是，如何影响。请回忆一下前面所讨论过的弗雷泽和克利夫顿（Frazier & Clifton, 1986）的研究结论：尽管"evidence"作为"examine"的施事不合理（因为"evidence"无生命，可以是合格的题元，但是并非合格的施事），但是对"The evidence examined by the jury was unconvincing"之类句子的阅读仍然在"by"短语处受到干扰。特鲁斯韦尔（Trueswell, Tanenhaus & Garnsey, 1994）指出，事实上，弗雷泽和克利夫顿的研究中所使用的几个句子，其对主句动词的解读并非不合理[如研究者认为"The car towed by the truck…"（用卡车拖走的轿车）不合理，因为轿车可以拖东西]。他们设计出一套更理想的实验材料，并精心规范了其合理性，采用眼动的方法，重复了弗雷泽和克利夫顿的研究（方法一如弗雷泽和克利夫顿所做的研究）。同弗雷泽和克利夫顿一样，他们也发现，若句首名词为句中第一个动词合理的施事（The defendant examined…），解歧"by"短语（by the jury）的第一次阅读时间，与无歧义的控制条件（the defendant that was examined…）相比，受到了干扰。然而，若句首名词是合理的题元但非合理的施事（…evidence examined），对第一次阅读时间的干扰则消失。他们认为，这表明语义对句法分析有指导作用，从而阻碍了花园路径效应的产生。

克利夫顿等人（Clifton, Traxler, Mohamed et al., 2003）采用改进后的实验材料，重复了特鲁斯韦尔等人的实验，但却用另外一种（1994年未使用的）方法对数据进行了分析。尤其是，他们同时对第一遍阅读时间和回视路径时间进行了考查，发现结果与特鲁斯韦尔等人的研究相似：若第一个名词是不合理的施事，对"by"短语第一遍阅读的干扰减弱（事实上，这一结果同特鲁斯韦尔的研究结果一致，均无显著性），但第一次回视阅读（回视路径）的时间一点都没有缩短。若花园路径现象在合理与不合理施事两种情况下均被觉察到，眼睛的运动轨迹可能略有不同。在合理施事条件下，眼睛在解歧材料上滞留，然而在不合理施事条件下，眼睛回视重新阅读已读过的材料——但是，在这两种情况下阅读均受到了干扰。此外，在合理的施事和不合理的题元条件下，无论是否存在暂时歧义，阅读速度均减慢。也就是说，无论"that was"是否出现，包含"…defendant（that was）examined…"的句子的意义都很难理解。克利夫顿等人认为，上述研究结果与之前认为语义可用以解读非歧义句、对花园路径句进行重新分析，但是不能阻碍最初不合理的分析的观点相符（见图 8-7）。

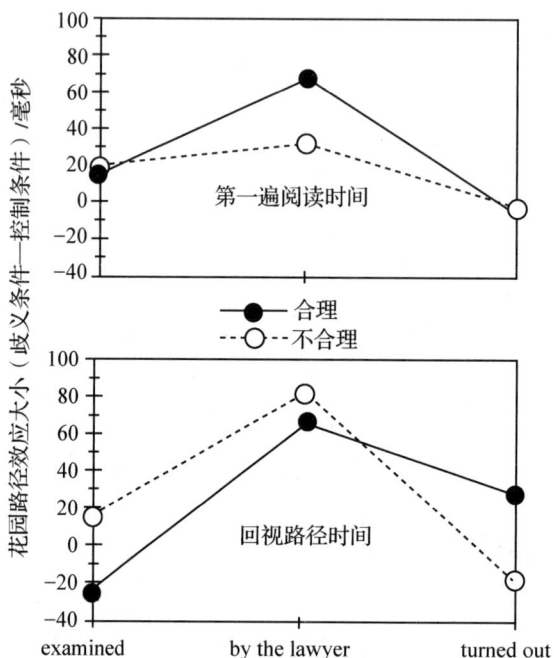

图 8-7　花园路径效应的大小［歧义和无歧义两种条件下第一遍阅读（first-pass）时间与回视路径（go-past）时间之间差异与合理性之间的函数。正数表示存在花园路径现象］

　　语境也对句子理解有影响，但问题仍然是，如何和何时产生影响？克雷恩和斯蒂德曼（Crain & Steedman，1985）认为句法花园路径现象其实是语义性质的，此言一出，引发了一连串的研究。请看之前讨论过的减缩关系从句的花园路径现象（the horse raced…）。克雷恩和斯蒂德曼坚持认为，若名词只有一个可能的指代对象（只有一匹马），从语义上讲，限定性定语从句就不合适。他们还坚持认为，若有两个及以上潜在所指对象，定语从句或者其他修饰成分就必不可少。下面用其研究中的一个例子加以说明。请想象你正在阅读关于两对夫妻和一位心理治疗师的一个片段，其中一对夫妻与治疗师在吵架，而另一对夫妻却对他很友好，接着阅读例（8.11a）中的句子片段。克雷恩和斯蒂德曼认为，在例（8.11a）中，读者会直接把"that he was having trouble with"看作定语从句，用以修饰"wife"，因为这个故事涉及两个妻子，而定语从句的作用是区分究竟是哪一位妻子。在这种情况下，再读例（8.11a）后的例（8.11b）就很容易了。然而，如果在读完例（8.11a）后继续读需要分析为补语从句而非定语从句的续写例（8.11c），就有困难了。

The psychologist told the wife that he was having trouble with…      (8.11a)

…to stop talking.      (8.11b)

…her husband      (8.11c)

事实上，克雷恩和斯蒂德曼（Crain and Steedman，1985）提出了一个序列模型，认为句法最初提出可能的分析，语义随后再做出正确的选择（关于另外一种相反的观点，参见 Townsend ﹠ Bever，2001，认为语义指导最初分析，之后句法检查句子的合法性）。然而，坚持交互—制约模型的理论家却认为，克雷恩和斯蒂德曼的研究结果乃是对自己观点的支持，认为多种不同的信息来源，（在这种情况下）包括定语从句是否支持正确的指代关系，均对句法分析产生影响。大量实验研究表明，指称可能很重要，但是人们更为普遍接受的结论是，指代不清的确对理解有影响（例如，若句中提到两条甚至更多条狗，且没有任何手段指明所谈到的是哪一条，就不能说"the dog"；Clifton ﹠ Ferreira，1989），假定的暂时歧义短语做修饰语的要求被句法要求所否决。布里特（Britt，1994）提供了一个更明确的例子，他认为指称因素的重要性似乎超越较弱的句法分析偏向，但不能超越较强的句法分析偏向。"put"之类的动词需要一个目标（放置某物的处所）。即使语境中提及两本书，其中一本关于战场，对例（8.12）之类句子的阅读仍然会发生混乱。

He put the book on the battle onto the chair.      (8.12)

（他把那本关于战争的书放在了椅子上。）

短语"on the battle"最初被解读为"put"表示地点的补语，满足了该动词对目标的要求，但是读到"onto the chair"时就会产生阅读困难。然而，若用"dropped"之类不需要有表示目标补语的动词来替换，语境似乎可以消除错误的句法分析，很快完成"onto the chair"的阅读。

因此，语境也有影响。交互—制约理论只是认为，语境的影响要弱于句法的要求，因此强势的句法要求可能超越语境效应。模块序列理论则简单地认为，有限定的名词短语所具有的具体指称可以很快修正最初的句法分析错误。哪一种解释更令人信服呢？我们认为，目前还不能做出定论。但是，我们认为交互—制约理论遭遇两方面实证研究的挑战。第一是弗雷泽（Frazier，1995）提出的观点，认为交互理论和模块理论都能够解释频率、意义或者语境因素超越语义偏好，也就是说，这些因素对句法分析具有指导作用，而模块理论则认为这些因素在重新快速发挥作用。弗雷泽认为，将两种理论区分开来的最佳方式是看其对序列模块理论所偏向分析的影响。她认为，根据序列模块理论，句法分析遵循最小附着或迟闭合原则，不受频率、意义或者语境的影响。

也就是说，只要最终解读语义或者语用没有异常，那么句法偏好分析的阅读时间就不会受到这些因素的影响。相反，她认为，若频率、语义和语境等因素能够加快非偏好分析的阅读速度，那么交互理论就应该能够可以预测：（根据模块理论）偏好分析的理解就会因这些因素而减速。

宾德等人（Binder, Duffy & Rayner, 2001）的眼动研究表明，包含例（8.13a）之类的减缩关系从句的句子在介绍有两个令父母烦扰的孩子的家庭的话语语境中呈现，比在只有一个孩子的话语语境中呈现，阅读过程中发生的干扰要小（所有这一切都是相对于控制条件而言的，"who was"的插入消除了暂时的歧义）。交互理论能够对此做出预测，而模块理论也可以用快速的重新分析来做出解释。然而，宾德等人的研究发现，若关键句为主句，如例（8.13b），语境（一个孩子或两个孩子）就不会对句法歧义句和非歧义控制句的阅读时间的差异产生影响。上述研究结果与模块理论相符，与交互理论的预测相悖。根据交互理论，（话语语境之类）有助于某种（如减缩关系从句）分析的因素对不符合其理论预测的其他类型结构（如主句）的分析产生干扰。宾德等人设计出一个计算版交互理论，结果确实与预测相符。

The teenager lectured by her stern parents left for school.（关系从句）　　　（8.13a）

The daughter lectured her stern parents and left for school.（主句）　　　（8.13b）

交互—制约理论遇到的另一困难是，在大部分情况下，有多种可能的分析（直接地或间接地）相互竞争（MacDonald & Seidenberg, 2006）。其许多预测皆在维系于下述主张：竞争越多，决策时间越长，甚至扰乱阅读。例如，这些理论对花园路径效应的共同解释是，句中前面已有证据强烈支持某种分析，但随后的证据却绝对支持另一种不同的分析，两者之间相互竞争，从而耗费了时间，花园路径效应由此产生。鉴于上述分析，歧义处两种分析（线索）之间的竞争应该会对阅读产生扰乱（而且，在某些交互模型应用中有明确的预测；Elman, Hare & McRae, 2004）。

可惜的是，目前基本没有证据表明句法歧义本身可以降低阅读速度（与本书第五章中所探讨的词汇歧义恰好相反）（Clifton & Staub, 2008）。事实上，有明确的证据表明，句法歧义实际上能够加速阅读。有研究者（Traxler, Pickering & Clifton, 1998; van Gompel, Pickering, Pearson et al., 2005）用包含具有歧义的关系从句或者介词短语为刺激材料，进行了一系列实验，结果表明歧义句［如例（8.14a）］的阅读速度，快于附着无歧义句［如例（8.14b）或例（8.14c）］：

The son of the driver with the mustache…　　　　　　　　　（8.14a）

（有胡子的司机的儿子/司机的儿子有胡子）

The driver of the car with the mustache…　　　　　　　　　（8.14b）

（有胡子的汽车司机……）

The car of the driver with the mustache…　　　　　　　　　（8.14c）

（有胡子的汽车司机……）

他们支持竞赛模型（race model），认为句法分析器以平行方式完成两种附着（请回忆一下花园路径模型中的接受"首选分析"原则）。若歧义句的两种解读均可接受，速度最快者胜出；若胜出者不合理，如非歧义的情形，阅读速度减慢。在这种情况下，语义异常似乎不会妨碍分析。

我们对句法分析的讨论，尚未做到面面俱到，只好舍弃一些重要的理论、现象和话题。例如——这并非仅有的一例——尽管记忆因素显然在句法分析中发挥作用，但是我们一直在回避其发生影响的方式。自心理语言学发端时起，研究者就已注意到，有些句子会对记忆造成巨大负担[如多重嵌套句虽语法正确，却几乎不可理解；The lawyer that the criminal that the judge disparaged attacked ran away（被法官诋毁的罪犯所攻击的律师逃走了）]。有些研究者提出，读者的记忆广度或者阅读广度（测量记忆所阅读句子中词汇的能力）可预测句法分析的某些方面（Pearlmutter ＆ MacDonald，1995），而另外一些研究者则认为，在某种程度上，句子理解的记忆与正常工作的记忆不同（Waters ＆ Caplan，1999）。句子中相互依存的词汇距离越远，加工负担越大。据此，理论家提出了各种句法分析理论（Gibson，1998）。还有人提出，某些重要的加工效应与记忆提取受到干扰有关（Gordon，Hendrick ＆ Johnson，2001；Lewis ＆ Vasishth，2005）。

# 三、解读

关于解读，我们在前文中已经对其中一些重要方面进行过探讨，亦即，句子作为对现实世界的陈述的合理性与跟话语指称语境适配性。然而，意义远比指代与合理性重要得多。关于读者如何从其阅读和完成句法分析的句子中提取意义，研究者提出多种理论，这是本章下一节着重探讨的主题（关于早期语义解读研究的全面和语言学方面的复杂探讨，参见 Frazier，1999）。

## (一)题元角色和论元—附接语的区分

语义学其实是一个涉及面很广的一个话题，下面先谈一谈前面曾提到的一个概念，即题元角色。人们认为，动词（和其他词性的词）能够赋予与其共现的词以语义角色（论元，如主语和直接宾语）。根据某些理论（Jackendoff，1972），题元角色中包括施事[某事件有意图的诱因，如"The man put the vase on the shelf"（这个男人把花瓶放在架子上了）中的"The man"]，受事（patient）或者主题①（theme）（受到影响的客体，如"the

---

① 本书中的个别语言学术语的使用可能并不很规范，"theme"一词在语言学中有时译作"主题"，有时则译作"主位"，但是在本书中显然指及物动词的宾语。——译者注

vase"），目标（goal，如"on the shelf"），来源（source），经历者（experiencer），工具（instrument）等笼统又相当具体的角色。而在有些理论中，题元角色的描述却过于笼统，只区分了极端的角色［施事（动作发出者）和主题（undergoer，经受者）；Dowty，1991］。另外还有理论认为（Ferretti，McRae & Hatherell，2001；McRae，Ferretti & Amyote，1997），题元角色是动词与其他词汇在典型语境中使用的详尽语义知识的反映。例如，语言使用者不仅知道动词"arrest"要有施事和受事，并且知道其施事很可能是警察，受事可能是罪犯。因此，这些关系若表达明确，句子的理解也就不成问题了。

在上述所有的理论中，句法关系和题元角色关系紧密。主语一般是默认的施事（但并非总是施事，也可能是体验者，如"Jack liked Jill"，或者是主题，如"Jack was pushed by Jill"）。直接宾语默认为主题。介词宾语或者是来源，或者是目标。但是，如前所述，题元角色并不完全取决于句法关系。词汇知识同样起作用（请回忆之前给出的例子："The girl was easy to please"和"The girl is eager to please"）。凡是强调题元关系重要性的理论必须对各种信息源以何种方式整合起来，以确定句子所表达的题元关系，并做出描述。

题元角色可以用多种方式来进行研究（关于早期具有启发意义的研究，参见 Carlson & Tanenhaus，1988；关于有前景的理论，参见 Ferretti et al.，2001）。下面谈一谈本章前面提出的我们认为对题元角色加工有启迪的一个现象。瑞纳等人（2004）的研究表明，一个人在阅读例（8.15a）句时，在"carrots"这个极其不合理（可以肯定，不可能）的词上的注视时间，长于例（8.15b）中（合理的）在"carrots"上的注视时间：

John used a pump to inflate the large carrots for dinner last night.　　　　（8.15a）
（昨晚，约翰用气泵给大胡萝卜充气。）

John used a knife to chop the large carrots for dinner last night.　　　　（8.15b）
（昨晚，约翰用刀切大胡萝卜做晚饭。）

John used an axe to chop the large carrots for dinner last night.　　　　（8.15c）
（昨晚，约翰用斧子砍大胡萝卜做晚饭。）

如前所述，这意味着读者可以很快做出决策，断定"carrots"是"inflate"的直接宾语和语义题元，且这种解读毫无意义。有意思的是，例（8.15c）句虽然存在可能性但仍然不合理，其阅读会产生混乱；然而，混乱产生的延迟，只对目标词之后词汇的第一遍回视时间（回视路径时间）有影响（而且对目标词第一遍回视时间具有边缘显著影响）。

沃伦和麦康奈尔（Warren & McConnell，2007）的研究表明，快速效应（首次注视时间和单一注视时间）仅出现在动词与其宾语关系不合理的句子中。

The man used a photo to blackmail the thin spaghetti yesterday evening.　（8.16a）
（昨天晚上，这个人用照片勒索薄薄的意大利空心面。）

The man used a blow-drier to dry the thin spaghetti yesterday evening.　　(8.16b)
(昨天晚上，这个人用吹风机吹干薄薄的意大利空心面。)

从我们所了解的词义知识来看，例(8.16a)句中的语法宾语"spaghetti"(意大利空心面)不能做"blackmail"的主题(受影响的客体)。但是，只有例(8.16b)句的不合理关系才导致了回视性眼动和回视路径时间的延长，但并未导致即时干扰。"Spaghetti"可以吹干，但人们一般不会这么做。似乎违反题元关系比违背世界常识更易被人觉察到，表明题元关系的计算是意义解读的先前步骤。

那么，世界知识有什么作用呢？这是一个很难回答的问题，因为任何人都没有一个完整的关于世界知识的理论。但是，请看沃伦等人(Warren，McConnell & Rayner，2008)所报告的研究结果：他们将瑞纳等人(2004)在研究不可能事件的句子，置于幻想语境中(如哈利·波特施魔法)，从而改变所谈论的真实世界中可能发生的事情(Ferguson & Sanford，2008)。结果发现，幻想语境对不合理短语上的第一遍阅读时间并没有产生影响。然而，幻想语境的确消除了对回视路径时间的影响。沃伦等人认为，幻想语境对首次解读没有影响(我们认为，最初的题元角色对题元指派没有影响)，但的确促进了最终的整合。

对论元与附接语之间区别的一系列研究为快速题元角色指派提供了大量的证据。论元与附接语之间的区别基本上是句法性质的。某个词的论元是短语中受同一个上级节点直接管辖的句法姊妹，而附接语(一般)是修饰语，从句法上讲，附加到短语结构树的上一层次上。对论元的解读受到与其构成姊妹关系的词的影响，而附接语的解读不受其修饰的词的制约，而是由一般的原则所规定。举一个简单的例子来加以说明：在"John put the vase on the shelf in the morning"中，"on the shelf"是"put"的论元。动词"put"需要一个介词短语做论元，表示"放"这个动作的目标。相反，短语"in the morning"是附接语，可用以修饰任何表达事件的词(以心理语言学家为对象的对附接语和论元之间区分的语言学探讨，参见 Schütze & Gibson，1999；基于心理原则的对两者之间区别的讨论，参见 Koening，Mauner & Bienvenue，2003；关于附接语和其他非主要短语不能同主要短语一样直接得到句法分析这一观点，参见 Frazier & Clifton，1996)。

关键在于，论元能承担题元角色，而附接语却不能。迄今为止，我们的观点是，论元关系应该快速得以确定，事实似乎如此。克利夫顿等人(Clifton，Speer & Abney，1991)用眼动技术和自定步速阅读方法对例(8.17)之类句子的理解进行了研究。在例(8.17a)和例(8.17b)中，"in a wallet"是"interest"的论元，但"interest"在前者中是动词，在后者中是名词。他们对前两者中的介词短语与例(8.17c)和例(8.17d)中介词短语做动词或者名词附接语的阅读，进行了研究：

The salesman tried to interest the man in a wallet. (动词论元)　　(8.17a)
(推销员试图使那个人注意到钱包里的东西。)

The man expressed his interest in a wallet.（名词论元）　　　　　　　（8.17b）

（这个人表达了他对钱包的兴趣。）

The man expressed his interest in a hurry.（动词附接语）　　　　　　（8.17c）

（这个人匆忙地表达了他的兴趣。）

The saleswoman tried to interest the man in his fifties.（名词附接语）　　（8.17d）

（女推销员试图引起那个50岁男人的注意。）

克利夫顿等人的研究对阿布尼（Abney，1989）提出的理论进行了验证。根据该理论，句法分析中论元附加优先于附接语，而非遵守前述最小附加原则（minimal attachment principle）。根据最小附加原则，将介词短语附加到动词上比将其附加到名词上容易；而根据阿布尼提出的理论，无论附接语的宿主（host）为何词性，论元附加要比附接语附加速度快。但是，克利夫顿等人确实发现动词附加在早期阶段比名词附加有优势［但是，这一研究结果无论是在舒策和吉布森（Schütze & Gibson，1999）的逐词自定步速阅读的实验中，还是在博兰和布洛杰特（Boland & Blodgett，2006）的眼动实验中，均未得到重复］。然而，就当前的目的而言，更为重要的是，克利夫顿等人发现无论是名词的论元还是动词的论元均在后期眼动测量指标上具有显著的优势，而论元和附接语暂时歧义的短语［如例（8.17a）中的"…man in a…"］解读为论元的速度快于解读为附接语。斯皮尔和克利夫顿（Speer & Clifton，1998）后来的一个研究发现，在主观评价合理性得到控制的条件下，论元具有类似的巨大优势，博兰和布洛杰特（Boland & Blodgett，2006）采用经过精心规范化的刺激材料进行的研究表明，论元在第一遍阅读时间上具有优势，与克利夫顿等人报告的结果相符（关于"by"短语的被动用法和地点用法所得出的相似结论，参见 Liversedge，Pickering，Branigan et al.，1998）。显然，若给予选择的自由，读者往往更倾向把短语看作论元而非附接语。

## （二）词汇复杂性及词汇的指导作用

有研究者（McKoon & Ratcliff，2003，参见 Gennari & Poeppel，2003；McKoon & Macfarland，2002）［基于莱文等人（Levin & Rappoport Hovav，1996）的语言学分析］对动词语义的一个方面进行了研究。表示单纯状态变化的动词［如"bloom"（花开）或者"arrive"（到达）］的语义比表示由施事引起某一状态变化的动词［如"break"（打碎）或者"fade"（使褪色）］的语义简单。麦克恩和拉奇利夫采用自定步速阅读和其他手段所进行的研究表明，在无数变量都经过严格匹配条件下，语义［事件模板（event templates）］简单动词的加工速度，快于语义（事件模板）复杂动词的加工。需要进一步研究才能发现词汇语义复杂性对理解的其他影响。

除了论元、附接语以及题元角色以外，还有什么语言机制对理解有影响呢？功能词（如"and""or""some""not""may"等词，属于封闭类词，其数量一般不会随着语言的变化而增加）肯定对阅读理解有影响。这类词详细指明对语义起重要作用的句法关系。

在心理语言学发展早期，功能词"not"是很多实验研究的对象（Chase & Clark，1972）。研究一般采用句子验证技术（sentence verification technique），要求读者迅速判断"The plus is not above the star"之类的句子是否与图片相符。结果发现，否定的出现导致读者反应减慢（但是，若读者或听者有理由相信某事虚假，应予以否定，反应就不会减慢；Wason，1965）。

费雷蒂、麦克雷及其同事（Ferretti et al.，2001；Ferretti，Kutas & McRae，2007）对表达体（aspect）的助动词对句子理解的影响进行了研究。请看"The team is winning（or The team was winning）"和"The team has（had）won"两句中完成体和未完成体之间的区别。前者为完成体，表示动作正在进行（动作可能不是在阅读或听句子时，而是在其他时候正在进行）；而后者则是完成体，表示动作已经完成。费雷蒂等人（2007）预测，相对于完成体句，非完成体句可能更突出动作发生的地点，因为前者表达在一定的时间和处所正在发生的事件，而后者表达已完成的事件，突出事件的结果而非其时间和地点。他们采用跨通道启动任务（cross-modal priming）、句子填空（sentence completion）和 ERP 技术进行的实验研究结果均支持上述结论。例如，在 ERP 实验中，费雷蒂等人发现表示可预测地点的词上的 N400 值小（表示某种语义期待的满足），比一个表示不可预测地点的词上的 N400 值（如在"The weightlifter was exercising at the…"中，若后面的词是可预测的词"gym"的 N400 值，比"beach"这个合理但不可预测词上的 N400 值小）。这种差异仅仅存在于非完成体句子中，而在完成体（…had exercised…）句子中，这种区别就消失了。费雷蒂等人对此所做出的解释是，未完成体突出了正在发生事件的某些特征，如发生地点。

## (三) 语义歧义

迄今为止，我们一直在对词汇（包括功能词）信息以何种方式对句子的解读提供明确的指导进行描述。但是，语义歧义呢？正如存在词汇歧义（词汇歧义效应已为人们所理解；见本书第四章和第五章的相关讨论）和句法歧义（为我们如何做出句法决策提供某种工具），语义结构同样存在歧义。语义结构的歧义如何消解？是否有默认或者是偏好的消解方式？

请看"The wrestlers weighed 20 stone"中存在的歧义。你可能不知道一英石（stone，英制重量单位，约为 6.35 千克，通常为身体重量的测量单位）有多重？如果不知道，你可能会纳闷，是所有的摔跤选手总重量为 20 英石呢，还是每一位选手都是 20 英石？这就是所谓语义歧义。前者为集合解读，而后者则为分散解读。读者是由于某种原则性（或者是随意）而选择某种解读呢？读者是否对两者都加以考虑，然后尝试快速确定某种解读？或者，读者是否对此一直混沌不清，需要做出决策？有研究证据表明（Frazier，Pacht & Rayner，1999），遇到此类歧义现象，读者倾向于选择集合（所有的总和）解读，但是随后出现的信息可能更倾向于选择分散解读，如对"英石"进一步解释的信息，或者用弗雷泽等人的例子来说明：在"Lynne and Patrick saved ＄1000 each for their honeymoon"中，对"saved ＄1000 each"的第一遍阅读时间，长于用"together"替换"each"的情形（由"each"和"together"词长不同造成的阅读时间差异已用统计方法加以调整）。也就是说，读者阅读支持集合解读词汇的速度，快于阅读分散解读词汇的速度。这不仅是因为分散义（distributive meaning）更难以使人理解。在"each"或者"together"出现在动词前非歧义的基准条件下["Lynne and Patrick each saved ＄1000 for their honeymoon"（琳和帕特里克各自为蜜月积攒了1000美元）]，差异并不明显。相反，弗雷泽等人认为，读者必须要建构唯一明确的句法分析，这样对句子其余部分的含义才得以明确（花园路径模型有如此观点），他们也必须建构起唯一的语义分析。若遇到暂时性歧义结构，首先选集合分析，因为与分散分析相比，其建构更简捷、快速（根据弗雷泽等人的语言学分析，后者中包含一个额外的语义算子，对需要分配什么、分配给什么做出规定）。若后接收的信息迫使这一决策做出改变，阅读速度就会减慢。

### （四）语义压制

对语义歧义的非偏好消解可能降低阅读速度。对句中某一短语语义解读的详解（elaboration）亦然，这一过程被称为语义压制（semantic coercion），一直以来，是许多研究的热点。请看"The man began the book"这个句子。"the book"指某个具体的物体，动词"began"表示某个事件（如读书或者写书）。语言学家认为，"the book"的语义表征必须详解，或者压制为句子事件表征，才能够得到理解。心理语言学家的研究表明，这种补语压制过程（complement coercion process）（动词"began"的补语受到压制从实体变成事件）使阅读速度减慢。例如，麦克尔里等人（McElree，Traxler，Pickering et al.，2001）以及特拉克斯勒等人（Traxler，Pickering ＆ McElree，2002）的研究表明，若补语"the book"需要压制（如在"The man began the book"中），在"the book"上或者在其后的自定步速阅读速度和眼动速度均会减慢，但是，若没受到压制（如在"The man read the book"或"The man began reading the book"中），阅读速度则不会减慢。弗里松和麦克尔里（Frisson ＆ McElree，2008）采用眼动追踪技术进行的研究表明，第一遍阅读时间上也有类似效应。

皮南戈等人（Piñango，Zurif ＆ Jackendoff，1999）对一种不同的压制，即所谓体压制（aspectual coercion），进行了研究。研究要求实验参与者完成逐词阅读任务，并对听觉呈现的无关探测词做出词汇判断。相对于例（8.18b），例（8.18a）中"until"后呈现的探测词的词汇判断时间减慢。

The insect hopped effortlessly until it reached the far end of the garden… （8.18a）
（那只昆虫毫不费力地跳跃，一直跳到花园的尽头……）
The insect glided effortlessly until it reached the far end of the garden… （8.18b）
（那只昆虫毫不费力地滑翔，一直滑到花园的尽头……）

他们认为，"hop"（跳跃）之类动词表示有时间限制的事件（temporally bounded event），这与事实不一致，即"until"是一个持续副词，必须修饰一个有时间限制的事件，如"gliding"（滑行）。读者或听者必须对"hop"实施压制，赋予其时间持续意义，可能是重复的序列事件，而且这种补语压制降低了解读的速度[请注意，皮克林等人（Pickering & Van Gompel，2006）的自定步速阅读实验和眼动实验并未发现体压制需要付出额外代价的证据。关于压制的详细讨论，参见 Pylkkänen & McElree，2006]。

### (五) 即时性再探

我们已突出强调了语义解读的即时性。然而，同句法分析一样（Frazier & Rayner，1987）并非所有的加工都能无延误地即时完成。例如，如前已述，补语压制效应的显现在眼动记录中往往比动词语义解歧效应略有延迟，而体压制效应出现得更晚。同样，语义不合理性效应（不同于语义不可能性；Warren & McConnell，2007）和名词后修饰语附着的语义解歧影响，在眼动跟踪记录中也有些许延迟。我们之前曾提及的从句句法分析模型（clausal model of parsing）认为，句法分析和解读只有到从句边界才能完成。我们认为，这种观点过于极端，而且在大部分情况下句法分析并无延迟。但是，从句模型也并非全无道理。据文献报道，跨越从句边界后，句法结构的可及性降低，而语义解读的可及性上升（通过记忆测验评估）（Jarvella & Herman，1972）。此外，也有证据（Townsend，1978；Townsend & Bever，1982）表明，对主句句首的词[如例（8.19a）中的"now"]逐词记忆，比对从句句首的词更容易遗忘。如例（8.19b）：

Good jobs are now quite scarce in most large states, though there is…　　　(8.19a)
（在大多数州，好工作现在相当少，尽管有……）

Though good jobs are now quite scarce in most large states, there is…　　　(8.19b)
（尽管在大多数州，好工作现在相当少，有……）

从句连接词为"though"时，与连接词为"if"相比，逐词信息记忆保持时间更长，因为前者是对某种因果关系的否定，而后者则是对这种关系的肯定。汤森（Townsend）和贝弗（Bever）认为，这是因为在阅读主句前，非因果从句只是在一定程度上得到解读。

支持语义解读也可能延迟到从句边界的最明显证据是"从句打包"（clausal wrap-up）效应。有研究者（Just & Carpenter，1980；Rayner，Kambe & Duffy，2000）发现，阅读速度在从句边界处减慢。然而，对这一证据的解释仍然存在问题。广谷等人（Hirotani，Frazier & Rayner，2006）认为，标记从句边界的停顿效应可能与语义解读过程无关，而是内隐韵律效应（见本书第 7 章）所致。说话时，人们通常在逗号或者句号处停顿（加入韵律边界）。读者可能也是以同样的方式停顿。目前可以肯定的是，对语义解读的时间进程进行进一步研究的时机已成熟。

## (六)足够好的加工

我们已对句法分析和解读进行过探讨,似乎是将阅读看成了一个完全不会犯错的过程(或者说,至少即使犯错误,也有充足的理由,并且会得到有效纠正)。我们一直将阅读看作一项高度熟练、高效且有用的技能,确实如此。但是,近年来一些研究者提出,在上述阅读过程中所犯的错误不仅仅是系统超负荷运作或者读者精力不集中的反映。相反,他们认为,语言理解本质上只是达到各种目的的一种方式——基本上就是从所阅读或者听到的内容中提取足够的信息,来完成某项任务(聊天、找到要去的地方、学习如何将孩子的圣诞礼物归整到一起等)。语言理解"足以满足需求"(good enough)即可(Ferreira,Bailey & Ferraro,2002)。关于这一主张,费雷拉和帕特森(Ferreira & Patson,2007)有一个清楚的概述;弗雷泽(Frazier,2008)则谨慎地提出了批评。我们将简要回顾一下所涉及的问题。

语言理解并非总是尽善尽美的,这一点仅用一个例子就可以清楚地加以说明。对问题"How many animals of each kind did Moses take on the ark?"(摩西带上方舟的每一种动物有多少?)的回答是"两个",读者经常会忽略其中的错误(Erickson & Mattson,1981)。当人们被问到"After an air crash on the border of France and Spain,where should the survivors be buried?"(法国和西班牙边界发生空难后,幸存者应埋葬到哪里?)这一问题时,产生了与上述类似的结果(Barton & Sanford,1993)。当然,人们并非真正对所听、所读完全麻木。如果用一个非《圣经》中的名字来替换"Moses",人们立刻会察觉到其错误,然后说是诺亚在方舟上;同理,若用"bicycle crash"(自行车事故)替换"air crash"(空难),人们马上就会发觉幸存者是不需要埋葬的。而且,如果将关键词放在强调的位置上["It was Moses who put two of each kind of animal on the ark-True or false"(是摩西将每一类动物中的两只放到了方舟上——对还是错)],人们犯这类错误的可能性就会降低(Sturt,Sanford,Stewart et al.,2004)。但是,有时候,"大致理解"就足够好,这似乎显而易见。

有时,人们似乎确实麻木不仁。费雷拉(Ferreira,2003)要求大学生听"The dog was bitten by the man"(狗被人咬了)之类的句子,结果错误识别施事的频率高得离奇。听者报告说他们认为自己听到的是"狗咬人"。正如弗雷泽(Frazier,2008)所注意到的,这种理解错误可能仅仅是"实验偷懒"现象的反映;实验参与者没有集中注意力听讲(这是美国大学每位教师或学生都很熟悉的一种现象)。但是,有一些更微妙的迹象表明,理解远非尽善尽美。霍林沃思等人(Hollingworth,Halliwell & Ferreira,2001)提供的新证据表明,读者在阅读花园路径句时会犯理解错误,即使纠正后仍然会"犹豫不决"。例如,在阅读例(8.20)句子后,

While Mary bathed the baby played in the crib.　　　　　　　　　　(8.20)

(当玛丽洗澡时,孩子在婴儿床上玩耍。)

读者很有可能报告说听到的是"Mary bathed the baby"（玛丽给婴儿洗澡）。这就是花园路径迟闭合（late closure garden path）的结果。"the baby"被看作"bathe"的直接宾语和题元，当读到"played"时，错误分析才得以纠正，"the baby"应该是句子的主语。有证据表明读者进行了重新分析。事实上，阅读速度在解歧词"played"处变慢。然而，尽管直到最后，句子似乎仍未得到恰当理解，但是最初分析的残余仍挥之不去（读者清楚地知道婴儿是在婴儿床里玩耍）。滞留在大脑中的东西可能是语义阐释，而非最初的句法分析（Sturt，2007）（关于初期错误的句法分析仍然对后期句法加工产生影响的研究证据，参见 Staub，2007b）。读者的语言理解始终达不到逻辑上的完美程度。

这是否意味着语言理解不应被看成是对内隐的语言和非语言学知识的熟练运用，而应该是启发式、因任务而异的过程呢？我们同意费雷拉（Ferreira，2008）的观点，目前尚没有足够的证据。请看下面几个最有说服力的证据：根据暂时性错误的句法分析而得出的解释似乎滞留在读者大脑中（如"While Mary bathed the baby …"这句话）。请注意，这种错误分析的存在表明，正如迟闭合原则所描述的，读者是在以原则性的方式运用可能的句法结构知识。而且，请注意，若在"bathed"后面加一逗号，这种错误解读即不复存在，表明读者能够应用较复杂的语言学知识来指导理解。

或许，对足够好的加工观最好的回应是，尽力更好地理解不同的阅读目标如何对句法分析和解读过程产生影响。许多理论家已注意到，读者可能有许多不同的阅读目标——记住所读内容的细节、大概掌握文本大意、承认它的存在，等等——同时认为，目标不同，阅读过程也不同。阅读目标适度的读者会给人以足够好的印象。有几位研究者对阅读目标对阅读过程的影响进行过研究。例如，斯韦茨等人（Swets，DwSmet，Clifton et al.，2008）的研究表明，若要求实验参与者回答对附着歧义句中名词后置修饰语理解的细节问题［如前面所讨论过的例（8.14）："the son of the driver with the mustache …"］，快速阅读现象会消失，而提问一般性简单问题条件下观察到的对歧义句的快速阅读现象依然存在。

读者和听者都会对不完美的说话者或作者有那么一点慈悲心肠，在听到或者读到某些错误时，会自动将其忽略掉。读者自己也会犯错误。例如，请看读者如何理解下面的省略句：

The old schoolmaster praised the student and the adviser did too.　　　（8.21a）
（老校长表扬了这名学生，导师也表扬了他。）

The student was praised by the old schoolmaster and the adviser did too.　（8.21b）
（这名学生得到了老校长的表扬，导师也表扬了他。）

The advisor praised the student and the old schoolmaster was too.　　　（8.21c）
（导师表扬了这名学生，老校长也表扬了他。）

阿里吉等人（Arregui，Clifton，Frazier et al.，2006）采纳了语言学分析，"did"后面省略的内容应与其先行结构一致。例（8.21a）确实如此，可以理解为"… and the advisor did (praise the student) too"，但是，在例(8.21b)和例(8.21c)句中，省略部分与先行结构并不匹配。严格来讲，两句话都不合乎语法。阿里吉等人在其研究中采用了可接受性判断任务(acceptability judgment tasks)，结果显示，先行结构与省略内容不匹配的句子都有些不可接受，而且理解困难。

此外，阿里吉等人发现，例(8.21b)的先行结构为被动语态，而省略部分则为主动语态，例(8.21c)的先行结构为主动语态，省略部分为被动语态，前者的可接受度高于后者。他们认为，这种不对称性产生于读者或作者的记忆错误。梅勒(Mehler，1963)的研究表明，人更可能将被动句回忆成主动句，而不是将被动句回忆为主动句。(粗心的)作者可能开头用被动句式，写到后面却错记成主动句式[如例(8.21b)]，所以使用了必须与主动先行结构匹配的省略结构。读者可能认识到有这种可能性，并将其改正过来，或者读者也将错就错，仅仅把先行被动结构回忆成了主动结构。无论是哪一种可能性，都给读者充分的理由接受主动省略短语。相反，将主动语态错记成被动语态则很少发生，因此接受例(8.21c)的理由不充分。

从上述综述可以得出如下结论：读者并非机械地运用语言知识来正确地理解句子。有时其阅读目的可能使他们不能正确地理解甚至错误地理解句子。有时，即使他们正确地理解了句子的意思，但是头脑中仍会残留暂时性的理解错误。有时，读者以"放说话者或者作者(或者他们自己)一马"的心态来理解一些不完全正确的句子，似乎他们认识到说话者、作者和读者有时都会犯一些必须加以考虑的错误(关于最后这一点的更多证据，参见 Frazier & Clifton，2011)。

## 四、总结

在本章一开始我们就提出，必须将词义组合成句义，而且其语言(语法)知识会限制其组合词义的方式。在简要地探讨了语言学家采用的句法分析方式之后，我们开始探讨句法分析这个话题，即人们如何识别句中词与词以及短语与短语之间的语法关系。我们认为，句子理解中必不可少的一个步骤是识别这些关系。我们对句法分析的两种理论(序列花园路径理论和交互—制约理论)进行了讨论，并列举了支持和质疑每种理论的各种证据。最后我们所得出的结论是，尽管有很多因素都对句子的最终理解有影响，被编码入语法中的信息(如哪些短语及其之间的关系是可能的)在理解中具有一定的逻辑优先性。若不知道"the dog"是"kicked"的直接宾语，你就理解不了"John kicked the dog"这句话中那条可怜的狗到底发生了什么。

我们接着对句子的理解这一主题进行了讨论。读者仅仅分析句子的句法是远远不够的，还必须理解句子的意思——事实上，这是一项很艰巨的任务。我们对通过句法分析获得的结构分析以何种方式(如限制词组中可能的题元关系)直接向解读过程提供信息进行了探讨，接着对几个与解读有关的主题进行了考查。我们对关于具体词汇知识影响理解的方式的各种观点进行了探讨，并回答了语义歧义为什么有本身偏好的解歧方式（与本章之前讨论的句法歧义有某些相似之处）这个问题。我们介绍了语义压制的概念，认为某些动词要求读者改变论元的语义本质。之后，我们又回到了语义解读的即时性这个重要问题上来，解释了为什么某些方面的语义解读即时发生，而其他方面的解读却延迟发生。本章最后讨论了足够好的加工，认为读者并非总是将文本提供的全部信息应用于对语言的理解，而是仅仅对足以完成眼下任务的信息进行加工。尽管这种理论有其正确的一面，但是读者在完成句子意义理解这一任务的过程中，十分快速、高效地整合运用了大量的语言和非语言信息。

# 第九章　语篇理解

　　读者完成了对句子的句法分析和解读，其任务可能还没有完成，还必须理解由句子组成的语篇的意义，而连贯语篇的意义远非每个句子意义的总和。读者必须将句子组织成篇，这样才能够将其所包含的命题按照作者的意图组织起来。读者必须推理出文本所包含的隐含意义，而这通常要求读者具备世界知识（world knowledge），包括语篇的其余部分的内容。所谓理解，其理想状态是，读者明白文本所描述的是哪一种现实世界情境，明白如何按照文本的指导去完成任务，或者相信（不相信）文本中所表达的主张等。有时，读者先入为主的知识可能扭曲文本所表达的信息（Bartlett，1932）；然而，读者保存下来的是文本的大意。

　　语言中有一些机制，有助于（但是不能保证）文本信息的准确理解。若语篇中缺少了某些机制，就可能表现出来。请看下面的短文：

　　She set it down. Sue had gone to Kroger's to buy a bird. The day before, a mother had asked her to buy the turkey. The table's leg's collapsed to be big enough to feed all of them. But it was too big for a table. She cleaned them from the floor[①]. 　　（9.1）

　　短文简直是错误百出！第一次出现的是"she"没有指代对象；第二句话在没有预告的前提下，谈论的是先于前一句发生的事件；第三句话很奇怪，在谈论"a"而非"her""mother"，难道母亲正在谈论苏（Sue）在克罗格（Kroger's）那里买的火鸡吗？这很奇怪。另外，是什么把桌子腿儿弄坏了？如此等等，不一而足。

　　接下来我们将讨论人如何理解代词和其他照应语（anaphors），如何超越文本进行推理，如何理解在某个情节中发生的一系列事件，以及如何将文本黏合到一起。但是，首先看一看引自布兰斯福德（Bransford）和约翰逊（Johnson）一篇短文：

　　The procedure is actually quite simple. First you arrange things into different groups. Of course, one pile may be sufficient depending on how much there is to do. If you have to go somewhere else due to lack of facilities, that is the next step, otherwise you are pretty well

---

　　① 这一个段落无法翻译。——译者注

set. It is important not to overdo things. That is, it is better to do few things rather than too many. In the short run this may not seem important but complications can easily arise. A mistake can be expensive as well. At first the whole procedure seems complicated. Soon, however, it will become just another facet of life. It is difficult to foresee any end to the necessity for this task in the immediate future, but then one can never tell. After the procedure is completed one arranges the materials in groups again. Then they can be put into their appropriate places. Eventually they will be used once more and the whole cycle will have to be repeated. However, this is part of life.                                                                 (9.2)

（事实上，程序很简单。首先把东西分成不同的组。当然，根据有多少事情要做，或许一堆就足够了。如果你因为没有设施，必须去另一个地方的话，那是下一个步骤，否则你就安置很好了。重要的是，不要把事情做过头。也就是说，最好做几件事情，而不是做许多件事情。从短期来看，这或许不重要，但是很容易使事情复杂化。错误可能的代价也很大。最初，整个程序似乎很复杂，然而，它很快就会成为你人生的另外一面。很难预测，对于这项任务来说其必要性的结局是什么，但是永远说不准。程序完成之后，你把这些东西分组归置。然后，它们可以被放置到合适的地方。最后，它们会被再次使用，而且整个循环必须重复。然而，这就是生活的一部分。）

尽管你能够（在一定意义上）理解每句话的意思，而且甚至能够将句子串联起来，但整段文章的意思仍然不明了。但是，若有人预先告诉你这是对洗衣服这一活动的描述，那么这段文章就具有了意义。这表明，文本的理解通常要求读者运用其现实生活中的知识，包括计划、意图和因果关系。我们将在下文中探讨读者如何将所阅读的文本内容与现实生活知识相整合，然后运用两者创造出读者理解到的情景模式或心理模式作为文本的意义。但是，首先，我们简要地对读者成功阅读文本所形成的表征进行探讨。

# 一、语篇表征

## （一）金特的语篇表征

长期以来，许多有关文本理解的实验研究均受到了金特及其同事提出的理论的很大影响（Kintsch，1974，1988，1994，1998；Kintsch & van Dijk，1978；van Dijk & Kintsch，1983）。这一理论的主要贡献之一是将文本的不同心理表征做了区分，分别为表层表征（surface representation）、命题表征（propositional representation）和情境模型（situation model）（Kintsch，1994）。上一章的重心是前两种表征，对读者从印刷文本到句子形式的句法表征（表层表征）再到对句子意义的解读（命题表征）的历程进行了探讨。语篇加工研究者重点关注的是读者如何将文本中句子的命题表征组织起来，形成语篇所描述的情境表征(情境模型)。根据这一理论的某些版本,"微观结构"(microstructure)不同于"宏观结构"(macrostructure)。微观结构是将命题合成有联系结构的表征层;而宏观结构则是文本的大意,即将微观结构与长时记忆中的图式相联系的编辑后的版本。

　　根据金特的理论,表征命题的典型方式是谓词后接论元。下面我们用表 9-1 中对段落的部分分析来做一解释。谓词是通过动词的意义来充当的(用大写来表示有意义的概念而非单词)。论元是由参与动词所指代事件的名词、介词短语或者副词的意义充当。例如,词语(TEACH,SPEAKER,STUDENT)所表达的命题是"某个说话人正在教某(些)个学生"。其他命题有些表示形容词－名词组合[如(VIOLENT,ENCOUNTER)]和量词－名词组合[如(ALL,STUDENT)]。有些表示短语中的含义(如 OF REALITY,VOICE),有些将概念联系起来(如 AND,STUDENT,SPEAKER),还有一些用以表达地点和时间[如(TIME:IN,ENCOUNTER,SUMMER)或者(LOCATION:AT,CAL STATE LOS ANGELES)]。在所有这些例子中,概念不仅传达了相互联系的观念,也包含一定的意义。例如,在词语(TEACH,SPEAKER,STUDENT)中,"TEACH"应被理解为动词,第二个题元"SPEAKER"是施事等。更多命题的例子,见表 9-1。

#### 表 9-1　一个段落与提取的命题

A series of violent, bloody encounters between police and Black Panther Party members punctuated the early summer days of 1969. Soon after, a group of Black students I teach at California State College, Los Angeles, who were members of the Panther Party, began to complain of continuous harassment by law enforcement officers. Among their many grievances, they complained about receiving so many traffic citations that some were in danger of losing their driving privileges. During on lengthy discussion, we realized that all of them drove automobiles with Panther Party signs glued to their bumpers. This is a report of a study that I undertook to assess the seriousness of their charges and to determine whether we were hearing the voice of paranoia or reality. ①

| 命题序号 | 命题 |
| --- | --- |
| 1 | (SERIES,ENCOUNTER) |
| 2 | (VIOLENT,ENCOUNTER) |

---

　　① 大致译文:1969 年初夏,警察和黑豹党人之间发生了一系列的暴力、血腥冲突。很快,在洛杉矶,我在洛杉矶加利福尼亚州立大学教授的一帮黑人学生,黑豹党成员,开始抱怨他们不断地受到执法官的骚扰。其诸多委屈之一,他们抱怨说收到很多交通传票,有些人面临丢掉驾照的危险。在一次长时间的讨论中,我们得知,他们所有人开的汽车保险杠上都粘贴着黑豹党的标志。这是我所做的对其控告严重性进行评估的研究报告,旨在确定我们听到的是偏执狂的声音还是事实的声音。——译者注

| 命题序号 | 命题 |
| --- | --- |
| 3 | (BLOODY, ENCOUNTER) |
| 4 | (BETWEEN, ENCOUNTER, POLICE, BLACK PANTHER) |
| 5 | (TIME: IN, ENCOUNTER, SUMMER) |
| 6 | (EARLY, SUMMER) |
| 7 | (TIME: IN, SUMMER, 1968) |
| 8 | (SOON, 9) |
| 9 | (AFTER, 4, 16) |
| 10 | (GROUP, STUDENT) |
| 11 | (BLACK, STUDENT) |
| 12 | (TEACH, SPEAKER, STUDENT) |
| 13 | (LOCATION: AT, 12, CAL STATE COLLEGE) |
| 14 | (LOCATION: AT, CAL STATE COLLEGE, LOS ANGELES) |
| 15 | (IS A, STUDENT, BLACK PANTHER) |
| 16 | (BEGIN, 17) |
| 17 | (COMPLAIN, STUDENT, 19) |
| 18 | (CONTINUOUS, 19) |
| 19 | (HARASS, POLICE, STUDENT) |
| 20 | (AMONG, COMPLAINT) |
| 21 | (MANY, COMPLAINT) |
| 22 | (COMPLAINT, STUDENT, 23) |
| 23 | (RECEIVE, STUDENT, TICKET) |
| 24 | (MANY, TICKET) |
| 25 | (CAUSE, 23, 27) |
| 26 | (SOME, STUDENT) |
| 27 | (IN DANGER OF, 26, 28) |
| 28 | (LOSE, 26, LICENSE) |
| 29 | (DURING, DISCUSSION, 32) |
| 30 | (LENGTHY, DISCUSSION) |
| 31 | (AND, STUDENT, SPEAKER) |

| 命题序号 | 命题 |
|---|---|
| 32 | (REALIZE, 31, 34) |
| 33 | (ALL, STUDENT) |
| 34 | (DRIVE, 33, AUTO) |
| 35 | (HAVE, ANTO, SIGN) |
| 36 | (BLACK PANTHER, SIGN) |
| 37 | (GLUED, BUMPER, SIGN) |
| 38 | (REPORT, SPEAKER, STUDY) |
| 39 | (DO, SPEAKER, STUDY) |
| 40 | (PURPOSE, STUDY, 41) |
| 41 | (ASSESS, STUDY, 42, 43) |
| 42 | (TRUE, 17) |
| 43 | (HEAR, 31, 44) |
| 44 | (OR, 45, 46) |
| 45 | (OF REALITY, VOICE) |
| 46 | (OF PARANOIA, VOICE) |

注：横线代表句子和句子间的分界。命题以数字的形式标注便于参考，命题中论元所涉及的数字与命题序号对应(图 9-1 中的数字也与表 9-1 的命题序号对应，Kintsch & Van Dijk，1978)。

从表 9-1 中可以看出，一个句子通常可以分解为数个命题。然而，命题也可能以递归的方式建起来，这样一来，一个命题可能包含另外一个命题作为其论元。例如，在命题 17（COMPLAIN，STUDENT，19）中，19 表示命题（HARASS，POLICE，STUDENT）。因此，通过递归定义，一个命题可以代表一个相当复杂的想法。从表 9-1 中还可以看出，许多命题都是这种递归型的。

如表 9-1 所示，文本的微观结构是由一系列命题建构起来的，可以用图 9-1 来表示。这张图反映出命题之间的连贯关系。根据金特的研究，其结构在很大程度上取决于命题共享概念的方式。包含相同概念的命题会重叠，而且若某一时刻正在加工的命题与仍存储在短时记忆中的另一个命题共享一个概念，那么两个命题就会在微观结构图中联系起来(Kintsch & van Dijk，1978)。

关于金特和范迪克建构这种连贯图（coherence graph）的过程以及以何种方式通过将微观结构的某些"重要"方面附加到先验存在的"图式"(如一个人对童话故事中接下来将发生什么事情，或者关于参观餐厅的叙述)上建构起宏观结构，此处不详细论述。可以这么说，早期采用记忆指标、阅读时间、对探测词的反应时等方法进行的研究所获得的证据支持模型的某些预测。模型的第一个预测是，与其他许多命题有重叠的命题处于微观结构的高层位置上，因此这种命题比底层位置上的命题更容易记忆（Kintsch，Kozminsky，Streby et al.，1975；Meyer，1975）。模型的第二个预测是，在字数相等的条件下，文章中包含的命题越多，需要的阅读时间就越长（Kintsch & Keenan，1973）。

　　麦克恩和拉特克利夫（McKoon & Ratcliff，1980）对金特和范迪克的模型进行了特别有意思的检验。因为这项研究的方法十分有趣，此处做一详细描述。他们采用启动技术的一种变式（描述见下文）来获取语篇记忆的结构。在其中一个实验中，实验参与者看到的是下述"段落"：

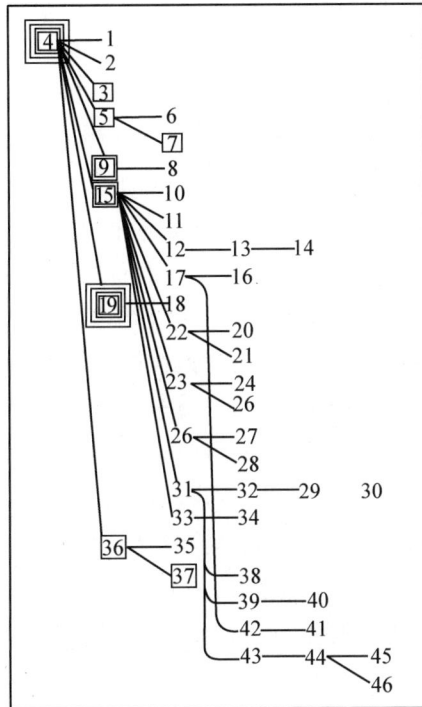

(a)

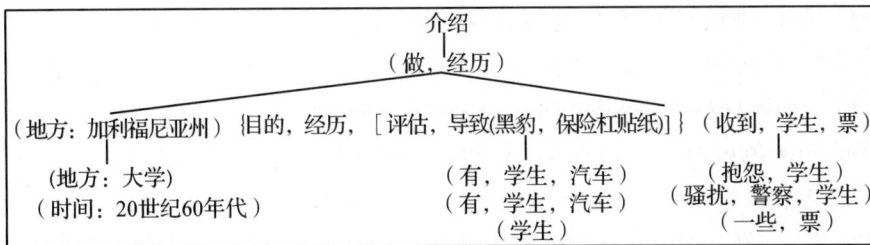

(b)

图 9-1　（图 a）完整的核心段落呈现了表 9-1 的微观结构。序号代表了命题，围绕命题层层嵌套的方形数表示该命题在短时记忆中加工循环的次数。（图 b）基本的图式是"科学报道"，也插入了一些微观结构中的重要命题（Kintsch & van Dijk，1978）。

(1) The businessman gestured to a waiter. （商人向服务生打了个手势。）

(2) The waiter brought coffee. （服务生端来咖啡。）

(3) The coffee stained the napkins. （咖啡弄脏了餐巾纸。）

(4) The napkin protected the tablecloth. （餐巾纸保护了桌布。）

(5) The businessman flourished documents. （商人润色了文件。）

(6) The documents explained a contract. （文件对一份合同做出了解释。）

(7) The contract satisfied the client. （合同使顾客满意。）　　　　　　　（9.3）

　　上述段落的命题分析在图 9-2 中呈现。图 9-2 值得注意的主要特点是，尽管在文本表层表征上命题 2 与命题 5 之间的距离等同于命题 4 与命题 7 之间的距离，但是在微观结构上前两者之间比后两者之间更接近。因此，"WAITER"与"DOCUMENTS"两个概念比"NAPKINS"与"CLIENTS"两个概念之间在微观结构上距离更近（尽管两对词在文本表层表征上距离相同且句子 2 中包含的词与句子 5 中包含的词没有联系）。麦克恩和拉特克利夫用识别记忆程序对词语间关系的远近进行了考查。研究要求实验参与者阅读一个段落后，判断所呈现的一系列探测词是否在所读段落中出现过（并测量其反应时）。研究主要关注的是一个探测词（启动词）对另一个后续探测词（目标词）反应时间的影响。研究的内在逻辑是，若对一个探测词的反应加速了对另一个探测词的反应，那么就可以推论两者之间在记忆结构上紧密相关，其道理与下述现象相同："cat"在词汇判断任务中对"dog"具有启动作用，说明"CAT"与"DOG"在某种记忆结构中关系紧密。麦克恩和拉特克利夫发现"waiter"对"documents"的启动作用大于"napkins"对"client"的启动作用，表明"WAITER"与"DOCUMENTS"之间在记忆中的联系强于"NAPKINS"与"CLI-ENT"之间的联系（这符合 Kintsch 模型和 van Dijk 模型的预测）。

　　上面实验的问题在于文本不是很自然，因此，麦克恩和拉特克利夫使用了一个更自然的段落，如图 9-2 所示。

Early French settlements in North America were strung so thinly along the major waterways that land ownership was a problem. The Frenchmen were fur traders，and，by necessity，the fur traders were nomads. Towns were few，forts and trading posts were many. Little wonder that the successful fur trader learned to live，act，and think like an Indian. Circulation among the Indians was vital to the economic survival of the traders.　　　　　　　　　　　　　　　　　　　　　　　　　　　　　　　（9.4）

（法国人早期在北美的定居点稀疏地主要分布在江河两岸，因此土地所有权就成了问题。法国人是皮草商人，因此，皮草商人必须到处流动。城镇很少，但是堡垒和贸易点却很多。不足为怪，成功的皮草商人学会了像印第安人一样生活、行动和思考。商品在印第安人中间的流通对这些商人的经济生存至关重要。）

| | |
|---|---|
| The businessman gestured to a waiter. | 商人向服务生打了个手势。 |
| The waiter brought coffee. | 服务生端来咖啡。 |
| The coffee stained the napkins. | 咖啡弄脏了餐巾纸。 |
| The napkins protected the tablecloth. | 餐巾纸保护了桌布。 |
| The businessman flourished documents. | 商人润色了文件。 |
| The documents explained a contract. | 文件对一份合同做出了解释。 |
| The contract satisfied the client. | 合同使客户满意。 |

命题：

P1 GESTURE TO,BUSINESSMAN,WAITER　　（用手势招呼，商人，服务员）
P2 BRING,WAITER,COFFEE　　　　　　　（端来，服务员，咖啡）
P3 STAIN,COFFEE,NAPKINS　　　　　　　（染上，咖啡，餐巾纸）
P4 PROTECT,NAPKINS,TABLECLOTH　　　　（保护，餐巾纸，桌布）
P5 FLOURISH,BUSINESSMAN,DOCUMENTS　（润色，商人，文件）
P6 EXPLAIN,DOCUMENTS,CONTRACT　　　（解释，文件，合同）
P7 SATISFY,CONTRACT,CLIENT　　　　　　（满足，合同，客户）

命题连接：

```
        ┌─P2—P3—P4
    P1 <
        └─P5—P6—P7
```

名词之间的连接：

```
            ┌─N2────────N3─────────N4─────────N5
            │  WAITER    COFFEE     NAPKINS    TABLECLOTH
    N1      │  服务员     咖啡       餐巾纸      桌布
    商人    │
            └─N6────────N7─────────N8
               DOCUMENTS CONTRACT  CLIENT
               文件       合同       客户
```

**图 9-2　引自麦克恩和拉特克利夫（McKoon & Ratcliff，1980）的研究中的一个语篇段落及其命题分析和命题结构（已获出版社和作者授权。）**

　　第二个实验所采用的探测任务也更有意义，因为研究向实验参与者呈现了正常的句子，如"The fur traders were nomads"，然后要求他们判断这种观点是否在所读段落中陈述过（探测刺激检验实验参与者对命题的记忆）。此外，麦克恩和拉特克利夫还考查了一个探测对随后另一个探测的影响，并对表层相近但命题结构距离远的命题之间与表层距离远但命题结构相近命题之间的启动效应进行了比较。他们发现，句子"Circulation among the Indians was vital"与"The fur traders were nomads"之间的启动效应，大于"Land ownership was not a problem"与"The fur traders were nomads"之间的启动效应，前两者在命题结构上相近但表层距离远，而后两者之间表层相近但命题结构距离远。

　　尽管这些实验有助于模型的建立，但尚无法提供确切的支持证据。模型中没有用于创建微观结构的恰当的运算法则。微观结构的创建在很大程度上依赖于实验参与者的直觉。仅仅因为共享某个名词短语就采用算法将某个命题置于微观结构的高层位置上，这是远远不够的。若同一名词短语指代不同的实体，算法就可能出错；共享同一名词短语的命题所指对象可能不同，因此它在微观结构中不应该起关键作用。因此一项成功的实验研究之所以能够展示处于微观结构高层位置的命题易于记忆，或许在很大程度上是实验参与者对不同命题重要性的直觉而非模型的内在本质特点使然。同理，阅读时间随着命题数量的增加而延长，这可能是因为用同样数量的词汇表达更多的命题内容，要求句法更复杂、密度更大。总之，金特和范迪克的理论阐述开辟了文本加工的客观实验研究这一新的领域。其文本表征反映出文本的一些重要方面（如命题以何种方式相联系，为什么有些命题更重要）。实验研究为这一理论的许多观点（如有些命题作用更大、有些命题与其他命题联系更紧密、有些句子更易于整合到文本结构中等）提供了证据支持。模型中关于加工的许多核心观点仍然被广为接受：读者一般来说只对文本中的一些基本思想（命题）进行编码，并且采用容量有限的加工系统，有选择性地将命题整合到宏观结构中。最近许多研究（其中一些将在下文中讨论）对记忆过程参与语篇理解的方式，以及读者运用丰富的知识基础来指导理解的方式进行了深入探索（Gerrig & Mckoon，1998；Myers & O'Brien，1998；Sanford & Garrod，1998，2005）。

## （二）图式、脚本和故事语法（schemas，scripts，and story grammars）

若将上一章探讨的句子结构理论与本章要讨论的语篇结构理论做一比较，会很有趣。一种语言的句子是通过其语法来详细描述的。有些词汇序列合乎语法，有些则根本不是句子。语言学家提出了一些生成句子的详细规则，确切地说，虽有争议，但详尽、精确。关于如何运用这些规则，以及如何将规则与非语言知识整合起来，心理学家提出了各种理论，并采用适当的方法对其进行了验证，同样，虽有争议，但也详尽且明确。

早期的语篇研究者试图用语言学家研究句子的方法来分析语篇。例如，他们尝试设计出各种语法来对故事中允许和不允许的结构加以描写（Rumelhart，1975；Thorndyke，1977）。某些规则对故事各个组成部分容许的序列做出规定：背景（SETTING）、主题（THEME）、情节（PLOT）、冲突解决（RESOLUTION）。另外一些规则规定了将情节分为各个组成部分的方式，如目标和冲突解决。实验研究表明，打乱故事安排的典型顺序（如主题后置，而非前置）意味着扰乱了对故事的记忆，而且若故事的上位命题被遗忘，其下位命题也会被忘记（Thorndyke，1977）。然而，多数研究者一致认为，尽管故事有其结构，若被打破就会造成理解困难，但是这种结构不同于语言的语法。故事与非故事之间没有明确的界限，但是句与非句之间却有界限。进而言之，目前尚没有证据表明，读者在阅读故事过程中优先对某种故事语法予以考虑，但是他们确实会优先考虑句子的语法规则。尽管他们不能合理地将"man bites dog"（人咬狗）理解为"狗咬人"，但是能够经过思索读懂以扭曲的方式呈现出来的故事。

图式理论可用于指导人对语篇的结构与人如何使用这种结构来理解文本（参见Bransford & Johnson，1972，关于"洗衣服"的讨论）。其基本主张是人在大脑中预存着或许比较复杂的关于各种情景的详细的知识结构，用于指导我们如何对文本中所包含的所有信息进行理解，以及如何在记忆中的存储。例如，在本章开头洗衣服一例中，根据图式理论假设，（若给出标题"洗衣服"，）人之所以能够理解这个段落的意思，是因为题目有助于从关于洗衣服的现实知识中提取图式。这个图式一旦被提取出来，人就会将段落中包含的信息与图式联系起来。

图式不仅使我们可能将文本所表达的命题与具体情境联系起来，而且还让我们能够将作者在文本中未明确表达的信息填充进去。请看被称为"脚本"的具体图式。脚本是人对符合特定背景的、多少有些固化、为社会所许可的一系列行动的表征。请看餐厅图式或者餐厅脚本（Schank & Abelson，1977）。如果你意识到某个语篇内容是去饭馆吃饭，餐厅的脚本尤其是在饭馆用餐过程中发生的一系列结构化的事件，从记忆中被提取出来，而且某些发生事件的"默认值"得到提取。所谓默认值可能是发生在正常餐厅就餐经历中的行为。随后，脚本中包含的信息融入对故事的理解，这样一来，若故事中第一句话的内容是进入餐厅，那么第二句的内容就是点餐，人根据脚本填充缺省的步骤，如等座、落座、取菜单等。脚本中冗余的信息（如餐厅有菜单）就不需要添加到表征中，但是与脚本中不一致的且有用的信息（如餐厅里没有菜单）可能会被凸显。

图式理论之所以引起人们的兴趣，原因之一是这些理论产生于心理语言学几乎完全无视现实世界知识在语篇理解中的作用的时期。这种理论的主要的推动力就是要证明，文本的理解并非句子表面意思理解的自然结果，而是必须依赖于现实世界知识，如现实生活中衣服是怎样洗的、人们为什么去珠宝店等。但是，任何人都没有提出一个关于现实世界知识的贴切、明确的理论，而且在可预测的将来也不会出现。现成可资运用的"知识的语法"（grammar of knowledge）匮乏。现在回过头来看，尽管图式理论可能反映出语篇理解的某些重要、真实的东西，但是其预测基本上可浓缩为下述主张：我们最擅长理解对我们有意义的东西，而且什么东西对我们有意义取决于我们所知道的（关于图式理论的深入讨论与批评，参见 Alba & Hasher，1983）。

# 二、组句成篇

下面我们谈一谈比解释什么是知识小一点的一个话题。关于使用什么语言手段来加强语篇的连贯性以及读者如何使用这些手段，心理语言学家有很多话可说，而且读者能够根据这些手段知道文本中已经提到的熟悉的和新引入的未知事物。此外，读者还可以通过这些手段了解事件发生的顺序及其之间的因果关系。这些手段有助于经济原则的实现，以及效率的提高——不浪费时间说一些没必要说的话——若应用得当，它们能帮读者建立起文本所描写的情境的心理模型。

## (一)代词回指

文本中使用的第三人称代词通常指代前文中提到的一个实体[回指（anaphoric reference)]。代词将文本中的句子联系起来,有助于强化文本的连贯性。读者遇到代词,其任务是确定它指代的对象(全面深入的探讨,参见 Garnham,1999)。

若一个代词在文本中有先行词,先行词在文本中的位置和角色会影响读者确定代词指称对象的方式。早期的研究表明,代词在文本中距离先行词近时,与距离先行词远相比,读起来更容易。克拉克和森吉尔(Clark & Sengul,1979)的研究发现,代词与先行词之间的距离越远,阅读句子的时间就越长。埃利希和瑞纳(Ehrlich & Rayner,1983)在其研究中以代词和先行词之间的距离为自变量,试图通过检测阅读含有代词的句子的眼动模式来测量时间进程。先行词与代词之间有三种距离:近,代词紧接着前面的先行词;中,先行词与代词之间插入一行文本;远,先行词与代词之间至少插入三行文本。实验的核心目的是对贾斯特和卡彭特提出的即时性假说(immediacy hypothesis)进行检验(Just & Carpenter,1980,参见本书第四章),根据这一假说,所有的语言学操作,如找出代词的先行词,均在眼睛移动到下一个单词之前完成。研究的主要问题是找出代词编码的注视时间,因为通常人们有一半的可能不注视代词。因为知觉广度向当前所注视词的右边而非左边延伸(参见本书第四章),埃利希和瑞纳假设,若代词未被注视,那么其编码就可能在代词的左面完成。也就是说,代词的编码注视或者在代词上,但如果代词未得到注视的话,则在其前面的单词上。

研究有两个重要的发现。首先,编码注视的时间显著长于(大约 20 毫秒)前一次注视(在所有距离条件下),说明读者在所有情况下都会立即开始寻找先行词。然而,在中等或近距离条件下,编码注视之后的两次注视恢复到正常时长;在远距离条件下,这两次注视的时间甚至更长。前一发现仅仅具有一定的启示,因为所注视的词不同。然而,后一发现强烈地表明,先行词的寻找过程可能立即展开,但是在远距离条件下,搜寻过程常常持续到另外的一个或两个注视点。这与倾向极端的即时性假说不符;至少代词先行词提取的某些过程并不是直接发生的(Carroll & Slowiaczek,1987,其证据强调了与即时性假说不相符的情况)。

然而,距离效应可能并非真正的表层距离(代词和先行词之间间隔多少个单词)效应。语篇结构的语言学分析(Grosz,Joshi & Weinstein,1983,1995)显示,不只是距离决定了代词与先行词互指的适当性,还有结构因素。克利夫顿和费雷拉(Clifton & Ferreira,1987)对这种可能性进行了检验:只要先行名词仍然是"语篇的话题",仍然处于某种活跃的记忆中,那么距离就无关紧要(Garrod & Sanford,1983)。其研究采用短语阅读任务,要求实验参与者每次阅读一篇文章中的一个短语,然后通过按按钮呈现下一个短语。短语的阅读时间为两次按按钮之间的时间。下面是研究中使用的一个段落:

Weddings can be / very emotional experiences for everyone involved. / The cigar smoking caterer / was obviously /on the verge / of tears, / and the others / were pretty upset too. / In fact, / the organist, / who was an old maid, / looked across the room / and sighed. / She was / still looking for / a husband.　　　　　　　(9.5 a)

（结婚典礼对所有参与的人来说可能都是一种动情的经历。那位抽雪茄的提供饮食服务的人显然快要流泪了，其他人也很感伤。事实上，风琴手，一位未婚老女人眼睛扫过房间，叹了口气。她还在寻找丈夫。）

（斜线表示两个短语之间的界限。）研究的主要关注点是包含代词"she"的下划线句子的阅读时间。在此例中，"the organist"是前一个句子的话题，因此根据这一解释，"she"的先行词是"organist"。相反，若将中间两句话替换为：

The cigar smoking caterer / was obviously / on the verge of tears, / having just notice that / the organist, / who was an old maid, / was holding hands / with someone else.　　　　　　　(9.5b)

（那位抽雪茄的提供饮食服务的人显然快要流泪了，他刚注意到那个风琴手，一个未婚妇女，正和别人握手。）

"The organist"并非目标句前一句话的话题，因此未在活跃记忆中存储。事实上，克利夫顿和费雷拉研究发现，若代词的先行词不是句子话题，含有代词的句子的阅读时间会加长。如同阅读的眼动实验结果，效应的一大部分被延迟，出现在包含代词的短语之后。克利夫顿和费雷拉还改变了先行词"organist"在文本中的位置，结果发现，只要话题保持不变，那么距离对目标句的阅读时间就没有影响。

戈登及其同事（Gordon，Grosz & Gilliom，1993；Gordon & Hendrick，1997，1998）对影响代词的先行词搜寻的结构因素进行了更精确、更详细的分析。他们将其研究建立在格罗斯（Grosz）、乔希（Joshi）和温斯坦（Weinstein）的"向心"（centering）分析基础之上，将语言学方式与人工智能方式结合起来。这种分析借鉴了下述思想：在连贯的语篇中，后续的句子往往都是在谈论之前提到过的实体或事件。向心理论（centering theory）（Grosz，1983，1995）定义出一系列前瞻中心（forward-looking centers）（句中可能在后续句子中指代的实体或事件）和后观中心（backward-looking centers）（当前句中提到的指向前句上级前瞻中心的实体或者事件）。如果句中任何成分是后观中心的话，它必须由代词来实现。

戈登及其同事对这种分析的心理语言学解释的几种含义进行了考查，提出后观中心一般应由代词来实现。研究的一个值得注意的发现是名字反复带来的惩罚。他们对例（9.6）段落的阅读时间进行了测量：

Bruno was the bully of the neighborhood. He chased Tommy all the way home from school one day. He watched him hide behind a big tree and start to cry.　　(9.6a)

（布鲁诺是这一带的小霸王。有一天，他一直把汤米从学校追到家里。他看着他躲在一棵大树后边，开始大哭。）

Bruno was the bully of the neighborhood. Bruno chased Tommy all the way home from school one day. Bruno watched Tommy hide behind a big tree and start to cry.

(9.6b)

（布鲁诺是这一带的小霸王。有一天，布鲁诺一直把汤米从学校追到家里。布鲁诺看着汤米躲在一棵大树后，开始大哭。）

例(9.6b)中的句子比例(9.6a)中的句子阅读速度慢。戈登认为，这是因为例(9.6a)第二句话中的代词是一个很恰切的后观中心，适合用代词来实现。例(9.6b)中使用了完整的名词短语，表明这并非后观中心，从而扰乱了语篇的整合。［请注意，阅读例(9.6a)中第三个句子的速度也很快，说明若句子的后观中心——其主语——可由代词来实现的话，其他短语也可以。因此，读者读到这个句子中的代词"him"时，阅读过程并未被扰乱］。

尽管代词在其先行词为前一句子显著的前瞻中心条件下容易有效地得到理解，但是其他因素决定了其理解的难度与方式。形态标记（英语中的性别和数）起着重要的作用。阅读例(9.7a)的速度比例(9.7b)快，可能是因为性别标记消除了第一个句子的歧义，但是即使后一句话中的"he"显然有可能指"Ron"，读者在阅读过程中仍然需要解除其歧义(Ehrlich，1980)。

Sally rewarded Ron because he was on time. (9.7a)

（萨莉奖励了罗恩，因为他准时。）

Sam rewarded Ron because he was on time. (9.7b)

（萨姆奖励了罗恩，因为他准时。）

冯克(Vonk，1984)对性别歧义和影响代词理解的另一因素——内隐因果关系进行了考查(Caramazza，Grober，Garvey et al.，1977)。研究要求实验参与者阅读以例(9.8)开头的句子并随即命名代词的先行词，并对其眼动进行了测量。

Mary won the money from John, because she... (9.8a)

（玛丽从约翰那里赢了钱，因为她……）

Mary won the money from Jane, because she... (9.8b)

（玛丽从简那里赢了钱，因为她……）

John punished Mary, because she... (9.8c)

（约翰惩罚了玛丽，因为她……）

Jane punished Mary, because she... (9.8d)

（简惩罚了玛丽，因为她……）

这些句子包含了动词，暗指为了一种行为负责的原因施事。玛丽在所有的句子中是负责任的施事［如同例(9.7)中的"Ron"］，所以是原因(because)从句中代词优先的先行词。冯克发现，在例(9.8b)和例(9.8d)这类句子中，即使代词的性别并不能消除指派的歧义性，实验参与者也总是能正确地命名先行词。

由注视时间模式得到一个很有意思的发现。冯克将第一遍阅读时间（在回视之前某个区域内的注视时间)和第二遍阅读时间(在某一区域第一次回视之后的注视时间;参见本书第四章)做了区分。代词的第一遍阅读时间表明,与没有消除歧义的情形相比,若性别信息消除了指派歧义(两个名字指不同性别的人),则第一遍阅读注视时间更长。相反,只有在动词暗含的因果关系消除了指派歧义的条件下,代词之后的动词短语的第一遍阅读时间和整个句子的第二遍阅读时间才更长。读者似乎能够很快对通过性别来消除歧义的代词的先行词做出指派,但是若需要通过隐含的因果关系来决定,则其指派延迟。

冯克所使用的句子中,代词总是跟先行词合理互指。另有研究者(Kornneef & van Berkum,2006)(采用自定步速阅读和眼动跟踪两种方法)对人阅读隐含因果偏向一致或者不一致的句子[如例(9.9)的荷兰语版本,这里为英文版本]的时间进行了测量。

Linda praised David because he had been able to complete the difficult assignment with very little help. (9.9a)

(琳达表扬了大卫,因为他能不需要帮助而完成这项艰巨的任务。)

David praised Linda because he had been able to complete the difficult assignment with her help only. (9.9b)

(大卫表扬了琳达,因为他能仅在她的帮助下完成这项艰巨的任务。)

动词"praised"(表扬)暗示其直接宾语是表扬的接受者,也是原因从句中的原因施事,因此也是从句中主语代词的先行词。在例(9.9a)之类句子中,代词代指的性别与此指派一致,因此阅读时间短于例(9.9b)之类的性别与此指派不一致的句子。

很多因素影响代词的理解。例如,读者发现从并列名词短语中找出单数代词的先行词相对比较困难(例如,在"John and Mary went into town"中"she"指"Mary";Albrecht & Clifton,1998),尽管这种困难似乎依赖于实验参与者微妙个体行为的特点(Koh,Sandord,Clifton & Dawydiak,2008)。若代词的先行词为专有名词而非描述性名词短语,实验参与者阅读此类句子也较快(Sanford,Moar & Garrod,1988)。但是,我们首先必须谈一谈影响语篇连贯性的其他因素。

## (二)名词性回指(nominal anaphora)

名词短语和代词都可以指代语篇前面提到过的所指(referent)。无定名词短语通常将新的所指引入语篇,而有定名词短语往往指代前面提到的实体,代词所指代的对象不突出时也是这样的(Almor,1999)。与代词相反,有定名词短语可以指代期待读者推理出来的实体(entity①),如例(9.10)中的"the seat"(那个位子),或者读者认为是独一无二的实体,如例(9.11)中的"the biggest supermarket"(最大的超市)(顺便述及,我们

---

① 这个词在英语中使用很普遍,多指具体人、事物、事件等,汉语中没有这样一个统称的词。为了简明,此书中多译作"实体"。——译者注

必须承认，有定与无定的语义学非常复杂——请尝试告诉母语中没有定冠词和不定冠词的人，如中国人、日本人或者韩国人，他们能准确地说明在什么情况下不应该使用定冠词"the"。关于有定性语法的讨论，参见 Heim & Kratzer，1998。)

Joe jumped into a nearby cab. The seat was disgustingly dirty. (9.10)

(乔跳上附近一辆出租车。车座位脏得令人作呕。)

Mary looked for shallots in her local grocery store. Eventually she found them in the biggest supermarket in town. (9.11)

(玛丽在当地的食品杂货店里找青葱。她最终在城里最大的超市内找到了它们。)

这些句子尽管很复杂，读者仍然对有定名词短语在语篇中是否有合适的先行词很敏感。耶科维和沃克(Yekovich & Walker，1978)对由两个句子组成的段落进行了研究，如例(9.12a)和例(9.12b)：

The accused youth sobbed quietly and asked for(the / an) attorney.

The attorney examined the statement of the arresting officer. (9.12a)

(受到指控的年轻人无声地哭泣，要求见律师。)

(律师审查了实施抓捕的警官的陈词。)

The contented mother rocked slowly and hummed (the / a) tune.

The tune soothed the temper of the fussy newborn. (9.12b)

(心满意足的母亲慢慢摇动着，低声哼唱一支曲子。)

(曲子安抚了急躁的新生儿。)

在例(9.12a)中，在第一句话中包含"an attorney"的条件下，第二句话的阅读速度慢于第一句话中包含"the attorney"的条件。这可能是因为请求见某个律师("an attorney")没有将某个特定的律师("some specific attorney")引入语篇中。①（尽管第一句话中的"the attorney"促使读者接受之后用一个有定名词短语来指代某个律师的存在。)但是，例(9.12b)却没有产生类似的差异，这很可能是因为"humming a tune"(低声哼一支曲子)不同于"asking for an attorney"(请求见一位律师)，前者确实将某一支特定的曲子引入语篇中，为"the tune"提供所指。

上位名词短语(superordinate noun phrase)常常被恰当地用于指代前文中用更具体的名词短语引入的实体。请看加罗德和桑福德(Garrod & Sanford，1977)在研究中所使用的实验材料：

A robin would sometimes wander into the house. The bird was attracted by the larder. (9.13a)

(有时，知更鸟会飞进房子。这鸟是被储藏室的食品吸引来的。)

---

① 这里牵涉到英语中定冠词和不定冠词的用法问题。若使用不定冠词，则没有确定的所指，而使用定冠词则有特定所指，需要在语篇中与前面提到的某个实体联系起来。——译者注

A goose would sometimes wander into the house. The bird was attracted by the larder. (9.13b)

（有时，鹅会走进房子。这鸟是被储藏室的食品吸引来的。）

他们对每句话的阅读时间进行了测量，发现第二句话的阅读时间在例（9.13b）条件下长于例（9.13a）条件。若第一句话中包含的概念是上位范畴中的非典型成员，显然它作为上位表达"the bird"所指的通达速度会减慢。但是，只有问题中的术语真正地为上位术语提供先行词，典型性才显示其重要性。在第一句话中提到典型的交通工具（公共汽车）的条件下，对例（9.14）中第二句话的阅读速度并不比第一句话所提到的是非典型交通工具条件快。例（9.13）中所发现的效应并非如下一件简单的事情：一个更加典型的词对该词所属范畴的启动效应，大于一个不太典型的词对该词所属范畴的启动效应。

A（bus，tank）came roaring round the corner.

It nearly hit a horse-drawn vehicle. (9.14)

［一辆（公交车、坦克）呼啸着转过拐角。］

（它几乎撞到一辆马车上。）

## (三)命题之间的关系

回指并非是将文本贯穿起来的唯一语言手段。具有可读性的文本从一个命题自然而然地流动到另一个命题。若两个命题之间的（因果、时间或者其他）关系不明确，文本中就需要提供语言"连接手段"（connectives），如"because"（因为）与"so"（所以）以及"but"（但是）与"however"（然而），指导读者将句子连接起来（Halliday & Hasan，1976）。

读者对这些关系及其标记方式很敏感。若文本所表达命题的时间顺序与事件发生的时间顺序不一致，阅读速度会减慢（Mandler，1986）。若叙事过程中有长的时间转换，而非一事件紧接着另一事件发生，阅读速湖区度也会减慢（Zwaan，1996）。例如，例（9.15a）的阅读速度慢于例（9.15b）。

Jamie turned on his PC and started typing. An hour later, the telephone rang.

(9.15a)

（杰米打开电脑，开始打字。一小时后，电话铃响了。）

Jamie turned on his PC and started typing. A moment later, the telephone rang.

(9.15b)

（杰米打开电脑，开始打字。过了一会儿，电话铃响了。）

主题的连贯性也很重要。试设想你正在阅读关于一个人正在厨房准备晚餐的故事。故事中有例（9.16a）或者例（9.16b）这样的话：

I cut up a slice of cooked ham. (9.16a)

（我切下一片熟火腿。）

I took my moped from the garage. (9.16b)

（我从车库里将机动自行车取来。）

例(9.16b)的主题与故事不一致，其阅读速度慢于例(9.16a)，这不足为怪(Bestgen & Vonk，2000)。但是，有趣的是，若目标语句前加一个表示时间或者背景变化的时间副词[如"around 11 o'clock"(大约 11 点钟)]，主题不相容句的阅读时间代价会显著减少。

语言连接手段被用于指导读者识别句子之间的关系，而且读者在阅读过程中确实运用了这些语言连接手段。例如，哈伯兰特(Haberlandt，1982)在其研究中要求实验参与者阅读包含因果连词或者转折连词的段落，如例(9.17)：

The passengers were terrified. They thought the plane would crash. (However), the pilot made a safe landing. (9.17)

[乘客们惊恐万状。他们以为飞机会失事。(然而)，飞行员安全降落。]

段落中若出现连词(在本例中为转折连词"however")，则阅读速度会加快。显然，连词能够凸显后两个句子的关系，使人一目了然。

### (四)信息结构与"新旧契约"

语言的句法和形态为短语在句中所扮演的题元角色的无歧义编码提供了方法："谁对谁做了什么。"(Who did what to whom.)同样，语言中也有各种各样的手段，将构成语篇的句子联系了起来。前述回指是这样一种手段，连接词是另一种。语言中还有一些机制可以对句子的"信息结构"进行编码。这些机制通过不同名称区分开，如主题(topic)与述题(comment)、背景(ground)与焦点(focus)、主位(theme)与述位(rheme)、已知信息(given)与新信息(new)、旧信息(old)与新信息(new)等(关于这些术语之间的区分及其在不同语言中的实现方式的详细讨论，参见 Vallduvi & Engdahl，1996)。这些语言机制都是揭示语篇连贯的方法，作者可以采用这些方法来帮助读者将某个句子所表达的命题与已经构建出来的表征联系起来(Clark & Haviland，1977)。这些手段标志了句中哪些信息应被看作新信息，哪些信息是作者预设已存在于读者语篇心理表征的旧信息。

这些机制在不同的语言中以不同的形式呈现。在英语口语中，最重要的机制是韵律：值得关注的新信息必须"重读"[通常，音高(pitch)增加，有时伴随持续时间(duration)的增长及/或振幅(amplitude)增大；Selkirk，2003]。其他语言有特定的句法结构来标记什么是已知信息或者主题，什么是新信息或者焦点(Vallduvi & Engdahl，1996)。甚至英语也有句法手段来对信息结构进行编码。句子的主语是默认的主题，焦点短语出现在句末。句子的焦点也可以用某种特定的手段来标示，如分裂句(clefting)。请看"It was the whiskey that made Tom sick"(让汤姆生病的是威士忌)，短语"the whiskey"是句子的焦点，根据预设，读者已经知道"Tom was sick"(汤姆生病了)，而非"What the whiskey did was make Tom sick"(威士忌做了什么使汤姆生病了)。

心理学家经常从已知信息与新信息的角度对信息结构进行了研究。所谓已知信息，即预设读者在其语篇的心理模型中已经存在的信息；所谓新信息，就是将要添加到心理模型中，应与已知信息相联系的信息。克拉克和哈维兰(Clark & Haviland，1977)认为，作者与读者(或者说话者与听者)之间有一个隐形的"契约"，即句子的语言表达应该清楚地揭示出哪些成分应与语篇前文相联系、哪些成分增加了新信息。如何践行这一契约，问—答序列可能是最显而易见的例证。例(9.18a)中的问—答序列就是遵守已知信息与新信息契约的结果。汤姆在答句中是主题或者主位或者已知信息，而且是句子的主语，而威士忌则是焦点(核心)或者述位或者新信息，是谓语的一部分。但是，例(9.18b)违反了已知信息—新信息契约。文本中的已知信息出现在分裂的强调位置上，这是新信息应该出现的位置，而新信息却出现在已知或者预设信息应该出现的位置上：

Q：What did Tome drink?　　　A：Tome drank WHISKY.　　　　　(9.18a)
(问：汤姆喝什么？　　　　　答：汤姆喝威士忌。)

Q：What did Tom drink?　　　A：It was TOM who drank whisky.　　(9.18b)
(问：汤姆喝什么？　　　　　答：是汤姆喝了威士忌。)

英语口语经常对这样的信息结构违反的效果进行研究(如前所述，在很大程度上是因为英语中表示焦点的主要机制是韵律)。研究表明，违反信息结构[如例(9.18b)]不利于听力理解。霍恩比(Hornby，1974)的研究表明，听者似乎不会过多关注已知信息，而是更多地关注新信息。例如，若实验参与者必须判断所听到的句子是否是对一个女孩拍打小猫的图画的准确描写，在听到例(9.19a)句条件下，比在听到例(9.19b)句条件下，更有可能忽略句子与图画的错误匹配。

It is the girl that is petting the dog.　　　　　　　　　　　　　(9.19a)
(正在爱抚狗的是那个女孩。)

It is the boy that is petting the cat.　　　　　　　　　　　　　(9.19b)
(正在爱抚猫的是那个男孩。)

两者的区别在于，前者所包含的关键信息(爱抚狗)为已知信息。而后者所包含的关键信息(男孩爱抚猫)是新的焦点信息。一个实际的启示是，假如你想在不引起读者怀疑的前提下让其忽略某事物，那就将它作为已知信息来传达。

阅读实验也表明，焦点信息得到更多关注。伯奇等人(Birch，Albrecht & Mayers)的研究表明，在文本呈现后延迟10秒钟呈现的识别探测词，若出现在焦点位置[如it—分裂句"It was the mayor who refused to answer a reporter's question"(拒绝回答记者问题的是市长)中的"mayor"，比出现在无标记主语位的"mayor"]，反应速度会加快。伯奇和瑞纳(Birch & Rayner，1997)阅读时间的实验表明，读者在焦点信息上的注视时间长于在已知信息上的注视时间。在一个实验中，他们对实验参与者阅读例(9.20)之类段落时的眼动进行了测量，实验材料开头为突出焦点的问题(Q-A 或 Q-B)，接着回答：

Q-A：Where were the soldiers?

（问-A：士兵们在哪里？）

Q-B：What the soldiers playing?

（问-B：士兵们在玩什么？）

A：The soldiers in the underground bunker were playing cards to relieve their boredom.　　　　　　　　　　　　　　　　　　　　　　　　　　　　　　（9.20）

（士兵们在地堡里玩牌以缓解无聊的心情。）

Q-A 句之后，焦点信息是短语"in the underground bunker"（在地堡里）［宽焦点（wide focus）］。Q-B 之后，焦点在单个词"cards"［狭焦点（narrow focus）］。狭焦点"cards"上的凝视时间不受焦点操纵的影响，尽管被 Q-B 聚焦后二次阅读时间延长。Q-A 中宽焦点的目标短语(in the underground bunker)的第一遍阅读时间由于焦点而延长。上述结果表明，焦点信息得到更多的加工，这与下文将要探讨的事件相关电位研究结论一致。然而，伯奇和瑞纳（Birch ＆ Rayner，2010）发现，话语中更"凸显"的材料，包括被聚焦的材料，人们阅读这类材料的速度快，所以焦点、凸显、注意和阅读速度之间的真实关系仍然有些不够清楚。

从理想状态上讲，句子的信息结构应能反映出句子与语篇结构之间的关系，同时对句子的理解有影响。请回顾一下前一章所探讨过的"迟闭合句法分析偏好"（Late Closure parsing preference）。阅读例(9.21a)类句子的速度比阅读例(9.20b)类句子快，因为前者允许将句末副词短语附加到前面最近的从句(she proposed…)上，而后者的时态却要求它只能修饰前面的从句(Fiona will implement…)：

Fiona will implement the plan she proposed to the committee last week.　　（9.21a）

（菲奥纳将着手实施她上周提交给委员会的计划。）

Fiona will implement the plan she proposed to the committee next week.　　（9.21b）

（菲奥纳下周将着手实施她提交给委员会的计划。）

然而，奥尔特曼等人（Altmann，van Nice，Garnham et al.，1998）在研究中将上述类型的句子置于例(9.22)之类的语境中，要求实验参与者阅读，此时迟闭合句［例(9.21a)中的"last week"］在数个眼动指标上的优势消失，取而代之的是明显的早闭合（early closure，即"next week"）优势。这里的实际情形是语篇中包含一个关于计划实施时间的间接问题［The other committee members wonder when…（委员会其他成员想知道何时……）］，从而使对前述问题的回答(she'll implement the plan…next week)成为最后一句话的焦点。焦点似乎足以消除句末副词短语附着的歧义［但是请注意，为了得到这个结果，奥尔特曼（Altmann）等人只好在副词短语及其最近的附着点之间插入"to the committee"，从而抵消了正常的迟闭合句法分析偏好］。

Last week, Fiona presented a new funding plan to her church committee. The other committee members wonder when Fiona will implement the plan she proposed. She'll implement the plan she proposed to the committee last week/next week，they hope.

(9.22)

（上周，菲奥纳向教会委员会提交了一份新的融资计划书。委员会其他成员不知道菲奥纳什么时候会实施这个计划。他们希望，她会实施上周她提交给委员会的计划/她下周就着手实施她提交给委员会的计划。）

考尔斯等人（Cowles，Kluender，Kutas et al.，2007）的事件相关电位的实验结果表明，实验参与者会对焦点信息产生独特的脑电位反应。实验要求参与者阅读文章段落，如例（9.23）：

A queen，and adviser，and a banker were arguing over taxes. Who did the queen silence with a word，the advisor or a banker? It was the banker that the queen silenced?

(9.23)

（女王、顾问和银行家在讨论税收问题。女王用一句话让谁闭了嘴，是顾问还是银行家？女王是让银行家闭嘴吗？）

考尔斯等人的研究表明，出现在焦点位置上（如 it-分裂句中，甚至句末）的单词诱发脑电反应（aP3b），这意味着大脑增强了对焦点词的加工。这大概和霍恩比（Hornby，1974）所证实的听者对焦点信息比对预设信息更加敏感这一结果相符，也和伯奇等人（2000）对焦点信息的探测反应，快于对非焦点信息的探测反应这一结论一致。

读者似乎不仅对焦点信息更加关注，而且当前文中未出现过的信息被当作旧信息呈现，或前文出现过的信息出现在焦点位置上，其阅读至少在一定程度上会受到干扰。哈维兰和克拉克（Haviland & Clark，1974）在其研究中对阅读例（9.24）类段落中第二句话的时间进行了测量，结果验证了前一种现象：

Horace got some beer out of the trunk. The beer was warm. (9.24a)
（霍勒斯从后备厢里拿出了一些啤酒。啤酒是温的。）

Horace got some panic supplies out of the trunk. The beer was warm. (9.24b)
（霍勒斯从后备厢里拿出了一些野餐用品。啤酒是温的。）

Horace was especially fond of beer. The beer was warm. (9.24c)
（霍勒斯尤其喜欢喝酒。啤酒是温的。）

在所有三种情况下，"the beer"均为有定名词短语，做第二句话的主语，向读者表明短语所表达的是已知信息。例（9.24a）的情况确实如此。但是，例（9.24b）的前半部分并没有出现啤酒。因此，读者必须做出推理，推导出啤酒包含在野餐用品中，并将其加入语篇表征中。这需要额外的时间，因此相对于例（9.24a）而言，例（9.24b）的阅读速度减慢。同理，在例（9.24c）中，"beer"虽然在前文中出现了，但是并非下文"the beer"的所指，因此阅读速度也减慢。

考尔斯等人（2007）的研究表明，焦点位置上的已知信息的阅读可能受到扰乱。在例（9.23）段中，答句"It was the banker that the queen silenced"的信息结构合理。答句中的"the banker"是焦点，在由 it 引导的强调句（it-分裂句）中处于焦点位置。但是，在其他一些段落中，信息结构不合理。已知信息出现在焦点位置上，如"It was the queen that silenced the banker"。已知的不合理信息出现在焦点位置上时，会诱发 N400 脑电反应。N400 一般被视为当出乎意料或语义不合理的词被阅读时诱发的脑电成分，表明读者认为把已知信息焦点化是不合理的。

### （五）记忆恢复

从前文中我们已经看到，文本中可能有各种辅助线索帮助读者将信息贯穿起来，而且读者也对这些辅助线索做出了反应。但是，有时候文本也会给读者带来挑战。比如，文本可能要求读者将新信息与间隔甚远甚至已不可及的某些信息联系起来。也许你有过下面的经历：你在阅读一篇报刊文章时看到了某个人的名字，但随后忘了那个人到底是谁。所以，你只好搜索前文去搜寻那条信息。但是，在有些情况下，即使先前所阅读的材料间隔很远，而且已不在激活的记忆（active memory）中，仍然"自动地"进入你的大脑与现时阅读的材料联系起来。

有些研究者认为，先前阅读材料的恢复是某种被动的"共鸣"（resonance）过程所致（McKoon, Gerrig & Greene, 1996；Myers & O'Brien, 1998）。这一过程可用于对阿尔布雷克特和奥布赖恩（Albrecht & O'Brien, 1993）的研究数据进行解释。其研究要求实验参与者阅读篇幅较长的段落。例如，其中一篇文章的主人公玛丽，据介绍是一个严格的素食主义者。当连续数个填充句未提及玛丽及其素食者身份之后，读者读到一句话，说玛丽点了芝士汉堡和油炸土豆。这句话与前面的几句话语义连贯，但是，与未提及玛丽饮食习惯的中性段落相比，此句的阅读速度慢。阿尔布雷克特和奥布赖恩认为，玛丽点芝士汉堡这个命题通过记忆共鸣过程激活了玛丽是素食者的信息，从而使读者能够发现文本的前后矛盾。后来的研究（O'Brien, Rizella, Albrecht et al., 1998）表明，这种共鸣过程的作用并不灵活。即使阅读中间插入的句子明确提到玛丽不再是素食主义者时，目标句的阅读速度也减慢了（更多关于已过期信息仍然对文本理解有影响的研究证据可以参见 O'Brien, Cook & Guéraud, 2010）。

另外一些研究者则认为读者有更多的智慧，强调读者对意义的寻求使文本连贯起来（Graesser, Singer & Trabasso, 1994）。目标和因果关系在此过程中起着尤其重要的作用。例如，苏尔等人（Suh & Trabasso, 1993）的研究表明，在一篇描写一个小孩渴望拥有一辆新自行车的短文中，目标未得到满足的记忆比得到满足的记忆更突出。既智慧的、意义导向的，且非常被动的共鸣过程，这两者很可能都参与了人借助于记忆建立语篇的连贯的过程（Myers & O'Brien, 1998）。阿尔布雷克特和迈耶（Abrecht & Mayers, 1995）的研究要求读者阅读一篇故事，并测量了每个句子的阅读时间。故事的主人公深夜预订机票，结果有成功和不成功两种情况（达到与达不到目标），接下来是与前文目标未达到意思相悖的目标句（主人公累了，决定上床睡觉）。在文本中目标陈述之后插入五六个与目标毫无关系的句子，无论最终目标是否达到，读者阅读目标句的速度并没有差异。显然，读者并没有注意预订机票失败和上床睡觉两种信息之间的矛盾。但是，如果某个事件与预订机票具有任意联系（如坐在皮质沙发上查找航空公司的电话号码），而且机票并没有预订成功（如通过提及前面紧接目标句出现的皮质沙发），回忆这一事件就足以降低读者阅读目标句的速度。显然，皮质沙发与预订机票之间的任意联系足以与目标陈述产生共鸣，提醒读者预订机票的目标是否达到。总之，被动共鸣过程与主动的意义解读似乎在文本理解中都起重要作用。

# 三、推理

读者除了需要将构成文本的句子联系起来之外，往往必须做更多的事情。他们必须超越文本已提供的信息，补充文本中暗含的内容（关于语篇推理加工的研究综述，参见 Singer，2007）。实际上，本章多处提到了推理加工。例如，确定某个代词的先行词就需要推理［如在"Joe praised Tom because ……"（乔夸奖汤姆，因为他……）中，"he"可能是指做了值得表扬的某事的汤姆，但这是一种推理］。同理，将某个实体加入语篇模型中来充实某个有定指代［如"The beer was warm"（这啤酒是温的）］，如果啤酒在前文中未提及，读者需要跳出文本中明确提供的信息。确定故事主人公由于某件事分心而没有实现预订机票的目标也需要推理。

推理需要时间，从而降低读者的阅读速度。哈维兰和克拉克（Haviland & Clark，1974）的研究表明，阅读例（9.25a）的时间长于阅读例（9.25b）语境中同一句子的时间：

Last Christmas Emily went to a lot of parties.

（去年的圣诞节埃米莉参加了很多晚会。）

This Christmas he got very drunk again. (9.25a)

（今年圣诞节她又喝得酩酊大醉。）

Last Christmas Emily became absolutely smashed.

（去年圣诞节埃米莉喝得烂醉。）

This Christmas he got very drunk again. (9.25b)

（今年圣诞节她又喝得酩酊大醉。）

例（9.25b）虽然明确给出了"got very drunk again"的指称对象，但其先行成分需要从前文中推理出来。推理未必总是在阅读第一个句子的过程中做出的，因为一旦做出来，则第二个句子在两种语境中的阅读速度肯定相同。

由此例衍生出读者在阅读过程中何时做出何种推理的问题。显然，读者不可能做出所有的推理，即使是可能的推理有时也可能做不出来。需要做出的推理有很多。大量研究所得出的一般结论是读者的推理非常谨慎。他们似乎往往是等到必须做出推理时才做推理。至于何时做出何种推理这一问题，似乎因推理类型而异。在这里我们将要讨论两种推理类型：搭桥推理（bridging inference）和精细推理（elaborative inference）。请注意：实验技术不同，其结果似乎也有些差异。常用于研究推理过程的技术包括计算解读需要推理的句子的阅读时间（包括测量眼动）、计算可能需要推理来激活词汇的判断或命名时间、计算可能需要推理的线索词触发的句子回忆时间、计算可能通过推理解读的句子的真值的判断时间等。若采用不同的实验技术所进行实验都表明做出了某种推理，那么所得出的结论就比较有把握。但是，实验技术往往方向不明，因此结论也莫衷一是。

## （一）搭桥推理（bridging inferences）

将某些内容补充到语篇模型中，从而将新的命题与先前建构的模型联系起来的过程叫搭桥推理。若没有这种推理，语篇会缺乏连贯性。回指推理（anaphoric inference）是搭桥推理中的一例。读者必须推理出"John praised Bill because he caught the pass"（表扬了比尔，因为他接住了传球）中"he"指的是谁，才能理解这个句子的意思。再举一个例子，前文讨论过的哈维兰和克拉克（Haviland & Clark，1974）的研究，他们使用的材料是经典的搭桥推理。请回忆一下，在该实验中，研究者要求实验参与者阅读例（9.24）（如下所示，重复之前的例句）之类的段落，结果发现阅读例（9.24b）中第二句话的速度慢于阅读例（9.24a）中第二句话的速度，因为后者要求读者推理出野餐用品中包括了啤酒：

Horace got some beer out of the trunk. The beer was warm.　　　　　（9.24a）
（霍勒斯从后备厢里拿出了一些啤酒。啤酒是温的。）

Horace got some panic supplies out of the trunk. The beer was warm.　（9.24b）
（霍勒斯从后备厢里拿出了一些野餐用品。啤酒是温的。）

读者需要在"picnic supplies"和"啤酒"之间搭起"一座桥"，才能弄清楚"beer"可能指的是什么。这要求读者运用其背景知识，即啤酒应该包括在野餐用品中。但是，请注意，此空缺直到非填补不可时才填补上。除非有需要，读者一般不会推理野餐用品中包含啤酒（还有香肠、薯条、冰块和餐巾）。

另外考查读者是否（也许在延迟条件下）做出搭桥推理的例子来自基南和金特（Keenan & Kintsch，1974）的研究。他们要求读者阅读与下文类似的段落："Police are hunting a man in hiding. The wife of Bob Birch disclosed illegal processes in an interview on Sunday."（警察在搜捕一个藏匿的嫌犯，鲍勃的妻子在周日的采访中透露了一起非法的商业交易。）这个段落理解要求必须做出鲍勃·伯奇是那个藏匿的嫌犯的推理。读者显然就是这样做的，起码在完成这个段落阅读15分钟后做识别测验时如此[Was Bob Birch the man in hiding（鲍勃·伯奇是那个藏匿的人吗？）]。读者做出此类验证判断的速度和此类信息在文本明确呈现条件下相同。

搭桥推理既可能涉及语篇中提到的实体的识别，也可能涉及与目标相关的因果关系。迈尔斯等人(Myers，Shinjo & Duffy，1987)在其研究中要求实验参与者在完成例(9.26a)之类句子的阅读后，阅读例(9.26b)之类的测试句：

High relatedness：Tony's friend suddenly pushed him into a pond.
(高度相关：托尼的朋友突然把他推下水塘。)
Medium relatedness：Tony met his friend near a pond in the park.
(中度相关：托尼在公园旁一个水塘边见到了他的朋友。)
Low relatedness：Tony sat under a tree reading a good book. (9.26a)
(低度相关：托尼坐在树下读一本好书。)
Testing sentence：He walked home，soaking wet，to change his clothes. (9.26b)
(测试句：他全身湿透，回家换衣服。)

随着前面语境句相关性的减弱，测试句的阅读速度渐次减慢。额外的时间可能花费在句子之间关系的推理上。有意思的是，在后来探测托尼如何将全身弄湿的时候，读者在中度相关条件下的回忆成绩优于另外两种条件。显然，通过推理建立两句间关系所做的努力强化了记忆(低度相关段落的情形显然并非如此)。

因果搭桥推理的最后一个例子来自辛格和哈尔多松(Singer & Halldorson，1996)的研究，他们让实验参与者阅读(9.27)之类的句子：

Terry was unhappy with his dental health.
(特里为自己的牙齿健康问题感到不快。)
He phoned the dentist. (9.27a)
(他打电话给牙医。)
Terry was unhappy with his dental bill.
(特里为自己的牙医账单感到不快。)
He phoned the dentist. (9.27b)
(他打电话给牙医。)

在完成第二个句子的阅读三秒钟之后，向实验参与者呈现"Do dentists require appointments?"(牙医要求预约吗?)并询问这句话总的来说是否正确。对例(9.27a)的判断速度快于例(9.27b)。显然，读者能在这两个句子之间建立起因果之桥。在前者对自己牙齿健康不满意的条件下，所做出的推理是特里打电话预约牙医；而在后者对支付牙医账单不满意的条件下，所做出的推理则是特里打电话给牙医是为了抱怨。前一种情况的推理激活了看牙医需要预约的先验知识，这种知识反过来加快了验证的速度。

## (二)精细推理(elaborative inference)

读者有时甚至会在需要做出推理才能使语篇连贯之前做出一些推理。例如，加罗德和桑福德(Garrod & Sanford，1982)在其研究中要求读者阅读例(9.28a)中的一句话，然后阅读例(9.28b)句。

Explicit：Keith took his car to London.

（显性：凯茨把他的车带到了伦敦。）

Implicit：Keith drove to London. (9.28a)

（隐性：凯茨开车去伦敦。）

Test：The car kept overheating. (9.28b)

（测试句：汽车一直过热。）

测试句在显性和隐性两种情况下阅读速度相同。这一结果与前面讨论过的克拉克(Clark)和哈维兰(Haviland)的研究结果(The beer was warm)形成鲜明的对照。显然，隐性的例(9.28a)的语篇表征中包含汽车（而野餐用品未必包含啤酒）。但是，由于文本中未明确提及汽车，其存在仍然需要推理——但并非搭桥推理，因为其存在与否并不影响"Keith drove to London"的连贯性。这一般叫作精细推理。

读者并不常常做出这种精细推理。如前已述，这种推理可能有很多。但是，考查做出精细推理的条件是很有意义的。请看前面讨论过加罗德和桑福德(1977)的研究中使用的例子，如例(9.13)（重复前面的例句）：

A robin / goose would sometimes wander into the house. The bird was attracted by the larder. (9.13)

（有时，知更鸟/鹅会进入房子里。这鸟是被储藏室的食品吸引来的。）

前一句话中包含非典型的"goose"，与包含典型的"robin"相比，第二句话的阅读时间更长。说明典型词汇更有可能诱发上位概念——鸟的推理。此外，调换特指和泛指词的顺序能提高第二句话的阅读速度，如例(9.29)：

A bird would sometimes wander into the house. The robin/goose was attracted by the larder. (9.29)

（有时，鸟会飞进房子。这知更鸟/鹅是被储藏室的食品吸引来的。）

例(9.29)中"robin"或者"goose"的阅读似乎要求读者在文本表征里补充某些细节信息，因而阅读速度与例(9.13)相比减慢。某个具有特指概念的词汇，即便是一个典型词，一般不会激活范畴内具体的例子［虽然在例(9.29)中"robin"的阅读速度快于"goose"[①]，表明若前面提到的是一只鸟，那么越典型的例子就越容易推理。］。

但是，如果语境限制足够强，读者也能做出从泛指的范畴到特指例子的精细推理(Garrod，O'Brien，Morris & Rayner，1990)。在例(9.30a)中，未明确提到知更鸟，而在例(9.30b)中则是显性的，实验参与者阅读之后呈现的句子"The robin pecked the ground"（知更鸟在地上啄食）的速度几乎相同：

Julie was convinced that spring was near when she saw a cute red-breasted bird in

---

① 在英语中，一般认为，"robin"为鸟的原型，与"goose"相比，更具有典型性。——译者注

her yard. (9.30a)

（看到一只可爱的红胸脯鸟出现在院子里，朱莉确信春天快来了。）

Julie was convinced that spring was near when she saw a cute red-breasted robin in her yard. (9.30b)

（当看到一只可爱的红胸脯知更鸟出现在院子里，朱莉确信春天快来了。）

早期关于精细推理的研究表明，人在阅读过程中的确经常做类似的推理。多数研究采用的技术大多是文本记忆测量。例如，约翰逊等人（Johnson, Bransford & Soloman，1973）的研究要求实验参与者首先阅读"The man dropped the delicate glass pitcher on the floor"（这个人把一个精美的罐子扔在了地板上）之类的段落，结果表明，对这句话的含义"The man broke the delicate glass pitcher on the floor（这个人把一个精美的罐子摔碎在地板上）"的识别概率几乎与实际呈现的句子相同。但是，后来的研究（McKoon & Ratcliff，1986）表明，这种记忆效应并不能做出段落呈现时读者已经做出了精细推理的结论。相反，后来的这些研究表明，记忆测试产生可预测的结果，是有效的提取线索（retrieval cue）。科比特和多舍（Corbett & Dosher，1978）对工具推理（instrumental inference）的研究得出类似的结论（Alba & Hasher，1983）。

辛格（Singer，1979）阅读时间的研究所提供的证据表明，工具推理未必在阅读过程中做出。研究要求实验参与者阅读例（9.31a）和例（9.31b）之类的句子：

The boy cleared the snow with a shovel. The shovel was heavy. (9.31a)

（男孩用铁铲除雪。铁铲很重。）

The boy cleared the snow from the stairs. The shovel was heavy. (9.31b)

（男孩清理了楼梯上的雪。铁铲很重。）

第二句话的阅读时间在例（9.31b）中比在例（9.31a）中长，表明"shovel"若在前面的语境句中没有明确提到，其与前文的整合就更困难。辛格推测，若读者在阅读例（9.31b）中第一句话的过程中就推理出"shovel"，那么两种条件应该没有差别。

但是，同范畴一个例推理一样，只有在受到语境高度制约时，读者才会做出工具推理。请看例（9.32）（参见 O'Brien, Shank, Mayers et al.，1988）：

All the muggers wanted was to steal the woman's money. But when she screamed, he stabbed her with his weapon in an attempt to quiet her. He looked to see if anyone has seen him. He threw the knife into the bushes, took her money, and ran away.
(9.32)

（抢劫犯们想要的只是偷走这个女人的钱。她尖叫起来，为了让她安静下来，他用武器捅了她。他望了下四周，看看有没有人发现他。他把刀扔进灌木丛，拿了她的钱逃跑了。）

从"he stabbed her with his weapon"无法推理出所使用的武器是刀子这一结论，这跟知更鸟是鸟这一逻辑推理不同，因为在此处所谓武器可以是冰镐、矛或者任何锐利的器物。但是，奥布赖恩(O'Brien)等人在其研究中对读者阅读例(9.32b)最后一句话的眼动进行了测量，结果发现，读者在"knife"上的注视时间与阅读文本明确提到"knife"的段落(将最后一句话中的"weapon"替换为"knife")时的注视时间相同。相反，如果将第二句话中的"stabbed"①替换为没有强烈表示用某种工具的动词[如"assault"(攻击)]，"knife"的凝视时间会延长。因此，若语境意思不清晰，读者似乎并非总是进行精细推理，而且对"the knife"定指名词短语的先行词的搜索会即时展开。然而，若动词本身具有使用某种工具的含义，如(英语的)"stab-knife"，读者可能会做出工具推理。

另一种不同类型的精细推理与文本所描述情景中的因果关系相关。我们在前文中已经[结合例(9.26)和例(9.27)]针对如何做出因果推理将文本中表面上看两个毫不相关的句子联系起来，进行过探讨。但是，我们同时也提出这样的疑问：在要求建立语篇连贯之前，读者是否会做出可能的因果推理？请看达菲(Duffy，1986)在其研究中采用的例(9.33)：

John was eating in the dining car of a train. The waiter brought him a bowl of soup. Suddenly the train screeched to a halt. The spilled in John's lap.　　(9.33)

(约翰在列车餐车上吃饭。服务员给他端来了一碗汤。火车突然刹车。汤洒到了约翰的腿上。)

阅读这个段落后，细心的读者无疑在列车突然刹车和汤汁洒到约翰腿上建立起因果联系，然而，他们是否在读到最后一句话之前就已经做出了汤会洒到约翰腿上的推理呢？这种推理并非逻辑必然。因为汤碗若不满，汤就不会洒到约翰身上，或者只有约翰坐在桌子前，汤才会洒到腿上。但是，"汤洒了"这件事似乎可能发生，而且这段叙述似乎也明确了这一点。

达菲(Duffy，1986)认为这种因果关系的建立有三种可能的方式。第一种是后顾推理(backward inference)或者搭桥推理：读者只有在读到"汤洒了"之后才返回前文搜寻事件发生的原因或解释。第二种是具体期待(specific expectation)或者预测(prediction)：读者从前面三个句子中得出"汤要洒了"的具体期待，期待在第四句话中得到验证。第三种是聚焦(focusing)：文本的某些方面特别凸显，表明可能马上发生的事件。若某事件(事物)在前文中无明显先兆，这些在记忆中凸显的条目就被假定为寻找后续事件或者事物理据恰当的处所。这种凸显模型(salience models)可以被看作读者记忆中的心理荧光笔(mental highlighter)在某些句子上的应用。

达菲在其实验中向研究参与者呈现了上述类型的句子。例如，研究要求参与者首先阅读例(9.33)中的前三个句子，然后再向其呈现第四个句子，其任务是判断第四个句子是否是所读段落合理的接续。控制段落中的第三句话不同于实验段落"The train began to slow down entering a station"(火车开始减速，驶入车站)，从而使因果关系虽

---

① 这个词在英语中本身带有用刀子捅、戳的意思。——译者注

仍然可能，但已大打折扣。不足为奇的是，读者判断第四句话是第一个版本（火车突然刹车）合理的接续所花费的时间，短于对第二个版本（火车减速）做出相同判断所花费的时间，表明读者在某个地方做出了因果推理。

更有趣的是，若第四句话不合理，为"That night the whole forest burned down（那天晚上整个森林烧光了）"之类的句子，在第三句话为"火车突然刹车"（screech to a halt）条件下，比在"火车减速进站"（slow down）条件下，读者做出第四句话为段落不合理接续的判断所花费的时间短。这似乎可以排除否定了后顾推理模型的可能性。假如读者只靠从测试句前一句开始搜索前文做出因果推理的话，那么判断"火"为段落不合理接续所花费的时间应该相同，因为两者中都没有出现"火"。

上述差异表明，读者阅读文本的过程是一个积极行事的过程，当前句中发生的事情决定读者对下一句话的加工。但是，读者在阅读过程中是否真的在对后续内容做出预测？达菲运用记忆探测测验对这个问题进行了探讨。研究要求实验参与者阅读上述"汤"类的段落，然后在"screeched to a stop"或者"slow down"句中呈现一个探测词（soup），参与者的任务是判断探测词是否在所读段落中出现过。如果"screeched to halt"（突然刹车）句引发出"汤洒了"的预测的话，那么"soup"（汤）应该更容易被提取，判断速度更快。然而，事实上，这两种条件并没有差异，表明读者并未做出这种推理。有研究（如达菲的"洒汤"推理）表明，高度具体的推理只在具有高度制约性语境下才会发生，而涉及词汇范畴和范畴特性的一般性推理则在相对宽松的语境下产生（Harmon-Vukic，Guéraud，Lassonde et al.，2009；Lassonde & O'Brien，2009）。

因此，达菲的研究数据表明，阅读中的因果推理过程非常复杂。读者既非被动地坐等遇到阅读障碍时才开始搜索，也非一边阅读一边做着不确定的猜测。相反，这似乎是一个凸显后续加工所需信息的过程，这样一来，得到凸显的信息才在后文加工中易于提取并与正在加工的文本建立联系。是什么提示读者"突然刹车"应该得到凸显呢？因为在这种情况下，虽然吃饭这一事件尚未终结，话题却变成了火车，因此"突然刹车"似乎很重要。因此，读者似乎得到警示"screeching train"（突然刹车）会很重要。

最后一种推理是将语篇中表达的两个或者两个以上命题结合起来，或者将几个命题与背景知识结合起来并推论出其含义的推理过程。这种推理一旦做出，人们对后文中与之相矛盾冲突的命题的理解就可能遇到障碍。这种障碍可以观察到——例如，读者对阅读材料的主题很熟悉，或者说推理与阅读目的高度相关时，但是研究者往往无法探测出来（Noordman，Vonk & Kempff，1992）。

另一种发生此类演绎推理的情形是，所有相关信息都与记忆中活跃的信息紧密相依，同时在文本中呈现出来。威利和迈尔斯（Wiley & Myers，2002）对与例（9.34a）一致的例（9.34b），以及与例（9.34a）相矛盾的例（9.24）的阅读时间进行了测量：

Seals are usually found in cold regions. Like most animals in such regions, they usually have to produce a lot of energy just to keep warm. Metabolic rate increases with energy needs.                                                                    (9.34a)

（海豹生活在寒冷地区。与在这种环境下生存的其他动物一样，它们总是需要产生大量热量让自己保持温暖。新陈代谢的速度随着热量需求的增加而增加。）

Seals have high metabolic rates.                                                 (9.34b)

（海豹的新陈代谢很快。）

Seals have low metabolic rates.                                                  (9.34c)

（海豹的新陈代谢很慢。）

目标句在其意义与前文含义相悖［例（9.34c）］的条件下比在两者意义一致［例（9.34b）］条件下，阅读速度慢。虽然实验并没有确切地弄清楚读者何时做出推理，但确实表明至少读者在阅读关键句时已经做出了推理。

总之，读者在阅读过程中一般对推理抱有谨慎的态度（Corbett & Dosher，1978；Duffy，1986；McKoon & Ratcliff，1986；Singer，1979；Singer & Ferreira，1983）。甚至是工具推理之类显而易见的精细推理也并不经常发生。相反，读者似乎只有在迫不得已时才做出推理，或者为了使当前所阅读的文本与前文建立联系时才进行推理。既然如此，为什么读者如此谨小慎微呢？一种可能是，即使不进行精细推理，阅读本身也需要占用大量的加工资源，需要编码构成文本的词汇，需要对句子进行句法分析，需要搜索回指成分的先行词等。另一种可能是，推理错误的代价远远大于正确推理的效益。很多推理看似显而易见，但读者一旦知道答案后发现事实上并不是那么想当然的：武器未必是刀，下一句话也不一定是汤洒了，有可能是列车发生事故或者强盗在包围列车，等等。大多数真实文本中似乎没有几句话能够肯定读者已经做出了推理。相反，已知信息—新信息契约表明每句话都有新的思想补充进来，读者必须将其与前文联系起来。

考虑到前文所讨论的"最小努力"观，读者为什么还要费力对某些段落进行更为全面的加工呢？答案可能是，这是一种介于不做任何推理和不得不做出某些假设之间的妥协。这需要努力，而且做出某些东西将来总会有用的假设，往往比做出如何运用这些东西的假设，更具正确性。显然对于是什么因素使某些东西必须凸显出来以备未来运用，以及为什么后顾搜索过程受到所凸显的东西的影响，需要做更多的研究。达菲（Duffy，1986）的实验表明，凸显在因果推理中得到了运用，前文中对向心和聚焦的讨论也表明，具有潜在联系的过程在读者理解文本的过程中起着不同的作用。

## 四、情境模型

许多理论学家认为，文本所描写情境或者场景心理表征的构建是说明文阅读的一个主要目标。这种心理表征经常被称为"心智（心理）模型"（mental model）（Johnson-

Laird，1983），类似的概念也可被称为情境模型或者语篇模型（本书多选用"情境模型"，但是，有时为了强调其心理过程，亦称"心理模型"）。根据上述观点，读者在正常情况下一般要将构成说明文或记叙文的句子组织起来，至少在构建连贯需要时做出推理，主要目的只有一个，即构建文本所体现的情境。

情境模型既能够表征某个情境、事件或者场景的许多方面，也能够表征在情境中发挥作用的施事和客体；既能够表征施事与客体之间的空间关系，也能够表征情境与其他感官的特点，还能够从不同角度表征某个情境；既能够表征主人公的动机和目标，也能够表征在某个场景中发生的事件之间的关系，还能够表征情境变化的方式。总之，情境模型似乎能够表征我们掌握的关于某个情境的所有方面（关于情境模型所表征的关于情境信息的分类，参见 Zwaan & Radvansky，1998）。

虽然情境模型可根据文本中包含的命题构建起来，但是既可能超越也可能小于这些命题及其之间的关系。模型可不包含情境描述的细节，但必须能够准确地表征情境。有研究（Sanford & Garrod，1998）为心理模型（mental model）超越语篇所表达的命题提供了强有力的佐证。如果你读到下面这样一段文字："Harry put the wallpaper on the table. Then he put his mug of coffee on it，everything seems fine."（哈利把壁纸放在桌上。然后，他把咖啡杯放在纸上，至此一切皆好。）你理解段落中每一句话，而且可能得出如下命题（ON，WALLPAPER，TABLE）和（ON，MUG，PAPER），将"paper"理解为"wallpaper"。但是，现在请阅读下面的段落："Harry put the wallpaper on the wall. Then he put his mug of coffee on the paper."（哈利把墙纸放在墙上。然后，他把咖啡杯放在纸上。）这样就说不通了。段落中所包含的命题虽然几乎没有变化，但是从构建语篇所描述的情境表征需要的背景知识角度看，你清楚地知道这个情境是不能存在的。

研究记忆模型在语篇理解中的作用的方法之一是研究文本记忆。请看加纳姆（Garnham，1987）的实验，研究要求实验参与者阅读一篇包含例（9.35）类句子的段落（以下是原始实验材料的缩写）：

The party had been in progress for about four hours … By the window was a man with a martini. He commented on the decor to a woman … She asked if he had complemented the host on his taste. The man standing by the window shouted to the host. The other guests looked toward the pair …

(9.35)

（晚会已经进行了 4 小时……窗户边上站着一个手拿马提尼的男人。他向一名女士评论屋里的装饰……她问他是否恭维过主人的品位。站在窗边的男人朝着主人大喊。其他宾客都看着他们两人……）

中间插入的任务完成之后，要求实验参与者回答段落中是否包含"The man with the martini shouted to the host"（拿着马提尼的男人朝着主人大喊）或者"The man standing by the window shouted to the host"（站在窗边的男人朝着主人大喊）这句话。

如果实验参与者提前得到提醒将会有一个逐字记忆测试，其回答一般都很准确。但是，如果没有得到提醒，他们选择两种答案的概率相同。他们对其他可供选择的句子[如"The host shouted to the man standing by the window"（主人朝着站在窗边的男人大喊）]都能准确地加以拒绝，这显然说明读者已经在大脑中构建出了晚会上所发生事件的准确的心理表征，但是对文本中对事件的描述方式却大部分已经忘记。

心理模型的运作可以在阅读过程中或者阅读后马上被观察到。研究者（Glenberg，Meyer & Lindem，1987）要求实验参与者阅读例(9.36)类的句子：

John was preparing for a marathon in August. After doing a few warm-up exercises，he (took off/put on) his sweatshirt and went jogging. He jogged halfway around the lake without too much difficulty. Further along the route，however，his muscles began to ache.

(9.36)

[约翰在备战八月的马拉松。预备活动之后，他（脱下/穿上长袖运动衫）开始慢跑。他绕湖跑了半圈，没有什么困难。但是，又跑了一会儿，肌肉疼了起来。]

在主要测试中，实验参与者阅读上述段落后，要回答"sweatshirt"是否在文章中出现过。研究者发现，与包含"约翰穿上长袖运动衫"的版本相比，实验参与者对包含"约翰脱下长袖运动衫"的版本做出肯定判断时需要的时间更长。他们认为上述结果表明，实验参与者若读的是"约翰穿上长袖运动衫"，就构建起了约翰穿着长袖运动衫的心理表征。由于这篇文章的内容事关约翰，因此即使后文再未提及长袖运动衫，约翰及其长袖运动衫仍然都是读者所构建的心理表征的一部分。但是，如果读的是约翰脱下长袖运动衫版本，读者就不会将其纳入升级的心理表征，因此在记忆中已很难提取出来。

鲍尔和莫罗（Bower & Morrow）在其研究中向正在阅读一个段落的实验参与者呈现探测词，旨在表明读者在阅读过程中构建起来的情境模型中包含空间关系。研究要求实验参与者首先记住一张描绘连接一系列房间（连同房间里的物品）的路径图，然后阅读一篇描写一个人穿过这些房间的短文，其间呈现的一对物体名称打断了阅读进程，其任务是回答这两件物品是否在同一个房间里。阅读进程被打断时，物品所在房间与人物所在房间距离越远，实验参与者做出判断的速度就越慢，这强烈地表明实验参与者借助于房间的心理地图对人物的运动进行表征。

情境模型还能够呈现主人公在情境中的视角。奥布赖恩和阿尔布雷克特（O'Brien & Albrecht，1992）要求实验参与者阅读例(9.37)之类的段落（在有些条件下段落开头的陈述与目标句之间有数个句子相间隔，有时则没有间隔）：

As Kim stood inside/outside the health club，she felt a rush excitement.

She was getting anxious to start and was glad when she saw the instructor come in the door of the club…

(9.37)

（当金站在健康俱乐部的里面/外面时，她感到一阵兴奋。当看到教练走进俱乐部大门时，她越来越激动和高兴……）

测量指标为逐行阅读时间。关键行包含"教练走进俱乐部大门"的信息。这与第一句话所传达的信息"金在俱乐部里面"相吻合，但与"金在俱乐部外面"的情形相矛盾。只有在实验参与者被告知他们必须想象自己在做故事主人公所做的任何事情的条件下，吻合句的阅读速度才快于矛盾句的阅读速度。因此，实验参与者能够接受利用主人公的视角，但不会自动地这样做。

上述研究发现表明，情境模型的构建可能既需要时间又需要占用加工资源。事实上，我们在前文中对曼德勒（Mandler，1986）研究发现的讨论中已经见过这类例子。按照发生顺序对事件进行描述比对间隔短暂时间发生的事件集中描述的段落阅读速度快。时间顺序似乎在情境模型中得到表征，而且若文本与时间关系自然映射，时间表征则更加容易。

加罗德和特拉斯（Garrod & Terras，2000）有趣的实验表明，词汇关系和心理模型均对阅读理解有影响（请注意，作者并没有用心理表征来对其数据进行解释）。他们对实验参与者在第一个代词的指代对象出现后，阅读包含例（9.38）类短文本段落的眼动轨迹进行了测量。

She was busy writing a letter of complaint to a parent. However, she was disturbed by a loud scream from the back of the class and the pen dropped on the floor.

(9.38a)

（她正忙着给一位家长写申诉信。但是，她被教室后面的一阵尖叫声打断，钢笔掉在了地上。）

She was busy writing a letter of complaint to a parent. However, she was disturbed by a loud scream from the back of the class and the chalk dropped on the floor.

(9.38b)

（她正忙着给一位家长写申诉信。但是，她被教室后面的一阵尖叫声打断，粉笔掉到了地上。）

She was busy writing an exercise on the blackboard by the door. However, she was disturbed by a loud scream from the back of the class and the pen dropped on the floor.

(9.38c)

（她正忙于在门边的黑板上写一道练习题。但是，她被教室后面的一阵尖叫声打断，钢笔掉到了地上。）

She was busy writing an exercise on the blackboard by the door. However, she was disturbed by a loud scream from the back of the class and the chalk dropped on the floor.

(9.38d)

（她正忙于在门边的黑板上写一道练习题。但是，她被教室后面的一阵尖叫声打断，粉笔掉到了地上。）

在有些版本中，第一句话明确提到了书写工具钢笔或者粉笔。

"writing"与典型书写工具"pen"之间的词汇关系的促进效应(facilitating effects),在阅读早期阶段第二句话中的"pen dropped"和"chalk dropped"表现明显:无论前文中是否明确提到"pen","pen dropped"的阅读时间都相同;但是若前文提到了"chalk",则"chalk dropped"的阅读速度加快。研究者认为,这种效应是先行词和照应成分"联系"过程的一种反映。然而,与当下对心理模型的讨论关系更密切的是下述发现。若第一句话中没有明确提及工具,"pen dropped"中的动词"dropped"的第一遍阅读时间在用粉笔在黑板上抄写习题语境中,比在写申诉信语境中长,而且"pen"的第二遍阅读时间也较长。尽管"chalk dropped"的第一遍阅读时间在两种条件下都没有差异,但是"chalk dropped"出现于写申诉信语境中与出现于在黑板上抄写习题语境中相比,"chalk"的第二遍阅读时间长。研究者认为后一种效应背后有一个裁决过程。读者似乎在根据某种心理模型阅读写信的段落或者在黑板上抄写的段落,使用的工具必须合乎事理,因此与典型的心理模型相吻合的文本阅读更流利。

# 五、可读性

人们希望,假如我们能够完全理解文本的阅读与理解过程,就能掌握构建简单易懂又具有高度可读性的文本。或许我们能够列出可能与阅读难度有关的各个方面,从词汇变量,如词频、词长,到标志句子复杂度的句法变量,如句子长度、句子所包含短语的数量、小句的数量,再到语篇层面上的变量,如命题数、因果结构的复杂性等。这样一来,我们就可以综合考虑所有这些指标,对读者阅读文本的难度做出预测。

一种可能的情形是,假如你能设计出测量上述各个预测变量的客观方法,那么将这些变量加以综合,就能够很好地预测出读者在读某篇文章时可能遇到的困难,而且从这个意义上说,你对语篇加工的理解才有价值。此外,假如你能够找出哪些变量对阅读难度的预测最准确,那么你就会弄清楚哪些文本变量对语篇理解真正重要。进而言之,人若掌握了预测文本难度的方法,就可以将其应用于阅读教学大纲的设计以及其他方面。

事实上,关于这个话题,有很多而且相当古老的研究文献(关于这些文献的综述,参见 Chall,1958;Kintsch & Vipond,1979)。这些研究大多出于实际应用的考虑,人们尝试用客观的方法来测量阅读难度,以服务于教育。近年来,随着相关研究方法的日益发展,强调的重点转移到对文本理解最重要的变量上。尽管这种努力有一定的意义,但是能够得出的结论有限。根据这种相关性研究程序,研究者从不同文本里挑选出一些段落(如 50 个段落),并对每个段落中不同的客观变量指标(indices)加以计算,如平均词长与词频、平均句长、句子中的平均短语数量等。研究要求参与者阅读所选择的段落,并计算出每个段落的阅读难度(一般是每分钟阅读的词数)。最后,计算出

50 个段落的阅读时间与以上客观变量的相关性，并用多元回归技术建立起相关模型，以得出启示。

这种技术的问题已显而易见：为什么用阅读速度计算读者感受到的阅读难度呢？可能还需要读者理解文本的测量指标。这就产生了一个棘手的问题：理解如何测量？参加各种阅读理解测验的经验可能使你已清楚地意识到，很多理解测试题所探测的不仅仅是理解，还有很多东西。对细节识别的测验，如日期或者次要人物的名字，似乎并非所谓理解测试。此外，有些人不需要阅读文本，就能够根据已有的知识回答测试问题。

换言之，理解的测量不能在真空中进行；需要有关于理解的理论(Kintsch & Vipond，1979)。或许解决的方案是采用多个测量指标，对理解的不同方面进行探测。例如，可以测量读者记住了多少个故事或者文本的要点与多少个因果结构，能回忆起多少个命题以及记住了多少个词汇细节等。这样做的一个问题是偏离了我们原本的目的，因为我们开始设定的目标是哪些变量总体上对可读性具有较大的预测力。结果，很多实验(Kintsch & Vipond，1979)均采用阅读速度和记忆测验指标(通常以回忆起来的观点单位数量或者命题数量等为指标)来对理解进行测量。

即使拥有测量阅读难度的完美的行为指标，但是若要通过这种方法得出肯定的结论，仍然是一个大问题。其中最根本的一个问题为这是一种相关性研究方法。读者肯定清楚，通过相关数据得出因果推论非常困难。我们将在下文中对相关研究进行综述，进一步对这个问题加以阐述。教育研究者已经设计出各种可读性量表，有大约 50 种甚至更多(Kintsch & Vipond，1979)。多数量表均以通用为目的，但是也有一些专门用途量表，如化学文本难度量表。所有这些测量方法的一个主要方面是，简单低层次变量(尤其是平均词长和句子平均词数)。由于其对文本难度具有高度预测力，因此是量表的重要组成部分(通常平均词长对文本难度最有预测力)。那么，从上述中我们能推论出什么呢？不幸的是，极少。

先来看一下平均词汇长度。正如本书第三章所述，平均词汇长度与其在语言中出现的频率高度相关。因此，我们无法确定这种关系是长词视觉信息丰富所致，还是长词的出现频率低，难以在词典中定位所致(见本书第三章)。我们无法从相关数据中获知究竟哪个方面在起作用，或者是两者都在起作用(相反，正如本书第一章所述，我们可以采用实验方法，对某个变量加以控制，改变另一变量的水平，以便在一定程度上确定变量单独运作的效果)。然而，这种方法存在的问题若在散文段落的阅读中加以考虑就更严重，因为文本的词汇越长，句子就越复杂，所表达的思想也就更复杂，等等。尽管多重相关统计技术可以帮助我们在对中介变量的影响加以考虑的前提下，确定某个变量是否有影响，但是仅此而已，无法得出进一步的结论。

低层次变量具有预测力的一个原因是，相对于高层次变量，这些变量作为底层心理变量的测量指标，可能比高层变量更加可靠。词长是需要从词汇中提取的视觉信息的可靠测量方法，而且由于词长与词频具有高度相关性，因此词长也是词汇通达时间的可靠预测指标。相反，衍生自语篇结构分析的复杂测量指标可能充其量仅仅能够部分地反映"语篇复杂度"。

对待相关研究方法的问题的另一种方式是将可读性测量作为作者指南来思考。比如说，众所周知，撰写文本的词汇和句子越简短，其可读性就越强，反之则可读性降低。这是否意味着当遇到用长词和长句写成的文章时，我们就要用简短的词汇与句子对它进行改写呢？从某种程度上说，可能如此。我们若遇到"eschew obfuscation"（避免混乱）之类的陈述句和连写句，还是改写为好。但是，阅读难度大的文本所表达的思想也具有内在的复杂性，因此可能需要用长句、复杂的句子结构来进行解释，而相对用于表达简单思想的简短的句子而言，复杂的长句阅读时间更长。复杂思想用简单句来表达，结果可能有两种，要么（若仍然要表达同样复杂的思想）文本难以理解，要么就牺牲最初想要表达的思想以简化文本。

总之，可读性量表有其价值，有助于教育工作者预测某群体阅读特定文本可能遇到的困难。但是，编制量表所依据的相关性数据却无益于对语篇加工的理解。随着我们对阅读过程理解的加深，以及与理论导向的可读性指标的进一步结合，情况可能会有所改变。麦克纳马拉等人（McNamara，Louwerse，McCarthy et al.，2010）在这个方向上迈出了一步。他们对一种可以将衔接与连贯的各种指标与低层次变量整合起来的计算技术进行了描述，并用其结果对文本的理解进行预测。最近另一项进展是对即时加工过程而非宏观的文本理解进行预测，颇有前景。例如，词汇的注视时间或许是人极力想预测的变量，然后运用词长、句长或在句子中的位置等指标来预测凝视时间。小单位的运用能够方便诊断，但是必须以接受"即时性假说"（immediacy hypothesis）（在某个单位上耗费的时间是这个单词加工的全部反映）为前提。正如本书第四章和第八章所述，极端的"即时性假说"夸大了事实，可能错误地表述了复杂语篇变量的加工。

# 六、总结

在本书前面的几章里，我们讨论了读者在句子理解的过程中如何识别词汇、提取其意义并利用其语言结构知识将意义整合起来。对读者在完成这些任务的过程中所运用的知识进行了非常清楚、明确的描述，并在此基础上提出清楚、明确的关于阅读中如何使用这些知识的理论。

本章则对读者如何将句子意义整合成连贯的语篇表征进行了探讨。在这个过程中，他们所运用的知识范围，事实上远远超过其词汇和语法知识，且多种多样，因此关于阅读中各种知识运用的理论也远比词汇识别理论和句子理解理论更丰富。然而，语篇理解的研究者仍然能够在语篇理解过程的研究方面取得重大进展。他们了解到了很多关于读者运用回指指代将句子联系起来的方式，揭示出很多关于读者如何运用"be-cause"（因为）、"later"（后来）等关联手段将文本中的命题联系起来，以及如何运用句子信息结构（如已知信息—新信息）达到同样目的的有趣事实。研究者不仅对读者如何提取先前阅读材料的记忆来理解当前阅读的材料进行了研究，而且对读者如何超越字面表达，做出必要的推理建立起语篇的连贯性，以及如何能够（有时候确实做到了）运用推理丰富文本描述进行研究。他们还揭示出读者如何超出命题网络的构建，构建起能够反映人们所谓文本意义的心理模型。

　　然而，在结束本章的讨论前，我们必须向读者提出"警告"。原则上，文本理解与文本心理模型的构建所涉及的各种过程，运用到了我们所有的知识。而且，我们认为，文本心理模型能够表征读者对情境所有的了解。知识与知识运用的心理模型的构建是一项极其艰巨（甚至是不可能完成）的任务（Fodor，1983）（关于对这方面的问题及可能的解决办法的讨论，参见 Koppen，Noordman & Vonk，2008）。我们不得不承认，心理模型和推理过程充其量可以说不够完善，而且常常模糊不清。即便如此，回顾一下前人对文本理解的研究，就能够清楚地知道这些研究教给我们很多我们以前不清楚的事情，而且我们抱着同样的期待，展望未来的研究。

第四编

阅读初阶、阅读障碍与个体差异

迄今，本书重点探讨了熟练的读者及其在阅读过程中所从事的各种加工活动。然而，我们并非凭偶然就能成为熟练的读者。阅读的学习需要付出很多努力。在成为熟练的读者的过程中，阅读所涉及的各种认知活动，尤其是词汇再认与识别所涉及的各种活动，可能发生相当大的变化。对成人而言可能是相对自动化、毫不费力的过程；对儿童而言可能是艰难、费时、费力的过程。关键问题是，儿童的阅读过程是否是慢版的成人阅读过程，或者两者是否有质的差异。

第十章是对儿童在学习阅读的过程中所经历的各个阶段的描述。我们简明扼要地讨论了不同的文字系统对各阶段的影响，并详尽地描述了儿童在阅读过程中使用的各种线索。语言理解与知觉广度（见本书第四章）等方面的发展差异也在本章中进行了描述。

第十一章是对学会阅读的过程与不同的教学实践对学习过程影响方式的描述。我们将在本章中对本书第二章中所描述的拼音规则（alphabetic principle①）及其对我们的文化中阅读学习的重要作用进行探讨。第十一章同时对"读写能力的萌发"（emergent literacy）以及口头语言理解对阅读习得的作用进行了审视。本章最后对关于不同阅读教学方法效果的研究文献进行了全面广泛的回顾。

第十二章的重点是阅读障碍，包括获得性阅读障碍（acquired disorder）与发展性阅读障碍（developmental disorder）。本章对后天阅读困难症（acquired dyslexia）（因大脑损伤而导致的阅读障碍）的各种模式进行了描述，并对其与发展性阅读障碍（developmental dyslexia，一种无神经、情感、动机或者认知缺陷的阅读障碍）所观察到的有关现象之间的关系进行了探讨。我们还对现有关于发展性阅读障碍的各种理论进行了评判性评估，并对阅读障碍的诊断问题进行了探讨，最后则对理解缺陷（comprehension deficit）进行了讨论。

第十三章涵盖阅读技能与阅读目标方面的各种个体差异。首先，我们对所声称的快速阅读的益处进行了批评，认为实际上快速阅读的成功通常是读者对熟悉的语言材料的成功略读。其次，我们在第十三章中对不同条件下浅层语义加工的阅读，包括校阅和"心不在焉地阅读"进行了探讨，并对阅读目标的差异所产生的影响进行了讨论。最后，我们对与阅读能力差异相关的因素以及随着年龄增长阅读能力的某些变化进行了描述。

总之，本编的重心并非熟练的读者，而是"非标准"的读者：学习阅读的儿童、阅读障碍者、快速阅读者以及抱着不同目的的读者。尽管重心不同，但是显然，对熟练的读者的研究在我们对"非标准"阅读性质的理解中起着重要作用。

---

① 这个术语也可译作"字母规则"。——译者注

# 第十章　阅读发展的阶段

在儿童发展的研究领域中，阶段的概念化是最重要的。研究者就运动、认知、语言、感知觉和道德的发展提出了一些具有深远影响的理论。这些理论认为儿童是依次经过一系列的阶段逐步发展至成熟的。尽管人们可能很容易认同儿童学习走路或者说话所经历的阶段遵循着一个自然的顺序，但是并没有什么真正具有说服力的理由让人们认同学习阅读也是同样如此。毕竟，阅读并非走路或者说话这样由生物因素决定的技能，它取决于其本身所处的文化传承。在描述儿童在获得技能的过程中阅读是如何变化时，与其提出一些恒定的、由生物因素驱动的阶段顺序，倒不如就阅读发展阶段提出一些分类标准更加便利。

怎样才算是一个熟练的阅读者？这个标准在一生当中是不断变化的。考尔（Chall，1996）提出了从出生到成年期的阅读发展五阶段理论来描述这些变化。考尔提出的五个阶段可以分为三个历程：学习阅读（learning to read）、通过阅读来学习（reading to learn）、独立阅读（independent reading）（见表 10-1）。基本上，完成学习阅读阶段的儿童可以将书面文字转化为口语，理解由熟悉的观点组成的文字材料并且可以拼写。请注意，人们会期待儿童能够很快地学会阅读，即在小学中年级之前就获得阅读的基本技能。到四年级时，熟练的阅读者可以运用他们的基本阅读技能来学习新的词汇并构建学科知识（这就是通过阅读来学习）。这些高阶阅读技能的发展要比基本阅读过程的发展慢得多，直到初中都在持续发展。到高中时，阅读能力需要一些更高级的理解技能，如理解多种观点的能力。在大学和工作场所中，阅读能力则包括综合大量资料、觉察偏见、整合不同文章中矛盾观点的能力。在考尔的阅读阶段理论中贯穿始终的两个主要观点是：高水平的阅读能力是在基础技能的基础上逐渐形成的，这些基础技能是持续的阅读过程所必要的（而非充分）条件；阅读教学的目标随着儿童教育过程中对于阅读发展期望的变化而不断提升。

表 10-1　阅读发展的三个阶段

| 阶段 | 年级范围 | 特点 |
|---|---|---|
| 学习阅读 | 1～3 年级 | 最初的阅读和编码<br>流利度逐步发展<br>听力理解好于阅读理解 |
| 通过阅读来学习 | 4～9 年级 | 学科领域的阅读<br>通过阅读扩大词汇量<br>阅读理解等同或好于听力理解 |
| 独立阅读 | 10 年级至大学 | 不同学科和体裁的广泛阅读<br>词汇量持续增加<br>能够整合多种观点<br>阅读要比听力理解效率更高 |

资料来源：改编自 Chall，1996。

## 一、早期阅读发展的阶段

一些研究者详尽阐释了基本阅读技能获得的早期阶段（Ehri，1999，2002；Gough & Hillinger，1980；Marsh，Friedman，Welch et al.，1981；Mason，1980）。由于这些理论所描述的阅读过程的变化通常发生在从学前班到小学三年级期间，因此它们对应着考尔所说的学习阅读阶段。任何观察儿童早期阅读的人都会注意到儿童在小学低年级时发生的一些明显变化。在学前班期间，儿童通过颜色和形状来记忆食物标签与路标，之后发展到可以记住他们读过的书。之后，他们可能开始在成人为他们读书的时候注意到书面的文字，会指向一些词汇或者翻页。当他们开始认识到书面文字是语音的编码并知道一些字母—发音之间的对应关系时，他们可能会尝试自己读出一些词汇。与读出他们已经记住的词汇不同，一字一顿地拼读词汇是很艰难的。在这一点上，许多孩子发现阅读是一项艰难的任务，不过他们仍然很喜欢听故事。解码词汇这项单调乏味且劳动密集的工作可能会持续一到两年，而对于有些家长来说似乎是没完没了的。然后忽然之间，儿童开始流畅且声调准确地阅读文本。到这个时候，我们可以说儿童开始阅读了。我们将要讨论的阅读发展阶段会描述这些阅读行为转变之下的认知变化。尽管我们并不认为这些阶段是生物性因素决定的发展次序，但是大多数儿童是按照我们描述的标准次序经历各个阶段的。在这部分中，我们要论述由马什等人（Marsh et al.，1982）和埃里（Ehri，1998，2002）提出的阅读发展阶段理论，并讨论这些早期阅读发展阶段模型的共同之处。

我们先来看看马什等人提出的早期阅读的各个阶段：语言学猜测（linguistic guessing）、区分网猜测（discrimination net guessing）、序列解码（sequential decoding）、多层解码(hierarchical decoding)(见表 10-2)。处于语言学猜测阶段的年幼儿童通过死记硬背的简单策略完成词语识别任务(Gough & Hillinger, 1980)。此时，儿童不能在脱离语境的情况下认出词汇，而且也不能认出用不熟悉的字体或者是用大写字母印刷的词汇(Mason, 1980)。儿童基于语言语境的合理性来猜测句子或故事中出现的词汇。因此，他们读错的词往往在语法和语义上是适当的，但是可能不包括这个词汇的任何字母。例如，书面的文本是"Bob took his dog for a swim"(鲍勃带着他的狗去游泳)，儿童可能会读成"Bob took his dog for a walk"(鲍勃带着他的狗去散步)。这个阶段对应着埃里理论中的前字母阶段(pre-alphabetic phase)，处于该阶段的儿童还没有意识到字母构成了特定的词。相反，他们是通过语义线索识别词汇，或者通过基本的视觉线索识别词汇，如通过标签的颜色来记忆词汇(Byrne, 1992)。在这个阶段中，儿童逐渐注意到环境中的书面文字，并能认识一些常见的标签和商标。具有强大记忆力并频繁接触文本的儿童可能会记住故事书并练习着"读"给父母和兄弟姐妹听。

**表 10-2　阅读发展的阶段**

| 阶段 | 描述 |
| --- | --- |
| 语言学猜测 | 浏览并猜测 |
| 区分网猜测 | 复杂地猜测 |
| 序列解码 | 学习简单的形—音对应 |
| 多层解码 | 熟练地阅读 |

资料来源：改编自 Marsh et al., 1981。

处于区分网猜测阶段的儿童在读一个独立的书面词汇时，通常读出的词与这个词至少共享某些字母。区分网(discrimination net)这一术语是从计算机科学中引入的，指的是儿童对字母线索的加工程度仅限于能够将一个书面词与另外一个书面词区分开来。处于语言学猜测阶段的儿童受到词汇语境的重要影响，而处于区分网猜测阶段的儿童则利用了诸如词汇形状、词汇长度和字母识别等额外的线索。从语言学猜测阶段转变为区分网猜测阶段的标志是阅读错误性质的变化。当儿童开始运用字母信息来读出词汇时，读错的词可能与语境是不一致的。对于词汇的猜测不再基于语境和语义属性，这时读错的词与书面词共享一些字母。因此，这些看似荒谬的阅读错误可能实际上反映了儿童对于字母信息的新的优化，而这种优化支撑着词汇识别技能的后续发展。例如，书面文本是"Bob liked to read"(鲍勃喜欢阅读)，儿童可能会读成"Bob liked to ride"(鲍勃喜欢骑马)。这一阶段对应着埃里所说的部分字母阶段(partial alphabetic phase)，处于该阶段的儿童开始基于部分字母来识别独立的词汇(Ehri & Wilce, 1985)。埃里指出这个阶段的儿童通过字母的声音在书面词汇和读音之间建立联系。由此，在促进词汇识别中，部分语音学线索代替(或者补充)了基本的视觉线索，这些语音学线索可以源于儿童注意到的任意字母(De Abreu & Cardoso-Martins, 1998; Scott & Ehri, 1990;

Treiman & Rodriguez，1999）。

　　基于马什等人的理论，从阶段一和阶段二发展到分析性更强的阶段三的原因为两大因素。首要因素是儿童接触词汇数量的增加。只要儿童接触的词汇数量有限，死记硬背或者区分网猜测策略就是可行的。然而，随着儿童接触的书面词汇数量增多、记忆的负荷增加，词汇记忆的整体收益递减。接触越来越多的词汇一定意味着其中有更多词汇的字形相似，这使得区分网猜测的有效性降低。马什等人指出，从阶段二发展到阶段三的第二个因素是随着儿童成熟，其认知加工能力的提高。因此，阶段三的儿童能够加工一系列字母的顺序并将其与一系列声音相对应。序列解码中的发音过程是以从左到右的方式，按照单个字母和声音之间简单的、可预测的关系进行的。

　　马什所说的第三个阶段是序列解码阶段，这一阶段的特点是儿童运用字母—发音对应关系来解码新异词汇。通过书面词接触量的增加、显性教学或者自学（Jorm & Share，1983；Share，1995），儿童学习到许多字母在不同词汇中的读法是相同的，也就有可能通过拼读声音来读出一个新的词。儿童开始认识到字母是声音的编码，从而学习字母原则。字母原则（alphabetic principle）简单来说指的是拼音书写系统的功能是解码言语，而且字母原则是通过常见的字母—发音对应的模式获得的。

　　不过，阅读发展阶段三的解码技能是相当基础的，随着儿童获得更多在文本中解码词汇的经验，解码技能逐渐更加成熟。到了阶段四，也就是多层解码阶段，字母—发音的对应关系变得更易受语境影响，如字母"c"在"i"前面时发音为/s/，而在"o"前面时发音为/k/；词汇以"e"结尾时元音要延长。正是在这一阶段，儿童开始将类比（analogy）作为解码的一种替代策略。例如，如果一个孩子认识书面词"hand"，那么他就可能认识"band"中的字母串"and"。正如我们在第三章中所述，熟练的成人阅读者采用类比策略来拼读非词（以及一些他们不认识的词）。

　　马什等人所说的阶段三和阶段四包括埃里的全字母阶段（full alphabetic phase）。处于这一阶段的儿童可以解码以书面形式出现的新词，并且能够在之后识别它们。不过，解码最初可能很慢，而且不总是正确的。词汇的识别是以字母—发音对应关系为基础的，而且不会受到大小写或字体等视觉线索变化的妨碍。这种字母—发音对应关系通过促进关于词汇里的字母顺序的记忆来支持词汇的识别和拼写，这仅仅通过视觉信息的记忆是不能实现的（Cunningham，Perry，Stanovich，et al.，2002；Ehri，2002）。自相矛盾的是，在全字母阶段，当儿童开始完全应用字母原则时，他们看起来最为吃力。他们可能读得相当准确，但是读得很慢而且很容易疲劳。然而，随着练习以及不断地重复接触词汇，解码词汇会变得更快，儿童的阅读速度也会逐渐提高。因此，频繁地阅读一些简单文本会使儿童发展到埃里所提出的最终阶段：巩固阶段。处于该阶段的儿童可以很快地识别词汇，似乎"看一眼就能读出来"。这些即看即得的词汇（sight words）指的是儿童反复见过几次之后不需要解码或使用语境线索就能识别的词汇（Ehri，2002）。一个儿童即看即得的词汇量的大小是决定儿童能够以谈话的速度和恰当的语调正确阅读的主要因素（Torgesen & Hudson，2006）。一旦进入稳定的字母阶段（consolidated alphabetic phase），儿童就开始对常见的字母串很敏感，如"-nt"或者"-ing"等（Kessler，2009）。词汇是通过表示词素或音节的字母组来实现阅读和拼写的。这样，儿童可能会猜想"knowledge"的第一个音节是"know"而不是"no"。根据埃里的理论，支持词汇识别的本质联系从基本的语音信息转变为语素。与马什提出的阶段四相似，这时儿童通过类比来阅读和拼写不熟悉的词汇（Ehri & Robbins，1992）。

正如我们在本章开始时提到的，马什等人（Marsh，Friedman，Welch et al.，1981）提出的关于儿童早期阅读发展的四个阶段可能并不一定在每个儿童身上都有典型表现（Stuart & Coltheart，1988）。尽管他们提供了关于一般儿童学习英语阅读时经历的阶段顺序的一个合理描述，但是完成每一阶段所需的时间在儿童之间的差异很大，而且对某一儿童而言，某些阶段持续的时间可能会比另一些阶段更长。

应该注意到，我们描述的被广泛引用的五阶段模型设想了一个关于早期阅读发展的相似轨迹（Chall，1996；Ehri，1998，2002；Gough & Hillinger，1980；Marsh，Friedman，Welch et al.，1981；Mason，1980）。最初，儿童是通过死记硬背或语境线索进行阅读的。他们可能可以通过基本的视觉线索识别少量高频的即看即得的词汇。他们不能脱离语境读出不熟悉的词汇。不过，当一个不熟悉的词汇在一句话或一个简短的故事中出现时，儿童可能会读出一个符合句子语义的词汇。到下一个阶段时，儿童可能会留意字母及它们的读音。这时，常犯的错误往往是误读的词和原词的字形特征一致。例如，儿童可能会把"world"读成"worm"。当儿童接触到更多的书面词时，他们对不认识的词的反应会与字母线索和语境一致，并开始自动化地识别词汇。

当一个儿童意识到许多字母在不同词汇中的发音相同，而且通过读出这些字母就可能确定一个新的词汇时，阅读的一个重大突破就发生了。换句话说，儿童理解了字母原则是通过声音—字母的对应模式来发挥作用的。由于这一原则，许多口语词汇都可以按照一个字母（形）表达一个相应声音（音）的方式被写出来，如"fly"（飞翔）、"begin"（开始）、"giant"（巨人）。反过来，许多书面词汇也可以被读出来，或者说是被解码。年幼的阅读者运用形—音对应规则来给每一个字母指定一个特定的声音，然后将这些声音合在一起来拼读词汇[如"fist"（拳头）]。解码这一术语的恰当性在于，这一阶段的儿童只能有效地处理那些字母和声音之间简单编码的固定关系。可惜的是，英语是一种形态学复杂的语言，其中包含着许多字母—声音以及声音—字母的多对一映射，如"thud"（砰的一声）、"rain"（雨）、"pick"（捡起）中多个字母组合在一起发一个音，而在"bed"（床）、"began"（开始）、"like"（喜欢）中一个字母可能发出不止一种声音（参见第二章）。能够运用这些多对一的映射来拼读和拼写词汇标志着早期阅读发展过程中一个更高级的阶段，该阶段的儿童在阅读和拼写中运用语素、音节等这些多字母单元，而且他们可能通过类比来独立地读出新的词汇。这一般发生在 8～10 岁。当儿童或多或少地获得一些自动化地识别词汇的技能时，也就进入了这个阶段。那些通过这一阶段的阅读者准备好运用他们的基本阅读技能来学习学科领域的新信息，他们将发展至考尔的理论中的下一个阶段，即通过阅读进行学习的阶段。

上述一些研究为马什等人（Marsh et al.，1981）和埃里（Ehri，1998，2002）阐述的阅读发展早期阶段理论提供了实证支持，这些研究是在学习英语阅读的儿童中开展的。由于阅读是一种文化的产物而不是生物性发展，因此我们有理由认为语言的类型可能会影响早期阅读发展。如果我们把早期阅读视为一个学习拼音编码的过程，那么我们就可能推测语言的拼写—语音一致性（orthographic-phonological consistency）会影响阅读如何发展。这部分我们将讨论儿童在学习比英语的拼写—语音一致性更高的语言时，阅读发展的早期阶段可能有什么不同。表 10-3 按照拼写—发音一致性列出了几种欧洲语言。我们认为高一致性的文字语言具有浅层正字法，也就是说字母—声音的映射非常透明，即在理想的状况下，一个字母只表达一个声音。不一致的语言中一个字母可能有多种发音（如英语中的字母"c"），也可能多个字母对应一个声音（如字母组合"ph"）。这些映射不一致的语言就被认为是具有深层或者不透明正字法的语言。

**表 10-3　以正字法分类的语言**

| 浅层正字法 | | | | 深层正字法 |
| --- | --- | --- | --- | --- |
| 芬兰语 | 希腊语 | 葡萄牙语 | 法语 | 英语 |
| | 意大利语 | 荷兰语 | 丹麦语 | |
| | 西班牙语 | 瑞典语 | | |
| | 德语 | | | |

资料来源：改编自 Seymour，Aro & Erskine，2003。

一些研究表明，在正字法一致的文字中学习阅读的儿童所经历的阅读发展早期阶段，不同于那些在像英语这样正字法不一致的文字中学习阅读的儿童。例如，威默等人（Wimmer & Goswami，1994）比较了在英语和德语中学习阅读的儿童的阅读能力。研究要求 7 岁、8 岁、9 岁的儿童完成三个任务：数字阅读、数词阅读、假词阅读。这些假词是由数词中的字母序列构成的，因此可以通过与数词的类比读出假词。尽管这两种文字体系的阅读者在前两个任务中的阅读速度和准确度是相似的，但是学习德语的儿童在假词阅读任务中的表现要相对好得多。威默等人对这些数据的解释是，这体现了两种文字体系中的阅读者在词汇识别策略方面的早期差异。学习德语的儿童似乎运用形—音对应（字位—音位对应，grapheme-to-phoneme correspondences，GPCs）和类比来准确读出假词，而英语中的年幼读者不能有效地使用形—音对应读出不认识的词汇。这个研究提供了一些初步的证据，说明个体所学习的语言的正字法一致性会影响其早期阶段的阅读发展。

为了比较几种不同语言中的阅读发展，研究者在几种欧洲语言中开展了一项大规模的阅读研究(Seymour，Aro & Erskine，2003)。研究者让儿童阅读一些词汇和假词，并记录其准确率。在 11 种语言的一、二年级阅读者中，字母—发音(形—音)对应一致的语言(如西班牙语、意大利语、芬兰语)中的假词阅读准确率达到 85％以上，而在形—音对应不一致的语言中的准确率则低得多，在丹麦语中为 54％，在英语中为29％。与英语或者法语这些形—音对应一致性较低的语言相比，在形—音对应一致的语言环境中，早期阅读者的准确率更高，这说明在形—音对应一致的语言中学习阅读的儿童进入全字母阶段的时间要早于用英语阅读的他们的同伴们。研究者(Aro & Wimmer，2003)统计出不同语言中一至四年级儿童阅读非词的准确率，也得出了相似的模式(见表 10-4)。

表 10-4    1～4 年级儿童阅读假词的准确率

| | 一年级 | | 二年级 | | 三年级 | | 四年级 | |
|---|---|---|---|---|---|---|---|---|
| | SD | M | SD | M | SD | M | SD | M |
| 芬兰语 | 84.9 | 13.6 | 89.6 | 10.1 | 88.4 | 8.1 | 93.7 | 8.3 |
| 西班牙语 | 87.3 | 12.2 | 90.4 | 8.1 | 90.9 | 6.8 | 90.6 | 8.2 |
| 荷兰语 | 85.2 | 8.0 | 88.9 | 9.1 | 91.2 | 8.1 | 95.1 | 5.8 |
| 德语 | 88.0 | 12.4 | 87.3 | 9.5 | 86.0 | 15.2 | 87.2 | 19.5 |
| 法语 | 86.7 | 5.9 | 96.7 | 3.5 | 98.4 | 2.4 | 98.5 | 2.7 |
| 英语 | 50.3 | 32.8 | 71.0 | 32.5 | 73.5 | 28.8 | 88.2 | 15.2 |

资料来源：改编自 Aro & Wimmer，2003。

至少有两项研究试图控制跨语言研究中可能存在的社会文化混淆效应。研究者(Bruck，Genesee & Caravolas，1997)调查了住在加拿大同一个省里说英语与说法语的儿童在词和非词阅读中的表现。说英语的儿童阅读词的准确率比说法语的儿童低 24％，阅读非词的准确率低 27％。研究者(Ellis & Hooper，2001)在北威尔士开展了一项研究，比较了英语和威尔士语(高一致性语言)的早期阅读。经过两年的阅读指导后，在词频匹配的阅读测验中，威尔士语阅读者读出的词汇量是英语阅读者的两倍。齐格勒等人(Ziegler & Goswami，2005)在讨论中指出，这些研究表明社会文化差异不能完全解释跨语言研究中不同语言早期阅读者在词和非词阅读方面的差异。

虽然跨语言研究的数据表明正字法一致性影响阅读发展的速度，但是一致性是否会影响儿童所经历的实际早期阅读阶段还尚不清晰。如果有影响的话，那么我们就会推测阅读正字法一致语言的儿童在接受阅读教学后很快就进入字母阶段，而阅读正字法不一致语言的儿童最初经历的应该是字符阶段或部分字母阶段。研究者(Share，2008)综述了一些正字法一致语言中的阅读早期发展研究。(例如，德语：Landerl，2000；Mannhaupt，Janssen & Marx，1997；Wimmer & Hummer，1990。意大利语：

Job & Reda，1996，引自 Job，Peressotti & Mulatti，2006。希腊语：Porpodas，2006)。这些研究发现在正字法一致的语言中没有字符和(或)前字母阅读阶段。不过，研究者(Share，2008)也提到，一些正字法不一致语言的研究也报告说有的年幼阅读者使用字符策略(Cardoso-Martins，2001；Share & Gur，1999)。与此相反的，一项法语早期阅读的纵向研究却显示，尽管法语是一种相对不一致的语言，但在从学前班到一年级的任一测试时间点上都没有发现字符阶段存在的证据(Sprenger-Charolles & Bonnet，1996)。这些研究结果的不一致可能是由于其他一些不受控制的因素，如早期阅读教学的类型和学生的人口学变量等。

齐格勒等人(Ziegler & Goswami，2005)在其提出的心理语言学粒度理论(Grain-size theory)中抓住了语言学特点限制阅读发展的思想。这一理论试图解释正字法一致性在阅读发展和熟练阅读行为中的作用(Katz & Frost，1992)。该理论宣称，学习正字法一致性高的语言依赖于粒子分解良好的亚词汇形—音对应，并且在音素水平上进行加工。学习正字法一致语言(芬兰语)的儿童是在一个颗粒度学习形—音对应映射(音素—字母水平)，而且他们很快就掌握这项技能。这就导致到一年级末，阅读任何字母串的正确率都很高(Seymour et al.，2003)。因此，在大多数正字法一致语言中，典型的早期阅读发展轨迹都是阅读早慧(hyperlexia)，许多儿童在一年级末就几乎可以读出他们见到的任何真词或者非词。

相反地，在像英语这样正字法不一致的语言中，早期阅读者学习不规则拼写形式时可能还需要进行更大粒度的语音映射。例如，虚拟语气情态动词(would、could、should)都含有一个同样的音韵形式(-ould)，这使得它们的拼写和发音更加可预测。当英语阅读者既能考虑字母—音位对应又能思考更大的音韵单元时，书写与发音映射的一致性就显著增加了(Kessler & Treiman，2001)。研究表明，阅读者运用音韵单元预测那些模棱两可的元音形式的发音，如"ea"在"head"(头)或"eat"(吃)中的发音，以此来促进词汇的识别(Ashby，Treiman，Kessler et al.，2006；Treiman，Kessler & Bick，2003)。因此，为了准确地读出词汇，英语阅读者必须关注音节、音韵、音位等多种粒度的语音。他们需要学习多种不同粒度的映射，这可能会减慢他们的早期阅读加工。齐格勒等人(Ziegler & Goswami，2005)着重提到，如果年幼的英语阅读者运用多水平的语音编码(音位、音韵、音节)，那么以前后一致的粒度大小分组呈现非词会提高阅读的准确率。研究者(Goswami，Ziegler，Dalton et al.，2003)在一项早期研究中或者按照粒度大小分组或者混合呈现非词列表，检验了上述猜想。他们测量了混合词表中假词的阅读准确率(阅读者在准确读出词汇时既要关注音位水平的发音又要关注音韵)，并与分组词表中的阅读准确率进行比较(阅读者只需关注音韵或者音位水平的发音)。分组提高了英语阅读者读出非词的表现，但对德语阅读者没有影响。研究者认为，这一发现表明，德语儿童始终依赖小(字位—音位)单元的加工，而英语阅读者则进行不同粒度的语音加工。类似地，有研究(Goswami，Ziegler，Dalton et al.，2001)

发现，英语年幼阅读者读同音假词的表现比非词控制组要好。相反地，德语年幼阅读者读非词和同音假词的准确率是相同的。英语中同音假词比非词阅读的优势表明正字法不一致语言的阅读者在阅读非词时使用了词汇水平的类比，而德语阅读者则没有这么做。

尽管正字法透明度可能会影响年幼阅读者语音加工的粒度大小，并进而影响具体的早期阅读行为，但是书写系统透明度如何决定阅读的认知发展路径目前尚不明确。为了考查正字法一致性对阅读技能发展的影响，韦曾等人（Vaessen et al.，2010）进行了一项描述性纵向研究，考查了学习匈牙利语（比较一致）、荷兰语、葡萄牙语（比较不一致）的儿童从一年级到四年级的发展。该研究发现，正字法一致性主要调节儿童成为流畅阅读者的速度。正字法的透明度不影响阅读中的认知加工，而且在不同语言中阅读发展的整体轨迹都相似。

**汉语中的早期阅读**

学习汉语阅读的基本过程和学习拼音文字的过程是非常不同的，这主要是由于汉语缺少富有成效的字母—发音映射系统。回想一下，在汉语中字是主要的正字法单元。虽然汉字的一部分（声旁）的确提供一些读音线索，但是汉字并不能外显地编码其读音。因此，必须记住汉字的读音（也就是汉字的命名）。在中国，这一记忆过程始于学前阶段，此时人们会教儿童记住一些基本的汉字。儿童应当能够认识和命名这些汉字，但不一定要会写这些字。尽管通过字—图联系可以学到数量有限的汉字，但是没有什么可见的方式来编码一个字的读音。为了弥补这一差距，中国的大多数学校在一年级的时候开设拼音系统的教学，以此来帮助儿童记忆汉语读音。当儿童学习拼音时，他们也学习如何写汉字。老师演示汉字中每个笔画的书写顺序，并结合实例讲授从左到右、从上到下等书写规则。在整个小学阶段，儿童一直学习读出新的汉字并学习如何写这些字。在进入高中之前，个体应当认识大约 3000 个字并会写其中的 2500 个字。

拼音在中文环境中的使用方式有所不同，以下的描述是中国大陆的普遍实践。据研究者（Cheung & Ng，2003）所述，一年级的语文书从一开始就教给儿童拼音。拼音系统使用罗马字母来转录汉字的精确发音及其声调。拼音系统包含 21 个声母（辅音）、34 个韵母以及 4 种声调（中国社会科学院语言所，2004，引自 Lin，McBride-Chang，Shu et al.，2010）。人们期待儿童在接受教学的两个月内学会这个字母编码系统，而且几乎立即就使用拼音来教简单的、常见的汉字。通常，汉字是和它的拼音一起教给儿童的。儿童最先学习那些最简单的汉字，如"一"（yi）、"二"（er）、"三"（san）等。教学的一种方法是用卡片呈现一个汉字，配以它的拼音形式以及表达其意思的图画（如用一支铅笔表示汉字"一"）。这么做的目的是让儿童能够命名每张卡片上的汉字，并建立汉字的视觉形式、读音、图示物体之间的联系。

由于以汉语为母语的阅读者已经建立了口语词汇及其意义之间的联系，因此拼音可能是通过重新激活口语发音进而促进其与视觉汉字形式的联系，为识别不熟悉的汉字提供了一种便利方法（Fredlein & Fredllein，1993，引自 Lin，McBride-Chang，Shu et al.，2010）。尽管很少有研究考查拼音在中文阅读学习中的效果，但是从理论上来说，我们没有理由排除不借助语音转录就可以习得汉字—字义的直接联系。然而，阅读的普遍性语音原则（universal phonological principle）主张不同文字中的词汇识别均包括语音激活，即使在那些不使用字母原则的文字中也是如此（Perfetti & Tan，1998）。研究者（Lin，McBride-Chang，Shu et al.，2010）在北京开展了一项大规模的研究，考查了 6 岁儿童的拼音技能与一年后的词汇阅读之间的关系。他们发现，即使控制了早期的字母知识、语音意识和词汇阅读表现，拼音拼写的准确性也能独特地预测第二年的词汇阅读成绩。这一研究结果表明，学习字母原则，即掌握拼音，甚至能够促进非字母文字的早期阅读发展。就更一般的水平而言，这些研究数据为阅读的普遍性语音原则提供了聚合性证据。

总之，研究表明语言文字的性质会影响阅读学习的早期阶段，而且可能在熟练词汇识别的跨语言比较中留下一些可见的发展性印迹（Share，2008）。未来需要更多自然情境与实验室情境的研究，来明确语言制约因素（如正字法一致性）和更为基础的认知制约因素在早期阅读发展阶段中的作用。


## 二、词汇识别的线索


大量自然情境研究支持马什等人（Marsh et al.，1981）和埃里（Ehri，1998，2001）提出的阅读发展早期阶段理论。当儿童学习阅读英语时，他们的词汇识别技能发展从利用任意视觉线索和语境，到利用简单的字母—声音语音分析，再到利用复杂的形态和语音单元（Ashby & Rayner，2012；Barr，1974；Cohen，1974；Ehri & Wilce，1987a，1987b；Mason，1980；Weber，1970）。在这一小节中我们将把注意力转向一些实验研究。这些研究考查了儿童运用词汇识别线索来识别不熟悉的词和获得熟悉的词的意义的能力是如何发展的。我们关注实验测试了不同阅读能力水平的儿童（依据儿童接受正规阅读教育的年限来划分）的"词汇"阅读。许多实验实际上用的是假词，不过从儿童的视角来看，假词仅仅是他们之前没有见过的词。我们将讨论四种类型的线索在词汇识别中的作用：视觉和字形线索（visual and graphemic cues）、正字法线索（orthographic cues）、形—音对应线索（grapheme—phoneme correspondence cues）、语境线索（context cues），然后讨论研究这些线索相对重要性的实验。之后，我们会描述一些研究来探讨什么是早期阅读、阅读理解和知觉广度的加工单元。

## (一)视觉和字形线索

我们已经知道，儿童常常用一个与实际的词具有某些视觉或字形联系的词来替代文中的词。这些错误提示我们儿童在使用哪些线索。不过，通过控制更加严格的任务，可能可以更好地判断儿童在利用词汇的哪个或哪些方面进行词汇识别。在我们讨论这方面的研究之前，需要先区分一下视觉信息和字形信息。提到视觉信息，我们指的是词汇的大体形态，这不依赖于字母的识别。文献中最常引用的两个例证是词长和词形。字形线索则指的是组成一个词汇的字母的具体信息，如字母的区别性特征以及特定的字母本身。

### 1. 视觉线索

书面词汇的长度是一种简单的视觉线索，即使是最小的阅读者也可以试着运用这个线索来识别词汇。虽然这个线索很简单，但是（在第十一章中）我们将会看到处于前阅读阶段的儿童并没有运用词长来区分不同的词汇（Gleitman & Rozin，1977）。儿童在阅读的最早期就有可能分辨词汇的词长。然而，由于有太多词汇的词长都一样，词汇长度并不是一个很有用的线索，因此人们并没有太多兴趣来研究儿童对于词长线索的敏感性如何发展以及它是否在词汇识别中发挥作用。

由于有些研究者认为词形信息在儿童的词汇识别中具有重要作用（Haber & Haber，1981），因此人们对词形的研究兴趣更多一些（Groff，1975）。词汇的形状往往是通过词汇中上行字母和下行字母的模式来确定的（也就是说，小写字母超过书面基线上面或者下面的部分）。这样，词汇"shape"（形状）和"clogs"（木屐）的词形就是一样的。由于词形假说与字形线索的研究是同时开展的，因此下文将一起进行讨论。

### 2. 字形线索

正如我们之前提到的，儿童经常会格外关注词汇的首字母。大多数老师都意识到了这一点，而且得到很多实验性研究的证实。例如，研究者（Marchbanks & Levin，1965；Williams，Blumberg & Williams，1970）发现首字母是初学阅读者在词汇识别时使用的首要线索。这些研究中采用的任务是一种样本延迟匹配测验（delayed matching to sample test）。首先，给儿童呈现一个假词，如"cug"。然后，给儿童呈现一个反应卡片，卡片上有四个备选项，让儿童指出四个备选项中哪一个最像刺激项（最先呈现的那个假词）。每一个备选项都与刺激项具有某一方面的相似。第一个备选项与刺激项的首字母相同（"cak"），第二个备选项与刺激项的第二个字母相同（"tuk"），第三个备选项与刺激项的第三个字母相同（"ilg"），第四个备选项与刺激项的整体词形相似（"arp"）。这样，儿童选择的选项就可以反映出儿童在识别词汇时用到的最显著的线索。马奇班克斯（Marchbanks）等人发现对于学前班和小学一年级儿童来说，首字母是最重要的线索，尾字母是第二重要的线索，词形是最少用到的线索。威廉斯等人（Williams，Blumberg & Williams，1970)研究发现，一年级儿童表现出相同的结果，但学前班儿童没有表现出一致的选择。威廉斯等人的研究还用到了成人参与者，并且发现这些熟练的阅读者运用了复杂的策略，选择的基础除了词形还包括视觉和语音的匹配。这两项研究都得出了一个结论，即构成词汇识别的最初基础是具体的字母，而不是整体的词形轮廓。

初学阅读者在误读一个词时，发生的错误常常包括读出一个与书面词汇首字母相同的词，往往会忽视词长等其他因素。从上述研究结果来看，这个现象也就不足为奇了。这是由首字母在词形上更加显著所致，还是由语音因素所致？埃里等人(Ehri & Wilce，1985)通过让学前班儿童拼写一组先前呈现的词来测试其记忆，结果发现首字母比尾字母更加凸显。不过，该研究发现首字母在音形一致的拼写(如"cat")中更加凸显，而在视觉上更特殊的非表音拼写(如"could")中，首字母则不凸显。即使那些学会标准视觉拼写的实验参与者也是如此。另外，首字母凸显效应仅仅在那些能够有效地运用语音线索来学习词汇的阅读者中得到证实。因此，研究者推断，词汇学习中的首字母凸显效应是语音重新编码的结果，而且不应归因于词汇首字母的任何形式的视觉特征。

吉布森(Gibson，1971)指出，儿童是通过探测拼写字母的区别性特征来知觉词汇的，特征分析能力的变化使得年长一些的儿童可以抽取更高级的特征。瑞纳等人(Rayner，1976；Rayner & Hagelberg，1975)采用之前描述的样本延迟匹配任务考查了区别性特征的使用情况。在研究中，首先给儿童呈现一个刺激项，如"cug"，然后让儿童指出与刺激项最像的反应备选项。研究中共有六个备选项，其中三个备选项("cwq""ouq""owg")在正确的位置上保留了刺激项中字母的区别性特征(如开头是一个圆体字母或者有一个字母的下半部分位于基线以下)，而另外三个备选项("cqn""jun""jqg")则不是这样。请注意，每个字母都分别在两个备选项中位于正确的序列位置(如刺激项中位于词首的字母"c"，在"cwq"和"cqn"中仍然位于词首)。瑞纳等人发现，刚上学前班的儿童(尚未接受正规阅读教学)没有表现出一致的反应模式，而一年级的儿童则严重地依赖首字母。在后续的实验中，瑞纳(Rayner，1976)研究了从学前班到小学六年级的儿童。与之前的研究(Rayner & Hagelberg，1975)不同，这些研究是在学年末而不是学年初进行的。研究发现，学前班儿童中有48%的概率选择了那些与刺激项具有相同首字母的备选项(如选择"cwg"或者"cqn")，而一年级儿童基于首字母进行选择的比例是60%。这些儿童选择保留第二个字母和第三个字母的备选项的比例只有55%(随机作答的比例是50%)。研究数据显现了两条清晰的发展路径。第一，儿童选择与刺激项具有相同首字母的反应备选项的倾向在二年级之前不断上升，然后在二年级到四年级期间平稳发展，此后对于首字母的依赖呈下降趋势。第二，选择那些保留字母特征信息备选项的趋势不断增加(也就是说，无论是"cwq""ouq"，还是"owq"，都比"cqn""jun"或"jqg"更有可能被选为"cug"的相似项)。

埃里等人(Ehri，1980；Ehri & Wilce，1979)的研究详细阐释了初学阅读者利用前两个字母信息的情况。研究者教给实验参与者阅读几个假词(如"wheople"或者"weeple")，并且通过让实验参与者在阅读训练后拼写词汇来测查他们关于这些词汇的正字法知识。尽管有很多拼写错误，但是儿童倾向于记住那些区分词汇的必要线索(处于区分网猜测阶段)。那些学习假词"wheople"的儿童的错误拼写都以"wh"开头，而那些学习假词"weeple"的儿童的错误拼写则都以"we"开头。另外，研究者(Reitsma，1983a，1983b)发现，年幼阅读者很早就开始形成关于词汇特有的字母模式的记忆。这些记忆已经足够准确到让儿童注意只有一个单字位改变的选项词汇(即使声音模式已经发生了变化)。

总之，有强有力的证据表明初学阅读者把首字母作为词汇识别的一种重要的线索，而且往往是唯一的线索。随着儿童成长，他们会用到词汇中更多的字形信息。在上述的一些研究中，儿童用到的信息既可以解释为词形信息，也可以解释为字母特征信息。然而，我们对于字母特征信息相关变量的考虑似乎是远远不够的。当词形与字母信息有冲突时(Feitelson & Razel，1984；Marchbanks & Levin，1965)，儿童几乎没有用到词形。由于外部轮廓的差异不能很好地区分词汇，因此这不是词汇识别的一个好线索，似乎儿童主要是在最开始阅读的阶段会尝试运用词形来进行词汇识别。相反，随着儿童不再运用首字母来猜测一个词时，他们逐渐提取更多有关中间和末尾字位特征的信息。

## (二)正字法线索

许多研究表明，随着阅读技能的发展，儿童会越来越多地意识到正字法线索。提到正字法线索，我们指的是一种对于字母序列的敏感性，它可以让儿童识别一般的字母序列以及区分合法和非法(legal from illegal)的拼写。一些研究中运用了一种搜索任务，在该任务中儿童需要在词汇、假词和字母串的列表中搜索一个目标字母(Juola，Schadler，Chabot，et al.，1978；McCaughey，Juola，Schadler，et al.，1980)。学前班儿童、小学一、二、四年级儿童，以及成人参与者参加了这些实验。学前班和一年级儿童在假词和不可拼读字母串中的搜索时间没有差异，这表明他们不能运用正字法结构来促进搜索。二、四年级儿童在假词中的搜索时间比在字母串中的搜索时间短。这可能提示我们，年龄大的阅读者运用了正字法信息来帮助搜索，但是也可能是假词的可拼读性促进了他们的搜索。

到底阅读者是否运用正字法信息来识别词汇？一个让我们更加接近这个问题答案的实验任务是样本延迟匹配任务。研究者(Doehring，1976)利用了样本延迟匹配任务。在该任务中，参与者要在三个备选项中指出哪一个与实验样本项相同。该研究使用了一些由三个字母组成的项目，发现从二年级到十一年级的实验参与者对假词的匹配都快于对正字法不规则字母串的匹配(分别考查了各个年级实验参与者在两种条件下的匹配时间）。然而，还是很难断定阅读者在完成任务时运用的是正字法还是可拼读性。另外，有大量研究采用快速呈现技术（brief exposures）来确定初学阅读者运用正字法线索进行词汇识别的可行程度（Barron，1981a）。这些研究的结果大体表明，在二年级到四年级之间的某个时间，儿童在识别词汇时可以用到一部分正字法结构的粗略特征。然而，由于正字法结构常用的一些测验常常把字母串的正字法与其可拼读性混淆在一起（如"dorch"对"ohrdc"），因此很难确信地说这些数据解释证实了正字法效应。

基于上述研究，我们可以很容易地指出，正字法结构的使用以及对一个词的所有字母的关注（而不只关注首字母）仅仅是儿童学习有效阅读词汇的副产品。这就是说，随着阅读技能的提高和词形知识的增加，儿童必然在实验中表现出一些表明这些线索在其词汇识别中的重要性的结果。反之，随着阅读技能的发展，儿童显而易见地学会了运用字形线索和正字法线索，但是这些线索本身都不能让儿童识别新的词汇。为了识别新的词汇，儿童必须掌握形—音对应规则或者学会根据已知词汇进行类比。

### （三）形—音对应线索

随着儿童更加熟练地识别词汇，他们对于支配阅读和书写的字母原则更加敏感。正如我们之前提到的，英语是一种复杂的文字系统，其中有些基础的、短的词汇的形—音对应可能是不一致的［如"should"（应该）、"sleigh"（雪橇）、"either"（两者中任意一个）］，而这些词汇又对儿童读写能力有着决定性的影响。在阅读方面，一个字母可能有好几种发音［如字母"c"在"cat"和"face"中发音不同］。在拼写方面，一个简单的发音可能写成几种不同的字母［如发音/z/在词汇"Oz"（澳大利亚、澳大利亚人）或者"nose"（鼻子）中对应的字母不同］。英语中的元音尤其不一致，许多元音都有多种发音［如"bed"（床）、"flower"（花）、"see"（看到）］，而且有的元音语音可以拼写成很多不同方式［如"goat"（山头）、"slow"（缓慢）、"toe"（脚趾）］。据齐格勒等人（Ziegler，Stone & Jacobs，1977）报告说，31％的单音节英语词汇在字母—发音映射方面都是不一致的。这类多映射词汇的数量之多支持了如下主张：相对于其他拼音文字，英语是非常不一致的（Share，2008）。

一些含有希腊语和拉丁语词根的多音节英语词汇具有相当规则的发音—拼写模式［如"adamant"（坚硬的）］，许多含有盎格鲁—撒克逊词源的单音节词汇的发音—拼写模式很复杂［如"thought"（想）］。这些不同词源学基础的并存使得英语的阅读学习分外困难。齐格勒等人（1997）开展的一项研究指出，大多数单音节英语词汇读起来都是一致的［如"big"（大）、"so"（因此）、"frog"（青蛙）、"man"（男人）］。然而，很多高频的盎格鲁—撒克逊词汇常常拼写不规则或者具有复杂的语音模式［如"what"（什么）］。这些高频词出现的频繁程度似乎与一、二年级初学阅读者的发展水平是不相称的。到三、四年级，儿童开始会遇到一些起源于拉丁语或希腊语的多音节词汇，识别这些词汇时所运用的音节和形态信息是相当一致的（Aronoff & Koch，1996；Moats，2010）。正如我们将在下一章中详细论述的，让初学阅读者练习一些由符合形—音对应规则的词汇组成的控制性文本，可以使他们在阅读过程中快速练习词汇解码。一旦儿童把书面词汇解码为口语形式，就可以自动化地获取熟悉的词汇的意义了。与此相反，（在拼音文字的正字法中）词汇的基本视觉线索及其意义之间则没有什么联系。当儿童逐渐可以熟练地在文本中运用字母原则时，他们的阅读材料就可以变成既含有规则词汇又含有不规则词汇的文本了。随着儿童接触到更多的词汇，他们会学会综合运用字母—发音对应规则、音韵单位、词汇形态来识别一个单独的词条或者确切的书面词汇。

尽管形—音对应确实是识别书面词汇的最好线索，但是儿童要花费不少时间来识别合乎规则的对应，并且学习如何在阅读中运用这些形—音对应。这是因为阅读与这个年龄的儿童所熟悉的其他所有类型的识别任务都不相同。儿童可以根据各具特色的物理特征来识别和区分客观的人、材质和动作，但是书面词汇无法通过这样的方式进行识别。儿童可以运用视觉和字形线索来猜测一个新的词汇，但是要确定地识别一个词的唯一办法是注意到这个词的全部字母并将其映射到产生口语词汇的声音组合中。一个能运用形—音对应的儿童可以区分很多在视觉上看起来相似但意思差别很大的词汇［如"rink"（溜冰场）、"ring"（戒指）、"rank"（军衔）］。

至少有两项经典的研究考查了形—音对应在读出新词汇中的作用。毕晓普（Bishop，1964）训练大学生阅读8个阿拉伯词汇。他对其中一组实验参与者进行整词记忆的训练，而教给另一组实验参与者这些词汇中12个字母的字母—发音对应。在测试中，研究者比较了这两组参与者在阅读由这12个字母组成的另外一些阿拉伯词汇时的阅读能力。字母—发音组的参与者整体上在阅读新词中的表现更好，但是整词学习组的某些阅读者的表现与字母—发音组一样好。稍后进行的关于阅读策略使用的问卷测查表明，整词学习组的20名参与者中有8名参与者没有自发地运用字母—发音对应来阅读新词，尽管他们已经能熟练地阅读拼音文字（也就是英语）。这一研究结果表明，如果没有具体的指导，已经内隐地理解字母原则的成人可能并不能将这种理解迁移到一种新的拼音文字中。许多儿童没有接受直接的指导就无法发现字母原则，可能这也没什么太让人惊讶的。杰弗里等人（Jeffrey & Samuels，1967）在研究中使用一些特殊构造的字母考查了学前班儿童学习字母—发音对应的相对好处（见图10.1）。与学习整词的儿童相比，学习字母—发音对应的儿童能够读出的词要多得多。两组儿童都继续学习新词汇的预期发音，但是整词组的儿童认识所有词汇所需的训练次数是字母—发音组儿童的两倍。这项研究的结果表明，关于具体的形—音对应的系统教学可能是训练儿童认识他们所见到的新词的最好方式（有关这一主张的更多证据可以参见 Adams，1990；Rayner，Foorman，Perfetti et al.，2001，2002）。

| 初期训练用词 | 发音 | 训练用字母 | 发音 | 迁移词 | 发音 |
|---|---|---|---|---|---|
| ꗝ | MŌ | ꗝ | M | ꗝ | MĒ |
| ꗝ | SŌ | ꗝ | S | ꗝ | SĒ |
| ꗝ | BĀ | ꗝ | A | ꗝ | SĀ |
| ꗝ | BĒ | ꗝ | E | ꗝ | MĀ |

**图 10-1　杰弗里和塞缪尔(Jeffrey ＆ Samuels，1967)在研究中使用的一些刺激样例**
**(已获学术出版社与作者授权。)**

　　儿童是否会运用形—音对应来加工他们见过的词汇？研究者(Backman，Bruck，Hebert，et al.，1984)测查了 7 岁和 8 岁儿童拼读规则与不规则词汇的能力。他们发现儿童阅读高频规则词汇的正确率高于高频不规则词汇，而且常常通过拼读不发音的字母来把不规则的词汇规则化。这种对于不熟悉的不规则词汇的规则化，表明儿童倾向于使用形—音对应规则来命名这些词汇。在命名那些能够正确读出的熟悉的不规则词汇时，他们并没有依赖这些形—音对应。与此相反，大一些的儿童(9 岁和 17 岁)在大声读出规则和不规则词汇时的正确率是相等的。这个研究结果表明，随着阅读发展，儿童日益意识到在字母—发音水平上发挥作用的形—音对应，如音韵。与其说加工音韵单元本身，更有可能的是儿童变得对辅音语境更加敏感，在英语中这些辅音语境通常会预测元音的发音。研究者(Treiman，Kessler，Zevin et al.，2006)开展了一项研究测查一、三、五年级儿童和高中生的非词命名。研究者记录了含有两种或多种发音的两可元音(如"oo")的非词拼读情况，以此作为给阅读者提供由辅音语境预测拼读的实例。例如，元音"oo"在末尾字母是"k"的情况下，按照在"cook"(厨师)中发音的频率要高于在"spook"(鬼)中的发音。元音发音也可以通过词汇的第一个辅音来预测。例如，在词汇"want"(想)和"wander"(漫步)中，开头字母"w"很强地预测后面的"a"的发音，这个发音与在词汇"ant"(蚂蚁)和"sander"(打磨机)中的典型的"a"的发音是很不一样的。特雷曼(Treiman)等人发现，儿童越来越多地运用首字母和尾字母辅音语境来读出非词中的两可元音，而且五年级儿童对于辅音语境的使用情况接近高中学生和成人。该研究的结果与之前大量研究的结果一致，这些研究都发现，五年级儿童在运用形—音对应规则任务中的反应模式基本上与成人相同(Pick，Unze，Brownell et al.，1978；Snowling，1980；Waters，Seidenberg ＆ Bruck，1984)。

　　即使是初学阅读者也可以通过与其他词的类比来读出不熟悉的词汇。研究者(Goswami，1986)给年幼的英国儿童呈现一个他们本来读不出来的词作为线索词[如"beak"(喙)]，并进行拼读，然后让儿童阅读其他词汇。其中有些词与线索词有相同的拼写模式且有共同的发音[如"bean"(豆子)、"peak"(山峰)]，另外一些词则非如此。她发现初学阅读者就可以自己找出词汇的类比关系，甚至一些处于阅读边缘的 5 岁儿童都能够在不同词的末尾之间进行类比。这个研究结果清晰地表明，儿童在阅读发展中能够利用类比的时间要早于大多数阅读发展理论的观点。不过，线索词实验并没有考查在自然阅读情境中的类比解码。在实际阅读中，极少会在文本中提供一个线索词，而这个词正好与儿童试图解码的一个不熟悉词非常匹配（Treiman，Kessler，Zevin et al.，2006）。皮克等人（Pick et al.，1978）也报告过关于儿童在学习阅读的早期就可以运用类比的证据。研究中教一些还不会阅读的学前班儿童读 12 个（训练）词汇，然后给他们呈现 18 个迁移词汇，这些迁移词汇是由和训练词汇相同的字母组成的。将迁移词汇分为三组：第一组与训练词汇词首的辅音—元音组合相同，第二组与训练词汇词尾的辅音—元音组合相同，第三组不包括与训练词汇相同的辅音—元音组合。皮克等人发现初学阅读者更有可能读出与训练词汇具有相同辅音—元音词首的词汇。在这项研究中，初学阅读者对于词首类比的有效运用与我们先前的观点一致，即这些阅读者更多地关注词汇的开头。不过，与戈斯瓦米（Goswami，1986）的研究一样，该研究中的训练词汇有限，而且由于与迁移词汇紧接着呈现而高度凸显。

巴伦（Baron，1979）发现儿童运用大的类比单元（如戈斯瓦米的研究中从"peak"推广到"beak"）。不过，她还发现一些证据，说明儿童在运用大类比单元的同时也运用一些更小的单元（同皮克等人的研究）。其中一个证据是，儿童犯的错误是忽略了词尾"e"（不发音）的存在与否。巴伦提出，阅读教学方法可以部分地解释儿童依赖词汇特异性联系或依赖类比的相对有效性。研究者预测，整词教学的方法（whole word methods）会导致儿童使用词汇特异性联系，而语音学取向教学（phonics approaches）则可能会鼓励儿童运用规则和类比来读出非词。然而，就像巴伦所指出的，也有可能除了教学方式以外，早期阅读者在词汇库中构建词汇时，对于词汇特异性联系或类比的依赖程度具有一些个体差异（Treiman，1984；Treiman & Baron，1983a）。巴伦（Baron，1979）和戈斯瓦米（Goswami，1986）的研究清晰地揭示，运用类比是一种可以教给儿童的策略，让他们以此作为识别新词汇的方法。不过，儿童通过类比来独立推断形—音对应，将这些形—音对应应用到阅读新词并在后续阅读中记住它们的能力有待更深入的探讨。也许目前为止可以得出的最佳结论是，儿童可以运用几种不同的机制来阅读词汇，包括字母—发音的形—音对应，以及运用辅音—元音组合和音韵等更大一些的单元进行类比等。

### （四）语境线索

在这一章早先的内容中，我们看到初学阅读者所犯的错误常常符合他们正在阅读的文本语境。有大量的研究考查了随着儿童逐渐成为更加熟练的阅读者，他们在运用语境信息方面的发展性变化。埃利希（Ehrlich，1981）让二、四、六年级的儿童大声阅读一段文本，该文本中的一些特定目标词被另一些词汇替换了。这些替代词或者是在视觉上与目标词相似［如"house"（房子）—"horse"（马）］，或者在整体词形上与目标词不同［如"shark"（鲨鱼）—"sharp"（锋利的）］，而且这些替代词在文中都是不恰当的。埃利希发现，与年长儿童相比，初学阅读者更加可能把替代词汇误读为根据语境预测的词汇，而且在犯错误之前停顿的可能性更小。埃利希的研究提示我们，年长的阅读者已经认识到仅仅凭借语境很难作为词汇识别的有效线索。有研究者（Perfetti，Goldmam & Hogaboan，1979）发现，在8～10岁儿童中，与阅读不熟练的儿童相比，阅读熟练儿童更少使用句子语境来促进词汇识别。这些研究结果表明，初学阅读者比年长阅读者更加依赖语义线索和语境来识别词汇。但是，问题在于为什么会这样。一种可能的原因是在8岁左右，儿童的词汇识别过程变得非常有效以至于不再需要语境信息辅助，但是语境的确能支持他们识别新的词汇。内申等人（Nation，Angell & Castles，2007）考查了语境对于8岁和9岁儿童学习新词汇的作用，在研究中采用文中呈现和单独呈现两种方式，每个新词汇分别呈现一次、两次或者四次。他们在1天或者7天后让儿童在一系列视觉或语音上相似的填充词单中指出正确的词汇，以此来考查儿童对于所学习词汇的记忆。内申等人发现，词汇的呈现方式不影响其学习效果，这表明语境对于发展词汇识别技能几乎没有什么帮助。

研究者（Stanovich，1980）通过对语境在词汇识别中的作用进行文献综述，并得出一个结论，即在特定年龄阶段，阅读技能不足的阅读者比好的阅读者更多地依赖语境来促进当前的词汇识别，以此来弥补其相对更慢或更差的词汇识别技能。更快的词汇通达时间能否解释为什么在阅读熟练者中语境效应相对更少？一些研究探讨了这个问题。例如，研究者（Stanovich，West & Freeman，1981）让二年级和四年级的儿童进行词汇阅读，这些词汇分别在语义一致的、不一致的或中性的文本之后呈现。每个儿童都是先以单独呈现的方式进行一半词汇的识别练习，然后在句子中识别词汇。研究发现，词汇命名时间的语境效应随着年龄增加而下降，而且练习过的词汇命名时间要短于未经过练习的词汇。正如研究者预期的，语境效应随着词汇的难度增加而提高（词汇难度是通过词长和词频确定的）。在另一项研究（Schwantes，1981）中，研究者让三年级的儿童和大学生完成词汇判断任务（lexical decisions），其中有些词汇在视觉上模糊化处理了（degraded），有些词汇是正常呈现的。这些判断分别是在语义一致或语义不一致的句子语境中进行的。在未模糊化的条件下得到了标准的结果：语境对于词汇判断时间的促进效应随着年龄增加而降低。然而，当对目标词汇模糊化处理后，词汇识别速度降低，语境效应对于熟练阅读者和三年级学生是相同的。也就是说，模糊化词汇使得成人和儿童一样运用语境。

正如上述研究所示，有关语境信息运用的实验研究结果是非常确定的，而且与观察性研究的结论是一致的。随着儿童获得更多的阅读经验，词汇识别过程变得更加自动化，他们对于语境的依赖就降低了。阅读技能和语境线索运用的负相关削弱了三维线索系统教学法（three cueing system）的有效性。三维线索系统教学法是面向所有年龄阶段阅读者的最流行的教学手段之一。基本上，三维线索系统由语义线索、语法线索、形—音对应线索组成。尽管语义信息和语法信息在理解一篇文本的意义方面具有明确的作用(见本书第八章、第九章),但是我们有理由怀疑它们是否有助于熟练的词汇识别(Adams,1998)。我们综述的研究结果一致表明,好的阅读者在识别词汇时比差的阅读者更少运用这些线索。

### (五)哪种线索最重要?

我们已经知道,儿童在学习阅读过程中运用了字形、正字法、形—音对应线索以及语境线索。与我们之前描述的观察性研究发现一致,儿童在学习阅读的最开始阶段严重地依赖部分字形线索和语境线索。随着阅读技能的增加,儿童学会注意到整个词汇(包括所有字母的特征)、词汇的正字法结构、形—音对应。我们目前讨论过的大多数研究都考查了某种特定类型线索的作用。现在,我们转向讨论那些评估不同线索相对重要性的研究。

埃里等人(Ehri & Wilce,1985)测查了学前班儿童运用视觉和语音线索的有效性。他们根据儿童阅读词汇的能力对儿童进行了分组:"生手"(完全读不出词)、"新手"(能读出少量词汇)、"熟手"(能够读出多个词汇)。研究者教儿童阅读两种类型的词汇:简化的语音学拼写(simplified phonetic spelling),其中的字母与发音相对应[如"JRF"对应"giraffe"(长颈鹿)];视觉化拼写(visual spelling),其中字母与发音不具有对应性,但是在视觉上很凸显(见表10-5)。生手学习阅读视觉化拼写要比学习语音学拼写更加容易,而新手和熟手学习语音学拼写更加容易一些。这些结果提示我们,随着儿童阅读的发展,他们从运用字形或视觉线索转变为以语音线索作为媒介来提取词汇。

表 10-5　埃里等人(Ehri & Wilce,1985)研究中的语音学拼写和视觉化拼写

| 名词 | 语音学拼写 | 视觉化拼写 |
| --- | --- | --- |
| GIRAFFE SET | | |
| knee | NE | FO |
| giraffe | JRF | WBC |
| balloon | BLUN | XGST |
| turtle | TRDL | YMP |
| mask | MSK | UHE |
| scissors | SZRS | ODJK |
| ELEPHANT SET | | |
| arm | RM | FO |
| diaper | DIPR | XGST |
| elephant | LFT | WBC |

| 名词 | 语音学拼写 | 视觉化拼写 |
|------|-----------|-----------|
| comb | KOM | UHE |
| pencil | PNSL | ODJK |
| chicken | HKN | YMLP |

还有研究者也考查了对于二、四、六年级儿童来说，不同线索的相对重要性。研究中，参与者可以根据他们所选择的任何标准来判断每组中两个词之间的相似性。研究者对词汇组的视觉、字形和语音相似性进行了系统性的变化。例如，"new"（新的）和"sew"（缝）的词长相同且在词形上是相似的（视觉线索），而且包含相同的字母组合（字形线索），但是在语音上是不同的。此外，"sew"和"show"（展示）在词长与词形上是不相似的，但是具有一定程度的字形相似性和高度的语音相似性。鉴于这些词汇组在视觉、字形和语音线索相似性方面是不同的，那么儿童会运用哪种线索来判断整体的相似性呢？对于二年级儿童来说，共享的视觉线索（词长）、共享的字母和共享的语音都对知觉到的相似性有影响，其中最重要的是共享的字母。事实上，排除语音共享，共享字母对于包括成人在内的所有年龄的阅读者来说都是最重要的线索。这一研究结果与我们之前详细描述的瑞纳（Rayner，1976）报告的结果是一致的。共享语音的重要性取决于阅读者的年龄与阅读技能。虽然二年级儿童和阅读技能较差的四年级儿童没有运用语音相似性，但是成人和阅读技能较好的四、六年级儿童把共享语音作为一种重要的线索。二年级的实验参与者则完全不可能将语音相似性作为一个线索。这个研究的结果提示我们，初学阅读者与熟练阅读者不同，他们往往会更多地关注一个词"看起来"的样子而不是它"听起来"的样子。

最后，我们来看一个瑞纳（Rayner，1988）的研究，该研究考查了哪种线索是儿童进行相似性判断的基础。儿童参加了三种条件下的延迟样本匹配任务：一是选出和目标词汇"最像"的反应项，二是选出与目标词汇"听起来最像"的反应项，三是选出与目标词汇"看起来最像"的反应项。在第一种条件下，前阅读者（没有任何阅读经验）和初学阅读者基于词形和首字母选择反应项。对于他们而言，"最像"明确地指向与目标词汇看起来最像的选项。即使是在"听起来最像"的条件下，初学阅读者都基于视觉和字形相似性做出反应。中级阅读者（8岁儿童）在"最像"条件下也是选择与目标词看起来最像的选项。但是，词形对于他们来说已经不是一个显著的线索了，而正字法线索是他们所重视的。他们倾向于选择那些符合英语拼写的选项。尽管中级阅读者能够在"听起来最像"的条件下选出语音最相似的词汇，但是极少数中级阅读者会在"最像"条件下这么做。与此相反，10岁的熟练阅读者在"最像"条件下倾向于选择那些听起来最像目标词汇的选项。这个研究提示我们，各种线索的相对重要性随着阅读技能的发展而变化。初学阅读者的策略尚不灵活，他们往往会在所有的条件下都依赖视觉和字形线索进行相似性判断。相反，有两年及以上阅读经验的儿童对正字法结构很敏感。他们在"听起来最像"条件下的准确率相当高，这表明当要求他们运用形—音对应时，他们能够这样做。高级阅读者分析词汇的主要策略显然涉及形—音对应的运用，虽然他们也会运用正字法线索。

由于正字法和语音线索标示着儿童在关注整个词而不仅仅是一些字母，因此儿童对于这些线索的依赖增加是早期阅读发展的一个重要方面。根据词汇表征质量假说(lexical quality hypothesis；Perfetti & Hart，2001，2002)，对于词汇完整形式的关注可以提高个体对于某一词汇心理表征的质量(词汇表征)。反过来，高质量的词汇表征支持着词汇识别准确性、阅读流畅性和阅读理解。词汇质量具有以下几个维度：正字法、语音、词义以及词汇的语法范畴和构词句法变形，而且每种成分与其他成分的结合都是相对的。表 10-6 描述了每个范畴中高质量表征和低质量表征的例子以及它们在阅读中的效果(Perfetti，2007)。

表 10-6  词汇质量及其效果

| 词汇表征的属性 | 高质量 | 低质量 |
| --- | --- | --- |
| 正字法 | 完全特定；字母是固定的 | 不完全特定；有些字母的位置是变化的 |
| 语音 | 词汇特定语音；表征包含几个不同层级的语音信息 | 由于字位—音位关系不稳定或语音不完整，形成易变的表征 |
| 语义 | 词汇的全部意义都明确，足以区别于语义相近的其他词 | 基于语境，意义范围有限或是非常一般的含义 |
| 构词句法变形 | 表征了词汇的全部语法范畴和变形 | 语法范畴和角色信息不完整 |
| 以上属性的结合 | 正字法、语音、语义和构词句法变形属性紧密结合 | 属性之间的联结不太紧密，激活一个属性不总是能激活其他属性 |
| 稳定性 | 更高：正字法和语音输入的词汇识别可靠而快速 | 更低：词汇识别更慢且可靠性更低 |
| 同步性 | 各种属性相继激活、协力工作 | 各种属性不同时激活 |

研究者(Share，1999)进行了一系列实验来考查视觉输入和语音编码在构建新异词汇的高质量正字法表征中的作用。研究者让二年级的希伯来儿童阅读一些经过拼写可得性规范化的假词。在第一个实验中，儿童阅读一篇包含元音的文本，其中包含一个多次出现的假词，然后回答一些阅读理解的问题。在 3 天后，研究者对儿童的正字法学习情况进行了几项测查：命名时长、拼写、再认迫选测验。再认迫选测验包含了 4 个选项：①原始目标假词拼写，②目标假词的同音拼写，③替换了一个字母的拼写，④颠倒了两个字母位置的拼写。研究者发现，随着这些假词在先前阅读文本中出现次

数的增加，假词的命名时间更短，再认准确率更高。在第二个实验中，研究者考查了仅凭视觉接触本身能否解释新异词汇的正字法学习。实验二的参与者是另外一组儿童，他们在经过设计以最小化语音加工的条件下接触到假词。在这种条件下，假词和真词分别单独在屏幕上呈现 300 毫秒，儿童要在进行词汇判断的同时清晰地发出一些音/dubbadubbadubba/（见第七章）。每个假词在实验中呈现 6 次。几天之后的测验表明，与实验一的结果相比，基本的视觉接触使假词的再认准确率降低了 28%，拼写准确性降低了 11%。在第三个实验中，研究者以与实验二相同的持续时间呈现识别项目，但是改变了实验的任务，词汇判断的同时不再进行同步发音，而是进行词汇的命名，这样就允许参与者对假词进行语音加工。尽管实验三中的再认准确率比实验一低 16%，但是显著地高于实验二，而且拼写准确率与实验一的结果相当。这些研究结果提示我们，语音加工在儿童形成新异词汇的高质量正字法表征中具有重要作用。

## 三、提取熟悉词汇的意义的线索

本章到目前为止，主要关注儿童如何识别（或者拼读）新的词汇。然而，儿童阅读的许多词汇是他们已经认识的书面词汇。现在，我们将注意力转向儿童如何提取已经存储在他们的"书面词典"中的那些词汇的意义。对于最小的初学阅读者而言，这个"书面词典"几乎就是一些词汇特定的联系，儿童在词汇的某些具体方面与其意义之间进行联系，并在此基础上识别这个词汇。随着阅读技能发展，书面词典逐渐包含一些与词汇的正字法模式、发音及意义有关的特定信息（Ehri, 1983; Perfetti & Hart, 2001）。关于儿童词汇意义提取的许多研究都关心在提取词汇意义方面是否存在一个发展性转变。发展性转变假说（the developmental shift hypothesis）主张新手阅读者主要依赖语音编码来提取词汇的意义，而更加熟练的阅读者则既利用语音信息又利用视觉信息（Barron, 1981a, 1986）。

一些早期研究质疑了发展性转变假说，因为这些研究报告的结果表明，即使是新手阅读者也没有利用语音编码来提取词汇的意义（Barron & Baron, 1977; Condry, Mcmahon-Rideout & Levy, 1979; Rader, 1975）。研究者（Jorm & Share, 1983）指出，由于这些研究使用了有限范围的词汇（一般是那些词频和具体化都比较高的词汇），因此，它们并不能从整体上否定发展性转变假说。相反，这些早期研究表明，即使是初学阅读者也可以并且确实利用了视觉通道来提取一些常见的、高频词汇的意义。他们还强调，利用视觉输入来识别高频词汇并不一定意味着低频的和抽象的词汇也是如此被加工的，语音编码可能常常是加工这类词汇第一个途径，直到儿童可以利用视觉通道提取词汇的意义为止。

巴克曼等人（Backman, Bruck, Hebert et al., 1984）基于规则和不规则词汇命名

的研究数据支持了上述观点。巴克曼等人发现，初学阅读者很快就学会仅靠视觉输入来再认高频词汇，与此同时，他们完善和巩固关于拼写—发音对应的知识。不过，巴克曼等人也发现，初学阅读者在阅读同形异音拼写模式(-ave，-own)时有困难，这些同形异音模式在不同词汇中发音不同[如"have"(拥有)和"wave"(波浪)，"town"(城镇)和"mown"(刈)]，这提示我们，在这些情况下，他们的确依赖语音信息进行词汇解码。

### 图—词干扰

有大量研究使用我们在第三章中描述过的标准 Stroop 任务的变式来研究初学阅读者如何提取词汇意义。在图—词干扰(picture-word interference)任务(Rosinski，Golinkoff & Kukish，1975)中，研究者要求实验参与者尽可能快地命名一幅线条画(见图 10-2)。图中印有一个与图画可能相关也可能不相关的词汇或者字符串。当图上印有恰当的标签时(如在一幅画有苹果的图里有苹果这个词)，实验参与者的图画命名比单独呈现图画时更快(Ehri，1976；Posnansky & Rayner，1977)。如果图画中印的标签是另一个物品的命名，那么对于图画命名的干扰就发生了。

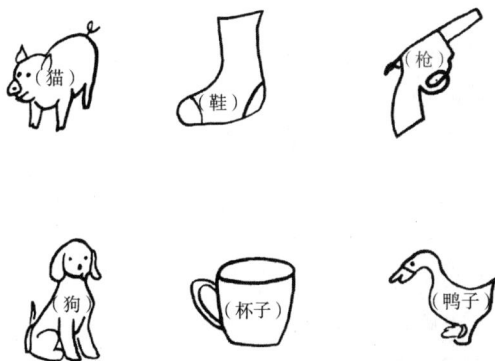

**图 10-2　图—词干扰任务的一些刺激样例**

注：上面一行是词汇和图画不一致的例子，下面一行是词汇和图画一致的例子。

研究者目前感兴趣的是，研究表明当图画和图上印有的标签在语义上不协调时(如在画有苹果的图里印有房子这个词)，比在语义上协调时(如在画有苹果的图里印有水果这个词)干扰更大。研究者(Rosinski，1977)运用这种实验设计证实，对于二、四、六年级儿童(及成人)来说，属于图画—语义范畴的词汇标签比语义范畴外的词汇标签产生的干扰更大。研究者认为这一结果表明，图—词干扰是基于语义的，而且即使是对于初学阅读者而言，词汇意义的提取都不以语音为基础(Golinkoff & Rosinski，1976；Rosinski，Golinkoff & Kukish，1975)。古腾塔格等人(Guttentag & Haith，1978)的后续研究测查了一年级末和三年级末的儿童与成人的图—词干扰。他们发现，初学阅读者在图—词语义相关时比不相关时表现出更多的干扰，这表明初学阅读者能够在没有进行必要的语音信息解码过程的情况下，通过图画获得其描述的词汇意义。

不过，对于三年级儿童和成人而言，可拼读的非词（如"lart"）比不可拼读的非词（如"lbch"）产生更多的干扰。这表明对于年长阅读者，图画标签的语音激活是自动化的。

　　研究者（Posnansky & Rayner，1977）给初学阅读者、年长儿童和成人呈现一些图画，这些图画中有一些同音或者非同音的非词标签。他们发现，当标签与图画的发音相同时［如在画有一片叶子（"leaf"）的图上印有"leef"或"lefe"］对图片的命名时间快于发音不同时（如印有"loef"或"lofe"）。参与者在标签上保留了大部分图画命名词的大部分字形特征时（如"leef"）的命名时间要快于未保留字形特征时（如"lefe"）。与之前的研究相反，年长儿童和成人表现出与初学阅读者基本相同的模式。该研究结果提示我们，视觉信息和词汇水平的语音形式都是自动激活的，而且与阅读技能无关。

　　总的来说，关于词汇识别的发展研究很少能为之前提到的发展性转变假说提供支持，没有什么研究能证实存在一个从依赖语音编码到利用基本的正字法编码的发展性转变。有一些证据正好与对立的假说一致，那就是发展过程是从几乎完全依赖字形信息到利用语音和视觉两种编码。不过，看起来最可信的假说可能是，初学阅读者和熟练阅读者都可以利用字形和语音两种信息来获取词汇的意义。初学阅读者在掌握书面词—声音的分析策略之前，可能在阅读熟悉的词汇时更多地依赖字形信息。一旦他们学会如何快速而准确地把书面词转变为声音，他们就可以利用语音编码来识别不熟悉的词汇了。随着阅读技能发展，他们开始能在见到一个词时自动化地激活语音信息。

　　我们在这部分中讨论的大多数研究结果都与之前阐述的早期阅读发展阶段以及在此基础上进行的许多观察性研究的结果相一致。这些研究结果共同指出，儿童是从几乎完全依赖视觉和字形线索，发展到开始熟练阅读时更多地依赖语音/正字法策略。对正字法线索的敏感性似乎很早就形成了（大约在二年级）。二年级的阅读者看起来具有一些对他们有效的分析性策略（如利用类比和语音线索），不过他们不能像10岁的阅读者那样娴熟地使用这些策略。到四年级时，儿童已经可以自动化地利用形—音对应规则，可以像熟练阅读者那样读出不熟悉的词和非词。他们还可以综合使用正字法、字形和语音线索来构建支持有效词汇识别的高质量词汇表征。

　　我们这里讨论的这些研究对发展性转变假说（初学阅读者利用语音识别词汇，而更熟练的阅读者依赖直接的正字法通道）提出了质疑。在我们看来，目前的大量研究数据表明，词汇识别技能从最初的无语音提取词汇的字符取向，发展到不但能利用直接的视觉通道而且能利用语音的能力。与这个过程一致的有好几种信息来源。第一，就像我们在词汇识别线索那部分看到的，儿童在阅读初期依赖视觉或字形线索，然后在一年级的某个时段开始关注语音线索。第二，儿童的阅读入门教学往往是学习一组书面词汇的意义，只具有与如何大声读出词汇有关的初步知识，仅仅能把这些书面词及其对应的拼读联系起来，或者只能运用数量有限的较大单元进行类比（Baron，1979）。第三，也正如我们已经看到的，学习阅读词汇常常是非常困难而耗费时间的，那些在获取阅读技能方面有困难的儿童似乎在运用书面词—声音转化程序方面有缺陷（Barron，

1981b；Bradley & Bryant，1983；Perfetti & Hogaboam，1975），并在词汇识别时特别依赖视觉线索。

使用不同研究范式的实验聚焦于熟练阅读者的语音自动化激活（见第五章）。尽管研究者和教育者宣称熟练阅读者主要依赖直接通道，但是行为学和神经生理学的研究数据似乎并不支持这个结论。眼动研究和事件相关电位研究发现，在词汇识别的早期存在语音启动效应，这表明熟练阅读者在默读过程中一般先是经由语音加工来实现词汇识别的（Ashby，2010；Ashby，Sanders & Kingston，2009；Chace，Rayner & Well，2005；Lee，Binder，Kim et al.，1999；Lee，Rayner & Pollatsek，1999；Pollatsek，Lesch，Morris et al.，1992；Sereno & Rayner，2000）。脑磁图（MEG）实验结果表明在熟练的词汇识别时有同时激活：前部的正字法—语音回路和腹部的正字法—语义回路在词汇呈现 100 毫秒后都被激活了，这为此前的研究结果提供了补充（Pammer，HanSen，Kringelback et al.，2004；Wheat，Cornelissen，Frost et al.，2010）。不过，一些功能性磁共振成像研究表明，与诵读困难者相比，熟练阅读者在前部语音回路的激活更少（Pugh，Mencl，Jenner et al.，2001b）。基本上，这些研究数据被认为反映了熟练阅读者从正字法—语音—语义过程到正字法—语义过程的转变。然而，正如一些感知运动实验所发现的，当一些技能练习到自动化程度时，与能观察到大脑皮层相关区域血流信号的减少一样，熟练阅读者语音回路激活的减少可能意味着更加有效的语音加工（Poldrack & Gabrieli，2001；Ungerleider，Doyon & Karni，2002；Wang，Sereno，Jongman et al.，2003）。桑达克等人（Sandak，Mencl，Frost et al.，2004）在一个训练研究中发现的结果与有效语音激活持续增加的观点相一致。该研究考查了阅读回路在识别词汇时的激活情况。熟练阅读者更加有效的语音加工表现为，随着字母串变得更加熟悉，前背侧语音区域的激活减少。因此，当前的神经影像学数据并不支持发展性转变假说。不过，我们将在第十一章中讨论其他一些资料，这些资料表明大多数儿童在 10 岁以后逐渐形成一个具有阅读特异性的大脑回路。

# 四、加工单元与阅读发展

阅读研究中的一个主要焦点是探讨什么是词汇识别的加工单元，以及单元的大小是否随时间发展而有所改变。许多早期研究的驱动力源于以下猜测：词汇识别技能的发展包括加工单元逐渐增大的过程（Gibson，1971；Laberge & Samuels，1974）。一般来说，随着词汇长度增加，词汇识别变得更慢。这一研究发现被认为：词汇识别是逐个字母的、小单元加工的证据。一些早期研究考查了在加工单元方面的发展性变化，得出了不一致的结果（Barron，1981a）。研究者（Samuels，LaBerge & Bremer，1978）发现，词汇长度会影响二年级儿童语义范畴判断的反应时长，但是对成人没有影响。

这些结果表明，要么随着阅读技能的提高，儿童从逐个字母地加工词发展为整体加工一个词；要么随着阅读技能的提高，儿童能够对字母进行平行加工。研究者（Drewnowski，1978）运用字母探测任务（letter detection task）来评估加工单元的发展性变化，在该任务中参与者需要在正常散文文本、打乱语序的文本和词汇列表中圈出他们发现的每一个字母"t"［亦可参见（Cunningham，Healy，Kanengiser et al.，1998；Mohan，1978）］。与在低频词［加"thy"（你的）］中圈出字母"t"相比，二至五年级的儿童以及成人在散文中圈出词汇"the"（这个）中的字母"t"时犯的错误更少。一年级儿童则恰恰相反，他们在两种类型的词汇中犯的错误是相似的。这种模式提示我们，初学阅读者比熟练阅读者更可能逐个字母地阅读。随着阅读技能发展，阅读者开始以更大的单元来加工一些文本。巴伦（Barron，1981a）推断，随着阅读技能的提高，阅读者发展出关注多个加工单元（拼写模式、音节、某些词素）的能力。近期更多以非词为实验材料的研究表明，儿童早在一年级时就利用辅音—元音词首和元音—辅音词尾来预测拼音，而且这种能力会一直发展到大约五年级（Treiman，Kessler，Zevin et al.，2006）。留心的读者会注意到，这些研究结果与关于英语阅读者学习运用几种不同粒度大小的语音信息来识别词汇的观点是一致的（Goswami，2005）。

实验范式的敏感性可能影响词汇识别的加工单元。例如，通过测量命名时长来考查词长效应时会得到一些与眼动测量不一致的数据。有两项研究说明了这一观点，并且揭示了熟练的成人阅读者所使用的加工单元。威克斯（Weekes，1997）观察到低频词的命名反应时存在词长效应，而高频词的命名反应时则不存在词长效应，这表明成人在加工熟悉的词汇时是整体加工的。相反，瑞纳等人（Rayner，Sereno & Raney，1996）发现，对于由 5～10 个字母组成的高频词和低频词，默读时的注视时间都随着词长增加而逐渐延长。词汇阅读时间平均每增加一个字母就多花 13 毫秒，且与词汇词频无关。这一结果表明，熟练阅读者在默读时的词汇识别中加工每个字母单元。不过这并不是说熟练阅读者只能加工字母单元，或必须以明显的串行方式进行加工。阿什比等人（Ashby，Freiman，Kessler & Rayner，2006）实施的一项眼动研究表明，熟练的阅读者在默读时也会在副中央凹加工书面词汇的首、尾音韵（onset-rime）等一些更大的单元（参见第五章）。熟练阅读者既能加工字母单元又能加工更大的模式，这与语音粒度理论的预测是一致的（Goswami，2005）。

# 五、理解加工

我们不会说太多关于儿童学习阅读中的理解加工的内容。我们已经在这一章中多次提到，到五年级时，儿童的词汇识别加工就已经与熟练的成人阅读者非常像了。我们猜想对于理解加工来说也是如此。这并不是说五年级儿童对文本的理解可以和熟练阅读者一样好。当然，如果你给他们一篇比较难的文章（文章中有许多不熟悉的词汇并且关于一个不常见的主题），他们可能不会理解太多。我们的观点是，尽管儿童可用于阅读任务的背景知识比成人少，但是五年级儿童和成人利用背景知识和相关策略的方式是相似的(Keenan & Brown，1984)。

五年级以下的儿童在理解文本方面确实存在问题。的确，人们可能想当然地以为，儿童年龄越小，在理解方面的困难可能就越大。但是，这个普遍的观点相当依赖言语的形式（也就是说，是读还是听）。年幼儿童在理解口语故事和电视节目时也比年长儿童困难得多。其中的原因显而易见：年幼儿童关于世界的一般知识没有年长儿童多，并且他们的词汇量更少。此外，他们不擅长推理故事中主人公的动机过程，很难猜想为什么作者在情节发展的某一点上要呈现特定类型的信息。到了学龄阶段，大多数儿童具有足够的关于叙事形式的内隐知识(Stein & Glenn，1979)，但是这些知识的丰富性随着他们在阅读方面水平的提高而继续发展。年幼儿童在理解上的困难还常常是由于他们从字面上理解所有事情。他们往往理解不了比喻和成语。年幼儿童在理解方面可能具有任意的以语言为基础的问题，这些问题可能并不具体涉及阅读过程，并且可能可以通过口语活动来解决。大多数正在学习阅读的儿童都表现出听力理解好于阅读理解(Chall，1996)。随着阅读发展，两者之间的差距缩小，阅读理解水平逐渐接近听力理解水平。最终，熟练阅读者的阅读理解超过听力理解。在初学阅读者中，相对于低水平阅读者，高水平阅读者在听力理解和阅读理解之间的差距往往更小一些。由于初学阅读者一般在词汇阅读不准确时，听力理解好于阅读理解(Curtis，1980)，因此阅读理解相对听力理解的弱势并不是早期阅读理解的一个必然问题。最好通过把儿童对于文本的理解程度与其同伴进行比较来确定其阅读理解的不足。

当然，儿童在阅读中的确会表现出语言理解问题。当出现这个问题时，初学阅读者可能完全未意识到他们并不理解文本。这就给我们提供了另一个看待初学阅读者的视角：他们可能不太擅长监控自己的理解过程。大量关于理解的自我监控的文献(Baker & Brown，1984；Brown，1980；Golinkoff，1976；Markman，1979；Myers & Paris，1978；Ryan，1982)显示了年幼儿童在这方面存在的不足：他们意识不到自己在多大程度上理解或误解了一篇文章。一些研究(Palinscar & Brown，1984；Paris，Cross & Lipson，1984；Paris & Jacobs，1984)表明，指导儿童监控自己的理解是非常有益的，而且似乎初学阅读者有能力监控自己阅读的好坏。不过，初学阅读者一般只有经过特定教学才能这么做。其中可能的原因是什么呢？

当儿童进行阅读时，效率低下的词汇识别过程可能会阻碍其阅读理解。贝克和布朗(Baker & Brown，1984)提出大多数初学阅读者都极少会意识到他们必须要理解一篇文章的意义，他们把阅读聚焦为一个解码过程，而不是一个收集意义的过程。这可能是由于在早期阅读发展中，词汇识别是缓慢而费力的。早期的阅读听起来常常显得很笨拙，儿童常常是以一种断断续续的、不连贯的方式说出词汇，而且缺乏口头表达的重音和韵律。直到词汇识别过程变得自动化，儿童才会将注意力分散到阅读的多个方面(词汇识别和理解)。就这方面来说，开始阅读就像是尝试在不知道如何运球的情况下打篮球，很难在学习新的解码技能的同时专注于获取意义这一阅读的最终目标(Beck，1998)。对于大多数儿童来说，关于理解监控的指导会让儿童减少在基本技能方面的努力而优先考虑理解监控，进而促进他们在"篮球比赛"中的表现。此外，一些有助于词汇识别过程自动化的指导也可以通过帮助儿童加强对于书面词的词汇表征，为阅读理解腾出一些注意力。

有些研究者(Omanson，1985；Perfetti，1985)提出，在阅读理解中包含很多视觉词汇识别过程。这就解释了为什么在整个小学阶段，儿童对他们听到的文章的理解一般都好于他们对看到的文章的理解(Curtis，1980)。随着词汇识别加工变得更加自动化，识别效率的增加使得阅读者能够将意志努力应用到理解文本上。这个观点是语言效率理论(verbal efficiency theory)的核心(Perfetti，1985)。语言效率理论把在词汇识别上花费时间和努力的减少与文本理解能力的增加联系在一起，因而为当代阅读流畅的研究兴趣提供了基础，相关内容我们将在下一章中展开讨论。

词汇语义知识也会影响阅读理解。如果一篇文章中包含许多长的或者不熟悉的词汇，即使儿童具有很好的词汇识别技能也不能很好地理解文章(Marks，Doctorow & Wittrock，1974；Wittrock，Marks & Doctorow，1975)。如果给儿童提供一些词汇教学，那么儿童对于包含这些词汇的文本理解会显著提高(Beck，Perfetti & McKeown，1982；Kameenui，Carnine & Freschi，1982；McKeown，Beck，Omanson et al.，1983；Omanson，Beck，McKeown et al.，1984)。这样看起来，拓展词汇量、增强词汇识别自动化和促进理解监控的教学指导都有益于儿童的阅读理解加工。

# 六、内部言语和阅读理解

正如我们在第七章中讨论过的，内部言语加工对熟练的阅读理解具有支撑作用。内部言语在多大程度上有助于初学阅读者的文本理解呢？这不是一个易于评估的领域，因为实际上有许多初学阅读者既练习默读也练习朗读。这样一来，以下发现就不足为奇了：肌电图记录表明，初学阅读者在默读期间的声带肌肉活动比年长儿童更多(Edfeldt，1960；McGuigan，Keller & Stanton，1964)。许多默读期间的声带活动可能仅仅是初学阅读者常常进行朗读的遗留。有可能(默读时)声带活动对理解加工的重要性比不上对语音编码的重要性。大多数关于言语加工与阅读之间关系的研究聚焦于前词汇语音(或者说发生在词汇识别之前的语音加工)。在这部分，我们将关注对于组成句子的已识别词汇的后词汇语音加工过程。数项研究表明，后词汇的语音再编码有助于阅读理解。

研究者常常使用记忆任务来识别语音再编码策略，一些研究测量了听觉上的易混淆材料是否比控制材料更难加工（语音相似效应，见第七章）。利伯曼等人（Brady，Shankweiler & Mann，1983；Katz，Shankweiler & Liberman，1981；Liberman，Shankweiler，Orlando et al.，1977；Mann，Liberman & Shankweiler，1980；Mark，Shankweiler，Liberman et al.，1977；Shankweiler，Liberman，Mark et al.，1979；Byrne & Shea，1979）开展的大量研究论证了工作记忆中的言语编码在支持阅读方面的重要性。利伯曼等人发现，高水平的二年级儿童阅读者在押韵字母序列中犯的错误要多于在不押韵字母中的错误，而低水平的同龄阅读者在两种条件下的错误数量相同。这表明高水平阅读者比低水平阅读者更多地受到视觉呈现项目的语音属性的影响，而且他们在工作记忆中更多地使用言语编码。马克等人（Mark，et al.，1977）在一项后续研究中采用了再认记忆范式，以尽可能地减少复述的影响，考查了语音相似效应的发展轨迹。再认任务的研究结果与之前回忆任务的研究结果相似，高水平阅读者比低水平阅读者具有更好的语音表征通路。有趣的是，当研究者（Hasselhorn & Grude，2003）测查二到六年级儿童时，发现语音相似效应的大小与年龄和语速无关。这些研究与以下观点相符：内部言语对于在短时记忆中保持词汇是很重要的，而且高水平阅读者比低水平阅读者更加依赖内部言语。

上述研究表明，内部言语参与了短时记忆表征的形成，由此可推论，内部言语支持阅读理解。另外一种假说认为内部言语是伴随着学习有感情朗读或流畅阅读发展的。从这个观点来看，内部言语需要预先构建口语表达的表现［亦参见（Slowiaczek & Clifton，1980）］。贝格斯（Beggs）等人发现，与朗读无标注的文本相比，初学阅读的儿童大声读出标记韵律特征的文本（用粗体字标出需要重读的词汇）可以促进其阅读理解。他们的内部言语假说还与克莱等人（Clay & Imlach，1971）的研究结果一致。克莱等人发现，在7岁儿童中，好的阅读者在阅读时使用富有感情的语调，而差的阅读者则不然。

只有为数不多的发展性研究获得了关于后词汇语音再编码与阅读理解关系的证据。多克托等人（Doctor & Coltheart，1980）报告的一项短语评价研究就是其中之一。在多克托等人的研究中，要求6～10岁儿童阅读以下类型的短语：

①I have the time.（有意义，句中不含同音词。）

②I have no time.（有意义，句中包含同音词。）

③I have know time.（无意义，句中全部为真词，听起来是正确的。）

④I have blue time.（无意义，句中全部为真词，听起来是不正确的。）

⑤I have noe time.（无意义，句中含有非词，听起来是正确的。）

⑥I have bloo time.（无意义，句中含有非词，听起来是不正确的。）

当让儿童判断这些句子是否有意义时，初学阅读者在那些听起来正确的短语上（"I have noe time."和"I have know time."）犯的错误要多于那些听起来不正确的短语（"I have blue time. ")。追加实验表明，这些错误并不是由视觉相似或者同音词拼写知识的不足造成的。研究者(Coltheart, Laxon, Keating et al. , 1986)使用多克托等人的实验材料开展了一项后续研究，推论之前的语音效应可以归因为后词汇加工。因此，初学阅读者似乎的确依赖语音再编码来辅助其理解过程。

正如我们在第七章中指出的，同时发声(concurrent vocalization)研究作为一种信息来源，有助于我们理解语音再编码在熟练阅读中的作用。在儿童阅读有意义文本的研究中，只有少数研究运用了同时发声技术。迈耶等人（Mayer, Crowley & Kaminska, 2007)研究了威尔士双语儿童阅读理解中的同时发声效应，7 岁和 11 岁儿童分别在以下三种条件下默读英语和威尔士语文章：轻轻敲击手指、重复发出/lalala/的声音、不做任何额外任务。在完成自定步调的阅读后，儿童需要分别回答与六段文章相关的六个问题。迈耶等人发现，对年幼儿童而言，无论是阅读威尔士语文章，还是阅读英语文章，同时发声对阅读理解的损害都比轻敲手指带来的损害更大。然而，对于年长儿童来说，同时发声仅仅损害威尔士语的阅读理解。在阅读英语文章时，与其他两种条件相比，年长儿童的阅读理解并没有受到同时发声的影响。这个结果似乎表明，年长儿童在阅读英语时比阅读威尔士语时更少地依赖语音编码。然而，也有可能是因为威尔士语是第一语言，所以年长儿童在阅读威尔士语时仍然比读英语时更多地依赖声带肌肉活动进行语音编码。这个结论与以熟练的双语成人为实验参与者进行的研究结果一致，第一语言($L_1$)的特征影响在第二语言($L_2$)中收集到的词汇识别的数据(Lemhöfer, Dijkstra, Schriefers et al. , 2008)。在以英语为第一语言的儿童中进行声带活动与阅读理解之间的发展性关系的进一步研究将会提供更多信息。

关于阅读发展中内部言语的研究数量不多。这些研究提示我们，随着基本阅读技能的获得和初期阅读经验的累积，儿童逐渐更加熟练地运用语音编码来辅助阅读理解。鉴于我们认为熟练的成人阅读者使用内部言语来辅助阅读理解，尤其是在阅读困难的文本时，儿童可能也是如此。内部言语在儿童阅读中的作用是一个仍需进一步研究的领域，在我们完全理解这个主题之前还需要开展更多相关的研究。

我们主张，初学阅读者在理解方面的许多困难并不是阅读所特有的，初学阅读者比熟练阅读者拥有的关于世界的知识更少、有意义的词汇量更小。年幼阅读者一般都缺乏理解监控的策略。因此，我们完全有理由认为年幼阅读者在理解测验中的表现不可能像年长儿童一样好(Keenan & Brown, 1984；Williams, Taylor & DeCani, 1984)。我们还提出早期阅读者在理解方面的主要障碍是低效率的词汇识别过程和有限的词汇知识。因此，致力于提高儿童理解监控策略的指导会有助于阅读理解，但是词汇教学和阅读流畅性的发展能够更有效地促进阅读理解的发展。

## 七、眼动和知觉广度

正如我们在第四章中提到的，初学阅读者与熟练阅读者相比，注视点更多、注视时间更长、眼跳幅度更短、回视更多。初学阅读者的平均注视时间大约为 350 毫秒，平均眼跳长度是 2~5 个字符，有 25% 的眼动都是回视。当儿童阅读水平提高时，他们的眼动模式呈现出系统的变化：注视时间缩短、眼跳幅度增加（次数减少）、回视减少（Buswell，1922；Rayner，1978a；Taylor，1965）。表 10-7 呈现了巴斯韦尔（Buswell）和泰勒（Taylor）等人的研究中总结的一些数据。巴斯韦尔（Buswell，1922）观察到，到了五年级，儿童阅读的大部分眼动指标趋于稳定。在眼动指标中，直到高中都在持续变化的是回视性眼动的数量。

**表 10-7　阅读中眼动的发展特点**

| 文章与特点 | 等级 | | | | | | 成人 |
|---|---|---|---|---|---|---|---|
| | 1 | 2 | 3 | 4 | 5 | 6 | |
| 泰勒（S. E. Taylor，1965） | | | | | | | |
| 　注视时间（毫秒） | 330 | 300 | 280 | 270 | 270 | 270 | 240 |
| 　每 100 个词中的注视点数量 | 224 | 174 | 155 | 139 | 129 | 120 | 90 |
| 　回视的比例（%） | 23 | 23 | 22 | 22 | 21 | 21 | 17 |
| 巴斯韦尔（Buswell，1922） | | | | | | | |
| 　注视时间（毫秒） | 432 | 364 | 316 | 268 | 252 | 236 | 252 |
| 　每 100 个词中的注视点数量 | 182 | 126 | 113 | 92 | 87 | 87 | 75 |
| 　回视的比例（%） | 26 | 21 | 20 | 19 | 20 | 21 | 8 |
| 瑞纳（Rayner，1986） | | | | | | | |
| 　注视时间（毫秒） | — | 290 | — | 276 | — | 242 | 239 |
| 　每 100 个词中的注视点数量 | — | 165 | — | 122 | — | 110 | 92 |
| 　回视的比例（%） | — | 27 | — | 25 | — | 24 | 9 |
| 麦康基等人（McConkie, Zola, Grimes et al.，1991） | | | | | | | |
| 　注视时间（毫秒） | 304 | 268 | 262 | 248 | 243 | — | 200 |
| 　每 100 个词中的注视点数量 | 168 | 138 | 125 | 132 | 135 | | 118 |
| 　回视的比例（%） | 34 | 33 | 34 | 36 | 36 | — | 21 |
| *M* | | | | | | | |
| 　注视时间（毫秒） | 355 | 306 | 286 | 266 | 255 | 249 | 233 |
| 　每 100 个词中的注视点数量 | 191 | 151 | 131 | 121 | 117 | 106 | 94 |
| 　回视的比例（%） | 28 | 26 | 25 | 26 | 26 | 22 | 14 |

资料来源：Rayner，1998。一字线指数据未收集。

为什么随着阅读的发展，眼动特点也发生变化呢？鉴于眼跳的长度随着阅读技能的发展而增加，许多研究者指出，刚开始阅读的儿童与熟练阅读者相比，知觉广度更小。关于这些现象的一个被普遍认可的解释是，初学阅读者将他们的全部注意力集中到被注视的词汇，不能有效地利用副中央凹和外围的信息，因此比熟练阅读者具有更小的知觉广度(Fisher，1979)。

评估初学阅读者知觉广度的最常用的技术是用一行词的数量除以其中注视点的数量。这种方法的问题在于它错误地假设一个注视点到另一个注视点之间不存在信息的重叠。另一种用于推论儿童比熟练阅读者的知觉广度更小的技术是让实验参与者阅读残缺文本，其中词汇之间的空隙填充了各种类型的字母或字符(Fisher & Montanary，1977；Hochberg，1970；Spragins，Lefton & Fisher，1976)。残缺文本技术(mutilated text technique)的主要问题是，我们不能判断阅读速度的减慢应当归因于在反常的版本中进行信息加工的困难，还是归因于与中央凹词汇识别过程相联系的困难。研究者(Pollatsek & Rayner，1982)把阅读此类文本的大部分困难阐释为填充注视词汇右侧空间的结果，大部分破坏效应可能是由于干扰了对注视词汇的识别，而与知觉广度无关。

尽管以上描述的各种技术都一致表明初学阅读者比熟练阅读者的知觉广度更小，但是每种技术都有自身的问题。瑞纳(Rayner，1986)运用第四章中描述过的移动窗口技术(moving-window technique)研究了二、四、六年级学期初儿童的知觉广度大小。瑞纳发现，年幼阅读者的知觉广度的确略小于熟练阅读者，年幼阅读者的知觉广度大约延伸至注视点右侧 11 个字符，而熟练阅读者的广度为 15 个字符(见第四章)。他还发现，年幼阅读者和熟练阅读者一样利用词长信息来决定接下来看什么地方，而且他们的知觉广度是不对称的，偏向注视点右侧(这也与熟练阅读者相似)。显然，一年的阅读经验使得初学阅读者直接把大部分注意力放在注视点右侧。

然而，在瑞纳的研究中，年幼阅读者的知觉广度只是略微小于熟练阅读者，移动窗口将阅读广度限制在 5 个字符内(注视点左右两侧各两个字符)，这就将年幼阅读者的阅读速度减慢至他们正常阅读速度的 62%。相比之下，四年级和六年级儿童在这个大小窗口阅读的速度分别是他们正常阅读速度的 40%和 42%，成年人则为 34%。限制窗口对于最年幼儿童的阅读速度减少得最少(相对于他们的正常阅读速度)，他们较小的知觉广度似乎是由于他们与熟练阅读者相比，在注视时把更多的注意力放在中央凹词汇的加工上面。确实，当让四年级的儿童阅读困难的文章时，他们的知觉广度缩小到年幼阅读者知觉广度的大小。

研究者(Häikiö，Bertram、Hyönä et al.，2009)运用移动窗口范式的变式考查了 8 岁、10 岁、12 岁儿童以及成人在阅读芬兰语时有关字母特征信息的广度。因为芬兰语的正字法相对于英语更加透明，所以芬兰语阅读者可能会比英语阅读者具有更大的知觉广度。研究者没有在可视文本窗口外填充"X"字母，而是使用一些保留了上伸或下行特征信息的字母串。这种实验操纵可以测量比知觉广度更小的字母特征知觉广度(也就是阅读者可以提取关于字母特征和词汇词长等有用信息的范围)。他们的研究重复发现了上面讨论过的瑞纳的研究结果,高水平阅读者比低水平阅读者具有更大的字母识别范围。另外,他们的研究数据表明,到 12 岁时,儿童的字母识别广度就拓展到与成人一样了,而且熟练的芬兰语阅读者和英语阅读者的字母特征知觉广度是类似的,前者是 9 个字符,后者是 7~8 个字符。因此,某种语言文字的正字法一致性并不影响副中央凹的字母识别过程。

总体上,我们可以断定初学阅读者的知觉广度略小于熟练阅读者(Häikiö et al., 2009;Rayner,1986)。无论知觉广度还是眼动都不能从本质上解释为什么初学阅读者的阅读速度更慢。运用消失文本(disappearing text)范式进行的实验表明,儿童获取基本视觉信息的速度几乎与成人一样快(Blythe,Liversedge,Joseph et al.,2009)。儿童与成人相比,似乎主要是在解码单个词时遇到的困难明显更多一些。年幼儿童的确比年长、熟练的儿童阅读的速度更慢,但是缓慢的眼动速度并不是读得慢的原因。这些仅仅反映了一个事实:年幼儿童的核心认知加工慢于年长儿童,阅读中的许多成分的加工过程还没有变得自动化(LaBerge & Samuels,1974)。与这个观点一致,约瑟夫等人(Joseph,Liversedge,Blythe et al.,2009)的研究发现,儿童和成人在字母较多的词上的首次注视时间都比在字母较少的词的时间长。不过,对儿童而言,词长效应还表现在回视等其他眼动测量指标上。比较长的注视时间、更多的注视点(更多的眼跳次数)、更多的回视都反映出,解码过程和词汇识别过程都需要年幼儿童付出更多的努力。因此,眼动模式进一步反映了年幼儿童在加工书面语言时的困难,但是这并不是他们读得更慢的原因。

# 八、总结

在这一章中,我们描述了一生中的阅读发展阶段,并详细讨论了阅读发展的早期阶段。我们认为这些阅读的早期阶段不应该被看作所有儿童都要经历的生物学序列。更确切地说,我们建议把这些阶段作为普遍的发展假设(developmental heuristic)。它描述了儿童随着认知技能的提高和阅读经验的增加,以及在他们试图读出词汇的方式上依序发生的一些变化。我们讨论了一些与阅读技能的几个方面有关的资料,以此来支持我们的主张,即对于典型发展的阅读者来说,到五年级时,熟练阅读的基本加工过程就变得相当自动化了,并且出现了一些文本阅读理解中涉及的基本策略。因此,五年级儿童与更高级的阅读者之间的差异主要是量的差异而不是质的差异。

# 第十一章　学会阅读

　　阅读的学习是一项复杂而困难的任务。然而，对于熟练阅读者来说，默读并不比其他知觉行为(如倾听)困难。如本书前面所述，熟练阅读中有许多过程几乎是自动运行的。这些过程包括熟悉词汇的识别、新词的解码、有语调的朗读、文本的理解以及新词含义的学习。最终这些过程在熟练阅读中的自动化促使人们普遍产生了一种直觉——阅读是一项轻松简单的任务。然而，只要稍微花一点时间去对阅读初学者进行观察，就会发现他们在开始学习阅读时付出了巨大的努力。阅读初学者通常以一种缓慢、不连贯的方式朗读，而且用手指指点着每个读出的单词。后来，随着词汇识别速度的加快，儿童的阅读更加顺畅，而且能反映出口语的语调模式，但是，在随后的几年间仍有许多儿童可能会错读、结结巴巴地读出生词。因此，我们看到了关于阅读的一个悖论——对成年人来说十分简单的技能，可能对儿童来说却相当困难。

　　在本章中我们将对阅读学习的一些特点进行考查，侧重点是阅读的各个子过程和儿童要成为熟练阅读者必须掌握的认知技能。尽管可能涉及一些跨文化问题，但本章重点放在英语阅读学习的过程上。我们首先探讨拼音文字系统的要求，然后探讨阅读发展的基础。最后，我们将讨论不同类型的儿童阅读教学方法。


## 一、拼音规则

　　尽管文字系统的性质决定阅读学习任务，但是基本阅读目标却不因文字系统的差异而有不同。正如我们在本书第二章中所指出的，文字系统因编码语言单位的方式不同而有别。拼音文字系统(如英语、意大利语、韩语)使用有限的字素(文字符号)来编码语言的基本音位。相反，表意文字系统(如汉字、日本汉字)使用大量的字素来记录词汇的语义和语音性质。还有两种文字系统介于两者之间：一种是只编码辅音音位而省去大多数元音字母的辅音音位文字(abjads)(如希伯来语、阿拉伯语)，另一种是使用字素来表征音节的音节文字(如日语假名)。拼音文字系统具有表意字符文字系统不具备的两大优势。第一，学习拼音文字的阅读者需要掌握的形义联想数量，远远少于学习字符编码—词义的表意文字的阅读。拼音文字系统通过字母和语音之间的可预测性联系实现这一"经济"原则；它充分利用了口语中言语与意义固有联系的优势。第二，由于用字母来编码基本音位，熟练的拼音文字阅读者能够独立地拼读出生词，而汉语阅读者则必须记住数千个汉字的读音与字形才能阅读文本。

阿拉伯语字母、西里尔语字母和德语字母的外形虽然有区别，但世界上各种语言的字母系统所依据的原则相同：文字符号与音位或言语紧密联系。字母—发音联结(letter-sound associations)的规则性是"能产拼音文字系统"(productive alphabet system)的主要优势，因为这种规则使读者能够读出从未遇到过的词汇。这允许读者将离散的语音组合为便于在心理词典中存储与提取的语音形式，成为其语言系统的一部分。字素—音位联结(grapheme-phoneme associations)的规则性指文字系统的透明度。意大利语、西班牙语、韩语(south Korean)和德语属于透明度高的拼音文字。但是，还有许多拼音文字其字母和音位之间联系的表征更为复杂(如在英语中不发音的"e")。例如，英语的文字系统从本质上讲是形态音位性的(morphophonemic)，因为它运用字母来表征词汇的形态和语音两个方面的信息。虽然字母可以大致地表征音位，但音位具体如何拼写出来仍取决于词汇的形态(Perfetti，2003)。例如，"nature"(自然)和"natural"(自然地)两个词的第一个音节虽然由不同的音位组成，但其拼写相同，表明两者之间存在形态联系。英语的形态音位特性给正在学习阅读的读者带来了挑战，因此阅读教学应该着眼于不同层面的语言信息。所以，阅读教学的顺序对于英语等不透明文字系统来说更为复杂，阅读学习的过程也需要更长的时间(Katz & Frost，1992；Seymour，Aro & Erskine，2003；Share，2008)。

尽管英语的形态复杂，但字母表征音位或单一语音这一基本原则在所有拼音文字系统中都相同，而且这一原则是"能产文字系统"(productive writing system)的关键(Perfetti，1985)。"能产文字系统"是能够通过为数不多重复使用的符号(或字母)生成大量的词汇和语素的一种系统。例如，英语中 p、s、t、o 四个字母可用于编码"stop"(停止)，"pots"[(复数)罐、壶]，"tops"[(复数)顶端]，"top"[(单数)顶端]，"pot"[(单数)罐、壶]，"so"(所以)，"post"(哨所、柱子、邮递)，"to"(不定式符号或到)和"sop"[(泡在牛奶或者肉质中食用的)面包片]。尽管拼音文字系统的能产性对熟练读者来说是经济省力，但是其低透明性则可能给阅读初学者造成困惑。一般来说，有两个原因造成了拼音文字(特别是英语)学习的困惑与困难：①音位(尤其是辅音)的抽象性质；②英语中没有用唯一的符号来标示元音发音。下面让我们来看一看儿童在阅读学习过程中遇到的障碍。

第一个障碍是儿童通常对音位的性质认识不清，因为音位是抽象的概念而非实际语流中的一个语音片段(Liberman，Cooper，Shankweiler et al.，1967)。例如，音位/d/的语音感知和生成都高度依赖于其前后的元音。首先，"dime"(10分钱)中的/d/和"dome"(穹顶)或"lid"(盖子)中的/d/从声学来看有很大不同。其次,音位/d/本身不能发音。若教师试图解释说"dime"一词开头是音位/d/,就会遇到一个问题,因为他(她)发/d/这个音时或多或少必须带一点后续元音的成分。如果在/d/后添加的元音是/ay/①[读音同"eye"(眼睛)],那么这对"dime"来说是正确的,但对"dome"则不然。如果教师试图省略随后的元音,那么/d/很可能会被读成"duh",与在"dime"或"dome"中的读音均不相同。

音位的抽象性质能够解释阅读初学者在语音意识方面遇到的困难。语音意识是一个具有高度概括性的术语,指个体在音节、押韵或音位等层次上识别语言声音结构的能力。音位意识指允许人对构成所听到词汇的音位进行切分、存储和操纵的单一语音的有意识知觉(回答/spot/在去掉/s/之后是什么之类问题的能力)。大量研究表明,音位意识能够预测阅读学习的成功与否。学习应用拼音规则,包含将抽象的音位/d/(或任何辅音)与对应的字素(字母)(此处为字母"d")相联系的过程。对于只知其一(只认识字母"d")却对抽象的音位所知甚少的儿童来说,将两者联系起来可能特别困难。

熟练阅读者很难明白为什么儿童不理解书面文字与口语的关系。研究者(Rozin, Bressman & Taft,1974)对阅读学习过程中拼音规则知识的发展进行了研究。实验要求儿童首先看两张卡片,一张上写着"mow"(干草、刈),另一张上写着"motorcycle"(摩托车),然后听研究者仔细读出每个单词,最后儿童要指出写着对应词的卡片。若儿童认识到"motorcycle"比"mow"的发音要长(前者包含更多的音位片段),那么他们应该能够轻而易举地选出正确的卡片。研究者发现,学习阅读前的儿童在此任务上的成绩达到随机水平,说明他们不明白发音长的单词包含更多的字母。相反,多数二年级学生能够准确地完成任务。此时,他们已经学会了阅读,对口语发音和印刷字母之间的关系亦有理解。

第二个障碍是字母和元音并非一一对应的。这一障碍在某些拼音文字中尤其突出。例如,在芬兰语中,多数元音都用特定的字母拼写,从而使其成为具有最透明正字法的文字之一。但是,如前所述,英语的文字系统就不是很透明的。英语之所以复杂,其部分原因在于,美式英语中有十几个元音,却只有五个标准元音字母。这意味着即使有字母"y"和"w"的辅助,字母"a""e""i""o""u"也将不得不担负起双倍或三倍的职责。例如,"cat"(猫)、"cake"(蛋糕)、"car"(汽车)和"call"(呼叫)四个词中都包含字母"a",用于表征不同的元音音位。但是,这些差异并非任意的。相反,发音的规则似乎是由更大的语音单位决定的:"a"在"cake"中的发音由词尾字母"e"来决定,"a"在"car"中的发音由随后的字母"r"决定。这些例子验证了英语语料库研究的结果,表明元音字母的发音在其所处的辅音环境中变得更具可预测性(Kessler & Treiman,2001; Treiman, Mullennix, Bijeljac-Babic et al.,1995)。元音后的辅音对元音发音的影响尤其大。如上述各例所示,字母"a"的发音有多种可能性,但若将元音之后的字母一并加以考虑(音节的结尾),可能性就会减少。请注意字母"a"在"hall"(厅)、"wall"(墙壁)和

---

① 此处用国际音标来标示,即/ai/。——译者注

"small"（小的）等几个词中的发音是一致的。此处共享一个押韵单位（元音和随后的辅音一起组成的单位），拼写也具有一致性，这就增加了正字法和语音间的透明性。眼动实验表明，熟练阅读者对元音的语音环境敏感，他们在词汇通达的早期阶段，在激活元音的语音信息时，会利用副中央凹中的音节结尾信息（Ashby，Treiman，Kessler et al.，2006）。押韵单位发音的规律性也适用于许多我们认为拼写不规则的词汇[如"could"（能）、"should"（应该）、"would"（将）]。因此，正如有人坚持认为，英语拼写杂乱无章这种说法并不准确。相反，所有的拼音文字均强调经济性（如26个字母），而且通过复杂化来实现经济原则（多个发音与同一个字母相映射）。然而，对于元音较少的语言，如西班牙语和意大利语，所需要的多重映射比英语少一些。学习阅读具有简单映射（mapping）关系的文字系统的儿童会先于那些学习英语之类文字系统的儿童达到熟练水平，就不足为奇了（Aro & Wimmer，2003；Seymour，Aro & Erskine，2003）。

音位、押韵和音节水平正字法—语音规则的辨识模式是英语阅读学习过程中遇到的主要挑战之一（Ziegler & Goswami，2005）。尽管儿童凭着自己所记忆的词汇似乎能够"阅读"，但拼音规则知识的构建是培养有助于真正独立阅读的正字法—语音编码能力，这或者是生词阅读能力的关键。令人惊讶的是，相对于只凭借所记忆的词汇却无视拼音规则的读者而言，那些为掌握正字法—语音编码而努力不懈，并在此过程中勉力学习阅读的一年级儿童可能更快地培养起独立阅读的能力。进入全拼音阶段后，阅读学习者若掌握拼音规则就能学会关注构成词汇的所有字母，从而将拼写相似的词汇区分开，如"winter"（冬天）和"wonder"（疑惑）（Ehri，1980；Perfetti，1992；Venezky & Massaro，1979）。贝克（Beck，2006）观察到，由于整词记忆效应，有些读者在开始阶段似乎读得很顺畅，但是若需要精心辨别有些拼写和发音均相似的长词（如"wonder"和"wander"），可能就力不从心了。

总之，拼音规则的理解、常见正字法—语音映射的自动化使英语阅读的学习变成一项具有挑战性的任务。如前所述，主要有两个困难：①音位是极其抽象的概念；②多数拼音文字为了符号的经济性或者形态的透明性而牺牲了音位的明确性，从而使正字法复杂化。许多研究均表明，拼音规则的发现是阅读学习成功的关键（Backman，1983；Bradley & Bryant，1983；Bruce，1964；Calfee，Chapman & Venezky，1972；Calfee，Lindamood & Lindamood，1973；Fox & Routh，1975，1976，1984；Helfgott，1976；Juel，Griffith & Gough，1986；Liberman，1973；Lundberg，Olofsson & Wall，1980；Torneus，1984；Wagner & Torgesen，1987；Zifcak，1981）。英语文字系统的词素音位性质导致其正字法透明度较低，从而使英语阅读的学习难于其他许多语言阅读的学习。埃里（Ehri，1979）曾说过，"如果黎明之光不是如此渐变，那么言语和文字之间的关系可能是童年最不寻常的发现。"

## 二、读写能力的萌发（emergent literacy）

任何一个国家的儿童都通过融入其语言团体自发地学会了口头语言。读写能力萌发的概念根植于下述观念：儿童在成为既重视又践行读写的团体的一员的过程中，自发地学会了阅读。虽然一个文化水平高的社团能够激励其学习阅读，但多数儿童并非自动地成为熟练阅读者。与言语——人类大脑中天生的能力不同，阅读是一种后天习得的技能（Gough & Hillinger，1980）。"读写能力萌发"（emergent literacy）这一术语被用于描述儿童正式读写教学开始前所获得的知识和态度（Storch & Whitehurst，2002；Whitehurst & Lonigan，1998）。学前儿童开始对文字系统的重要性及其运作方式有所理解。读写能力萌发的核心思想是，尽管读写能力可能并非大脑中天生的，但作为自然发展过程中的一部分能够以多种形式浮现出来，随后转变为常规阅读。从这个意义上讲，这是一个笼统的术语，指儿童在 6 岁之前从如何握住一本书到命名字母，任何与读写相关的能力的总称。儿童在类读写任务上的表现，被认为是先于其常规阅读和书写能力发展获得的能力连续体上的一个进步指标。

读写能力萌发的阶段从出生至 6 岁，涉及口语技能的发展和对周围环境中的文字逐渐明朗的意识。非正式的观察已经使人们对学前儿童在正常条件下应该达到的标准有了一定的认识。4 岁前，儿童借助于环境中的文字发现了书面文字的功能。在此阶段，他们通过标签上的视觉线索而非文字本身来识别词汇。上述结论得到一些研究结果的支持。例如，有研究发现，儿童即使注意到字母的改变，也不能正确地拒绝首字母变换（如"Pepsi"变为"Xepsi"）后的标签（Masonheimer，Drum & Ehri，1984；McGee，Lomax & Head，1988）。4 岁左右，儿童开始对书面文字图形方面的性质（如字形）有了一定的理解，并逐渐发展起字母作为词的组成部分的意识以及字母书写方向十分重要的意识。到 5 岁，儿童就应该知道一本故事书的开头和结尾在哪里。此时，他们已开始识别字母，尤其是自己名字中包含的字母。

很少有定量研究采用一系列标准的任务对读写能力萌发的发展进程进行考查。利维等人（Levy，Gong，Hessels et al.，2006）对 474 名 4～6 岁儿童进行了一项描述性的横断研究。他们在其研究中采用了多种实验任务和标准化测试，以更好地了解读写能力萌发的发展轨迹。研究的重心是书面文字知识和语音意识的发展方式，以及文字知识与词汇阅读技能之间的关系。文字知识通过一项辨别任务来进行考查，要求儿童注视成对的项目（见表 11-1），然后识别哪一个是"Mommy would like to read"（妈妈喜欢读）。儿童根据自己的步调来浏览卡片，以测试其觉察词汇和句子中文字违规的能力，其中包括线性排列、空格、字母—数字组合、上下颠倒和反向印刷。语音意识、字母识别和单词阅读通过标准化测试来评估。

**表 11-1　辨别任务项目举例**

| 违规类型 | 正确选项 | 错误选项 |
| --- | --- | --- |
| 线性排列 | Grass is green. | G a i g e n.<br>r s s r e |
| 空格 | Farmers pick apples. | Fa rm ers p i c k app les. |
| 多样性 | Flowers smell good. | F s g. |
| 变化性 | Owls dislike rats. | Oooo dddd rrrr. |

资料来源：据利维等人(Levy，Gong，Hessels et al.，2006)的研究整理。

利维等人(Levy，Gong，Hessels et al.，2006)发现，4 岁儿童的文字知识发展迅速。到 4 岁，儿童就已明白书写规范与画画不同。他们对文字违规的觉察体现了其对于许多抽象的文字书写规范的理解，如字母空格和线性排列。这种知识与儿童阅读字母的能力相关，但与语音意识无关。这一年龄段的儿童能够读单个词汇者极少，表明文字规范的知识先于词汇阅读得到发展。到 5 岁时，几乎所有的儿童都能够觉察出线性排列和空格之类的字形违规。5 岁的儿童也能够觉察出字母方向违规，并开始注意字母顺序。儿童字母组成(如辅音和元音的差异)及拼写(如可接受的字母串)方面知识的增长能够预测其词汇阅读方面的差异，而非仅通过语音意识来解释。相比于 5 岁儿童，拼写知识能够更好地预测 6 岁儿童的词汇阅读水平，去除对语音意识和年龄的解释，仍有 19％的特异方差贡献率。这些数据表明，儿童关于词汇在书写中编码方式的知识会随时间推移而越来越具体化，而且这种知识的具体程度与一年级的词汇阅读技能相关。

利维等人(Levy et al.，2006)的研究数据表明，书面文字意识与懂得如何运用这种意识去阅读之间存在差别。尽管 4 岁的儿童知道出现在一行文本中某一单词内的字母间没有空格，但这些字形方面的知识并不能对儿童的阅读成绩起到中介作用。相反 4～6 岁的儿童对于单词内部成分(元音和辅音)的注意程度能够预测其阅读水平。因此，基本的文字意识(如对字形、文本的线性排列、文字功能的认识)的获得可能在时间上先于阅读发展，但是未必对早期阅读有何贡献。尽管许多读写能力萌发阶段的技能对早期阅读水平的预测能力有限，但它们却清晰地标记出了通向早期阅读的发展轨迹。

虽然大量关于读写能力萌发的经典研究重心在于掌握拼音规则之前的一些技能(pre-alphabetic skills)上，但在较新的研究文献中，读写能力萌发这个术语的使用范围扩大，涵盖发音序列意识、字母—发音对应(或基于编码的技能)等范围广泛的一系列技能。应该承认，将所有这些技能统统纳入"读写能力萌发"这个总称下，确实能够反映从言语理解到文字阅读的发展连续体。然而，术语含义的扩大化也有其代价。首先，广义的读写能力萌发的使用暗含着儿童的语音意识、字母识别和正字法知识自发产生的意思。对于这些技能通常不需要明示教学而是自发产生的观点，当前的研究能否真正给予支持，我们表示质疑。尽管对环境中文字的一般意识(如标签识别)可能是自发形成的，但拼音技能通过口语经验而自然形成的观点并没有获得可靠的研究数据支持(Levy，Gong，Hessels et al.，2006；Lonigan，Burgess & Anthony，2000；Sénéchal，LeFevre，Thomas et al.，1998)。当然，有一些儿童不需要明示教学，仅仅通过日常经验就能学得拼音技能。但是，许多儿童并不能做到这一点。例如，一篇关于童年早期跟踪研究的综述表明，几乎30%生活水平在贫穷线以上的儿童，上幼儿园时并不能认识所有的字母(Douglas & Montiel，2008)。因此，读写能力萌发这个术语的广泛使用往往淡化了明示教学在培养儿童阅读初期所需要的拼音技能中的重要作用。

将读写能力萌发作为一个统一的过程来对待可能会掩盖阅读发展过程中某些相对独特的阶段(见第十章)。有数项研究对每个阶段的行为特征进行了观察。在许多情况下，这些行为体现出阅读背后神经网络的典型发展特征。相反，阅读发展过程中特定阶段的某一行为的缺失可能被诊断为阅读困难。因此，将学会阅读的过程看作一个读写能力萌发的统一过程，可能并不十分有利于对阅读发展的理解或阅读困难的诊断。

最后，围绕读写能力萌发的概念而组织的课堂教学倾向于强调交流机会(如阅读故事书、绘画和写日记)的重要性。通常，这种课堂不会为儿童提供足够的系统教学，教授他们构成拼音规则的字母—发音对应规则。强调读写能力萌发的课堂多鼓励儿童积极参与各种类型的读写活动，使其体验读写是何其令人兴奋。尽管这一结果有其积极的一面，但此类课堂可能会引发意料之外的代价：一些儿童可能关注到了书面文字的功能，但却以牺牲学习如何阅读词汇的过程为代价。爱读书的儿童未必理解独立地阅读新词、流利地阅读所必需的拼音规则。在本章接下来的内容中，我们将对关于读写能力萌发教育的两个中心主题——故事阅读和口语——与小学阶段词汇阅读技能关系的一些实证研究进行探讨。

## (一)故事阅读

读写能力萌发观点的倡导者通常强调孩子的家庭环境对其阅读发展的基础性作用。从20世纪80年代起，教育家就一直在强调家中的儿童书籍与故事朗读在儿童口语和文字意识发展中的重要性。因此，以读写能力萌发为核心理念的课堂强调教师为儿童读故事，并将其作为一项中心活动。尽管阅读故事对于父母和教师来说都是一项深受欢迎、有意义的活动，但有研究表明，故事书的阅读与早期拼音技能(如字母识别、字母读音和基本的词汇阅读)之间的关联可能并不如通常所设想的那样密切或直接。

关于父母为孩子朗读故事是否能预测之后其读写技能的萌发问题，初期的田野研究并没有得出确切的结论(Bus，van Ijzendoorn & Pellegrini，1995；Scarborough & Dobrich，1994)。现在回想起来，研究所发现的预测关系显然是将故事朗读时间作为家庭环境影响的唯一指标的结果。这些研究发现，父母为孩子朗读故事所花费的时间和早期读写技能的发展之间有中等程度的相关。有田野研究加入了其他一些变量作为家庭环境影响的指标，以便将父母给儿童朗读故事的时间与其他变量区分开，如父母期望、口语词汇量、阅读和写作活动所花费的时间以及专注任务的程度（Evans，Shaw & Bell，2000；Levy，Gong，Hessels et al.，2006；Sénéchal，LeFevre，Thomas et al.，1998；Stephenson，Parrila，Georgiou et al.，2008）。在这些包含其他变量的研究中，故事阅读并不能很好地解释早期读写能力发展的变异（但是对口语词汇的发展确实具有支持作用）。相反，儿童在阅读和写作活动上所花费的时间能够有效地预测早期阅读的发展。换言之，儿童参与阅读和写作活动，才是影响早期阅读发展的关键，而非阅读故事书的时间。因此，读写能力萌发的后期阶段（如文字识别、字母辨识、字母发音）似乎未必是通过经常听故事而自发地发展起来的。这些技能是儿童在参与家庭和学校各种读书与写作活动的过程中学习来的。

儿童在听（读）故事的过程中在看什么？关于这个问题的实证研究似乎解释了为什么故事书的阅读不能直接影响早期读写技能的发展。埃文斯等人（Evans & Saint-Aubin，2005）在最初的实验中，对4岁儿童在听母亲读故事书时的眼动进行了监测。为了确定文章和插图的性质是否影响儿童对文字的注意，作者使用了一些不同类型的文本布局，如文字在图片左侧或下方以及文本框中（如同连环漫画）。埃文斯等人发现，即使部分内容中的字母全部大写，儿童也很少会看文本。而且，在文本上注视的时间长短不受书的印刷版式或者插图吸引力的影响。若儿童在一页上停留时间较长，那是在浏览图画而非阅读文本。在另一项眼动研究中，有研究者（Justice，Skibbe，Canning et al.，2005）发现，若父母阅读的是文字凸显而非图画凸显的故事书，儿童会花更多的时间在文本上，但对文字的注视所占比例依旧很小（13%）。

数项研究表明，成年读者极少通过交流将儿童的注意力吸引到文字上来（Ezell & Justice，2000；Phillips & McNaughton，1990；Yaden，Smolkin & Conlon，1989）。为了搞清楚这一问题，研究者（Justice，Pullen & Pence，2008）在眼动研究中对不同的故事书阅读形式是否影响学前儿童在文字上的注视时间进行了考查。实验参与者为4岁儿童，四种故事书由受过训练的读者分别用4种方式朗读，实验采用平衡被试内设计。在第一种条件下，读者对文本做出总体评论［如"This is my favorite part"（这是我最喜欢的部分）］；在第二种条件下，评论只针对故事书中的图画或文字［如"The cat looks really mad"（这只猫看起来太疯狂啦）］；在第三种条件下，读者对文本做出总体评论，边读边用手指指向所读的文本。结果发现，关于文字的总体评论略微增加了儿童注视的时间。但是，第三种条件，即用手指跟踪文本并指向所读文字内容的方式最为有效，增加了儿童对文字的注视时间。对于希望通过读故事来提高儿童文字意识的父母和教师来说，这是一个重要的发现。父母和教师学习了这些引导注意的行为之后是否能够应用于实际，还是一个需要进一步研究的课题。

## （二）口语

在学习阅读之前，儿童已经积累了至少3～4年的语言经验。幼儿一般在12～18

个月时开始说话，通常女孩比男孩发育早。到 5 岁时，他们已经掌握了大量的词汇。尽管言语过程中的句法和语义发展尚未完成，但儿童已经能够相当熟练地使用其母语了。尽管其语言使用肯定不如成人那样熟练，但他们已经能够十分有效地进行沟通。

口语能力在阅读学习的过程中有何重要性？数项研究表明，儿童若口语词汇量小，在阅读学习中就会遇到困难（Nation & Snowling，1998，2004；Ouellette，2006）。在学前阶段，语义和句法技能能够预测早期的语音意识水平（Chaney，1992）。儿童所掌握的句法知识和概念通常也与早期的阅读发展相关（Bishop & Adams，1990；Gillon & Dodd，1994；Vellutino, Scanlon & Spearing，1995）。卡特斯等人（Catts, Fey, Zhang et al.，1999）发现幼儿园时期的口语技能对后来的视觉词汇识别技能具有预测力。之所以存在上述相关性，原因之一可能是，词汇量的扩大要求更有针对性的语音表征的发展，这样才能在记忆中将相似的词区分开来，如"fine"（好的、罚款）和"mine"（我的）（Jusczyk, Pisoni & Mullennix，1992；Metsala & Walley，1998；Walley，1993）。因此，词汇量大的儿童更早地形成了具体的语音表征，而这些表征有助于其高水平地完成语音意识任务（Garlock, Walley & Metsala，2001）。口语词汇量为精确的书面词汇表征奠定了基础。高质量的词汇表征反过来会促成高效的词汇识别过程，高效的词汇识别使读者能够将更多的注意力分配给文本理解（Perfetti，1998；Samuels & Flor，1997）。相反，词汇量较小的儿童在阅读理解上可能会遇到困难（Beck, Perfetti & McKeown，1982）。

有人对学前口语技能的发展能否促进小学低年级阶段阅读成绩的提高这一问题进行过系统的研究，结果并未发现有力的证据表明两者之间存在直接联系。斯托奇等人（Storch et al.，2002）以一组低收入家庭的儿童为研究对象，从学前一直追踪到小学四年级，采用结构方程模型对早期语言能力和阅读学习之间的联系进行了映射。口语能力包括词汇量、用单个词命名图片以及回忆听过的故事的能力。阅读的指标对一年级学生来说是词—图匹配能力，对高年级学生则是准确地朗读词汇的能力。数据分析结果表明，口语的发展和基于语码的各种技能（如识别字母、区分图画与文字、识别发音以及句子切分）在学前阶段高度相关，口语能力能够预测儿童入幼儿园之前基于语码的技能 48% 的变异。但是，这种关系在随后的各个年级有所减弱。在幼儿园时期，口语能力只能解释基于语码的技能 10% 的变异，而到了小学一、二年级，两者之间已没有显著相关性。因此，斯托奇等人的数据表明，口语主要通过影响学前和幼儿园时期基于语码技能的获得来对早期阅读的发展施加影响。这一结果与卡罗尔等人（Carroll, Snowling, Stevenson et al.，2003）的研究结果相符，他们发现学前儿童的词汇量与其音节意识相关，而音节意识对 5 岁儿童的音位意识具有预测力。这些研究发现也与另外一些研究结果相符，即口语技能和小学一、二年级儿童阅读之间的关系甚微（Curtis，1980；Lonigan, Burgess & Anthony，2000；Schatschneider, Fletcher, Francis et al.，2004）。相较于口语技能，斯托奇等人的研究发现，基于语码的技能和早期阅读关系非常紧密。在幼儿园时期语码相关的技能能够分别解释一、二年级学生阅读 58% 和 30% 的变异。总之，罗尼甘等人（Lonigan et al.，2000）、沙特施奈德等人（Schatschneider et al.，2004）以及斯托奇等人（Storch et al.，2002）的研究均表明，幼儿园时期语码相关的技能与阅读学习的成功存在直接关系。因此，虽然似乎很少有实证研究的数据表明，小学低年级阶段口语技能的培养促进了早期阅读的明显进步，但是斯托奇等人发现口语对阅读的作用在三、四年级再次发挥出来，但是对理解技能具有预测力的主要因素是以往的阅读表现和目前阅读的精确度。他们的研究数据与验证口语能力和高年级的阅读之间有高度相关的早期研究结果相符（Sticht & James，1984）。

口语的某些方面是否有助于词汇的自动化识别？内申等人（Nation & Cocksey，2009）将口语词汇的概念分为语义知识和语音熟悉度两个范畴，并对每一个因素对规则词和非规则词阅读的影响进行了考查。他们特别感兴趣的问题是，语义知识是否能够预测不规则单独词汇阅读的准确性。语音熟悉度以听觉词汇判断任务中的正确率作为指标来衡量，语义知识用定义任务来评估。实验参与者为7岁儿童，实验分三个单元进行，每次测试都使用同一组规则词与不规则词。第一次测试为听觉词汇识别，第二次测试为阅读精确度的测量，第三次测试为词汇定义。项目分析结果表明，语义知识和语音熟悉度都对规则词与非规则词的阅读精确度具有预测作用。鉴于儿童若知道一个词的意义，一般也知道其口语形式，这一结果并不特别令人感到意外。但是，后续层级回归分析却表明，语义知识不能解释非规则词阅读精确度的额外变异，语音熟悉度却能够单独解释这一变异。这表明影响低龄读者非规则词阅读的关键因素是对语音形式的熟悉度。

上述研究数据与麦卡格等人（McKague，Pratt & Johnston，2001）对规则词进行研究所获得的数据均符合教育家们提出的观点。他们认为儿童最初使用熟悉的语音形式来辅助视觉词汇识别，尝试进行部分解码，并将其与听到的单词进行匹配（Jorm & Share，1983；Share，1995）。内申等人的研究也为以前报告词汇知识和词汇阅读精确度之间存在关联的研究结果的解读提供了有趣的启示（Nation & Snowling，1998，2004；Ouellette，2006；Ricketts，Nation & Bishop，2007）。考虑到麦卡格等人以及内申等人未能发现支持语义知识影响视觉词汇识别精确度的证据，可能以往研究中使用的词汇评估方法实际上探测了（除语义知识之外）语音熟悉度这个关键变量。目前尚需要进一步的研究来确定在学前阶段词汇量扩大对早期阅读的影响，是否主要是通过建立熟悉口语词汇形式的大容量存储，使儿童能够将试图解码的文字与其相映射来实现的。此外，还有一种可能是，语义与词汇识别的联系与阅读技能协同发展，因此更有可能在对高年龄儿童的研究中出现。

总之，口语发展在阅读发展的不同阶段以不同的方式对阅读学习施以影响。随着儿童口语词汇量的扩大，他们习得的彼此相似的词汇数量增加，因此对语流中的语音信息愈发敏感。在学前阶段，口语和早期基于语码的技能呈高度相关；但是，在将语音意识作为一个独立因素加以考查的研究中，口语发展似乎对低年级学生的阅读没有预测力。然而，幼儿园时期获得的基于语码的技能为随后的阅读发展奠定了基础。

### (三)以词为单位的意识的建立

人们有时假定口语词汇为知觉单位，认为初学阅读（能相当流利地说话）的儿童已经建立起其在口语中组合和再组合的独立词汇的意识。但是，埃里（Ehri 1979）指出，若对儿童的词汇体验以及对词汇与词义之间关系的体验做更加细致的考量，就会对上述假设的合理性提出疑问。幼儿一般是在跟其他词汇相联系的语境中认识大部分词汇的，其注意力集中在这些口语词汇组合所传达的意义上，而非在词汇的语言结构上。而且，没有听觉信号将言语切分成词汇单位。因此，在正常的口语中，词汇作为独立的成分，既不凸显也没有得到明确的标记(见图 11-1)。

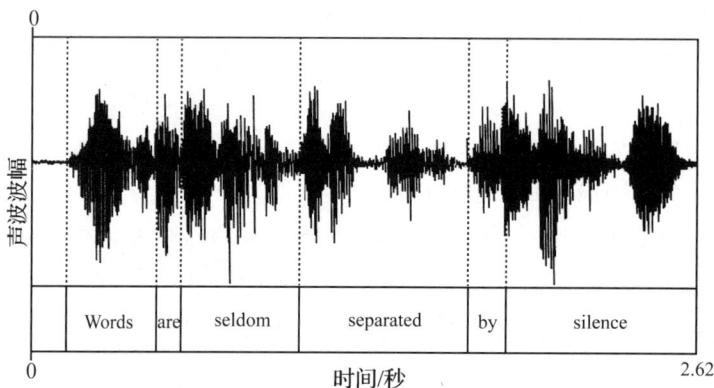

**图 11-1　句子"Words are seldom separated by silence"的波形**

注：(横轴为时间，纵轴为声波波幅)说明停顿的出现并不能可靠地表示词边界。

有大量的证据表明，儿童在开始学习阅读前，对词汇是没有意识的。例如，若要求尚不会阅读的儿童轻点或指出每个说出的单词，他们并不能很好地完成任务(Huttenlocher，1964；Holden & MacGinitie，1972；Ehri，1975，1976)。霍尔登等人（Holden & MacGinitie，1972)在其研究中要求幼儿园的儿童重复他们听到的句子，将扑克牌作为筹码分配给每个所感知到的词汇单位。但是，结果发现，多数儿童都不能将句子切分成正确数量的词汇。词汇意义强的词汇[①](words with greater lexical meaning)有时可能被精确地切分出来，但功能词通常和邻近的单位合并，用同一筹码表示。功能词是独立成词还是与其他词汇组合在一起，似乎主要取决于儿童赋予句子的韵律模式。同理，要求儿童在正常书写的句子中标记出词边界的研究也发现阅读初学者缺乏词汇意识(Holden & MacGinitie，1972；Meltzer & Herse，1969；Mickish，1974)。基于上述研究数据，我们认为，早期阅读初学者即使看的是用空格间隔开的词汇，他们能否将其视为加工单位的

---

① 此处指意义比较具体的词汇。——译者注

词汇，目前尚有疑问。鉴于阅读初学者在父母为他们朗读故事时，已花费了大量的时间浏览书页，因此或许有人期望他们能够建立起模糊的词汇单位的意识。然而，他们对文字关注的缺失与父母的言语中明显词汇切分线索的匮乏有助于解释为什么儿童对词汇作为口语和书面语基本单位的认识过程发展极其缓慢。

皮克等人(Pick，Unze，Brownell et al.，1978)对儿童词汇单位意识的发展进行了考查。在这项研究中，首先向 3～8 岁的儿童呈现长度不同的字母串，然后要求其判断所呈现字母串是否是词。不会阅读的儿童倾向于将所有的字母串，尤其是由多个字母组成的字母串，均视作词。表 11-2 所呈现的是不同组别实验参与者对不同类型的字母串所做出的不同反应结果。从托儿所到幼儿园阶段，儿童判断的错误率下降，这表明其区分词与非词的能力明显提高。正如利维等人(Levy，Gong，Hessels et al.，2006)所报告的，似乎到了幼儿园时期，多数儿童即使还不会读，但已经对书面文字的性质有了理解。他们不仅知道字母有一个正确的书写方向，还掌握了一些关于字母组合成词汇的知识(如词汇并非完全由辅音或元音组成)。

**表 11-2　将刺激项视作词的儿童的百分比**

| | 单字母词 | 单字母非词 | 多字母词 | 多字母非词 | 五字母词 | 不熟悉词 | 熟悉的首字母 |
|---|---|---|---|---|---|---|---|
| 3～4 岁 | 48 | 54 | 85 | 87 | 81 | 80 | 77 |
| 5 岁 | 14 | 6 | 88 | 75 | 86 | 81 | 75 |
| 幼儿园儿童 | 26 | 29 | 59 | 53 | 66 | 66 | 59 |
| 一年级 | 62 | 16 | 50 | 34 | 63 | 35 | 41 |
| 二、三年级 | 58 | 23 | 58 | 8 | 82 | 22 | 29 |

| | 有意义的非词 | 可发音的非词 | 辅音连缀 | 元音连缀 | 朝向错误的字母（可能为词） | 朝向错误的字母（不可能为词） |
|---|---|---|---|---|---|---|
| 3～4 岁 | 85 | 83 | 80 | 80 | 73 | 72 |
| 5 岁 | 87 | 80 | 83 | 71 | 61 | 56 |
| 幼儿园儿童 | 59 | 62 | 59 | 51 | 38 | 35 |
| 一年级 | 51 | 30 | 23 | 17 | 35 | 30 |
| 二、三年级 | 29 | 18 | 5 | 4 | 20 | 2 |

资料来源：引自 Pick，Unze，Brownell et al.，1978。

## (四)小结

关于读写能力萌发的研究文献提供了大量的观察数据，加深了我们对儿童开始阅读前所获得的技能的理解。然而，上述研究表明，读写能力萌发的观点至少在三个方面尚有待商榷。第一，初始阶段的文字意识，如对书面文字的线性排列和空格的认识对早期词汇阅读的发展没有预测力。第二，听父母读故事所用的时间不能强化文字意识（数出构成一个句子的词汇数量的能力），而且在听读故事的过程中，儿童很少会关注文字。第三，很多研究都发现，字母知识和音位意识之类基于语码的技能比口语能力能够更好地预测一、二年级儿童的阅读发展。总之，上述问题说明，若要成功地学习阅读，儿童不仅仅需要一个丰富的语言环境。换言之，对于读写能力萌发所"萌发"的是什么，人们尚不清楚。目前甚至很少有证据表明"萌发"的基础技能，如对环境中文字的意识或者对故事结构的意识，能够对早期阅读的发展做出预测。相反，儿童向父母和教师学习的关于字母与发音的技能（如文字识别、字母辨识、字母发音）却对早期阅读的发展具有预测力。那么，读写能力萌发的观点所描述的或许是儿童读写意识建立的过程，而非学习阅读的过程。正如我们在本章后面将要阐述的，阅读的学习包含对字母—发音关系的掌握与对拼音规则的理解。

## 三、阅读之始

在小学一年级入学之前，已经培养起读写萌发技能和基本文字技能的儿童在阅读学习方面有数种优势。首先，他们已经明白文字可能以不同的形式出现（如清单、诗歌和故事），并且在潜意识中已理解文字系统的运作方式。其次，他们对有助于早期书写和拼写的字母形式及顺序已经熟悉。最后，他们已经开始思考词汇的发音，而且已经意识到有些单词的读音比其他单词更接近[如 cat（猫）/mat（垫子）和 kitty（猫）/rug（地毯）]。这些基础性技能有助于儿童建立起将一个词视作一个有读音和意义的正字法单位的意识。

智力在阅读学习中起到关键作用，这一假设十分具有吸引力。在智商极低的情况下，情形可能如此。然而，有三类证据表明，智力与低年级儿童阅读之间的关系一般来说相当微弱。首先，对阅读初学者的研究并未发现智商与早期阅读表现之间存在紧密的关系，因为很多在幼时就已能够阅读的儿童的智商并不高（Briggs & Elkind，1973；Durkin，1966）。其次，对一、二年级儿童阅读的一些研究结果表明，智商与早期的阅读成就存在微弱的相关（Stanovich，Cunningham & Cramer，1984；Tunmer，Herriman & Nesdale，1988）。最后，在阅读学习初期有困难的儿童的智商通常高于平均水平（Rawson，1995）。由于实证研究确实表明，一年级之后，智商和阅读成就之间存在中度相关，因此人们有理由怀疑智商和阅读能力的关系会随年龄而发生变化（Scarborough，1991）。

阅读的开始是以由文字意识到文字加工的转变为标志的。读者必须能够理解体现拼音规则的字母—发音（形—音）联系，才能独立地进行文字的加工和新词的阅读。而对形—音联系的理解完全取决于两类知识的获取：字母知识和语音意识（Chall，1996；

Juel，Griffth & Gough，1986；Share，Jorm，MacLean et al.，1984）。儿童认识字母表中的字母，并关注口语的发音时，形—音联系的形成最为高效。我们将这些技能称为阅读学习的认知基础。

## (一)学会阅读的认知基础

### 1. 语音意识

语音意识是语言意识的一种，或者是指至少可以部分进入意识的口语词汇发音结构的知识（Liberman，Liberman，Mattingly et al.，1980；Mattingly，1972；Rozin & Gleitman，1977）。口语有三个层次的结构：语音（phonological）、形态（morphological）和句法（syntactic）。阅读是以能够将书写符号与口语词汇形式形成映射为前提的，而且两者的映射需要培养阅读者对口语语音结构的敏感性。正字法（拼写）与言语的映射是任何语言阅读的学习都不可或缺的（Hu & Catts，1998），因此跨文化研究发现，无论是在汉语之类的语标式（logographic）语言中，还是在英语之类的表音式语言中，语音意识都对早期阅读的发展具有预测力（McBride-Chang & Kail，2002）。

正如本章前面的内容中所指出的，拼音规则的发现与应用对阅读初学者来说并非易事。许多儿童能够轻松地学会拼音规则，其基础是音位意识，而音位意识是单个语音层面的语音意识。语音意识是对语言发音结构某些方面认知的总称，包括音节、韵尾和音位。研究表明，语音意识有助于使用字母—发音规则来对新词进行解码，从而对早期阅读具有支持作用（Baron，1979；Byrne & Field-Barnsley，1991；Goswami，1993；Tangel & Blachman，1992；Walton，1995）。早期阅读所必需的语音意识水平取决于文字系统的性质。因为拼音字母系统是在字母—发音的水平上运作的，所以音位意识对早期英语阅读具有很强的预测力（Adams，1990）。与此不同，在汉语这类以正字法表征音节的书面语言中，音节敏感性对早期的阅读发展具有预测力（McBride-Chang & Kail，2002）。尽管儿童能够在没有教学指导的情况下培养出一定水平的语音意识，但许多儿童若无明示教学就不能建立起学习阅读不可或缺的精细音位意识（Adams，Treiman & Pressley，1998）。

用于测量语音意识的工具是简单的口语任务（Goswami，2000）。尽管语音结构由不同的方面组成，但语音敏感性似乎是以一种序列方式发展的单维概念（Anthony，Lonigan，Burgess et al.，2002；Bradley & Bryant，1983；Goswami & Bryant，1990）。从发展的角度来看，儿童首先建立起较大发音单位的意识，因此语音意识评估首先是音节，其次是押韵，最后是单个音位（Schatschneider，Francis，Fletcher et al.，1999）。这也是语音意识教学的进程（Fox & Routh，1975；Liberman，Shankweiler，Fisher et al.，1974；Stanovich，1992）。下面的举例任务（example tasks）用于诊断和训练。在音节层次上，相关任务包括数音节、音节删除和音节混合。这一层次的教学包括读单词时用击掌替换音节、从单词中移除一个音节[如 picnic（野餐）－pic＝nic]，或将两个音节组合成一个单词（doc＋

tor＝doctor）。在韵律层次上，儿童能辨别两个词是否押韵，并能够生成押同韵的词。对多数刚上幼儿园的儿童来说，识别出音节和押韵相当容易。然而，学习拼音规则最重要的似乎是对下一个层次（音位意识）的掌握（Lonigan，Burgess，Anthony et al.，1998；Muter，Hulme，Snowling et al.，1997；Nation & Hulme，1998）。最简单的是音位匹配任务，即由儿童说出/meat/和/mop/的起始音是否相同。尽管这一任务看似很简单，但儿童最初所表现出的困难说明，对口语词汇具体形式的意识并非自然而然形成的。通过练习，多数儿童学会了在三个单词中挑出不同的一个，首先根据词首音（如在/meat/、/pan/和/mop/中，正确答案是/pan/），然后根据尾音。这一类任务涉及对最后一个音位的切分。全切分任务要求将口语词汇的发音切分成组成音位。组合任务则要求儿童将/n/和/o/组合在一起生成/no/。最高级的音位意识任务是音位操纵。例如，不发/n/音读出/snap/，或者将/tops/末尾的/s/音移至开头形成/stop/。由于口头语言中的发音转瞬即逝，因此儿童必须迅速地检测出音位，并将其存储在记忆中。彩色块或其他项目可用来有效、具体地对儿童听到的音位片段进行表征，以辅助工作记忆加工（Castiglioni-Spalten & Ehri，2003；Elkonin，1973；Lindamood & Lindamood，1998；McGuiness，McGuiness & Donohue，1995；Wise，Ring & Olson，1999）。

对早期读者进行观察可发现，儿童最初在音节以下层次的语音意识的建立上有困难（Calfee，Chapman & Venezky，1972；Savin，1972）。而且，众所周知，阅读技能高的儿童在语音意识任务中的表现优于阅读初学者（Golinkoff，1978）。然而，如何对后者做出恰当地解释，尚有争议。究竟是语音意识促进了阅读发展，还是阅读学习促进了儿童对词汇作为发音序列意识的发展呢？

接下来将着重讨论"鸡和蛋孰先孰后"——语音意识发展促进了阅读还是阅读促进了语音意识发展这一问题。值得注意的是，尽管采用的任务不同，但关于语音意识的研究所得到的结果却十分一致。相关研究文献综述表明，学习阅读之前的语音意识水平是对早期阅读成就最为可靠的预测指标，但尚需进一步确认。利伯曼及其同事（Liberman，Cooper，Shankweiler et al.，1977）对音位意识与阅读之间的关系所进行的初期研究发现，擅长切分的儿童也擅长阅读。布拉德利等人（Bradley & Bryant，1983）的跟踪研究对语音意识在早期阅读中的作用进行了考查。研究以口头形式向4～5岁儿童每次呈现3个或4个单词，其任务是辨别出"哪个词不同"。例如，如果呈现的是/cot/、/not/、/got/和/hat/，那么正确的选择是/hat/；如果呈现的是/win/、/sit/、/fin/和/pin/，那么正确选择是/sit/，其区别在于最后一个音位。布拉德利等人发现，学习阅读之前儿童在这项任务上的成绩对其3或4年后的阅读水平具有很高的预测力。斯坦诺维奇等人（Stanovich et al.，1984）用10种不同的语音意识任务对幼儿园儿童进行了测试，并在一年以后对其阅读能力进行了评估。他们采用的任务与本章前面所描述的任务相似。虽然在押韵任务上的成绩与随后的阅读进步没有相关，但在音位组合意识任务上的成绩能够非常好地预测随后的阅读进步。出乎意料的是，相较于智商之类认知技能的综合指标而言，音位意识能够更好地预测早期的阅读成就。因此，音位意识测验所测量出来的能力似乎是影响阅读发展的重要因素。

利伯曼等人(Liberman & Shankweiler，1979)提出，语音意识是学会阅读的先决条件。目前积累的大量实验证据均表明，音位加工障碍是导致阅读水平低下的一个主要原因(Fletcher，Foorman，Francis et al.，1994；Foorman，Francis，Fletcher et al.，1996；Stanovich & Siegel，1994；Wagner，Torgesen & Rashotte，1994)。值得庆幸的是，数项有关训练的研究表明，音位意识技能可以成功地教授给学习阅读前的儿童(Content，Kolinsky，Morais et al.，1986；Hurford，Shauf，Bunce et al.，1994；Lean & Arbuckle，1984；Lewkowicz，1980；Treiman & Baron，1983b；Williams，1980；Wise，Ring & Olson，1999)。其中，布拉德利等人(Bradley & Bryant，1983)做过这样一个研究。他们在两年时间内通过40堂课对语音意识技能较差且在挑选不同项任务中表现较差的儿童进行了训练，要求他们在一组常见物体的图片中选择出名称中有相同词首音、词中音或者词尾音的物品(训练不包含对书面词汇或字母的体验)。研究结束时，接受训练的实验组儿童，比未接受训练的年龄、语言智力、实验前语音意识水平均匹配的儿童，阅读水平高。控制组儿童接受图片分类训练(如家养动物)。相反，对这一组儿童的训练对阅读没有影响。最后一组先接受词汇相匹配发音辨别的训练，然后接受用字母表征读音的训练。研究结束后发现，这些儿童的阅读表现最好。后续研究依然表明，教学有助于语音意识的提高，进而促进了早期词汇阅读技能的提高(Ball & Blachman，1988；Ehri，Nunes，Stahl et al.，2001；Perfetti，Beck，Bell et al.，1988；Vellutino & Scanlon，1991)。

总之，大量研究所提供的证据一致表明，音位意识在阅读学习中起关键作用。跟踪研究表明，音位意识通过对儿童字母—发音规则的学习难度施以影响，进而影响早期的阅读成就(Hulme，Snowling，Caravolas et al.，2005)。因此，音位意识可能对阅读有直接和间接的影响(见图11-2)。

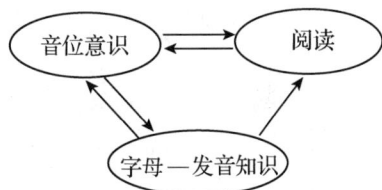

**图 11-2　语音意识对早期阅读直接和间接影响图示**

资料来源：Hulme et al.，2005。

除了上述表明音位意识影响阅读发展的研究之外，另有两个方面的研究证据表明阅读经验对音位意识的建立有影响。本章前面对其中一个方面的研究进行过探讨：对早期读者的跟踪研究表明，随着儿童学习阅读拼音文字，其音位意识也得到发展(Perfetti，Beverly，Bell et al.，1987；Rozin，Bressman & Taf，1974)。第二个方面支持阅读学习和语音意识相互影响的证据来自对成年文盲的研究。研究者(Morais，Cary，Alegria et al.，1979)在一项颇有影响的研究中对葡萄牙具备读写能力的成人和从未学习过阅读的成人的切分能力进行了比较。无阅读能力者在音位切分任务上的成绩低于有阅读能力者。而且，成人文盲在学习阅读之后，其将词汇切分为音位的能力有了提高。研究者对这一研究发现的解释是，阅读(和写作)的学习能够强化人对语音及/或语言的形式特征的意识。许多研究者由此得出结论，切分能力受阅读学习的强烈影响，而且阅读有助于切分能力的培养（Ehri，1983，Ehri & Wilce，1987b；Perfetti，Beverly，Bell et al.，1987）。

这里所呈现的研究结果表明，阅读与音位意识之间相互联系。布拉德利（Bradley）和布赖恩特（Bryant）的研究有其重要性，因为它所提供的证据清楚地表明，通过非阅读任务所建立起来的音位意识也有助于阅读的学习（Ehri，Nunes，Stahl，et al.，2001）。在幼儿园音位意识测验中表现良好的儿童在一年级结束时就已经相当轻松地学会阅读了，因此音位意识的概念对于理解早期拼音文字系统阅读技能的发展至关重要。

**2. 字母知识**

早在 60 多年前，人们就已认识到字母知识是早期阅读成绩的一个预测因素（Chall，1967，1983；Durrell，1958；Juel，Griffith & Gough，1986；Scanlon & Vellutino，1996；Schatschneider，Fletcher，Francis et al.，2004；Stevenson，Parker，Wilkinson et al.，1976）。字母命名的正确率很重要，而且字母命名的速度也对幼儿园时期及以后读写成功与否具有预测力（Badian，1998；Speer & Lamb，1976；Stanovich，Cunningham & Cramer，1984；Tunmer，Herriman & Nesdale，1988）。儿童真正开始学习阅读之前，字母命名的速度和正确率是对其字母识别学习程度的反映。儿童字母知识水平越高，其字母识别正确率就越高，进而错读词汇的可能性就越小。同样，因为有些字母的名称与其发音很接近，儿童可以通过字母名称来辅助其字母发音的学习。因此，字母名称的学习可能是理解拼音规则的第一步。

尽管对儿童来说识别字母表中的 26 个字母必不可少，但是鲜有证据表明教授儿童字母名称能够实质性地促进阅读的发展。这或许是因为阅读过程并不直接涉及字母名称。学习阅读前儿童的字母命名技能似乎是儿童对文字（包括字母的形式）整体熟悉度的体现（Adams，1990；Chall，1983）。对于已经能够阅读的儿童来说，字母命名的速度或许反映的是一种更为普遍的能力，即能够快速且不费力地命名事物的能力（Denckla & Rudel，1976a，1976b；Kail & Hall，1994）。

字母命名速度采用快速自动命名（rapid automatized naming，RAN）任务来测量，要求儿童尽可能快地命名一行行字母（Denkla & Rudel，1976a）。无论是在横断研究中还是在跟踪研究中，快速自动命名任务成绩均与早期的阅读成就高度相关（Compton，2003a；de Jong & van der Leij，1999；Schatschneider，Fletcher，Francis et al.，2004；Wagner，Torgesen，Rashotte et al.，1977；Wolf & Bowers，1999）。儿童命名抽象符号（字母和数字）的速度比命名颜色与物体的速度能够更好地预测阅读成绩（Lervag & Hulme，2009；Wagner，Torgesen，Rashotte et al.，1997），说明快速字母命名所反映出来的不仅仅是加工速度。数项研究表明，快速字母命名是涉及词汇识别的过程中文字符号与语音形式映射效率的指标（Vellutino，Fletcher，Snowling et al.，2004；Wagner & Torgesen，1987；Wimmer，Mayringer & Landerl，2000）。字母命名速

度对小学阶段阅读成就具有预测力，这可能是由于序列命名速率对阅读流利性背后的核心过程有影响（Felton，Wood，Brown et al.，1987；Vellutino & Scanlon，1987；Wolf & Obregón，1992）。

准确地说，字母识别的学习中究竟涉及哪些内容呢？字母识别中包含字母区别特征的辨识。在字母识别的学习中，发展中的读者通常会混淆那些看起来相似的字母，如"b"和"d"、"p"和"q"。这可能是因为上述字母对只有一处视觉特征的放置有区别。学习字母识别时，儿童必须能够确定哪些是将字母进行区分的特征。

诺丁（Nodine）及其同事采用眼动技术，对学习阅读前者、阅读初学者和大龄儿童所关注的特征进行了比较（Nodine & Evans，1969；Nodine & Lang，1971；Nodine & Simmons，1974；Nodine & Steurele，1973）。（为确定实验参与者所注视的特征，实验采用了大字体的字母。）实验要求儿童对字母对、像字母的符号或字母串做出同异判断，同时记录其眼动轨迹。研究发现，若呈现非词对，如中间字母要么具有高混淆性（如 ZPRN），要么具有低混淆性（如 EROI），三年级读者与学习阅读前的幼儿园儿童表现出明显差异。首先，大龄儿童更频繁地注视字母串中与做出正确判断相关的部分。其次，大龄儿童更熟练地加工区别特征信息。而且，相对于大龄儿童，低龄儿童的注视点更频繁地在刺激之间来回转移，但并未频繁地注视一个字母区别于相似字母的部分（如 G 和 C）。虽然同异判断任务并非真正的阅读，但是，诺丁的研究表明，对初学阅读的儿童来说，字母识别包括相似字母关键特征的辨识。儿童在获得这一技能后，判断视觉相似字符串（如 PAT 和 RAT）的异同就十分容易了；而在获得这一技能之前，辨识相当困难。

除了有许多相似视觉特征的字母（如 m 和 n）外，儿童一般区分镜像字母（如 b 和 d）也有困难。其原因尚不清楚，但是，许多研究者认为这是儿童在注意空间定向时所遇到的普遍问题中的一个特例。这一问题通常直到儿童学习抽象字母符号时才消失，因为世界上的大部分物体不会因其在空间中的旋转而改变属性。无论是从右边看还是从左边看，卡车就是卡车。儿童在入学后就必须要学习文字的方向限制（Clay，1979）。从成人的角度看，儿童必须弄懂每一页书都是由行、词汇、字母组成的，而且都必须按照一定方向来加工。儿童开始阅读时，经常在书页上找不到位置。供初学者阅读的书籍通常以大字体字母印刷，而且在每一页上只印刷几个单词（页面其余部分被图画占据），以帮助儿童辨认字母，降低其在页面上定位的困难。

对于定向技能弱的儿童来说，学习阅读的过程可以内隐地培养其定向技能。例如，研究者（Elkind & Weiss，1967）发现，阅读初学者会以从左到右的顺序，而不是依次报告一系列沿着三角形边排列的物体图片。研究者认为，在定向行为的习得过程中，阅读学习主导了个体对大部分二维物体的感知探索。同样，许多成人倾向于以阅读文章的方向浏览复杂图片，这有可能是其默读体验的延伸（Rayner，1998，2009）。关于眼动在阅读发展过程中的变化方式，我们将在后面展开讨论。

尽管人们已认识到儿童是在学习阅读的过程中掌握了文字的方向性，但是，跟踪研究并未发现定向技能和阅读之间存在密切关系。例如，研究者（McBride-Chang & Kail，2002）采用需要辨别字符串书写方向的异同判断任务，对中国和美国幼儿园儿童的视觉感知技能进行了评估。结果发现，无论是中国儿童还是美国儿童，其定向技能都对一年级儿童的阅读没有预测力，对其语音意识却具有预测力。因此，决定早期阅读是否成功的是阅读学习所涉及的语言的各个方面，而非视觉空间技能。儿童的定向技能似乎是阅读学习的产物，因此不需要成为教学的重心。

**3. 眼动的情形**

随着阅读的学习，儿童的眼动模式也发生变化。学习阅读前，儿童很少会像阅读文章时那样，必须要将其注意力如此精确地集中在一个由刺激排列而成的特定区域。某些迹象表明，阅读前儿童在眼动控制方面存在困难，因为他们很难将注视点保持在某个目标上（Kowler & Martins，1982），而且低龄儿童在简单眼动任务中的眼跳潜伏期，比大龄儿童长（Cohen & Ross，1977；Groll & Ross，1982）。我们在讨论诺丁的研究时指出，相对于阅读前儿童，大龄儿童扫描策略的运用更有计划性、更有条不紊（Vurpoillot，1968）。这些实验表明，随着儿童应对越来越复杂刺激的认知过程的发展，其扫描策略越来越系统、高效，眼动模式也随之发生。因此，眼动为阅读涉及的认知过程提供了有价值的证据。确实，阅读的眼动模式在稳步发展，结果随着阅读技能的提高，注视点的数量减少，眼跳幅度增大，注视时间缩短，回视次数减少（Rayner，1986；Rayner，Foorman，Perfetti et al.，2001，2002）。这些眼动行为的变化，与随着儿童阅读水平的提高而发生的其他认知方面的变化相辅相成。

通过阅读的学习，儿童对自己眼睛运动的控制越来越娴熟，能够聚焦于特定的词汇，沿着从左到右的方向移动。事情往往如此，教育家出于善意建议对阅读学习有障碍的儿童进行眼动训练，以改善其眼动模式。但是，由于对眼动娴熟控制是阅读学习的结果，因此眼动训练对早期有阅读困难的儿童来说并非一种必要的干预。对多数阅读学习障碍儿童来说，主要挑战在于将注意力集中到词汇或文本的相关部分上，并且在注视过程中更加有效地加工信息。关于眼动在阅读障碍中的作用问题，详论见本书第十二章。

## (二)阅读教学应何时开始

人人都承认阅读的学习牵涉到许多技能的发展。更有争议的是，这些技能的学习是否需要儿童认知的发展达到某一阶段。这种观点是"阅读准备状态"问题的核心，即儿童的认知或行为发展必须达到一定标准，才能开始阅读教学。由于人们有一种信念，认为一般认知能力的成熟将解决早期阅读问题，因此对 7 岁前儿童的阅读困难很少关注。这一观念似乎未得到跟踪实证研究的支持。研究表明，小学一年级阶段的词汇识别技能对中学生采用"作者识别测验"（Author Recognition Test）结果为指标的阅读量具有预测力(Cunningham & Stanovich，1997)。如下所述，"阅读准备状态"的概念根源在教育史，而且或许这就是这种观念至今在教师中仍然盛行的原因。有些发展心理学家和教师坚决主张，儿童的认知发展必须达到具体运算阶段，通常为7岁左右，才能成功地学习阅读。具体运算的概念可以通过儿童对恒定概念理解的著名守恒实验得到最好的验证(Piaget，1952)。皮亚杰坚持认为，其实验表明"恒定性"(即使形式发生改变总量保持不变的思想)的概念随儿童年龄的增长而发展。例如，研究者观察发现，低龄儿童相信将一排硬币分散摆开能增加其数量，而年龄大的儿童却理解除非有增加或剔除，不然数量不会变化。

皮亚杰的研究对教师和心理学家产生了广泛的影响，其中有一些人据此主张具体运算阶段是儿童阅读学习的必要条件。这意味着只有当儿童认知的发展达到具体运算阶段，阅读教学才有效。因此，阅读准备状态的倡导者经常将阅读问题归因于不够成熟，可能不建议对阅读困难者进行早期干预(见本书第十二章)。

主张从7岁开始阅读教学的观点与多尔希等人(Dolch & Bloomster，1937)的经典研究结果相符。他们对智商为115的一、二年级学生进行了拼读教学(phonics instruction)，并对其书面词汇与口语词汇匹配的能力进行了测量。结果发现，心理年龄低于7岁的儿童极少有能够完成匹配任务者，由此得出7岁以下的儿童不会使用拼读法的结论。这一发现经常被引证来支持7岁以下儿童不能受益于拼读法教学的观点(Dolch，1948)。但是，后来一篇关于多尔希等人研究的综述提到，其研究中的儿童是在以意义为中心的阅读过程中顺带接受拼读法教学的(Brown，1958；Chall，1967)。换言之，这些儿童并没有接受系统的拼读法教学。所以，多尔希等人的发现只能说明对一、二年级儿童进行的非系统的拼读教学无效；然而，多尔希的研究局限却极少有人提及。如下将述，一些实证研究已经明确了系统的拼读法教学对低龄儿童的作用(Adams，1990；Ehri，Nunes，Stahl et al.，2001)。因此，无论"准备状态"如何，与年龄相适应的教学法似乎能够促进早期的阅读发展。

如果阅读准备状态是一种有效的生物学概念，那么人们可以期待在不同文化中，阅读教学应在相似的年龄开始。然而，儿童第一次接受正式阅读教学的年龄在不同国家间有很大差异。例如，在英国，阅读教学一般从5岁左右开始，而在丹麦和瑞典一般从7岁左右开始，在法国和日本则从6岁开始。综观各种不同的文化，阅读教学在什么年龄开始似乎并不如正字法透明度(参见本书第二章、第十章关于文字系统的讨论)对(例如)三年级儿童的阅读表现具有预测力。正式阅读教学开始年龄方面的文化差异，与阅读准备状态这一生物程序观念相悖。这些差异表明文化期待是决定儿童何时开始阅读的重要因素。如果我们认同阅读准备状态观点的话，那么就应该期待儿童在早开始阅读教学的文化中，比晚开始阅读教学的文化中，遇到的阅读困难大。然而，尽管英国的阅读教学一般比美国提早一年开始，但两国儿童阅读困难比率却相似(6%~15%)。同样，人们可能期望看到教学开始的年龄对阅读发展的认知基础(如语音意识)的影响,但情况似乎并非如此。例如,韦森等人(Vaessen,Bertrand,Tóth et al.,2010)对匈牙利语、荷兰语、葡萄牙语儿童阅读发展的研究并未发现不受教学时间影响的年龄效应。

因此,上述认为认知不成熟是早期阅读困难的根源的观点中存在几个问题。目前从现有研究能够得出的最明确的结论是,语音意识与字母命名对儿童阅读学习难易度最有预测力。尽管大部分教师都认为字母命名知识应先于阅读教学,但具备部分音位意识的儿童通常能够从系统的拼读法教学中获益[美国阅读专家小组(National Reading Panel),2000]。而且,幼儿园儿童和一年级儿童同样受益于这种教学(Ehri et al.,2001)。儿童一旦认识了字母,并且开始注意独立的发音,那么他们就已做好了学习构成拼音规则的形—音联结的准备。学习用文字符号编码英语语音的模式、将这种知识应用于视觉陌生词汇的阅读以及快速地识别熟悉的词汇,是阅读学习的基本任务。下面我们先谈一谈不同的阅读教学方法,然后对关于这些教学方法有效性的对比研究做一描述。

## 四、阅读教学的方法

在美国,阅读教学的方法多种多样,至于采用哪一种方法进行教学,取决于教师个人的偏好、学区购买的已出版的阅读课程和学校文化。下面我们首先通过一个实例谈一谈不论采用哪一种教学方式,在初期阅读教学中都会进行的一般程序,然后再对各种教学方法的异同做一探讨,这样才能对更好地理解不同的教学方法有所帮助。儿童一入学,教师就花费大量的时间给他们读书听。所读内容多为故事,这样能够促进儿童语言的进一步发展,培养其探索书中内容的愿望。所读书籍中有栩栩如生的插图,能够进一步激发儿童的兴趣,达到前述目标。此外,儿童还接受有助于获得完备的字母命名知识、培养其音位意识的教学。书面词汇大概从在练习本上书写自己的名字开始,逐渐进入教学中。最初,许多教师要求儿童口述教师所写的故事。儿童可以画一些故事中提到的物体,然后要求教师讲述一个关于他所画物体的故事。文章听写下来之后,教师可能将其读给儿童听,强调一些关键词,然后要求儿童"阅读"听过的文本。通过这种方式,儿童获得了所处环境中各种物体的书写标签。然后,教师在接下来的几个星期内教授10~20个单词,并要求儿童将其记住。这一般被视作儿童最初的"视觉识别"词汇。在初期阶段的某个时间,教师在其教学中采用第一本识字课本[①](read-ing primer)或阅读练习册。此后,阅读教学根据所使用的方法便呈现出多姿多态的局面。

虽然阅读的理念和各地区强制执行的课程千差万别,但是阅读教学的各种方法根

---

① 也可译作"初级阅读课本"。——译者注

据突出的重点大致分为意义中心法和语码中心法两大类。以语码为重心的各种早期阅读教学方法重视书面英语形—音对应规则的学习，有助于提高阅读能力的熟练解码技能的培养。相反，以意义为重心的各种方法则尽量淡化早期阅读教学过程中解码练习的重要性，突出强调一年级儿童完成各种各样阅读和书写任务（如日记、列表）的重要性。这里我们首先对两大类教学方法的主要方面及其优缺点加以描述，然后以对最近关于不同阅读教学法相对利弊的实验室和课堂研究的探讨来结束本部分的内容。

## （一）以解码为重心的阅读教学法

儿童必须掌握一些非常有针对性的技能，才能成为一名熟练的读者。这些技能主要涉及文字符号、语音形式和语义指代之间关系的理解。换言之，儿童需要掌握书面文字中陌生的字母串与口语词汇之间的映射。这种从字母到发音的映射乃是阅读发展的开始，而且对拼音规则的掌握是连接文字与意义理解的桥梁。儿童掌握拼音规则前所犯的阅读错误表明他们尚处于前拼音阶段，可能将 heat 读成/hat/，或将 black 读成/back/。解码过程将儿童的注意力吸引至词中字母序列上，并且引导其进入构建高质量的词汇表征必不可少的全拼音阶段，而高质量的词汇表征能够促使儿童进入高效的词汇识别的巩固阶段（Ehri，1999，2002）。精确、高效的词汇识别使读者能够迅速地提取文字的意义（Ehri，1980；Perfetti，1992；Torgesen，Rashotte & Alexander，2001）。在这一方面，自动解码技能的构建是阅读理解的基础。回顾一下本书第十章提到的类比法或许有助于阐明这个问题。自动解码在早期阅读中的重要性，可以与运球这项基本技能在篮球中的作用相提并论（Beck，1998）。运球并非得分的充分条件，但是，在整项运动中却不可或缺。扎实的运球技能培养不能成就一个球星，但运球水平低下却能阻碍一个人成为球星。

重心在语码的教学方法（code-emphasis approaches）认识到，形—音对应规则的掌握有助于准确、快速的词汇识别，因为词汇识别是实现流利阅读与理解所必需的基本技能。在低龄儿童开始学习阅读时，其口语理解能力高于阅读理解能力，他们在书面文字理解中最初遇到的障碍是努力将书面词汇转换成口语（Curtis，1980）。大多数儿童一旦能够将书面词汇解码为口语词汇，就能理解所读的内容。儿童掌握基本的字母—发音配对越快，就能越多地练习读出文本中的词汇。解码练习有利于效率的提高，而且准确地读几遍词汇就使儿童能够形成巩固的词汇表征，从而有助于快速识别词汇、提高阅读流利度（Torgesen & Hudson，2006）。因此，解码技能的掌握为实现词汇的自动识别奠定基础，从而解放了儿童，使其能够专注于所阅读文本的理解。正如强大的篮球运动员一般比弱小的球员打球更多，与低水平读者相比，高水平读者书读得多，因此有机会接触到更多的正字法模式和新的词汇（Stanovich，1986）。所以，早期对形—音对应规则的掌握为儿童阅读的进一步发展提供了有力的工具（Jorm & Share，1983；Share，1995）。相反，解码生词有困难的儿童在阅读中要么跳过去要么就做出猜测。跳过和猜测两种策略将词汇识别交给运气，而不是鼓励儿童关注词汇的正字法和语音信息。这可能导致阅读准确性降低，进而妨碍有助于高效词汇识别的高质量词汇表征的构建(Perfetti，2007)。词汇识别效率低，需要付出的认知努力增加，因此儿童分配给阅读理解的认知资源相应减少(Perfetti，1985)。

重心在语码的教学方法有多种类型，一般都具有以下特点：直接从易到难教授形—音对应规则，以掌握拼音规则，儿童通过阅读已经学习过的包含拼读模式的词汇、句子和故事来练习解码。换句话说，系统的拼读教学以明示方式教授作为阅读学习基础的拼音规则。重心在语码的阅读教学方法一般用三个假设来界定：①阅读并非自然发展的过程，因此儿童必须接受阅读教学(Gough & Hillinger，1980；Rayner，Foorman，Perfetti et al.，2001，2002)；②阅读教学最初应该系统地教授拼读模式；③控制文本的阅读练习对于熟练解码技能的构建十分重要。

以语码为重心的阅读教学强调英语文字系统中字母与发音的映射，因此拼读的教学是日常教学活动的一个组成部分。系统的拼读教学直接教授形—音对应规则，并且已得到验证确实能够减少初学阅读困难儿童的人数(Ehri，Nunes，Stahl et al.，2001；Foorman，Francis，Fletcher et al.，1998)。字母拼读法有助于阅读困难的有效克服，原因可能有多种。字母拼读法强调字母和读音的联系，能够将儿童的注意力吸引到拼音规则上。因此，有研究发现字母拼读教学增强了儿童的音位意识(Alegria，Pignot & Morais，1982；Baron & Treiman，1980)，也就不足为怪了。

在以语码为重心的课程中，阅读时间都花费在学习文本的解码和听读儿童文学上。字母拼读课是用来教授儿童学习拼音规则的基础——形—音对应规则，以及如何使用这类知识来识别不熟悉的词汇。纯粹的拼读课从有限的可组成许多不同词汇的字母集合开始。单个字母根据其读音来教授，然后要求儿童练习奇异字母组合的发音。例如，儿童学习过两个元音和三个辅音，就能够阅读和拼写"top"(顶端)、"pot"(罐子)、"pat"(轻拍)、"tap"(轻敲)、"sat"(坐)、"stop"(停止)、"pots"(罐子)、"spat"(吐出)等词汇。随后，随着所学习字母的逐渐增加，儿童学习到更多的复杂模式，如二合辅音(如 th、sh)和复合元音(如 oi、ai)。随着拼读教学的深入，儿童能够学习更多的形音模式，从而帮助他们阅读和拼写更多的词汇。直接教授拼读并提供大量的练习能够将儿童的注意力吸引到拼音文字系统的"产出力"上。通过对一些词汇的重复，儿童在建立词汇—正字法联结并最终实现精确拼写的同时，也积累了视觉词汇(Stanovich & West，1989)。

以语码为重心的课程主要是通过教授如何将字母转换为读音，并将其组合起来来教授词汇识别的。这一过程通常被称为词汇"读出"。儿童若错读某个词或在某个词上磕磕绊绊，教师一般会给予提示，发出词首音[如"snail(蜗牛)"的/s/n/]，然后再看其元音或押韵模式(ail)是否和某个认识的词相似。目的是教授儿童一种独立阅读生词的策略(Jorm & Share，1983)。在解码的过程中，儿童注意到词中所有字母，从而使他们能够对遇到的新词形成精确的表征（Ehri，1992，1998；Perfetti，1992）。

在每天学习几个字母/发音组合的过程中，接受以语码为重心的阅读教学的儿童会练习阅读和书写词表或者控制文本（controlled text）中不同模式的词汇［如"plain"（朴素的）、"sail"（船帆）、"pail"（桶）、"train"（火车）］。所谓控制文本是一种为了练习解码词汇，最大化地使用含有规则拼读模式的词汇撰写的文本。高频的不规则词［如"beau-tiful"（美丽的）］也会出现在控制文本中，但绝大多数词汇都可解码。控制文本的使用是一种练习解码正字法—语音直接映射词汇的方式，因此突出强调能够明确体现拼音规则的一般拼写模式。相比阅读一篇由所记忆的词汇组成的文本，儿童尽管最初可能需要付出更多的努力去逐词解码文本，但所涉及的逐个字母的加工，对于构建实现快速、准确阅读所需的高质量词汇表征非常重要（Ehri，1980，2002；Perfetti，1992；Venez-ky & Massaro，1979）。

考尔（Chall，1967）对几项关于阅读研究的综述表明，儿童花费时间阅读学过的形—音模式对其阅读早期的进步十分关键。控制文本的朗读使儿童能够在有助于其成功的环境中练习解码，而不会因初学者读物中所包含的一些拼写不规则的常见高频词而产生挫败感。贝克（Beck，1981）发现，基于语码的读物中79%～100%（取决于具体的课程）的词汇可根据所学的形—音对应规则来进行解码。由于文本经过简化，阅读初学者可以正确地读出大部分词汇。例如，儿童若学过"e"用于编码"egg"（蛋）中的某个读音，"o"编码"on"（在……上）中的一个读音，那么他/她就可以练习阅读下列控制文本，如例（11.1）：

Ben wanted a pet. He got his net and went to the pond. (11.1)
（本想要一只宠物。他拿着网，去了池塘。）

控制文本的使用使儿童能够在阅读句子时，练习快速地读出词汇。随着词汇表征质量的提高，词汇变得越来越熟悉，阅读速度加快（Rayner，Foorman，Perfetti et al.，2001，2002）。这一过程产生的结果是流畅的阅读，或者可以快速且语调适当地进行阅读。阅读教学第一年，解码过程可能会很费力。由于解码需要付出努力，儿童在阅读时可能会很快感到疲劳［同学习任何新的技能（如弹钢琴）时的表现］。儿童能够从重复阅读已经解码过的文本中获益（Meyer & Felton，1999）。重复阅读一个句子或段落，使儿童有机会练习从文字到口语的输入—输出映射，这有助于实现自动词汇识别过程（National Reading Panel，2000；Schneider & Shiffrin，1977）。然而，有研究表明，重复阅读的收获相当于阅读相同数量未读文本的收获（Kuhn & Stahl，2003）。随着阅读量的增加，解码自动化，儿童的阅读技能越来越熟练，从而有更多的认知资源用于文本的理解与欣赏（Curtis，1980；Perfetti，1985）。

在以语码为重心的课堂上有时间聆听儿童文学。儿童被暴露在语言丰富的环境中，聆听教师朗读故事，这样既能够吸引其注意，培养其情节意识，同时能够扩大其口语词汇量。儿童在阅读故事书的过程中，感受到儿童文学生动的语言和难忘的情节。通过让阅读初学者接触文学作品和控制文本，以语码为重心的教学方法给儿童提供了机会去感受词汇量丰富的文学作品，练习阅读简化的文本，培养其支持精确阅读的解码技能。

## (二)以意义为重心的阅读教学

我们认为，这类教学法将教授阅读初学者高级理解策略放在首位(优先于解码)——坚信这种策略是促进熟练阅读的重要因素(Routman，1991)。在没有系统的语码教学的前提下，儿童通过以意义为重心的教学方法能更好地学习阅读，这一核心假设是强调儿童口语与读写体验之间的联结课程的内驱力。针对一年级儿童，一项普遍采用的活动是要求阅读初学者在教师的帮助下坚持以日记形式记录其经历。教师重复儿童口述的词汇，帮助他学习识别口语词汇的书写形式。教师一般向学生快速呈现词汇卡片，读出其发音，并要求儿童跟读，以此来教授书面词汇。教师通常从为数不多的一组词汇开始，然后逐渐增加数量。儿童词汇识别的教学采用整词记忆和使用句子语境来预测词汇相结合的方式来进行。拼音规则暗含在词汇学习活动中，但不以系统的方式来教授拼读。

以意义为重心的阅读教学法的一个历史趋势是重视整词的记忆。整词法的优势在于它提高了阅读发展早期的阅读流利度。儿童掌握了少量视觉词汇之后，就能够用这些词汇组合、构建出有意义的句子。他们由于认出了记住的词汇，所以能够快速地阅读这些句子。词汇的读音最初由教师提供，视觉词汇被贴在教室的词汇墙上，以词性或语义范畴分组，以便于以后查阅。然而，随着儿童视觉词汇量的增加，许多单词开始发生混淆时(通常在一年级末)，整词教学早期的任何优势都有可能适得其反。阅读教学之初，整词阅读教学法在儿童能够快速识别的有限数量的词汇范围内可能很有效。但是，由于许多儿童整体记忆单词时，并没有注意内部的字母顺序，儿童若继续使用整词记忆策略，问题就会发生(Beck，2006；Gough & Hillinger，1980)。这会导致错读词首或者词尾相似的词汇["stick"(棍子)和"stock"(股票)]。随着儿童视觉词汇量的不断扩大，其中必然包含一些仅在内部一两个字母之间存在区别的单词。由于阅读量的进一步增加，记忆中所存储相似词汇的数量也在增加，教师观察到，儿童因为频繁出现的文本连贯性的破坏和理解错误而倍感困惑，阅读正确率大幅度下降。因此，视觉记忆能力较强的儿童可能在低年级阶段能够通过精确地提取记忆中的词汇来"阅读"，但当阅读需要精确识别由多个字母构成的多音节词汇时，儿童则开始犹疑不决，力不从心。

整词教学方法的基本原理是，儿童最初并没有认识到字母用于表征语音单位，所以字母的整体模式被完整地作为某个单词的表征来教授。人们常引用卡特尔(Cattell，1886)和赖歇尔(Reicher，1969)的实验来支持整词教学方法。但是，上述实验结果并不表明词汇是作为格式塔式的视觉模式来加工的，因此与阅读教学联系不大(见本书第三章)。

以意义为重心的阅读教学法的第二个历史趋势是采用在故事语境中呈现高频词的基础阅读课程。许多高频词的拼写并不规则。因此，儿童使用高频的基础阅读课程来记忆符合一般拼读规则的常规词[如"bike"（自行车）]以及不透明的不规则单词[如"should"（应该）](Willows, Borwick & Hayvren, 1981)。作为整词教学方法的目标，基础阅读教程是教授儿童口语词汇的书面形式，一年级入学后所阅读的故事中包含许多不容易解码的词汇(Beck, 1981；Willows, Borwick & Hayvren, 1981)。一本一年级的整词基础读物可能包含：

Pam likes to read at night. "I like the big bird in this book," she said.　　　(11.2)
（帕姆喜欢在晚上阅读。"我喜欢这本书中的大鸟，"她说道。）

请注意这里使用的高频词具有与多种读音[如"great"（伟大的）和"read"（阅读）]相联系的复杂拼写模式(如 oo 和 ea)。贝克(Beck, 1981)得出结论说，无论突出意义的基础读物通过呈现熟悉的词汇帮助儿童得到怎样的收获，都可能因有助于单独词汇阅读的解码技能的练习机会非常有限而被抵消。因为整词基础阅读课程加大了阅读初学者掌握拼音规则的难度，不能掌握生词可以依据字母和读音间的联系来解码，因而，与学习阅读基础课程的儿童相比，通过其他方法学习阅读的儿童表现更差，也就不难理解了。基础阅读课程或核心阅读课程，在今天仍然用于许多课堂的阅读练习。但是，这种课程因适应不规则高频词的数量多少而千差万别。某些现代基础读物甚至主要使用以意义为重心的课堂上不会采用的可解码文本。

在美国，全语言（whole language）教学法是一种目前普遍使用的基于意义的阅读教学方法。全语言教学法中融入了整词记忆的某些成分，但这种方法强调儿童文学和迷你书的阅读练习。有文献对全语言教学法的哲学进行了详细的描述(Routman, 1991；Weaver, 1994)，但是其关键要素总结如下。首先，全语言教学法的哲学认为，学习阅读如同学习说话，是在儿童与文本的交互过程中自发发展出来的能力(Goodman, 1967；Routman, 1991；Smith, 2004)。这种阅读过程观与大多数心理学家所持观点不同，认为阅读的学习是一种在教师的帮助下获取技能的过程(Gough & Hillinger, 1980；Rayner, Foorman, Perfetti et al., 2002)。如前所述，拼音技能可通过口语经验自发产生的观点并未得到实验数据的一致支持(Levy, Gong, Hessels et al., 2006；Lonigan, Burgess & Anthony, 2000；Senechal, LeFevre, Thomas et al., 1998)。阅读习得的"自然"观或许为反对教师主导下的系统的阅读教学(此乃以语码为重心的阅读教学方式的一个特点)提供了合理的依据。在全语言课堂上，教师承担起促进者的角色，儿童自发启动自己的学习体验之旅。儿童在有意义的读写活动中，体验阅读、拼写和书写。与准确、高效的词汇识别技能的培养不同，儿童的意义构建才是关键(Routman, 1991)。

全语言教学法的发展受到了数位阅读理论家理论的滋养(Goodman, 1967；Smith,

1971，1973；Smith & Goodman，1971）。古德曼（Goodman，1970)将阅读过程看作一个"心理语言学的猜测游戏"，仿照这一理论，读者根据上下文的语境尝试预测后续词汇。这个猜测游戏可能包含三类线索：句法、语义和字形语音。如本书第十章所述，教师通过模拟一种叫作"三线索系统"（three-cueing system）的策略，即使用上述三种线索来识别阅读中遇到的生词来提高儿童阅读生词的能力（Adams，1998；Routman，1991）。从直觉上来看，读者应该使用所有的线索来理解文本的这种观点是理智的。然而，在实践中，线索系统主要是作为识别词汇的一种方法来教授。儿童若遇到生词，教师就使用三线索系统给予提示（Weaver，1994）。尽管数十年的眼动证据表明，熟练阅读者能够在大约四分之一秒内自动地识别词汇，但全语言教师将单词识别看作一种需要有意识地应用这些线索系统的猜测过程。

词汇阅读的三线索系统理论存在的主要问题是，没有突出词汇识别最可靠的线索——字母本身（Adams，1998）。虽然词汇表征可通过许多机制来建立，但是字母读音的重新编码最为有效（Share & Stanovich，1995）。在实践中，以意义为重心的教学方法支持者鼓励读者根据语境预测接下来可能出现的单词，而不是去解码生词。这种方法的问题在于，文本中的大部分实词都难以预测，而可预测的单词（如虚词）可能已经是儿童的视觉词汇了。根据语境猜测的方法可能在低年级阅读可预测的故事时起作用，但在小学高年级阶段儿童开始通过读书来学习社会科学、自然科学和数学等学科知识时，这种策略就行不通了。若不熟悉其主题，文本语境对词汇识别没有任何作用。因此，高水平的读者对语境的依赖程度低于低水平的读者，也就不足为奇了（Share & Stanovich，1995）。即使阅读初学者可以成功地通过语境猜出词汇的意义，这种方法的价值也颇值得怀疑，因为它促进了首先做出猜测然后再看字母习惯的形成。在这个过程中，儿童的注意力最初分配到某个词周围的语境上，而非在其正在尝试阅读的单词的拼音结构上。而且，一般强调语义和语法线索的词汇识别方法可能会将来自低收入家庭的儿童置于不利之境，因为他们在入学时背景知识贫乏，并且/或者在家中用英语交流的经验也很少。

除上述三线索系统之外，全语言教师也可能在学生阅读出错时，教授一些形—音联系，以此来帮助学生识别词汇（Weaver，1994）。虽然有一些全语言倡导者立场极端，认为"与字母相关的读音总的来说都是无关的"（Smith，2004），另一些人则认为儿童通过接触文本能够自然地发现拼音规则（Weaver，1994）。作为对阅读错误的应对方式，形—音联结的教授被称作"内嵌式拼读教学法"。例如，若儿童在读单词"snow"（雪）时遇到障碍停顿下来，教师可能指出这个词与"grow"（成长）押韵。内嵌式拼读教学法的优势是能够迅速地帮助儿童读出当前阅读的单词。但是，这种方法因为缺乏系统性所以存在一些缺点。尽管在有意义的文本语境中教授字母拼读模式似乎是一个不错的想法，但这种方法会给尚未掌握拼音规则的低龄儿童带来一些问题。首先，增强儿童文学吸引力的语言丰富性取决于具有规则与不规则多种拼写模式词汇使用的多样性。教学内容取决于阅读错误，因此此类字母拼读教学缺乏系统性和顺序性。也就是说，由于教学是在学生犯错的过程中随时进行的，因此内嵌式拼读教学并非从简单的词汇[如"cat"（猫）、"hat"（帽子）、"bat"（拍子）]开始，然后过渡到更为复杂的模式[如"that"（那个）、"trap"（陷阱）、"hand"（手）、"sail"（帆）]。其次，内嵌式拼读教学法很难将拼读模式推广到一组词汇中。例如，儿童学习了"snow"（雪）词尾的"ow"如何发音后，在一堂阅读课上可能多次遇到"snow"，大概也能够立刻识别出来，但在同一堂课上可能遇不到其他有相同拼读模式的词汇[如"blow"（吹、刮）、"glow"（发光）、"show"（表明、展示）]。通过类比来阅读拼写相似词汇的能力是拼音规则的基础，因此，这种由此及彼推理的缺乏所造成的后果是拼音规则无法凸显出来。最后，虽然儿童在每天的阅读中可能接触到许多字母组合模式，但是没有足够的机会通过练习阅读和书写某个具体的拼读模式来记忆形—音对应规则。

下面将要讨论的以意义为重心的全语言课堂的最后一个特点是，使用儿童文学作为练习阅读的材料。儿童首先要学会预览全书，根据插图了解书中的故事情节。然后，他们可能跟着教师第一遍朗读故事。最后，他们独立练习朗读和默读故事。阅读过程中若犯错误，或者在某个词上遇到障碍，教师会鼓励他们借助于插图或者使用三线索系统来对后续词汇做出猜测。在与书本的重复接触中，儿童记住了文本中的词汇，而且开始能够快速地进行识别，其阅读流利度随之得到提高。

尽管儿童文学从直觉上讲对成年人来说具有吸引力，但是早期阅读训练仅仅使用这种材料对某些儿童而言可能有问题。问题之一是找到适合儿童技能发展的作品很困难。请看贝克（Beck，1998）所讨论过的取自儿童文学的文本样例：

Hattie was a big black hen. One morning she looked up and said, "Goodness gracious me!"

(11.3)

（哈蒂是一只大黑母鸡。一天早晨，她抬起头看了看，说道："我的天哪！"）

成年人感觉很容易理解这个句子，但是，其中某些单词的拼写和长度可能不利于儿童独立阅读。而且，不规则词的数量[如"was"（是）、"one"（一）、"looked"（看）、"said"（说）、"gracious"（亲切的、慈祥的）]不利于儿童应用基于语码的策略去成功地识别词汇。相反，他们可能根据语境意义来对单词做出猜测。贝克（Beck，1998）强调，重要的是要对用于阅读练习的文本的目的与综合质量加以考虑。儿童当然能够受益于聆听别人朗读儿童文学，但是故事中的一些词汇对于阅读初学者来说常常过于复杂，无法阅读。这种文本有助于口语词汇量的扩大，培养儿童对读书的兴趣，但不能为儿童提供应用拼音规则来识别词汇的练习机会。相反，儿童可能借助于插图依靠猜测策略和整词记忆对书面词汇做出猜测，但是这几乎无益于将儿童的注意力集中到词汇的内部结构上。这样一来，复杂文本的过度使用可能阻碍儿童从阅读的部分拼音阶段到完全拼音阶段的过渡，在后一阶段，他们关注词汇中所有的字母，并建立起高质量的词汇表征。

同努力学习拼音技能的同龄人一样，入学时萌发读写技能良好的儿童和阅读学习毫无障碍的儿童，似乎都很喜欢全语言教学。全语言教学的显著优势在于，儿童能够沉浸在语言丰富的课堂环境中，获得愉快的读写体验。但是，有趣的故事和漂亮的图画书的使用并不能提起儿童对阅读的兴致。关于全语言教学法和以语码为重心的教学方法的对比课堂研究表明，全语言教学法能激发出学习者对阅读的积极态度（Foorman，Francis，Fletcher et al.，1998；Stahl，McKenna & Pagnucco，1994）。然而，其帮助儿童学习阅读的效果不够明显。对阅读态度的积极影响未必能够转化为阅读水平的提高，如同享受聆听儿童文学的能力不等同于能够阅读儿童文学。我们将在本章最后对这一问题进行深入的讨论。

以意义为重心的阅读教学法的最新发展被称为平衡读写教学法（balanced literacy）（Fountas & Pinnell，2006，2008）。所谓平衡读写教学法即主张将技能教学与真实文本（不同于基础读物）的使用相结合的教学方法。通过这种方法，教师向儿童示范读写行为。他们读书给儿童听，并示范如何写书评。教师指导下的阅读是主要课堂活动，儿童以小组为单位默读教师为他们选择的真实文本，而教师则指导儿童练习某种有针对性的阅读策略。最后，教师观察学生独立的阅读与写作，并在班级中分享他们的作品。

这种教学方式在很大程度上借鉴了写作工作坊（writing workshop）模式，根据这一模式，儿童首先独立写作、与教师商讨，然后修改其作品。我们不明白的是，一种成功的写作教学模式为何有助于儿童早期阅读技能的发展。写作工作坊模式旨在教授儿童掌握熟练的作者文本创作的过程，但这与阅读学习有什么联系呢？

根据平内尔等人（Pinnell & Fountas，2000）的一篇网络文章，平衡读写教学法为儿童提供了多种多样的阅读环境。每种环境包含特定的教学成分，如听读、拼读以及拼写教学、读书会、指导性阅读，独立阅读和研讨。乍一看，这似乎是以语码为重心和以意义为重心两种阅读教学方式很好的平衡。然而，我们对多种平衡读写教学法著作的梳理发现，拼音规则和拼读教学在这种教学方法中所发挥的作用极小。例如，平内尔等人（Pinnell & Fountas，2000）的文章中有一个框架结构，对平衡读写教学方法的构成进行了描述，其中提到了拼读和拼写教学，但只占总体内容的六分之一。而且，有意思的是，拼音规则的教学并非其教学目标，但是阅读理解和语言技能的教学却是其申明的目标。同样，旨在帮助从幼儿园至三年级阅读困难儿童的教师手册共520页，其中对拼读教学方法的描述只有6页（Fountas & Pinnell，2008）。尽管不同教学方法分配给拼读和解码练习的权重难以度量，但目前几乎没有文字证据表明平衡读写教学法非常重视熟练解码能力的发展。

鉴于大量的研究均表明熟练的解码在阅读发展中的重要性，三年级前使用平衡读写教学法引起一些疑虑。在前面，你已经了解到许多研究都表明词汇识别在熟练的阅读中是自动化过程。书面词汇一旦得到识别，低龄读者通常能够很轻松地获取文本的意义。但是，平衡读写教学课堂却教授儿童有意识地使用一些高级策略，而不是通过直接词汇识别来获取语义。儿童可能在日常阅读情境中学习使用拼读法，但内嵌式的拼读教学由于缺乏顺序性，因此练习不充分，没有机会在不同的语境中使用，可能对许多儿童来说效果有限。如果儿童没有接受过能促进掌握拼音规则的系统教学，不能精确地识别词汇的话，那么文本的理解就确实是一项困难的任务。

总之，以意义为重心的教学实践可能给阅读初学者造成各种问题。我们认为，这种教学实践本身未必存在问题，而是教学选择的时间阶段有问题。请回忆一下在本书第十章中所讨论过的理论，埃里提出的早期阅读发展的四个阶段均发生在从幼儿园到小学三年级学习阅读时期。经历过前拼音阶段、部分拼音阶段、全拼音阶段，就意味着已经掌握了拼音规则，而且能够快速准确地读出词汇。因此，以语码为重心的阅读教学似乎更有助于低年级学生的阅读发展。相反，大约到三年级，儿童已开始通过阅读来学习新的信息，此时高层次策略似乎更有助于阅读理解。因此，儿童在小学中段掌握了解码技能，开始采用以意义为重心的教学法似乎比较适宜。然而，非系统的拼读法和三线索系统教学法（相较于以语码为重心的方法）对培养儿童拼音解码技能效果甚微（Ehri，Nunes，Stahl et al.，2001）。我们认为，恰恰是以意义为重心的教学方法（甚至针对阅读初学者和阅读困难者）的普遍应用可能加剧一些儿童阅读学习的困难。强化干预研究表明，如果儿童到了三年级还不能熟练地阅读，那么他们就很难追上同龄人（Torgesen，Rashotte & Alexander，2001）。因此，在早期阅读教学中，拼音解码技能——流利阅读的基础——的培养似乎尤其重要。

### (三)关于早期阅读教学的争论

关于阅读教学的争论由来已久（Adams，1990；Goodman，1993；Grundin，1994；Rayner，Foorman，Perfetti et al.，2001；Stahl，McKenna & Pagnucco，1994；Stahl & Kuhn，1995；Weaver，1994）。尽管争论形式不同，但是关键的问题是，是否应该系统地或者附带地教授儿童解码（拼读法）。语码教学倡导者主张从字母到读音的映射标志着阅读发展的开始，而且拼音规则的掌握是获取文字意义的重要桥梁，使儿童能够独立地识别生词。意义教学倡导者认为解码教学法分散了儿童对意义创造过程的注意力，而且所教授的是一种高水平读者并不常使用的技能（Smith，2004）。语码教学倡导者指出，读者最初口语理解强于阅读理解，而且文字理解最初的障碍是如何将书面词汇转化成口语形式（Curtis，1980）。意义教学倡导者反驳说，形—音映射只是对理解水平相对较低的阅读初学者有作用（Weaver，1994）。因此，争论一直不休。庆幸的是，近年来的实证研究数据有助于分辨各种观点的是非曲直。

研究者引用熟练词汇识别的各种理论模型来支持各自的观点。例如，词汇识别的联结主义PDP（平行分布式加工）模型（见本书第三章）认为，熟练阅读过程中的词汇识别是直接（正字法—语义）和间接（正字法—语音—语义）两个路径协同激活的结果。因此，各种"三角"模型经常被用于支持鼓励儿童练习形—音映射与应用解码技能的以语码为重心的阅读教学方法。相反，双重路径理论（Coltheart，Rastle，Perry et al.，2001）认为熟练的词汇识别可以用直接通达来解释，即阅读者主要通过正字法—语义路径来识别多数词汇。因此，双重路径模型可用以证明那些并非以解码为中心的阅读教学方法。例如，史密斯（Smith，1973）强烈主张，经由正字法直接通达词义由于不需要额外的语音转码步骤，因此必然更为高效，而且这一假设是与系统的拼读教学法相对立、以强调意义为重心的教学方法的基础。

由于只涉及两个而非三个加工器，直接（正字法—语义）路径从直觉上看似乎显然加工效率更高。然而，这一直觉并不很符合阅读计算模型的数据。计算机模型已具备根据平行加工的假设很好地模拟人类阅读数据的能力（Harm & Seidenberg，2004）。如果各种阅读过程确实是并行的话，那么路径的效率就不能根据所涉及加工器的数量来测量（两个路径可以在单一路径的运行的时间内并行）。

关于教学的几个重要问题依旧没有解决。若熟练的读者能够通过正字法直接通达语义，那么教师为何还要强调费力的解码过程？如果实验证据表明正字法—语义路径对于熟练的词汇识别已经足够，那么或许减少语码教学或者顺带地教授拼读法是恰当的。尽管有证据表明熟练的读者采用由正字法到语义的直接路径（Cohen & Deahene，2009），但也有越来越多的证据表明，他们也使用正字法—语音路径。正如我们在本书第五章和第十章中所叙述的，眼动和 ERP 研究发现熟练的读者在默读过程中和词汇识别任务中存在语音加工效应。早期脑磁图数据表明前侧正字法—语音路径和腹侧正字法—语义路径被同时激活（Pammer，Hansen，Kringelback et al.，2004；Wheat，Cornelissen，Frost et al.，2010）。另外，计算机模拟表明两条路径协作输入刺激材料的词汇识别表现更优（Rueckl & Seidenberg，2009）。根据当前已有数据可得出如下结论，熟练的阅读者在词汇识别中似乎使用了正字法—语音—语义和正字法—语义两种路径。

有人可能仍然会争论说，即使熟练的读者在阅读中一般都使用正字法—语音路径，但是教授幼儿园和一年级儿童字母—发音联结从发展的角度看是否适宜，仍然是个问题。关于拼读教学的教学法方面的担忧有几种。有些教育工作者认为儿童学习拼读太困难，或者说即使学会了也没什么帮助。对低龄儿童能否受益于语码教学的忧虑可追溯到数年前的一项研究，结果表明，7 岁以下儿童不能受益于拼读教学（Dolch & Bloomster，1937；Dolch，1948）。然而，正如我们在本章前文中所指出的，这一研究中的儿童所接受的是顺带而非系统的拼读教学，表明多尔希等人的发现仅仅说明内嵌式拼读教学对一年级儿童无效（Brown，1958；Chall，1996）。

追踪大脑中阅读回路发展的神经成像研究所提供的一些神经发展方面的证据表明，早期拼读教学对阅读初学者来说符合神经的发展。这些研究说明阅读初学者大脑中正字法—语音加工所涉及的背侧和前侧系统最为活跃（Frost，Sandak，Mencl et al.，2009）。例如，施威茨等人（Shaywitz et al.，2002，2007）采用功能性核磁共振成像对儿童在阅读真词和可发音的假词时大脑的活动进行了测量。他们发现，低龄读者在阅读过程中使用了左右两半球弥散的神经网络。随着阅读技能的发展，激活逐渐偏向于左半球，10岁以下儿童在阅读词汇时，其背侧和前侧（正字法—语音—语义）系统相对于腹侧（正字法—语义）回路更加活跃。

神经成像研究数据为我们关于阅读发展的讨论提供了两个方面的重要贡献。低龄儿童的激活主要发生在正字法—语音加工所涉及的前侧和背侧回路，这一发现说明儿童开始阅读后，其大脑逐步形成一个专门回路，用于对字母—发音映射进行加工，而这些字母—发音的映射则是拼读教学的重点。弗罗斯特等人（Frost，et al.，2009）的研究表明，能够准确、流利地阅读的儿童形成了经由腹侧路径通达整词形式的神经回路。首先是正字法—语音回路的激活，接着是腹侧路径（颞枕叶被用于词汇识别）的激活，这一发展模式与早期阅读教学中的拼读教学法兼容。字母—发音联结的教授与练习有助于准确、快速识别词汇的熟练解码技能的发展。因此，早期的拼读教学似乎能够和大脑中阅读回路的发展兼容。

尽管神经成像研究证据表明以语码为重心的教学适合阅读初学者，但人们仍然担心系统的拼读教学不能给儿童阅读带来益处。这种顾虑部分源于所感知到的英语拼写的不规则性（Kessler & Treiman，2003）。现有研究文献表明，学习阅读之后，大部分儿童通过接触文字潜移默化地学会了一些复杂的拼写模式（Kessler，2009）。然而，儿童只有阅读流利性达到一定程度才能够广泛地阅读，从而接触到足够量的文字。以语码为重心的阅读教学以几种方式促成了各种内隐的学习过程。第一，它有助于对拼音规则意识的培养，促使儿童关注词汇内部的字母（Ehri，1992）。第二，儿童使用字母—发音联结作为一种自学机制来支持生词的识别，巩固对熟悉词汇的表征（Ehri，2002；Jorm & Share，1983；Share，1999）。第三，熟练的读者的事件相关电位、脑磁图以及眼动研究数据表明，自动的语音过程先于词形信息，促进词汇通达（Ashby，2010；Ashby & Rayner，2004；Ashby，Sander & Kingston，2009；Wheat，Cornelissen，Frost et al.，2010）。换句话说，正字法—语音联结一旦自动化，那么这些自动化的联结就在文本默读过程中一般被用于词汇的副中央凹加工。正如我们在本书第四章所述，副中央凹加工能够大幅度缩短词汇识别的时间。因此，以语码为重心的阅读教学方法有助于儿童广泛阅读所需的流利度的培养，而足够广泛的阅读能够促使儿童潜移默化地学习制约大部分英语拼写的构词法模式。目前，我们已经对关于早期阅读教学争论中的一些问题与不同方法对阅读发展背后各种过程的影响进行了提纲挈领地介绍，下面我们将对关于以意义为重心和以语码为重心两种阅读教学方式如何影响课堂阅读成就的实证研究和元分析研究进行探讨。

### （四）关于以意义为重心和以语码为重心阅读教学方法的实证研究

当今，强调意义的课程已广泛地应用于全语言/语言体验课堂。但是，人们对早期系统的明示拼读教学重要性的意识日渐增强（Moats，2010；Rayner，Foorman，Perfetti et al., 2001)。由于学生的表现通常反映出了每种方法的教学目标，因此以意义为重心和以语码为重心两种教学方式均为有效的教学形式。接受强调意义的课程教学的一年级学生一般能够流利地阅读，但可能形成一种猜测词义的习惯，从而可能造成准确阅读的困难，文本内容不熟悉时犹然如此。儿童若接受以语码为重心的课程教学其阅读准确性提高，但初期可能比较吃力，需要两年的阅读学习才能够达到流利水平。因为强调意义和强调语码两种阅读教学方式的目标不同，不可能先验地判断哪一种是更有效的教育理念。然而，可能通过实证方法评估哪一种方法对大多数儿童更有效。

我们主要根据课堂教学研究发现来回答用哪一种方法教授低年级儿童学习阅读更为有效这一问题。尽管实验室任务设计精密，能够获得关于认知过程的证据，但是此类研究不能用来评估哪一种阅读教学方法对大多数儿童最有效。关于这个问题的讨论从两个跟踪研究开始，然后扩展至对由美国国立儿童健康和人类发展研究所（National Institute of Child Health and Human Development）于 20 世纪 90 年代所做的元分析研究。

埃文斯等人（Evans & Carr，1985）对 20 个一年级课堂上使用的两个课程进行了评估。其中 10 个是以教师为主导的传统课堂，教学使用带有拼读法练习与应用的阅读课程；另 10 个则是以学生为中心的非传统课堂，教师教学只占每天活动的 35%。在后者中，阅读教学主要是采用语言体验教学法进行，学生自己制作故事练习簿和生词表。埃文斯等人（Evans & Carr，1985）根据两组的特征，将其分为解码导向组和语言导向组。尽管强调的重点不同，但两组在阅读任务上所投入的时间相似。两组也在相关的社会经济变量、智商和口语发展水平上相匹配。研究结果清楚地表明，解码导向组在年终的阅读测试中成绩（包括理解成绩）优于语言导向组。另外，语言导向组基于故事讲述任务的口语成绩并不高。匹兹堡跟踪研究的结果也相似（Lesgold & Curtis，1981；Lesgold & Resnick，1981）。研究者（Perfetti，1985）对研究结果做了总结，表明强调拼音规则的阅读教学并没有造就出对文字意义懵然不知的"单词拼读者"（word callers）。上述研究明确地表明，拼读教学不仅对词汇识别而且对阅读理解均有益。

对一组阅读研究进行元分析的结果为阅读教学效果提供了关键证据，因为元分析是对确定主要数据模式的许多独立研究发现的综合。在一项广为引用的研究中，研究者（Chall，1967）对 20 世纪 60 年代中期发表的阅读研究进行了综述，得出如下结论：早期系统的拼读教学，比非系统的拼读教学或者后期的拼读教学，更有助于阅读成绩的提高。这一发现得到之后阅读研究综述的支持（Adams，1990；Anderson，Hiebert，Wilkinson et al.，1985；Balmuth，1982；Dykstra，1968；Rayner，Foorman，Perfetti et al.，2001）。然而，该综述同时表明，教法固然重要，教师的作用也不可小觑。相反，威廉姆斯（Williams，1979）得出的结论是，基于编码的阅读课程对阅读成绩的提高优势并不明显，而且仅局限于阅读学习前两年的词汇识别和拼写。然而，她同时得出结论，认为基于意义的各种教学方法对阅读理解也没有明显优势。

我们在本书第一版中曾指出，1990 年之前几乎没有研究采用元分析法对基于意义的和基于编码的各种阅读教学法的效率进行比较。此后，在美国国会指导下成立了全国阅读专家小组（NRP），对各种阅读教学法的作用进行评估，并开展了数项大规模的研究，对拼读教学的效果进行了考查研究（Foorman，Francis，Fletcher et al.，1998；Torgesen，Wagner，Rashotte et al.，1999）。前述研究采用较之前研究更完备的实验设计，如随机分组接受不同的实验条件和匹配控制组。研究完成之后，国会召集全国阅读专家小组对大量的阅读研究进行了综合考查，对迄今为止所做的课堂研究做了元分析，并根据得到实证研究支持行之有效的儿童阅读教学实践提出教学建议。负责系统拼读教学效率研究的专家组完成了一篇综述文章，对所使用的元分析的方法与结果进行了详尽的描述（Ehri，Nunes，Stahl et al.，2001）。

为了进行元分析，美国全国阅读专家小组检索了大量研究文献，发现其中 38 项研究对 66 个控制—实验组在系统拼读教学和其他方式教学条件下阅读水平提高程度进行了比较。上述研究中有 28 项是在 1990—2000 年开展的。在其中一些研究中，对照组不接受拼读教学，而在另一些研究中，控制组（对照组）儿童接受非系统的或者内嵌式拼读教学。控制组包括采用全语言方法、基础读物课程或者整词法的阅读学习者。元分析涉及数个不同的调节变量，其中包括社会经济地位、年级、拼读教学课程类型和教学班级规模。考虑到一些研究中拼读教学持续时间不明确，元分析中未将其作为变量包括进来。阅读进步通过真词阅读、假词阅读、朗读和文本理解来衡量。效应量为主要统计数据，用以表示系统的拼读教学组阅读成绩是否不同于控制组以及差异大小。若某项研究采用了多种评估指标，美国全国阅读专家小组对每一个指标的效应量进行了计算，然后取其平均数作为该研究的独立效应量。这样一来就保证了每项研究在元分析中的贡献相同。

美国全国阅读专家小组的元分析结果相当明确地表明，"……系统的拼读法比控制组采用的任何一种课程都更能促进阅读的发展"。在所有 66 项实验组—控制组比较研究中，系统的拼读教学法均比包括全语言教学法在内的控制组所使用的方法，更有助于儿童的阅读学习。而且，研究还表明拼读教学法适用于哪些人群以及何时采用效果最佳。拼读法对来自中低收入家庭的儿童，由于语音意识薄弱或字母知识不完备而可能存在阅读困难的儿童，以及有阅读障碍的小学高年级学生，更有助于其阅读的学习。研究发现，单独拼读辅导并不比班级教学效果好。在许多情况下，拼读教学的影响在教学干预结束后依然存在，而且仍然对很多学生的解码、孤立的词汇阅读和理解能力的发展有辅助作用。因此，似乎无法不得出下述结论：系统的拼读教学法能更有效地帮助儿童提高其阅读能力（Rayner，Foorman，Perfetti et al.，2001）。

**1. 拼读教学法对幼儿园和小学一年级儿童的影响**

若阅读教学始于学前幼儿园时期或者从一年级而非之后开始，效果更好，说明系统的拼读教学法在阅读教学的前两年效果最好。幼儿园和小学一年级开始拼读教学的效应量相似，阅读水平的大部分指标处于中到大这一区间（见图 11-3）。阅读初学者表现出中到大的效应量，说明阅读教学初期采用拼读法教学，对那些入学时字母知识缺乏和语音意识薄弱的儿童而言，有助于克服其阅读障碍。拼读教学促进了其孤立词汇阅读和语篇理解的发展。另外，从低龄儿童在语音拼写和假词解码方面的进步来看，拼读法有助于低龄儿童对拼音规则的理解。

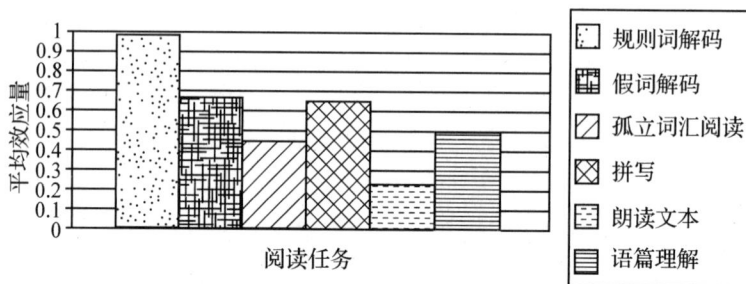

图 11-3　拼读教学对幼儿园和一年级儿童的影响

　　儿童学习阅读之初就教授拼读效果更好，这一发现可能令一些读者感到惊讶。自从多尔希（Dolch，1948）一书出版以来，许多教育家错误地认为低龄儿童不能受益于拼读法教学。但是，当前的研究发现，系统的拼读法教学对幼儿园和一年级儿童的阅读学习有更大的益处，从而再次肯定了查尔（Chall）的结论，即多尔希等人（Dolch & Bloomster，1937）的研究数据只能说明附带或者内嵌拼读教学对 7 岁以下儿童的作用是有限的。相反，美国全国阅读专家小组的报告明确地表明，儿童阅读学习之初就接受系统拼读教学的受益最大。由此推论，突出语音编码与词汇解码方式的教授似乎应该是幼儿园到一年级阅读课堂教学的首要任务。无论教师对系统的拼读教学法如何看待，全国阅读专家小组的研究数据表明，这是教授儿童学习阅读的最佳方法。虽然许多儿童可能在未接受拼读教学的条件下也能够发现一些形—音对应关系，但凸显拼音规则的教学方法仍然是解开我们的文字系统之谜、培养优秀读者之关键。当然，最有效的阅读教学理应包含系统的解码教学和增加儿童接触适应儿童年龄特征的优秀文学机会的各种活动。美国全国阅读专家小组的研究仅仅是为系统的拼读教学作为早期阅读教学的一部分对学生的阅读学习有益提供了实证研究支持而已。

**2. 拼读教学法对大龄儿童读者的影响**

　　系统的拼读教学有助于二到六年级儿童提高阅读水平，但是与其他教学方法相比其优势小于对阅读初学者的优势。鉴于这些研究中有超过 75％的研究对象为阅读障碍者或者（相对更难矫正的）阅读低能者，这并不足为奇。拼读教学法能够在某些指标上提高低龄读者的阅读水平；但是，可能是因为书面词汇中包含更高比例的不规则词和多音节词，基础的拼读教学对大龄儿童拼写能力的提高并无助益。

　　许多优秀的教师在其阅读教学中都采用折中法，认识到虽然拼读法有助于儿童发现拼音规则，但是他们还认识到只有学习有意义和令人兴奋时，儿童的学习才更有收获。我们可以得出下述结论：由于大多数教师都采用某种形式的拼读教学，因此强调语码的教学法与强调意义的教学法之间的主要区别在于两者教学实践分配比例的不同而已。然而，研究数据表明，两种教学方法效果的主要区别在于拼读教学的性质。全国阅读专家小组的研究报告明确地表明，是否具有系统性是拼读教学法对早期阅读成绩的积极影响是否能够最大化的关键因素。

　　拼读法的系统教授要求教师具备有关于我们的文字系统的外显知识，这样才能教授拼读的规律。这种知识包括对拼音规则和音位意识的理解，用于对语言不同层面进行描述的词汇及针对每个层面的语言学术语［如"diagraph"（二合字母）］，以及有助于从简单到复杂对解码概念进行教学的拼读规则顺序的掌握。对幼儿园和小学低年级教师而言，这是对阅读教学具有指导意义的关键语言学知识。干预研究发现，教师对可用于显性解码教学的语言学知识的掌握与学生的阅读水平之间有显著相关（McCutchen & Berninger，1999；Moats & Foorman，2003；Spear-Swerling & Brucker，2003）。你可能不会奇怪，教师需要掌握语言学基础知识，才能成为合格的阅读教师——正如数学教师需要理解数字系统、计算中的一一对应关系与运算的教学顺序才能够教授数学。但是，只有少数几个教师教育项目中有教授这种语言学知识的课程，岂非咄咄怪事。这类教学匮乏的原因之一可能是，教师认证课程过分强调全语言教学法不重视系统的拼读教学。

　　有数项研究对教师在小学阅读课堂上语言学基础知识的运用情况进行了考查。根据研究（Moats，1994），基本语言学知识包括语言结构知识及其在拼读教学中的应用，如语音知识和构词法知识。英语这样复杂的文字系统需要教师指导下的显性教学来帮助儿童首先学习简单的形—音映射（如字母"m"读作/m/），然后学习复杂的映射（如"kn"读作/n/）。虽然这种知识对熟练读者来说并不是必不可少的，但难以想象教师若自己都没有掌握我们文字系统的规则，又如何向阅读初学者进行解释呢？关于显性拼读知识的调查显示，很少有教师能够识别出二合辅音字母或者说明拼写中何时会用到"ck"（Cunningham，Perry，Stanovich et al.，2004；Fielding-Barnsley & Purdie，2005；Moats，1994；Moats & Foorman，2003）。研究者（Joshi，Binks，Hougen et al.，2009）对师资培训人员的语言学知识进行了调查，得到了类似的结果。接受调查的大部分人员在词素和音位分析任务上表现不佳，而且对语音意识的定义也不准确。

　　美国全国阅读专家小组和数位研究者均已认识到了语言学知识的掌握在系统的拼读和解码技能的教授中的重要性（Rayner，Foorman，Perfetti et al.，2001；Darling-Hammond，2006；McCardle & Chhabra，2004；NICHD，2000）。教师在语言学知识测试中的实际表现表明，在小学课堂中系统的拼读教学的实现存在一些障碍。除了与全语言教学哲学的潜在冲突之外，当今许多教师都不具备阅读教学所不可或缺的英语语言结构的核心知识。

### 3. 阅读教学方法小结

本节回顾了儿童阅读教学的主要方法，描述了以意义为重心与以语码为重心的各种教学方法和所使用的教学材料，并阐述了两者的相似性与差异，尤其是对全语言教学法和系统的拼读教学法进行了探讨，最后回顾了由美国全国阅读专家小组所做的实验研究与课堂研究进行的元分析。美国全国阅读专家小组的研究结果表明，系统的拼读教学是阅读教学行之有效的教学方法。当然，其原因是拼读法能凸显拼音规则。然而，遗憾的是，对教师进行的英语文字系统知识调查表明，许多教师缺乏用于系统教授拼读法的核心语言学知识。

# 五、总结

本章讨论了早期阅读发展的某些方面。我们讨论了拼音规则与英语之类的词素—音位文字系统中阅读学习的挑战，并以口语技能与故事阅读对早期阅读发展的促进作用为侧重，对读写能力"萌发"的概念进行了探讨。总起来说，似乎故事阅读对与文字相关的读写技能的"萌发"作用不大。故事阅读确实有助于扩大词汇量，但是二年级以前词汇量对阅读表现并没有预测力。因此，我们将文字系统的学习经历划分为两个阶段：①对故事结构和文字功能意识的确立（读写技能萌发）；②文字加工（阅读的学习）。本章开头讨论了音位意识和字母知识在阅读学习中所起的重要作用，这种观点得到很多研究的支持。拼音规则或者文字符号与特定音位间联系的理解是儿童阅读学习的主要障碍。相反，支持认知成熟度在阅读学习中起关键作用的实证研究明显不足。此外，我们对早期阅读教学中（以意义为重心的和以语码为重心的）两种通用方法进行了探讨，并回顾了实验室和课堂的实证研究，这些研究清楚地表明系统的拼读教学是教授儿童学习阅读的最佳方法之一。

# 第十二章　阅读障碍

在本书前几章中，我们对学会阅读的过程进行了论述。如前所述，尽管阅读教学在方法与文化取向上有差异，但大部分儿童仍然能够学好阅读。而对于另外一些儿童来说，这是一个苦苦挣扎的过程，其中有部分儿童根本学不会阅读，甚至到了成年阶段也不能熟练地进行阅读。这部分儿童之所以有阅读障碍，其部分原因可能与一般认知能力（或者智商）密切相关。低语言智商确实与理解和词汇缺陷相关，但是，阅读障碍儿童必须克服的最大困难是词汇解码。大部分在词汇解码学习遇到困难的儿童都面临阅读速度及/或者理解方面的问题，但是其智力测验成绩在平均水平或者之上。更复杂的是，智商与阅读困难的相关往往在小学高年级阶段才显露出来，这表明多年低水平的阅读影响了其能力测试的成绩（Hoskyn & Swanson，2000；Siegel，1992；Stanovich，1986；Shaywitz，Holford，Holahan et al.，1995）。因此，智商与阅读困难之间可能互为因果关系，因为大约到小学三年级，阅读是获取新词汇和一般知识的主要途径（Chall，1967，1983）。

本章主要讨论三种主要阅读障碍：获得性阅读障碍（acquired dyslexia）、发展性阅读障碍（developmental dyslexia）和阅读理解缺陷［阅读早慧（hyperlexia）］。阅读障碍是用于对不能精确、流利地阅读词汇的个体进行描述的一个术语。获得性阅读障碍指个体原本能够正常阅读，但是由于中风或者事故致使大脑受损，从而导致阅读困难。我们之所以首先讨论获得性阅读障碍，是因为对获得性阅读障碍个案研究的结果影响了熟练阅读理论的发展与对发展性阅读障碍的诊断。发展性阅读障碍始于儿童时期，通常在一开始接受阅读教学时就遇到严重的解码困难。阅读早慧实质上也是一种发展性障碍，其特点是孤立词汇的阅读能力相对较强，但是理解水平较低。

由此可见，发展性阅读障碍是一种阅读困难，导致这种障碍的生物因素非常复杂。阅读障碍本质上是连续性的，也就是说阅读障碍从轻微（可能只影响拼写）到严重症状（给阅读和写作均带来极大的困难）形成一个连续体。除严重程度不同外，阅读障碍往往与其他非语言性障碍同时出现，如注意力缺陷障碍或者运动顺序障碍。尽管阅读障碍很复杂，但是1990年以来，人们对其流行病学的理解与治疗已经取得了长足的进步。因此，本章的重心是发展性阅读障碍，同时还将对其他几种不同类型的阅读障碍进行探讨，以做比较。

认知心理学家是众多对阅读障碍感兴趣的研究者之一。教育家、神经学家、儿科医生、流行病学家、统计学家、行为遗传学家、教育心理学家、神经心理学家以及发展心理学家都对阅读障碍抱有浓厚的兴趣。因此，对阅读障碍的探讨在一定程度上必须具有跨学科性，必要时需要借鉴其他相关学科的研究或者知识，但是主要倚重于认知心理学的研究成果。

# 一、获得性阅读障碍

很多认知过程都具有偏侧性，因此主要定位在大脑的左半球或者右半球。语言加工的许多方面都集中在左半球（大部分人皆如此）。因此，左半球若因中风或者其他类型的大脑损伤受到损害，可能会导致语言问题。由于大脑损伤而导致的言语理解障碍或者言语产生障碍叫作失语症。失语症因其语言的特性分为若干种类（Coslett，2000；Kertesz，Harlock & Coates，1979；Lenneberg，1967）。失语症患者经常有阅读障碍，这是一般性言语障碍的一部分。但有时候言语系统并没有受到损伤，阅读障碍为脑损伤的主要（或者唯一）症状（Broadbent，1872；Kussmaul，1877）。这里讨论的重点即讲述获得性阅读障碍的症状。

获得性阅读障碍的个案研究对正常阅读的模式产生了很大的影响（Beaton，2004）。认知心理学家采用的一般方法是询问实验参与者在正常阅读过程中涉及的各成分加工是如何进行组织的，从而导致阅读障碍人群所犯错误明显不同于正常阅读错误。在对发展性阅读障碍的讨论中经常提及的三种主要获得性阅读障碍的症状是表层阅读障碍（surface dyslexia）、语音性阅读障碍（phonological dyslexia）和深层阅读障碍（deep dyslexia）（Beaton，2004；Coslett，2000）。表层阅读障碍者能够解码规则的生词与假词，但是解码不规则或者异常词汇有困难。语音性阅读障碍者解码假词有困难，但是阅读熟悉的词汇没有障碍。深层阅读障碍者也有解码困难，但是他们同时会犯语义替换错误。事实上，所报告的很少有纯粹的阅读障碍类型，而且由于大部分研究报告都是个案研究，因此很难估计出每种阅读障碍类型出现的比例。然而，错误类型的差异可以解释为存在两种独立的词汇识别的路径：①依赖字形—语音对应规则的词汇下路径（存在于表层阅读障碍中）；②从词形（拼写）到意义的直接路径（存在于语音阅读障碍中）（Coltheart，2005；Coltheart & Rastle，1994；Coltheart，Rastle，Perry et al.，2001；Marshall & Newcombe，1973；Shallice & Warrington，1980；详细讨论参见本书第三章和第五章）。

## (一)表层阅读障碍

对获得性阅读障碍的研究兴趣在很多情况下源自马歇尔等人（Marshall & New-combe，1973）发表的一篇具有开创性的论文，文中对表层阅读障碍和深层阅读障碍进行了描述。如上文所述，表层阅读障碍者通常能阅读假词和规则词，但是不能阅读不规则词，这似乎表明这种人群需要依赖字形—语音对应规则的词汇下路径。读者若以这种方式阅读，则遇到规则词时能够正确发音，但是遇到不规则词不能正确发音。例如，研究者（Shallice & Warrington，1980）发现其患者在 39 个规则词中能够正确读出36 个，但是在 39 个不规则词中却只能正确读出 25 个。如何解释这些数据，目前尚不清楚。如果"词汇下路径"是唯一的一条路径，那么表层阅读障碍者可能读错所有不规则词。部分不规则词发音正确这一事实表明某些词的词汇信息具有可及性。可见，因大脑中风而发生的典型性阅读障碍模式既存在相对的优点，也存在缺点。

在表层阅读障碍的广泛研究（Patterson，Marshall & Coltheart，1985）中发现了一些有趣的特征。表层阅读障碍读者所犯的典型错误类型是发出某些不规则词符合音系规则的发音。有时，此类发音错误可能产生假词，如将"island"（岛屿）读作/island/；有时读作其他单词，如将"disease"（疾病）读作/decease/。两种错误类型都可以被称作语音逼近（phonic approximation），即将目标词汇当作规则词或者正字法透明的词来发音。表层阅读障碍者根据自己的发音赋予目标词与发音相同的意义。例如，一名阅读障碍者把"begin"（开始）读作/beggin'/，称"这个词的意思是筹钱"（Marshall & New-combe，1973）。表层阅读障碍者有时候也会犯视觉错误[如把"precise"（准确的）误读作/precious/（珍贵的），把"foreign"（外国的）误读作/forgiven/（原谅）]，但是这些读音与目标词相似。

## (二)语音性阅读障碍

与表层阅读障碍不同，语音性阅读障碍者阅读生词与假词有困难，但能读出熟悉的不规则词（Beauvois & Derouesne，1979；Funnell，1983；Patterson，1982；Shallice & Warrington，1980）。正如埃利斯（Ellis，1984）曾经指出的，研究人员若不认真观察，很难发现语音性阅读障碍，因为在很多情况下，患者对熟悉词汇的阅读并没有问题。

语音性阅读障碍的主要症状是不能正确地读出简单的假词，如必须解码的"pib"或者"cug"。人们普遍认为，这种类型的错误是由于对形—音对应进行计算的亚词汇阅读过程（sublexical reading processes）严重受损导致的。但是，语音性阅读障碍者能够读出（并理解）熟悉的词汇这一事实表明，语音性阅读障碍者仍然是通过直接路径通达大脑的心理词典。

## (三)深层阅读障碍

深层阅读障碍受到了很多学者的关注（Coltheart，Patterson & Marshall，1980）。

与语音性阅读障碍相似，深层阅读障碍者阅读新词和假词犯错最多，表明词汇下路径受到了损伤。相反，深层阅读障碍者阅读熟悉词汇的能力通常得以保存。与语音性阅读障碍不同，深层阅读障碍者会犯特有的语义错误，被称作语义错读症（semantic para-lexia）。例如，若向深层阅读障碍者呈现"kitten"（猫咪），他可能将之读/cat/（猫），将"ape"（猿猴）读作/monkey/（猴子），将"forest"（森林）读作/trees/。另外，形象性或者具象性等语义特性也对深层阅读障碍者词汇阅读的准确性有影响。其他症状包括视觉错误（反应错误的词与呈现的词具有视觉相似性）、拼写错误（增加后缀或者前缀），以及对实词的熟练度高于功能词。

马歇尔和纽科姆（Marshall & Newcombe，1966）首次对深层阅读障碍的症状进行了全面的描述。但是，近些年，引起深层阅读障碍者阅读错误的根源才得以探明。马歇尔和纽科姆认为，深层阅读障碍者丧失了形－音转换的能力，通达心理词典的直接路径本质上可能有利于用与目标词意义相似的错误发音来替代目标词。从正常阅读的角度来看，上述解释表明，词汇下路径和直接路径的同时激活有助于预防语义错误。沙尔斯和沃林顿（Shallice & Warrington，1980）提出的另一种解释是，基于语言的一般提取过程导致了错误的发生，这一观点与弗赖德曼和珀尔曼（Freidman & Perlman，1982）对错读症研究的结果相符。后者在其研究中要求一名深层阅读障碍者命名物体和词汇，结果发现一般的语义加工过程受到了损伤。需要记住的主要特点是，深层阅读障碍者能读出大脑受伤之前就已认识的很多词汇，其错误常常都与目标词的语义有关，而且他们即使阅读简短的假词也有困难。

总之，表层阅读障碍者保留了用于规则词和假词解码的亚词汇加工过程，但是阅读不规则词有困难。相反，语音性阅读障碍者和深层阅读障碍者能够阅读脑损伤前已经认识的规则词和不规则词，但是由于其亚词汇加工过程受损，因此对假词和之前不认识的词汇的阅读有困难。鉴于语音性阅读障碍和深层阅读障碍的阅读模式相似，有些研究者将两者作为同一连续体的两个极端归为一类，认为深层阅读障碍是严重的语音性阅读障碍（Cloutman，Newhart，Davis et al.，2009；Crisp & Ralph，2006；Glosser & Friedman，1990）。

尽管获得性阅读障碍的研究对阅读理论的发展有很大影响，但是我们认为对个案研究数据的解释必须谨慎。在对获得性阅读障碍的研究结果向正常阅读推论的过程中，我们的主要担忧是，这一推论在一定程度上是建立在下述信念基础上的：正常阅读所涉及的各种过程能够在大脑重大损伤的基础上准确地推理出来。

首先，获得性阅读障碍者严重的阅读问题为数据收集划定了红线。例如，对患者的研究必须以单个词的阅读为重心，因为大部分患者不能阅读连续的文本。有人认为这是研究的一个优点，但也有人认为这种方法在某种程度上存在问题；如上所述，阅读并非孤立的词汇意义的叠加。

其次，我们之所以对从患者的个案研究数据推断正常的阅读过程表示担忧，是因为获得性阅读障碍者中风后，对阅读任务所采用的过程可能不同于其中风前默读采用的过程。逐个字母的阅读可能是其中一例证（Patterson & Kay，1982；Rayner & Johnson，2005；Johnson & Rayner，2007）。某些获得性阅读障碍者只能通过对每个字母进行有意识的加工来识别大部分单词，因此其阅读过程非常吃力。正常的读者若通过单字母窗口进行默读，其对每个单词的注视时间和注视次数接近逐个字母阅读的读者，如 G. J.（Rayner & Johnson，2005）。换言之，实验中对所呈现文本量的操纵能够诱发出正常读者近似于大脑损伤读者的眼动行为。但是，当瑞纳和约翰逊（Johnson）将窗口内的内容增加到 3 个字母时，正常读者的注视次数减少，阅读速度明显加快。因此，若文本以正常形式呈现，熟练的读者便放弃逐个字母阅读，代之以获得性阅读障碍患者 G. J. 所不能采用的方式。这表明大脑受到损伤后，G. J. 被迫采用逐个字母的阅读策略（Rayer & Bertera，1979）。

相关的一个担忧是，个案研究不能对恢复期的持续时间或者中风发生与数据收集之间的间隔时间做出系统的解释，这就不能使中风引起的行为与恢复期内由于神经再生引起的行为区分开（Cloutman，Newhart，Davis et al.，2009b）。目前大部分已经发表的患者数据都是在中风发生数月或者数年之后观察所得的（Dickerson & Johnson，2004；Gerhand & Barry，2000；Miozzo & Caramazza，1998；Rastle，Tyler & Marslen-Wilson，2006）。因此，急性中风患者发病后即刻进行的大规模研究数据收集也应纳入日程，这似乎很重要。

在一项类似的研究中，克劳特曼等人（Cloutman et al.，2009b）在发病 48 小时内向 112 位中风患者呈现了真词和假词刺激，控制任务为图片命名和听词配图任务。根据其表现，患者被分为五类：①假词缺陷——患者在假词上所犯错误至少为在真词上所犯错误的两倍；②真词缺陷——患者在真词上所犯错误至少为在假词上所犯错误的两倍；③一般缺陷——患者在真词和假词上均犯错误；④语音性/视觉缺陷——患者在阅读中只犯了语音错误或者视觉错误；⑤阅读中没有犯错误。

上述研究中有多项发现耐人寻味，但是我们将侧重讨论表 12-1 中所呈现出来的前三类词汇识别错误。从表中可以看出，患者在不同类别典型错误上的分布不均匀。与传统的语音性阅读障碍者相似的假词阅读缺陷患者人数最多（占 46%）。由于其亚词汇加工过程受损，这组患者阅读假词所犯错误是阅读真词所犯错误的 5 倍。在犯阅读错误的患者中，第二大群体是一般性阅读缺陷患者（占 17%），平均只能正确地阅读一半的真词和假词。因此，一般性缺陷患者的证据表明其真词阅读和假词阅读都受到损害，进而表明词汇路径和词汇下路径都在一定程度上受到破坏。鉴于其词汇路径和词汇下路径均受损，人们预测，这组患者的阅读错误率最高。克劳特曼等人发现，63% 的急性中风患者的阅读障碍至少可部分地归因于词汇下过程受损。许多患者因中风其词汇下解码过程受损，相反，只有 4% 的患者词汇阅读能力低于假词阅读能力。这部分患者的阅读能力只是轻微受损，其假词阅读没有犯错，真词阅读的错误率也极低（<2%）。

词汇下过程完好导致了假词的准确阅读，这一模式不同于假词阅读缺陷人群和一般性阅读缺陷人群的阅读错误模式，因此将这类读者归为表层阅读障碍者还是有道理的。然而，克劳特曼等人注意到，这类患者中很少有人犯合乎音系规则的错误，而这恰恰是表层阅读障碍的主要特点（Patterson, Marshall & Coltheart, 1985）。整体错误率低以及少数语音错误表明，词汇阅读缺陷组在突发中风时，并非主要依赖词汇下过程来识别词汇。同样，克劳特曼等人也未发现命名任务中有语义错读现象，但该错误却在图片命名任务中频繁出现。那么，现在我们谈一下收集到的急性中风患者数据暗含的意义。

表 12-1　急性中风患者在单词命名任务中出错的百分比

| 假词缺陷 | 真词缺陷 | 一般性缺陷 | 语音/视觉缺陷 | 无阅读错误 |
| --- | --- | --- | --- | --- |
| 46% | 4% | 17% | 15% | 18% |

资料来源：Cloutman et al., 2009。

尽管克劳特曼等人采用非传统的理论框架对急性中风患者的数据进行了解释，但是他们发现了与传统个案研究的发现相似但与众不同的错误类型。另外，这项大规模的研究促进了我们对每一种阅读障碍类型在现实中流行的理解。绝大多数读者词汇下加工机制受到损害，从而影响了假词的阅读。此外，还有患者词汇下过程没有受到损害，其词汇过程仅仅受到轻微损害。但是，词汇缺陷患者错误率低说明，患者中风后48小时内主要不是依赖词汇下加工进行阅读的。若主要依赖词汇下加工，读者在阅读不规则词时容易犯语音错误，那么词汇阅读错误率可能很高。因此，该研究没有发现存在表层阅读障碍症状的证据。克劳特曼等人既没有发现存在深层阅读障碍者，也没有发现词汇阅读语义失读症患者。这一研究参与者人数虽然比较多，却没有发现表明表层阅读障碍和深层阅读障碍存在的迹象，但这最起码说明极少数急性中风患者有这种症状。另外，中风发生后48小时内没有产生任何影响，这说明某一种症状或者两种症状实际上均表明患者在恢复的过程中，可能正试图运用补偿机制进行阅读。相反，假词阅读缺陷和一般性阅读缺陷两组患者经常犯假词阅读错误，表明获得性阅读障碍的最常见急性症状是词汇下阅读过程受到损害。

## （四）获得性阅读障碍小结

对获得性阅读障碍的研究，主要通过对由于中风或者其他创伤导致脑损伤患者的个案观察来进行。神经心理学家已经对个体完成多项语言相关任务的能力进行了深入的研究。对于获得性阅读障碍者，研究的重心是真词阅读能力和假词阅读能力。多年来，已发表大量个案研究，主要根据阅读错误类型（有时也根据大脑受损的区域）进行分类。

本章已经对三种类型的获得性阅读障碍做了描述，但是这并不意味着每一位确诊的患者绝对属于以上三种类型中的某一类。事实上，患者通常表现出多种症状，文献中所描述的只是一小部分症状单一的案例。即使在这些症状单一的案例中，那些被归类为深层阅读障碍者或者表层阅读障碍者之间仍然存在个体差异（Funnell，1983；Patterson，1982）。获得性阅读障碍存在的形式不同，表现出来的症状也有差别，表明正常的阅读一旦发展到一定程度，尽管在很多情况下各个过程的活动协调一致，但在过程中有某些偶尔可分离的独立成分的活动（Ellis，1984）。语音性阅读障碍相对于表层阅读障碍和深层阅读障碍的高罹患率表明，大脑受伤后词汇下过程比词汇过程更容易受到损害。克劳特曼等人（Cloutman et al.，2009b）认为，这是词汇下过程在大脑中的位置所致。由于词汇下路径的破坏更为普遍，因此患者依赖词汇过程来补偿词汇下过程的缺失也就不足为奇了。表层阅读障碍和深层阅读障碍的症状是大脑损伤产生的后果还是中风后期阅读过程补偿性重组的反映，目前尚难确定。无论如何，中风患者的数据能够继续深化我们对大脑中阅读机制的理解（Dehaene，2009）。我们的关注点并非讨论研究大脑受损者与正常读者的优缺点。本章讨论的重点是通过对获得性阅读障碍者的研究获得对发展性阅读障碍者存在问题的启示。

# 二、发展性阅读障碍

许多儿童所经历的阅读障碍主要有三个方面的原因（Gabrieli，2009），最常见的情况是儿童学习解码和拼写生词有困难。一些儿童能够很快地学会解码，但是理解文本有困难，还有一些儿童由于缺乏阅读的动力而落后于同龄儿童。第一种类型的儿童被称为发展性阅读障碍者，是本节讨论的重点。

有人认为，阅读困难是一种统计学现象（见图 12-1）。儿童阅读的发展一般通过定期进行的标准化阅读技能测试成绩来衡量。假设对 1000 名小学二年级学生进行学年中期测试，平均阅读水平是 7 年零 6 个月（90 个月），测试成绩的标准差是 12 个月，这表示二年级学生阅读测试分数的变异量。因为正态分布中存在随机误差，68% 参加测试的学生成绩为 78~102 个月（平均数±1 个标准差）。在这个例子中，测试得分为 78 个月或者低于 78 个月的学生相对于同级其他学生存在阅读困难。因此，某个儿童的阅读困难，部分取决于该儿童的阅读能力和同龄儿童阅读能力的关系。同样，如果某个人的体重远远超过其同身高和性别的人的体重，那么这个人就可被称为肥胖症患者。同肥胖一样，阅读障碍和正常阅读发展的分界线的划定具有随机性；若标准变了，阅读障碍人群的百分比也跟着升降。对这一事实的理解既不能说明肥胖症不存在，也不能证明阅读障碍这个概念无用（Ellis，1984）。我们需要记住的重点是，尽管对阅读障碍发生概率的估计与对其症状的描述可能因人而异，但是任何年龄段都可能产生阅读障碍，而且若置之不理，就可能导致负面的教育和心理问题。

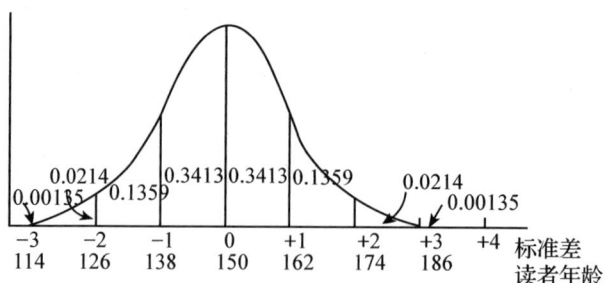

**图 12-1　假设阅读分数频率分布图**

注：不同区域的数值代表在两个分值区间的学生比例（如 150 和 162 区间的学生比率为 34%）。

## (一)阅读障碍的识别

多数心理学家已达成共识，目前收集到的关于儿童阅读障碍的数据表明，儿童在小学阶段遇到的理解问题主要有两个方面的来源：①阅读及/或拼写过程中出现的词汇层缺陷；②语言理解问题（关于这一观点的例子，参见 Nation，2005；Snowling & Hulme，2005）。因此，若要了解某一个儿童的教育需求，需要考虑该儿童在词汇识别、拼写、理解以及词汇等方面相对的优势和弱势。团体实施的默读测试表明，儿童的独立阅读水平与年龄、年级相关，但是测试并没有提供与阅读总成绩相关的基本技能发展的信息。这是因为阅读理解总成绩实际上是阅读理解所涉及的各种技能优劣势总和的体现。例如，假如一名四年级学生在默读测试中的阅读理解总成绩处于后 25 个百分点，这未必表明该生阅读理解存在缺陷。很多儿童在阅读理解测试中得分低是因为其词汇识别有困难(Leach，Scarborough & Rescorla，2003；Perfetti，1985；Shankweiler，Lundquist，Katz et al.，1999)。少数儿童确实有一般语言理解缺陷，其口语理解和书面语理解中均存在很多问题，我们将在后面对基于语言的缺陷进行讨论。

词汇识别有困难的儿童通常对理解适合级别的文本也有困难(Gough & Tunmer，1986；Hoover & Gough，1990；Snowling，2000a；Vellutino，Scanlon & Tanzman，1994；Vellutino，Scanlon，Sipay et al.，1996)。在低年级阶段，词汇识别技能较低的儿童借助于猜测、图片线索、记忆或者背景知识等补偿性手段可能理解具有预测性的文本。然而，在小学中段，文本内容越来越抽象，承载的信息增多，因此理解可能随之下降。读者必须依靠扎实的词汇识别技能，才能以读促学。词汇是意义的基本单位，而准确的词汇识别是文本理解的关键。尽管有充分证据表明高效的词汇识别与文本理解息息相关，但是经验表明教师往往会通过加强对元认知策略的教学（如通过提问来监控学生的理解），而不是通过提高学生不利于阅读理解的某一薄弱技能（如词汇识别不准确或者速度慢）来帮助学生提高其阅读理解成绩。如果词汇层阅读障碍得不到解决，这些问题将会持续存在并影响阅读流利性和理解(Perfetti & Hogaboam，1975；Perfetti，1985；Stanovich，1986)。阅读障碍儿童通常仍然采用费力的方式进行阅读，而且在解码上投入大量的精力，只留很少的认知资源用于文本理解（Curtis，1980；Perfetti，1988）。即使高超的词汇识别技能不足以保证文本的理解，但是词汇识别和解码却是阅读理解不可缺少的基础。

## （二）发展性阅读障碍

如果你问周围的人阅读障碍读者是什么样子的，他们很可能回答说这些人不会读书，因为他们逆向看单词或字母。事实上，很少有证据支持这一观点，但是围绕发展性阅读障碍却存在很多传言和不实的说法。就混淆词汇和字母的排列方向这一点而言，阅读障碍的阅读初学者犯此类错误的频率并不比一般阅读初学者高（Liberman，Shank-weiler，Orlando et al.，1971；Lyle，1979；Lyle & Goyern，1968）。在这里，我们将首先对阅读障碍进行定义，并描述其特点，然后对关于阅读障碍根源的各种理论、与阅读障碍的诊断与识别有关的各种问题以及关于阅读障碍子类型的各种理论进行讨论。表 12-2 所呈现出来的是对多年来我们遇到的几位成年发展性阅读障碍者的描述。这些人都很聪明，但是其阅读有严重障碍；其阅读障碍在童年时期就已诊断出来，一直持续到成年期。这些阅读障碍个例的耐人寻味之处在于，他们虽然很显然都有严重的阅读困难，但是个人所可能面临的问题却因人而异，差别很大。

**表 12-2　对四位发展性阅读障碍者的描述**

此处用这些个案来对阅读障碍的性质加以阐述，并用实例来说明人们如何应对阅读障碍。

汤姆（Tom）：汤姆是一名熟练的计算机程序员，但是阅读能力非常弱。因为词汇阅读困难，他经常不能回复留言。因此给他的留言需要用大号字打印出来。尽管父亲是一所知名大学的教授，但是汤姆刚上高中就辍学了。他在校学习成绩一般，全凭认真听讲来取得进步。汤姆发现学校循规蹈矩的生活很压抑，因此辍学。但是，他对全世界和当地发生的事件却耳熟能详（通过观看电视新闻）。任何人跟汤姆随意攀谈都不能发现他患有阅读障碍。汤姆掌握数学概念与编程逻辑都没有任何困难。对其阅读过程中眼动的考查表明，汤姆每间隔一个字母注视一次，而且总体来说不能报告出所呈现的句子。

戴夫（Dave）：戴夫拥有自己的汽修店，而且在自己所选择的职业上干得很出色。其阅读水平略优于汤姆，但是仍低于五年级水平。尽管如此，戴夫仍能完成高中学业，平均成绩在 B 和 C 之间。他说在校期间培养起了高级的听力策略。同时，戴夫还得到了好心朋友的帮助：与他分享笔记，将课堂布置的阅读材料读给他听。智力测验结果表明其智商正常，与其随意交谈后，发现戴夫知识面广，而且对人很友好。阅读与其阅读水平相当的文本时，戴夫的眼动模式与正常成年读者的眼动模式很相似；阅读与其年龄段相应的文本时，其眼动模式非常混乱，与儿童阅读超过其水平文本时所呈现出的眼动模式非常相似。

史蒂夫（Steve）：史蒂夫是一名大学教授，其专业领域需要大量阅读。史蒂夫年少时曾经就读于一所为阅读障碍儿童设立的特殊学校。史蒂夫的智商很高，而且由于其听力分数很高（得分处于百分位的第 99.9 位），因此他在其专业领域里出类拔萃。但是，谈到阅读，他只处于百分位的第 10 位。史蒂夫依靠妻子为他读所有专业资料。测试结果揭示出其两个特点：第一，史蒂夫能够识别出注视点之外的单词和字母的数量多于控制组的研究参与者；第二，在移动窗口范式的阅读条件下（见本书第四章），窗口内出现一个单词，窗口外为 Xs 时，史蒂夫的成绩最好。窗口越大，其阅读成绩（阅读速度和理解）越差。

简(Jane)：根据标准化测试，简智商很高，但是阅读正常印刷的文本时，其阅读水平仅仅达到五年级程度。尽管简已被确诊为阅读障碍者，但是她表现出了很多不属于典型阅读障碍范畴的症状，因此将其诊断为患有罕见的阅读障碍更恰当，即"发展性格斯特曼(Gerstmann)综合征"。简完成空间定位任务有困难，左右定向困难；其另外一个特点是有"镜像书写"(mirror writing①)症状。简是左利手，但是写字时左右颠倒；若有人坐在简对面，从对方的角度来看，所呈现的文本没有任何问题，但是从简的角度来看，则是镜中反射的影像。若将文本旋转上下颠倒，简的阅读技能明显提高。简报告说自己在学校经常将书颠倒过来读，但是老师却告诉她说，把书颠倒过来没法阅读。若以正常视角来阅读文本，简阅读过程中的眼睛倾向于从右到左移动，有时从行末开始阅读，有时则不从行末开始。有趣的是，若把文本上下颠倒过来，其眼动模式就正常了(但是仍然从右到左阅读)。我们强调简的表现并非是阅读障碍者的典型阅读行为，是为了说明阅读障碍表现形式多种多样，原因也很多。很多人在听说过诸如简这类阅读障碍者的症状后，认为这些症状是阅读障碍的根源，但其实并非如此。

资料来源：Pirozzola & Rayner，1977，1978；Rayner，1983，1986；Rayner，Murphy，Henderson et al. ，Pollatsek，1989。

### 1. 阅读障碍的界定

发展性阅读障碍(developmental dyslexia)这个术语所表达的意思是儿童不能轻松地获得阅读的能力，其中"发展性"一词的意思是问题存在于阅读学习初期阶段。顺便述及，"阅读障碍"的意思仅仅是"阅读困难"。有时，困难不仅是阅读问题，还包括拼写、写作和语言的其他方面。然而，由于本书的主题是阅读，因此我们探讨的重心是与阅读有关的问题，对拼写和写作知识略有涉猎。

第一个发展性阅读障碍的个案发表在英国一家医学杂志上(Morgan，1896)。毫不奇怪，这一案例的(P. F. ②)整体智力与其阅读学习能力低下形成鲜明的反差。此后，许多研究从不同角度对阅读障碍进行了探索，目的是增进对这种阅读障碍的了解，提高对阅读障碍儿童的诊断能力。当前美国国家健康研究院(The National Institutes of Health)对阅读障碍的定义反映了人们对此的主流认知，认为它主要是一种导致某些类型阅读困难的神经生物性的障碍(Lyon，Shaywitz & Shaywitz，2003)。

阅读障碍是一种产生于神经生物的特定学习失能症。其特点是不能准确及/或流利地识别词汇，拼写与解码能力低下。阅读困难通常是语音性缺陷所致，往往与其他认知能力和有效的课堂教学关系乖谬。其继发性后果可能包括阅读理解问题、阅读经验匮乏，后者可能妨碍词汇量的扩大和背景知识的积累。

上述定义在美国已经广为接受，其核心观点是语音系统性缺陷是阅读困难的关键

---

① 亦可译作"(左右)倒写"或者"反写"。——译者注

② 缩略形式"P. F."查遍所有工具书亦没有结果，怀疑是卡特尔16种人格因素问卷。——译者注

因素(Morton & Frith，1995)。这个定义尽管烦琐累赘，但是其中包含与阅读障碍有关的数个可能并非显而易见的重要概念。此定义传达出三个方面重要的信息：第一，阅读障碍的症状表现是行为，但是其基础是神经性或者遗传性缺陷。由于阅读障碍症状本质上是一种行为，因此早期教学干预能够有效地帮助儿童学习阅读。第二，阅读困难主要是语音性加工问题所致，因此不同于视知觉缺陷或者听知觉缺陷(Fletcher，Lyon，Fuchs et al.，2007；Vellutino & Fletcher，2005；White，Milne，Rosen et al.，2006)。第三，阅读理解和词汇问题是孤立词汇阅读障碍的继发性结果(Stanovich，1986)。

阅读障碍可操作定义为一种在词汇识别及/或拼写方面存在重大缺陷。许多研究汇聚的证据表明，对于多数阅读障碍儿童而言，词汇识别缺陷似乎主要产生于形—音映射学习困难(Fletcher，Foorman，Francis et al.，1994；Liberman & Shankweiler，1979，1991；Stanovich & Siegel，1994；Torgesen，Alexander，Wagner et al.，2001；Vellutino，1979；Vellutino，Scanlon & Spearing，1995；Torgesen，Wagner & Rashotte，1994)。反言之，语音解码困难似乎是语音意识问题所致，因为大量证据表明，语音意识和形—音匹配训练有助于词汇识别技能的提高(Foorman，Francis，Fletcher et al.，1998；Hatcher，Hulme & Ellis，1994；Torgesen，Wagner，Rashotte et al.，1999；Vellutino & Scanlon，1987)。因此，很多儿童之所以阅读理解测试成绩不理想，似乎是因为他们在阅读学习中有拼读困难，其中包括语音意识和拼读技能。弗莱彻等人(Fletcher et al.，2007)指出，很多研究都发现单个词汇解码是阅读障碍者表现出来的主要缺陷(Olson，Forsberg，Wise et al.，1994；Perfetti，1985；Shaywitz & Shaywitz，2004；Stanovich，1986)，他们建议使用词汇层阅读障碍(word-level reading disability，WLRD)来对阅读障碍者进行描述。由于语音意识和正字法意识共同促成了拼读模式的建立，因此语音意识缺陷往往可能导致正字法知识的匮乏(Bruck，1990；Vellutino，Scanlon & Tanzman，1994；Katzir，Kim，Wolf et al.，2006)。因此，词汇层阅读障碍经常伴随着拼写困难。在正字法透明的语言中，阅读速度慢往往是阅读障碍的主要标志(Wimmer & Mayringer，2002)。

**2. 阅读障碍的语音缺陷理论**

语音缺陷理论认为，阅读障碍者的词汇阅读与拼写困难，直接产生于构成词汇的抽象语音或者音位缺陷(Liberman，1973；Murphy，Pollatsek & Well，1988；Stanovich，1988)。正如本书第十一章所述，音位的存储、通达与有意识操控困难是音位意识缺陷的具体而微的体现，而音位意识则是拼音文字系统阅读学习所不可或缺的语音意识的一种。在口头语言中，音位与其邻近的音位协同发音，在不同的语境中具备不同的声学属性。因此，音位是一种需要学习的抽象概念，而非心理物理学定义的某种声学物体。阅读障碍者对构成词汇的音位和音位序列有模糊的表征。尽管他们能够听得懂人们说话，但是对其成分进行有意识的加工和操控却存在困难。

根据语音－核心缺陷模型(the phonological-core model)，多数低水平读者都存在语音缺陷，这种缺陷在任何阅读障碍中都有体现。当然，还有一些模型则坚持从多个独立的病理学角度来对阅读问题进行解释[如双重缺陷假设(double-deficit hypothesis)；Wolf & Bower，1999]。关于这些模型，我们将在本章后面予以讨论。但是，我们认为语音－核心缺陷模型(Stanovich，1988)能很好地调和各种研究证据，以解释低水平读者为什么对听到的词汇语音进行切分、混合和操控有困难。这种困难在语音意识任务上表现明显，但是在某些任务(如首字母相同两张图片配任务)上却表现不明显，因为前者要求参与者做出有声反应。言语加工中的语音缺陷增加了单个语音辨别的困难，而且阻碍了形－音对应关系的学习。另外，根据该模型，这一核心问题有不同的行为表现，其严重程度也不同。语音—核心缺陷模型为广泛的研究奠定了基础，表明阅读障碍与低水平阅读没有本质差异(Hoskyn & Swanson，2000)。相反，大量研究发现，阅读失败的风险形成一个连续体，阅读障碍处于阅读技能正态分布图的最左边(见图12-1；Gayán & Olson，2001；Scarborough，1990；Snowling，Gallagher & Frith，2003；Stanovich & Siegel，1994)。

**3. 语音加工如何干扰阅读学习？**

关于语音加工缺陷具体以何种方式干扰阅读发展这一问题，目前尚无定论。但是，现有多数研究证据表明，实验参与者在要求单个音素分离的语音意识任务上表现不佳，说明其存在潜在的干扰阅读发展的语音表征困难(Beaton，2004；Snowling，2000b)。语音缺陷可能以多种方式歪曲底层的语音表征，使它弱化、游离或者模糊(Breier，Fletcher，Denton et al.，2004；Godfrey，Syrdal-Lasky，Millay et al.，1981；Perfetti & Hart，2001；Swan & Goswami，1997)。由于语音表征可以辅助完成各种任务(如阅读、写作和命名)，因此低质量的语音表征可能导致很多方面的缺陷(Hulme & Snowling，1992)。在阅读中，语音表征的缺陷似乎对字形—音位转换和词汇的高效识别有阻碍作用(Griffiths & Snowling，2002；Perfetti，1985；Rack，Snowling & Olson，1992；Rugel，1974；Share，1995；Swan & Goswami，1997)。此外，语音缺陷还可能对言语短时记忆和命名任务的成绩产生影响(Brady，Shankweiler & Mann，1983；Bruck，1992；Wolf & Bowers，1999)。因此，根据语音—核心缺陷理论，表征的弱化、游离或者模糊是阅读障碍者面临的关键加工问题(Elbro，1996；Hulme & Snowling，1994；Katz，1986)。

此处还需要强调两点。首先，阅读障碍的严重程度和儿童的年龄对语音缺陷的影响具有调节作用。因此，轻微阅读障碍者可能只存在阅读困难，但是更严重的阅读障碍读者有严重的语音缺陷，可能完成言语感知任务也有困难(Bruno，Manis，Keating，et al.，2007；Harm & Seidenberg，1999；McBride-Chang，1996)。有阅读障碍家族史的熟练的读者可能有拼写困难(Firth，1980)。其次，语音—核心缺陷理论坚持认为阅读障碍者不仅仅有语音缺陷。有些阅读障碍者还有其他认知缺陷，但是研究者对这些认知缺陷对于由词汇识别而导致的阅读障碍有何决定性作用提出了疑问(Ramus，

2004a；Rochelle & Talcott，2006；White，Milne，Rosen et al.，2006）。有力的研究证据表明，阅读障碍者的词汇层阅读障碍，主要可以用语音缺陷来解释（Brady，1997；Fowler，1991；Ramus，2003；Snowling，2000a；Stanovich & Seigel，1994；Wagner & Torgesen，1987）。

　　然而，请读者注意，虽然语音缺陷对词汇识别有直接影响，但是这并不意味着语音缺陷总会导致阅读障碍。换言之，语音缺陷是导致阅读障碍的必要非充分条件。研究者（Gallagher，Frith & Snowling，2000）在一项跟踪研究中，以有阅读障碍家族史的儿童为风险组，没有阅读障碍家族史的儿童为控制组，对两组的语音发展进行了比较。研究者在两组研究参与者3岁9个月、6岁和8岁时，对其阅读、拼写和语音意识进行了测试。读写障碍组在8岁时得以识别，接下来对早期数据进行的分析表明，在3岁时，无阅读障碍组和有阅读障碍风险组在假词重复的基本语音记忆任务上得分都很低。6岁时，阅读障碍风险组在音位切分任务上成绩显著低于无阅读障碍组成绩（见本书第十一章），而且略低于无家族史阅读障碍组的成绩。换言之，最初在语音任务上的成绩无法预测哪些儿童有阅读障碍，但是，6岁时语音意识测试最低的儿童到8岁时可能有阅读障碍。另外，在大多数语音任务中，不论是否已经获得典型的阅读技能，或者是否有阅读障碍，有阅读障碍家族史的儿童在多数语音任务上的成绩都低于控制组。上述研究数据表明，尽管6岁时的语音意识通常对早期的阅读成绩具有预测力，但部分有阅读障碍家族史的儿童能够克服其语音缺陷，成为正常的读者。

### 4. 阅读障碍者真的不同于阅读能力低下者吗？

　　研究者（Vellutino & Fletcher，2005）认为，越来越多的证据表明大多数有阅读障碍的儿童通常可能有语音解码困难。尽管极少数有阅读困难的人最终被诊断为阅读障碍者，但是，阅读障碍与其他影响早期阅读进步的词汇识别问题并不是泾渭分明的。对有些无阅读障碍的儿童而言，环境因素（如不恰当的阅读指导或者第二语言问题）可能导致其语音解码困难，但是若给予强调编码的恰当教学，就可能促使其阅读快速进步。对于阅读障碍儿童而言，语音解码缺陷根源于其认知系统，而且其词汇识别和拼写方面的劣势会一直延续到成人时期（Hatcher，Snowling & Griffths，2000；Pennington，Van Orden，Smith et al.，1990；Shaywitz，Fletcher，Holahan et al.，1999）。换言之，对确诊为有阅读障碍的读者而言，其阅读问题可能事实上持续存在很长时间，也可能报告持续存在很长时间。然而，是否将儿童诊断为阅读障碍者取决于很多因素，包括家庭收入和教育水平。

　　目前，几乎没有实验证据表明阅读障碍儿童的阅读问题与其他有阅读困难儿童的阅读问题有本质不同。研究者（Vellutino，Scanlon，Sipay et al.，1996）的跟踪研究对因环境因素有阅读困难的儿童和因认知因素有阅读困难的儿童进行了考查。所有在一年级中期被诊断为阅读能力低下的儿童，其在幼儿园阶段的字母命名和字音识别技能均低于同龄的儿童平均水平。其中，70%的儿童经过一年级一个学期的辅导后，能够达到平均阅读水平，而且能够维持到四年级。但矫治困难的儿童（其余30%）至三年级时的语音测试成绩仍然差强人意。这项研究是对其他干预性研究的补充，表明若及早发现并接受适当的教学，大多数阅读障碍儿童的阅读技能都能够达到平均水平（Iverson & Tunmer，1993；Scanlon，Boudah，Elksnin et al.，2003；Torgesen，Alexander，Wagner et al.，1999；Torgesen，Rashotte & Alexander，2001）。因此，不论是否被诊断为有阅读障碍，大部分早期有阅读障碍的儿童都能够从语言解码辅助教学中获益。

然而，若没有接受适当的教学，阅读问题似乎不会随着时间而消失。康涅狄格州跟踪研究对具有代表性的445名儿童从幼儿园到高中阶段进行了追踪（Shaywitz，Fletcher，Holohan et al.，1999），对一直阅读能力低下的儿童与无障碍平均水平儿童和高水平儿童九年级时的阅读水平进行了对比。研究结果发现，在这段时间内，研究参与者的阅读成绩与同龄人相比几乎没有变化。换言之，初期有阅读困难的儿童到高中阶段仍然有阅读障碍，极少有人能赶上同龄人。这一发现与其他跟踪研究结果都表明阅读问题是一个长期存在的问题（Bruck，1992；Felton，Naylor & Wood，1990；Francis，Shaywitz，Stuebing et al.，1996；Snowling，Nation，Moxham et al.，1997）。因此，儿童在阅读方面落后于同龄人，很少是认知发展暂时落后所致，若无有效的干预，他们几乎不可能赶上同龄人。

**5. 何谓发展性阅读障碍的发生率？**

研究者估计，阅读障碍在儿童中的发生率为5%～17%，使之成为最普遍的神经行为障碍之一（Shaywitz，1998）。即使只有5%的儿童为严重的阅读障碍者，也是目前我们所讨论的许多此类儿童的情形。流行病学研究表明，阅读障碍儿童根据其阅读能力受损情况从严重受损到轻微受损程度不同。这种连续性使阅读障碍变成一个模糊的概念，因为除了显而易见的书面语言编码和解码困难以外，并不能开列出一个阅读障碍症状的绝对清单。事实上，很多人否认存在这类学习障碍的读者。根据我们的日常观察，以低龄儿童为研究对象的研究者倾向于认为阅读障碍具有连续性，而以大龄有阅读缺陷儿童为研究对象的研究者则更倾向于认为存在一个绝对的阅读障碍儿童群体。之所以存在这种发展性差异，原因很复杂。一方面，从根本上讲，大龄儿童年龄越大，其阅读障碍存在的时间也就越长，从而越难矫治，进而其问题也就越加严重（Ehri，Nunes，Stahl et al.，2001）。另一方面，持续的阅读障碍不仅阻碍了儿童独立阅读，而且妨碍了其他认知技能的发展，如词汇（Hoskyn & Swanson，2000；Stanovich，1986）。这些因素（与其他一些因素）共同作用，可能使有阅读障碍的大龄儿童比有阅读障碍的年幼儿童，表现出更多不同于正常阅读者的特点。

**6. 阅读障碍是一种遗传性特质**

研究者（DeFries，Singer，Foch et al.，1978）对100多名阅读障碍儿童的家庭进行了研究，所发现的初步证据表明阅读障碍流行于家族之中。阅读障碍是否有基因成分目前尚难确定，因为家庭成员不仅所处环境相同，其基因也相同。双胞胎研究将这两个因素分离开，其基本原理是，若基因起作用，那么同卵双胞胎阅读障碍的发生率理应高于异卵双胞胎。科罗拉多学习障碍研究中心(the Colorado Learning Disabilities Research Center)进行的一项大型双胞胎研究采用阅读水平匹配设计，对阅读障碍双胞胎和阅读正常的年轻双胞胎进行了考查。研究发现的证据表明，男、女双胞胎的词汇识别缺陷中均有基因成分的作用(Olson，Wise，Conners et al.，1989)。奥尔森等人(Olson et al.，1989)要求研究参与者准确地朗读假词(strale)，并从同音假词(rain 和 rane)中识别出真词，前者为其语音编码能力的指标，后者为其字形编码能力的指标。字形编码和语音编码对词汇识别技能分别发挥其作用，而且语音编码能够解释几乎所有的词汇识别中遗传成分的变异。后期的研究采用了更大的样本，结果表明字形编码能力也是遗传的(Fisher，Stein & Monaco，1999；Gayán & Olson，2001)。参与研究的半数儿童若其父母有阅读障碍，那么他们也可能有阅读障碍(Gilger，Hanebuth，Smith et al.，1996；Locke，Hodgson，Macaruso et al.，1997；Scarborough，1990)。

基因研究比较表明，阅读障碍通过第 2、3、6、15 和 18 号染色体遗传(Fisher & DeFries，2002)。究竟是多个基因位点导致了一种显性特征，还是多个基因位点遗传不同类型的阅读障碍，目前尚不清楚(Shaywitz & Shaywitz，2005)。阅读障碍通过多个基因代代相传，这能够解释为什么有那么多阅读障碍儿童而且其表现症状多种多样。然而，值得注意的是，这些基因与阅读技能之间没有直接联系。几千年前文字系统才开始创立，在这么短的时间内不可能进化出特定的阅读基因(Beaton，2004)。尽管如此，明确基因可能对阅读障碍产生的影响有助于及早诊断和干预。

传统上人们认为，男性阅读障碍的发生率高于女性，但是有数项研究表明，男性和女性阅读障碍患者的比率与总人口中男女比率基本一致(DeFries & Gilllis，1991；Shaywitz，Shaywitz，Fletcher et al.，1990；Wood & Felton，1994)。传统上所报告的男女阅读障碍比率是 4∶1，这主要是两者转校率的差异造成的，因为男童往往行为外化，男童被转诊或者转校的概率大于女童(Fletcher，Lyon，Fuchs et al.，2007；Hallgren，1950)。基因研究未发现支持阅读障碍与性别相关的证据，这与转诊偏向理论(referral-bias theory)不符(Plomin & Kovas，2005)。然而，拉特等人(Rutter et al.，2004)的四项流行病学研究发现，阅读障碍发生率的男女比例范围是 1.4∶1～2.7∶1。比顿(Beaton，2004)回顾了关于性别比率的争论，提出阅读障碍者的男女比例有可能因阅读障碍诊断标准的不同而异。即使采用男女平衡设计(如卡罗拉多阅读项目)，在具有严重缺陷和 IQ 值高于正常人的读者样本中，男性所占的比例似乎仍高于女性。因此，已有的研究数据似乎表明阅读障碍在男性中发生率略高，而对女性阅读障碍的诊断却不足，阅读障碍男女比例可能因阅读问题的严重程度而异。

**7. 阅读障碍的神经生理学基础**

既然阅读障碍是一种具有高遗传可能性的认知学习障碍，那么它就必然有神经生理学根源。有研究证据表明，阅读障碍读者和普通读者的大脑解剖有差异，引发了此后的争论(Drake，1968；Galaburda & Kemper，1979；Leonard，Eckert，Lombardino et al.，2001；Luttenberg，1965；Rumsey，Dorwart，Vermess et al.，1986；Schultz，Cho，Staib，1994)。几种神经结构差异可能将阅读障碍者与正常读者区分开：两者大脑左右半球的容积不同，皮层功能区(如颞叶)不对称，以及脑岛、大脑皮层的前部和顶部以及布洛卡区的大小不同。尽管解剖学研究似乎颇有前景，但所获得的证据总体并不一致，这是因为很多研究样本数量少且选取阅读障碍研究对象的标准也不相同。

例如，关于阅读障碍的经典理论强调混合大脑半球优势在阅读障碍中扮演着重要的角色(Orton，1928)。换句话说，研究者认为人的阅读能力低下是大脑左半球发育不良，从而允许右半球激活相互竞争的知觉信号。有人对不完善的语言功能偏侧化是否会造成词汇识别和拼写困难这一问题进行了研究。所谓偏侧化即一系列的认知功能主要向大脑左或右半球集中的过程，其体现的是两半球结构大小的不对称性。正常读者阅读和语言加工需要激活的脑区主要定位在左半球(Beaton，2004)。两半球混合优势是语言过程偏侧化不够完善的体现，所观察到大脑两半球结构相对对称是上述观点的明证。研究者(Geschwind & Levitsky，1968)具有开拓性的研究表明，大脑两半球皮层结构的相对大小和语言过程偏侧化程度之间关系密切。他们发现65%的正常成年人大脑中，位于颞叶上一个被称作颞平面(planum temporale)的区域在大脑左半球中比在右半球中长。现代观点认为，90%的人左半球为语言优势半球(Knecht，Deppe，Drager et al.，2000)，因此颞平面不对称性和语言功能偏侧化之间关系并不很紧密(Beaton，2004)。然而，尽管20世纪80年代以来脑成像技术的发展可支持关于大脑两半球不对称性的研究，但是这些研究结果并不完全一致。读者若对此问题感兴趣，可参阅比顿(Beaton，2004)一书第九章的综合论述。

发现阅读障碍者与正常人大脑结构非对称性的固有差异这一任务因所观察到的大脑容量大小的差异而变得更具挑战性(Phinney，Pennington，Olson et al.，2007)。例如，性别和左右利手偏向性可能对左右两半球的相对大小有影响(Preis，Jänke，Schmitz-Hillebrecht et al.，1999；Zetzsche，Meisenzahl，Prenss et al.，2001)。显然，女性的左向非对称性比男性更明显，左利手者比右利手者左右两半球对称性明显，或者呈现出相反的不对称性。因此，性别和左右利手偏向性可能会模糊阅读障碍者和正常人之间的差异，研究采用小样本时犹然。由于各个研究采用的筛选阅读障碍参与者的标准不同，而且对颞平面等大脑功能区边界的确定存在争议，问题越发复杂了。例如，在有些研究中颞平面包含缘上回表面，结果表明，阅读障碍者和控制组实验参与者左右半球无明显不对称性(Hustter，Loftns，Green et al.，1999；Rumesy，Donohue，Brady et al.，1997)。另外有一些研究则对其他可能存在的解剖学差异(如阅读障碍者的胼胝体是否比正常人大)进行了考查，结果并不一致(Duara，Kushch，Gross-

Glenn et al., 1991; Pennington et al., 1999; Robichon & Habib, 1998; von Plessen, Lundervold, Duta et al., 2002)。

　　虽然对于特定脑结构的大小和不对称性的研究并不能得出一致性结论，但是阅读障碍者和正常人之间至少存在两种神经生理方面的差异：大脑总体容积和阅读神经网络激活方式两个方面存在差异。菲尼等人（Phinney et al., 2007）在科罗拉多州双胞胎研究中使用 MRI 对 167 位阅读障碍者和 92 位正常读者的大脑进行了扫描，旨在对两组实验参与者大脑容积的差异进行测量。研究要求实验参与者完成 IQ 测验、包含词汇识别和理解的阅读成就测试、语音意识任务、字形选择任务，以及快速命名任务。研究者采用个体回归分析方法对测试结果与整体脑皮层体积、新皮层体积及皮层下体积之间的关系进行了考查。菲尼等人发现，语音意识（phonological awareness，PA）与阅读能力有交互作用，正常读者的语音意识和总体脑容量呈正相关，但对阅读水平低下者而言两者之间没有正相关。菲尼等人提到这种交互作用的效应量很小。但是，语音意识对高水平读者的大脑总体容量具有预测力，而对低水平读者的大脑总容量没有预测力，这一发现与目前低水平读者是总体人口中阅读能力连续体上一部分的观点相左。菲尼等人将上述结论与谢威兹等人（Shaywitz, Fletcher, Holahan et al., 1992）提出的阅读能力连续分布观点相调和，认为参与其研究的低水平读者遗传阅读障碍的风险高，因此与康涅狄格州跟踪研究的参与者相比，其阅读障碍可能更严重。

　　多项脑成像研究发现，阅读障碍者与正常读者在阅读过程中的大脑神经激活模式不同（Pugh, Mencl, Jenner et al., 2001a; Pugh, Mencl, Jenner et al., 2001b; 关于这个问题的研究综述，见 Gabrieli, 2009）。正常读者在词汇识别过程中激活了多个脑区，形成了一个网络：前回路激活下级额回，后回路激活腹侧区域（枕颞沟区域和威尔尼克区）和背侧区域（颞顶联合区; Pugh et al., 2001）。同正常读者相比，阅读障碍者前回路和后回路的神经激活模式均不同，而且后回路内的连通也不同。脑成像研究发现，阅读障碍者阅读需要解码生词和假词时，后回路阅读网络神经激活水平降低（Brunswick, McCrory, Price et al., 1999; Helenius, Tarkiainen, Cornelissen et al., 1999; Pugh, Mencl, Jenner et al., 2000; Rumsey, Andreason, Zametkin et al., 1992; Shaywitz, 1998; Sinos, Preier, Fletcher et al., 2000）。拉姆齐等人（Rumsey et al., 1997）发现，与正常读者相比，阅读障碍者左角回的活动和其他阅读区域的活动联系较少，说明阅读障碍者后回路阅读网络各脑区之间的功能联系更少。前回路阅读网络神经活动水平也有差异。在阅读真词和假词的过程中，阅读障碍者额下回和背外侧前额叶皮层的激活水平高于正常读者相同脑区的激活水平（Brunswick, McCrory, Price et al., 1999; Pugh et al., 2000; Rumsey et al., 1997）。研究表明，前回路激活水平的差异是阅读障碍者语音加工效率低下的反映，而非对语音加工的过分依赖（Frost, Sandak, Mencl et al., 2009）。有趣的是，至少有两项脑成像研究报告称有效的阅读干预改变了阅读障碍者的大脑神经激活模式，并接近正常读者的大脑神经激活模式（Shaywitz，Shaywitz，Blachman et al.，2004；Temple，Deutsch，Poldrack et al.，2003）。

　　总而言之，数十年来对阅读障碍者和正常读者的神经解剖研究几乎没有一致的发现。高水平读者的语音意识似乎与大脑总容量呈正相关，但是低水平读者没有这种正相关。同时，越来越多的研究证据表明，阅读障碍者的阅读回路神经激活模式不同于正常读者，而且随着阅读水平的提高而变化。

**8. 其他关于阅读障碍的理论**

　　发展性阅读障碍是最常见的一种学习障碍，近年来，对其成因进行了许多研究，积累了大量文献。实验室和课堂研究所获得的证据支持语音—核心缺陷模型（Beaton，2004；Snowling，2000a）。但是，还有多种关于阅读障碍的理论均声称发现了其他一些对阅读障碍至关重要的认知机制。这些理论可以统称为感觉运动缺陷理论（sensori-motor deficits；Ramus，2003）。从本质上讲，这些理论都认为对于阅读障碍者而言，加工速度问题是阅读障碍者学习困难的根本原因。此类短时加工困难可能在刺激快速呈现时对听觉加工、视觉及/或运动控制有影响。斯坦（Stein，2001）将这些理论统称为阅读障碍的大细胞理论（magnocellular theory）。感觉运动缺陷理论之所以能够被人们接受，是因为它能够解释阅读障碍者显而易见的差异。

　　本书采纳"感觉运动"这一术语，而不使用"大细胞"，以避免与大细胞理论的原始概念相混淆，因为后者将阅读障碍主要归因于视觉系统缺陷。例如，利文斯通等人（Livingstone，Rosen，Drislane et al.，1991）的研究报告称，阅读障碍者对快速呈现、低对比度的刺激做反应时，事件相关电位低于正常读者。对 5 名阅读障碍者和 5 名控制组实验参与者的大脑大细胞进行的病理学比较研究发现，大细胞存在异常，但是小细胞、背外侧膝状体核没有异常。利文斯通等人的研究数据表明，由于大细胞系统异常，阅读障碍者在加工快速呈现的视觉刺激时所遇到的困难，在视觉系统中早已产生（在 V1 之前）。当前的感觉运动缺陷理论发展了利文斯通等人提出的大细胞理论，认为阅读障碍者的加工困难是视觉系统、听觉系统和小脑的基本缺陷导致的（White，Milne，Rosen et al.，2006）。因此，本书采用了"感觉运动缺陷"这一术语，因为它涵盖了一个或者多个感知/运动系统缺陷。

　　感觉运动缺陷理论认为，仅凭核心语音缺陷无法对词汇层阅读障碍做出全面的解释。相反，研究者提出，某些儿童的阅读障碍根源在于加工快速呈现的刺激（如对快速的语音序列或者运动圆点做出反应）时听觉、视觉及/或运动系统所遇到的短时加工困难（Tallal，1980a；Lovegrove，Bowling，Badcock et al.，1980；Nicolson，Fawcett & Dean，2001）。我们在此处并不打算对大量关于快速听觉加工、大细胞视觉加工以及运动/小脑问题的研究文献进行探讨，读者若感兴趣可参阅比顿（Beaton，2004）对每个领域的详细综述。此处要重点探讨的是感觉运动研究所获得的具有共性的数据和发现的问题。其中一类数据表明，感觉运动缺陷不同于语音缺陷，很多阅读障碍研究均未发现感觉运动测试结果和语音加工有交互作用(Chiappe，Stringer，Siegel et al.，2001；Kronbichler，Hutzler & Wimmer，2002)。另一类数据则表明，接受某一领域测试的阅读障碍者有大约1/3的人在所测试领域中有缺陷(Ramus，2003)。然而，跨领域加工缺陷研究却发现缺陷有重叠，有些阅读障碍者在多个感觉运动领域内均有缺陷，有些参与者则只存在单一的核心语音表征缺陷(Amitray，Ben-Yedudah，Banai et al.，2002；Witton，Talcott，Hansen et al.，1998)。

　　比顿(Beaton，2004)文献中所提出的多个问题，似乎引起了对感觉运动缺陷与阅读障碍的因果关系的质疑。首先，在控制研究参与者智商的条件下，感觉运动缺陷往往对阅读成绩没有预测力(Hulslander，Talcott，Witton et al.，2004；Share，Jorm，Maclean et al.，2002；White et al.，2006)。换言之，感觉运动缺陷可能是阅读障碍者普遍存在的问题，但是这些缺陷与阅读障碍未必有很紧密的关系。其次，很多研究要求参与者完成需要通过感觉运动层进行的言语加工任务，但并未发现阅读障碍者有听觉感知缺陷(Adlard & Hazan，1998；Heath，Hogben & Clark，1999；Joanisse，Manis，Keating et al.，2000；Manis & Keating，2005；Marshall，Snowling & Bailey，2001)。最后，特殊语言障碍(specific language impairment，SLI)儿童和孤独症儿童也有感觉运动缺陷(Hill，2001；Milne，Swettenham，Hansen et al.，2002；Robertson，Joanisse，Desroches et al.，2009)。因此，从目前的研究文献来看，某些阅读障碍者确实有感觉运动缺陷，但是有感觉运动缺陷的人并不都是阅读障碍者。

　　即使发现有感觉运动缺陷的阅读障碍者，其缺陷是否由加工快速呈现刺激障碍所致也是未知数。据数项研究报告，参与者完成需要长时间呈现刺激且刺激间隔时间长的任务时有感觉运动缺陷(Amitay，Ben-Yehudah，Banai et al.，2002；Chiappe，Stringer，Siegel et al.，2002；Olson & Datta，2002；Rosen & Mangnari，2001；Sperling，Lu，Mantis，2005)。斯珀林等人(Sperling et al.，2005)则提出了另外一种理论，对多数感觉运动数据进行了解释，认为阅读障碍者一般知觉过滤有缺陷。斯珀林等人(Sperling et al.，2005，2006)以高、低水平读者为研究参与者，在对背景噪声加以操纵的条件下，要求参与者完成移动圆点判断或者刺耳声音探测任务。结果表明，在低噪声和无噪声两种条件下，高、低水平读者探测阈限相当，而在高噪声条件下，低水平读者显著低于高水平读者。齐格纳与同事的言语知觉测验结果与上述结果相似。在高噪声条件下，低水平读者发音部位差异探测(ba-da)成绩显著低于高水平读者，但是在无噪声条件下，两组之间没有差异(Ziegler，Pech-Georgel，George et al.，2009)。上述研究数据表明，许多人所说的感觉运动缺陷实际上可能是对儿童阅读和口语均有影响的噪声排除缺陷。

　　总之，研究文献验证了某些阅读障碍者语音缺陷或者感觉运动缺陷的实际存在。目前，研究人员已达成一般共识，认为语音缺陷是造成阅读障碍者字形—语音转换、有效的词汇识别和拼写困难的核心因素。除语音缺陷外，某些阅读障碍儿童存在一个或者多个感觉运动系统的加工困难。感觉运动缺陷可能触发学习困难，但是对阅读成绩似乎没有直接影响。现有研究证据并不完全支持感觉运动缺陷产生于加工快速或者短暂呈现刺激的观点。有研究证据表明,某些阅读障碍者在高噪声条件下可能有感知困难。但是,阅读障碍者中有噪声排除缺陷的人究竟占多大比重,如何进行矫治,我们仍然一无所知。

语音缺陷与一种或者多种感觉运动缺陷的结合可以解释阅读障碍人群的显性变异。另外,感觉运动缺陷的识别最终能够促进适合不同类型阅读困难的阅读教学方法的形成。然而,语音缺陷作为阅读障碍近因的识别已经对各种有效阅读教学方法的产生起到了促进作用,这些方法的实施有助于阅读障碍者阅读技能的提高。

### 9. 阅读障碍的亚类型

凡是教过阅读障碍者阅读的人都对这一群体的多样性有切身体会。尽管多数阅读障碍儿童都有语音缺陷,但是各自的需求和能力却不尽相同。显性的多样性可以用语音缺陷与其他认知因素的交互作用,以及每个儿童所面临的社会问题和情感问题来解释。这从根本上讲就是发展性阅读障碍。然而,在这种多样性前提下,我们常常感觉到有很多儿童相互之间似乎有相似之处。这种主观感觉上的分类可能是不同类型阅读障碍各有其原因造成的,而且若要对其引发机制进行思考,可能首先应对不同类型阅读障碍加以识别(Seymour & Evans,1994)。此外,对各种类型阅读障碍的正规化诊断有助于某些学习障碍的矫治,如有多动症注意缺陷与无多动症注意缺陷。因此,阅读障碍类型的有效诊断有助于制定更好的干预方案(Morris,Stuebing,Fletcher et al.,1998)。因此,在阅读障碍类型诊断方面所做的探索从直觉上讲似乎不仅合乎理性,而且有其潜在的应用价值。

可惜的是,历史上多数对阅读障碍者进行分类所做出的工作受到了几个方面的批评,包括样本小、先验选择以及分类不完善(Beaton,2004)。约翰逊等人(Johnson & Myklebust,1967)以及博德(Boder,1973)早期提出的分类方案的主要依据是对小规模阅读障碍者的临床观察,因此对阅读障碍人群缺乏适用性。对临床样本分类主要采用的方法是对每个人一系列测试的成绩进行聚类分析,将能力相似的儿童归为一类。由于在这种研究中阅读障碍者被以先验地方式加以分类,因此很难确定正常读者是否也具有特定类型的特点。这种研究方法的另一个问题是,研究采用的测试在很大程度上对其所关注的障碍类型的特点做出了界定。例如,先进行了分类型研究,之后人们才普遍认识到语音缺陷才是阅读障碍的核心,因此在这些测试中基本上没有针对语音意识的内容。所以,分类的依据是各种理论假设,与我们当下对阅读过程的了解关系甚微(Stanovich,Siegel & Gottardo,1997)。斯诺林(Snowling,2001)对各种分类方案的用处提出了疑问,因为任何一种分类似乎都不可能穷尽所有阅读障碍人群。尽管存在上述忧虑,目前研究文献中仍有两种分类方案保留下来:基于获得性阅读障碍阅读模式的发展性阅读障碍和基于快速命名任务成绩的阅读障碍。

(1)获得性阅读障碍的亚类型

卡斯尔斯等人(Castles & Coltheart，1993)曾尝试将个案研究发现的获得性阅读障碍和语音阅读障碍延伸至发展性阅读障碍人群。实验要求儿童阅读异常词词表和假词词表，然后根据其与同龄正常儿童相比不同词表的阅读成绩的偏离正常程度确定其障碍类型。表层阅读障碍组儿童假词阅读成绩与同龄儿童相符，但是异常词阅读的成绩却低于同龄控制组儿童。相反，语音阅读障碍组儿童异常词的阅读成绩与同龄儿童相同，但是假词阅读却遇到困难。卡斯尔斯等人发现，53名阅读障碍儿童中，有16名表层阅读障碍者和29名语音阅读障碍者，大部分阅读障碍者都属于这两种类型之一。上述研究结果似乎表明，正常阅读、中风引起的阅读障碍与发展性阅读障碍只用一种与双路径模型相符的理论就可以解释。但是，后续研究对这种方法提出了质疑。

卡斯尔斯等人(Castles et al.，1993)之后，有多篇文章对其研究方法提出了以下两种批评。第一种批评强调从发展的角度理解阅读障碍的重要性，而且对用获得性阅读障碍的特征生搬硬套阅读发展发生偏差的情形的价值提出质疑(Snowling，Bryant & Hulme，1996)。第二种批评事关采用同龄对照组来定义阅读障碍(Mains，Seidenberg，Doi et al.，1996；Snowling et al.，1996)。上述文章作者的观点与布赖恩特(Bryant)等人的研究发现相符，认为解码和其他词汇识别过程随着阅读的发展而变化，因此应该以阅读水平相匹配控制组为参照来确定阅读技能的优劣势。数项研究发现，控制组类型由年龄匹配变为阅读水平匹配，阅读障碍类型也相应发生了有趣的变化。例如，马尼斯等人(Manis et al.，1996)将阅读障碍儿童分别与年龄匹配组和阅读水平匹配组儿童(平均年龄8.5岁，比阅读障碍儿童小4岁)进行了比较，发现若以阅读水平匹配组的儿童为基准而非与年龄匹配组儿童组相比较，每种类型的人数都减少了，其中表层阅读障碍儿童的人数减少幅度最大；以年龄匹配组儿童为参照，达到表层阅读障碍标准者15人中只有1人达到了以阅读水平匹配组儿童为参照的表层阅读障碍标准。

斯坦诺维奇等人(Stanovich，Siegel & Gottardo，1997)的研究对以阅读水平匹配儿童控制组所产生的分类效应进行了考查。他们首先采用阅读水平匹配的方法从原实验中选取了研究对象，然后对卡斯尔斯等人(Castles & Coltheart，1993)的实验数据重新进行了分析，结果发现原实验中被认定为表层阅读障碍的16名儿童中有14名被排除。第二个实验以阅读成绩低于百分位第25位的三年级学生为研究对象，采用大样本对语音阅读障碍和表层阅读障碍两个子类型的效度进行了验证。研究者将儿童的假词和异常词(exception word)阅读成绩，分别与其年龄匹配组和阅读水平匹配组的成绩进行了比较。若与年龄匹配控制组相比，语音阅读障碍儿童人数比之前的实验减少了25%，但是表层阅读障碍儿童人数与之前的实验结果相符(仍为22%)；与阅读水平匹配组儿童相比，语音阅读障碍儿童人数没有变化，但是表层阅读障碍儿童人数减少到1人。马尼斯等人的研究与对卡斯尔斯等人的研究数据的重新分析表明，若将阅读障碍者与阅读水平匹配组相比较，表层阅读障碍这一子类型实际上完全被排除了。

斯坦诺维奇(Stanovich，1997)做出如下结论：在两种类型的阅读障碍中，只有语音阅读障碍真正能够反映出阅读发展中存在的缺陷。相反，表层阅读障碍似乎是阅读发展滞后造成的，因为若与阅读水平匹配控制组相比较，这种障碍在两组上的数据都消失了。因此，表层阅读障碍似乎是阅读困难附带效应的一种反映，即在阅读上投入的时间减少。由于接触文本有限，很多阅读障碍者对有助于阅读不规则词汇的词汇知识匮乏，而这种知识只能通过广泛的阅读来获得(Snowling，2001)。上述研究证据表明表层阅读障碍的产生与环境密切相关，而不是与生俱来的。这一结论与科罗拉多双胞胎行为—遗传研究发现相符(Castles，Datta，Gayan et al.，1999)。卡斯尔斯等人发现，基因比共同的环境对语音阅读障碍的影响大(大致为2：1)，而表层阅读障碍的情形则恰好相反。环境对表层阅读障碍的影响更大，这一发现与行为研究得出的结论不谋而合，即表层阅读困难是接触文本滞后所导致的一种现象，而非阅读障碍的一种类型(Manis，Seidenberg，Doi et al.，1996；Sprenger-Charolles，Cole，Lacert et al.，2000；Stanovich，Seigel，Gottardo et al，1997)。

总之，数项对获得性阅读障碍子类型的验证性研究表明只存在一种稳定的阅读障碍子类型，即语音阅读障碍。根据斯坦诺维奇等人的研究数据，30％多的儿童阅读真词和假词都有困难，可能说明他们既有语音缺陷，文本接触量也不大。如果将这类儿童也算作语音阅读障碍者的话(25％；主要表现为阅读假词有困难)，那么68名儿童中超过一半有语音加工缺陷。相反，只有一个儿童阅读异常词汇有困难，而其余儿童则存在其他方面的困难。因此，斯坦诺维奇等人基于成人获得性阅读障碍者的阅读模式，对把发展性阅读障碍儿童归为某一类型的可行性和实用性提出了疑问。这种方法的局限性之一是在所有发展中的读者中，只存在一种稳定的阅读障碍类型。另一局限性是若将阅读困难者同年龄匹配控制组读者进行比较，有将近一半的人不再有阅读困难。

(2)快速命名阅读障碍

快速序列命名(rapid serial naming)研究的先驱登克勒和鲁德尔(Denckla & Rudel，1974，1976b)采用这一研究范式，对序列命名速度与阅读障碍儿童阅读成绩的相关性进行了研究。序列命名速度测试通常向被测试者呈现50个项目(物体、颜色、数字或者字母)，呈现5列排列，记录儿童对各个项目出声命名的时间，结果表明命名速度与阅读成绩呈正相关。随后，研究人员对一般的读者(typically developing reader)和阅读障碍儿童进行了快速自动命名测试(rapid automatized naming，RAN)。学前儿童对颜色与物体的命名速度对其一年级时的阅读成绩具有预测力(deJong & van der Leij，1999；Landerl & Wimmer，2008；Lervåg & Hulme，2009)。儿童学习了字母以后，对字母和数字矩阵的命名时间，比快速自动命名任务中的物体和颜色的命名时间，对阅读变异更具有预测力(Compton，2003b；Lervåg & Hulme，2009；Torgesen，Wagner，Rashotte et al.，1997)。语音意识的影响消失之后，命名速度仍然继续对高年级学生的阅读具有预测力(Meyer，Wood，Hart et al.，1998)。在正字法比英语更为透明的文字系统中，序列命名对阅读成绩的长期预测力强于语音意识(Furnes & Samuelsson，2010)。在这类文字系统中，阅读速度慢是阅读障碍的一个主要指标，而在英语文本中，阅读障碍者阅读的准确性也受到影响(Share，2008)。因此，快速命名速度和阅读发展的相关性加深了我们从多个角度对阅读的理解，包括强化对阅读流利重要性的意识，以及为对正字法意识在阅读发展过程中作用的探索注入了活力。

自动命名测试(RAN)也拓展了我们对阅读障碍影响因素的概念。自登克勒和鲁德尔发现阅读障碍儿童快速命名缺陷以来，研究者一直在追寻能否将阅读障碍儿童分为"准确缺陷"读者和"速度缺陷"读者这一问题的答案(Lovett，1984)。准确缺陷读者不能准确地识别词汇，速度缺陷读者能够准确地识别词汇，但是速度慢于多数儿童。同其他分类方案一样，这种分类法也不能对大部分阅读困难读者做出解释。但是，速度缺陷读者的思想是双重缺陷假设的前奏，后者认为阅读障碍读者可分为命名速度缓慢读者、语音意识薄弱读者，以及双重缺陷的读者(Wolf & Bowers，1999)。不同于其他分类方案，双重缺陷假设在将命名速度缺陷和语音缺陷一并加以考虑的基础上，对阅读困难读者进行了分类(Katzir，Kim，Wolf et al.，2008)。研究者(Compton，Davis，DeFries et al.，2001)的遗传研究表明，两种不同的遗传因素导致了阅读障碍，这从语音意识和自动命名速度的不同遗传模式上体现出来。

双重缺陷假设以多种重要的方式促进了我们对阅读障碍的理解。首先，命名速度的差异将透明与不透明文字系统中不同的阅读障碍群体区分开(Wolf，Bowers & Biddle，2000)。其次，这一假设识别出另一种可能导致阅读成绩变异的根源，而且这种变异在多数研究中能够将阅读障碍者与阅读水平匹配控制组参与者区分开(Ackerman & Dykman，1993；Segal & Wolf，1993)。换言之，双重缺陷假设通过了测试，而获得性阅读障碍子类型却没有。最为重要的是，双重缺陷的诊断有助于学校在幼儿园阶段把未来可能遇到阅读学习困难的儿童——存在语音缺陷和序列命名速度缓慢缺陷的儿童筛选出来。基于快速命名和语音意识的各种类型的阅读障碍儿童占二、三年级阅读困难儿童的 90%(Katzir，Kim，Wolf et al.，2008；Murphy，Pollatsek & Well，1988)。

卡齐尔等人(Katzir et al.，2008)的相关性研究结果表明，70%的低水平读者或者受到语音缺陷单一因素影响，或者受到语音缺陷和命名速度缓慢两种因素的共同影响。这一比例与上述语音核心缺陷模型支持者基于语音的阅读缺陷的研究结果相符(Stanovich，Siegel & Gottardo，1997)。相似的语音缺陷发生率(用两个构想从不同的理论角度来测量)表明自动命名测试和基于语音的研究所考查的对象均为相似的低水平读者群体，从而增强了双重缺陷理论的可信度。

从某些角度来讲，某一低水平读者群体如同一摞扑克牌，可以用不同的方式进行分拣，或分为两类(如是否存在语音缺陷)或者三类(如只存在语音缺陷、只存在序列命名速度缓慢缺陷，或者存在双重缺陷)。哪一种分类方式更有价值可能取决于分类的目的。例如，如果分类的目的是使某个类别读者人数最大化，那么双重缺陷分类方案优于核心语音缺陷分类方案。但是，如果分类的目的是进行有效的阅读干预，那么采用自动命名测试来进行分类，相对于按照置某些子类于不顾的核心语音缺陷来进行分类，有何额外益处，目前尚不清楚。鉴于自动命名测试与阅读干预之间并没有直接关系，因此自动命名测试成绩的好与不好对儿童阅读干预项目有何启示，目前尚不清楚。目前尚没有研究证据表明可以通过加快序列命名速度来提高阅读水平，而且初期的研究也未表明快速命名训练或者阅读流畅度的提高可以转化为自动命名测试成绩(deJong & Vrielink，2004；Lervåg & Hulme，2009)。研究也未发现可能影响词汇识别与词汇分析的命名速度背后的机制。例如，卡弗(Carver，1997)认为加工速度缓慢可能是导致自动命名测试成绩不好的一个因素，但是研究结果间相互矛盾。有数项研究发现某些阅读障碍儿童加工速度缓慢(Breznitz & Meyler，2003；Kail，Hall & Caskey，1999；Nicolson & Fawcett，1994；Stringer & Stanovich，2000)，但是另一些研究未发现阅读障碍者和年龄匹配控制组之间加工速度有差异(Bonifacci & Snowling，2008；Wimmer & Mayringer，2001)。然而，对自动命名测试所涉及的认知要素的深入理解可能在未来某一日对阅读教学产生启示。

**10. 阅读障碍的诊断问题**

这里着重讨论阅读障碍诊断和确保儿童得到有效的阅读教学中常用的两种有争议的方法。一种是传统方法，即采用智商—成绩差异对儿童阅读障碍做出诊断，并给予特殊教育。另一种是转诊已确诊的阅读障碍儿童接受视觉治疗，其背后的假设是眼动控制出现问题，从而导致阅读障碍。

(1)基于差异的阅读障碍定义

近年来，阅读障碍的诊断主要是通过观察儿童的阅读水平与其智力测验成绩之间的差异来进行的。根据这种传统的诊断方法，若儿童阅读成绩低于智商1～2个标准差，一般就会被诊断为阅读障碍。弗莱彻等人(Fletcher et al.，2007)认为，这种诊断方法对儿童有多方面的害处。第一，阅读水平—智商差距诊断法将一些智商很高但在小学低年级阶段阅读水平低于平均水平的儿童诊断为阅读障碍患者，因为其智商测验成绩远远高于阅读成绩。第二，阅读水平—智商差距诊断法将智商一般的儿童误诊为无阅读障碍，因为阅读发展早期的地板效应(floor effect)不利于显著差异的发现。第三，阅读水平—智商差距诊断法可能对需要阅读辅导的儿童带来不良后果，因为这可能导致阅读问题不能得到及时诊断，从而使儿童得不到必要的特殊教育服务。研究者(Stuebing，Fletcher，LeDoux et al.，2002)对这种熟悉的场景进行了描述，大意如下：

二年级期中，杰克的老师注意到他阅读有困难。他朗读速度慢，而且很费力，不能准确地读出新词。在家长会上，杰克的父母对其阅读困难忧心忡忡，随后，学校各方面的专家召开专门会议对其特殊教学需求专门进行了讨论。会上，杰克的老师同与会者分享了其档案袋中的拼写和写作样本，发现杰克不仅阅读有困难，拼写和写作也有困难。她还注意到杰克的数学成绩和在其他不需要读写的活动中都表现得更好。阅读专家称杰克的阅读问题在一年级入学初期就已诊断出来，当时他还参加了一个阅读辅导班。

其阅读水平虽然有所提高，但是进步幅度远远小于预期。考虑到这些历史情况和目前面临的问题，学校决定对杰克进行一次评估以确定他是否有阅读障碍。若要得到特殊教育服务，其智商必须高出阅读成绩 1 个标准差（15 分）。可惜的是，评估结果显示只有 10 分的差距，不能诊断杰克有阅读障碍，因此不能接受特殊教育服务。相反，学校制定了一个折中方案，包括增加测试时间、允许默读时间听录音读书。杰克的学习成绩仍然没有提高，最后在四年级时接受了另一次评估。当杰克的阅读成绩已经大大落后于同龄人，超过了 15 分时，他才开始接受特殊教育服务。

从本质上讲，采用阅读水平—智商差距诊断法来对杰克的阅读障碍进行诊断，延误了关键的两个学年。究其原因是儿童从一年级开始接受阅读教学，也就是从那时起，其阅读水平开始逐步落后于同龄儿童。相对于其智商，儿童阅读水平的明显降低需要一个漫长的过程，才能使他获得阅读补课的资格。杰克除了在等待阅读障碍得到确诊的过程中，经历了数年无谓的煎熬之外，晚期被诊断为阅读障碍也对其未来的学习有影响。到四年级，其同龄儿童已经能够通过阅读来学习新知识，而杰克却仍然处于阅读学习阶段。杰克在花费时间（有可能）提高阅读能力的过程中，错失了很多文化课的学习，而这些文化课的学习有助于其词汇量的扩大和一般知识的学习。

除阅读水平—智商差距诊断法的不良影响外，另有越来越多的研究证据表明这一诊断方法背后的基本假设不正确。阅读研究的元分析发现，低水平词汇阅读和拼写的一些症状在中等到中上智商者身上都持续存在，而且跟个人的智商与阅读水平之间的差距没有相关性（Stuebing，Fletcher，LeDoux et al.，2002）。智商与阅读成绩之间有差距的儿童的阅读障碍可能更为明显，但是并不能预测哪种教学方法可能有效（Hatcher & Hulme，1999；Hoskyn & Swanson，2000）。另外，韦卢蒂诺等人（Vellutino et al.，1996）的研究发现智商高低也不能将易矫治儿童与不易矫治儿童区分开。如图 12-2 所示，平均智商组的增长曲线与中上智商组的增长曲线在数个时间点上很接近。这一发现为随后的几项研究所验证，进一步表明不可能将智商高于阅读成绩（智商与阅读成绩有差距）的读者与智商和阅读成绩相当（智商与阅读成绩无差距）的读者区分开来（Fletcher，Lyon，Barnes et al.，2002；Lyon，Fletcher，Shaywitz et al.，2001；Stanovich，2005）。上述单独的研究与两项元分析研究结果相符，均表明获益于教学干预的参与者的智商与仍然有阅读困难的参与者智商之间的差异几乎可以忽略不计（Hoskyn & Swanson，2000；Stuebing，Fletcher，LeDoux et al.，2002）。因此，就目前所积累的研究数据来看，尚没有理由说可以用智商作为标准将低水平读者和阅读障碍者区分开，但是很多学校仍然在沿用这种做法（Fletcher，Lyon，Fuchs et al.，2007）。

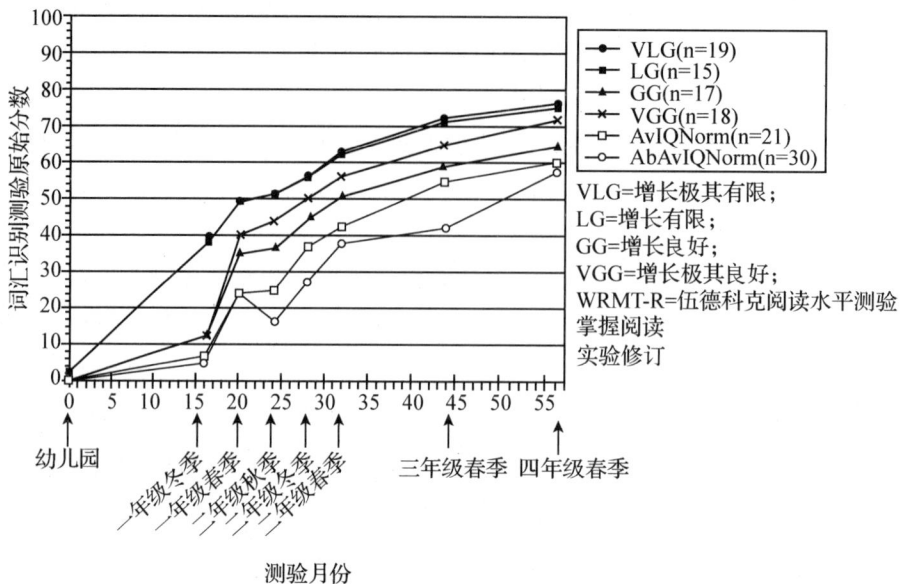

图 12-2　智商处于中等（虚框）与中上（虚圆）范围的正常读者与接受
辅导的低水平读者词汇识别测验（WRMT-R）平均原始分增长曲线
资料来源：Vellutino & Fletcher，2005。

（2）眼动错误会导致阅读障碍吗？

从技术的角度来看，这是可能的。因为存在眼球运动障碍的人，如眼跳干扰（sacade intrusions）（Ciuffreda，Kenyon & Stark，1983）或者先天性眼球震颤（congenital jerk nystagmus），通常伴随阅读困难。显然，如果人不能对持续流畅阅读至关重要的眼睛运动施以有效控制，那么阅读学习就会遇到巨大的困难。然而，多数研究证据表明大部分阅读障碍个案并非眼动缺陷所致，但阅读障碍者和正常读者阅读的眼动模式确实存在差异。与正常读者相比，阅读障碍者每一行注视的次数增多，注视时间增长，眼跳缩短，回视频率增高（Rayner，1978a，1998，2009）。然而，问题的关键在于，眼动失衡是阅读障碍的根源还是阅读学习失败的后果？我们只要对这个问题稍加思考，就会清楚地认识到，若阅读你不熟悉的希伯来文或者日文，你眼睛的运动就会失去稳定性（不同于熟悉两种语言的熟练的读者）。

廷克（Tinker，1958）在其对眼动研究经典综述中坚持认为，眼动并非导致阅读障碍的根源，而是其他潜在问题的反映。帕夫利蒂斯（Pavlidis，1981，1985）颇具戏剧性地将眼动控制与阅读障碍之间的因果问题再次置于研究者的目光之下。他推论，若阅读障碍的根源从本质上讲是与生俱来的（如排序障碍或者眼球运动障碍所致），那么这些问题也应该在排序和眼动起重要作用的非阅读任务中表现出来。因此，他在其研究中要求实验参与者连续注视不停地在电脑屏幕上左右来回移动注视目标，结果表明，阅读障碍者从右到左的眼跳次数多于正常读者。但是，其他研究没有得出上述结果

(Brown Roach & Zubrick，1984；Brown，Haegerstrom-Portnoy，Adams，1983；Olson，Kliegl & Davidson，1983；Stanley，Smith & Howell，1983）。尽管斯坦利等人（Stanley et al.，1983）未能在一项非阅读任务中发现眼动差异，但是要求实验参与者阅读文本时，阅读障碍者和正常读者的眼动存在显著差异。这表明某种阅读行为对阅读障碍者的眼动模式产生了影响。研究者（Hyönö & Olson，1995）要求参与者阅读包含不同长度和不同频率词汇的文本，并对阅读障碍者和正常读者的眼动进行了测量。结果表明，若文本内包含较长、较陌生的词汇，两组参与者的眼动模式均发生了变化。因此，眼动模式的变异在多数情况下似乎皆产生于词汇识别困难。

关于眼动控制和发展性阅读障碍的关系，我们能得出什么结论呢？尽管有些阅读障碍者在完成非阅读任务时眼睛运动不稳定，但是显然大部分参与者并未表现出这种眼动模式。然而，即使对那些在完成阅读和非阅读任务时眼动模式异常的人而言，眼动模式本身并非阅读障碍的根源（Rayner，1983，1985；Stanovich，1986）。当然，我们承认视敏度的增强能够在某种程度上提高参与者完成视觉任务的成绩。阅读障碍儿童同时也在某种程度上存在与双眼视差或者眼偏利发展相关的问题（Stein & Folwer，1982，1984），眼部运动可能有助于视敏度的提高。然而，目前至少有一项眼动研究表明，阅读障碍者可能存在的双眼视差问题并非源于眼动控制系统。柯克比等人（Kirkby，Blythe，Drieghe et al.，2011）对阅读障碍儿童和同龄正常儿童进行比较，旨在验证阅读障碍儿童是否存在双眼缺陷（见图12-3）。柯克比等人发现在圆点扫视任务中，阅读障碍儿童的眼动模式与正常儿童的眼动模式相似，但是在阅读任务中，两者眼动模式存在差异。这些数据表明阅读障碍儿童存在的双眼协调问题具有产生阅读困难语境的特殊性。

美国儿科学会（the American Academy of Pediatrics，AAP）和美国眼科学会（the American Academy of Opthalmologists，AAO）多次发布声明，警告家长很多视力治疗方法的益处尚未得到验证（AAP，1999，2009）。其声明中的标题强调了这一点："视觉问题并不会导致阅读障碍。"阅读障碍儿童虽然有可能存在视觉问题，但是以视觉治疗为主要的应对方案不能解决阅读障碍的核心问题。在实践中，儿童可能接受视觉治疗数月以"证明某种疗法是否对阅读有益"，而其结果是在阅读学习初期的关键几年里耽误了有效的教育干预。

（3）家长的态度

阅读障碍这个术语的一个问题是，很多家长和老师都把它视作一种病，因此他们认为阅读障碍儿童永远不能学会阅读、写作和拼写。但如果儿童在三年级之前就诊断出阅读障碍，并且给予适当的教学干预，也大可不必对其预后如此悲观（Torgesen，2004；Torgesen & Hudson，2006）。即便对他实施矫治，家长和老师仍坚持认为阅读

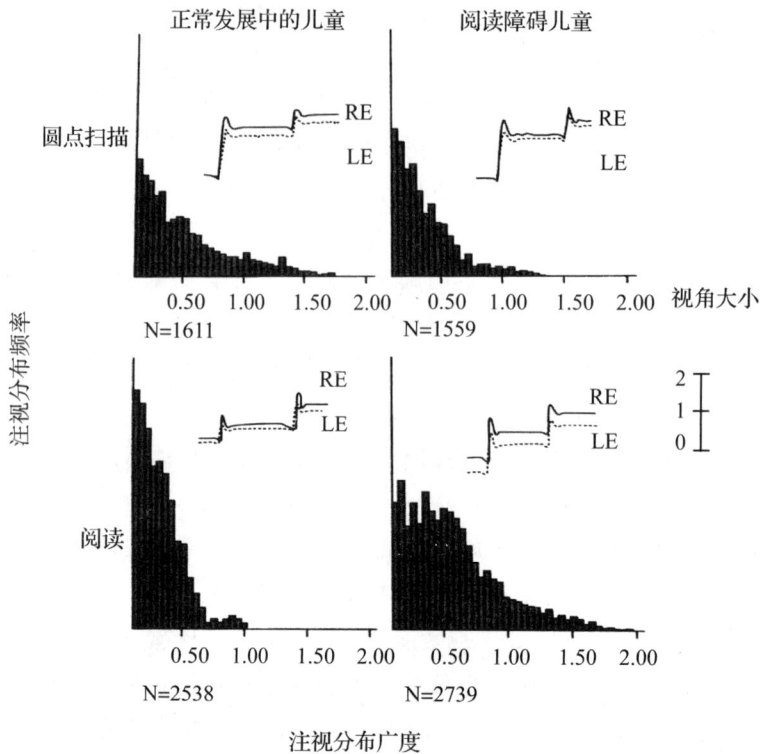

**图 12-3 直方图表示广度越来越大的不同类型注视的频率**

注：参与者个体左眼（LE）、右眼（RE）运动轨迹亦呈现了出来。轨迹代表每个参与者组别平均注视差。上图是正常儿童和阅读障碍儿童完成圆点扫描任务的数据。下图是正常儿童和阅读障碍儿童完成阅读任务的数据。实线表示右眼的运动，虚线表示左眼的运动，两者之间的差异乃左右眼的差异。

资料来源：Kirkby et al.，2011。

障碍儿童完成学校课程中规定的读写任务有困难。我们听到很多家长说"我家孩子得了阅读障碍症"时，就像是在说"我家孩子得了麻疹"一样。阅读障碍可能是大脑信息处理的某种异常所致，但并不是一种病毒。相反，阅读障碍是一种长期状态，需要有针对性的诊治方式，这与糖尿病有相似之处。所以，应该说"我家孩子阅读有点障碍"，就像说"我家孩子血糖高点"一样，这样说更恰当。此处平行语法结构的使用表明阅读障碍是一种引发特定症状（如早期的阅读困难）的持续性神经状态。如果及早进行有效的教育干预，阅读障碍儿童可能获得正常的阅读技能。这样一来，症状就消失了，如同糖尿病患者若严密控制胰岛素水平，症状也会消失。然而，两类儿童都面临持续的挑战。①

**11. 发展性阅读障碍小结**

在前面，我们对部分发展性阅读障碍的研究进行了综述，重点讨论了近年来科学家所关注的一些核心问题。阅读障碍为人们所广泛接受的概念是一种产生于语音加工的核心缺陷，基于编码的词汇阅读障碍。阅读障碍的严重程度具有连续性，从轻微的拼写困难，到严重的阅读损害并一直持续到成年时期。阅读障碍的严重程度与智商没有相关性。阅读障碍是一种遗传性障碍，通过数种不同的染色体代代遗传，男女发生率几乎相同。研究人员发现阅读障碍者和正常读者之间存在神经生物性差异，尤其是词汇阅读过程的激活模式存在差异。相对于正常读者，阅读障碍者后部词汇阅读网络的激活程度较低。心理学研究能够解决一些阅读障碍的诊断问题，及早发现并采取有效的方式予以矫治。目前，关于阅读障碍的其他理论，如感觉运动缺陷理论，尚无定论。最后，本章关于阅读障碍的两种分类方案的综述表明，两者均有不足，但是未来都可能有助于针对某种类型阅读障碍的干预效果的提高。现在我们谈一谈另一种主要的发展性阅读障碍类型。

# 三、阅读理解缺陷

有10%～25%的阅读障碍儿童能够准确、流利地阅读孤立的词汇，但是不能理解文本的意义（Aaron，Joshi & Williams，1999；Leach，Scarborough & Rescoral，2003）。这种障碍最初被称为"阅读早慧"（hyperlexia）。笼统地说，"阅读早慧"儿童的优缺点与阅读障碍儿童的优缺点正好相反。阅读障碍儿童的解码能力较弱，理解能力较强；而阅读早慧儿童的解码能力和词汇识别能力较强，理解能力较弱。阅读早慧和阅读障碍之间另外一个差别是阅读障碍者阅读文本有困难，但是能够较好地理解口头语言，而阅读早慧者阅读理解和听力理解都有障碍（Nation，Clarke，Marshall et al.，2004）。阅读障碍者词汇识别能力和理解能力之间存在的差异往往随着时间的推移而增大；阅读早慧者的两者之间的差异随着时间的推移而缩小。跟踪研究表明，阅读早慧儿童在词汇识别方面的相对优势可能在6岁时表现出来，但是随着时间的推移而衰退，其理解缺陷可能存在于整个阅读发展过程中（Grigorenko，Klin & Volkmar，2003；Sparks，2001）。

斯诺林、内申及其同事建立起一套方法论标准，以利于对这一人群进行心理学研

---

① 在这里作者将"My child has dyslexia"与"My child has measles"，同"My child is dyslexic"与"My child is diabetic"对立起来，前两者中使用了名词"dyslexia"和"measles"，后两者中使用了形容词"dyslexic"和"diabetic"，旨在强调不应将阅读障碍看成是一种疾病，而要看成是一种可能表达为某种症状的神经状态，因此并不可怕。但是，汉语翻译很难准确地将这层意思表达出来。——译者注

究。内申（Nation，2005）采用独立的方法对词汇识别能力和理解能力进行评估，将低理解能力者定义为假词解码标准测试成绩与同龄人相符但阅读理解测试成绩较低者。另外，实验对低理解能力组和控制组的假词阅读能力和非语言认知能力进行了匹配（Nation & Snowling，1998）。考虑到部分低理解能力者的认知能力也低，因此对非语言能力加以控制很有必要（Nation，2005）。

　　然而，人们对阅读缺陷的定义仍有争议。研究者普遍认为理解缺陷的特点是文本理解能力低于孤立词汇阅读能力，但是有争议的是，有些研究者以智商和词汇阅读能力为参照来定义理解缺陷，而另一些研究者则以词汇阅读的相对优势或者阅读早慧来定义理解缺陷。因此，词汇阅读能力超凡但理解能力落后的儿童应该被看作拥有超凡能力，还是看作缺陷，对此仍有争议（Grigorenko，Klin & Volkmar，2013）。对超凡能力情有独钟的研究者常用"阅读早慧"这个术语，他们往往对某些孤独症儿童所表现出来的阅读早慧感兴趣。相反，支持缺陷理论的研究者更倾向于将这类儿童看作理解能力低下者。此处两个术语（阅读早慧者和低理解能力者）均指词汇阅读能力与其年龄相符但文本理解能力滞后的儿童。

　　初期这一领域的研究发现：有些低智商儿童孤立词汇阅读能力的发展超乎寻常，超出认知能力（Kanner，1943；Parker，1919）。有研究证据显示阅读早慧者的词汇识别方式与正常儿童类似（Cobrinik，1974；Healy，Aram，Horowitz，et al.，1982；Mehegan & Dreifuss，1972）。弗里思和斯诺林（Frith & Snowlings 1983）在其研究中对阅读障碍者和阅读早慧者进行了比较，结果发现不同于阅读障碍者，阅读早慧者在熟练的假词解码、不规则词阅读以及频率与词形效应的表现等方面与正常人近似。因此，阅读早慧者似乎应用正常的语音和正字法过程对孤立的词汇进行识别，因此其异常行为表现在理解方面。

　　大量研究清楚地阐述了阅读障碍的核心缺陷，相反，对阅读早慧者理解困难的根源却仍处于探索阶段。内申（Nation，2005）对可能导致儿童在听、读过程中经历的理解困难的多重加工缺陷进行过有说服力的探讨。在词汇层面上，阅读早慧儿童对词汇和图片的语义加工均受损（Nation，Marshall & Snowling，1998，1999）。关于可能存在的工作记忆问题的研究表明，低理解能力者存在语言工作记忆缺陷（Nation & Snowling，1999；Seigneuric，Erlich，Oakhill et al.，2000；Yuill，Oakhill & Parkin，1989）。

　　除了词汇加工和工作记忆存在问题之外，低理解能力者也存在语篇加工（如推理和理解监控）缺陷。研究表明，相对于阅读能力与其匹配的年轻读者，低理解能力者文本推理困难（Cain & Oakhill，1999；Cain，Oakhill，Barnes et al.，2001）。在小学高年级阶段，儿童主要通过推理阅读过程中遇到的新词的意义来扩大其词汇量，此时推理困难就可能妨碍其词汇量的增长（Cain，Oakhill & Elbro，2003）。低理解能力读者阅读异常文本时，还可能遇到文本理解监控困难（Oakhill & Yuill，1996；Yuill & Oakhill，1991)。有些研究者可能认为语篇加工受限是导致理解水平低下的原因，但是我们更接受佩尔费蒂(Perfetti，1994)的观点，认为这些局限恰好是理解缺陷本身的反映。换言之，高级语篇加工的失败可能是潜在语义与句法加工缺陷的结果(Perfetti，Marron & Foltz，1996)。

当今，对阅读早慧的研究往往分别侧重于孤独症儿童和低言语智商儿童。个案和群体研究表明，确诊的孤独症儿童的阅读早慧发生率很高(Grigorenko，Klin，Pauls et al.，2002；Patti & Lupinetti，1993；Siegel，1984)。另外，阅读早慧也多发生在图雷特氏综合征儿童、特纳氏综合征儿童和智障儿童身上(Burd & Kerbeshian，1988；Fontanelle & Alarcon，1982；Temple & Carney，1996)。因此，阅读早慧一般被认为是一种基于语言的独立学习障碍，它并不是发展性社会障碍的直接结果，但可能与其共生(Goldberg，1987；Snowling & Frith，1986；Whitehouse & Harris，1984)。然而，对阅读早慧可能存在的类型的初步研究发现，许多非语言学习障碍儿童词汇识别能力强于理解能力，因此符合阅读早慧的特点(Richman & Wood，2002)。

不管阅读早慧与孤独症是否有关系，对孤独症儿童和非孤独症儿童进行的研究很少发现两者阅读能力上的差异。例如，斯诺林和弗里思(Snowling & Frith，1986)对孤独症和非孤独症阅读早慧儿童的研究并未发现两者之间有差异。两组实验参与者都能够将图片与所读到或者听到的句子匹配起来，达到其智商所预测的水平。能力强一些的(无论是否为孤独症)儿童可根据句子语境读出同形异义词["tear"(撕扯、眼泪)]，水平与阅读能力匹配的正常智商控制组相当；而且句子和段落理解能力与正常儿童也相同。相反，言语能力较弱的孤独症和非孤独症儿童的语言理解水平低于正常儿童。因此，斯诺林和弗里思发现"真正的"阅读早慧(超出自己理解能力的超乎寻常的孤立词汇阅读能力)的特点是语言认知能力较低，而不是是否患有孤独症。

研究者(Saldaña，Carreiras & Frith，2009)的小规模研究对正常儿童、孤独症儿童(其中半数为阅读早慧者)的语音、拼写、快速命名和记忆等方面的能力进行了考查。三组实验参与者年龄和词汇阅读相匹配，组间在上述任务中成绩没有显著差异，但是，孤独症组内有某些差异。以词汇阅读成绩与智商之间至少有10分差距为标准所界定的阅读早慧儿童，在词汇判断任务和假同音异义词识别任务中成绩高于非阅读早慧儿童。但是，这两组参与者在词汇下语音任务(如假词重复)、快速命名任务和数字广度任务中的成绩类似。上述研究结果不同于纽曼等人(Newman et al.，2007)的研究。他们认为阅读早慧的孤独症儿童在语音加工任务中成绩优于非阅读早慧的孤独症儿童。但是，纽曼等人(Newman et al.，2007)的研究没有对实验参与者的词汇阅读水平进行匹配。

研究者(Niensted，1968)非正式地报告称，阅读早慧儿童若接受基于拼读的阅读教学，其阅读障碍发生率高于接受采用基础阅读系列教学的早慧儿童。阅读理解技巧培训促进了整个学校阅读早慧儿童理解水平的提高。但是，仍有一些教育家认为拼读教学强化了阅读理解缺陷。我们认为，拼读教学仅仅可能提高正常发展的词汇解码技能，而对理解能力则没有作用，但是我们承认这是一个值得研究的实践问题。

正常读者的词汇识别能力和理解能力是平行发展的吗？若其中一种能力发展滞后于另一种能力，这是否预示着未来会出现阅读问题？就第一个问题而言，我们几乎没有理由期待理解能力和词汇识别能力能够同步协调发展，因为支持两种能力的认知过程可能不同（Landi & Perfetti, 2007; Oakhill, 1984; Oakhill, Cain & Bryant, 2003）。因此，在正常的阅读发展过程中可能有些阶段互为前提与结果。例如，儿童在阅读学习的初期阶段，词汇识别可能难以达到阅读理解，因为一旦经过艰苦努力使词汇得到识别，句子意义很快就能够得到理解。相反，儿童能够流利地阅读英语文本段落却不理解其意义——表明存在理解缺陷的一种行为，这种情况非常少见。儿童若存在这种不理解文本意义却能够流利阅读的行为，这应该引起家长的关注吗？这个问题最好用经验来做出回答，但有趣的是，近乎渐进性发展的词汇阅读能力与符合年龄阶段的理解能力相伴相依的情形，在学习法语、芬兰语和意大利语等正字法透明语言文字阅读的儿童身上屡见不鲜（Share, 2008）。在这些正字法透明的文字系统中，儿童到一年级末就能够准确、顺畅地识别大部分书面词汇，而且其词汇识别能力超出其理解能力与已掌握的词汇。换言之，正常读者能够朗读他们不能理解的文本。同样，系统的拼读教学可能有助于激发学习者超出其理解能力的解码和词汇识别优势，但是，只要儿童的理解能力不落后于同龄人，就大可不必为此担忧。

## 四、总结

作为本章的总结，下面我们简要地回顾一下所讨论过的主题，其中主要包括获得性阅读障碍、发展性阅读障碍、阅读理解缺陷。在以上三个领域中，对获得性阅读障碍的研究历史最长，最早可以追溯到 19 世纪。获得性阅读障碍三个子类的特点是各自都有不同的阅读错误类型，而且数据通常都来自个案研究。最近对脑损伤后不久的获得性阅读障碍群体的研究不仅在改变我们对每一个亚类型流行情形的认识，也在改变我们对各种应对策略对患者阅读行为影响的认识。对于急性患者而言，语音性阅读障碍占所有阅读障碍的大部分，而以语义错读为特点的深层阅读障碍则极少发生。

发展性阅读障碍和阅读理解缺陷影响儿童的阅读。这两个主题中，对发展性阅读障碍的研究远远多于对阅读理解缺陷的研究。阅读障碍指产生于语音加工中潜在的核心缺陷的词汇识别缺陷。儿童的阅读障碍风险在 3 岁时就能够根据其在语音意识（如假词重复）任务中的成绩做出诊断。多数阅读障碍者都存在语音缺陷，但有程度的差异，有些轻度障碍儿童可能有拼写困难但阅读正常，而重度障碍儿童可能持续存在阅读问题和写作问题。除了与阅读成绩具有因果关系的核心语音缺陷之外，有些阅读障碍儿童还可能存在感觉运动缺陷。尽管这些缺陷对各种类型的学习均有影响，但是以何种方式对词汇层阅读障碍产生影响，目前尚不得而知。有些儿童除了语音缺陷外，序列命名速度也较慢，这类症状最难矫治。命名速度和语音缺陷的严重程度能够预测儿童阅读矫治的速度，而整体智商水平却对阅读失败的风险和阅读干预反应没有可靠的预测作用。发展性阅读障碍似乎与控制眼动的基本视觉系统没有关系。早期的诊断与治疗是对阅读障碍者极大的帮助，而且在一、二年级的阶段干预最有效。

阅读理解缺陷指文本理解滞后但词汇阅读和解码正常的现象。这是一个最新研究领域的课题，一些概念的界定与方法问题仍然需要特别加以阐述。一般来说，研究者都对阅读理解缺陷儿童与智商和词汇阅读能力匹配的参与者进行比较。阅读理解缺陷儿童因其词汇阅读能力高于理解能力通常被称作阅读早慧者。然而，几乎没有研究发现正常读者与阅读早慧者的词汇识别过程有一致的差异。两组参与者在词汇识别中都表现出频率和长度效应。区分阅读早慧者与正常读者差异的方法是是否存在口语和书面语的理解困难。

# 第十三章　快速阅读、校阅与个体差异

本书大部分篇幅都在对阅读书面材料的精细加工进行讨论。正如在本书第一章中所述，我们是通过仔细阅读教材、报刊文章和小说（为了更好地把握小说情节，必须细读）的个体来对阅读进行研究的。然而，在不同的条件下，阅读的方式显然多种多样。例如，你在读一本不能启发心智却有一定的娱乐价值（或称"逃避主义"）的小说时，就可能意识到自己阅读的速度会比正常快一些。如果你再仔细地想一想，就可能回忆起，你在阅读的过程中跳读了大量的内容。你之所以这样做，可能是因为小说中许多内容完全能够预测出来，或者是重复啰唆。我们把这种阅读行为归类为精细阅读（对文本进行的仔细加工）与略读（skimming）的混合阅读。所谓略读是指对文本没有深层理解的粗略阅读。在本章，我们将对本书其他章所探讨的精读以外的其他各种类型的阅读做回顾，首先讨论快速阅读，随后是校阅与随意浏览，其间数次对略读的概念进行阐述。本章的最后将讨论阅读的个体差异。

阅读的个体差异十分重要，因为不同的读者在阅读过程中可能做不同的事情或者使用不同的加工策略。若如此，那么任何一种单一的阅读模式似乎都不能够捕捉到个体差异的本质。认知心理学家通过大量关于记忆过程的研究发现，人的记忆结构虽大同小异，但是不同的人采用不同的策略以在各自的记忆结构中存储信息。人们是否采用多种不同的方式进行阅读？从下文可以看出，现有证据表明，阅读速度和理解过程存在个体差异。然而，文字材料的编码速度、读者的背景知识，而且可能还有工作记忆容量，似乎能够有效地对各种个体差异做出解释，而且大部分读者在阅读过程中都在做着类似的事情。但是，此为后话，下面先谈一谈快速阅读。

## 一、快速阅读

快速阅读也许是与阅读相关的最有争议的一个议题。正如我们在对学会阅读过程的讨论中所述，围绕着这一议题有过大量热烈的讨论和喋喋不休的说教。参与学会阅读本质辩论的主要是专业教育工作者,毫无疑问,这些人确实把儿童的利益放在了首位(尽管部分人可能被误导)。然而,说到快速阅读,这里有唯利是图者染指,其支持者使用各种宣传广告煽动无防备之心的公众接受其主张。在你读书或者生活的社区中的某个地方,你很有可能遇见某个营利组织,怂恿你去他们的机构学习快速阅读。

我们首先对快速阅读支持者的观点做一下介绍,然后根据现有的研究证据对其做出评判。首先应该提醒读者注意的是,关于快速阅读这一课题,高质量的研究并不多见。也就是说,目前已发表的快速阅读研究都有缺陷,有的研究对理解或者测量阅读速度不准确,还有的研究没有对控制组进行合适的测试(如对快速读者和正常读者进行比较)。现有高质量的研究往往对快速阅读支持者的观点提出严肃质疑。

快速阅读支持者声称,阅读速度应该能够从大学生正常阅读速度的每分钟 200～400 个词,增加到每分钟 2 000 个词,甚至更快。甚至有些人称其阅读速度高达每分钟 10 000 个词!快速阅读支持者的上述观点的核心思想是,人的大脑很懒惰,只能对一小部分内容有效地进行加工。尤其是,快速阅读支持者坚持认为,只要增加每次注视的信息量与消除影响阅读速度的内部言语活动,阅读速度就可以得到极大的提高。每次注视时所加工的信息增多,大脑可能被迫近乎满负荷运行,而且理解可能不会受损。为了在每次注视时能够加工更多的信息,快速读者往往需要学习在阅读过程中在行间快速移动手指,同时眼睛需要跟上手指的移动,从而加快视觉加工的速度。终于,随着手指如同指针在字里行间游走,读者也因此吸纳的信息量增大。快速阅读支持者的一个重要观点是,阅读速度能够在阅读理解不受损的前提下极大地加快。

快速阅读支持者称,读者在一次注视中能够获取多个词。重温本书第一章中所讨论的与视敏度相关的一些问题,读者可能回忆起下述事实:研究证据表明人辨别注视点附近副中央凹视区和边缘视区所呈现字母细节的能力有限。因此,眼睛平均每 250 毫秒跳动一次,将特定的文本带入中央凹视区。若回忆一下本书第四章所描述的关于知觉广度的研究,读者可能记得,研究结果清楚地表明(阅读速度达到平均水平的)大学生能够获取有效信息的区域相对较小。移动窗口实验(DenBuurman, Boersma & Gerrissen, 1981; McConkie & Rayner, 1975; Miellet, O'Donnell & Sereno, 2009; Underwood & McConkie, 1985)发现,错误的材料若呈现在注视点(或当前注视的词)左侧 4 个字母以外的区域,或者呈现在注视点右侧 15 个字母以外(或注视点右侧三个单词以外)的区域间,读者通常不会受到影响。

移动窗口实验证据有说服力地表明,读者一次注视并不能提取整行文本的信息,但是,有人会辩称,研究结果可能并不适合快速读者。快速读者和正常读者在每次注视时所做的活动有很大的差别。事实上,快速读者的眼动研究数据表明,快速读者确实与一般读者有很大的差异。罗威林-托马斯(Llewellyn-Thomas, 1962)和麦克劳克林(McLaughlin, 1969)分别对一位快速读者的眼动数据做了记录。两位快速读者的平均注视时间均正常或略高于正常,而且两人眼睛均先从左边页中部下移然后从右边页中部上移，每次跳跃均跳过若干行，所注视的行也仅注视一次。请注意，这种特殊的注视模式实际上所带来的结果是，读者以与作者意图相反的顺序加工一半的材料。也就是说，快速读者眼睛在右边页上向上移动时，其文本信息加工的顺序恰好与作者意图相反。麦克劳克林得出结论：快速阅读的实际用处极其有限，因为他们所回忆起来的文本内容逻辑混乱，有时甚至纯属臆造。他认为，上述情况完全可以用边缘视觉和平行加工进行解释。然而，鉴于目前对边缘视觉和平行加工的了解，其论证尚缺乏说服力。

不同于罗威林-托马斯和麦克劳克林的研究，泰勒（Taylor，1962）对选修快速阅读课程的研究生的眼动进行了记录并报告，几乎没有发现垂直阅读现象。那些最倾向于从页面中间向下移动眼睛阅读的学生，在关于阅读内容的正误判断测试中得分最低。泰勒（Taylor，1965）和沃尔顿（Walton，1957）研究发现，快速读者的眼动模式与文本略读中的眼动模式基本相似。研究者（Calef，Pieper & Coffey，1999）对一组学生选修快速阅读课程前和课程完成后的眼动进行了记录，并与未选修快速阅读的控制组进行了比较。两组参与者前测（详细讨论见下文）阅读速度均为每分钟 280 个词。快速阅读课程完成后，实验组快速读者阅读速度达到每分钟 400 个词左右，对平均每 100 个词的注视（与回视）次数减少，且注视时间缩短（前后注视时间分别为 241 毫秒和 228 毫秒）。有趣的是，其前测理解正确率是 81%，而后测理解正确率却降低到 74%。因此，选修快速阅读课程的参与者阅读速率尽管加快了，但是绝对没有到课程广告中所标榜的极快速度，而且其理解准确率略有下降。上述结论与卡弗（Carver，1985）的观点不谋而合，认为既保持高于每分钟 400 个词的阅读速度，又保证阅读准确率不降低，是不可能的。

对快速读者的眼动特征的研究最全面者当属贾斯特等人（Just，Carpenter & Masson，1982；Just & Carpenter，1987）。在其研究中，他们对快速读者（阅读速度为每分钟 600～700 个词）和正常读者（阅读速度为每分钟 250 个词）的眼注视进行了比较。另外，实验还要求正常读者略读文本（阅读速度提高到每分钟 600～700 个词）。阅读理解测试结果表明，快速读者与正常读者（以正常速度阅读，而非略读）在一般理解性问题或者文本段落大意问题上结果相同。相反，在文本细节测试上，快速读者如果没有注视过答案所在的文本区域，就不能够做出回答。正常读者的眼注视频率高于快速读者，因此能更好地回答细节性问题。在要求正常读者略读文本的条件下，其眼动模式和理解成绩与快速读者很相似。

总之，对快速读者眼动特征的研究结果表明，快速读者的阅读是跳读而非真正意义上逐词逐句阅读。显然，快速读者在阅读过程中填充进去了很多与文本主题相关的知识或者根据实际阅读文本片段做出的猜测。

尽管我们尚未使用移动窗口范式对快速读者进行测试，但是据我们观察，快速读者（阅读速度为每分钟 400～500 个词）边缘视区的使用可能并不优于慢速读者（阅读速度为每分钟 200 个词）。例如，在一项中央凹掩蔽随眼睛同步移动的研究中（Rayner & Bertera，1979），快速读者所受到此操作的干扰大于慢速读者。如果快速读者是由于能够比慢速读者更有效地运用边缘视觉和中央凹视觉而使阅读速度更快的话，那么我们就可以预测，若掩蔽中央凹视觉，快速读者的表现理应优于慢速读者，因为前者比后者能够更有效地运用非中央凹视觉。但是，事实上，他们所受到的干扰大于慢速读者。安德伍德等人（Underwood & Zola，1986）的研究也发现，快速读者与慢速读者在注视过程中字母识别广度没有差异。

相反，研究者（Rayner，Slattery & Bélanger，2010；Häikiö，Bertram，Hyönä et al.，2009）采用移动窗口实验，对快速读者和慢速读者进行了比较，结果发现，前者的有效视觉区域大于后者。快速读者确实比慢速读者每行文本注视次数少（Rayner，1978a，1998，2009），而且更频繁地跳读较短小的词汇。但是，目前所掌握的研究证据未必表明快速读者能更有效地运用中央凹视觉和边缘视觉。瑞纳等人（Rayner et al.，2010）的研究发现，慢速读者极有可能加工当前注视词的困难更大，因此，注视点右侧词汇的加工效率更低。快速读者与慢速读者相比未必能更有效地使用边缘视觉，这一结论与下述发现相符，即训练读者有效地使用边缘视觉所做出的各种努力均归于失败，而且阅读理解评估结果也无定论（Brim，1968；Sailor & Ball，1975）。

下面谈一谈快速阅读支持者的另一个主要观点。如前所述，快速阅读的支持者坚持认为，消除内部言语就能够加快阅读速度。正如我们在本书第七章中所指出的，眼睛扫视所阅读内容时，我们都听到一个声音在默念进入视觉的词汇。正如我们在本书第七章中所表明的，我们所听到的声音、声道的活动及/或听觉形象（auditory images）三者之间的关系目前尚不明确。快速阅读支持者虽然建议阅读过程中消除内部言语，但他们通常也不清楚自己到底想说什么，似乎只是说读者应该通过一种纯粹的视觉通道来阅读，而且言语过程的参与会降低阅读速度。从本质上讲，这一观点似乎认为，内部言语是一种默读前接受有声阅读教学的后遗症（或形成的习惯）。

正如眼动和快速阅读研究结果似乎与快速阅读的观点不符，内部言语消除与阅读理解关系的研究证据与快速阅读的观点似乎也不符。正如本书第七章所述，若所阅读的文本仅仅是纯粹的散文，消除内部言语就会导致明显的阅读理解障碍。从根本上讲，纯粹的视觉阅读虽然可能，但是大量研究结果表明内部言语在书面文本理解过程中起着极其重要的作用。

为什么有这么多人相信快速阅读有效？原因是有人认为阅读速度加快，理解水平并不降低。然而，一个重要的问题是如何对理解力进行评估。我们先来看一看与快速阅读相关的一些轶事。首先，听一听心理学家怎么说。一个心理学家选修了一个快速阅读课程，之后对其经历进行了描述（Carver，1971，1972）。选修快速阅读课程的学生开课前通常都要完成一次测试（被称为前测），对其阅读速度和理解水平进行评估。阅读培训结束，实验参与者需要完成另一次测试，测量内容与前测相同（被称为后测）。

关于这两次测试，一种说法是前测通常比后测难度大。有时，前测和后侧所使用的测验材料相同，研究对象的成绩在接受训练后有提高理所当然。

另一个更为严重的问题是阅读成绩的评估方式。注册快速阅读课程的新生通常要求测量其阅读速度。阅读速度一般采用直接方式进行测量，结果一般在每分钟200～400个词的范围内。课程结束后，所测量的指标通常为阅读效率指标（the Reading Efficiency Index，我们一般称之为 RE Index）。阅读效率指标的依据是快速阅读速度必须用其对阅读材料正确理解的百分比来加权。因此，修学快速阅读课程的学生应接受阅读理解后测，其最终成绩为阅读速度与阅读理解正确率相乘之积。因此，若某人的阅读速度是每分钟 5 000 个词，阅读理解测试成绩为 60％，其阅读效率就是每分钟 3 000（5 000×0.6）个词。可惜，若未阅读文本，我们就无法知道其阅读理解测验分数。若测验采用四选一多项选择题，其正确作答的概率是 25％（假设参与者对测试所用材料一无所知），因此若某参与者的"阅读"速度为每分钟 5 000 个词，那么在完全不理解文本的情况下，其成绩可能是每分钟 1 250 个词。但是，由于测试前，我们不能假设参与者对所测试内容一无所知，因此 25％甚至是对"概率"成绩的低估。正确率 0.6 应该与快速阅读速度（如每分钟 5 000 个词）相乘来得出其阅读效率每分钟 3 000 个词吗？这似乎很不公平。

按照这种方式推理，卡弗对快速阅读支持者所做的一项广为引用的研究结果重新进行了分析（Liddle，1965）。利德尔在其研究中对选修快速阅读课程的研究生与报名修学此课程但未接受培训的学生进行了比较。这实际上是非常合适的控制组，因为选择修学快速阅读课程者可以想象在一些重要的维度上可能不同于普通人。两组参与者均被要求阅读文学类和非文学类阅读材料，并接受阅读速度和阅读理解测试。研究生的阅读速度要比控制组阅读速度快每分钟 300～1 300 个词。然而，研究生文学材料的理解水平却显著降低（这一结果在广告宣传中并不突出）。确实，在非文学材料阅读测试中，实验组和控制组阅读理解分数上的差异并不可靠——快速读者的阅读理解正确率为 68％，而控制组的理解正确率为 72％，上述事实被过度解读。

卡弗对从未阅读过所测试文本的实验参与者进行了相同的阅读理解测验，结果其阅读理解正确率是 57％。显然，从未阅读过这类材料者靠常识和猜测获得了略低于阅读过此类材料者的分数。若将这组实验参与者的成绩作为基点，对利德尔的研究结果重新进行评价的话，就可能得出不同的结论。阅读过文本的控制组得分高于此概率水平 15％，而快速阅读组只高出概率水平 11％，从这个角度来看，可以说快速阅读课程导致理解水平下降 4/15（或者 27％）。尽管差异很小，但足以由此得出结论：非文学类阅读材料的理解没有损失（而且，我们已知快速阅读对文学类材料的阅读理解水平的降低达到统计学显著性）。从更为普遍的意义上来看，卡弗的研究结果对阅读效率的测量方法提出了严重的质疑。尤其是在快速阅读的情境中，阅读效率指标是一种颇有疑问的测量，可能受到人翻页速度的局限（Crowder，1982）。

我们第二件逸闻趣事式的解释来自克劳德（Crowder，1982），故事的依据是《阅读杂志》上登载的一个案例的历史。在该案例中，一家快速阅读公司与某一学区签署了一份绩效合同，承诺只需缴纳 110 000 美元的费用，整个学区内所有七年级学生的阅读技能将得到极大的提高。合同条款明确规定，学区内 2 501 名七年级学生中，超过 75% 的学生阅读速度将达到目前阅读速度的 5 倍（甚至更高），同时其阅读理解分数至少提高 10%。为了达到这个目标，每位学生要接受 24 小时的课堂教学，同时完成 22 小时针对课堂所学内容的课外学习。

七年级全部学生的阅读成绩见表 13-1。第一列显示的是词汇测验成绩。从表中可以看出，学生的词汇成绩呈增长趋势，但是，这个年龄段的儿童在此项测量指标上总归应该有所提高。第二列数据显示，其阅读速度大幅度提高，后测成绩是前测成绩的 4 倍。这项测量指标是实际测量所得每分钟阅读词汇量，并不涉及之前提到的阅读效率指标。第三列数据显示，学生的整体理解分数并不高（正确率大约为 33%），并且前测和后测的结果基本没有差异。

**表 13-1 快速阅读课程结果**

| 培训效果测量 | | | |
| --- | --- | --- | --- |
| 测试 | 词汇 | 阅读词汇/分钟 | 理解水平[a] |
| 前测 | 21.5 | 155 | 5.2 |
| 后测 | 24.4 | 657 | 4.9 |

资料来源：Crowder，1982。

[a]最高数值＝15.0。

上述测量结果如何与协商达成的合同相符呢？学区内所有 2 501 名七年级学生中，有 259 名阅读速度不仅达到了训练前阅读速度的 5 倍，而且理解水平提高了 10%。因此，只有大约 13% 的参与者达到了合约设定的目标。从表面看来，上述数据对于快速阅读公司而言确实有问题，但是现实问题甚至远比表面显示出来的严重。首先，用于获取上述结果的标准测验所附说明称，若理解正确率达不到 75% 以上，阅读速度就毫无用处。如表 13-1 所示，阅读理解得分约为 33%，因此，阅读速度数据实际上无法解读。其次，如前所述，若学生之前从未阅读这些段落，我们就无法知道其阅读理解水平有多高。这样一个控制组的阅读理解正确率能够达到 33% 吗？

另一个比上述问题更严重的问题是，前、后测的测量程序发生了变化（之前我们提到过这个共性问题）。阅读速度在前测中是通过 3 分钟的样本阅读来进行测量的。然而，快速阅读公司坚持应缩短后测的阅读时间，因为测验所使用文本的长度只有 1 000 个词。因此，若任何人的阅读速度快于每分钟 333 个词，那么他就能在 3 分钟之内完成阅读，因此其阅读速度就无法测定了。当然，有一种方法可解决此问题，即在阅读室里放置一个钟表，让学生记录下完成阅读的时间。这种程序需要很多监控才能确保学生所报告完成阅读的时间是真实的。所以，快速阅读公司建议在后测中抽取 30 秒钟的阅读样本，所得结果乘 2，即得到每分钟阅读词汇量。学区接受了此建议，但是这样做可能是错误的。

多年来关于测试和测量的大量研究反复表明，测验的信度与测验的长度密切相关，必须达到一定长度才能得到保证。后来，研究者对 440 名修学快速阅读课程的七年级学生重新进行了测验，并根据其 30 秒钟阅读样本和 3 分钟阅读样本对其阅读速度进行了估计，结果表明，根据 30 秒钟阅读样本所得出的平均速度是每分钟 780 个词，而根据 3 分钟样本所得出的平均阅读速度则为每分钟 205 个词（所有测验选自同一材料）。上述结果表明，表 13-1 所呈现的结果并无说服力。在这个具体例子中可能还涉及其他一些活动和舞弊现象，但是读者可能已了解了其关键所在。学区并未按照合约规定支付给快速阅读公司 110 000 美元，而是支付了 99 000 美元了事——快速阅读公司原定的投资回报率是每投入 75 美元收回 2 500 美元（Crowder，1982）。

读者可能坚持认为上述案例是一种孤立欺诈性的商业营销策略，而且这种恶意欺诈的孤立商业案例不应该折损产品本身的价值。我们并不坚持说所有快速阅读公司的做法都缺乏诚信。我们的中心意思是，作为消费者，我们应该对快速阅读课程的有所为和无所为有清醒的认识。但可惜的是，大多数普通人并不具备专业知识，无法对快速阅读课程的诸多观点做出判断。

快速阅读课程给我们留下的印象是，这类课程有助于阅读速度的提高，但是，花费如此大的费用来提高阅读速度确实不必要，因为只要通过快速阅读练习就能够大幅度提高阅读速度（Glock，1949；Tinker，1958）。如前所述，若阅读材料简单，每分钟 600～800 个词的阅读速度完全能够达到，而且理解能够得到保证，但是若文本有难度，就需要降低阅读速度才能有效地理解文本。尽管我们对快速阅读课程持否定态度，但是快速阅读公司所提供的培训也有其价值。毕竟，略读是现代社会所必需的一种重要技能。有些职业对文字依赖性很强，信息过多无法完全吸纳，因此，人们始终在被迫有选择地阅读。个体会发现，若没有略读的能力，自己可能整天都花在阅读上。

20 世纪 60 年代，有大量宣传（往往都是通过快速阅读公司）说很多政府高官（包括肯尼迪总统）都可称快速读者。据称，这些政府官员拿起《华盛顿邮报》（*Washington Post*）或者《纽约时报》（*New York Times*），只需要几分钟时间就能读完。然而，请先看一看完成这项任务所需要的知识和信息，就可以知道我们还不至于那么容易上当受骗，相信这些官员是真的在阅读。政府官员每天看报纸之前，可能已经有人为其讲述了世界重大事件的梗概。确实，他们可能由于需要参与政策的制定，因此需要掌握报纸头版所报道事件的第一手信息。相反，一般读者读报时由于所掌握事实极少，因此必须仔细阅读才能完全理解文章的内容。另外，假设你看过 2010 年的超级杯大赛，知道新奥尔良圣徒队战胜印第安纳波利斯小马队。看过比赛后，再阅读《时报》（*Times*）的相关报道速度就快多了，一周后《体育画报》（*Sports Illustrated*）对这场比赛的专题报道发文时，你可以快速略读全文，寻找之前不了解的信息（如比赛结束三天后，对某位球员或者教练的采访）。上述例子与体育相关，但是我们还具备很多其他方面的专业知识（如股市、音乐、电影、实验心理学、政治等），一般读者能够在书面材料中找到各个专业领域的知识。在那些已经具备专业知识的领域或者已熟知大部分事实的领域（正如超级杯大赛的例子），我们就能够轻松地进行略读。

我们通过与选修快速阅读课程的研究生交谈发现，有效地教授课程仅仅是一种略读的方法。选修该课程的大多数研究生表示，接受快速阅读课程后其阅读速度得到了提高，而且多数人承认自己学会了如何有效地进行略读。然而，在关于快速阅读课程更为极端的一种观点上（可能确实能够教授学生快速阅读，而不仅仅是略读），学生的意见产生了些分歧。有的学生坚持认为，课程根本没有效果，或者说他们不能快速进行阅读；也有一些学生声称，他们虽然能够快速阅读，但是已经不再这样做了。根据这些人的说法，快速阅读就像是在"狼吞虎咽地吃土豆泥"，他们不得不停止快速阅读，因为阅读已失去了其趣味性。最后，似乎确实有少数选修快速阅读课程的研究生坚持认为，他们能够快速阅读，而且似乎很肯定他们做得到。

此处可能是讲述最后一个关于快速阅读的逸闻趣事的恰当地方。《华盛顿邮报》曾经对本书作者之一（同多位参与阅读过程研究的心理学家）进行过采访，发表了一篇有关快速阅读的文章。这里提到的很多观点都是当初接受采访的心理学家提出来的。文章最后（在讨论了所有关于眼动和视敏度的话题之后），记者问本书作者之一和其他心理学家："真的能够做到快速阅读吗？"本书作者当时的回答很谨慎，大意如下："本人没有对快速读者直接进行过研究，但是根据本人和其他人所做过的所有有关阅读过程中的眼动研究，以及现有关于视觉系统和视敏度的研究结果，阅读速度超过每分钟 800 个词是无法想象的。"文章刊登在《华盛顿邮报》和美国其他许多报纸上。美国许多愤怒的快速读者纷纷来信，其中一封写道："仅仅因为你们无法想象，未必意味着不能实现。请离开象牙塔，学会享受快速阅读带来的喜悦和欢乐吧。"

这些来信虽然被封存在文件柜里，但是我们仍然认为，快速阅读课程广告宣传所宣称的阅读速度是不可能的。快速读者似乎是那些智商很高而且对所阅读材料主题非常熟悉的人，因此他们能够以很快的速度略读阅读材料，而且能够接受伴随略读的理解水平的降低（Carver，1985）。

此处也许用伍迪·艾伦的经典语录结束本部分的讨论再恰当不过了："我选修了一门快速阅读课程，用两分钟读完了《战争与和平》（*War and Peace*）。这本书是关于俄国的。"

尽管快速阅读广为宣传而且颇受关注，但是现有研究证据表明，"快速读者"只是在略读，而非真正的阅读。成功的快速读者似乎智商都很高，而且熟悉所阅读材料的主题。快速读者在阅读所给材料时，往往能够很好地回答关于段落大意的问题，对细节性问题却无能为力，除非与问题相关的信息恰好处于所注视区域内。同理，如前所述，对高难度材料的理解需要具备将视觉信息重新编码为无声言语的能力。因此，快速读者只能略读难度低的材料，但不能略读难度高的材料。

## 二、校阅、视觉搜索和无意识阅读

关于快速阅读高质量的研究虽然并不多，但是关于校阅过程的高质量研究却有很多。关于校阅的研究一般对变量控制严格，设计精密。擅长实验设计的心理学家在进行这类研究时常常会感到不安，在这一点与快速阅读实验过程很相似。但是，我们认为，关于校阅的研究中存在一个问题——许多校阅研究者都假定其研究结果能够反映出正常的阅读过程。尽管校阅研究对阅读研究意义重大，但是校阅和正常阅读毕竟是截然不同的任务。

读者阅读篇章时的首要目标是对段落的理解，而校阅时，其主要任务是在寻找印刷错误、拼写错误和遗漏的单词，因此其目标并非文本的理解。有时，校阅与视觉搜索任务非常相似（确实，许多校阅实验都要求参与者搜寻某些目标字母），而在另一些情况下，校阅与略读非常相似。尽管我们对理解过程有时候可能妨碍校阅（因为你会无意识地关注校阅内容的意义，忘记手头任务）并无怀疑，但是对校阅的实验结果在多大程度上可以传达出阅读的信息却有疑虑。公平而言，格林伯格等人（Greenberg, Inhoff & Weger, 2006）的研究表明，语篇阅读过程中与完成字母删除任务过程中的眼动模式非常相似。即使在完成两种任务过程中人的眼动模式相似，也无法保证两组参与者在实验中做了相似的事情（Rayner & Fischer, 1996）。

此处用一个类比来加以说明。读者可能有过这样的体验：阅读某材料一段时间之后，发现自己一直在做白日梦，对"读过"的内容一点都没有理解。眼睛一直在文本上扫视，也注意到了几个单词。但是，事实上，整页都是在"白日梦模式"下阅读的，所理解的内容甚少。这种状态下的"阅读"是否能传达出普通阅读的信息？对这种可能性我们认可吗？我们可能对这种"无意识"阅读有所了解，但是这类研究（前提条件是实验能够引导参与者进行"白日梦模式"的阅读）的结果或许并不能传达出很多有价值的信息。确实，针对读者在"走神"（通过自陈报告或不能对探测词做出反应来确定）状态下的阅读研究（Reichle, Reinberg & Schooler, 2010）结果表明，这种状态下的"阅读"与正常阅读有很大差异；此外，词频效应（读者注视低频词汇的时间长于注视高频词汇的时间）也消失了（这一证据表明，在白日梦模式下，词汇加工深度不够）。这一结论与视觉搜索任务研究结果（要求参与者在文本中搜索某一目标词）相吻合，词频效应也消失了（Rayner & Fischer, 1996; Rayner & Raney, 1996）；在对文本进行的搜索任务中，参与者未必需要对文本意义进行加工。带着上述警示，我们回顾一下关于校阅的一些研究，看一看能从这些研究中得出什么一般性结论。

对校阅研究的广泛兴趣源于科科伦(Corcoran，1966，1967)的一些实验。应该指出的是，科科伦及多数后继研究者所青睐的任务，即视觉搜索任务，虽然与校阅类似(检测拼写错误和其他错误)，但实际上有所不同。科科伦要求参与者通读全文，并标记出字母"e"出现的所有位置。结果发现，参与者漏选不发音的"es"的次数是漏选发音的"es"的次数的4倍。科科伦在第二个实验中使用了真实的校阅任务，要求参与者快速标记出文中字母遗漏的位置。结果发现，不发音的"e"比发音的"e"更容易被忽略。起初，科科伦所做出的解释是，研究结果表明在阅读之类的视觉任务中，声音编码很重要(Corcoran，1972)。然而，后续研究结果表明，尽管声音编码可能对"校阅者所犯错误"有影响，但并非问题的主要根源(Smith & Groat，1979)。

请尝试数一数表13-2中字母"f"出现的次数。只数一遍，不要回视重数。在这样短小的段落中呈现时，参与者往往会忽略"of"中的"f"。多数人认为"f"在短文中共出现了3~4次，实际上共出现了6次——多数人忽略了"of"中的"f"，其部分原因是"f"的发音为/v/(但是，这并不是全部原因，因为参与者也可能忽略"t""h"以及"as well"中的"e")。确实，若要求参与者数一数单词"of"出现的次数，也会有遗漏。

目前，有大量的研究文献(Drewnowski & Healy，1977，1980；Haber & Schindler，1981；Healy，1976，1980；Healy & Drewnowski，1983)表明，校阅者往往会忽略短小功能词中的字母，如"of""the"和"and"。这种效应显然与阅读有关，因为功能词在连贯的文本中比在混乱文本或者单词表中更容易出错(Schindler，1978)。因此，阅读连贯的文本时，读者改变根深蒂固的阅读习惯更困难。有人倾向于认为，参与者之所以忽略功能词中的字母，是因为功能词被略读(或者未得到注视)。然而，多项眼动实验(Saint Aubin，Kenny et al.，2010)结果表明，尽管功能词(如of、the、and、for)比实义词(如tie、ton、toe、fun、fat、fog)更容易被略读，而且略读的词中被忽略的字母多于注视的词中被忽略的字母，但是，略读和注视的词两者当中都发现有字母省略效应(missing-letter effect)。

表 13-2　F 出现的次数

FINISHED FILES ARE THE RESULT OF YEARS OF SCIENTIFIC STUDY COMBINED WITH THE EXPERIENCE OF YEARS.

基于此类研究，人们提出了多种阅读知觉单位的理论。但是，我们认为，由于任务不同，从校阅到正常阅读的推理也有些模棱两可。如果实验迫使参与者注视每一个功能词(如申德勒实验中词表的词汇排列)，校阅者所犯错误率显著降低。众所周知，短小的功能词在阅读过程中一般不被注视(见本书第五章)，参与者之所以忽略这类词中的目标字母，可能与其注视的区域有很大关系(Saint-Aubin，Kenny & Roy-Charland，2010)。因此，这类校阅错误用诸如帕普等人(Paap et al.，1982)提出的理论模型就可以解释(参见本书第三章)，而不需假设有一个针对短小、常见功能词的知觉单位来解释。激活某个可预测功能词的词条可能并不需要过多的知觉证据，而且因功能词被跳读，参与者所接受的知觉证据也减少。根据帕普的理论模型，字母之所以能够得到识别，其原因可能是其探测器被激活，或者可能是包含这些字母的词被激活。但是，若目标字母的识别主要依靠字母检测器的激活，那么就可以预测功能词中目标字母识别率的降低。

这一领域多数后续研究都使用了视觉搜索任务。人们偶尔将阅读比作"对意义的视觉搜索"，其实并不贴切。阅读更像是一种意义的构建，而非对预存储意义（a pre-stored meaning）的搜索（见本书第八章和第九章）。然而，视觉搜索和阅读两方面的比较研究却揭示出了一些有趣的现象。例如，斯普拉金斯等人（Spragins, Lefton & Fisher, 1976）在其研究中要求参与者或者搜索文本中的目标词汇，或者阅读文本，并对两者的主要眼动特征进行了比较。表 13-3 所呈现的是两种不同的实验条件下参与者主要眼动特征和搜索（阅读）速度。请注意，目标词汇搜索速度明显高于阅读速度。参与者在目标词搜索条件下的眼跳距离大于在阅读条件下的眼跳距离，从而导致前者速度加快。从根本上讲，参与者在搜索任务中的表现类似于在文本略读任务中的表现。如同对阅读和略读进行比较的情形（Just, Garpenter & Masson, 1982），斯普拉金斯的研究数据表明，参与者在搜索任务中每次注视加工的信息量大于阅读状态下每次注视加工的信息量。但是，参与者在搜索任务上每次注视加工的视觉信息是否真的更多，目前尚不清楚（Rayner & Fisher, 1987）。首先，如前所述，阅读的知觉广度显著大于平均眼跳幅度，因此，依据眼跳幅度来推断视觉信息量是一种冒险。另外，两种任务速度的差异至少是语篇理解过程所致；假如对参与者进行突袭阅读理解测验，其阅读表现似乎极有可能优于对照组参与者视觉搜索的表现。

**表 13-3 阅读和目标词汇搜索任务的对比**

| | 每分钟词数/个 | 每次注视的词汇量/个 | 眼跳幅度/字符 | 注视时间/毫秒 |
|---|---|---|---|---|
| 阅读 | 256 | 1.2 | 5.6 | 234 |
| 搜索 | 435 | 2.2 | 10.1 | 244 |

资料来源：Spragins, Lefton & Fisher, 1976。

另外需要强调的一点是，搜索的速度因任务的不同而有很大的变化。例如，搜索目标与干扰项（非目标字母）视觉相似性越高，搜索速度越慢，眼跳距离越短（Rayner & Fisher, 1987）。除受阅读材料差异的影响之外，参与者完成视觉搜索任务时的信息加工速度在很大程度上取决于所完成的具体任务。若要求参与者数出所有指定目标出现的次数，其"阅读"速度可能降低到每分钟 50～80 个词；若要求参与者搜索某一目标单词，其速度可能达到每分钟 400～500 个词。

正如我们在前面所指出的，阅读速度同样取决于具体的任务。若读者对文本进行略读，"阅读"速度在每分钟 500～1 000 个词，但是，在正常阅读条件下，大学生的阅读速度通常为每分钟 200～350 个词。有人认为这些采用不同任务的研究结果可相互印证。但是，我们倾向于认为参与者在每一种任务上所使用的策略和过程不同。因此，校阅错误拼写的模型与校阅（或者搜索）目标单词的模型不同。两种模型进而不同于以文本理解为目标的阅读模型。

# 三、阅读的灵活性

上述各种任务看似与阅读相关，但是本质上仍有差异，且我们认为完成这些任务所使用的策略导致了其与正常阅读加工方面的重要差异。在完成阅读任务的过程中，我们在多大程度上能够改变所使用的策略？阅读的方式是否因阅读目的而不同？在本章开篇我们就提出这是我们能够做到的。事实上，人们早已认识到读者段落阅读的方式有一定的灵活性。而且，采用灵活方式阅读的能力恰好是优秀成熟读者的一个特点。研究发现（Walker，1938），熟练的读者比非熟练的读者，对阅读材料性质更具适应性，因为熟练读者的眼动模式相比非熟练读者的更容易受到文本理解失败的扰乱。

许多研究对读者阅读的灵活程度进行了评估。常用的评估指标是阅读速度。人们认为，高效的读者能够根据阅读材料的难度、对材料的熟悉度以及阅读目的（可能仅仅是了解段落的大意，也可能是记忆与理解段落的细节）调整阅读速度。有人对这些变量的影响进行了研究，却奇怪地发现阅读速度受这些变量的影响很小。尽管多数研究发现由于文章难度或者给读者的指导语不同，阅读也随之产生一定变化，但是变化往往很小（Carillo & Sheldon，1952；Rankin，1970）。

读者除了需要变化其阅读速度之外，还需要根据阅读目的的不同，从篇章中获取不同的信息（Tinker，1965）。安德森等人（Anderson & Pichert，1978，1977）的研究结果清楚地表明读者能够做到这一点。两位作者在其两次实验中要求参与者从两种不同角度阅读所选定的故事。其中有一个故事讲述了两个小男孩逃学后，跑到其中一个男孩家中，因为这个男孩的妈妈每周三都不在家。故事中有大量对孩子们玩耍的房子的描写。例如，因为房子很旧，所以有一些缺陷，如屋顶漏雨、地下室潮湿且布满灰尘等。另一方面，因为这家人很富有，所以家里有很多值钱的东西，如十挡变速自行车、彩色电视机、稀有硬币等。实验要求一半的参与者从购房者的角度阅读短文，而另一半参与者则从窃贼的角度阅读短文。显然，屋顶漏雨对于购房者而言很重要，但对于窃贼而言并不重要；彩色电视机和稀有硬币对窃贼来说很重要，但对购房者而言却不重要了。安德森等人发现，阅读角度对参与者对短文的记忆有影响。

在一项关于阅读策略灵活性的实验中，麦康基等人（McConkie，Rayner & Wilson，1973）要求不同组别的参与者阅读若干段落，并在完成一段落的阅读后回答一种类型的问题。例如，其中一组参与者必须回答文章中出现的数字事实型题目，而另一组参与者必须回答识别型问题，还有一组参与者回答更高层次的理解问题。完成若干段落的阅读之后，突然对参与者进行三种题目的测试。麦康基等人发现，从其阅读速度与能够回答的问题类型来判断，读者能够采用不同的阅读策略。他们发现，若在完成一段落的阅读之后总是回答一种类型（如高水平或低水平）的问题，参与者能够在加快阅读速度的同时很好地回答问题。但是，若同时完成三种类型的测试，参与者在回答之前没有回答过的问题时遇到困难。然而，若研究要求参与者回答鼓励他们放慢阅读速度的问题，他们能够更好地回答之前未回答过的问题。

由此可见，熟练的读者的阅读方法相当灵活。读者所记忆的文本内容似乎是其阅读目的的敏感标志。因此，记忆中文本信息的存储策略显然存在。然而，读者采取的阅读策略不同，阅读速度亦明显有异，这可能表明（在很大的范围内）若读者在尝试着理解文本的某个方面，其阅读速度不会有太大的变化。然而，若阅读的目的是获取特定类型的信息或者对材料进行略读时，阅读速度比在总体理解条件下的阅读速度快得多。

# 四、个体差异

正如本书第十二章所述，高、低水平读者之间究竟有何区别是一个备受关注的重要问题。关于高、低水平读者之间的区别，佩尔费蒂（Perfetti, 1985）在其很有分量的一本书中有详细论述。从根本上讲，大量的研究文献表明，高、低水平读者"智力"与短时记忆方面的差异能够解释其最终阅读水平的差异。在其他各种条件（可能永远都不可能）相同的前提下，成年人智商为 120 分者阅读水平高于智商为 90 分者，熟练阅读能力的各项指标之间具有很高的相关性。且毫无疑问，智商能够解释高、低水平读者之间很大一部分差异。佩尔费蒂（及其他人）通过分析得出惊人的结论：若将智商考虑在内，短时记忆加工方面的差异能够解释高、低水平成年读者之间大部分差异。

这里主要探讨一般所谓优秀读者之间差异的程度。事实上，本书中我们对阅读的讨论似乎是建立在所有人的阅读过程和阅读策略都相似这一假设之上的。是否有可能读者在阅读过程中所做的事不同，但是阅读的最终结果（如对文本的理解）却相同？

下面从最基本的层面来开始我们的讨论。众所周知，眼动在阅读过程中非常重要，因为它能够帮助读者获取新文本信息。同样众所周知，我们在本书第四章中曾指出，高、低水平读者其眼动模式不同。从表 13-4 可明显看出，有些人的阅读速度之所以很快，是因为他们在阅读过程中注视次数少，而另一些读者的阅读速度略快，是因为他们注视时间较短。事实上，尽管阅读速度可以通过减少注视次数或者缩短注视时间来加快，但是在多数情况下阅读速度主要靠减少注视次数来加快。根据表 13-4 所呈现出来的个体差异及其实验室所收集的数据，罗斯科普夫等人(Rothkopf，1978；Rothkopf & Billington，1979)认为，个体眼动模式的差异很重要。罗斯科普夫在其报告中提出，两类读者眼动模式与对阅读任务变化做出的反应似乎均有显著差异，而且警告说个体的眼动模式可能并无足够的相似性来支持单一阅读过程的理论模型。相反，费希尔(Fisher，1983)在其大规模研究中要求参与者在六种不同的实验条件下阅读难、易两种文本，并对读者眼动模式的个体差异进行了考查，得出如下结论：个体阅读风格的差异并不足以构成对一般阅读行为模型有效性的挑战。费希尔发现，眼动行为方面的大部分个体差异都有显著主效应，但是与任务没有交互效应。换言之，读者之间存在差异，但是实验任务从阅读变成搜索任务，差异仍然存在。

表 13-4　10 位优秀大学生读者平均注视时间、眼跳幅度、回视/注视比率和
每分钟阅读词汇量(WPM)

| 参与者 | 注视时间[a] | 眼跳幅度[b] | 回视率(%)[c] | WPM |
|---|---|---|---|---|
| KB | 195 | 9.0 | 6 | 378 |
| JC | 227 | 7.6 | 12 | 251 |
| AK | 190 | 8.6 | 11 | 348 |
| TP | 196 | 9.5 | 15 | 382 |
| TT | 255 | 7.7 | 19 | 244 |
| GT | 206 | 7.9 | 4 | 335 |
| GB | 205 | 8.5 | 6 | 347 |
| BB | 247 | 6.7 | 1 | 257 |
| LC | 193 | 8.3 | 20 | 314 |
| JJ | 241 | 7.2 | 14 | 230 |
| 平均数 | 215.5 | 8.1 | 10.8 | 308.6 |

资料来源：Rayner，1978a。

注：参与者的平均注视时间和平均眼跳幅度的相关度为 0.81；也就是说，快速读者的注视时间短、眼跳幅度大。WPM 与平均注视时间(−0.89)和平均眼跳幅度的相关度约为 0.89。

[a] 单位是毫秒。

[b] 以字符为单位(4 个字符＝1°视角)。

[c] 回视次数与总注视次数的百分比。

我们坚持认为，尽管高水平读者的眼动特征和模式也有个体差异，但是就眼动来说，多数优秀读者的所作所为极为相同。上述结论来自我们使用移动窗口范式所做的大量实验。在这些研究中，有限窗口对所有读者都以相同的方式产生影响。也就是说，若呈现小窗口，读者的眼跳幅度减小(注视次数增多)、注视时间延长；若呈现大窗口，读者的眼跳幅度增大、注视时间缩短。因此，尽管眼动特征确实存在个体差异，但是我们认为这些特征对解释阅读水平并不特别重要。这在很大程度上是因为从眼睛的解

剖学特征来看的，所有读者的中央凹视区、副中央凹视区和边缘视区的文本存在差异。如前已述，瑞纳等人（Rayner，Slattery & Bélanger，2010）发现，慢速读者的知觉广度小于快速读者，但这可能与注视词的编码难度有关，而与边缘视敏度的差异关系较小。

为了确定快速读者和慢速读者之间的差异，杰克逊等人（Jackson & McClelland，1975）采用一系列信息加工任务对参与者进行了测试。表 13-5 和图 13-1 所呈现的是部分实验结果。下面先浏览一下实验中使用的各种任务。但是，首先请注意，一般读者的平均阅读速度是每分钟 260 个词，快速读者的平均速度为每分钟 586 个词。

实验采用了自由报告任务，实验材料为由 5 个词构成的句子，如"Dan fixed the flat tire"（丹把车胎补好了），呈现 200 毫秒。所有句子均由短小的词构成，如前例。实验要求参与者先注视某一个目标点，然后句子在目标点周围呈现出来。参与者的任务是在句子呈现后尽量将所看到的句子写下来；若参与者没有识别出所呈现的词汇，则要求写下所看到的所有字母。所报告的字母数和单词数在表 13-5 中列为两栏，分别标记为"自由字母"和"报告单词"。"句子"一栏中所呈现的是参与者记录下全部 5 词句的数量。在单一字母阈值任务中，大写字母开始时呈现 20 毫秒，要求参与者报告所呈现的字母。若参与者不能报告出所呈现的字母，呈现时间逐渐延长，直至能够报告出来。"阈值"一栏所呈现的是参与者在最后 20 个试次中能够识别目标字母的平均呈现时间。

表 13-5　参与者个体结果[a]

| 参与者 | 速度 | 理解水平 | 有效阅读速度 | 自由字母 | 报告单词 | 句子 | 阈值 | 总广度 | 无关字母 | 迫选 |
|---|---|---|---|---|---|---|---|---|---|---|
| JC | 206 | 70 | 144 | 43 | 37 | 0 | 64.5 | 79 | 53 | 57 |
| MS | 242 | 85 | 206 | 86 | 83 | 40 | 54.0 | 94 | 47 | 82 |
| MW | 257 | 80 | 206 | 65 | 63 | 15 | 49.0 | 81 | 52 | 65 |
| PS | 299 | 70 | 210 | 41 | 36 | 0 | 50.5 | 77 | 50 | 68 |
| EM | 268 | 80 | 215 | 62 | 61 | 20 | 44.0 | 88 | 57 | 76 |
| JS | 286 | 90 | 260 | 66 | 66 | 20 | 54.5 | 88 | 59 | 79 |
| 平均 | 260 | 79 | 207 | 61 | 58 | 16 | 52.7 | 85 | 53 | 71 |
| MT | 451 | 80 | 361 | 82 | 74 | 25 | 46.5 | 88 | 71 | 79 |
| CG | 525 | 80 | 420 | 78 | 70 | 15 | 50.5 | 73 | 63 | 75 |
| SH | 615 | 70 | 430 | 90 | 88 | 50 | 50.2 | 81 | 66 | 79 |
| GS | 528 | 90 | 475 | 93 | 89 | 45 | 57.0 | 88 | 66 | 79 |
| FM | 542 | 90 | 487 | 87 | 83 | 40 | 42.0 | 85 | 61 | 81 |
| BG | 855 | 90 | 769 | 93 | 87 | 50 | 49.5 | 92 | 57 | 83 |
| 平均 | 586 | 83 | 490 | 87 | 82 | 39 | 49.3 | 85 | 64 | 79 |

资料来源：Jakson et al.，1975。

注：[a]除了速度、有效阅读速度（每分钟阅读词数）以及阈值以外，其他数字均为百分比。

在无关字母任务中，随机选择的 8 个字母（均为辅音字母）呈现 200 毫秒。每次呈现完毕之后，要求参与者以任意顺序写下 8 个字母，必要时可做出猜测。测试结果写在表中"无关字母"一栏。迫选测验由句子［如"Kevin fired a new worker"Kevin 解雇了一个新工人］构成，呈现时间为 200 毫秒，要求参与者判断"fired"（解雇）或"hired"（雇用）是否包含在句子中。在所有的任务中，刺激均呈现 200 毫秒，在刺激呈现前、后分别呈现由重叠的"O"和"X"组成的掩蔽刺激。在字母隔离任务中，两个字母在注视点左、右边不同距离的位置上呈现 200 毫秒，要求参与者写下字母。这一任务的结果见图 13-1。

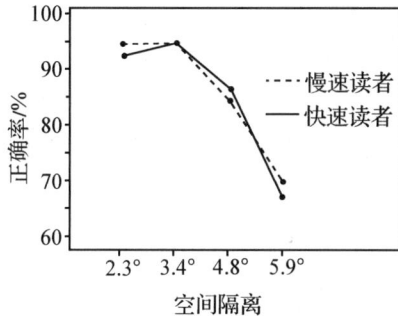

**图 13-1　字母分离任务中每个空间隔离正确报告字母的百分比**

资料来源：Jackson et al.，1975。

注：快速读者和慢速读者正确报告字母平均数在图中分别绘制。

　　杰克逊等人发现，快速读者和慢速读者之间在其所谓感觉任务（sensory tasks）上没有显著差异。也就是说，在单一字母阈值任务中，两组参与者的阈值没有差异。在字母分离任务中，两组参与者同样也没有差异。然而，在其他所有任务上，两者差异显著，且有利于快速读者。杰克逊等人做出结论：快速和慢速读者能够利用视觉信息的视野广度大致相同。两组之间显而易见的差别在于，快速读者能够对更多所注视的内容进行编码，无论刺激材料中是否包含高级语言结构。研究结果还表明，阅读速度的差异并非由读者推理或补充缺失信息的能力不同造成的（这与前面快速读者能够在未阅读的条件下补充缺失的信息的观点相左）。

　　杰克逊等人认为，阅读速度的差异并非由感觉技能不同所致，这一观点与这里所论述的观点相符。其他许多研究（Baddeley，Logie，Nimmo-Smith et al.，1985；Carr，1981；Daneman & Carpenter，1980，1983；Frederiksen，1982；Jackson，1980；Jackson & McClelland，1979；Masson & Miller，1983；Palmer，MacLeod，Hunt et al.，1985）对相对较高水平的读者在阅读子技能上的差异进行了考查。研究所采用的主要方法是对参与者进行多方面的测试（如在杰克逊等人的研究中），然后确定不同任务（以及参与者在这些任务上的差异）与阅读的某种指标之间的相关性。

　　在这里，我们并不准备对研究中所采用的所有类型的任务和每项研究的结果进行回顾，而只是对从该研究所获得一些重要观点加以阐述。这些研究中所使用的任务包括感觉功能测试、语言与数量推理技能、记忆广度、听力理解、视觉字母匹配、词汇判断、命名能力、图片与句子匹配、语义范畴化等。研究发现的重要结果如下：第一，用词汇为刺激材料，比用字母为刺激材料，采用各类信息加工任务所测得的与阅读有关的各种指标之间的相关性更高(Palmer，Macleod，Hunt et al.，1985)。第二，阅读速度与理解水平跟信息加工的各种指标具有不同的相关度(Jackson & McClelland，1979；Palmer et al.，1985)。这一发现基本表明，影响阅读速度的因素不同于影响理解过程的因素。第三，阅读速度的变异似乎是参与者提取(如词汇识别中)有意义材料记忆编码的速度造成的(Jackson，1980；Jackson & McClelland，1979)。第四，理解过程的变异似乎是快、慢速读者工作记忆上的差异造成的(Baddeley，Logie，Nimmo-Smith et al.，1985；Daneman & Carpenter，1980，1983；Masson & Miller，1983)。例如，研究倾向于表明，读者工作记忆容量小，阅读所涉及的解码过程占用了许多资源，因此留给在工作记忆中逐词存储信息的容量减少。第五，尽管阅读速度与听力理解仅中度相关，但是阅读理解能力与听力理解能力显然并非截然不同(Jackson & Mc-Clelland，1979；Palmer et al.，1985)。

　　从本质上讲，关于个体差异的研究结果表明，从注视时所知觉到的内容来看，高水平读者在基本的感觉或者知觉层面并没有区别。相反，材料在记忆中编码与提取的速度似乎在一定程度上能够决定阅读速度，而且工作记忆容量似乎也在理解过程中发挥作用。如此，上述研究数据并不能说明快速读者和一般/慢速读者(其实都应该被称为相对高水平读者)在阅读过程中存在巨大差异。读者可能运用高级策略来助其记忆所阅读的内容，而且有些读者的策略使用可能更娴熟。假如对文本即时加工与直接加工的个体差异进行考查，我们就会发现，高水平读者在阅读过程中所做的事情从根本上说是相同的，不同之处在于，有些读者速度快些有些慢些，有些读者工作记忆能力不如其他人，因此其理解水平也有差异。但是，底线是读者之间相似性大于差异性，因此努力构建起一种通用的阅读过程模型是现实的。

　　有一些研究对个体阅读过程中眼动方面的差异进行了考查。席林等人(Schilling et al.，1998)发现，在命名与词汇判断任务上以及眼注视时间的指标上，参与者在总速度和词频效应大小两方面均自我评价一致。有些研究采用达纳曼等人(Daneman & Carpenter，1980)的句子广度(sentence span)任务，对工作记忆进行了考查。克利夫顿等人(Clifton et al.，2003)研究发现，工作记忆容量大的读者对简化关系从句(reduced relative clauses sentences)歧义区的重读时间短于工作记忆容量小的读者。特拉克斯勒等人(Traxler，Williams，Blozis et al.，2005)在其初期研究报告中称，工作记忆广度对阅读过程中注视的句法与语义效应具有预测力。特拉克斯勒(Traxler，2007)研究发现，如果关系从句有句法歧义，工作记忆广度小的读者整合关系从句与之前句子成分有困难(表现为第一遍回视阅读时间和总注视时间延长)。然而，肯尼森等人(Kennison

& Clifton，1995)对工作记忆容量差异与副中央凹预视之间的相关性进行了考查，发现两者之间没有相关。在确定工作记忆广度的影响中存在的问题之一是，工作记忆容量与其他阅读变量(如阅读速度、词汇、文字接触)相关。消除相关变量影响的一种方法是被称为等级线性模型(hierarchical linear modeling，HLM)的数据分析法。特拉克斯勒等人使用 HLM 技术对特拉克斯勒等人(Traxler et al.，2005)的研究数据进行了重新分析，发现若将阅读速度和工作记忆广度一起输入数据模型，工作记忆广度与句法和语义变量对眼动的影响没有交互效应。相反，阅读速度是研究数据模型更有效的指标。眼动测量数据表明，慢速读者比快速读者阅读包含有灵主语(animate subject)和宾语关系从句的句子困难更大。今后的研究应该确定归因于工作记忆广度的其他研究结果能否用单纯的阅读速度来更好地解释。

库普曼等人(Kuperman & van Dyke，2011)报告了一项大规模研究，对完成与阅读相关的任务时表现出来的个体差异以何种方式影响阅读过程中的眼动控制进行了考查。研究者选取并非大学生的 16~24 岁的参与者，要求他们接受一系列测试，并对测试结果与阅读过程中眼动的相关性进行了考查。结果发现，在所有的测试中，参与者的快速自动命名测试(RAN 测试；参见本书第十一章)和标准词汇识别测试成绩能够可靠地预测注视时间和重读模式。研究者还发现，由于词长和词频不同，两个变量的效应量大于固有效应。最后，研究者发现，低水平读者倾向于注视一个词的前部(Hawel-ka，Gagl & Wimmer，2010)。

其他研究则采用标准化阅读理解指标，即尼尔森—丹尼测试成绩，来确定阅读技能的个体差异。阿什比等人(Ashby，Rayner & Clifton，2005)使用上述测试，对高水平和一般水平大学生的词汇识别过程进行了研究。他们对两组参与者阅读可预测性文本、无可预测性文本和中性文本中的高、低频词的眼动模式进行了比较。在中性和可预测语境条件下，两组参与者在低频词上的注视时间长于在高频词上的注视时间(典型的词频效应)。在不可预测语境条件下，高水平读者表现出典型的词频效应，但是普通读者低频词的注视时间并没有长于高频词的注视时间。普通读者的重读(re-reading)模式表明，参与者还未完成对低频可预测词的识别时眼睛就已移开，重新阅读句子语境，说明其生词的识别需要依赖语境。相反，在文本具有不同可预测性条件下，高水平读者均表现出显著的词频效应，表明其自动词汇识别过程不受文本可预测性变化的影响。因此，阿什比等人(Ashby et al.，2005)的研究表明，尽管优秀的大学生读者阅读不同类型的文本时可能对其阅读策略做出调整，但是其稳定的自动词汇识别过程仍然保持不变。

另外三项研究采用尼尔森—丹尼测试，对高、低水平大学生读者的语音加工进行了考查。贾里德等人(Jared，Levy & Rayner，1999)在其研究中要求高、低水平读者阅读包含拼写正确目标词、同音异义目标词或者拼写错误控制词的句子，并对其眼动进行了测量。结果发现，低水平读者关注错误的同音异义词的可能性小于关注拼写错误控制词的可能性。相反,高水平读者对同音异义词和拼写错误控制词的注视时间相当——两类词的注视时间都长于拼写正确目标词的注视时间。研究者(Unsworth & Pexman,2003)的词汇判断研究表明,低水平读者将假同音异义词看作真词的可能性大于将非同音异义词看作真词的可能性。尽管两项研究(以及其他一些研究)均表明,低水平读者在阅读词汇过程中对语音加工的依赖性高于高水平读者,但是第三项研究对上述结论提出了重要的警告。蔡斯等人(Chace,Rayner & Well,2005)的眼动研究,对阅读技能水平差异是否对默读过程中副中央凹词汇识别过程有影响这一问题进行了探讨。刺激材料为句子,分为以下几种条件:目标词与副中央凹预视词相同(beach-beach)、目标词与副中央凹预视词为同音异义词(beech-beach)、目标词与副中央凹预视词为拼写相似控制词(bench-beach),或者是辅音字母串(jfzrp)。蔡斯等人发现,高水平读者在目标词与副中央凹预视词相同、目标词与副中央凹预视词为同音异义词两种条件下凝视时间基本相同,但是短于控制条件和辅音字母串条件下的凝视时间。相反,低水平读者在四种条件下凝视时间基本相同。最后,两组参与者在目标词与副中央凹为拼写相似控制词和辅音字母串两种条件下凝视时间没有区别。总之,蔡斯等人的研究数据表明,同音副中央凹预视词只缩短了高水平读者的词汇识别时间,而低水平读者却没有得到副中央凹信息带来的益处。上述研究综合表明,高度熟练的读者主要在副中央凹区域进行语音加工,而低熟练水平的读者则更易于受中央凹语音效应的影响。

最后谈一谈年长读者和年轻大学生读者的个体差异。年长读者的阅读速度一般慢于年轻读者;其注视时间也更长,回视频率高(Laubrock,Kliegl & Engbert,2006;Rayner,Reichle,Stroud et al.,2006)。然而,年长读者的阅读理解水平等同于甚至超过年轻读者。相对于年轻读者,年长读者的知觉广度更小、更对称(Rayner,Castelhano & Yang,2009a),而且在注视过程中,年长读者所获得预视效益小于年轻读者(Rayner,Castelhano & Yang,2010)。尽管年长读者在消失文本研究范式(the disappearing text paradigm)的研究中显然并没有花费过多的时间对单词进行编码(Rayner,Yang,Castelhano et al.,2010),但是他们在阅读过程中受到突然呈现的掩蔽刺激的干扰小于年轻读者。瑞纳等人得出的普遍结论是年长读者的阅读速度慢于年轻读者(可能是由于某种一般认知速度的减慢)。为了克服阅读速度减慢问题,年长读者更多地使用猜测策略,对后续高频词进行猜测,这就导致了年长读者的平均眼跳幅度增大(Laubrock,Kliegl & Engbert,2006;Rayner,Reichle,Stroud et al.,2006)。但是,由于年长读者做出的猜测有时会出错,从而也导致了其回视次数增多。从上述讨论得出的主要观点是,尽管年长读者与年轻读者在很多方面都有相似之处,但是前者使用了更多有风险的阅读策略,以此来弥补阅读速度减慢的问题。

# 五、总结

在本章中，我们对不同类型的"阅读"（如快速阅读、略读和校阅）和阅读的个体差异问题一并进行了讨论。关于快速阅读，我们得出的结论是，成年快速读者主要是对文本进行略读，把握文章大意和捕捉为数不多的一些细节。但是，快速读者并不能像正常读者一样掌握文章所有的细节，且他们更愿意接受由于略读造成的较低水平的理解。

校阅的任务通常是找出拼写错误或者语法错误，保证每句话都达意。然而，大部分关于校阅的研究均采用类似校阅视觉搜索，要求参与者对给定的目标字母或者目标单词进行搜索。我们坚持认为，这些类型的任务与阅读均无直接关系。然而，所有关于略读或者校阅（以及要求读者带着不同目的进行阅读）的研究均显示，熟练读者采用的各种阅读行为或者类阅读行为均更为灵活，能够根据任务类型或者阅读目标调节"阅读"速度。同时，熟练读者对文章的理解可能受到阅读任务或者阅读目标的影响；参与者若以获取某种类型的信息为目的，则可能记不住与其想要获得信息类型无关的信息。

在本章的最后，我们回顾了个体差异的相关研究。成年读者的阅读速度存在明显的个体差异：有些读者阅读速度缓慢，且其眼跳幅度较小（注视次数较多），知觉广度小及/或注视时间长。但是，就基本知觉过程而言，研究数据表明，所有熟练读者在阅读过程中所做的事情基本相似。无疑，读者使用高级策略来帮助其记忆所阅读的内容，但是所有熟练的读者最初对信息进行编码和加工的基本方式都非常相似。因此，我们认为，尝试建立一种适用于所有熟练读者的单一通用的阅读模型是合乎情理的。

# 第十四章 终述

本书最后一章的目的是对目前我们所掌握的关于阅读的知识做一总结，同时将仍需要了解的内容凸显出来。纵观全书，我们一直都在专注讨论关于阅读的已知部分。然而，在许多情况下，研究数据并不完备或者模棱两可，因此所总结的只是最有力的证据。在必要时我们提供了一些理论解释，这些解释是以阅读过程的一般理论为指导的。

若能有一个阅读过程的综合模型，这是一件好事。然而，尽管关于阅读过程已有相当多的知识积累，但是在大部分情况下，模型方面的进展仅仅源于阅读过程某个特定方面，如词汇识别模型、眼动控制模型、句法分析模型以及语篇加工模型（关于各种理论模型的发展，参见 Rayner & Reichle，2010；Reichle，2012）。在本书第一版中，我们向读者介绍了多个关于阅读过程的理论模型，其中包括我们自己的模型，但是，我们清楚地指出，所有的模型确实都不够完善。遗憾的是，在原版出版 20 多年后，情况仍没有发生很大变化。因此，本章不再对我们认为并不能恰当地解释阅读过程的各种理论模型加以描述，而是对有关阅读过程的各类理论模型做一般性评述，简要地对自上而下、自下而上以及交互理论模型的一些观点做讨论。另外，将对在第一版中提出的理论模型做简明的描述。这些关于阅读过程的理论模型即通常所说的方框—箭头式模型，不如近年来认知心理学中流行的计算机和数学模拟模型"时尚"（如本书第六章所介绍的模型）。尽管如此，我们认为，这些理论模型由于对常规模型必须执行的过程提出了基本的假设，因此仍然有其价值。

## 一、自上而下的模型

自上而下的模型（top-down models）最主要的特征是，信息加工系统的"上"在阅读中是表征段落意义的部分，对各个层次的信息流起控制作用。人们普遍认为，古德曼（Goodman，1970）所提出的模型是一个典型的自上而下的模型。正如本书第一章所述，自上而下模型的一个主要动因是，认为读者需要根据一般的世界知识和所阅读段落的语境信息对下文出现的内容做出假设，以此方式来克服自下而上的加工系统中存在的各种不同的瓶颈障碍。一般认为，阅读是一个循环往复的过程，读者对将要阅读的下文生成最初的假设，然后从所读的页面提取极少的信息来对前述假设进行验证，接下来对后面的文本内容做出假设。

　　这一类理论模型的问题在于，其支持者从没有明确地说明何种假设能够被接受。尽管图中有一些与此类模型相关的方框和箭头，但是并未对阅读过程真正地做过详细的阐述。例如，他们既没有明确地对各种不同的非视觉信息资源以何种方式被用于调节文本知觉意象的形成做出说明，也未对系统以何种方式来处理连续注视过程中遇到的图形线索加以阐述。在词汇识别层，模型中列出了可能用于词汇识别的一些可供尝试选择的信息类型，但既没有具体说明此类信息以何种方式被用于促进选择，也没有说明是否有一些类型的信息比其他类型的信息重要。同样，对词汇识别之外的其他过程也语焉不详。读者必须首先对当下所分析的句子片段做出句法分析和解释，然后才有可能核查所识别的词汇与前面的语境是否兼容。然而，自上而下的模型既没有为这种程序留有空间或者对其工作机制做出说明，也没有真正对目前所分析的意义与前文意义整合的方式做出解释。无疑，这种精确性的缺乏部分是因为我们对"高级"过程的工作机制所知甚少（见本书第八、第九章），缺乏精确性是所有此类模型存在的一个特征。然而，缺乏精确性对这种高度依赖自上而下的机制来解释阅读过程的模型来说，是尤为严重的问题。

# 二、自下而上的模型

　　正如我们在本书第一章中所指出的，自下而上的模型普遍主张，加工是一个快速的过程，信息在加工系统中以序列的方式从一个阶段流动到下一阶段。典型的自下而上的模型是高夫（Gough，1972）提出来的。其基本观点是，视觉信息最初从印刷文本上提取出来，然后分阶段得以转换，在这一过程中，（即使有也）很少受到世界知识、语境信息或高级加工策略的影响。目前已构建起来的自下而上的模型通常都缺乏综合性，不能反映阅读过程的全貌，而且常常因对读者来说缺乏灵活性而受到诟病。相对于自上而下的模型，自下而上模型的一个优势在于，它们能够做出更清楚、可验证的预测。但是，遗憾的是，这些模型不能对关于高级信息以何种方式影响阅读过程的事实做出解释。

## 三、交互式模型

在本书初版撰写时，交互模型在认知心理学中很有市场。交互模型通常假设，读者需要运用自上而下和自下而上两个方面的信息，才能最终对文本做出解读。贾斯特等人(Just & Carpenter，1980)提出的从本质上说是关于阅读过程的综合交互模型。其中某些模型已模仿人类行为进行了计算机模拟。对交互模型的主要批评是，模型对阅读的各种不同类型过程所做出的预测目前尚不明确。问题是，这种模型虽然能够解释各种数据，但所选择的是不同的参数(如不同类型的信息在确定文本意义的过程中的重要性)；同样，它们可能对尚未观察到的数据做出很好的解释。也就是说，模型在何种程度上能够对实验结果做出明确预测，尚且很不确定。这一批评从某种程度上讲并不公正，因为若不做心理学实验，许多在阅读中发生的复杂过程都不能得到清楚的描述。实验心理学中传统的对理论模型的检验一向是模型对行为有多大预测(解释)力及/或由模型引发出来的研究有多少。关于交互模型的研究虽然量很大，但是它们对行为的预测力至少从当前的发展水平来看尚有不足。

## 四、瑞纳和波拉特塞克的模型(1989)

我们对阅读过程模型的评估一直持较苛刻的批评态度。同样，我们在本书第一版中也持批评态度，而且也明确承认，针对其他模型的许多批评也可能适合于我们提出的模型(尤其是其关于高级过程的语焉不详)。虽然对自己的模型不尽满意，但是还是在这里呈现给读者(其中有一些变动是我们思维变化的反映)，因为它是我们的理论偏好及对与阅读过程有关的绝大多数证据的解释方式的反映。我们绝对不会坚持认为这一模型所反映出来的是关于阅读的真理。相反，我们将它视作一个工作模型或者对我们认为可靠的研究证据进行总结的适当方式。因此，我们将这一模型视作对阅读进行理解过程的一部分，前述对交互式模型的批评同样适用于我们的模型；它只是对我们看待阅读方式的总结，而非对阅读做出的明确预测。下面我们首先探讨一下为什么阅读过程模型的构建滞后于各个子过程模型的构建，然后再回过头来回答前面的问题。

正如本书第一章所述，我们所提出的主要是一个自下而上的模型，但是自上而下的过程与自下而上的过程确实有交互影响。我们认为，明确了眼动与其他加工阶段的关系是我们所提出的模型的优势。此处我们所呈现给读者的是对模型的速写，因此，可能容易因缺乏细节的描述而受到批评。作为辩护，此处需要说明的是，关于该模型细节的许多描述散见于本书其他各章中，因此，从某种意义上，这一模型贯穿于全书。

然而，同所有模型一样，我们提出的模型对高级过程的作用在某种程度上也含混不清。实际上，我们提出的模型只是用于识别我们对阅读过程的哪些方面理解正确、哪些方面的理解还相对薄弱的一种方式。

图 14-1 所呈现出来的各种成分是构成阅读过程的不同方面。按照惯例，图中的六边形表示过程，方框表示知识资源，圆角方框表示事件，菱形表示决策结果。

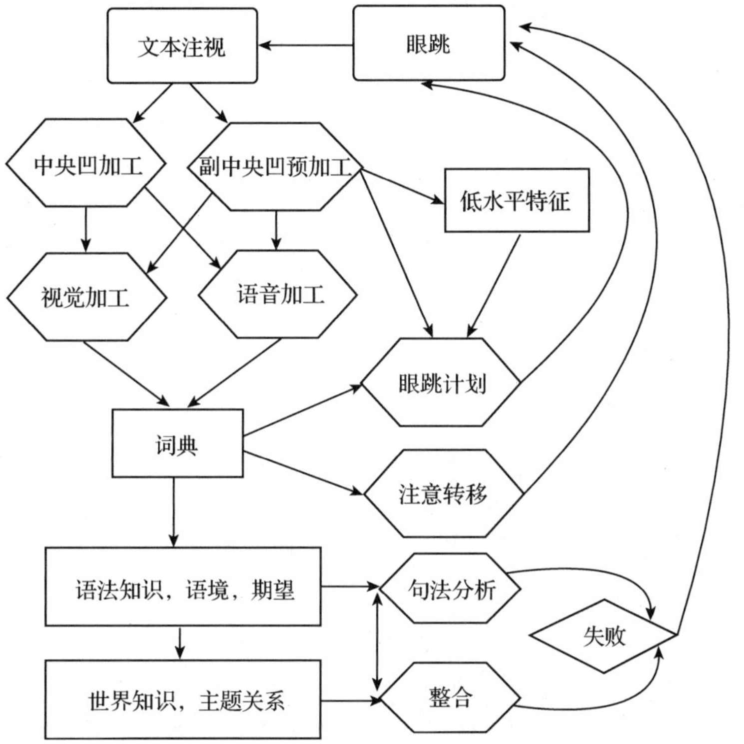

**图 14-1　我们目前有待完善的阅读模型示意图**

加工序列在注视过程中始于对文字进行初始编码。初始编码过程可被看作两个独立的平行过程，即中央凹词汇加工和副中央凹预加工。前者是对所注视单词字母的(平行)加工，而后者则是注视点右侧视觉信息和语音信息的提取。视觉信息既包括词汇/字母信息，也包括可用于确定接下来注视点落点的词长信息。语音信息包括有助于词汇识别的音节信息与音位信息。熟练的读者知觉广度的大小可从当前注视词延伸到注视点右侧 14～15 个字母位置。知觉广度受到本书第四章和第五章所描述的视觉和语音加工活动的影响。

就所注视的词而言，视觉过程和语音过程均对其通达具有促进作用。在两者是相同的过程还是不同的过程(学习的联想过程与规则支配的过程)这一问题上，我们并不发表意见，但是承认两者均有其重要性。视觉信息初次登记后，尤其是在有前次注视时副中央凹信息辅助的情况下，词汇通达可能迅速发生。词义[除句法信息(如词性)以外]可从词典中提取。通过字母信息构建的语音形式与从词典中提取出来的表征激活了语音编码(与声道的活动),即本书第七章所描述的内部言语。内部言语是理解过程中用于暂时性信息存储系统,将最近阅读的序列、字面记录存储在工作记忆中,其中显然包括一些言语韵律表征。

注视词(词n)的词汇通达在一定程度上完成(本书第六章所谓 E-Z 读者模型的 L1 阶段)后,对词 n+1 的眼跳的计划开始。在副中央凹视区加工的低层次视觉特征将眼跳导向下一目标。词汇通达在更高程度上完成(L2)后,注意转移到下一个词,词 n+1 上;但是,如果眼跳启动前词汇通达并未到达 L2 阶段,眼跳即被取消。因此,L1 和 L2 两阶段的加工时间都对注视时间有影响。然而,若 L2 阶段持续时间短,注意转移迅速,那么词 n+1 就可能在眼跳发起前得到识别。在这种情况下,眼跳重新计划,词 n+1 被跳读,眼睛直接移向词 n+2(详见本书第六章)。然而,第一次眼跳的取消并不是没有代价的,因此跳读前的注视时间略有增加(约 30 毫秒)。若导向词 n+1 的眼跳计划因距离过远不被取消,那么注视点就落在词 n+1 上,但是持续时间极为短暂,然后移向词 n+2。这一平行眼跳计划机制可以解释有时在阅读眼动记录中出现的极其短暂的注视时间。

尽管平行眼跳计划机制能够解释眼动记录的一些重要方面,但在多数情况下,在一个注视点上发生的事件序列如下:首先是对所注意的词(通常是注视词,因此位于中央凹视区)的加工,同时伴随有助于识别下一个眼跳目标的低水平副中央凹加工,接下来是引发下一个词眼跳计划的对注意词的初步识别,随后是引发注意向处于副中央凹视区中词转移的对注意词的充分识别。眼跳通常在注意转移后开始执行,下一循环随之开始(注意转移后,预视效应发生,加速了最初的中央凹加工)。

词汇通达后,不仅注意力转移到下一个词上,而且所通达的词汇也与构建中的句子表征相整合。这一过程的第一个阶段被称作句法分析。句法分析器将词串分析为恰当的句法成分,并且确定成分之间的关系。句法分析器从词典中提取所读每个单词的语法范畴信息(加上更详尽的词汇信息),并在此基础上,与语法知识、篇章语境,或许还有其他来源的信息综合起来构建出某种句法表征。一般来说,句法分析器需要在词汇通达后尽快地构建出一种句子的句法表征,从而导致了本书第八章所描述的根据最小附加和最近闭合原则构建的多个可选结构的产生。这种句法分析一般来说速度很快,而且肯定是自动的,但是遇到某些类型的歧义或必须对最初的判断做出修正时,句法分析就可能延迟或中断。句子后面的信息或者世界知识与其他类型的信息与句法分析器最初的分析发生冲突时,读者就踏上了"花园—路径",必须付出代价对句子进行重新分析(见本书第八章)。这导致了图 14-1 中所呈现的"失败",结果后续需要重新注视或回视,导致阅读速度减慢。

句法结构的分析与主题角色指派仍然不能保证语言理解系统获得句子的意义。句子的意义包括句子所表达的命题、句子涉及的内容与其正确与否,以及句子是否蕴含其他命题。关于这一过程发生的机制，目前我们知之甚少。前文语境似乎能够快速地消除词汇歧义，而且不合理与不可能之处也能够迅速地被觉察，因此人可能认为意义是在线合理地构建出来的，通常不用读到小句或句子结尾才开始。然而，意义对理解的影响似乎只产生于二次注视或第二遍阅读时，因此意义的构建似乎至少始于某些句法单位被构建起来之后。

正如读者所见，我们在这困境中越陷越深，而且若对句子与更大的篇章相整合的方式加以考虑（如本书第九章所述），则情况更糟。世界知识在这一理解与整合过程中起着重要的作用（请回忆一下本书第九章所讨论的图式理论），而且篇章结构的知识对句子之间联系的建立具有指导作用。例如，篇章结构能够指导人们建立起照应词与先行词之间的联系，厘清句子的信息结构——弄清楚何为已知信息、何为未知信息——从而对整合具有指导作用。至于读者究竟理解到何种程度，尚不得而知；读者能够对所阅读内容的隐含意义进行计算，但并非全部，而且读者推理的速度有多快，我们也不清楚。对说明文或记叙文理解的最终结果可能是对关于这个世界的心理模型的构建，即读者运用各种信息对文本所描述的世界进行理解的表征的构建。

总之，词典之外的情形目前尚模糊不清。加工可能具有相当大的交互性（尽管从逻辑上讲句法加工似乎先于大部分语义阐释），且合理地在线进行（尽管某些语义加工落后于眼动至少一个注视点）。遗憾的是，除了语义加工的运行机制或其构建的内容，目前尚无法得出确切的结论。

读者之间可能有何差异？首先，我们来谈一谈所谓熟练的读者群体内部的差异。正如我们在本书第十三章中所指出的，在早期阶段的加工方式上熟练的读者之间几乎没有差异，但是有研究证据表明在词汇通达速度和直接、间接通路的相对权重上有不同(Baron & Strawson, 1976)。相反，在文本阅读过程中所使用的知识和理解策略上，熟练的读者之间无疑有显著的差异。当然，同一读者因所阅读的文本不同而表现出差异，取决于其阅读目标与文本所涉及的世界知识。从本书第十三章我们还可以看出年长读者所采用的阅读策略不同于年轻读者的策略（前者更具有冒险性）。读者之间文本句法分析的策略是否有显著差异，目前尚不清楚。

熟练的读者略读而非正常阅读时，其阅读过程有何不同？关于这一问题，目前尚没有有力的证据。我们认为，词汇通达在两种条件下基本相同，至少在某种程度上略读者确实在看单词，但是高级加工的细节肯定存在很大差别。人们常常假定读者在略读过程中填充了大量的细节，但是可能也有许多细节丢掉了。略读中的填充过程从本质上讲究竟有什么属性，目前尚不清楚。例如，读者尝试在所通达的关键实词基础上填充所有内容吗？或者说，他们仔细阅读一小段文本，然后跳读一大段文本，之后在一重要区域停下来"注视"吗？我们认为，后一种机制更为普遍。

儿童阅读的基本机制是否不同？有研究证据表明，儿童到达五年级时或者可能在这之前，就能够像成年人一样进行阅读。四年级时，只要阅读的是较为简单的文本，儿童的知觉广度似乎就已经与成年人相同。然而，词汇通达过程似乎随着时间而发展（见本书第十、第十一章），涉及对刺激进行仔细的视觉分析的需求及与间接通路密切相关的音位意识。间接通路的形成似乎与阅读技能的发展密切相关，这一事实表明即使对熟练的读者，间接通路也相当重要（与当前某些观念相悖）。当然，儿童在阅读中所激活的世界知识或者采用的理解策略显著不同于成年人（如儿童通常无视故事中人物的动机）。

阅读困难者和正常读者有本质差异吗？如本书第十二章所述，在多数情况下对获得性阅读障碍成年人的研究兴趣，历来都集中在对词汇通达路径受到破坏者的分类上，分为表层阅读障碍者和语音性阅读障碍者。关于发展性阅读障碍的研究表明，儿童中最常见的阅读障碍是语音性阅读障碍（解码技能缺陷）。在此类研究中所确诊的多数发展性阅读障碍儿童都存在语音加工方面的缺陷。对某些儿童而言，这种缺陷可能伴随着其他的加工缺陷，但是阅读障碍儿童在眼动控制或智商方面与正常读者没有差异。然而，阅读能够促进许多认知技能的发展。因此，阅读困难儿童可能在工作记忆、注意和词汇等技能上落后于正常儿童。另外，也有一些儿童能够恰当地解码但理解上存在缺陷。这些儿童患有一般性语言加工缺陷，其听力和阅读均受到影响，而且其语言智商通常低于正常读者。

# 五、最后的思考

我们最后以关于各种模型和理论发展的一个最终注解作为本书的结束。在本书中，我们向读者简要地介绍了一些重要的阅读子过程。尽管我们承认整合所有知识，构建全面的阅读过程理论模型的重要性，但是，正如我们在本书第一版中所预想的，迄今为止，对阅读认识的巨大进步均源自对阅读各个子过程的研究（关于阅读子过程模型的详细讨论，参见 Rayner & Reichle，2010；Reichle，2012）。换句话说，我们认为，对阅读认识的重要突破并不会产生于试图构建出能够解释一切的综合阅读过程模型的研究者。相反，随着对每个阅读子过程理解的深入，我们最终能够将关于阅读子过程的各种模型整合起来，从而认识阅读的全貌。可以肯定，近年来的阅读研究证明，认知心理学是一门需要逐步累积的科学，我们在对文本理解各个子过程的认识上每前进一小步，都对解开令人神往的阅读过程中大脑工作机制之谜推进了一步。

# 参考文献

Aaron, P. G., Joshi, M., & Williams, K. A. (1999). Not all reading disabilities are alike. *Journal of Learning Disabilities, 32*(2), 120–137.

Aarons, L. (1971). Subvocalization: Aural and EMG feedback in reading. *Perceptual and Motor Skills, 33*, 271–306.

Abney, S. (1989). A computational model of human parsing. *Journal of Psycholinguistic Research, 18*, 129–144.

Abramson, M., & Goldinger, S. D. (1997). What the reader's eye tells the mind's ear: Silent reading activates inner speech. *Perception & Psychophysics, 59*(7), 1059–1068.

Acha, J., & Perea, M. (2008). The effect of neighborhood frequency in reading: Evidence with transposed-letter neighbors. *Cognition, 108*, 290–300.

Acheson, D. J., & MacDonald, M. C. (2009). Twisting tongues and memories: Explorations of the relationship between language production and verbal working memory. *Journal of Memory and Language, 60*, 329–350.

Ackerman, P. T., & Dykman, R. A. (1993). Phonological processes, confrontational naming, and immediate memory in dyslexia. *Journal of Learning Disabilities, 26*(9), 597–609.

Adams, M. J. (1979). Models of word recognition. *Cognitive Psychology, 11*, 133–176.

Adams, M. J. (1990). *Beginning to read: Thinking and learning about print.* Cambridge, MA: MIT Press.

Adams, M. J. (1998). The three-cueing system. In J. Osborn & F. Lehr (Eds.), *Literacy for all: Issues in teaching and learning* (pp. 73–99). New York: Guilford Press.

Adams, M. J., Treiman, R., & Pressley, M. (1998). Reading, writing, and literacy. In I. E. Sigel (Series Ed.) & K. A. Renninger (Vol. Ed.), *Handbook of child psychology volume 4: Child psychology in practice* (pp. 275–355). New York: Wiley.

Adlard, A., & Hazan, V. (1998). Speech perception in children with specific reading difficulties (dyslexia). *Quarterly Journal of Experimental Psychology A: Human Experimental Psychology, 51A*(1), 153–177.

Alba, J. W., & Hasher, L. (1983). Is memory schematic? *Psychological Bulletin, 93*, 203–231.

Albert, M. (1975). Cerebral dominance and reading habits. *Nature, 256*, 403–404.

Albrecht, J. E. & Clifton, C. Jr. (1998). Accessing singular antecedents in conjoined phrases. *Memory & Cognition, 26*(3), 599–610.

Albrecht, J. E., & Myers, J. L. (1995). Role of context in accessing distant information during reading. *Journal of Experimental Psychology: Learning, Memory, and Cognition, 21*, 1459–1468.

Albrecht, J. E., & O'Brien, E. J. (1993). Updating a mental model: Maintaining both local and global coherence. *Journal of Experimental Psychology: Learning, Memory, and Cognition, 19*, 1061–1070.

Alegria, J., Pignot, E., & Morais, J. (1982). Phonetic analysis of speech and memory codes in beginning readers. *Memory & Cognition, 10*, 451–456.

Alexander, J., & Nygaard, L. C. (2008). Reading voices and hearing text: Talker-specific auditory imagery in reading. *Journal of Experimental Psychology: Human Perception and Performance, 34*, 446–459.

Allen, T. (1986). A study of the achievement patterns of hearing-impaired students: 1974–1983. In A. N. Schildroth & M. A. Karchmer (Eds.), *Deaf children in America* (pp. 161–206). San Diego, CA: College-Hill.

Alleton, V. (1970). *L'ecriture Chinoise. Que sais-je?, 1374*. Paris: Presses Universitaires de France.

Allport, D. A. (1977). On knowing the meaning of words we are unable to report: The effects of visual masking. In S. Dornic (Ed.), *Attention and performance VI*. Hillsdale, NJ: Lawrence Erlbaum Associates Inc.

Almor, A. (1999). Noun-phrase anaphora and focus: The informational load hypothesis. *Psychological Review, 106*, 748–765.

Altarriba, J., Kambe, G., Pollatsek, A., & Rayner, K. (2001). Semantic codes are not used in integrating information across eye fixations in reading: Evidence from fluent Spanish–English bilinguals. *Perception & Psychophysics, 63*, 875–890.

Altmann, G. T. M., van Nice, K. Y., Garnham, A., & Henstra, J-A. (1998). Late closure in context. *Journal of Memory and Language, 38*, 459–484.

American Academy of Pediatrics, Committee on Children with Disabilities. (1999). The pediatrician's role in development and implementation of an individual education plan (IEP) and/or an individual family service plan (IFSP). *Pediatrics, 104*, 124–127.

American Academy of Pediatrics, Section on Ophthalmology, Council on Children with Disabilities, American Academy of Ophthalmology, American Association for Pediatric Ophthalmology and Strabismus and American Association of Certified Orthoptists. (2009). Learning disabilities, dyslexia, and vision. *Pediatrics, 124*, 837–844.

Amitay, S., Ben-Yehudah, G., Banai, K., & Ahissar, M. (2002). Disabled readers suffer from visual and auditory impairments but not from a specific magnocellular deficit. *Brain: A Journal of Neurology, 125*(10), 2272–2284.

Anderson, J. R. (1976). *Language, memory, and thought*. Hillsdale, NJ: Lawrence Erlbaum Associates Inc.

Anderson, J. R. (2010). *Cognitive psychology and its implications: Seventh edition*. New York: Worth Publishing.

Anderson, R. C., Hiebert, E. H., Wilkinson, I. A. G., & Scott, J. (1985). *Becoming a nation of readers*. Champaign, IL: National Academy of Education and Center for the Study of Reading.

Anderson, R. C., & Pichert, J. W. (1978). Recall of previously unrecallable information following a shift in perspective. *Journal of Verbal Learning and Verbal Behavior, 17*, 1–12.

Andrews, S. (1989). Frequency and neighborhood effects on lexical access: Activation or search? *Journal of Experimental Psychology: Learning, Memory, and Cognition, 15*, 802–814.

Andrews, S. (1992). Frequency and neighborhood effects on lexical access: Lexical similarity or orthographic redundancy? *Journal of Experimental Psychology: Learning, Memory, and Cognition, 18*, 234–254.

Andrews, S. (1996). Lexical retrieval and selection processes: Effects of transposed-letter confusability. *Journal of Memory and Language, 35*, 775–800.

Andrews, S. (1997). The effects of orthographic similarity on lexical retrieval: Resolving neighborhood conflicts. *Psychonomic Bulletin & Review, 4*, 439–461.

Andrews, S., Miller, B., & Rayner, K. (2004). Eye movements and morphological segmentation of compound words: There is a mouse in mousetrap. *European Journal of Cognitive Psychology, 16*, 285–311.

Andriessen, J. J., & de Voogd, A. H. (1973). Analysis of eye movement patterns in silent reading. *IPO Annual Progress Report, 8*, 29–35.

Angele, B., & Rayner, K. (2011). Parafoveal processing of word n+2 during reading: Do the preceding words matter? *Journal of Experimental Psychology: Human Perception and Performance, 37*, 1210–1220.

Angele, B., Slattery, T. J., Yang, J., Kliegl, R., & Rayner, K. (2008). Parafoveal processing in reading: Manipulating n+1 and n+2 previews simultaneously. *Visual Cognition, 16*, 697–707.

Antes, J. R. (1974). The time course of picture viewing. *Journal of Experimental Psychology, 103*, 62–70.

Anthony, J. L., Lonigan, C. J., Burgess, S. R., Driscoll, K., Phillips, B. M., & Cantor, B. G. (2002). Structure of preschool phonological sensitivity: Overlapping sensitivity to rhyme, words, syllables, and phonemes. *Journal of Experimental Child Psychology, 82*, 65–92.

Aro, M., & Wimmer, H. (2003). Learning to read: English in comparison to six more regular orthographies. *Applied Psycholinguistics, 24*(4), 621–635.

Aronoff, M., & Koch, E. (1996). Context-sensitive regularities in English vowel spelling. *Reading and Writing: An Interdisciplinary Journal, 8*(3), 251–265.

Arregui, A., Clifton, C. Jr., Frazier, L., & Moulton, K. (2006). Processing elided verb phrases with flawed antecedents: The recycling hypothesis. *Journal of Memory and Language, 55*, 232–246.

Ashby, J. (2010). Phonology is fundamental in skilled reading: Evidence from ERPs. *Psychonomic Bulletin & Review, 17*, 95–100.

Ashby, J., & Clifton, C. Jr. (2005). The prosodic property of lexical stress affects eye movements during silent reading. *Cognition, 96*, B89–B100.

Ashby, J., & Martin, A. E. (2008). Prosodic phonological representations early in visual word recognition. *Journal of Experimental Psychology: Human Perception and Performance, 34*, 224–236.

Ashby, J., & Rayner, K. (2004). Representing syllable information in word recognition during silent reading: Evidence from eye movements. *Language and Cognitive Processes, 19*, 391–426.

Ashby, J., & Rayner, K. (2012). Learning to read in an alphabetic writing system: Evidence from cognitive neuroscience. In M. Anderson (Ed.), *Cognitive Neuroscience: The good, the bad, and the ugly*. Oxford: Oxford University Press.

Ashby, J., Rayner, K., & Clifton, C. Jr. (2005). Eye movements of highly skilled and average readers: Differential effects of frequency and predictability. *Quarterly Journal of Experimental Psychology, 58A*, 1065–1086.

Ashby J., Sanders L. D., & Kingston J. (2009). Skilled readers begin processing phonological features by 80 msec: Evidence from ERPs. *Biological Psychology, 80*, 84–94.

Ashby, J., Treiman, R., Kessler, B., & Rayner, K. (2006). Vowel processing during silent reading: Evidence from eye movements. *Journal of Experimental Psychology: Learning, Memory, and Cognition, 32*, 416–424.

Austin, J. L. (1962). *How to do things with words*. Cambridge, MA: Harvard University Press.

Ayres, T. J. (1984). Silent reading time for tongue-twister paragraphs. *American Journal of Psychology, 97*, 605–609.

Baayen, R. H., Piepenbrock, R. & Gulikers, L. (1995). *The CELEX Lexical Database* [CD–ROM]. Philadelphia: University of Pennsylvania, Linguistic Data Consortium.

Backman, J. E. (1983). Psycholinguistic skills and reading acquisition: A look at early readers. *Reading Research Quarterly, 18*, 466–479.

Backman, J., Bruck, M., Hebert, M., & Seidenberg, M. S. (1984). Acquisition and use of spelling–sound correspondences in reading. *Journal of Experimental Child Psychology, 38*, 114–133.

Baddeley, A. D. (1979) Working memory and reading. In P. A. Kolers, M. E. Wrolstad, & H. Bouma (Eds.), *Processing of visible language*. New York: Plenum.

Baddeley, A. D., Eldridge, M., & Lewis, V. (1981). The role of subvocalization in reading. *Quarterly Journal of Experimental Psychology, 33A*, 439–454.

Baddeley, A., & Hitch, G. (1974). Working memory. In G. Bower (Ed.), *The psychology of learning and motivation (Vol. 8)*. New York: Academic Press.

Baddeley, A., & Lewis, V. (1981). Inner active processes in reading: The inner voice, the inner ear, and the inner eye. In A. M. Lesgold & C. A. Perfetti (Eds.), *Interactive processes in reading*. Hillsdale, NJ: Lawrence Erlbaum Associates Inc.

Baddeley, A., Logie, R., Nimmo-Smith, I., & Brereton, N. (1985). Components of fluent reading. *Journal of Memory and Language, 24*, 119–131.

Bader, M. (1998). Prosodic influences on reading syntactically ambiguous sentences. In J. Fodor & F. Ferreira (Eds.), *Reanalysis in sentence processing* (pp. 1–46). Dordrecht: Kluwer.

Badian, N. A. (1998). A validation of the role of preschool phonological and orthographic skills in the prediction of reading. *Journal of Learning Disabilities, 31*(5), 472–481.

Baker, L., & Brown, A. L. (1984). Metacognitive skills and reading. In P. D. Pearson, R. Barr, M. L. Kamil, & P. Mosenthal (Eds.), *Handbook of reading research*. New York: Longman.

Ball, E. W., & Blachman, B. A. (1988). Phoneme segmentation training: Effect on reading readiness. *Annals of Dyslexia, 38*, 208–225.

Balmuth, M. (1982). *The roots of phonics: A historical introduction*. New York: McGraw-Hill.

Balota, D. A. (1983). Automatic semantic activation and episodic memory encoding. *Journal of Verbal Learning and Verbal Behavior, 22*, 88–104.

Balota, D. A., & Chumbley, J. I. (1984). Are lexical decisions a good measure of lexical access? The role of word frequency in neglected decision stage. *Journal of Experimental Psychology: Human Perception and Performance, 10*, 340–357.

Balota, D. A., & Chumbley, J. I. (1985). The locus of word-frequency effects in the pronunciation task: Lexical access and/or production? *Journal of Memory and Language, 24*, 89–106.

Balota, D. A., Pollatsek, A., & Rayner, K. (1985). The interaction of contextual constraints and parafoveal visual information in reading. *Cognitive Psychology, 17,* 364–390.

Balota, D. A., & Rayner, K. (1983). Parafoveal visual information and semantic contextual constraints. *Journal of Experimental Psychology: Human Perception and Performance, 9,* 726–738.

Balota, D. A., Yap, M. J., Cortese, M. J., Hutchison, K. A., Kessler, B., Loftis, B., et al. (2007). The English lexicon project. *Behavior Research Methods, 39,* 445–459.

Banks, W. P., Oka, E., & Shugarman, S. (1981). Recoding of printed words to internalize speech: Does recoding come before lexical access? In O. J. L. Tzeng & H. Singer (Eds.), *Perception of print.* Hillsdale, NJ: Lawrence Erlbaum Associates Inc.

Baron, J. (1973). Phonemic stage not necessary for reading. *Quarterly Journal of Experimental Psychology, 25,* 241–246.

Baron, J. (1979). Orthographic and word specific mechanisms in children's reading of words. *Child Development, 50,* 60–72.

Baron, J., & Strawson, C. (1976). Use of orthographic and word-specific knowledge in reading words aloud. *Journal of Experimental Psychology: Human Perception and Performance, 2,* 386–393.

Baron, J., & Thurston, I. (1973). An analysis of the word superiority effect. *Cognitive Psychology, 4,* 207–228.

Baron, J., & Treiman, R. (1980). Use of orthography in reading and learning to read. In J. F. Kavanagh & R. L. Venezky (Eds.), *Orthography, reading, and dyslexia.* Baltimore: University Park Press.

Baron, J., Treiman, R., Freyd, J., & Kellman, P. (1980). Spelling and reading by rules. In U. Frith (Ed.), *Cognitive processes in spelling.* London: Academic Press.

Barr, R. (1974). The effect of instruction on pupil's reading strategies. *Reading Research Quarterly, 10,* 555–582.

Barron, R. W. (1981a). The development of visual word recognition: A review. In G. E. MacKinnon & T. G. Waller (Eds.), *Reading research: Advances in theory and practice* (Vol. 3). New York: Academic Press.

Barron, R. W. (1981b). Reading skill and reading strategies. In A. M. Lesgold & C. A. Perfetti (Eds.), *Interactive processes in reading.* Hillsdale, NJ: Lawrence Erlbaum Associates Inc.

Barron, R. W. (1986). Word recognition in early reading: A review of the direct and indirect access hypothesis. *Cognition, 24,* 93–119.

Barron, R. W. & Baron, J. (1977). How children get meaning from printed words. *Child Development, 48,* 587–594.

Bartlett, F. (1932). *Remembering: A study in experimental and social psychology.* Cambridge, UK: Cambridge University Press.

Barton, S. B., & Sanford, A. J. (1993). A case study of anomaly detection: Shallow semantic processing and cohesion establishment. *Memory & Cognition, 21,* 477–487.

Bauer, D., & Stanovich, K. E. (1980). Lexical access and the spelling-to-sound regularity effect. *Memory & Cognition, 8,* 424–432.

Beaton, A. A. (2004). *Dyslexia, reading and the brain: A sourcebook of psychological and biological research.* Florence, KY: Taylor & Francis/Routledge.

Beauvois, M. F., & Derouesne, J. (1979). Phonological alexia: Three dissociations. *Journal of Neurology, Neurosurgery and Psychiatry, 42,* 1115–1124.

Beck, I. L. (1981). Reading problems and instructional practices. In G. E. MacKinnon & T. G. Waller (Eds.), *Reading research: Advances in theory and practice.* New York: Academic Press.

Beck, I. L. (1998). Understanding beginning reading: A journey through teaching and research. In J. Osborn & F. Lehr (Eds.), *Literacy for all: Issues in teaching and learning* (pp. 11–31). New York: Guilford Press.

Beck, I. L. (2006). *Making sense of phonics.* New York: Guilford Press.

Beck, I. L., Perfetti, C. A., & McKeown, M. G. (1982). Effects of long-term vocabulary instruction on lexical access and reading comprehension. *Journal of Educational Psychology, 74,* 506–521.

Becker, C. A. (1985). What do we really know about semantic context effects during reading? In D. Besner, T. G, Waller, & G. E. MacKinnon (Eds.), *Reading research: Advances in theory and practice (Vol. 5).* New York: Academic Press.

Becker, W., & Jürgens, R. (1979). An analysis of the saccadic system by means of double-step stimuli. *Vision Research, 19,* 967–983.

Becker, M. W., Pashler, H., & Lubin, J. (2007). Object-intrinsic oddities draw early saccades. *Journal of Experimental Psychology: Human Perception and Performance, 33,* 20–30.

Beech, J. R., & Harris, M. (1997). The prelingually deaf young reader: A case of reliance on direct lexical access? *Journal of Research in Reading, 20,* 105–121.

Beggs, W. D. A., & Howarth, P. N. (1985). Inner speech as a learned skill. *Journal of Experimental Child Psychology, 39,* 396–411.

Bélanger, N. N., Mayberry, R. I., & Baum, S. R. (2012 in press). Reading difficulties in adult deaf readers of French: Phonological codes, not guilty! *Scientific Studies of Reading.*

Bender, L. (1955). Twenty years of clinical research on schizophrenic children. In G. Caplan (Ed.), *Emotional problems of early childhood.* New York: Basic Books.

Bentin, S., Bargai, N., & Katz, L. (1984). Orthographic and phonemic coding for lexical access: Evidence from Hebrew. *Journal of Experimental Psychology: Learning, Memory, and Cognition, 10,* 353–368.

Bentin, S., & Leshem, H. (1993). On the interaction between phonological awareness and reading acquisition: It's a two-way street. *Annals of Dyslexia, 43,* 125–148.

Berninger, V. W., Abbott, R. D., Thomson, J., Wagner, R., Swanson, H. L., Wijsman, E. M., et al. (2006). Modeling phonological core deficits within a working memory architecture in children and adults with developmental dyslexia. *Scientific Studies of Reading, 10*(2), 165–198.

Bertelson, P., Morais, J., Alegria, J., & Content, A. (1985a). Phonetic analysis capacity and learning to read. *Nature, 313,* 73–74.

Bertelson, P., Mousty, P., & D'Alimonte, G. (1985b). A study of Braille reading: Patterns of hand activity in one-handed and two-handed reading. *Quarterly Journal of Experimental Psychology, 37A,* 235–256.

Bertram, R., & Hyönä, J. (2003). The length of a complex word modifies the role of morphological structure: Evidence from eye movements when reading short and long Finnish compounds. *Journal of Memory and Language, 48,* 615–634.

Besner, D., Coltheart, M., & Davelaar, E. (1984). Basic processes in reading: Computation of abstract letter identities. *Canadian Journal of Psychology, 38,* 126–134.

Besner, D., & Davelaar, E. (1982). Basic processes in reading: Two phonological codes. *Canadian Journal of Psychology, 36,* 701–711.

Besner, D., Davies, J., & Daniels, S. (1981). Reading for meaning: The effects of concurrent articulation. *Quarterly Journal of Experimental Psychology, 33A,* 415–437.

Besner, D., & Hildebrandt, N. (1987). Orthographic and phonological codes in the oral reading of Japanese Kana. *Journal of Experimental Psychology: Learning, Memory, and Cognition, 13,* 335–343.

Besner, D., Risko, E., & Sklair, N. (2005). Spatial attention as a necessary preliminary to early processes in reading. *Canadian Journal of Experimental Psychology, 59,* 99–108.

Bestgen, Y., & Vonk, W. (2000). Temporal adverbials as segmentation markers in discourse comprehension. *Journal of Memory and Language, 42,* 74–87.

Bever, T. G. (1970). The cognitive basis for linguistic structure. In J. R. Hayes (Eds.), *Cognitive development of language.* New York: Wiley.

Beverly, S. E., & Perfetti, C. A. (1983). *Skill differences in phonological representation and development of orthographic knowledge.* Paper presented at the Biennial Meeting of the Society of Research in Child Development, Detroit, MI.

Biemiller, A. (1970). The development of the use of graphic and contextual information as children learn to read. *Reading Research Quarterly, 6,* 75–96.

Binder, K., Duffy, S., & Rayner, K. (2001). The effects of thematic fit and discourse context on syntactic ambiguity resolution. *Journal of Memory and Language, 44,* 297–324.

Binder, K. S., Pollatsek, A., & Rayner, K. (1999). Extraction of information to the left of the fixated word in reading. *Journal of Experimental Psychology: Human Perception and Performance, 25,* 1162–1172.

Binder, K. S., & Rayner, K. (1998). Contextual strength does not modulate the subordinate bias effect: Evidence from eye fixations and self-paced reading. *Psychonomic Bulletin & Review, 5,* 271–276.

Birch, S., Albrecht, J. E., & Myers, J. L. (2000). Syntactic focusing strategies influence discourse processing. *Discourse Processes, 30,* 285–304.

Birch, S., & Clifton, C. Jr. (1995). Focus, accent, and argument structure. *Language and Speech, 33,* 365–391.

Birch, S., & Rayner, K. (1997). Linguistic focus affects eye movements during reading. *Memory & Cognition, 25,* 653–660.

Birch, S., & Rayner, K. (2010). Effects of syntactic prominence on eye movements during reading. *Memory & Cognition, 38,* 740–752.

Bishop, C. H. (1964). Transfer effects of word and letter training in reading. *Journal of Verbal Learning and Verbal Behavior, 36,* 840–847.

参考文献 ▶ ▶

Bishop, D.V., & Adams, C. (1990). A prospective study of the relationship between specific language impairment, phonological disorders and reading retardation. *Journal of Child Psychology and Psychiatry, 31,* 1027–1050.

Blachman, B. A. (1984). Relationship of rapid naming ability and language analysis skills to kindergarten and first-grade reading achievement. *Journal of Educational Psychology, 76,* 610–622.

Blachman, B. A. (2000). Phonological awareness. In M. L. Kamil, P. B. Mosenthal, P. D. Pearson, & R. Barr (Eds.), *Handbook of reading research, Vol. III* (pp. 483–502). Mahwah, NJ: Lawrence Erlbaum Associates Inc.

Black, J. L., Collins, D. W. K., DeRoach, J. N., & Zubrick, S. (1984). A detailed study of sequential saccadic eye movements for normal and poor reading children. *Perceptual and Motor Skills, 59,* 423–434.

Blanchard, H. E. (1985). A comparison of some processing time measures based on eye movements. *Acta Psychologica, 58,* 1–15.

Blanchard, H. E., Pollatsek, A., & Rayner, K. (1989). The acquisition of parafoveal word information in reading. *Perception & Psychophysics, 46,* 85–94.

Blomert, L., & Mitterer, H. (2004). The fragile nature of the speech-perception deficit in dyslexia: Natural vs. synthetic speech. *Brain and Language, 89*(1), 21–26.

Blythe, H. I., Liversedge, S. P., Joseph, H. S. S. L., White, S. J., & Rayner, K. (2009). Visual information capture during fixations in reading for children and adults. *Vision Research, 49*(12), 1583–1591.

Boada, R., & Pennington, B. F. (2006). Deficient implicit phonological representations in children with dyslexia. *Journal of Experimental Child Psychology, 95*(3), 153–193.

Bock, J. K., & Brewer, W. F. (1985). Discourse structure and mental models. In T. C. Carr (Ed.), *The development of readings skills.* San Francisco: Jossey-Bass.

Bock, K., & Mazella, J. R. (1983). Intonational marking of given and new information: Some consequences for comprehension. *Memory & Cognition, 11,* 64–76.

Boder, E. (1973). Developmental dyslexia: A diagnostic based on three atypical reading–spelling patterns. *Developmental Medicine and Child Neurology, 15,* 663–687.

Boland, J. (2004). Linking eye movements to sentence comprehension in reading and listening. In M. Carreiras & C. C. Jr. (Eds.), *The on-line study of sentence comprehension* (pp. 51–76). New York: Psychology Press.

Boland, J., & Blodgett, A. (2006). Argument status and PP attachment. *Journal of Psycholinguistic Research, 35,* 385–403.

Bond, G. L., & Dykstra, R. (1967). The cooperative research program in first-grade reading instruction. *Reading Research Quarterly, 2*(4), 5–142.

Bond, G. L., & Dykstra, R. (1997). The cooperative research program in first-grade reading instruction. *Reading Research Quarterly, 32*(4), 345–427.

Bonifacci, P., & Snowling, M. J. (2008). Speed of processing and reading disability: A cross-linguistic investigation of dyslexia and borderline intellectual functioning. *Cognition, 107*(3), 999–1017.

Bornkessel, I., & Schlesewsky, M. (2006). The extended argument dependency model: A neurocognitive approach to sentence comprehension across languages. *Psychological Review, 113,* 787–821.

Bornkessel-Schlesewsky, I., & Friederici, A. D. (2007). Neuroimaging studies of sentence and discourse perception. In G. Gaskell (Ed.), *The Oxford handbook of psycholinguistics* (pp. 407–424). Oxford, UK: Oxford University Press.

Bos, C., Mather, N., Dickson, S., Podhajski, B., & Chard, D. (2001). Perceptions and knowledge of preservice and inservice educators about early reading instruction. *Annals of Dyslexia, 51,* 97–120.

Bouma, H., & de Voogd, A.H. (1974). On the control of eye saccades in reading. *Vision Research, 14,* 273–284.

Bower, G. H., Black, J. B., & Turner, T. J. (1979). Scripts in memory for text. *Cognitive Psychology, 11,* 177–220.

Bower, G. H., & Morrow, D. G. (1990). Mental models in narrative comprehension. *Science, 247,* 44–48.

Bower, T. G. R. (1970) Reading by eye. In H. Levin & J. P. Williams (Eds.), *Basic studies on reading.* New York: Basic Books.

Bowman, M., & Treiman, R. (2002). Relating print and speech: The effects of letter names and word position on reading and spelling performance. *Journal of Experimental Child Psychology, 82,* 305–340.

Bradley, D. (1979). Lexical representations of derivational relations. In M. Aranoff & M. Kean (Eds.), *Juncture.* Cambridge, MA: MIT Press.

Bradley, L., & Bryant, P. E. (1978). Difficulties in auditory organization as a possible cause of reading backwardness. *Nature, 271,* 746–747.

Bradley, L., & Bryant, P. E. (1983). Categorizing sounds and learning to read – A causal connection. *Nature*, *301*, 419–421.

Bradshaw, J. L. (1974). Peripherally presented and unreported words may bias the meaning of a centrally fixated homograph. *Journal of Experimental Psychology*, *103*, 1200–1202.

Brady, S., Shankweiler, D., & Mann, V. A. (1983). Speech perception and memory coding in relation to reading ability. *Journal of Experimental Child Psychology*, *35*(2), 345–367.

Brady, S. A. (1997). Ability to encode phonological representations: An underlying difficulty of poor readers. In B. A. Blachman (Ed.), *Foundations of reading acquisition and dyslexia: Implications for early intervention* (pp. 21–47). Mahwah, NJ: Lawrence Erlbaum Associates Inc.

Bransford, J. D., & Johnson, M. K. (1972). Contextual prerequisites for understanding: Some investigations of comprehension and recall. *Journal of Verbal Learning and Verbal Behavior*, *11*, 717–726.

Breen, M., & Clifton, C. Jr. (2011). Stress matters: Effects of anticipated lexical stress on silent reading. *Journal of Memory and Language*, *64*, 153–170.

Breier, J. I., Fletcher, J. M., Denton, C., & Gray, L. C. (2004). Categorical perception of speech stimuli in children at risk for reading difficulty. *Journal of Experimental Child Psychology*, *88*(2), 152–170.

Breznitz, Z., & Meyler, A. (2003). Speed of lower-level auditory and visual processing as a basic factor in dyslexia: Electrophysiological evidence. *Brain and Language*, *85*(2), 166–184.

Briggs, C., & Elkind, D. (1973). Cognitive development in early readers. *Developmental Psychology*, *9*, 279–280.

Brim, B. J. (1968). Impact of a reading improvement program. *Journal of Educational Research*, *62*, 177–182.

Britt, M. A. (1994). The interaction of referential ambiguity and argument structure in the parsing of prepositional phrases. *Journal of Memory and Language*, *33*, 251–283.

Broadbent, D. E. (1958). *Perception and communication*. London: Pergamon.

Broadbent, D. E. (1984). The Maltese cross: A new simplistic model for memory. *Behavioral and Brain Sciences*, *7*, 55–94.

Broadbent, W. H. (1872). *On the cerebral mechanism of speech and thought*. Proceedings of the Royal Medical and Chirurgical Society of London (pp. 25–29). London: Anonymous.

Brooks, L. (1977). Visual pattern in fluent word identification. In A. S. Reber & D. L. Scarborough (Eds.), *Toward a psychology of reading*. Hillsdale, NJ: Lawrence Erlbaum Associates Inc.

Brown, A. L. (1980). Metacognitive development and reading. In R. J. Spiro, B. C. Bruce, & W. F. Brewer, (Eds.), *Theoretical issues in reading comprehension*. Hillsdale, NJ: Lawrence Erlbaum Associates Inc.

Brown, B., Haegerstrom-Portnoy, G., Adams, A. J., Yingling, C. D., Galin, D., Herron, J., et al. (1983). Predictive eye movements do not discriminate between dyslexic and normal children. *Neuropsychologia*, *21*, 121–128.

Brown, R. (1970). Psychology and reading. In H. Levin & J. P. Williams (Eds.), *Basic studies on reading*. New York: Basic Books.

Brown, R. W. (1958). *Words and things*. New York: Free Press.

Bruce, D. J. (1964). The analysis of word sounds by young children. *British Journal of Educational Psychology*, *34*, 158–170.

Bruck, M. (1990). Word-recognition skills of adults with childhood diagnoses of dyslexia. *Developmental Psychology*, *26*(3), 439–454.

Bruck, M. (1992). Persistence of dyslexics' phonological awareness deficits. *Developmental Psychology*, *28*(5), 874–886.

Bruck, M., Genesee, F., & Caravolas, M. (1997). A cross-linguistic study of early literacy acquisition. In B. A. Blachman (Ed.), *Foundations of reading acquisition and dyslexia: Implications for early intervention* (pp. 145–162). Mahwah, NJ: Lawrence Erlbaum Associates Inc.

Bruno, J. L., Manis, F. R., Keating, P., Sperling, A. J., Nakamoto, J., & Seidenberg, M. S. (2007). Auditory word identification in dyslexic and normally achieving readers. *Journal of Experimental Child Psychology*, *97*(3), 183–204.

Brunswick, N., McCrory, E., Price, C. J., Frith, C. D., & Frith, U. (1999). Explicit and implicit processing of words and pseudowords by adult developmental dyslexics. *Brain: A Journal of Neurology*, *122*(10), 1901–1917.

Bryant, P. E., & Impey, L. (1986). The similarities between normal readers and developmental and acquired dyslexics. *Cognition*, *24*, 121–137.

Brysbaert, M., Drieghe, D., & Vitu, F. (2003). Word skipping: Implications for eye movement control in reading. In G. Underwood (Ed.), *Cognitive processes in eye guidance*. Oxford, UK: Oxford University Press.

Brysbaert, M., & New, B. (2009). Moving beyond Kucera and Francis: A critical evaluation of current word frequency norms and the introduction of a new and improved word frequency measure for American English. *Behavior Research Methods*, *41*, 488–496.

Brysbaert, M., & Vitu, F. (1998). Word skipping: Implications for theories of eye movement control in reading. In Underwood, G. (Ed.), *Eye guidance in reading and scene perception* (pp. 125–147). Amsterdam: Elsevier.

Burd, L., & Kerbeshian, J. (1988). Familial pervasive development disorder, Tourette disorder, and hyperlexia. *Neuroscience and Biobehavioral Reviews*, *12*, 233–234.

Burden, V., & Campbell, R. (1994). The development of word-coding skills in the born deaf: An experimental study of deaf school-leavers. *British Journal of Developmental Psychology*, *12*, 331–349.

Bus, A. G., van Ijzendoorn, M. H., & Pellegrini, A. D. (1995). Joint book reading makes for success in learning to read: A meta-analysis on intergenerational transmission of literacy. *Review of Educational Research*, *65*(1), 1–21.

Buswell, G. T. (1922). *Fundamental reading habits: A study of their development*. Chicago: Chicago University Press.

Byrne, B. (1992). Studies in the acquisition procedure for reading: Rationale, hypotheses, and data. In P. B. Gough, L. C. Ehri, & R. Treiman (Eds.), *Reading acquisition* (pp. 1–34). Hillsdale, NJ: Lawrence Erlbaum Associates Inc.

Byrne, B., & Fielding-Barnsley, R. (1991). Evaluation of a program to teach phonemic awareness to young children. *Journal of Educational Psychology*, *83*, 451–455.

Byrne, B., & Shea, P. (1979). Semantic and phonetic memory codes in beginning readers. *Memory & Cognition*, *7*, 333–338.

Cain, K., & Oakhill, J. V. (1999). Inference making ability and its relation to comprehension failure in young children. *Reading and Writing*, *11*(5–6), 489–503.

Cain, K., Oakhill, J. V., Barnes, M. A., & Bryant, P. E. (2001). Comprehension skill, inference-making ability, and the relation to knowledge. *Memory & Cognition*, *29*(6), 850–859.

Cain, K., Oakhill, J. V., & Elbro, C. (2003). The ability to learn new word meanings from context by school-age children with and without language comprehension difficulties. *Journal of Child Language*, *30*, 681–694.

Calef, T., Pieper, M., & Coffey, B. (1999). Comparisons of eye movements before and after a speed-reading course. *Journal of the American Optometric Association*, *70*, 171–181.

Calfee, R. C., Chapman, R., & Venezky, R. (1972). How a child needs to think to learn to read. In L. W. Gregg (Ed.), *Cognition in learning and memory*. New York: Wiley.

Calfee, R. C., Lindamood, P., & Lindamood, C. (1973). Acoustic–phonetic skills and reading: Kindergarten through twelfth grade. *Journal of Educational Psychology*, *64*, 293–298.

Campbell, F. W., & Wurtz, R. H. (1978). Saccadic omission: Why we do not see a grey-out during a saccadic eye movement. *Vision Research*, *18*, 1297–1303.

Caramazza, A., Grober, E. H., Garvey, C., & Yates, J. (1977). Comprehension of anaphoric pronouns. *Journal of Verbal Learning and Verbal Behavior*, *16*, 601–609.

Cardoso-Martins, C. (2001). The reading abilities of beginning readers of Brazilian Portugese: Implications for a theory of reading acquisition. *Scientific Studies of Reading*, *5*(4), 289–317.

Carillo, L. W., & Sheldon, W. D. (1952). The flexibility of the reading rate. *Journal of Educational Psychology*, *43*, 299–305.

Carlson, G. N., & Tanenhaus, M. K. (1988). Thematic roles and language comprehension. In W. Wilkins (Ed.), *Syntax and semantics: Thematic relations* (pp. 263–300). New York: Academic Press.

Carlson, K. (2009). How prosody influences sentence comprehension. *Language and Linguistics Compass*, *3*, July.

Carr, T. H. (1981). Building theories of reading ability: On the relation between individual differences in cognitive skills and reading comprehension. *Cognition*, *9*, 73–114.

Carr, T. H. (1982). What's in a model: Reading theory and reading instruction. In M. H. Singer (Ed.), *Competent reader, disabled reader: Research and application*. Hillsdale, NJ: Lawrence Erlbaum Associates Inc.

Carr, T. H., Davidson, B. J., & Hawkins, H. L. (1978). Perceptual flexibility in word recognition: Strategies affect orthographic computation but not lexical access. *Journal of Experimental Psychology: Human Perception and Performance*, *4*, 674–690.

Carr, T. H., McCauley, C., Sperber, R. D., & Parmelee, C. M. (1982). Words, pictures, and priming: On semantic activation, conscious identification, and the automaticity of information processing. *Journal of Experimental Psychology: Human Perception and Performance*, *8*, 757–777.

Carr, T. H., & Pollatsek, A. (1985). Recognizing printed words: A look at current models. In D. Besner, T. G. Waller, & G. E. MacKinnon (Eds.), *Reading research: Advances in theory and practice* (Vol. 5). Orlando, FL: Academic Press.

Carreiras, M., Duñabeitia, J. A., & Molinaro, N. (2009). Consonants and vowels contribute differently to visual word recognition: ERPs of relative position priming. *Cerebral Cortex, 19,* 2659–2670.

Carreiras, M., Perea, M., & Grainger, J. (1997). Effects of orthographic neighborhood in visual word recognition: Cross-task comparisons. *Journal of Experimental Psychology: Learning, Memory, and Cognition, 23,* 857–871.

Carroll, J. M., Snowling, M. J., Stevenson, J., & Hulme, C. (2003). The development of phonological awareness in preschool children. *Developmental Psychology, 39,* 913–923.

Carroll, P., & Slowiaczek, M. L. (1987). Modes and modules: Multiple pathways to the language processor. In J. Garfield (Ed.), *Modularity in knowledge representation and natural language processing.* Cambridge, MA: MIT Press.

Carver, R. P. (1971). *Sense and nonsense in speed reading.* Silver Spring, MD: Revrac.

Carver, R. P. (1972). Speed readers don't read; they skim. *Psychology Today,* 22–30.

Carver, R. P. (1985). How good are some of the world's best readers? *Reading Research Quarterly, 4,* 389–419.

Carver, R. P. (1997). Reading for one second, one minute, or one year from the perspective of rauding theory. *Scientific Studies of Reading, 1,* 3–43.

Castiglioni-Spalten, M. L., & Ehri, L. C. (2003). Phonemic awareness instruction: Contribution of articulatory segmentation to novice beginners' reading and spelling. *Scientific Studies of Reading, 7*(1), 25–52.

Castles, A., & Coltheart, M. (1993). Varieties of developmental dyslexia. *Cognition, 47*(2), 149–180.

Castles, A., Datta, H., Gayan, J., & Olson, R. K. (1999). Varieties of developmental reading disorder: Genetic and environmental influences. *Journal of Experimental Child Psychology, 72*(2), 73–94.

Cattell, J. M. (1886). The time it takes to see and name objects. *Mind, 11,* 63–65.

Catts, H. W., Fey, M. E., Zhang, X., & Tomblin, J. B. (1999). Language basis of reading and reading disabilities: Evidence from a longitudinal investigation. *Scientific Studies of Reading, 3*(4), 331–361.

Chace, K. H., Rayner, K., & Well, A. D. (2005). Eye movements and phonological preview benefit: Effects of reading skill. *Canadian Journal of Experimental Psychology, 59,* 209–217.

Chall, J. S. (1958). *Readability: An appraisal of research and application.* Columbus, OH: Ohio State University.

Chall, J. S. (1967/1996). *Learning to read: The great debate* (3rd ed.). Fort Worth, TX: Harcourt Brace.

Chall, J. S. (1983/1996). *Stages of reading development.* Orlando, FL: Harcourt–Brace.

Chamberlain, C. (2002). *Reading skills of deaf adults who sign: Good and poor readers compared.* Unpublished Ph.D., McGill University, Montreal.

Chambers, S. M. (1979). Letter and order information in lexical access. *Journal of Verbal Learning and Behavior, 18,* 225–241.

Chaney, C. (1992). Language development, metalinguistic skills, and print awareness in 3-year-old children. *Applied Psycholinguistics, 13*(4), 485–514.

Chase, W. G., & Clark, H. H. (1972). Mental operations in the comparison of sentences and pictures. In L. W. Gregg (Ed.), *Cognition in learning and memory.* New York: Wiley.

Cheesman, J., & Merikle, P. M. (1984). Priming with and without awareness. *Perception & Psychophysics, 36,* 387–395.

Chen, H-C., & Tang, C-K., (1998). The effective visual field in Chinese. *Reading and Writing, 10,* 245–254.

Cheung, H., & Ng, L. K. H. (2003). Chinese reading development in some major Chinese societies: An introduction. In C. McBride-Chang & H-C. Chen (Eds.), *Reading development in Chinese children* (pp. 3–17). Westport, CT: Greenwood Press.

Chiappe, P., Stringer, R., Siegel, L. S., & Stanovich, K. E. (2002). Why the timing deficit hypothesis does not explain reading disability in adults. *Reading and Writing, 15*(1–2), 73–107.

Chmiel, N. (1984). Phonological recoding for reading: The effect of concurrent articulation in a Stroop task. *British Journal of Psychology, 75,* 213–220.

Chomsky, N. (1957). *Syntactic structures.* The Hague, Netherlands: Mouton.

Chomsky, N. (1959). A review of Verbal Behavior by B. F. Skinner. *Language, 35,* 26–58.

Chomsky, N. (1965). *Aspects of the theory of syntax.* Cambridge, MA: MIT Press.

Chomsky, N. (1970). Phonology and reading. In H. Levin & J. P. Williams (Eds.), *Basic studies on reading.* New York: Basic Books.

Chomsky, N. (1981). *Lectures on government and binding: The Pisa lectures.* Dordrecht: Foris.

参考文献 ▶▶

Chomsky, N. (1995). *The minimalist program.* Cambridge, MA: MIT Press.

Chomsky, N., & Halle, M. (1968). *The sound pattern of English.* New York: Harper & Row.

Christianson, K., Hollingworth, A., Halliwell, J., & Ferreira, F. (2001). Thematic roles assigned along the garden path linger. *Cognitive Psychology: Learning, Memory, and Cognition, 42*, 368–407.

Christianson, K., Johnson, R. L., & Rayner, K. (2005). Letter transpositions within and across morphemes. *Journal of Experimental Psychology: Learning, Memory, and Cognition, 31*, 1327–1339.

Chumbley, J. I., & Balota, D. A. (1984). A word's meaning affects the decision in lexical decision. *Memory & Cognition, 12*, 590–606.

Ciuffreda, K. J., Kenyon, R. W., & Stark, L. (1983). Saccadic intrusions contributing to reading disability: A case report. *American Journal of Optometry and Physiological Optics, 60*, 242–249.

Clark, H. H., & Haviland, S. E. (1977). Comprehension and the given–new contract. In R. O. Freedle (Ed.), *Discourse production and comprehension.* Norwood, NJ: Ables.

Clark, H. H., & Sengul, C. J. (1979). In search of referents for nouns and pronouns. *Memory & Cognition, 7*, 35–41.

Clay, M. M. (1979) *Reading: The patterning of complex behavior.* Auckland, New Zealand: Heinemann Educational Books.

Clay, M. M. (1991). *Becoming literate: The construction of inner control.* Portsmouth, NH: Heinemann.

Clay, M. M., & Imlach, R.H. (1971). Juncture, pitch and stress as reading behavior variables. *Journal of Verbal Learning and Verbal Behavior, 10*, 133–139.

Clifton, C. Jr., & Ferreira, F. (1987). Discourse structure and anaphora: Some experimental results. In M. Coltheart (Ed.), *Attention and performance 12* (pp. 635–654), Hove, UK: Lawrence Erlbaum Associates Ltd.

Clifton, C. Jr., & Ferreira, F. (1989). Ambiguity in context. *Language and Cognitive Processes, 4*, 77–104.

Clifton, C. Jr., & Frazier, L. (1989). Comprehending sentences with long-distance dependencies. In G. Carlson & M. Tanenhaus (Eds.), *Linguistic structure in language processing* (pp. 273–318). Dordrecht: Kluwer Academic.

Clifton, C. Jr., Frazier, L., & Connine, C. (1984). Lexical expectations in sentence comprehension. *Journal of Verbal Learning and Verbal Behavior, 23*(6), 696–708.

Clifton, C. Jr., Speer, S., & Abney, S. (1991). Parsing arguments: Phrase structure and argument structure as determinants of initial parsing decisions. *Journal of Memory and Language, 30*, 251–271.

Clifton, C. Jr., & Staub, A. (2008). Parallelism and competition in syntactic ambiguity resolution. *Language and Linguistics Compass, 2*, 234–250.

Clifton, C. Jr., Traxler, M., Mohamed, M. T., Williams, R. S., Morris, R. K., & Rayner, K. (2003). The use of thematic role information in parsing: Syntactic processing autonomy revisited. *Journal of Memory and Language, 49*, 317–334.

Cloutman, L., Goettesman, R., Chaudhry, P., Davis, C., Kleinman, J. T., Pawlak, M., et al. (2009a). Where (in the brain) do semantic errors come from? *Cortex, 45*(5), 641–649.

Cloutman, L., Newhart, M., Davis, C., Heidler-Gary, J., & Hillis, A. E. (2009b). Acute recovery of oral word production following stroke: Patterns of performance as predictors of recovery. *Behavioural Neurology, 21*(3–4), 145–153.

Cobrinik, L. (1974). Unusual reading ability in severely disturbed children: Clinical observation and a retrospective inquiry. *Journal of Autism and Childhood Schizophrenia, 4*(2), 163–175.

Cohen, A. S. (1974). Oral reading errors of first grade children taught by a code emphasis approach. *Reading Research Quarterly, 10*, 616–650.

Cohen, L., & Dehaene, S. (2009). Ventral and dorsal contributions to word reading. In M. S. Gazzaniga (Ed.), *Cognitive neuroscience* (4th ed.). Cambridge, MA: MIT Press.

Cohen, L., Dehaene, S., Naccache L., Lehricy, S., Dehaene-Lambertz, G., Henaff, G. M. A., et al. (2000). The visual word form area: Spatial and temporal characterization of an initial stage of reading in normal subjects and posterior split-brain patients. *Brain, 123*, 291–307.

Cohen, M. E., & Ross, L. E. (1977). Saccade latency in children and adults: Effects of warning interval and target eccentricity. *Journal of Experimental Child Psychology, 23*, 539–549.

Coltheart, M. (1978). Lexical access in simple reading tasks. In G. Underwood (Ed.), *Strategies of information processing.* London: Academic Press.

Coltheart, M. (1980). Iconic memory and visual persistence. *Perception & Psychophysics, 27*, 183–228.

Coltheart, M. (1981). Disorders of reading and their implications for models of normal reading. *Visible Language, 15*, 245–286.

Coltheart, M. (2005). Analyzing developmental disorders of reading. *Advances in Speech Language Pathology*, 7(2), 49–57.

Coltheart, M., Davelaar, E., Jonasson, J. T., & Besner, D. (1977). Access to the internal lexicon. In S. Dornic (Ed.), *Attention and performance VI*. London: Academic Press.

Coltheart, M., & Freeman, R. (1974). Case alternation impairs word recognition. *Bulletin of the Psychonomic Society*, *3*, 102–104.

Coltheart, M., Patterson, K., & Marshall, J. (1980). *Deep dyslexia*. London: Routledge & Kegan Paul.

Coltheart, M., & Rastle, K. (1994). Serial processing in reading aloud: Evidence for dual-route models of reading. *Journal of Experimental Psychology: Human Perception and Performance*, *20*(6), 1197–1211.

Coltheart, M., Rastle, K., Perry, C., Langdon, R., & Ziegler, J. (2001). DRC: A dual route cascaded model of visual word recognition and reading aloud. *Psychological Review*, *108*, 204–256.

Coltheart, V., Laxon, V. J., Keating, G. C., & Pool, M. M. (1986). Direct access and phonological encoding processes in children's reading: Effect of word characteristics. *British Journal of Eductional Psychology*, *56*, 255–270.

Compton, D. L. (2003a). Modeling the relationship between growth in rapid naming speed and growth in decoding skill in first-grade children. *Journal of Educational Psychology*, *95*(2), 225–239.

Compton, D. L. (2003b). The influence of item composition on RAN letter performance in first-grade children. *Journal of Special Education*, *37*(2), 81–94.

Compton, D. L., Davis, C. J., DeFries, J. C., Gayan, J., & Olson, R. K. (2001). Genetic and environmental influences on reading and RAN: An overview of results from the Colorado Twin Study. In M. Wolf (Ed.), *Extraordinary brain series: Time, fluency, and developmental dyslexia* (pp. 277–303). Baltimore, MD: York Press.

Condry, S. M., McMahon-Rideout, M., & Levy, A. A. (1979). A developmental investigation of selective attention to graphic, phonetic, and semantic information in words. *Perception & Psychophysics*, *25*, 88–94.

Conrad, R. (1972). Speech and reading. In J. F. Kavanagh & I. Mattingly (Eds.), *Language by ear and by eye*. Cambridge, MA: MIT Press.

Conrad, R. (1977). The reading ability of deaf school-leavers. *British Journal of Educational Psychology*, *47*, 138–148.

Content, A., Kolinsky, R., Morais, J., & Bertelson, P. (1986). Phonetic segmentation in prereaders: Effect of corrective information. *Journal of Experimental Child Psychology*, *42*, 49–72.

Cooper, R. M. (1974). The control of eye fixation by the meaning of spoken language: A new methodology for the real-time investigation of speech perception, memory, and language processing. *Cognitive Psychology*, *6*, 84–107.

Corbett, A. T., & Dosher, B. A. (1978). Instrument inferences in sentence encoding. *Journal of Verbal Learning and Verbal Behavior*, *17*, 479–491.

Corcoran, D. W. J. (1966). An acoustic factor in letter cancellation. *Nature*, *210*, 658.

Corcoran, D. W. J. (1967). Acoustic factor in proofreading. *Nature*, *214*, 851–852.

Coslett, H. B. (2000). Acquired dyslexia. In M. J. Farah, & T. E. Feinberg (Eds.), *Patient-based approaches to cognitive neuroscience* (pp. 235–246). Cambridge, MA: MIT Press.

Cowan, N. (1984). On short and long auditory stores. *Psychological Bulletin*, *96*, 341–370.

Cowan, N. (2000). The magical number 4 in short-term memory: A reconsideration of mental storage capacity. *Behavioral and Brain Sciences*, *24*, 87–185.

Cowles, H. W., Kluender, R., Kutas, M., & Polinsky, M. (2007). Violations of information structure: An electrophysiological study of answers to wh-questions. *Brain and Language*, *102*, 228–242.

Craik, F. I. M., & Lockhart, R. S. (1972). Levels of processing: A framework for memory research. *Journal of Verbal Learning and Verbal Behavior*, *11*, 671–684.

Crain, S., & Steedman, M. (1985). On not being led up the garden path: The use of context by the psychological parser. In D. Dowty, L. Karttunen, & A. Zwicky (Eds.), *Natural language processing: Psychological, computational, and theoretical perspectives*. Cambridge, UK: Cambridge University Press.

Crisp, J., & Ralph, M. A. L. (2006). Unlocking the nature of the phonological–deep dyslexia continuum: The keys to reading aloud are in phonology and semantics. *Journal of Cognitive Neuroscience*, *18*(3), 348–362.

Crocker, M. (1995). *Computational psycholinguistics: An interdisciplinary approach to the study of language*. Dordrecht: Kluwer.

Crowder, R. G. (1982). *The psychology of reading: An introduction*. New York: Oxford University Press.

Crowder, R. G., & Wagner, R. K. (1992). *The psychology of reading*. Oxford, UK: Oxford University Press.

Cunningham, A. E., Perry, K. E., Stanovich, K. E., & Share, D. L. (2002). Orthographic learning during reading: Examining the role of self-teaching. *Journal of Experimental Child Psychology, 82*(3), 185–199.

Cunningham, A. E., Perry, K. E., Stanovich, K. E., & Stanovich, P. J. (2004). Disciplinary knowledge of K–3 teachers and their knowledge calibration in the domain of early literacy. *Annals of Dyslexia, 54,* 139–167.

Cunningham, A. E., & Stanovich, K.E. (1997). Early reading acquisition and its relation to reading experience and ability 10 years later. *Developmental Psychology, 33*(6), 934–945.

Cunningham, T. J., Healy, A. F., Kanengiser, N., Chizzick, L., & Willitts, R.L. (1988). Investigating the boundaries of reading units across ages and reading levels. *Journal of Experimental Child Psychology, 45,* 175–208.

Curtis, M. E. (1980). Development of components of reading skill. *Journal of Educational Psychology, 72,* 656–669.

Cutler, A., & Clifton, C., Jr. (1999). Blueprint of the listener. In P. Hagoort & C. Brown (Eds.), *The neurocognition of language* (pp. 123–166). Oxford: Oxford University Press.

Daneman, M., & Carpenter, P. A. (1980). Individual differences in working memory and reading, *Journal of Verbal Learning and Verbal Behavior, 19,* 450–466.

Daneman, M., & Carpenter, P. A. (1983). Individual differences in integrating information between and within sentences. *Journal of Experimental Psychology: Learning, Memory, and Cognition, 9,* 561–584.

Darling-Hammond, L. (2006). No child left behind and high school reform. *Harvard Educational Review, 76*(4), 642–667.

Davis, C. J. (2010). The spatial coding model of visual word identification. *Psychological Review, 117,* 713–758.

Davis, C. J., Perea, M., & Acha, J. (2009). Re(de)fining the orthographic neighbourhood: The role of addition and deletion neighbours in lexical decision and reading. *Journal of Experimental Psychology: Human Perception and Performance, 35,* 1550–1570.

de Abreu, M. D., & Cardoso-Martins, C. (1998). Alphabetic access route in beginning reading acquisition in Portuguese: The role of letter–name knowledge. *Reading and Writing, 10*(2), 85–104.

de Jong, P. F., & van der Leij, A. (1999). Specific contributions of phonological abilities to early reading acquisition: Results from a Dutch latent variable longitudinal study. *Journal of Educational Psychology, 91,* 450–476.

de Jong, P. F., & Vrielink, L. O. (2004). Rapid automatic naming: Easy to measure, hard to improve (quickly). *Annals of Dyslexia, 54,* 65–88.

DeFries, J. C., & Gillis, J. J. (1991). Etiology of reading deficits in learning disabilities: Quantitative genetic analysis. In J. E. Obrzut & G. W. Hynd (Eds.), *Neuropsychological foundations of learning disabilities: A handbook of issues, methods, and practice* (pp. 29–47). San Diego, CA: Academic Press.

DeFries, J. C., Singer, S. M., Foch, T. T., & Lewitter, F. I. (1978). Familial nature of reading disability. *British Journal of Psychiatry, 132,* 361–367.

Dehaene, S. (2009). *Reading in the brain.* Toronto, Canada: Viking Press.

Dehaene, S., & Cohen, L. (2007). Cultural recycling of cortical maps. *Neuron, 56,* 384–398.

Demberg, V., & Keller, F. (2008). Data from eye-tracking corpora as evidence for theories of syntactic processing complexity. *Cognition, 109,* 193–210.

DenBuurman, R., Boersma, T., & Gerrissen, J.F. (1981). Eye movements and the perceptual span in reading. *Reading Research Quarterly, 16,* 227–235.

Denckla, M. B., & Rudel, R. (1976a). Naming of pictured objects by dyslexics and other learning disabled children. *Brain and Language 3,* 1–15.

Denckla, M. B., & Rudel, R. (1976b). Rapid "automatized" naming (RAN): Dylexia differentiated from other learning disabilities. *Neuropsychologia, 14,* 471–9.

Denckla, M. B., & Rudel, R. G. (1974). Rapid "automatized" naming of pictured objects, colors, letters and numbers by normal children. *Cortex, 10*(2), 186–202.

Dennis, I., Besner, D., & Davelaar, E. (1985). Phonology is visual word recognition: Their is more two this than meats the I. In D. Besner, T. G. Waller, & G. E. MacKinnon (Eds.), *Reading research: Advances in theory and practice* (Vol.5). New York: Academic Press.

Deutsch, A., Frost, R., & Forster, K. I. (1998). Verbs and nouns are organized and accessed differently in the mental lexicon: Evidence from Hebrew. *Journal of Experimental Psychology: Learning Memory, and Cognition, 24,* 1238–1255.

Deutsch, A., Frost, R., Peleg, S., Pollatsek, A., & Rayner, K. (2003). Early morphological effects in reading: Evidence from parafoveal preview benefit in Hebrew. *Psychonomic Bulletin & Review, 10,* 415–422.

Deutsch, A., Frost, R., Pollatsek, A., & Rayner, K. (2000). Early morphological effects in word recognition in Hebrew: Evidence from parafoveal preview benefit. *Language and Cognitive Processes, 15,* 487–506.

Deutsch, A., Frost, R., Pollatsek, A., & Rayner, K. (2005). Morphological parafoveal preview benefit effects in reading: Evidence from Hebrew. *Language and Cognitive Processes, 20,* 341–371.

DeVincenzi, M. (1991). *Syntactic parsing strategies in Italian.* Dordrecht: Kluwer Academic.

Dickerson, J., & Johnson, H. (2004). Sub-types of deep dyslexia: A case study of central deep dyslexia. *Neurocase, 10*(1), 39–47.

Diringer, D. (1962). *Writing.* London: Thames & Hudson.

Doctor, E. A., & Coltheart, M. (1980). Children's use of phonological encoding when reading for meaning. *Memory & Cognition, 8,* 195–209.

Dodge, R. (1900). Visual perception during eye movement. *Psychological Review, 7,* 454–465.

Dodge, R. (1906). Recent studies in the correlation of eye movement and visual perception. *Psychological Bulletin, 13,* 85–92.

Doehring, D. G. (1976). Acquisition of rapid reading responses. *Monographs of the Society for Research in Child Development, 41,* No. 165.

Dolch, E. W. (1948). *Helping handicapped children in school.* Oxford, UK: Garrard Press.

Dolch, E. W., & Bloomster, M. (1937). Phonic readiness. *The Elementary School Journal, 38,* 201–205.

Douglas, K., & Montiel, E. (2008). *Learning to read in American elementary school classrooms: Poverty and the acquisition of reading skills.* Retrieved from www.reading.org/Libraries/SRII/ECLS-K_SES_Report. sflb.ashx

Downing, J., & Leong, C. K. (1982). *Psychology of reading.* New York: Macmillan.

Dowty, D. (1991). Thematic proto-roles and argument selection. *Language, 67,* 547–619.

Drake, W. E. (1968). Clinical and pathological findings in a child with a developmental learning disability. *Journal of Learning Disabilities, 1*(9), 486–502.

Drewnowski, A. (1978). Detection errors on the word the: Evidence for the acquisition of reading levels. *Memory & Cognition, 6,* 403–409.

Drewnowski, A., & Healy, A. F. (1977). Detection errors on the and and: Evidence for reading units larger than the word. *Memory & Cognition, 5,* 636–647.

Drewnowski, A., & Healy, A. F. (1980). Missing -ing in reading: Letter detection errors in word endings. *Journal of Verbal Learning and Verbal Behavior, 19,* 247–262.

Drews, E., & Zwitserlood, P. (1995). Morphological and orthographic similarity in visual word recognition. *Journal of Experimental Psychology: Human Perception and Performance, 21,* 1098–1116.

Drieghe, D. (2011). Parafoveal-on-foveal effects in eye movements during reading. In S. P. Liversedge, I. D. Gilchrist, & S. Everling (Eds.), *Oxford handbook on eye movements* (pp. 839–855). Oxford, UK: Oxford University Press.

Drieghe, D., Brysbaert, M., Desmet, T., & De Baecke, C. (2004). Word skipping in reading: On the interplay of linguistic and visual factors. *European Journal of Cognitive Psychology, 16,* 79–103.

Drieghe, D., Pollatsek, A., Juhasz, B. J., & Rayner, K. (2010). Parafoveal processing during reading is reduced across a morphological boundary. *Cognition, 116,* 136–142.

Drieghe, D., Pollatsek, A., Staub, A., & Rayner, K. (2008). The word grouping hypothesis and eye movements during reading. *Journal of Experimental Psychology: Learning, Memory, and Cognition, 34,* 1552–1560.

Drieghe, D., Rayner, K., & Pollatsek, A. (2005). Eye movements and word skipping during reading revisited. *Journal of Experimental Psychology: Human Perception and Performance, 31,* 954–969.

Drieghe, D., Rayner, K., & Pollatsek A. (2008). Mislocated fixations can account for parafoveal-on-foveal effects in eye movements during reading. *Quarterly Journal of Experimental Psychology, 61,* 1239–1249.

Duara, R., Kushch, A., Gross-Glenn, K., & Barker, W. W. (1991). Neuroanatomic differences between dyslexic and normal readers on magnetic resonance imaging scans. *Archives of Neurology, 48*(4), 410–416.

Duffy, S. A. (1986). Role of expectations in sentence integration. *Journal of Experimental Psychology: Learning, Memory, and Cognition, 12,* 208–219.

Duffy, S. A., Morris, R. K., & Rayner, K. (1988). Lexical ambiguity and fixation times in reading. *Journal of Memory and Language, 27,* 429–446.

Duffy, S. A., & Rayner, K. (1990). Eye movements and anaphor resolution: Effects of antecedent typicality and distance. *Language and Speech, 33,* 103–119.

Durkin, D. (1966). *Children who read early*. New York: Teachers College, Columbia University.

Durrell, D. D. (1958). First grade reading success study: A summary. *Journal of Education, 140*, 2–6.

Dyer, A., MacSwenney, M., Szczerbinski, M., Green, L., & Campbell, R. (2003). Predictors of reading delay in deaf adolescents: The relative contributions of rapid automatized naming speed and phonological awareness and decoding. *Journal of Deaf Studies and Deaf Education, 8*(3), 215.

Dyer, F. N. (1973). The Stroop phenomenon and its use in the study of perceptual, cognitive and response processes. *Memory & Cognition, 1*, 106–120.

Dykstra, R. (1968). The effectiveness of code- and meaning-emphasis beginning reading programs. *Reading Teacher, 22*(1), 17–23.

Edfeldt. A. W. (1960). *Silent speech and silent reading*. Chicago: University of Chicago Press.

Egeth, H., Jonides, J., & Wall, S. (1972). Parallel processing of multi-element displays. *Cognitive Psychology, 3*, 674–698.

Ehri, L. C. (1975). Word consciousness in readers and prereaders. *Journal of Educational Psychology, 67*, 204–212.

Ehri, L. C. (1976). Do words really interfere in naming pictures? *Child Development, 47*, 502–505.

Ehri, L. C. (1979). Linguistic insight: Threshold of reading acquisition. In T. W. Waller & G. E. MacKinnon (Eds.), *Reading research: Advances in theory and practice*. New York: Academic Press.

Ehri, L. C. (1980). The role of orthography in printed word learning. In J. G. Kavanaugh & R.L. Venezky (Eds.), *Orthography, reading, and dyslexia*. Baltimore: University Park Press.

Ehri, L. C. (1983). Influence of orthography of phonological and lexical awareness in beginning readers. In J. Downing & R. Valtin (Eds.), *Language awareness and learning to read*. New York: Springer-Verlag.

Ehri, L. C. (1992). Reconceptualizing the development of sight word reading and its relationship to recoding. In P. B. Gough, L. C. Ehri, & R. Treiman (Eds.), *Reading acquisition* (pp. 107–143). Hillsdale, NJ: Lawrence Erlbaum Associates Inc.

Ehri, L. C. (1998). Grapheme–phoneme knowledge is essential to learning to read words in English. In J. L. Metsala, & L. C. Ehri (Eds.), *Word recognition in beginning literacy* (pp. 3–40). Mahwah, NJ: Lawrence Erlbaum Associates Inc.

Ehri, L. C. (1999). Phases of development in learning to read words. In J. Oakhill & R. Beard (Eds.), *Reading development and the teaching of reading: A psychological perspective* (pp. 79–108). Oxford: Blackwell Science.

Ehri, L. C. (2002). Phases of acquisition in learning to read words and implications for teaching. In R. Stainthorp & P. Tomlinson (Eds.), *Learning and teaching reading*. London: British Journal of Educational Psychology Monograph Series II.

Ehri, L. C., Nunes, S. R., Stahl, S. A., & Willows, D. M. (2001). Systematic phonics instruction helps students learn to read: Evidence from the National Reading Panel's meta-analysis. *Review of Educational Research, 71*(3), 393–447.

Ehri, L. C., & Robbins, C. (1992). Beginners need some decoding skill to read words by analogy. *Reading Research Quarterly, 27*(1), 12–26.

Ehri, L. C., & Wilce, L. S. (1979). The mnemonic value of orthography among beginning readers. *Journal of Educational Psychology, 71*, 26–40.

Ehri, L. C., & Wilce, L. S. (1985). Movement into reading: Is the first stage of printed word learning visual or phonetic? *Reading Research Quarterly, 2*, 163–179.

Ehri, L. E., & Wilce, L. S. (1987a). Cipher versus cue reading: An experiment in decoding acquisition. *Journal of Educational Psychology, 79*, 3–13.

Ehri, L. E., & Wilce, L. S. (1987b). Does learning to spell help beginning readers learn to read words? *Reading Research Quarterly, 22*, 47–65.

Ehrlich, K. (1980). Comprehension of pronouns. *Quarterly Journal of Experimental Psychology, 32*, 247–255.

Ehrlich, K., & Rayner K. (1983) Pronoun assignment and semantic integration during reading: Eye movements and immediacy of processing. *Journal of Verbal Learning and Verbal Behavior, 22*, 75–87.

Ehrlich, S. F. (1981). Children's word recognition in prose context. *Visible Language, 15*, 219–244.

Ehrlich, S. F., & Rayner, K. (1981). Contextual effects on word perception and eye movements during reading. *Journal of Verbal Learning and Verbal Behavior, 20*, 641–655.

Eiter, B. M., & Inhoff, A. W. (2010). Visual word recognition in reading is followed by subvocal articulation. *Journal of Experimental Psychology: Learning, Memory and Cognition, 36*, 457–470.

Elbro, C. (1996). Early linguistic abilities and reading development. A review and a hypothesis. *Reading and Writing, 8*(6), 453–485.

Elkind, D., & Weiss, J. (1967). Studies in perceptual development. III: Perceptual exploration. *Child Development, 38*, 553–561.

Elkonin, D. B. (1973). U.S.S.R. In J. Downing (Ed.), *Comparative reading* (pp. 551–579). New York: Macmillan.

Ellis, A. W. (1984). *Reading, writing and dyslexia: A cognitive analysis.* Hove, UK: Lawrence Erlbaum Associates Ltd.

Ellis, N. C., & Hooper, A. M. (2001). Why learning to read is easier in Welsh than in English: Orthographic transparency effects evinced with frequency-matched tests. *Applied Psycholinguistics, 22*(4), 571–599.

Elman, J. L., Hare, M., & McRae, K. (2004). Cues, constraints, and competition in sentence processing. In M. Tomasello & D. Slobin (Eds.), *Beyond nature–nuture: Essays in honor of Elizabeth Bates.* Mahwah, NJ: Lawrence Erlbaum Associates Inc.

Engbert, R., Nuthmann, A., Richter, E., & Kliegl, R. (2005). SWIFT: A dynamical model of saccade generation during reading. *Psychological Review, 112*, 777–813.

Erdmann, B., & Dodge, R. (1898). *Psychologische Untersuchungen uber das Lesen.* Halle, Germany: M. Niemeyer.

Erickson, D., Mattingly, I. G., & Turvey, M. T. (1977). Phonetic activity in reading: An experiment with Kanji. *Language and Speech, 20*, 384–403.

Erickson, T. D., & Mattson, M. E. (1981). From words to meaning: A semantic illusion. *Journal of Verbal Learning and Verbal Behavior, 20*, 540–551.

Evans, M. A., & Carr, T. H. (1985). Cognitive abilities, conditions of learning, and the early development of reading skill. *Reading Research Quarterly, 20*(3), 327–350.

Evans, M. A., & Saint-Aubin, J. (2005). What children are looking at during shared storybook reading: Evidence from eye movement monitoring. *Psychological Science, 16*, 913–920.

Evans, M. A., Shaw, D., & Bell, M. (2000). Home literacy activities and their influence on early literacy skills. *Canadian Journal of Experimental Psychology, 54*(2), 65–75.

Evett, L. J., & Humphreys, G. W. (1981). The use of abstract graphemic information in lexical access. *Quarterly Journal of Experimental Psychology, 33A*, 325–350.

Eysenck, M. W., & Keane, M. T. (2010). *Cognitive psychology: A student's handbook* (6th ed.). Hove, UK: Psychology Press.

Ezell, H. K., & Justice, L. M. (2000). Increasing the print focus of adult–child shared book reading through observational learning. *American Journal of Speech–Language Pathology, 9*, 36–47.

Feinberg, R. (1949). A study of some aspects of peripheral visual acuity. *American Journal of Optometry and Archives of the American Annals of Optometry, 26*, 49–56, 105–119.

Feitelson, D., & Razel, M. (1984). Word superiority and word shape effects in beginning readers. *International Journal of Behavioral Development, 7*, 359–370.

Feldman, L. B. (2000). Are morphological effects distinguishable from the effects of shared meaning and shared form? *Journal of Experimental Psychology: Learning, Memory, and Cognition, 26*, 1431–1444.

Feldman, L. B., & Turvey, M. T. (1983). Word recognition in Serbo-Croatian is phonologically analytic. *Journal of Experimental Psychology: Human Perception and Performance, 9*, 288–298.

Felton, R. H., Naylor, C. E., & Wood, F. B. (1990). Neuropsychological profile of adult dyslexics. *Brain and Language, 39*(4), 485–497.

Felton, R. H., Wood, F. B., Brown, I. B., Campbell, S. K. & Harter, M. R. (1987). Separate verbal memory and naming deficits in attention deficit disorder and reading disability. *Brain & Language, 31*, 171–184.

Ferguson, H. J., & Sanford, A. (2008). Anomalies in real and counterfactual worlds: An eye-movement investigation. *Journal of Memory and Language, 58*, 609–626.

Ferreira, F. (2003). The misinterpretation of noncanonical sentences. *Cognitive Psychology, 47*, 164–203.

Ferreira, F., Bailey, K. G. D., & Ferraro, V. (2002). Good-enough representations in language comprehension. *Current Directions in Psychological Science, 11*, 11–14.

Ferreira, F., & Clifton C. Jr. (1986). The independence of syntactic processing. *Journal of Memory and Language, 25*, 75–87.

Ferreira, F., & Henderson, J. (1990). The use of verb information in syntactic parsing: Evidence from eye movements and word-by-word self-paced reading. *Journal of Experimental Psychology: Learning, Memory, and Cognition, 16*, 555–568.

Ferreira, F., & Patson, N. D. (2007). The 'good enough' approach to language comprehension. *Language and Linguistics Compass, 1*, 71–83.

Ferretti, T. R., Kutas, M., & McRae, K. (2007). Verb aspect and the activation of event knowledge. *Journal of Experimental Psychology: Learning, Memory, and Cognition, 33*, 182–196.

Ferretti, T. R., McRae, K., & Hatherell, A. (2001). Integrating verbs, situation schemas, and thematic role concepts. *Journal of Memory and Language, 44*, 516–548.

Fielding-Barnsley, R., & Purdie, N. (2005). Teachers' attitude to and knowledge of metalinguistics in the process of learning to read. *Asia-Pacific Journal of Teacher Education, 33*(1), 65–76.

Filik, R., Paterson, K. B., & Liversedge, S. P. (2005). Parsing with focus particles in context: Eye movements during the processing of relative clause ambiguities. *Journal of Memory and Language, 53*, 473–495.

Fine, E. M., & Rubin, G. S. (1999). Reading with a central field loss: number of letters masked is more important than the size of the mask in degrees. *Vision Research, 39*, 747–756.

Fischer, I., & Bloom, P. (1979). Automatic and attentional processes in the effects of sentence context on word recognition. *Journal of Verbal Learning and Verbal Behavior, 18*, 1–20.

Fisher, D. F. (1979). Dysfunctions in reading disability: There's more than meets the eye. In L. B. Resnick & P. A. Weaver (Eds.), *Theory and practice of early reading* (Vol. 1). Hillsdale, NJ: Lawrence Erlbaum Associates Inc.

Fisher, D. F., & Montanary, S. P. (1977). *Spatial and contextual factors in beginning reading: Evidence for PSG-CSG complements to developing automaticity?* (pp. 247–251). Hillsdale, NJ: Lawrence Erlbaum Associates Inc.

Fisher, D. G. (1983). An experimental study of eye movements during reading. Unpublished manuscript. Murray Hill, NJ: Bell Laboratories.

Fisher, S. E., & DeFries, J. C. (2002). Developmental dyslexia: Genetic dissection of a complex cognitive trait. *Nature Reviews Neuroscience, 3*, 767–80.

Fisher, S. E., Stein, J. F., & Monaco, A. P. (1999). A genome-wide search strategy for identifying quantitative trait loci involved in reading and spelling disability (developmental dyslexia). *European Child & Adolescent Psychiatry, 8*(3), III–47–III/51.

Fletcher, J. M., Foorman, B. R., Francis, D. J., Shaywitz, B. A., & Shaywitz, S. E. (1994). Treatment of dyslexia. In K. P. van den Bos, L. S. Siegel, D. J. Baker, & D. L. Share (Eds.), *Current directions in dyslexia research* (pp. 223–233). Lisse, Switzerland: Swets & Zeitlinger.

Fletcher, J. M., Lyon, G. R., Barnes, M., Stuebing, K. K., Francis, D. J., Olson, R., et al. (2002). Classification of learning disabilities: An evidenced-based evaluation. In R. Bradley, L. Danielson, & D. Hallahan (Eds.), *Identification of learning disabilities: Research to practice* (pp. 185–250). Mahwah, NJ: Lawrence Erlbaum Associates Inc.

Fletcher, J. M., Lyon, G. R., Fuchs, L. S., & Barnes, M. A. (2007). *Learning disabilities: From identification to intervention.* New York: Guilford Press.

Fletcher, J. M., Shaywitz, S. E., Shankweiler, D. P., Katz, L., Liberman, I. Y., Stuebing, K. K., et al. (1994). Cognitive profiles of reading disability: Comparisons of discrepancy and low achievement definitions. *Journal of Educational Psychology, 86*, 6–23.

Fodor, J. A. (1983). *Modularity of mind.* Cambridge, MA: MIT Press.

Fodor, J. A., Bever, T. G., & Garrett, M. (1974). *The psychology of language.* New York: McGraw-Hill.

Fodor, J. D. (2002). Prosodic disambiguation in silent reading. In M. Hirotani (Ed.), *Proceedings of the North East Linguistics Society* (Vol. 32, pp. 112–132). Amherst, MA: GSLA.

Fodor, J. D., & Ferreira, F. (Eds.). (1998). *Sentence reanalysis.* Dordrecht: Kluwer Academic.

Folk, J. R. (1999). Phonological codes are used to access the lexicon during silent reading. *Journal of Experimental Psychology: Learning, Memory, and Cognition, 25*, 892–906.

Folk, J. R., & Morris, R. K. (1995). Multiple lexical codes in reading: Evidence from eye movements, naming time, and oral reading. *Journal of Experimental Psychology: Learning, Memory, and Cognition, 21*, 1412–1429.

Fontenelle, S., & Alarcon, M. (1982). Hyperlexia: Precocious word recognition in developmentally delayed children. *Perceptual and Motor Skills, 55*, 247–252.

Foorman, B. R., Francis, D. J., Fletcher, J. M., & Lynn, A. (1996). Relation of phonological and orthographic processing to early reading: Comparing two approaches to regression-based, reading-level match designs. *Journal of Educational Psychology, 88*(4), 639–652.

Foorman, B. R., Francis, D. J., Fletcher, J. M., Schatschneider, C., & Mehta, P. (1998). The role of instruction in learning to read: Preventing reading failure in at-risk children. *Journal of Educational Psychology, 90*, 37–55.

Ford, M., Bresnan, J., & Kaplan, R. (1982). A competence-based theory of syntactic closure. In J. Bresnan (Ed.), *The mental representation of grammatical relations.* Cambridge, MA: MIT Press.

Forster, K. I. (1976). Accessing the mental lexicon. In R. J. Wales & E. C. T. Walker (Eds.), *New approach to language mechanisms*. Amsterdam: North-Holland.

Forster, K. I. (1979). Levels of processing and the structure of the language processor. In W. E. Cooper & E. Walker (Eds.), *Sentence processing: Psycholinguistic studies presented to Merrill Garrett*. Hillsdale, NJ: Lawrence Erlbaum Associates Inc.

Forster, K. I., & Azuma, T. (2000). Masked priming for prefixed words with bound stems: Does submit prime permit? *Language and Cognitive Processes, 15*, 539–562.

Forster, K. I., & Davis, C. (1984). Repetition priming and frequency attenuation in lexical access. *Journal of Experimental Psychology: Learning, Memory, and Cognition, 10*, 680–698.

Foss, D. J. (1982). A discourse on semantic priming. *Cognitive Psychology, 14*, 590–607.

Fountas, I. C., & Pinnell, G. S. (1996). *Guided reading: Good first teaching for all children*. Portsmouth, NH: Heinemann.

Fountas, I. C., & Pinnell, G. S. (2006). *Teaching for comprehending and fluency: Thinking, talking, and writing about reading, K-8*. Portsmouth, NH: Heinemann.

Fountas, I. C., & Pinnell, G. S. (2008). *When readers struggle: Teaching that works*. Portsmouth, NH: Heinemann.

Fowler, A. E. (1991). How early phonological development might set the stage for phoneme awareness. In S. A. Brady & D. P. Shankweiler (Eds.), *Phonological processes in literacy: A tribute to Isabelle Y. Liberman* (pp. 97–117). Hillsdale, NJ: Lawrence Erlbaum Associates Inc.

Fowler, C., Wolford, G., Slade, R., & Tassinary, L. (1981). Lexical access with and without awareness. *Journal of Experimental Psychology: General, 110*, 341–362.

Fox, B., & Routh, D. K. (1975). Analyzing spoken language into words, syllables, and phonemes: A developmental study. *Journal of Psycholinguistic Research, 4*, 331–342.

Fox, B., & Routh, D. K. (1976). Phonetic analysis and synthesis as word attack skills. *Journal of Educational Psychology, 68*, 70–74.

Fox, B., & Routh, D. K. (1984). Phonemic analysis and synthesis as word attack skills: Revisited. *Journal of Educational Psychology, 76*, 1059–1064.

Francis, D. J., Shaywitz, S. E., Stuebing, K. K., Shaywitz, B. A., & Fletcher, J. M. (1996). Developmental lag versus deficit models of reading disability: A longitudinal, individual growth curves analysis. *Journal of Educational Psychology, 88*(1), 3–17.

Francis, W. N., & Kučera, H. (1982). *Frequency analysis of English usage: Lexicon and grammar*. Boston: Houghton Mifflin.

Frazier, L. (1979). *On comprehending sentences: Syntactic parsing strategies*. Bloomington, IN: Indiana University Linguistics Club.

Frazier, L. (1983). Processing sentence structure. In K. Rayner (Ed.), *Eye movements in reading: Perceptual and language processes* (pp. 215–236). New York: Academic Press.

Frazier, L. (1987). Sentence processing: A tutorial review. In M. Coltheart, (Ed.), *Attention and performance XII*. Hillsdale, NJ: Lawrence Erlbaum Associates Inc.

Frazier, L. (1989). Against lexical generation of syntax. In W. Marslen-Wilson (Ed.), *Lexical representation and process* (pp. 505–528). Cambridge, MA: MIT Press.

Frazier, L. (1990). Exploring the architecture of the language system. In G. Altmann (Ed.), *Cognitive models of speech processing: Psycholinguistic and computational perspectives* (pp. 409–433). Cambridge, MA: MIT Press.

Frazier, L. (1995). Constraint satisfaction as a theory of sentence processing. *Journal of Psycholinguistic Research, 24*, 437–468.

Frazier, L. (1999). *On sentence interpretation*. Dordrecht: Kluwer Academic.

Frazier, L. (2008). Is good-enough parsing good enough? In L. Arcuri, P. Boscolo, & F. Peressotti (Eds.), *Cognition and language: A long story. Festschrift in honour of Ino Flores d'Arcais* (pp. 13–29). Department of Psychology, University of Padua.

Frazier, L., Carlson, K., & Clifton, C. Jr. (2006). Prosodic phrasing is central to language comprehension. *Trends in Cognitive Sciences, 10*, 244–249.

Frazier, L., & Clifton, C., Jr. (1996). *Construal*. Cambridge, MA: MIT Press.

Frazier, L., & Clifton, C. Jr. (2005). The syntax–discourse divide: Processing ellipsis. *Syntax, 8*, 154–207.

Frazier, L., & Clifton, C. Jr. (2011). Quantifiers undone: Reversing predictable speech errors in comprehension. *Language, 87*, 158–171.

Frazier, L., & Flores d'Arcais, G. B. (1989). Filler driven parsing: A study of gap filling in Dutch. *Journal of Memory and Language, 28*, 331–344.

Frazier, L. & Fodor, J. D. (1978). The sausage machine: A new two-stage parsing model. *Cognition, 6*, 291–326.

Frazier, L., Pacht, J. M., & Rayner, K. (1999). Taking on semantic commitments. II: Collective versus distributive readings. *Cognition, 70*, 87–104.

Frazier, L., & Rayner, K. (1982). Making and correcting errors during sentence comprehension: Eye movements in the analysis of structurally ambiguous sentences. *Cognitive Psychology, 14*, 178–210.

Frazier, L., & Rayner, K. (1987). Resolution of syntactic category ambiguities: Eye movements in parsing lexically ambiguous sentences. *Journal of Memory and Language, 26*, 505–526.

Frederiksen, J. R. (1982). A componential model of reading skills and their interrelations. In R. J. Sternberg (Ed.), *Advances in the psychology of human intelligence*. Hillsdale, NJ: Lawrence Erlbaum Associates Inc.

Friedman, R. B., & Perlman, M. B. (1982). On the underlying causes of semantic paralexias in a patient with deep dyslexia. *Neuropsychologia, 20*, 559–568.

Frisson, S., & McElree, B. (2008). Complement coercion is not modulated by competition: Evidence from eye movements. *Journal of Experimental Psychology: Learning, Memory and Cognition, 34*, 1–11.

Frisson, S., Niswander–Klement, E., & Pollatsek, A. (2008). The role of semantic transparency in the processing of English compound words. *British Journal of Psychology, 99*, 87–107.

Frisson, S., Rayner, K., & Pickering, M. J. (2005). Effects of contextual predictability and transitional probability on eye movements during reading. *Journal of Experimental Psychology: Learning, Memory, and Cognition, 31*, 862–877.

Frith, U. (1980). *Cognitive processes in spelling*. London: Academic Press.

Frith, U., & Snowling, M. (1983). Reading for meaning and reading for sound in autistic and dyslexic children. *British Journal of Developmental Psychology, 1*(4), 329–342.

Frost, R., Forster, K. I., & Deutsch, A. (1997). What can we learn from the morphology of Hebrew: A masked priming investigation of morphological representation? *Journal of Experimental Psychology: Learning Memory, and Cognition, 23*, 829–856.

Frost, S. J., Sandak, R., Mencl, W. E., Landi, N., Rueckl, J. G., Katz, L., et al. (2009). Mapping the word reading circuitry in skilled and disabled readers. In K. Pugh & P. McCardle (Eds.), *How children learn to read: Current issues and new directions in the integration of cognition, neurobiology and genetics of reading and dyslexia research and practice* (pp. 3–19). New York: Psychology Press.

Funnell, E. (1983). Phonological processes in reading: New evidence from acquired dyslexia. *British Journal of Psychology, 74*, 159–180.

Furnes, B., & Samuelsson, S. (2010). Predicting reading and spelling difficulties in transparent and opaque orthographies: A comparison between Scandinavian and US/Australian children. *Dyslexia: An International Journal of Research and Practice, 16*(2), 119–142.

Gabrieli, J. D. (2009). Dyslexia: A new synergy between education and cognitive neuroscience. *Science, 325*, 280–283.

Galaburda, A. M., & Kemper, T. L. (1979). Cytoarchitectonic abnormalities in developmental dyslexia: a case study. *Annals of Neurology, 6*(2), 94–100.

Gallagher, A., Frith, U., & Snowling, M. J. (2000). Precursors of literacy delay among children at genetic risk of dyslexia. *Journal of Child Psychology and Psychiatry, 41*(2), 202–213.

Garlock, V. M., Walley, A. C., & Metsala, J. L. (2001). Age of acquisition, word frequency, and neighborhood density in spoken word recognition by children and adults. *Journal of Memory and Language, 45*, 468–492.

Garnham, A. (1987). *Mental models as representations of discourse and text*. Chichester, UK: Wiley.

Garnham, A. (1999). Reference and anaphora. In S. Garrod & M. J. Pickering (Eds.), *Language processing* (pp. 335–362). Hove, UK: Psychology Press.

Garnsey, S. M., Pearlmutter, N. J., Myers, E., & Lotocky, M. A. (1997). The contributions of verb bias and plausibility to the comprehension of temporarily–ambiguous sentences. *Journal of Memory and Language, 37*, 58–93.

Garrett, M. F. (1976). Syntactic processes in sentence production. In R. J. Wales & E. Walker (Eds.), *New approaches to language mechanisms. A collection of psycholinguistic studies*. Amsterdam: North-Holland.

Garrity, L. I. (1977). Electromyography: A review of the current status of subvocal speech research. *Memory & Cognition, 5*, 615–622.

Garrod, S., O'Brien, E. J., Morris, R. K., & Rayner, K. (1990). Elaborative inferencing as an active or passive process. *Journal of Experimental Psychology: Learning, Memory, and Cognition, 16*, 250–257.

Garrod, S., & Sanford, A. J. (1977). Interpreting anaphoric relations: The integration of semantic information while reading. *Journal of Verbal Learning and Verbal Behavior, 16*, 77–90.

Garrod, S., & Sanford, A. J. (1982). The mental representation of discourse in a focused memory system: Implications for the interpretation of anaphoric noun-phrases. *Journal of Semantics, 1*, 21–41.

Garrod, S., & Sanford, A. J. (1983). Topic dependent effects in language processing. In G. B. F. d'Arcais & R. J. Jarvella (Eds.), *The process of language understanding.* Chichester, UK: Wiley.

Garrod, S., & Terras, M. (2000). The contribution of lexical and situation knowledge to resolving discourse roles: Bonding and resolution. *Journal of Memory and Language, 42*, 526–544.

Gaskell, M. G. (Ed.). (2007). *The Oxford handbook of psycholinguistics.* Oxford: Oxford University Press.

Gayán, J., & Olson, R. K. (2001). Genetic and environmental influences on orthographic and phonological skills in children with reading disabilities. *Developmental Neuropsychology, 20*(2), 483–507.

Gelb, I. J. (1963). *A study of writing, 2nd ed.* Chicago: University of Chicago Press.

Gennari, S. P., & Poeppel, D. (2003). Processing correlates of lexical syntactic complexity. *Cognition, 89*, B27–B41.

Gerhand, S., & Barry, C. (2000). When does a deep dyslexic make a semantic error? The roles of age-of-acquisition, concreteness, and frequency. *Brain and Language, 74*(1), 26–47.

Gerrig, R. J., & McKoon, G. (1998). The readiness is all: The functionality of memory-based text processing. *Discourse Processes, 26*, 67–86.

Geschwind, N., & Levitsky, W. (1968). Human brain: Left–right asymmetries in temporal speech region. *Science, 161*(3837), 186–187.

Gibson, E. (1998). Linguistic complexity: Locality of syntactic dependencies. *Cognition, 68*, 1–76.

Gibson, E. J. (1965). Learning to read. *Science, 148*, 1066–1072.

Gibson, E. J. (1971). Perceptual learning and the theory of word perception. *Cognitive Psychology, 2*, 351–368.

Gibson, E. J., & Levin, H. (1975). *The psychology of reading.* Cambridge, MA: MIT Press.

Gilger, J. W., Hanebuth, E., Smith, S. D., & Pennington, B. F. (1996). Differential risk for developmental reading disorders in the offspring of compensated versus noncompensated parents. *Reading and Writing, 8*(5), 407–417.

Gilger, J. W., Pennington, B. F., & DeFries, J. C. (1991). Risk for reading disability as a function of parental history in three family studies. In B. Pennington (Ed.), *Reading disabilities: Genetic and neurological influences.* Boston: Kluwer Academic.

Gillon, G., & Dodd, B. J. (1994). A prospective study of the relationship between phonological, semantic and syntactic skills and specific reading disability. *Reading and Writing, 6*(4), 321–345.

Giraudo, H., & Grainger, J. (2001). Priming complex words: Evidence for supralexical representation of morphology. *Psychonomic Bulletin & Review, 8*, 127–131.

Gleitman, L. R., & Rozin, P. (1977). The structure and acquisition of reading I: Relations between orthographies and the structure of language. In A. S. Reber & D. L. Scarborough (Eds.), *Toward a psychology of reading.* Hillsdale, NJ: Lawrence Erlbaum Associates Inc.

Glenberg, A. M., Meyer, M., & Lindem, K. (1987). Mental models contribute to foregrounding during text comprehension. *Journal of Memory and Language, 26*, 69–83.

Glock, M. D. (1949). The effect upon eye-movements and reading rate at the college level of three methods of training. *Journal of Educational Psychology, 40*, 93–106.

Glosser, G., & Friedman, R. B. (1990). The continuum of deep/phonological alexia. *Cortex, 26*(3), 343–359.

Glushko, R. J. (1979). The organization and activation of orthographic knowledge in reading aloud. *Journal of Experimental Psychology: Human Perception and Performance, 5*, 674–691.

Glushko, R. J. (1981). Principles for pronouncing print: The psychology of phonography. In A. M. Lesgold & C. A. Perfetti (Eds.), *Interactive processes in reading.* Hillsdale, NJ: Erlbaum.

Godfrey, J. J., Syrdal-Lasky, A. K., Millay, K. K., & Knox, C. M. (1981). Performance of dyslexic children on speech perception tests. *Journal of Experimental Child Psychology, 32*(3), 401–424.

Goldberg, T. E. (1987). On hermetic reading abilities. *Journal of Autism and Developmental Disorders, 17*(1), 29–44.

Goldin-Meadow, S., & Mayberry, R. I. (2001). How do profoundly deaf children learn to read? *Learning Disabilities Research and Practice, 16*(4), 222–229.

参考文献 ▶ ▶

Golinkoff, R. M. (1976). A comparison of reading comprehension processes in good and poor comprehenders. *Reading Research Quarterly, 11,* 623–669.

Golinkoff, R. M. (1978). Critique: Phonemic awareness skills and reading achievement. In F. B. Murray & J. J. Pikulski (Eds.), *The acquisition of reading: Cognitive, linguistic and perceptual prerequisites.* Baltimore, MD: University Park Press.

Golinkoff, R. M., & Rosinski, R. R. (1976). Decoding, semantic processing, and reading comprehension skill. *Child Development, 47,* 252–258.

Gómez, P., Ratcliff, R., & Perea, M. (2008). The overlap model: A model of letter position coding. *Psychological Review, 115,* 577–601.

Goodman, K. S. (1967). Reading: A psycholinguistic guessing game. *Journal of the Reading Specialist, 6,* 126–135.

Goodman, K. S. (1970). Reading: A psycholinguistic guessing game. In H. Singer & R.B. Ruddell, R.B. (Eds.), *Theoretical models and processes of reading.* Newark, DE: International Reading Association.

Goodman, K. S. (1993). *Phonics phacts.* Portsmouth, NH: Heinemann.

Gordon, P. C., Grosz, B. J., & Gilliom, L. A. (1993). Pronouns, nouns, and the centering of attention in discourse. *Cognitive Science, 17,* 311–349.

Gordon, P. C., & Hendrick, R. (1997). Intuitive knowledge of linguistic co-reference. *Cognition, 62,* 325–370.

Gordon, P. C., & Hendrick, R. (1998). The representation and processing of co-reference in discourse. *Cognitive Science, 22,* 389–424.

Gordon, P. C., Hendrick, R., & Johnson, M. (2001). Memory interference during language processing. *Journal of Experimental Psychology: Learning, Memory, and Cognition, 27,* 1411–1423.

Goswami, U. (1986). Children's use of analogy in learning to read: A developmental study. *Journal of Experimental Child Psychology, 42,* 73–83.

Goswami, U. (1993). Toward an interactive analogy model of reading development: Decoding vowel graphemes in beginning reading. *Journal of Experimental Child Psychology, 56,* 443–475.

Goswami, U. (2000). Phonological and lexical processes. In M. L. Kamil, P. B. Mosenthal, P. D. Pearson, & R. Barr (Eds.), *Handbook of reading research* (Vol. 3, pp. 251–267). Mahwah, NJ: Lawrence Erlbaum Associates Inc.

Goswami, U. (2005). Synthetic phonics and learning to read: A cross-language perspective. *Educational Psychology in Practice, 21*(4), 273–282.

Goswami, U., & Bryant, P. (1990). *Phonological skills and learning to read. Essays in developmental psychology.* Hillsdale, NJ: Lawrence Erlbaum Associates Inc.

Goswami, U., Ziegler, J. C., Dalton, L., & Schneider, W. (2001). Pseudohomophone effects and phonological recoding procedures in reading development in English and German. *Journal of Memory and Language, 45,* 648–664.

Goswami, U., Ziegler, J. C., Dalton, L., & Schneider, W. (2003). Nonword reading across orthographies: How flexible is the choice of reading units? *Applied Psycholinguistics, 24*(2), 235–247.

Gough, P. B. (1972). One second of reading. In J. F. Kavanagh & I. G. Mattingly (Eds.), *Language by ear and by eye.* Cambridge, MA: MIT Press.

Gough, P. B., Alford, J. A., & Holley-Wilcox, P. (1981). Words and contexts. In O. L. Tzeng & H. Singer (Eds.), *Perception of print: Reading research in experimental psychology.* Hillsdale, NJ: Erlbaum.

Gough, P. B., & Hillinger, M. L. (1980). Learning to read: An unnatural act. *Bulletin of the Orton Society, 20,* 179–196.

Gough, P. B., & Tunmer, W. E. (1986). Decoding, reading, and reading disability. *RASE: Remedial & Special Education, 7*(1), 6–10.

Graesser, A. C., Singer, M., & Trabasso, T. (1994). Constructing inferences during narrative text comprehension. *Psychological Review, 101,* 371–395.

Grainger, J. (1990). Word frequency and neighborhood frequency effects in lexical decision and naming. *Journal of Memory and Language, 29,* 228–244.

Grainger, J., Cole, P., & Segui, J. (1991). Masked morphological priming in visual word recognition. *Journal of Memory and Language, 30,* 370–384.

Grainger, J., & Jacobs, A. M. (1996). Orthographic processing in visual word recognition: A multiple read-out model. *Psychological Review, 103,* 518–565.

Grainger, J., Rey, A., & Dufau, S. (2008). Letter perception: From pixels to pandemonium. *Trends in Cognitive Science, 12,* 381–387.

Grainger, J., & Segui, J. (1990). Neighborhood frequency effects in visual word recognition: A comparison of lexical decision and masked identification latencies. *Perception & Psychophysics, 47*, 191–198.

Grainger, J., & Whitney, C. (2004). Does the huamn mnid raed wrods as a whole? *Trends in Cognitive Sciences, 8*, 58–59.

Green, R. L., Hustler, J. J., Loftus, W. C., Tramo, M. J., Thomas, C. E., Silberfarb, A. W., et al. (1999). The caudal infrasylvian surface in dyslexia: Novel magnetic resonance imaging-based findings. *Neurology, 53*, 974–981.

Greenberg, S. N., Inhoff, A. W., & Weger, U. W. (2006). The impact of letter detection on eye movement patterns during reading: Reconsidering lexical analysis in connected text as a function of task. *Quarterly Journal of Experimental Psychology, 59*, 987–995.

Griffiths, Y. M., & Snowling, M. J. (2002). Predictors of exception word and nonword reading in dyslexic children: The severity hypothesis. *Journal of Educational Psychology, 94*(1), 34–43.

Grigorenko, E. L., Klin, A., Pauls, D. L., Senft, R., Hooper, C., & Volkmar, F. (2002). A descriptive study of hyperlexia in a clinically referred sample of children with developmental delays. *Journal of Autism and Developmental Disorders, 32*(1), 3–12.

Grigorenko, E. L., Klin, A., & Volkmar, F. (2003). Hyperlexia: Disability or superability? *Journal of Child Psychology and Psychiatry, 44*(8), 1079–1091.

Groff, P. (1975). Research in brief: Shapes as cues to word recognition. *Visible Language, 9*, 67–71.

Groll, S. L., & Ross, L. E. (1982). Saccadic eye movements of children and adults to double-step stimuli. *Developmental Psychology, 18*, 108–123.

Grosz, B., Joshi, A., & Weinstein, S. (1983). Providing a unified account of definite noun phrases in discourse. *Proceedings of the Association for Computational Linguistics* (pp. 44–50). Cambridge, MA: MIT Press.

Grosz, B. J., Joshi, A. K., & Weinstein, S. (1995). Centering: A framework for modeling the local coherence of discourse. *Computational Linguistics, 21*, 203–225.

Grundin, H. (1994). If it ain't whole, it ain't language—or back to the basics of freedom and dignity. In F. Lehr & J. Osborn (Eds.), *Reading, language, and literacy* (pp. 77–88). Mahwah, NJ: Lawrence Erlbaum Associates Inc.

Guttentag, R. E., & Haith, M. M. (1978). Automatic processing as a function of age and reading ability. *Child Development, 49*, 707–716.

Haber, R. N. (1983). The impending demise of the icon: A critique of the concept of iconic storage in visual information processing. *Behavioral and Brain Sciences, 6*, 1–54.

Haber, R. N., & Haber, L. R. (1981). The shape of a word can specify its meaning. *Reading Research Quarterly, 16*, 334–345

Haber, R. N., & Haber, L. R. (1982). Does silent reading involve articulation? Evidence from tongue-twisters. *American Journal of Psychology, 95*, 409–419.

Haber, R. N., & Schindler, R. M. (1981). Error in proofreading: Evidence of syntactic control of letter processing? *Journal of Experimental Psychology: Human Perception and Performance, 7*, 573–579.

Haberlandt, K. (1982). Reader expectations in text comprehension. In J. F. L. Ny & W. Kintsch (Eds.), *Language comprehension* (pp. 239–249). Amsterdam: North-Holland.

Häikiö, T., Bertram, R., Hyönä, J., & Niemi, P. (2009). Development of the letter identity span in reading: Evidence from the eye movement moving window paradigm. *Journal of Experimental Child Psychology, 102*, 167–181.

Halderman, L. K., Ashby, J., & Perfetti, C. A. (2012). Phonology: An early and integral role in identifying words. In J. S. Adelman (Ed.), *Visual word recognition*. Hove, UK: Psychology Press.

Hale, J. (2006). Uncertainty about the rest of the sentence. *Cognitive Science, 30*, 643–672.

Hallgren, B. (1950). Specific dyslexia ("congenital word-blindness"): A clinical and genetic study. *Acta Psychiatrica et Neurologica, Suppl. 65*, 1–287.

Halliday, M. A. K., & Hasan, R. O. (1976). *Cohesion in English*. London: Longman.

Hanson, V., Goodell, E. W., & Perfetti, C. (1991). Tongue-twister effects in the silent reading of hearing and deaf college students. *Journal of Memory and Language, 30*(3), 319.

Hanson, V. L., & Fowler, C. A. (1987). Phonological coding in word reading: Evidence from hearing and deaf readers. *Memory & Cognition, 15*, 199–207.

Hardyck, C. D., & Petrinovich, L. F. (1970). Subvocal speech and comprehension level as a function of the difficulty level of reading material. *Journal of Verbal Learning and Verbal Behavior, 9*, 647–652.

Hardyck, C. D., Petrinovich, L. F., & Ellsworth, D. W. (1966). Feedback of speech muscle activity during silent reading: Rapid extinction. *Science*, *154*, 1467–1468.

Harm, M. W., & Seidenberg, M. S. (1999). Phonology, reading acquisition, and dyslexia: Insights from connectionist models. *Psychological Review*, *106*(3), 491–528.

Harm, M. W., & Seidenberg, M. S. (2004). Computing the meanings of words in reading: Cooperative division of labor between visual and phonological processes. *Psychological Review*, *111*, 662–720.

Harmon-Vukic, M., Guéraud, S., Lassonde, K. A., & O'Brien, E. J. (2009). The activation and instantiation of predictive inferences. *Discourse Processes*, *46*, 467–490.

Harris, M., & Moreno, C. (2004). Deaf children's use of phonological coding: Evidence from reading, spelling, and working memory. *Journal of Deaf Studies and Deaf Education*, *9*, 253–268.

Hasselhorn, M., & Grube, D. (2003). The phonological similarity effect on memory span in children: Does it depend on age, speech rate, and articulatory suppression? *International Journal of Behavioral Development*, *27*(2), 145–152.

Hatcher, P. J., & Hulme, C. (1999). Phonemes, rhymes, and intelligence as predictors of children's responsiveness to remedial reading instruction: Evidence from a longitudinal study. *Journal of Experimental Child Psychology*, *72*(2), 130–153.

Hatcher, P. J., Hulme, C., & Ellis, A. W. (1994). Ameliorating early reading failure by integrating the teaching of reading and phonological skills: The phonological linkage hypothesis. *Child Development*, *65*(1), 41–57.

Hatcher, P. J., Snowling, M. J., & Griffiths, Y. M. (2002). Cognitive assessment of dyslexic students in higher education. *British Journal of Educational Psychology*, *72*(1), 119–133.

Haviland, S. E., & Clark, H. H. (1974). What's new? Acquiring new information as a process in comprehension. *Journal of Verbal Learning and Verbal Behavior*, *13*, 512–521.

Hawelka, S., Gagl, B., & Wimmer, H. (2010). A dual-route perspective on eye movements of dyslexic readers. *Cognition*, *115*, 367–379.

Hawkins, H. L., Reicher, G. M., Rogers, M., & Peterson, L. (1976). Flexible coding in work recognition. *Journal of Experimental Psychology: Human Perception and Performance*, *2*, 380–385.

Healy, A. F. (1976). Detection errors on the word the: Evidence for reading units larger than letters. *Journal of Experimental Psychology*, *2*, 235–242.

Healy, A. F. (1980). Proofreading errors on the word the: New evidence on reading units. *Journal of Experimental Psychology: Human Perception and Performance*, *6*, 45–57.

Healy, A. F., & Drewnowski, A. (1983). Investigation the boundaries of reading units: Letter detection in misspelled words. *Journal of Experimental Psychology: Human Perception and Performance*, *9*, 413–426,

Healy, J. M., Aram, D. M., Horowitz, S. J., & Kessler, J. W. (1982). A study of hyperlexia. *Brain and Language*, *17*(1), 1–23.

Heath, S. M., Hogben, J. H., & Clark, C. D. (1999). Auditory temporal processing in disabled readers with and without oral language delay. *Journal of Child Psychology and Psychiatry*, *40*(4), 637–647.

Heim, I., & Kratzer, A. (1998). *Semantics in generative grammar*. Malden, MA: Blackwell Publishers.

Helenius, P., Tarkiainen, A., Cornelissen, P., Hansen, P. C., & Salmelin, R. (1999). Dissociation of normal feature analysis and deficient processing of letter-strings in dyslexic adults. *Cerebral Cortex*, *9*(5), 476–483.

Helfgott, J. (1976). Phonemic segmentation and blending skills of kindergarten children: Implications for beginning reading acquisition, *Contemporary Educational Psychology*, *1*, 157–169.

Hemforth, B., & Konieczny, L. (2000). *German sentence processing*. Dordrecht: Kluwer.

Henderson, J. M., Dixon, P., Petersen, A., Twilley, L. C., & Ferreira, F. (1995). Evidence for the use of phonological representations during transaccadic word recognition. *Journal of Experimental Psychology: Human Perception and Performance*, *21*, 82–97.

Henderson, J. M., & Ferreira, F. (1990). Effects of foveal processing difficulty on the perceptual span in reading: Implications for attention and eye movement control. *Journal of Experimental Psychology: Learning, Memory, and Cognition*, *16*, 417–429.

Henderson, J. M., Weeks, P. A., & Hollingworth, A. (1999). The effects of semantic consistency on eye movements during complex scene viewing. *Journal of Experimental Psychology: Human Perception and Performance*, *25*, 210–228.

Henderson, L. (1982). *Orthography and word recognition in reading*. New York: Academic Press.

Henderson, L. (1984). *Orthographies and reading*. Hillsdale, NJ: Lawrence Erlbaum Associates Inc.

Hill, E. L. (2001). Non-specific nature of specific language impairment: A review of the literature with regard to concomitant motor impairments. *Journal of Language and Communication Disorders, 36,* 149–171.

Hintzman, D. L., Carre, F. A., Eskridge, V. L., Owens, A. M., Shaff, S. S., & Sparks, M. E. (1972). "Stroop" effect: Input or output phenomenon? *Journal of Experimental Psychology, 95,* 458–459.

Hirotani, M., Frazier, L., & Rayner, K. (2006). Punctuation and intonation effects on clause and sentence wrap-up: Evidence from eye movements. *Journal of Memory and Language, 54,* 425–443.

Hochberg, J. (1970). Components of literacy: Speculations and exploratory research. In H. Levin & J. P. Williams (Eds.), *Basic studies on reading.* New York: Basic Books.

Hoffmeister, R. J. (2000). A piece of the puzzle: ASL and reading comprehension in deaf children. In C. Chamberlain, J. P. Morford, & R. I. Mayberry (Eds.), *Language acquisition by eye* (pp. 143–163). Mahwah, NJ: Lawrence Erlbaum Associates Inc.

Hohenstein, S., Laubrock, J., & Kliegl, R. (2010). Semantic preview benefit in eye movements during reading: A parafoveal fast-priming study. *Journal of Experimental Psychology: Learning, Memory, and Cognition, 36,* 1150–1170.

Holden, M. H., & MacGinitie, W. H. (1972). Children's conceptions of word boundaries in speech and print. *Journal of Educational Psychology, 63,* 551–557.

Holender, D. (1986). Semantic activation without conscious indentification in dichotic listening, parafoveal vision, and visual masking: A survey and appraisal. *Behavioral and Brain Sciences, 9,* 1–66.

Holt, E. B. (1903). Eye-movement and central anaesthesia. *Psychological Monographs, 4,* 3–48.

Hoover, W. A., & Gough, P. B. (1990). The simple view of reading. *Reading and Writing, 2,* 127–160.

Hornby, P. A. (1974). Surface structure and presupposition. *Journal of Verbal Learning and Verbal Behavior, 13,* 530–538.

Hoskyn, M., & Swanson, H. L. (2000). Cognitive processing of low achievers and children with reading disabilities: A selective meta-analytic review of the published literature. *School Psychology Review, 29*(1), 102–119.

Hu, C. F., & Catts, H. W. (1998). The role of phonological processing in early reading ability: What we can learn from Chinese. *Scientific Studies of Reading, 2*(1), 55–79.

Hubel, D. H., & Wiesel, T. N. (1962). Receptive fields, binocular interaction and functional architecture in the cat's visual cortex. *Journal of Physiology, 160,* 106–154.

Huey, E. B. (1908). *The psychology and pedagogy of reading.* New York: Macmillan. [Republished: Cambridge, MA: MIT Press, 1968.]

Hulme, C., & Snowling, M. (1992). Deficits in output phonology: An explanation of reading failure? *Cognitive Neuropsychology, 9*(1), 47–72.

Hulme, C., & Snowling, M. (1994). *Reading development and dyslexia.* London: Whurr Publishers.

Hulme, C., Snowling, M., Caravolas, M., & Carroll, J. (2005). Phonological skills are (probably) one cause of success in learning to read: A comment on Castles and Coltheart. *Scientific Studies of Reading, 9*(4), 351–365.

Hulslander, J., Talcott, J., Witton, C., DeFries, J., Pennington, B., Wadsworth, S., et al. (2004). Sensory processing, reading, IQ, and attention. *Journal of Experimental Child Psychology, 88*(3), 274–295.

Humphreys, G. W., & Evett, L. J. (1985). Are there independent lexical and nonlexical routes in word processing? An evaluation of the dual-route theory of reading. *Behavioral and Brain Sciences, 8,* 689–740.

Hung, D. L., & Tzeng, O. J. L. (1981). Orthographic variations and visual information processing. *Psychological Bulletin, 3,* 377–414.

Huntsman, L. A., & Lima, S. D. (1996). Orthographic neighborhood structure and lexical access. *Journal of Psycholinguistic Research, 25,* 417–429.

Huttenlocher, J. (1964). Children's language: Word–phrase relationship. *Science, 143,* 264–265.

Hurford, D. P., Schauf, J. D., Bunce, L., Blaich, T., & Moore, K. (1994). Early identification of children at risk for reading disabilities. *Journal of Learning Disabilities, 27,* 371–382.

Hyönä, J., & Bertram, R. (2004). Do frequency characteristics of nonfixated words influence the processing of fixated words during reading? *European Journal of Cognitive Psychology, 16,* 104–127.

Hyönä, J., Bertram, R., & Pollatsek, A. (2004). Are long compound words identified serially via their constituents? Evidence from an eye-movement contingent display change study. *Memory & Cognition, 32,* 523–532.

Hyönä, J., & Häikiö, T. (2005). Is emotional content obtained from parafoveal words during reading? An eye movement analysis. *Scandinavian Journal of Psychology, 46,* 475–483.

参考文献 ▶ ▶

Hyönä, J., & Olson, R. K. (1995). Eye fixation patterns among dyslexic and normal readers: Effects of word length and word frequency. *Journal of Experimental Psychology: Learning, Memory, and Cognition, 21*(6), 1430–1440.

Hyönä, J. & Pollatsek, A. (1998). Reading Finnish compound words: Eye fixations are affected by component morphemes. *Journal of Experimental Psychology: Human Perception and Performance, 24,* 1612–1627.

Ikeda, M., & Saida, S. (1978). Span of recognition in reading. *Vision Research, 18,* 83–88.

Inhoff, A. W. (1982). Parafoveal word perception: A further case against semantic pre-processing. *Journal of Experimental Psychology: Human Perception and Performance, 8,* 137–145.

Inhoff, A. W. (1987). Lexical access during eye fixations in sentence reading: Effects of word structure. In M. Coltheart (Ed.), *Attention and performance 12.* Hove, UK: Erlbaum.

Inhoff, A. W. (1989a). Lexical access during eye fixations in reading: Are word access codes used to integrate lexical information across interword fixations? *Journal of Memory and Language, 28,* 444–461.

Inhoff, A. W. (1989b). Parafoveal processing of words and saccade computation during eye fixations in reading. *Journal of Experimental Psychology: Human Perception and Performance, 15,* 544–555.

Inhoff, A. W., Connine, C., Eiter, B., Radach, R., & Heller, D. (2004). Phonological representation of words in working memory during sentence reading. *Psychonomic Bulletin & Review, 11,* 320–325.

Inhoff, A. W., Connine, C., & Radach, R. (2002). A contingent speech technique in eye movement research on reading. *Behavior Research Methods, Instruments, & Computers, 3,* 471–480.

Inhoff, A. W., & Liu, W. (1998). The perceptual span and oculomotor activity during the reading of Chinese sentences. *Journal of Experimental Psychology: Human Perception and Performance, 24,* 20–34.

Inhoff, A. W., & Rayner, K. (1980). Parafoveal word perception: A case against semantic preprocessing. *Perception & Psychophysics, 27,* 457–464.

Inhoff, A. W., & Rayner, K. (1986). Parafoveal word processing during eye fixations in reading: Effects of word frequency. *Perception & Psychophysics, 40,* 431–439.

Inhoff, A. W., Solomon, M., Radach, R., & Seymour, B. A. (2011). Temporal dynamics of the eye–voice span and eye movement control during oral reading. *Journal of Cognitive Psychology, 23,* 543–558.

Inhoff, A. W., & Topolski, R. (1994). Use of phonological codes during eye fixations in reading and in on-line and delayed naming tasks. *Journal of Memory and Language, 33,* 689–713.

Ishida, T., & Ikeda, M. (1989). Temporal properties of information extraction in reading studied by a text-mask replacement technique. *Journal of the Optical Society A: Optics and Image Science, 6,* 1624–1632.

Iverson, J. A., & Tunmer, W. E. (1993). Phonological processing skills and the Reading Recovery Program. *Journal of Educational Psychology, 85,* 112–125.

Jackendoff, R. (1972). *Semantic interpretation in generative grammar.* Cambridge, MA: MIT Press.

Jackson, M. D. (1980). Further evidence for a relationship between memory access and reading ability. *Journal of Verbal Learning and Verbal Behavior, 19,* 683–694.

Jackson, M. D., & McClelland, J. L. (1975). Sensory and cognitive determinants of reading speed. *Journal of Verbal Learning and Verbal Behavior, 19,* 565–574.

Jackson, M. D., & McClelland, J. L. (1979). Processing determinants of reading speed. *Journal of Experimental Psychology: General, 108,* 151–181.

Jared, D., Levy, B. A., & Rayner, K. (1999). The role of phonology in the activation of word meanings during reading: Evidence from proofreading and eye movements. *Journal of Experimental Psychology: General, 128,* 219–264.

Jarvella, R. J., & Herman, S. J. (1972). Clause structure of sentences and speech processing. *Perception & Psychophysics, 11,* 381–384.

Jeffrey, W. E., & Samuels, S. J. (1967). The effect of method of reading training on initial reading and transfer. *Journal of Verbal Learning and Verbal Behavior, 6,* 354–358.

Joanisse, M. F., Manis, F. R., Keating, P., & Seidenberg, M. S. (2000). Language deficits in dyslexic children: Speech perception, phonology, and morphology. *Journal of Experimental Child Psychology, 77*(1), 30–60.

Job, R., Peressotti, F., & Mulatti, C. (2006). The acquisition of literacy in Italian. In R. M. Joshi & P. G. Aaron (Eds.), *Handbook of orthography and literacy* (pp. 321–338). Mahwah, NJ: Lawrence Erlbaum Associates Inc.

Johnson, D., & Myklebust, H. (1967). *Learning disabilities: Educational principles and practices.* New York: Grune & Stratton.

Johnson, M. K., Bransford, J. D., & Soloman, S. K. (1973). Memory for tacit implications of sentences. *Journal of Experimental Psychology, 98,* 203–215.

Johnson, N. E, & Pugh, K. R. (1994). A cohort model of visual word recognition. *Cognitive Psychology*, *26*, 240–346.

Johnson, R. L. (2009). The quite clam is calm: Transposed-letter neighborhood effects on eye movements during reading. *Journal of Experimental Psychology: Learning, Memory, and Cognition*, *35*, 943–969.

Johnson, R. L., Perea, M., & Rayner, K. (2007). Transposed letter effects in reading: Evidence from eye movements and parafoveal preview benefit. *Journal of Experimental Psychology: Human Performance and Perception*, *33*, 209–229.

Johnson, R. L., & Rayner, K. (2007). Top-down and bottom-up effects in pure alexia: Evidence from eye movements. *Neuropsychologia*, *45*, 2246–2257.

Johnson-Laird, P. N. (1983). *Mental models*. Cambridge, MA: Harvard University Press.

Johnston, J. C. (1978). A test of the sophisticated guessing theory of word perception. *Cognitive Psychology*, *10*, 123–153.

Johnston, J. C., & McClelland, J. L. (1974). Perception of letters in words: Seek and ye shall not find. *Science*, *184*, 1192–1193.

Jorm, A. F., & Share, D. L. (1983). Phonological recoding and reading acquisition. *Applied Psycholinguistics*, *4*, 103–147.

Joseph, H. S., Liversedge, S. P., Blythe, H. I., White, S. J., & Rayner, K. (2009). Word length and landing position effects during reading in children and adults. *Vision Research*, *49*(16), 2078–2086.

Joshi, R. M., Binks, E., Hougen, M., Dahlgren, M. E., Ocker-Dean, E., & Smith, D. L. (2009). Why elementary teachers might be inadequately prepared to teach reading. *Journal of Learning Disabilities*, *42*(5), 392–402.

Juel, C., Griffith, P. L., & Gough, P. B. (1986). Acquisition of literacy: A longitudinal study of children in first and second grade. *Journal of Educational Psychology*, *78*, 243–255.

Juhasz, B. J. (2007). The influence of semantic transparency on eye movements during English compound word recognition. In R. van Gompel, M. Fischer, W. Murray, & R. Hill (Eds.), *Eye movements: A window on mind and brain* (pp. 373–389). New York: Elsevier.

Juhasz, B. J., Liversedge, S. P., White, S. J., & Rayner, K. (2006). Binocular coordination of the eyes during reading: Word frequency and case alternation affect fixation duration but not fixation disparity. *Quarterly Journal of Experimental Psychology*, *59*, 1614–1625.

Juhasz, B. J., Pollatsek, A., Hyönä, J., & Rayner, K. (2009). Parafoveal processing within and between words. *Quarterly Journal of Experimental Psychology*, *62*, 1356–1376.

Juhasz, B. J., & Rayner, K. (2003). Investigating the effects of a set of intercorrelated variables on eye-fixation durations in reading. *Journal of Experimental Psychology: Learning, Memory, and Cognition*, *29*, 1312–1318.

Juhasz, B. J., & Rayner, K. (2006). The role of age-of-acquisition and word frequency in reading: Evidence from eye fixation durations. *Visual Cognition*, *13*, 846–863.

Juhasz, B. J., Starr, M., Inhoff, A. W., & Placke, L. (2003). The effects of morphology on the processing of compound words: Evidence from naming, lexical decisions, and eye fixations. *British Journal of Psychology*, *94*, 223–244.

Juhasz, B. J., White, S. J., Liversedge, S. P., & Rayner, K. (2008). Eye movements and the use of parafoveal word length information in reading. *Journal of Experimental Psychology: Human Perception and Peformance*, *34*, 1560–1579.

Juola, J. F., Schadler, M., Chabot, R. J., & McCaughey, M. W. (1978). The development of visual information processing skills related to reading. *Journal of Experimental Child Psychology*, *25*, 459–476.

Jurafsky, D. (1996). A probabilistic model of lexical and syntactic access and disambiguation. *Cognitive Science*, *20*, 137–194.

Jusczyk, P. W., Pisoni, D. B., & Mullennix, J. (1992). Some consequences of stimulus variability on speech processing by 2-month-old infants. *Cognition*, *43*(3), 253–291.

Just, M. A., & Carpenter, P. A. (1980). A theory of reading: From eye fixations to comprehension. *Psychological Review*, *87*, 329–354.

Just, M. A., & Carpenter, P. A. (1987). *The psychology of reading and language comprehension*. Newton, MA: Allyn & Bacon.

Just, M. A., Carpenter, P. A., & Masson, M. E. J. (1982). *What eye fixations tell us about speed reading and skimming*. Eye-Lab Technical Report, Carnegie-Mellon University.

Justice, L. M., Pullen, P. C., & Pence, K. (2008). Influence of verbal and nonverbal references to print on preschoolers' visual attention to print during storybook reading. *Developmental Psychology*, *44*, 855–866.

参考文献 ▶ ▶

Justice, L. M., Skibbe, L., Canning, A., & Lankford, C. (2005). Preschoolers, print, and storybooks: An observational study using eye-gaze analysis. *Journal of Research in Reading*, *28*, 229–243.

Kail, R., & Hall, L. K. (1994). Processing speed, naming speed, and reading. *Developmental Psychology*, *30*, 949–954.

Kail, R., Hall, L., & Caskey, B. (1999). Processing speed, exposure to print, and naming speed. *Applied Psycholinguistics*, *20*, 303–314.

Kambe, G. (2004). Parafoveal processing of prefixed words during eye fixations in reading: Evidence against morphological influences on parafoveal preprocessing. *Perception & Psychophysics*, *66*, 279–292.

Kameenui, E. J., Carnine, D. W., & Freschi, R. (1982). Effects of text construction and instructional procedures for teaching word meanings on comprehension and recall. *Reading Research Quarterly*, *17*, 367–388.

Kanner, L. (1943). Autistic disturbances of affective contact. *Nervous Child*, *2*, 217–250.

Karlin, M. B., & Bower, G. H. (1976). Semantic category effects in visual word search. *Perception & Psychophysics*, *19*, 417–424.

Katz, L., & Feldman, L. B. (1983). Relation between pronunciation and recognition of printed words in deep and shallow orthographies. *Journal of Experimental Psychology: Learning, Memory, and Cognition*, *9*, 157–166.

Katz, L., & Frost, R. (1992). Reading in different orthographies: The orthographic depth hypothesis. In R. Frost & L. Katz (Eds.), *Orthography, phonology, morphology, and meaning* (pp. 67–84). Amsterdam: Elsevier North-Holland Press.

Katz, R. B. (1986). Phonological deficiencies in children with reading disability: Evidence from an object-naming task. *Cognition*, *22*(3), 225–257.

Katz, R. B., Shankweiler, D., & Liberman, I. Y. (1981). Memory for item order and phonetic recoding in the beginning reader. *Journal of Experimental Child Psychology*, *32*, 474–484.

Katzir, T., Kim, Y., Wolf, M., Kennedy, B., Lovett, M., & Morris, R. (2006). The relationship of spelling recognition, RAN, and phonological awareness to reading skills in older poor readers and younger reading-matched controls. *Reading and Writing*, *19*(8), 845–872.

Katzir, T., Kim, Y., Wolf, M., Morris, R., & Lovett, M. W. (2008). The varieties of pathways to dysfluent reading: Comparing subtypes of children with dyslexia at letter, word, and connected text levels of reading. *Journal of Learning Disabilities*, *41*(1), 47–66.

Keele, S. W. (1972). Attention demands of memory retrieval. *Journal of Experimental Psychology*, *93*, 245–248.

Keenan, J. M., & Brown, P. (1984). Children's reading rate and retention as a function of the number of propositions in a text. *Child Development*, *55*, 1556–1569.

Keenan, J. M., & Kintsch, W. (1974). The identification of explicitly and implicitly presented information. In W. Kintsch (Ed.), *The representation of meaning in memory* (pp. 153–165). Hillsdale, NJ: Lawrence Erlbaum Associates Inc.

Kennedy, A. (1999). Parafoveal-on-foveal effects in reading and word recognition. In W. Becker, H. Deubel, & T. Mergner (Eds.), *Current oculomotor research: Physiological and psychological aspects* (pp. 359–367). New York: Plenum.

Kennedy, A., & Murray, W. S. (1984). Inspection times for words in syntactically ambiguous sentences under three presentation conditions. *Journal of Experimental Psychology: Human Perception and Performance*, *10*, 833–849.

Kennison, S. M. (2001). Limitations on the use of verb information during sentence comprehension. *Psychonomic Bulletin & Review*, *8*, 132–137.

Kennison, S. M. (2004). The effect of phonemic repetition on syntactic ambiguity resolution: Implications for models of working memory. *Journal of Psycholinguistic Research*, *33*, 493–516.

Kennison, S. M., & Clifton, C. Jr. (1995). Determinants of parafoveal preview benefit in high and low working memory capacity readers: Implications for eye movement control. *Journal of Experimental Psychology: Learning, Memory, and Cognition*, *21*, 68–81.

Kennison, S. M., Sieck, J. P., & Briesch, K. A. (2003). Evidence for a late-occurring effect of phoneme repetition in silent reading. *Journal of Psycholinguistic Research*, *32*, 297–312.

Kertesz, A., Harlock, W., & Coates, R. (1979). Computer tomographic localization, lesion size, and prognosis in aphasia and nonverbal impairment. *Brain and Language*, *8*(1), 34–50.

Kessler, B. (2009). Statistical learning of conditional orthographic correspondences. *Writing Systems Research*, *1*(1), 19–34.

Kessler, B., & Treiman, R. (2001). Relationship between sounds and letters in english monosyllables. *Journal of Memory and Language*, *44*, 592–617.

Kessler, B., & Treiman, R. (2003). Is English spelling chaotic? Misconceptions concerning its irregularity. *Reading Psychology, 24*(3–4), 267–289.

Kimball, J. (1973). Seven principles of surface structure parsing in natural language, *Cognition, 2*, 15–47.

Kintsch, W. (1974). *The representation of meaning in memory*. Hillsdale, NJ: Lawrence Erlbaum Associates Inc.

Kintsch, W. (1988). The use of knowledge in discourse processing. *Psychological Review, 95*, 163–182.

Kintsch, W. (1994). Text comprehension, memory, and learning. *American Psychologist, 49*, 294–303.

Kintsch, W. (1998). *Comprehension: A paradigm for cognition*. Cambridge, UK: Cambridge University Press.

Kintsch, W., & Keenan, J. (1973). Reading rate and retention as a function of the number of propositions in the base structure of sentences. *Cognitive Psychology, 5*, 257–274.

Kintsch, W., Kozminsky, E., Streby, W. J., McKoon, G., & Keenan, J. M. (1975). Comprehension and recall of test as a function of content variables. *Journal of Verbal Learning and Verbal Behavior, 14*, 196–214.

Kintsch, W., & van Dijk, T. A. (1978). Toward a model of text comprehension and production. *Psychological Review, 85*, 363–394.

Kintsch, W., & Vipond, D. (1979). Reading comprehension and readability in educational practice and psychological theory. In L-G. Nilsson (Ed.), *Perspectives on memory research*. Hillsdale, NJ: Lawrence Erlbaum Associates Inc.

Kirkby, J. A., Blythe, H. I., Drieghe, D., & Liversedge, S. P. *Reading text increases binocular disparity in children*. Submitted to PL oS One.

Kirkby, J. A., Webster, L. A., Blythe, H. I., & Liversedge, S. P. (2008). Binocular coordination during reading and non–reading tasks. *Psychological Bulletin, 134*, 742–763.

Kleiman, G. M. (1975). Speech recoding in reading. *Journal of Verbal Learning and Verbal Behavior, 14*, 323–339.

Kliegl, R. (2007). Toward a perceptual–span theory of distributed processing in reading: A reply to Rayner, Pollatsek, Drieghe, Slattery, and Reichle (2007). *Journal of Experimental Psychology: General, 136*, 530–537.

Kliegl, R., Nuthmann, A., & Engbert, R. (2006). Tracking the mind during reading: The influence of past, present, and future words on fixation durations. *Journal of Experimental Psychology: General, 135*, 12–35.

Kliegl, R., Olson, R. K., & Davidson, B. J. (1982). Regression analyses as a tool for studying reading processes: Comments on Just and Carpenter's eye fixation theory. *Memory & Cognition, 10*, 287–296.

Kliegl, R., Risse, S., & Laubrock, J. (2007). Preview benefit and parafoveal-on-foveal effects from word n+2. *Journal of Experimental Psychology: Human Perception and Performance, 33*, 1250–1255.

Knecht, S., Deppe, M., Drager, B., Bobe, L., Lohmann, H., Ringelstein, E., et al. (2000). Language lateralization in healthy right-handers. *Brain: A Journal of Neurology, 123*(1), 74–81.

Koenig, J-P., Mauner, G., & Bienvenue, B. (2003). Arguments for adjuncts. *Cognition, 89*, 67–103.

Koh, S., Sanford, A., Clifton, C. Jr., & Dawydiak, E. J. (2008). Good-enough representation in plural and singular pronominal reference: Modulating the conjunction cost. In J. Gundel & N. Hedberg (Eds.), *Reference: Interdisciplinary perspectives* (pp. 123–142). Oxford, UK: Oxford University Press.

Kolers, P. (1972). Experiments in reading. *Scientific American, 227*, 84–91.

Koornneef, A. W., & van Berkum, J. J. A. (2006). On the use of verb-based implicit causality in sentence comprehension: Evidence from self-paced reading and eye tracking. *Journal of Memory and Language, 54*, 445–465.

Koppen, M., Noordman, L. G. M., & Vonk, W. (2008). World knowledge in computational models of discourse comprehension. *Discourse Processes, 45*, 429–463.

Kosslyn, S. M., & Matt, A. M. (1977). If you speak slowly, do people read your prose slowly? Person-particular speech recoding during reading. *Bulletin of the Psychonomic Society, 9*, 250–252.

Kowler, E., & Martins, A. J. (1982). Eye movements of preschool children. *Science, 215*, 997–999.

Kronbichler, M., Hutzler, F., & Wimmer, H. (2002). Dyslexia: Verbal impairments in the absence of magnocellular impairments. *Neuroreport, 13*(5), 617–620.

Kuhn, M. R., & Stahl, S. A. (2003). Fluency: A review of developmental and remedial practices. *Journal of Educational Psychology, 95*, 3–21.

Kuperman, V., Schreuder, R., Bertram, R., & Baayen, R. H. (2009). Reading polymorphemic Dutch compounds: Toward a multiple route model of lexical processing. *Journal of Experimental Psychology: Human Perception and Performance, 35*(3), 876–895.

Kuperman, V., & Van Dyke, J. A. (2011). Effects of individual differences in verbal skills on eye-movement patterns during sentence reading. *Journal of Memory and Language, 65*, 42–73.

Kurby, C. A., Magliano, J. P., & Rapp, D. N. (2009). Those voices in your head: Activation of auditory images during reading. *Cognition, 112*, 457–461.

参考文献 ▶ ▶

Kussmaul, A. (1877). Word deafness and word blindness. In H. von Ziemssen & J. A. T. McCreery (Eds.), *Cyclopedia of the practice of medicine* (pp. 770–778). New York: William Wood.

Kutas, M., & Federmeier, K. (2007). Event–related brain potential (ERP) studies of sentence processing. In M. G. Gaskell (Ed.), *The Oxford handbook of psycholinguistics* (pp. 385–406). Oxford, UK: Oxford University Press.

Kutas, M., & Hillyard, S. A. (1980). Reading senseless sentences: Brain potentials reflect semantic incongruity. *Science, 207*, 203–205.

Kutas, M., Van Petten, C., & Kluender, R. (2006). Psycholinguistics electrified II (1994–2005). In M. A. Gernsbacher & M. Traxler (Eds.), *Handbook of psycholinguistics* (2nd ed., pp. 655–720). New York: Elsevier.

LaBerge, D. (1972). Beyond auditory coding. In J. F. Kavanagh & I. G. Mattingly (Eds.), *Language by ear and by eye*. Cambridge, MA: MIT Press.

LaBerge D., & Samuels, S. J. (1974). Toward a theory of automatic information processing in reading. *Cognitive Psychology, 6*, 293–323.

Landerl, K. (2000). Influences of orthographic consistency and reading instruction on the development of nonword reading skills. *European Journal of Psychology of Education, 15*, 239–257.

Landerl, K., & Wimmer, H. (2008). Development of word reading fluency and spelling in a consistent orthography: An 8-year follow-up. *Journal of Educational Psychology, 100*(1), 150–161.

Landi, N., & Perfetti, C. A. (2007). An electrophysiological investigation of semantic and phonological processing in skilled and less skilled comprehenders. *Brain and Language, 102*, 30–45.

Lassonde, K. A., & O'Brien, E. J. (2009). Contextual specification in the activation of predictive inferences. *Discourse Processes, 46*, 426–438.

Laubrock, J., Hohenstein, S., & Kliegl, R. (2010). Semantic preview benefit in eye movements during reading: A parafoveal fast-priming study. *Journal of Experimental Psychology: Learning, Memory, and Cognition, 36*, 1150–1170.

Laubrock, J., & Kliegl, R. (2011). *The eye–voice span in oral reading.* Manuscript submitted for publication.

Laubrock, J., Kliegl, R., & Engbert, R. (2006). SWIFT explorations of age differences in eye movements during reading. *Neuroscience and Biobehavioral Reviews, 30*, 872–884.

Leach, J. M., Scarborough, H. S., & Rescorla, L. (2003). Late-emerging reading disabilities. *Journal of Educational Psychology, 95*(2), 211–224.

Lean, D. S., & Arbuckle, T. Y. (1984). Phonological coding in prereaders. *Journal of Educational Psychology, 76*, 1282–1290

Lee, H., Rayner, K., & Pollatsek, A. (1999). The time course of phonological, semantic, and orthographic coding in reading: Evidence from the fast priming technique. *Psychonomic Bulletin & Review, 5*, 624–634.

Lee, Y., Binder, K. S., Kim, J., Pollatsek, A., & Rayner, K. (1999). Activation of phonological codes during eye fixations in reading. *Journal of Experimental Psychology: Human Perception and Performance, 25*(4), 948–964.

Lemhöfer, K., Dijkstra, T., Schriefers, H., Baayen, R. H., Grainger, J., & Zwitserlood, P. (2008). Native language influences on word recognition in a second language: A megastudy. *Journal of Experimental Psychology: Learning, Memory, and Cognition, 34*(1), 12–31.

Lenneberg, E. H. (1967). *Biological foundations of language*. New York: Wiley.

Leonard, C. M., Eckert, M. A., Lombardino, L. J., Oakland, T., Kranzler, J., Mohr, C. M., et al. (2001). Anatomical risk factors for phonological dyslexia. *Cerebral Cortex, 11*(2), 148–157.

Lervåg, A., & Hulme, C. (2009). Rapid automatized naming (RAN) taps a mechanism that places constraints on the development of early reading fluency. *Psychological Science, 20*(8), 1040–1048.

Lesch, M. F., & Pollatsek, A. (1998). Evidence for the use of assembled phonology in accessing the meaning of printed words. *Journal of Experimental Psychology: Learning, Memory and Cognition, 24*, 573–592.

Lesgold, A. M., & Curtis, M. E. (1981). Learning to read words efficiently. In A. M. Lesgold & C. A. Perfetti (Eds.), *Interactive processes in reading*. Hillsdale, NJ: Lawrence Erlbaum Associates Inc.

Lesgold, A. M., & Resnick, L. B. (1982). How reading disabilities develop: Perspectives from a longitudinal study. In J. P. Das, R. Mulcahy, & A. E. Wall (Eds.), *Theory and research in learning disability*. New York: Plenum.

Levin, B., & Rappaport Hovav, M. (1996). Lexical semantics and syntactic structure. In S. Lappin (Ed.), *The handbook of contemporary semantic theory* (pp. 487–508). Oxford, UK: Blackwell.

Levin, H., & Kaplan, E. L. (1970). Grammatical structure and reading. In H. Levin & J. P. Williams (Eds.), *Basic studies on reading*. New York: Basic Books.

Levy, B. A. (1975). Vocalization and suppression effects in sentence memory. *Journal of Verbal Learning and Verbal Behavior, 14*, 304–316.

Levy, B. A. (1977). Reading: Speech and meaning processes. *Journal of Verbal Learning and Verbal Behavior, 16*, 623–638.

Levy, B. A. (1978). Speech analysis during sentence processing: Reading and listening. *Visible Language, 12*, 81–101.

Levy, B. A. (1981). Interactive processes during reading. In A. M. Lesgold & C. A. Perfetti (Eds.), *Interactive processes in reading*. Hillsdale, NJ: Lawrence Erlbaum Associates Inc.

Levy, B. A., Gong, Z., Hessels, S., Evans, M. A., & Jared, D. (2006). Understanding print: Early reading development and the contributions of home literacy experiences. *Journal of Experimental Child Psychology, 95*, 78.

Levy, R. (2008). Expectation-based syntactic comprehension. *Cognition, 106*, 1126–1177.

Levy, R., Bicknell, K., Slattery, T. J., & Rayner, K. (2009). Eye movement evidence that readers maintain and act on uncertainty about past linguistic input. *Proceedings of the National Academy of Sciences, 106*, 21086–21090.

Lewis, R. L., & Vasishth, S. (2005). An activation-based model of sentence processing as skilled memory retrieval. *Cognitive Science, 29*, 375–420.

Lewkowicz, N. K. (1980). Phonemic awareness training: What to teach and how to teach it. *Journal of Educational Psychology, 72*, 686–700.

Leybaert, J., & Alegria, J. (1993). Is word processing involuntary in deaf children? *British Journal of Developmental Psychology, 11*, 1–29.

Li, X., Liu, P., & Rayner, K. (2011). Eye movement guidance in Chinese reading: Is there a preferred viewing location? *Vision Research, 51*, 1146–1156.

Libben, G. (2003). Morphological parsing and morphological structure. In A. Egbert & D. Sandra (Eds.), *Reading complex words* (pp. 221–239). Amsterdam: Kluwer.

Liberman, A. M., Cooper, F. S., Shankweiler, D. P., & Studdert–Kennedy, M. (1967). Perception of the speech code. *Psychological Review, 74*, 431–461.

Liberman, I. Y. (1973). Segmentation of the spoken word and reading acquisition. *Bulletin of the Orton Society, 23*, 65–77.

Liberman, I. Y., Liberman, A., Mattingly, I., & Shankweiler, P. (1980). Orthography and the beginning reader. In J. Kavenagh & R. Venezky (Eds.), *Orthography reading and dyslexia*. Baltimore, MD: University Park Press.

Liberman, I. Y., & Shankweiler, D. (1979). Speech, the alphabet, and teaching to read. In L. Resnick & P. Weaver (Eds.), *Theory and practice of early reading* (Vol. 2). Hillsdale, NJ: Lawrence Erlbaum Associates Inc.

Liberman, I. Y., & Shankweiler, D. (1991). Phonology and beginning reading: A tutorial. In L. Rieben & C. A. Perfetti (Eds.), *Learning to read: Basic research and its implications* (pp. 3–17). Hillsdale, NJ: Lawrence Erlbaum Associates Inc.

Liberman, I. Y., Shankweiler, D., Fischer, F. W., & Carter, B. (1974). Explicit syllable and phoneme segmentation in the young child. *Journal of Experimental Child Psychology, 18*, 201–212.

Liberman, I. Y., Shankweiler, D., Liberman, A. M., Fowler, C., & Fischer, F. W. (1977). Phonetic segmentation and recoding in the beginning reader. In A. S. Reber & D. Scarborough (Eds.), *Towards a psychology of reading*. Hillsdale, NJ: Lawrence Erlbaum Associates Inc.

Liberman, I. Y., Shankweiler, D., Orlando, C., Harris, K. S., & Berti, F. B. (1971). Letter confusion and reversals of sequence in the beginning reader: Implications for Orton's theory of developmental dyslexia. *Cortex, 7*, 127–142.

Liddle, W. (1965). *An investigation of the Wood Reading Dynamics method*. Ann Arbor: University Microfilms, No. 60–5559.

Lima, S. D. (1987). Morphological analysis in sentence reading. *Journal of Memory and Language, 26*, 84–99.

Lima, S. D., & Inhoff, A. W. (1985). Lexical access during eye fixations in reading: Effects of word-initial letter sequence. *Journal of Experimental Psychology: Human Perception and Performance, 11*, 272–285.

Lima, S. D., & Pollatsek, A. (1983). Lexical access via an orthographic code? The Basic Orthographic Syllable Structure (BOSS) reconsidered. *Journal of Verbal Learning and Verbal Behavior, 22*, 310–332.

Lin, D., McBride-Chang, C., Shu, H., Zhang, Y., Li, H., Zhang, J., et al. (2010). Small wins big: Analytic pinyin skills promote Chinese word reading. *Psychological Science, 21*, 1117–1122.

Lindamood, P., & Lindamood, P. (1998). *The Lindamood phoneme sequencing program for reading, spelling, and speech* (3rd ed.). Austin, TX: Pro-Ed.

Liu, W., Inhoff, A. W., Ye, Y., & Wu, C. (2002). Use of parafoveally visible characters during the reading of Chinese sentences. *Journal of Experimental Psychology: Human Perception and Performance, 28*, 1213–1227.

Liversedge, S. P., Paterson, K. B., & Clayes, E. L. (2002). The influence of only on syntactic processing of 'long' relative clause sentences. *Quarterly Journal of Experimental Psychology, 55A*, 225–240.

Liversedge, S. P., Pickering, M. J., Branigan, H., & van Gompel, R. P. G. (1998). Processing arguments and adjuncts in isolation and context: The case of by-phrase ambiguities in passives. *Journal of Experimental Psychology: Learning, Memory, and Cognition, 24*(2), 461–475.

Liversedge, S. P., Rayner, K., White, S. J., Findlay, J. M., & McSorley, E. (2006). Binocular coordination of the eyes during reading. *Current Biology, 16*, 1726–1729.

Liversedge, S. P., Rayner, K., White, S. J., Vergilino–Perez, D., Findlay, J. M., & Kentridge, R. W. (2004). Eye movements while reading disappearing text: Is there a gap effect in reading? *Vision Research, 44*, 1013–1024.

Liversedge, S. P., White, S. J., Findlay, J. M., & Rayner, K. (2006). Binocular coordination of eye movements during reading. *Vision Research, 46*, 2363–2374.

Livingstone, M., Rosen, G., Drislane, F., & Galaburda, A. (1991). Physiological and anatomical evidence for a magnocellular deficit in developmental dyslexia. *Proceedings of the National Academy of Sciences, 88*, 7943–7947.

Llewellyn-Thomas, E. (1962). Eye movements in speed reading. In R. G. Stauffer (Ed.), *Speed reading: Practices and procedures*. Newark, DE: University of Delaware Reading Center.

Locke, J. L. (1971). Phonemic processing in silent reading. *Perceptual and Motor Skills, 32*, 905–906.

Locke, J. L. (1978). Phonemic effects in the silent reading of hearing and deaf children. *Cognition, 6*, 173–187.

Locke, J. L., Hodgson, J., Macaruso, P., Roberts, J., Lambrecht-Smith, S., & Guttentag, C. (1997). The development of developmental dyslexia. In C. Hulme & M. Snowling (Eds.), *Dyslexia: Biology, cognition and intervention* (pp. 72–96). London: Whurr.

Loftus, G. R. (1983). Eye fixations on text and scenes. In K. Rayner (Ed.), *Eye movements in reading: Perceptual and language processes*. New York: Academic Press.

Loftus, G. R., & Mackworth, N. H. (1978). Cognitive determinants of fixation location during picture viewing. *Journal of Experimental Psychology: Human Perception and Performance, 4*, 565–572.

Lonigan, C. J., Burgess, S. R., & Anthony, J. L. (2000). Development of emergent literacy and early reading skills in preschool children: Evidence from a latent-variable longitudinal study. *Developmental Psychology, 36*, 596–613.

Lonigan, C. J., Burgess, S. R., Anthony, J. L., & Barker, T. A. (1998). Development of phonological sensitivity in 2- to 5-year-old children. *Journal of Educational Psychology, 90*, 294–311.

Lovegrove, W. J., Bowling, A., Badcock, D., & Blackwood, M. (1980). Specific reading disability: Differences in contrast sensitivity as a function of spatial frequency. *Science, 210*(4468), 439–440.

Lovett, M. W. (1984). The search for subtypes of specific reading disability: Reflections from a cognitive perspective. *Annals of Dyslexia, 34*, 155–178.

Lukatela, G., Popadic, D., Ognjenovic, P., & Turvey, M. T. (1980). Lexical decision in a phonologically shallow orthography. *Memory & Cognition, 8*, 124–132.

Lukatela, G., Savic, M., Gligorijevic, B., Ognjenovic, P., & Turvey, M. T. (1978). Bi-alphabetical lexical decision. *Language and Speech, 21*, 142–165.

Lundberg, I., Olofsson, A., & Wall, S. (1980). Reading and spelling skills in the first school years predicted from phonemic awareness skills in kindergarten. *Scandinavian Journal of Psychology, 21*, 159–173.

Lupker, S. J., Perea, M., & Davis, C. J. (2008). Transposed letter priming effects: Consonants, vowels and letter frequency. *Language and Cognitive Processes, 23*, 93–116.

Luttenberg, J. (1965). Contribution to the fetal ontogenesis of the corpus callosum in man. II. *Folio Morphologica, 13*, 136–144.

Lyle, J. G. (1979). Reading retardation and reversal tendency: A factorial study. *Child Development, 40*, 832–843.

Lyle, J. G., & Goyen, J. (1968). Visual recognition, developmental lag, and strephosymbolia in reading retardation. *Journal of Abnormal Psychology, 73*, 25–29.

Lyon, G. R., Fletcher, J. M., Shaywitz, S. E., Shaywitz, B. A., Torgesen, J. K., Wood, F. B., et al. (2001). Rethinking learning disabilities. In C. E. Finn, A. J. Rotherham, & C. R. Hokanson (Eds.), *Rethinking special education for a new century*. Washington, DC: Fordham Foundation.

Lyon, G. R., Shaywitz, S. E., & Shaywitz, B. A. (2003). A definition of dyslexia. *Annals of Dyslexia, 53*, 1–14.

MacDonald, M. C., Pearlmutter, N. J., & Seidenberg, M. S. (1994). The lexical nature of syntactic ambiguity resolution. *Psychological Review, 101,* 676–703.

MacDonald, M. C., & Seidenberg, M. S. (2006). Constraint satisfaction accounts of lexical and sentence comprehension. In M. J. Traxler & M. A. Gernsbacher (Eds.), *Handbook of psycholinguistics* (2nd ed., pp. 581–611). London: Academic Press.

Mackworth, J. F. (1972). Some models of the reading process: Learners and skilled readers. *Reading Research Quarterly, 7,* 701–733.

Mackworth, N. H. (1965).Visual noise causes tunnel vision. *Psychonomic Science, 3,* 67–68.

Mackworth, N. H., & Morandi, A. J. (1967). The gaze selects informative details within pictures. *Perception & Psychophysics, 2,* 547–552.

MacLeod, C. M. (1991). Half a century of research on the Stroop effect: An integrative review. *Psychological Bulletin, 109,* 163–203.

MacWhinney, B., & Bates, E. (Eds). (1990). *The crosslinguistic study of sentence processing.* New York: Cambridge University Press.

Mandler, J. M. (1986). On the comprehension of temporal order. *Language and Cognitive Processes, 1,* 309–320.

Manis, F. R., & Keating, P. (2005). Speech perception in dyslexic children with and without language impairments. In H. W. Catts & A. G. Kamhi (Eds.), *The connections between language and reading disabilities* (pp. 77–99). Mahwah, NJ: Lawrence Erlbaum.

Manis, F. R., Seidenberg, M. S., Doi, L. M., & McBride-Chang, C. (1996). On the bases of two subtypes of development dyslexia. *Cognition, 58*(2), 157–195.

Mann, V. A., Liberman, I. Y., & Shankweiler, D. (1980). Children's memory for sentences and word strings in relation to reading ability. *Memory & Cognition, 8,* 329–335.

Mannhaupt, G., Jansen, H., & Marx, H. (1997). Cultural influences on literacy development. In C. K. Leong & R. M. Joshi (Eds.), *Cross-language studies of learning to read and spell: Phonologic and orthographic processing* (pp.161–174). Dordrecht: Kluwer.

Marcel, A. J. (1978). Unconscious reading: Experiments on people who do not know they are reading. *Visible Language, 12,* 391–404.

Marcel, A. J. (1983). Conscious and unconscious perception: Experiments on visual masking. *Cognitive Psychology, 15,* 197–237.

Marcel, T. (1974). The effective visual field and the use of context in fast and slow readers of two ages. *British Journal of Psychology, 65,* 479–492.

Marchbanks, G., & Levin, H. (1965). Cues by which children recognize words. *Journal of Educational Psychology, 56,* 57–61.

Margolin, C. M., Griebel, B., & Wolford, G. (1982). Effect of distraction on reading versus listening. *Journal of Experimental Psychology: Learning, Memory, and Cognition, 8,* 613–618.

Mark, L. S., Shankweiler, D., Liberman, I. Y., & Fowler, C. A. (1977). Phonetic recoding and reading difficulty in beginning readers. *Memory & Cognition, 5,* 623–629.

Markman, E. M. (1979). Realizing that you don't understand: Elementary school children's awareness of inconsistencies. *Child Development, 50,* 643–655.

Markman, E. M. (1981). Conprehension monitoring. In W. P. Dickson (Ed.), *Children's oral communication skills.* New York: Academic Press.

Marks, C. B., Doctorow, M. J., & Wittrock, M. C. (1974). Word frequency and reading comprehension. *Journal of Education Research, 67,* 259–262.

Marsh, G., Friedman, M., Welch, V., & Desberg, P. (1981). A cognitive–developmental approach to reading acquisition. In T. G. Waller & G. E. MacKinnon (Eds.), *Reading research: Advances in theory and practice, Vol. 3.* New York: Academic Press.

Marshall, C. M., Snowling, M. J., & Bailey, P. J. (2001). Rapid auditory processing and phonological ability in normal readers and readers with dyslexia. *Journal of Speech, Language, and Hearing Research, 44*(4), 925–940.

Marshall, J. C., & Newcombe, F. (1966). Syntactic and semantic errors in paralexia. *Neuropsychologia, 4,* 169–176.

Marshall, J. C., & Newcombe, F. (1973). Patterns of paralexia: A psycholinguistic approach. *Journal of Psycholinguistic Research, 2,* 175–200.

Marslen-Wilson, W. D. (1973). Linguistic structure and speech shadowing at very short latencies. *Nature, 244,* 522–523.

Marslen-Wilson, W. D., & Tyler, L. K. (1987). Against modularity. In J. Garfield (Ed.), *Modularity in knowledge representation and natural language understanding.* Cambridge, MA: MIT Press.

Martin, A., & McElree, B. (2008). A content-addressable pointer mechanism underlies comprehension of verb phrase ellipsis. *Journal of Memory and Language, 58,* 879–906.

Martin, M. (1978). Speech recoding in silent reading. *Memory & Cognition, 6,* 108–114.

Martin, S. E. (1972). Nonalphabetic writing systems: Some observations. In J. F. Kavanagh & I. G. Mattingly (Eds.), *Language by ear and by eye.* Cambridge, MA: MIT Press.

Mason, J. M. (1980). When do children begin to read: An exploration of four year old children's letter and word reading competencies. *Reading Research Quarterly, 15,* 203–227.

Masonheimer, P. E., Drum, P. A., & Ehri, L. C. (1984). Does environmental print identification lead children into word reading? *Journal of Reading Behavior, 16*(4), 257–271.

Massaro, D. W. (1975). *Understanding language: An information-processing analysis of speech perception, reading, and psycholinguistics.* New York: Academic Press.

Masserang, K. M., Pollatsek, A., & Rayner, K. (2009). *No morphological decomposition with parafoveal previews.* Presented at ECEM 15, 23.8–27.8, Southampton, UK.

Masson, M. E. J., & Isaak, M. I. (1999). Masked priming of words and nonwords in a naming task: Further evidence for a nonlexical basis for priming. *Memory & Cognition, 27,* 399–412.

Masson, M. E. J., & Miller, J. (1983). Working memory and individual differences in comprehension and memory of text. *Journal of Educational Psychology, 75,* 314–318.

Matin, E. (1974). Saccadic suppression: A review and an analysis. *Psychological Bulletin, 81,* 899–917.

Mattingly, I. G. (1972). Reading, the linguistic process, and linguistic awareness. In J. F. Kavanaugh & I. G. Mattingly (Eds.), *Language by ear and by eye: The relationship between speech and reading.* Cambridge, MA: MIT Press.

Mayberry, R. (2007). When timing is everything: Age of first-language acquisition effects on second-language learning. *Applied Psycholinguistics, 28,* 537–549.

Mayberry, R. I., Chamberlain, C., Waters, G., & Hwang, P. (2005). *Word recognition in children who are deaf and sign.* Poster presented at the Society for Research in Child Development, Atlanta.

Mayer, P., Crowley, K., & Kaminska, Z. (2007). Reading and spelling processes in Welsh–English bilinguals: Differential effects of concurrent vocalisation tasks. *Reading and Writing, 20*(7), 671–690.

McBride-Chang, C. (1996). Models of speech perception and phonological processing in reading. *Child Development, 67*(4), 1836–1856.

McBride-Chang, C., & Kail, R. V. (2002). Cross-cultural similarities in the predictors of reading acquisition. *Child Development, 73*(5), 1392–1407.

McCardle, P., & Chhabra, V. (2004). *The voice of evidence in reading research.* Baltimore, MD: Paul Brookes.

McCaughey, M., Juola, J., Schadler, M., & Ward, N. (1980). Whole-word units are used before orthographic knowledge in perceptual development. *Journal of Experimental Child Psychology, 30,* 411–421.

McClelland, J. L. (1986). The programmable blackboard model of reading. In J. L. McClelland, D. E. Rumelhart, & the PDP research group (Eds.), *Parallel distributed processing: Explorations in the microstructure of cognition. Vol. II.* Cambridge, MA: Bradford Books.

McClelland, J. L., & O'Regan, J. K. (1981). Expectations increase the benefit derived from parafoveal visual information in reading words aloud. *Journal of Experimental Psychology: Human Perception and Performance, 7,* 634–644.

McClelland, J. L., & Rumelhart, D. E. (1981). An interactive activation model of context effects in letter perception: Part 1. An account of basic findings. *Psychological Review, 88,* 375–407.

McClelland, J. L., & Rumelhart, D. E. (Eds.). (1986). *Parallel distributed processing: Explorations in the microstructure of cognition* (Vol. 2). Cambridge, MA: MIT Press.

McConkie, G. W., & Hogaboam, T. W. (1985). Eye position and word identification in reading. In R. Groner, G. W. McConkie, & C. Menz (Eds.), *Eye movements and human information processing.* Amsterdam: North-Holland Press.

McConkie, G. W., Kerr, P. W., Reddix, M. D., & Zola, D. (1988). Eye movement control during reading: I. The location of initial eye fixations in words. *Vision Research, 28,* 1107–1118.

McConkie, G. W., & Rayner, K. (1975). The span of the effective stimulus during a fixation in reading. *Perception & Psychophysics, 17,* 578–586.

McConkie, G. W., & Rayner, K. (1976a). Asymmetry of the perceptual span in reading. *Bulletin of the Psychonomic Society, 8*, 365–368.

McConkie, G. W., & Rayner, K. (1976b). Identifying the span of the effective stimulus in reading: Literature review and theories of reading. In H. Singer & R.B. Ruddell (Eds.), *Theoretical models and processes in reading*. Newark, DE: International Reading Association.

McConkie, G. W., Rayner, K., & Wilson, S.J. (1973). Experimental manipulation of reading strategies. *Journal of Educational Psychology, 65*, 1–8.

McConkie, G. W., Underwood, N. R., Zola, D., & Wolverton, G. S. (1985). Some temporal characteristics of processing during reading. *Journal of Experimental Psychology: Human Perception and Performance, 11*, 168–186.

McConkie, G. W., & Zola, D. (1979). Is visual information integrated across successive fixations in reading? *Perception & Psychophysics, 25*, 221–224.

McConkie, G. W., & Zola, D. (1981). Language constraints and the functional stimulus in reading. In A. M. Lesgold & C. A. Perfetti (Eds.), *Interactive process in reading*. Hillsdale, NJ: Erlbaum.

McConkie, G. W., & Zola, D. (1984). Eye movement control during reading: The effects of word units. In W. Prinz & A. F. Sanders (Eds.), *Cognition and motor processes*. Berlin: Springer-Verlag.

McConkie, G. W., Zola, D., Grimes, J., Kerr, P. W., Bryant, R. B., & Wolff, P. M. (1991). Children's eye movements during reading. In J. F. Stein (Ed.), Vision and visual dyslexia (pp 251–262). Oxford: Macmillan.

McConkie, G. W., Zola, D., & Wolverton, G. S. (1980). *How precise is eye guidance?* Paper presented at the annual meeting of the American Educational Research Association, Boston, MA, April.

McCusker, L. X., Bias, R. G., & Hillinger, M. L. (1981). Phonological recoding and reading. *Psychological Bulletin, 89*, 217–245.

McCutchen, D., & Berninger, V. W. (1999). Those who know, teach well: Helping teachers master literacy-related subject-matter knowledge. *Learning Disabilities Research & Practice, [Special Issue, Moving from research to practice: Professional development to promote effective teaching of early reading], 14*(4), 215–226.

McCutchen, D., & Perfetti, C.A. (1982). The visual tongue-twister effect: Phonological activation in silent reading. *Journal of Verbal Learning and Verbal Behavior, 21*, 672–687.

McDonald, S. A. (2006). Parafoveal preview benefit in reading is only obtained from the saccade goal. *Vision Research, 46*, 4416–4424.

McDonald, S. A., & Shillcock, R. C. (2003a). Eye movements reveal the on-line computation of lexical probabilities during reading. *Psychological Science, 14*, 648–652.

McDonald, S. A., & Shillcock, R. C. (2003b). Low-level predictive inference in reading: The influence of transitional probabilities on eye movements. *Vision Research, 43*, 1735–1751.

McElree, B., Traxler, M., Pickering, M. J., Seely, R. E., & Jackendoff, R. (2001). Reading time evidence for enriched composition. *Cognition, 78*, B17–B25.

McGee, L. M., Lomax, R. G., & Head, M. H. (1988). Young children's written language knowledge: What environmental and functional print reading reveals. *Journal of Reading Behavior, 20*(2), 99–118.

McGuigan, F. J. (1967). Feedback of speech muscle activity during silent reading: Two comments. *Science, 157*, 579–580.

McGuigan, F. J. (1970). Covert oral behavior during the silent performance of language tasks. *Psychological Bulletin, 74*, 309–326.

McGuigan, F. J. (1971). External auditory feedback from covert oral behavior during silent reading. *Psychonomic Science, 25*, 212–214.

McGuigan, F. J., & Bailey, S. C. (1969). Longitudinal study of covert oral behavior during silent reading. *Perceptual and Motor Skills, 28*, 170.

McGuigan, F. J., Keller, B., & Stanton, E. (1964). Covert language responses during silent reading. *Journal of Educational Psychology, 55*, 339–343.

McGuinness, D., McGuinness, C., & Donohue, J. (1995). Phonological training and the alphabet principle: Evidence for reciprocal causality. *Reading Research Quarterly, 30*(4), 830–852.

McGurk, H., & MacDonald, J. (1976). Hearing eyes and seeing voices. *Nature, 264*, 746–748.

McKague, M., Pratt, C., & Johnston, M. B. (2001). The effect of oral vocabulary on reading visually novel words: A comparison of the dual-route-cascaded and triangle frameworks. *Cognition, 80*(3), 231–262.

McKeown, M. G., Beck, I. L., Omanson, R. C., & Perfetti, C. A. (1983). The effects of long-term vocabulary instruction on reading comprehension: A replication. *Journal of Reading Behavior, 15*(1), 3–18.

参考文献 ▶ ▶

McKoon, G., Gerrig, R. J., & Greene, S. B. (1996). Pronoun resolution without pronouns: Some consequences of memory based text processing. *Journal of Experimental Psychology: Learning, Memory, and Cognition, 22*, 919–932.

McKoon, G., & Macfarland, T. (2002). Event templates in the lexical representation of verbs. *Cognitive Psychology, 45*, 1–44.

McKoon, G., & Ratcliff, R. (1980). Priming in item recognition: The organization of propositions in memory for text. *Journal of Verbal Learning and Verbal Behavior, 19*, 369–386.

McKoon, G., & Ratcliff, R. (1986). Inferences about predictable events. *Journal of Experimental Psychology: Learning, Memory, and Cognition, 12*, 82–91.

McKoon, G., & Ratcliff, R. (2003). Meaning through syntax: Language comprehension and the reduced relative clause construction. *Psychological Review, 110*, 490–525.

McLaughlin, G. H. (1969). Reading at "impossible" speeds. *Journal of Reading, 12*, 449–454, 502–510.

McMahon, M. L. (1976). *Phonic processing in reading printed words: Effects of phonemic relationships between words on time.* Unpublished Master's thesis, University of Massachusetts, Amherst.

McNamara, D. S., Louwerse, M. M., McCarthy, P. M., & Graesser, A. C. (2010). Coh-Metrix: Capturing linguistic features of cohesion. *Discourse Processes, 47*, 292–330.

McRae, K., Ferretti, T. R., & Amyote, L. (1997). Thematic roles as verb-specific concepts. *Language and Cognitive Processes, 12*, 137–176.

McRae, K., Spivey-Knowlton, M. J., & Tanenhaus, M. K. (1998). Modeling the influence of thematic fit (and other constraints) in on-line sentence comprehension. *Journal of Memory and Language, 38*, 283–312.

Mehegan, C., & Dreifuss, F. (1972). Hyperlexia. *Neurology, 22*, 1105–111.

Mehler, J. (1963). Some effects of grammatical transformations on the recall of English sentences. *Journal of Verbal Learning and Verbal Behavior, 2*, 346–351.

Mehler, J., Bever, T. G., & Carey, P. (1967). What we look at when we read. *Perception & Psychophysics, 2*, 213–218.

Meltzer, H. S., & Herse, R. (1969). The boundaries of written words as seen by first graders. *Journal of Reading Behavior, 1*, 3–14.

Metsala, J. L., & Wally, A. C. (1998). Spoken vocabulary growth and the segmental restructuring of lexical representations: Precursors to phonemic awareness and early reading ability. In J. Metsala & L. Ehri (Eds.), *Word recognition in beginning reading* (pp. 89–120). Hillsdale, NJ: Lawrence Erlbaum Associates Inc.

Meyer, B. J. F. (1975). *The organization of prose and its effect on recall.* Amsterdam: North Holland.

Meyer, D. E., & Gutschera, K. (1975). *Orthographic versus phonemic processing of printed words.* Paper presented at the annual meeting of the Psychonomic Society, Denver, CO, November.

Meyer, D. E., & Schvaneveldt, R. W. (1971). Facilitation in recognizing pairs of words: Evidence of a dependence between retrieval operations. *Journal of Experimental Psychology, 90*, 227–234.

Meyer, D. E., Schvaneveldt, R. W., & Ruddy, M.G. (1974). Functions of graphemic and phonemic codes in visual word-recognition. *Memory & Cognition, 2*, 309–321.

Meyer, M. S., & Felton, R. H. (1999). Repeated reading to enhance fluency: Old approaches and new direction. *Annals of Dyslexia, 49*, 283–306.

Meyer, M. S., Wood, F. B., Hart, L. A., & Felton, R. H. (1998). Selective predictive value of rapid automatized naming in poor readers. *Journal of Learning Disabilities, 31*(2), 106–117.

Mezrich, J. J. (1973). The word superiority effect in brief visual displays: Elimination by vocalization. *Perception & Psychophysics, 13*, 45–48.

Mickish, V. (1974). Children's perceptions of written word boundaries. *Journal of Reading Behavior, 6*, 19–22.

Miellet, S., O'Donnell, P. J., & Sereno, S. C. (2009). Parafoveal magnification: Visual acuity does not modulate the perceptual span in reading. *Psychological Science, 20*, 721–728.

Miellet, S., Sparrow, L., & Sereno, S. C. (2007). Word frequency and predictability effects in reading French: An evaluation of the E–Z Reader model. *Psychonomic Bulletin & Review, 14*, 762–769.

Miller, G. A. (1956). The magical number seven, plus or minus two: Some limits on our capacity for processing information. *Psychological Review, 63*, 81–89.

Miller, G. A. (1962). Some psychological studies of grammar. *American Psychologist, 17*, 748–762.

Milne, E., Swettenham, J., Hansen, P., Campbell, R., Jeffries, H., & Plaisted, K. (2002). High motion coherence thresholds in children with autism. *Journal of Child Psychology and Psychiatry, 43*(2), 255–263.

Miozzo, M., & Caramazza, A. (1998). Varieties of pure alexia: The case of failure to access graphemic representations. *Cognitive Neuropsychology [Special Issue: Pure alexia (letter-by-letter reading)]*, *15*(1–2), 203–238.

Mitchell, D. C. (1982). *The process of reading.* Chichester, UK: Wiley.

Mitchell, D. C. (2004). On-line methods in language processing: Introduction and historical review. In M. Carreiras & C. J. Clifton (Eds.), *The on-line study of sentence comprehension: Eyetracking, ERPs, and beyond.* Hove, UK: Psychology Press.

Mitchell, D. C., & Holmes, V. M. (1985). The role of specific information about the verb in parsing sentences with local structural ambiguity. *Journal of Memory and Language*, *24*, 542–559.

Moats, L. C. (1994). Assessment of spelling in learning disabilities research. In G. R. Lyon (Ed.), *Frames of reference for the assessment of learning disabilities: New views on measurement issues* (pp. 333–350). Baltimore, MD: Paul Brookes.

Moats, L. C. (2010). *Speech to print: Language essentials for teachers* (2nd ed.). Baltimore, MD: Paul Brookes.

Moats, L. C., & Foorman, B. R. (2003). Measuring teachers' content knowledge of language and reading. *Annals of Dyslexia*, *53*, 23–45.

Mohan, P. J. (1978). Acoustic factors in letter cancellation: Developmental considerations. *Developmental Psychology*, *14*, 117–118.

Morais, J., Cary, L., Alegria, J., & Bertelson, P. (1979). Does awareness of speech as a sequence of phones arise spontaneously? *Cognition*, *7*, 323–331.

Morgan, W. P. (1896). A case of congenital word blindness. *British Medical Journal*, *1871*, 1378–1379.

Morris, R. D., Stuebing, K. K., Fletcher, J. M., Shaywitz, S. E., Lyon, G. R., Shankweiler, D. P., et al. (1998). Subtypes of reading disability: Variability around a phonological core. *Journal of Educational Psychology*, *90*(3), 347–373.

Morris, R. K. (1994). Lexical and message-level sentence context effects on fixation times in reading. *Journal of Experimental Psychology: Learning, Memory, and Cognition*, *20*, 92–103.

Morris, R. K., Rayner, K., & Pollatsek, A. (1990). Eye movement guidance in reading: The role of parafoveal letter and space information. *Journal of Experimental Psychology: Human Perception and Performance*, *16*, 268–281.

Morrison, R. E. (1984). Manipulation of stimulus onset delay in reading: Evidence for parallel programming of saccades. *Journal of Experimental Psychology: Human Perception and Performance*, *10*, 667–682.

Morrison, R. E., & Inhoff, A. W. (1981). Visual factors and eye movements in reading. *Visible Language*, *15*, 129–146.

Morrison, R. E., & Rayner, K. (1981). Saccade size in reading depends upon character spaces and not visual angle. *Perception & Psychophysics*, *30*, 395–396.

Morton, J. (1964). The effects of context upon speed of reading, eye movement and eye–voice span. *Quarterly Journal of Experimental Psychology*, *16*, 340–354.

Morton, J., & Frith, U. (1995). Causal modeling: A structural approach to developmental psychopathology. In D. Cicchetti, & D. J. Cohen (Eds.), *Developmental psychopathology, Vol. 1: Theory and method* (pp. 357–390). Oxford, UK: John Wiley & Sons.

Morton, J., & Sasanuma, S. (1984). Lexical access in Japanese. In L. Henderson (Ed.), *Orthographies and reading.* Hove, UK: Lawrence Erlbaum Associates Ltd.

Mousty, P., & Bertelson, P. (1985). A study of Braille reading: Reading speed as a function of hand usage and context. *Quarterly Journal of Experimental Psychology*, *37A*, 217–233.

Mozer, M. C. (1983). Letter migration in word perception. *Journal of Experimental Psychology: Human Perception and Performance*, *9*, 531–546.

Murphy, L. A., Pollatsek, A., & Well, A. D. (1988). Developmental dyslexia and word retrieval deficits. *Brain and Language*, *35*(1), 1–23.

Muter, V., Hulme, C., Snowling, M., & Taylor, S. (1997). Segmentation, not rhyming, predicts early progress in learning to read. *Journal of Experimental Child Psychology*, *65*, 370–396.

Myers, J. L., & O'Brien, E. J. (1998). Accessing the discourse representation while reading. *Discourse Processes*, *26*, 131–157.

Myers, J. L., Shinjo, M., & Duffy, S. A. (1987). Degree of causal relatedness and memory. *Journal of Memory and Language*, *26*, 453–465.

Myers, M., & Paris, S. G. (1978). Children's metacognitive knowledge about reading. *Journal of Educational Psychology*, *70*, 680–690.

Nation, K. (2005). Children's reading comprehension difficulties. In M. J. Snowling & C. Hulme (Eds.), *The science of reading: A handbook* (pp. 248–265). Malden, MA: Blackwell Publishing.

Nation, K., Angell, P., & Castles, A. (2007). Orthographic learning via self-teaching in children learning to read: Effects of exposure, durability, and context. *Journal of Experimental Child Psychology, 96*, 71–84.

Nation, K., Clarke, P., Marshall, C. M., & Durand, M. (2004). Hidden language impairments in children: Parallels between poor reading comprehension and specific language impairment? *Journal of Speech, Language and Hearing Research, 47*, 199–211.

Nation, K., & Cocksey, J. (2009). The relationship between knowing a word and reading it aloud in children's word reading development. *Journal of Experimental Child Psychology, 103*, 296–308.

Nation, K., & Hulme, C. (1998). Phonemic segmentation, not onset–rime segmentation, predicts early reading and spelling skills: Response. *Reading Research Quarterly, 33*(3), 264–265.

Nation, K., Marshall, C. M., & Snowling, M. J. (2001). Phonological and semantic contributions to children's picture naming skill: Evidence from children with developmental reading disorders. *Language and Cognitive Processes [Special Issue: Language and Cognitive Processes in Developmental Disorders], 16*(2–3), 241–259.

Nation, K., & Snowling, M. J. (1998). Semantic processing and the development of word–recognition skills: Evidence from children with reading comprehension difficulties. *Journal of Memory and Language, 39*, 85–101.

Nation, K., & Snowling, M. J. (1999). Developmental differences in sensitivity to semantic relations among good and poor comprehenders: Evidence from semantic priming. *Cognition, 70*(1), B1–B13.

Nation, K., & Snowling, M. J. (2004). Beyond phonological skills: Broader language skills contribute to the development of reading. *Journal of Research in Reading, 27*(4), 342–356.

National Institute of Child Health and Human Development, National Reading Panel. (2000). *Teaching children to read: An evidence-based assessment of the scientific research literature on reading and its implications for reading instruction (NIH Publication No. 00–4769)*. Washington, DC: U.S. Government Printing Office.

Navon, D., & Shimron, J. (1981). Does word meaning involve grapheme-to-phoneme translation? Evidence from Hebrew. *Journal of Verbal Learning and Verbal Behavior, 20*, 97–109.

Neely, J. H. (1977). Semantic priming and retrieval from lexical memory: The roles of inhibitionless spreading activation and limited-capacity attention. *Journal of Experimental Psychology: General, 106*, 1–66.

Neisser, U. (1967). *Cognitive psychology*. New York: Appleton, Century Crofts.

Newman, E. B. (1966). Speed of reading when the span of letters is restricted. *American Journal of Psychology, 79*, 272–278.

Newman, T. M., Macomber, D., Naples, A. J., Babitz, T., Volkmar, F., & Grigorenko, E. L. (2007). Hyperlexia in children with autism spectrum disorders. *Journal of Autism and Developmental Disorders, 37*(4), 760–774.

Nicolson, R. I., & Fawcett, A. J. (1994). Comparison of deficits in cognitive and motor skills among children with dyslexia. *Annals of Dyslexia, 44*, 147–164.

Nicolson, R. I., Fawcett, A. J., & Dean, P. (2001). Developmental dyslexia: The cerebellar deficit hypothesis. *Trends in Neurosciences, 24*(9), 508–511.

Niensted, S. M. (1968). Hyperlexia: An educational disease? *Exceptional Children, 35*(2), 162–163.

Nikolopoulos, D., Goulandris, N., & Snowling, M. J. (2003). Developmental dyslexia in Greek. In N. Goulandris (Ed.), *Dyslexia in different languages: Cross-linguistic comparisons* (pp. 53–67). Philadelphia, PA: Whurr Publishers.

Niswander, E., Pollatsek, A., & Rayner K. (2000). The processing of derived and inflected suffixed words during reading. *Language and Cognitive Processes, 15*, 389–420.

Niswander-Klement, E., & Pollatsek, A. (2006). The effects of root frequency, word frequency, and length on the processing of prefixed English words during reading. *Memory & Cognition, 34*, 685–702.

Nodine, C. F., & Evans, D. (1969). Eye movements of prereaders to pseudowords containing letters of high and low confusability. *Perception & Psychophysics, 6*, 39–41.

Nodine, C. F., & Lang, N. J. (1971). Development of visual scanning strategies for differentiating words. *Developmental Psychology, 5*, 221–232.

Nodine, C. F., & Simmons, F. G. (1974). Processing distinctive features in the differentiation of letterlike symbols. *Journal of Experimental Psychology, 103*, 21–28.

Nodine, C. F., & Steurele, N. L. (1973). Development of perceptual and cognitive strategies for differentiating graphemes. *Journal of Experimental Psychology, 8*, 158–166.

Noordman, L. G. M., Vonk, W., & Kempff, H. J. (1992). Causal inferences during the reading of expository texts. *Journal of Memory and Language, 31*, 573–590.

Norris, D. (2006). The Bayesian reader: Explaining word recognition as an optimal Bayesian decision process. *Psychological Review*, *113*, 327–357.

Oakhill, J. V. (1984). Inferential and memory skills in children's comprehension of stories. *British Journal of Educational Psychology*, *54*, 31–39.

Oakhill, J. V., Cain, K., & Bryant, P. E. (2003). The dissociation of word reading and text comprehension: evidence from component skills. *Language and Cognitive Processes*, *18*, 443–468.

Oakhill, J. V., & Yuill, N. (1996). Higher order factors in comprehension disability: Processes and remediation. In C. Cornoldi, & J. Oakhill (Eds.), *Reading comprehension difficulties: Processes and intervention* (pp. 69–92). Mahwah, NJ: Lawrence Erlbaum Associates Inc.

O'Brien, E. J., & Albrecht, J. E. (1992). Comprehension strategies in the development of a mental model. *Journal of Experimental Psychology: Learning, Memory, and Cognition*, *18*, 777–784.

O'Brien, E. J., Cook, A. E., & Guéraud, S. (2010). Accessibility of outdated information. *Journal of Experimental Psychology: Learning, Memory, and Cognition*, *36*, 979–991.

O'Brien, E. J., Rizzella, M. L., Albrecht, J. E., & Halleran, J. G. (1998). Updating a situation model: A memory-based text processing view. *Journal of Experimental Psychology: Learning, Memory, and Cognition*, *24*, 1200–1210.

O'Brien, E. J., Shank, D. M., Myers, J. L., & Rayner, K. (1988). Elaborative inferences during reading: Do they occur on-line? *Journal of Experimental Psychology: Learning, Memory, and Cognition*, *14*, 410–420.

O'Connor, R. E., & Forster, K. I. (1981). Criterion bias and search sequence bias in word recognition. *Memory & Cognition*, *9*, 78–92.

Olson, R. K., & Datta, H. (2002). Visual-temporal processing in reading-disabled and normal twins. *Reading and Writing*, *15*(1–2), 127–149.

Olson, R. K., Forsberg, H., Wise, B., & Rack, J. (1994). Measurement of word recognition, orthographic, and phonological skills. In G. R. Lyon (Ed.), *Frames of reference for the assessment of learning disabilities: New views on measurement issues* (pp. 243–277). Baltimore, MD: Paul Brookes.

Olson, R. K., Kliegl, R., & Davidson, B. J. (1983). Dyslexic and normal children's tracking eye movements. *Journal of Experimental Psychology: Human Perception and Performance*, *9*, 816–825.

Olson, R. K., Wise, B., Conners, F., & Rack, J. (1989). Specific deficits in component reading and language skills: Genetic and environmental influences. *Journal of Learning Disabilities*, *22*(6), 339–348.

Omanson, R. C. (1985). Knowing words and understanding texts. In T. H. Carr (Ed.), *The development of reading skills*. San Francisco: Jossey-Bass.

Omanson, R. C., Beck, I. L., McKeown, M. G., & Perfetti, C. A. (1984). Comprehension of texts with unfamiliar versus recently taught words: Assessment of alternative models. *Journal of Educational Psychology*, *76*, 1253–1268.

Oppenheim, G. M., & Dell, G. S. (2008). Inner speech slips exhibit lexical bias, but not the phonemic similarity effect. *Cognition*, *106*, 527–537.

O'Regan, J. K. (1975). *Structural and contextual constraints on eye movements in reading*. Unpublished doctoral dissertation, University of Cambridge, UK.

O'Regan, J. K. (1979). Eye guidance in reading: Evidence for linguistic control hypothesis. *Perception & Psychophysics*, *25*, 501–509.

O'Regan, J. K. (1980). The control of saccade size and fixation duration in reading: The limits of linguistic control. *Perception & Psychophysics*, *28*, 112–117.

O'Regan, J. K. (1981). The convenient viewing position hypothesis. In D. F. Fisher, R. A. Monty, & J. W. Senders (Eds.), *Eye movements: Cognition and visual perception*. Hillsdale, NJ: Lawrence Erlbaum Associates Inc.

O'Regan, J. K. (1983). Elementary perception and eye movement control processes in reading. In K. Rayner (Ed.), *Eye movements in reading: Perceptual and language processes*. New York: Academic Press.

O'Regan, J. K., & Levy-Schoen, A. (1983). Integrating visual information from successive fixations: Does transsaccadic fusion exist? *Vision Research*, *23*, 765–768.

Orton, S. T. (1928). Specific reading disability – strephsymbolia. *Journal of the American Medical Association*, *90*, 1095–1099.

Osaka, N. (1987). Effect of peripheral visual field size upon eye movements during Japanese text processing. In J. K. O'Regan & A. Levy-Schoen (Eds.), *Eye movements: From physiology to cognition*. Amsterdam: Elsevier.

Ouellette, G. P. (2006). What's meaning got to do with it: The role of vocabulary in word reading and reading comprehension. *Journal of Educational Psychology*, *98*, 554–566.

Paap, K. R., Newsome, S. L., McDonald, J. E., & Schvaneveldt, R. W. (1982). An activation-verification model for letter and word recognition: The word superiority effect. *Psychological Review*, *89*, 573–594.

Paap, K. R., Newsome, S. L., & Noel, R.W. (1984). Word shape's in poor shape for the race to the lexicon. *Journal of Experimental Psychology: Human Perception and Performance, 10*, 413–428.

Palinscar, A. S., & Brown, A. L. (1984). Reciprocal teaching of comprehension fostering and monitoring activities. *Cognition and Instruction, 1*, 117–175.

Palmer, J., MacLeod, C. M., Hunt, E., & Davidson, J. E. (1985). Information processing correlates of reading. *Journal of Memory and Language, 24*, 59–88.

Pammer, K., Hansen, P. C., Kringelback, M. L., Holliday, I., Barnes, G., Hillebrand, A., et al. (2004).Visual word recognition: The first half second. *NeuroImage, 22*, 1819–1825.

Paris, S. G., Cross, D. R., & Lipson, M.Y. (1984). Informed strategies for learning: A program to improve children's reading awareness and comprehension. *Journal of Educational Psychology, 76*, 1239–1252.

Paris, S. G., & Jacobs, J. E. (1984). The benefits of informed instruction for children's reading awareness and comprehension skills. *Child Development, 55*, 2083–2093.

Parker, S. W. (1919). Pseudo-talent for words. *Psychology Clinics, 11*, 1–7.

Parkin, A. J. (1982). Phonological recoding in lexical decision: Effects of spelling-to-sound regularity depend on how regularity is defined. *Memory & Cognition, 10*, 43–53.

Pastizzo, M. J., & Feldman, L. B. (2002). Discrepancies between orthographic and unrelated baselines in masked priming undermine a decompositional account of morphological facilitation. *Journal of Experimental Psychology: Learning, Memory, and Cognition, 28*, 244–249.

Patterson, K. E. (1982). The relation between reading and phonological coding: Further neuropsychological observations. In A. W. Ellis (Ed.), *Normality and pathology in cognitive functions.* London: Academic Press.

Patterson, K. E., & Kay, J. (1982). Letter-by-letter reading: Psychological descriptions of a neurological syndrome. *Quarterly Journal of Experimental Psychology, 34A*, 411–422.

Patterson, K. E., & Marcel, A. (1977). Aphasia, dyslexia, and the phonological code of written words. *Quarterly Journal of Experimental Psychology, 29*, 307–318.

Patterson, K. E., Marshall, J. C., & Coltheart, M. (1985). *Surface dyslexia: Neuropsychological and cognitive studies of phonological reading.* Hillsdale, NJ: Lawrence Erlbaum Associates Inc.

Patti, P. J., & Lupinetti, L. (1993). Brief report: Implications of hyperlexia in an autistic savant. *Journal of Autism and Developmental Disorders, 23*(2), 397–405.

Pavlidis, G. T. (1981). Do eye movements hold the key to dyslexia? *Neuropsychologia, 19*, 57–64.

Pavlidis, G. T. (1985). Eye movement differences between dyslexics, normal, and retarded readers while sequentially fixating digits. *American Journal of Optometry & Physiological Optics, 62*, 820–832.

Pearlmutter, N. J., & MacDonald, M. C. (1995). Individual differences and probabilistic constraints in syntactic ambiguity resolution. *Journal of Memory and Language, 34*, 521–542.

Pearson, D. (1976). A psycholinguistic model of reading. *Language Arts, 53*, 309–314.

Penfield, W., & Roberts, L. (1959). *Speech and brain mechanisms.* Princeton, NJ: Princeton University Press.

Pennington, B. F., Filipek, P. A., Lefly, D., Churchwell, J., Kennedy, D. N., Simon, J. H., et al. (1999). Brain morphometry in reading-disabled twins. *Neurology, 53*, 723–729.

Pennington, B. F.,Van Orden, G. C., Smith, S. D., Green, P. A., & Haith, M. M. (1990). Phonological processing skills and deficits in adult dyslexics. *Child Development, 61*(6), 1753–1778.

Perea, M., Abu Mallouh, R., & Carreiras, M. (2010). The search of an input coding scheme: Transposed-letter priming in Arabic. *Psychonomic Bulletin & Review, 17*, 375–380.

Perea, M., & Acha, J. (2009). Space information is important for reading. *Vision Research, 49*, 1994–2000.

Perea, M., & Carreiras, M. (2007). Do transposed-letter similarity effects occur at a prelexical phonological level? *Quarterly Journal of Experimental Psychology, 59*, 1600–1613.

Perea, M., & Lupker, S. J. (2003). Does jugde activate COURT? Transposed-letter confusability effects in masked associative priming. *Memory & Cognition, 31*, 829–841.

Perea, M., & Lupker, S. J. (2004). Can CANISO activate CASINO? Transposed-letter similarity effects with nonadjacent letter positions. *Journal of Memory and Language, 51*, 231–246.

Perea, M., & Pollatsek, A. (1998). The effects of neighborhood frequency in reading and lexical decision. *Journal of Experimental Psychology: Human Perception and Performance, 24*, 767–779.

Perea, M., & Rosa, E. (2002). Does 'whole word shape' play a role in visual word recognition? *Perception & Psychophysics, 64*, 785–794.

Perea, M., Rosa, E., & Gómez, C. (2005). The frequency effect for pseudowords in the lexical decision task. *Perception & Psychophysics, 67*, 301–314.

Perfetti, C. A. (1985). *Reading ability*. New York: Oxford University Press.

Perfetti, C. A. (1988). Verbal efficiency in reading ability. In M. Daneman, G. E. Mackinnon, & T. G. Waller (Eds.), *Reading research: Advances in theory and practice, Vol. 6* (pp. 109–143). San Diego, CA: Academic Press.

Perfetti, C. A. (1992). The representation problem in reading acquisition. In P. B. Gough, L. C. Ehri, & R. Treiman (Eds.), *Reading acquisition* (pp. 145–174). Hillsdale, NJ: Lawrence Erlbaum Associates Inc.

Perfetti, C. A. (1994). Psycholinguistics and reading ability. In M. A. Gernsbacher (Ed.), *Handbook of psycholinguistics* (pp. 849–894). San Diego, CA: Academic Press.

Perfetti, C. A. (1998). Two basic questions about reading and learning to read. In P. Reitsma & L. Verhoeven (Eds.), *Problems and interventions in literacy development* (pp. 15–47). Dordrecht, The Netherlands: Kluwer Academic.

Perfetti, C. A. (2003). The universal grammar of reading. *Scientific Studies of Reading, 7*(3), 3–24.

Perfetti, C. A. (2007). Reading ability: Lexical quality to comprehension. *Scientific Studies of Reading [Special Issue: What should the scientific study of reading be now and in the near future?], 11*(4), 357–383.

Perfetti, C. A., Beck, I., Bell, L., & Hughes, C. (1988). Phonemic knowledge and learning to read are reciprocal: A longitudinal study of first grade children. In K. Stanovich (Ed.), *Children's reading and the development of phonological awareness* (pp. 39–75). Detroit, MI: Wayne State University Press.

Perfetti, C. A., Bell, L. C., & Delaney, C. (1988). Automatic phonetic activation in silent word reading: Evidence from backward masking. *Journal of Memory and Language, 27*, 59–70.

Perfetti, C. A., Beverly, S., Bell, L. C., & Hughes, C. (1987). Phonemic knowledge and learning to read: A longitudinal study of first grade children. *Merrill-Palmer Quarterly, 33*, 283–319.

Perfetti, C. A., & Goldman, S. R. (1976). Discourse memory and reading comprehension skill. *Journal of Verbal Learning and Verbal Behavior, 14*, 33–42.

Perfetti, C. A., Goldman, S. R., & Hogaboam, T. W. (1979). Reading skill and the identification of words in discourse context. *Memory & Cognition, 7*, 273–282.

Perfetti, C. A., & Hart, L. (2001). The lexical basis of comprehension skill. In D. S. Gorfein (Ed.), *On the consequences of meaning selection: Perspectives on resolving lexical ambiguity* (pp. 67–86). Washington, DC: American Psychological Association.

Perfetti, C. A., & Hart, L. (2002). The lexical quality hypothesis. In L. Vehoeven. C. Elbro, & P. Reitsma (Eds.), *Precursors of functional literacy* (pp. 189–213). Amsterdam: John Benjamins.

Perfetti, C. A., & Hogaboam, T. W. (1975). The relationship between single word decoding and reading comprehension skill. *Journal of Educational Psychology, 67*, 461–469.

Perfetti, C. A., Marron, M. A., & Foltz, P. W. (1996). Sources of comprehension failure: Theoretical perspectives and case studies. In C. Cornoldi, & J. Oakhill (Eds.), *Reading comprehension difficulties: Processes and intervention* (pp. 137–165). Mahwah, NJ: Lawrence Erlbaum Associates Inc.

Perfetti, C. A., & McCutchen, D. (1982). Speech processes in reading. In N. Lass (Ed.), *Speech and language: Advances in basic research and practice* (Vol. 7, pp. 237–269). New York: Academic Press.

Perfetti, C. A., & Sandak, R. (2000). Reading optimally builds on spoken language: Implications for deaf readers. *Journal of Deaf Studies and Deaf Education, 5*(1), 32–50.

Perfetti, C. A., & Tan, L. H. (1998). The time course of graphic, phonological, and semantic activation in Chinese character identification. *Journal of Experimental Psychology: Learning, Memory, and Cognition, 24*, 101–118.

Perry, C., Ziegler, J. C., & Zorzi, M. (2007). Nested incremental modeling in the development of computational theories: The CDP+ model of reading aloud. *Psychological Review, 114*, 273–315.

Petersen, S. E., Fox, I. T., Posner, M. I., Mintun, M., & Raichle, M. E. (1988). Positron emission tomographic studies of the cortical anatomy of single-word processing, *Nature, 331*, 858–589.

Phillips, C., & Wagers, M. (2007). Relating structure and time in linguistics and psycholinguistics. In M. G. Gaskell (Ed.), *Oxford handbook of psycholinguistics* (pp. 739–756). Oxford, UK: Oxford University Press.

Phillips, G., & McNaughton, S. (1990). The practice of storybook reading to preschool children in mainstream New Zealand families. *Reading Research Quarterly, 25*(3), 196–212.

Phinney, E., Pennington, B. F., Olson, R., Filley, C. M., & Filipek, P. A. (2007). Brain structure correlates of component reading processes: Implications for reading disability. *Cortex, 43*(6), 777–791.

Piaget, J. (1952). *The origins of intelligence in children*. New York: International Universities Press.

Pichert, J. W., & Anderson, R. C. (1977). Taking different perspectives on a story. *Journal of Educational Psychology, 69*, 309–315.

参考文献 ▶ ▶

Pick, A. D., Unze, M. G., Brownell, C. A., Drozdal, J. G., & Hopmann, M. R. (1978). Young children's knowledge of word structure. *Child Development, 49*, 669–680.

Pickering, M. J., & Frisson, S. (2001). Processing ambiguous verbs: Evidence from eye movements. *Journal of Experimental Psychology: Learning, Memory, and Cognition, 27*, 556–573.

Pickering, M. J., McElree, B., Frisson, S., Chen, L., & Traxler, M. (2006). Underspecification and aspectual coercion. *Discourse Processes, 42*, 131–155.

Pickering, M. J., Traxler, M. J., & Crocker, M. W. (2000). Ambiguity resolution in sentence processing: Evidence against frequency-based accounts. *Journal of Memory and Language, 43*, 447–475.

Pickering, M. J., & van Gompel, R. P. G. (2006). Syntactic parsing. In M. J. Traxler & M. A. Gernsbacher (Eds.), *Handbook of psycholinguistics* (2nd ed., pp. 455–503). London: Academic Press.

Piñango, M. M., Zurif, E., & Jackendoff, R. (1999). Real-time processing implications of enriched composition at the syntax–semantics interface. *Journal of Psycholinguistic Research, 28*, 395–414.

Pinnell, G. S., & Fountas, I. C. (2000). *Guided reading: Research base for guided reading as an instructional approach.* Retrieved from the Scholastic website: http://teacher.scholastic.com/products/guidedreading/pdfs/GR_Research Base.pdf

Pintner, R. (1913). Inner speech silent reading. *Psychological Review, 20*, 129–153.

Pirozzola, F. J., & Rayner, K. (1977). Hemispheric specialization in reading and word recognition. *Brain and Language, 4*, 248–261.

Pirozzola, F. J., & Rayner, K. (1978). The normal control of eye movements in acquired and developmental reading disorders. In H. Avakian-Whitaker and H. A. Whitaker (Eds.), *Advances in neurolinguistics and psycholinguistics.* New York: Academic Press.

Plaut, D. C., McClelland, J. L., Seidenberg, M. S., & Patterson, K. E. (1996). Understanding normal and impaired word reading: Computational principles in quasi-regular domains. *Psychological Review, 103*, 56–115.

Plomin, R., & Kovas, Y. (2005). Generalist genes and learning disabilities. *Psychological Bulletin, 131*(4), 592–617.

Poldrack, R. A., & Gabrieli, J. D. E. (2001). Characterizing the neural mechanisms of skill learning and repetition priming. Evidence from mirror-reading. *Brain: A Journal of Neurology, 124*, 67–82.

Pollatsek, A., Bolozky, S., Well, A. D., & Rayner, K. (1981). Asymmetries in the perceptual span for Israeli readers. *Brain and Language, 14*, 174–180.

Pollatsek, A., Drieghe, D., Stockall, L., & de Almeida, R. G. (2010). The interpretation of ambiguous trimorphemic words in sentence context. *Psychonomic Bulletin & Review, 17*, 88–94.

Pollatsek, A., & Hyönä, J. (2005). The role of semantic transparency in the processing of Finnish compound words. *Language and Cognitive Processes, 20*, 261–290.

Pollatsek, A., Hyönä, J., & Bertram, R. (2000). The role of morphological constituents in reading Finnish compound words. *Journal of Experimental Psychology: Human Perception and Performance, 26*, 820–833.

Pollatsek, A., Lesch, M., Morris, R. K., & Rayner, K. (1992). Phonological codes are used in integrating information across saccades in word identification and reading. *Journal of Experimental Psychology: Human Perception and Performance, 18*, 148–162.

Pollatsek, A., Perea, M., & Binder, K. (1999). The effects of neighborhood size in reading and lexical decision. *Journal of Experimental Psychology: Human Perception and Performance, 25*, 1142–1158.

Pollatsek, A., Perea, M., & Carreiras, M. (2005). Does conal prime CANAL more than cinal? Masked phonological priming effects with the lexical decision task. *Memory & Cognition, 33*, 557–565.

Pollatsek, A., Raney, G. E., LaGasse, L., & Rayner, K. (1993). The use of information below fixation in reading and in visual search. *Canadian Journal of Experimental Psychology, 47*, 179–200.

Pollatsek, A., & Rayner, K. (1982). Eye movement control in reading: The role of word boundaries. *Journal of Experimental Psychology: Human Perception and Performance, 8*, 817–833.

Pollatsek, A., Rayner, K., & Balota, D. A. (1986). Inferences about eye movement control from the perceptual span in reading. *Perception & Psychophysics, 40*, 123–130.

Pollatsek, A., Reichle, E. D., & Rayner, K. (2003). Modeling eye movements in reading. In J. Hyönä, R., Radach, & H. Deubel (Eds.). *The mind's eyes: Cognitive and applied aspects of eye movement research* (pp. 361–390). Amsterdam: Elsevier.

Pollatsek, A., Reichle, E. D., & Rayner, K. (2006). Tests of the E-Z Reader model: Exploring the interface between cognition and eye-movement control. *Cognitive Psychology, 52*, 1–52.

Pollatsek, A., Slattery, T. J., & Juhasz, B. J. (2008). The processing of novel and lexicalized prefixed words in reading. *Language and Cognitive Processes, 23*, 1133–1158.

Pollatsek, A., Tan, L-H., & Rayner, K. (2000). The role of phonological codes in integrating information across saccadic eye movements in Chinese character identification. *Journal of Experimental Psychology: Human Perception and Performance, 26,* 607–633.

Porpodas, C. D. (2006). Literacy acquisition in Greek: Research review of the role of phonological and cognitive factors. In R. M. Joshi & P. G. Aaron (Eds.), *Handbook of orthography and literacy* (pp. 189–199). Mahwah, NJ: Lawrence Erlbaum Associates Inc.

Posnansky, C. J., & Rayner, K. (1977). Visual-feature and response components in a picture–word interference task with begining and skilled readers. *Journal of Experimental Child Psychology, 24,* 440–460.

Posner, M. I. (1980). Orienting of attention. *Quarterly Journal of Experimental Psychology, 32,* 3–25.

Posner, M. I., & Boies, S. W. (1971). Components of attention. *Psychological Review, 78,* 391–408.

Posner, M. I., & Snyder, C. R. R. (1975). Attention and cognitive control. In R. Solso (Ed.), *Information processing and cognition: The Loyola symposium.* Hillsdale, NJ: Lawrence Erlbaum Associates Inc.

Potter, M. C., Kroll, J. F., & Harris, C. (1980). Comprehension and memory in rapid, sequential reading. In R. S. Nickerson (Ed.), *Attention and performance* (Vol. 8). Hillsdale, NJ: Lawrence Erlbaum Associates Inc.

Poulton, E. C. (1962). Peripheral vision, refractoriness and eye movements in fast oral reading. *British Journal of Psychology, 53,* 409–419.

Preis, S., Jänke, L., Schmitz-Hillebrecht, J., & Steinmetz, H. (1999). Child age and planum temporale asymmetry. *Brain and Cognition, 40,* 441–452.

Pritchard, R. M. (1961). Stabilized images on the retina. *Scientific American, 204,* 72–78.

Pugh, K. R., Mencl, W. E., Jenner, A. R., Katz, L., Frost, S. J., Lee, J. R., et al. (2000). Functional neuroimaging studies of reading and reading disability (developmental dyslexia). *Mental Retardation and Developmental Disabilities Research Reviews [Special Issue: Pediatric Neuroimaging], 6*(3), 207–213.

Pugh, K. R., Mencl, W. E., Jenner, A. R., Katz, L., Frost, S. J., Lee, J. R., et al. (2001a). Neurobiological studies of reading and reading disability. *Journal of Communication Disorders, 34*(6), 479–492.

Pugh, K. R., Mencl, W. E., Jenner, A. R., Lee, J. R., Katz, L., Frost, S. J., et al. (2001b). Neuroimaging studies of reading development and reading disability. *Learning Disabilities Research & Practice [Special Issue: Emergent and Early Literacy: Current Status and Research Directions], 16*(4), 240–249.

Pugh, K., Shaywitz, B., Constable, T., Shaywitz, S., Skudlarski, P., Fulbright, R., et al. (1996). Cerebral organization of component processes in reading. *Brain, 119,* 1221–1238.

Pylkkänen, L., & McElree, B. (2006). The syntax–semantic interface: On-line composition of sentence meaning. In M. Traxler & M. A. Gernsbacher (Eds.), *Handbook of psycholinguistics* (2nd ed., pp. 539–580). New York: Elsevier.

Quinn, L. (1981). Reading skills of hearing and congenitally deaf children. *Journal of Experimental Child Psychology, 32,* 139–161.

Rack, J. P., Snowling, M. J., & Olson, R. K. (1992). The nonword reading deficit in developmental dyslexia: A review. *Reading Research Quarterly, 27*(1), 28–53.

Radach, R. (1996). *Blickbewegungen beim Lesen: Psychologisshe Aspekte der Determination von Fixationspositionen. (Eye movements in reading: Psychological factors that determine fixation locations).* Munster, Germany: Waxmann.

Rader, N. (1975). *From written words to meaning: A developmental study.* Unpublished doctoral dissertation, Cornell University.

Ramus, F. (2003). Developmental dyslexia: Specific phonological deficit or general sensorimotor dysfunction? *Current Opinion in Neurobiology, 13*(2), 212–218.

Ramus, F. (2004a). Neurobiology of dyslexia: A reinterpretation of the data. *Trends in Neurosciences, 27*(12), 720–726.

Ramus, F. (2004b). The neural basis of reading acquisition. In M. S. Gazzaniga (Ed.), *The cognitive neurosciences* (3rd ed., pp. 815–824). Cambridge, MA: MIT Press.

Rankin, E. F. (1970). How flexibly do we read? *Journal of Reading Behavior, 3,* 34–38.

Rastle, K., Davis, M. H., Marslen-Wilson, W. D., & Tyler, L. K. (2000). Morphological and semantic effects in visual word recognition: A time course study. *Language and Cognitive Processes, 15,* 507–538.

Rastle, K., Davis, M. H., & New, B. (2004). The broth in my brother's brothel: Morpho-orthographic segmentation in visual word recognition. *Psychonomic Bulletin & Review, 11,* 1090–1098.

Rastle, K., Tyler, L. K., & Marslen-Wilson, W. (2006). New evidence for morphological errors in deep dyslexia. *Brain and Language, 97*(2), 189–199.

Ratcliff, R., Gomez, P., McKoon, G. (2004). A diffusion model account of the lexical decision task. *Psychological Review, 111*, 159–182.

Rawson, M. B. (1995). *Dyslexia over the lifespan: A fifty-five year longitudinal study*. Cambridge, MA: Educator's Publishing Service.

Rayner, K. (1975a). The perceptual span and peripheral cues in reading. *Cognitive Psychology, 7*, 65–81.

Rayner, K. (1975b). Parafoveal identification during a fixation in reading. *Acta Psychologica, 39*, 271–282.

Rayner, K. (1976). Developmental changes in word recognition strategies. *Journal of Educational Psychology, 68*, 323–329

Rayner, K. (1978a). Eye movements in reading and information processing. *Psychological Bulletin, 85*, 618–660.

Rayner, K. (1978b). Foveal and parafoveal cues in reading. In J. Requin (Ed.), *Attention and performance VII*. Hillsdale, NJ: Lawrence Erlbaum Associates Inc.

Rayner, K. (1979). Eye guidance in reading: Fixation locations within words. *Perception, 8*, 21–30.

Rayner, K. (1983). *Eye movements in reading: Perceptual and language processes*. New York: Academic Press.

Rayner, K. (1984). Visual selection in reading, picture perception, and visual search: A tutorial review. In H. Bouma & D. Bouwhuis (Eds.), *Attention and performance X*. Hillsdale, NJ: Erlbaum.

Rayner, K. (1985). Do faulty eye movements cause dyslexia? *Developmental Neuropsychology, 1*, 3–15.

Rayner, K. (1986). Eye movements and the perceptual span in beginning and skilled readers. *Journal of Experimental Child Psychology, 41*, 211–236.

Rayner, K. (1988). Word recognition cues in children: The relative use of graphemic cues, orthographic cues and grapheme–phoneme correspondence rules. *Journal of Educational Psychology, 80*, 473–479.

Rayner, K. (1998). Eye movements in reading and information processing: Twenty years of research. *Psychological Bulletin, 124*, 372–422.

Rayner, K. (2009). The Thirty-Fifth Sir Frederick Bartlett Lecture: Eye movements and attention during reading, scene perception, and visual search. *Quarterly Journal of Experimental Psychology, 62*, 1457–1506.

Rayner, K., Ashby, J., Pollatsek, A., & Reichle, E. D. (2004). The effects of frequency and predictability on eye fixations in reading: Implications for the E-Z reader model. *Journal of Experimental Psychology: Human Perception and Performance, 30*, 720–732.

Rayner, K., Balota, D. A., & Pollatsek, A. (1986). Against parafoveal semantic preprocessing during eye fixations in reading. *Canadian Journal of Psychology, 40*, 473–483.

Rayner, K., & Bertera, J. H. (1979). Reading without a fovea. *Science, 206*, 468–469.

Rayner, K., Carlson, M., & Frazier, L. (1983). The interaction of syntax and semantics during sentence processing: Eye movements in the analysis of semantically biased sentences, *Journal of Verbal Learning and Verbal Behavior, 22*, 358–374.

Rayner, K., Castelhano, M. S., & Yang, J. (2009a). Eye movements and the perceptual span in older and younger readers. *Psychology and Aging, 24*, 755–760.

Rayner, K., Castelhano, M. S., & Yang, J. (2009b). Eye movements when looking at unusual/weird scenes: Are there cultural differences? *Journal of Experimental Psychology: Learning, Memory, and Cognition, 35*, 254–259.

Rayner, K., Castelhano, M. S., & Yang, J. (2010). Eye movements and preview benefit in older and younger readers. *Psychology and Aging, 25*, 714–718.

Rayner, K., & Clifton, C., Jr. (2002). Language comprehension. In D. L. Medin (Ed.), *Stevens' Handbook of Experimental Psychology: Volume X* (pp. 261–316). New York: Wiley.

Rayner, K., & Clifton, C. Jr. (2009). Language processing in reading and speech perception is fast and incremental: Implications for event-related potential research. *Biological Psychology, 80*, 4–9.

Rayner, K., Cook, A. E., Juhasz, B. J., & Frazier, L. (2006). Immediate disambiguation of lexically ambiguous words during reading: Evidence from eye movements. *British Journal of Psychology, 97*, 467–482.

Rayner, K., & Duffy, S. A. (1986). Lexical complexity and fixation times in reading: Effects of word frequency, verb complexity, and lexical ambiguity. *Memory & Cognition, 14*, 191–201.

Rayner, K., & Fischer, M. H. (1996). Mindless reading revisited: Eye movements during reading and scanning are different. *Perception & Psychophysics, 58*, 734–747.

Rayner, K., Fischer, M. H., & Pollatsek, A. (1998). Unspaced text interferes with both word identification and eye movement control. *Vision Research, 38*, 1129–1144.

Rayner, K., & Fisher, D. L. (1987). Letter processing during eye fixations in visual search. *Perception & Psychophysics, 42*, 87–100.

Rayner, K., Foorman, B. R., Perfetti, C. A., Pesetsky, D., & Seidenberg, M. S. (2001). How psychological science informs the teaching of reading. *Psychological Science in the Public Interest, 2,* 31–74.

Rayner, K., Foorman, B. F., Perfetti, C. A., Pesetsky, D., & Seidenberg, M. S. (2002). How should reading be taught? *Scientific American, 286*(3), 84–91.

Rayner, K., & Frazier, L. (1987). Parsing temporarily ambiguous complements. *Quarterly Journal of Experimental Psychology, 39A,* 657–673.

Rayner, K., & Frazier, L. (1989). Selection mechanisms in reading lexically ambiguous words. *Journal of Experimental Psychology: Learning, Memory, and Cognition, 15,* 779–790.

Rayner, K., & Hagelberg, E. M. (1975). Word recognition cues for beginning and skilled readers. *Journal of Experimental Child Psychology, 20,* 444–455.

Rayner, K., Inhoff, A. W., Morrison, R., Slowiaczek, M. L., & Bertera, J. H. (1981). Masking of foveal and parfoveal vision during eye fixations in reading. *Journal of Experimental Psychology: Human Perception and Performance, 7,* 167–179.

Rayner, K., & Johnson, R. L. (2005). Letter-by-letter acquired dyslexia is due to the serial encoding of letters. *Psychological Science, 16*(7), 530–534.

Rayner, K., Juhasz, B. J., & Brown, S. (2007). Do readers acquire preview benefit from word n+2? A test of serial attention shift versus distributed lexical processing models of eye movement control in reading. *Journal of Experimental Psychology: Human Perception and Performance, 33,* 230–245.

Rayner, K., Kambe, G., & Duffy, S. (2000). The effect of clause wrap-up on eye movements during reading. *Quarterly Journal of Experimental Psychology, 53A,* 1061–1080.

Rayner, K., Li, X., & Pollatsek, A. (2007). Extending the E-Z Reader model of eye movement control to Chinese readers. *Cognitive Science, 31,* 1021–1034.

Rayner, K., Li, X., Juhasz, B. J., & Yan, G. (2005). The effect of predictability on the eye movements of Chinese readers. *Psychonomic Bulletin & Review, 12,* 1089–1093.

Rayner, K., Li, X., Williams, C. C., Cave, K. R., & Well, A. D. (2007). Eye movements during information processing tasks: Individual differences and cultural effects. *Vision Research, 47,* 2714–2726.

Rayner, K., Liversedge, S. P., & White, S. J. (2006). Eye movements when reading disappearing text: The importance of the word to the right of fixation. *Vision Research, 46,* 310–323.

Rayner, K., Liversedge, S. P., White, S. J., & Vergilino-Perez, D. (2003). Reading disappearing text: Cognitive control on eye movements. *Psychological Science, 14,* 383–389.

Rayner, K., & McConkie, G. W. (1976). What guides a reader's eye movements? *Vision Research, 16,* 829–837.

Rayner, K., McConkie, G. W., & Ehrlich, S. F. (1978). Eye movements and integrating information across fixations. *Journal of Experimental Psychology: Human Perception and Performance, 4,* 529–544.

Rayner, K., McConkie, G. W., & Zola, D. (1980). Integrating information across eye movements. *Cognitive Psychology, 12,* 206–226.

Rayner, K., & Morris, R. K. (1992). Eye movement control in reading: Evidence against semantic preprocessing. *Journal of Experimental Psychology: Human Perception and Performance, 18,* 163–172.

Rayner, K., Murphy, L., Henderson, J. M., & Pollatsek, A. (1989). Selective attentional dyslexia. *Cognitive Neuropsychology, 6,* 357–378.

Rayner, K., Pacht, J. M., & Duffy, S. A. (1994). Effects of prior encounter and global discourse bias on the processing of lexically ambiguous words: Evidence from eye fixations. *Journal of Memory and Language, 33,* 527–544.

Rayner, K., & Pollatsek, A. (1981). Eye movement control during reading: Evidence for direct control. *Quarterly Journal of Experimental Psychology, 33A,* 351–373.

Rayner, K., & Pollatsek, A. (1989). *The psychology of reading.* Englewood Cliffs, NJ: Prentice-Hall.

Rayner, K., Pollatsek, A., Liversedge, S. P., & Reichle, E. D. (2009). Eye movements and non-canonical reading: Comments on Kennedy and Pynte (2008). *Vision Research, 49,* 2232–2236.

Rayner, K., & Posnansky, C. (1978). Stages of processing in word identification. *Journal of Experimental Psychology: General, 107,* 64–80.

Rayner, K., & Raney, G. E. (1996). Eye movement control in reading and visual search: Effects of word frequency. *Psychonomic Bulletin & Review, 3,* 245–248.

Rayner, K., & Reichle, E. D. (2010). Models of the reading process. *WIRES Cognitive Science, 1,* 787–799.

Rayner, K., Reichle, E. D., Stroud, M. D., Williams, C. W., & Pollatsek, A. (2006). The effect of word frequency, word predictability, and font difficulty on the eye movements of young and older readers. *Psychology and Aging, 21,* 448–465.

Rayner, K., Sereno, S. C., Lesch, M. F., & Pollatsek, A. (1995). Phonological codes are automatically activated during reading: Evidence from an eye movement priming paradigm. *Psychological Science, 6*, 26–32.

Rayner, K., Sereno, S. C., Morris, R. K., Schmauder, A. R., & Clifton, C. (1989). Eye movements and on-line comprehension processes. *Language and Cognitive Processes, 4*, 21–49.

Rayner, K., Sereno, S. C., & Raney, G. E. (1996). Eye movement control in reading: A comparison of two types of models. *Journal of Experimental Psychology: Human Perception and Performance, 22*, 1188–1200.

Rayner, K., Slattery, T. J., & Bélanger, N. (2010). Eye movements, the perceptual span, and reading speed. *Psychonomic Bulletin & Review, 17*, 834–839.

Rayner, K., Slattery, T. J., Drieghe, D., & Liversedge, S. P. (2011). Eye movements and word skipping during reading: Effects of word length and predictability. *Journal of Experimental Psychology: Human Perception and Performance, 37*, 514–528.

Rayner, K., Slowiaczek, M. L., Clifton, C. Jr., & Bertera, J. H. (1983). Latency of sequential eye movements: Implications for reading. *Journal of Experimental Psychology: Human Perception and Performance, 9*, 912–922.

Rayner, K., Warren, T., Juhasz, B. J., & Liversedge, S. P. (2004). The effects of plausibility on eye movements in reading. *Journal of Experimental Psychology: Learning, Memory, and Cognition, 30*, 1290–1301.

Rayner, K., & Well, A. D. (1996). Effects of contextual constraint on eye movements in reading: A further examination. *Psychonomic Bulletin & Review, 3*, 504–509.

Rayner, K., Well, A. D., & Pollatsek, A. (1980). Asymmetry of the effective visual field in reading. *Perception & Psychophysics, 27*, 537–544.

Rayner, K., Well, A. D., Pollatsek, A., & Bertera, J. H. (1982). The availability of useful information to the right of fixation in reading. *Perception & Psychophysics, 31*, 537–550.

Rayner, K., White, S. J., Johnson, R. L., & Liversedge, S. P. (2006). Raeding wrods with jumbled lettres: There's a cost. *Psychological Science, 17*, 192–193.

Rayner, K., Yang, J., Castelhano, M. S., & Liversedge, S. P. (2011). Eye movements of older and younger readers when reading disappearing text. *Psychology and Aging, 26*, 214–223.

Reicher, G. M. (1969). Perceptual recognition as a function of meaningfulness of stimulus material. *Journal of Experimental Psychology, 81*, 275–280.

Reichle, E. D. (2011). Serial attention models of reading. In S. P. Liversedge, I. D. Gilchrist, & S. Everling (Eds.), *Oxford handbook on eye movements* (pp. 767–780). Oxford, UK: Oxford University Press.

Reichle, E. D. (2012). *Computational models of reading*. Oxford, UK: Oxford University Press.

Reichle, E. D., & Laurent, P. A. (2006). Using reinforcement learning to understand the emergence of 'intelligent' eye-movement behavior during reading. *Psychological Review, 113*, 390–408.

Reichle, E. D., Liversedge, S. P., Pollatsek, A., & Rayner, K. (2009). Encoding multiple words simultaneously in reading is implausible. *Trends in Cognitive Science, 13*, 115–119.

Reichle, E. D., Pollatsek, A., Fisher, D. L., & Rayner, K. (1998). Towards a model of eye movement control in reading. *Psychological Review, 105*, 125–157.

Reichle, E. D., Rayner, K., & Pollatsek, A. (2003). The E-Z Reader model of eye movement control in reading: Comparison to other models. *Brain and Behavioral Sciences, 26*, 445–476.

Reichle, E. D., Rayner, K., & Pollatsek, A. (2007). Modeling the effects of lexical ambiguity on eye movements during reading. In R. P. G. Van Gompel, M. F. Fischer, W. S. Murray, & R. L. Hill (Eds.), *Eye movements: A window on mind and brain* (pp. 271–292). Oxford, UK: Elsevier.

Reichle, E. D., Reineberg, A. E., & Schooler, J. W. (2010). Eye movements during mindless reading. *Psychological Science, 21*, 1300–1310.

Reichle, E. D., Vanyukov, P. M., Laurent, P. A., & Warren, T. (2008). Serial or parallel? Using depth-of-processing to examine attention allocation during reading. *Vision Research, 48*, 1831–1836.

Reichle, E. D., Warren, T., & McConnell, K. (2009). Using E-Z Reader to model the effects of higher-level language processing on eye movements during reading. *Psychonomic Bulletin & Review, 16*, 1–21.

Reilly, R., & Radach, R. (2006). Some empirical tests of an interactive activation model of eye movement control in reading. *Cognitive Systems Research, 7*, 34–55.

Reingold, E. M. (2003). Eye movement control in reading: Models and predictions. *Behaviorial and Brain Sciences, 26*, 500–501.

Reingold, E. M., & Rayner, K. (2006). Examining the word identification stages hypothesized by the E-Z Reader model. *Psychological Science, 17*, 742–746.

Reitsma, P. (1983a). Printed word learning in beginning readers. *Journal of Experimental Child Psychology*, *36*, 321–339.

Reitsma, P. (1983b). Word-specific knowledge in beginning reading. *Journal of Research in Reading*, *6*, 41–56.

Richman, L. C., & Wood, K. M. (2002). Learning disability subtypes: Classification of high functioning hyperlexia. *Brain and Language*, *82*(1), 10–21.

Ricketts, J., Nation, K., & Bishop, D. V. M. (2007). Vocabulary is important for some, but not all reading skills. *Scientific Studies of Reading*, *11*(3), 235–257.

Robertson, E. K., Joanisse, M. F., Desroches, A. S., & Ng, S. (2009). Categorical speech perception deficits distinguish language and reading impairments in children. *Developmental Science*, *12*(5), 753–767.

Robichon, F., & Habib, M. (1998). Abnormal callosal morphology in male adult dyslexics: Relationships to handedness and phonological abilities. *Brain and Language*, *62*(1), 127–146.

Rochelle, K. S. H., & Talcott, J. B. (2006). Impaired balance in developmental dyslexia? A meta-analysis of the contending evidence. *Journal of Child Psychology and Psychiatry*, *47*(11), 1159–1166.

Rosen, S., & Manganari, E. (2001). Is there a relationship between speech and nonspeech auditory processing in children with dyslexia? *Journal of Speech, Language, and Hearing Research*, *44*, 720–736.

Rosinski, R. R. (1977). Picture–word interference is semantically based. *Child Development*, *48*, 643–647.

Rosinski, R. R., Golinkoff, R. M., & Kukish, K. (1975). Automatic semantic processing in a picture–word interference task. *Child Development*, *46*, 243–253.

Rothkopf, E. Z. (1978). Analyzing eye movements to infer processing styles during learning from text. In J. W. Senders, D. F. Fisher, & R. A. Monty (Eds.), *Eye movements and the higher psychological functions*. Hillsdale, NJ: Lawrence Erlbaum Associates Inc.

Rothkopf, E. Z., & Billington, M. Z. (1979). Goal-guided learning from text: Inferring a descriptive processing model from inspection times and eye movements. *Journal of Educational Psychology*, *71*, 310–327.

Routman, R. (1988). *Transitions: From learning to literacy*. Portsmouth, NH: Heinemann.

Routman, R. (1991). *Invitations: Changing as teachers and learners K-12*. Portsmouth, NH: Heinemann.

Rozin, P., Bressman, B., & Taft, M. (1974). Do children understand the basic relationship between speech and writing? The Mow–Motorcycle test. *Journal of Reading Behavior*, *6*, 327–334.

Rozin, P., & Gleitman, L. R. (1977). The structure and acquisition of reading II: The reading process and the acquisition of the alphabetic principle. In A. S. Reber & D. L. Scarborough (Eds.), *Toward a psychology of reading*. Hillsdale, NJ: Lawrence Erlbaum Associates Inc.

Rubenstein, H., Lewis, S. S., & Rubenstein, M. H. (1971). Evidence for phonemic recoding in visual word recognition. *Journal of Verbal Learning and Verbal Behavior*, *10*, 645–647.

Rueckl, J. G., & Seidenberg, M. S. (2009). Computational modeling and the neural bases of reading and reading disorders. In K. Pugh & P. McCardle (Eds.), *How children learn to read: Current issues and new directions in the integration of cognition, neurobiology and genetics of reading and dyslexia research and practice* (pp. 101–134). New York: Psychology Press.

Rugel, R. P. (1974). WISC subtest scores of disabled readers: A review with respect to Bannatyne's recategorization. *Journal of Learning Disabilities*, *7*, 48–55.

Rumelhart, D. E. (1975). Notes on a schema for stories. In D. G. Bobrow & A. M. Collins (Eds.), *Representations and understanding: Studies in cognitive science*. New York: Academic Press.

Rumelhart, D. E. (1977). Toward an interactive model of reading. In S. Dornic (Ed.), *Attention and performance VI*. Hillsdale, NJ: Lawrence Erlbaum Associates Inc.

Rumelhart, D. E., & McClelland, J. L. (1982). An interactive activation model of context effects in letter perception: Part 2. *Psychological Review*, *89*, 60–94.

Rumelhart, D. E., & McClelland, J. L. (Eds.). (1986). *Parallel distributed processing: Explorations in the microstructure of cognition (Vol. 1)*. Cambridge, MA: MIT Press.

Rumsey, J. M., Andreason, P., Zametkin, A. J., & Aquino, T. (1992). Failure to activate the left temporoparietal cortex in dyslexia: An oxygen 15 positron emission tomographic study. *Archives of Neurology*, *49*(5), 527–534.

Rumsey, J. M., Donohue, B. C., Brady, D. R., Nace, K., Giedd, J. N., & Andreason, P. (1997). A magnetic resonance imaging study of planum temporale asymmetry in men with developmental dyslexia. *Archives of Neurology*, *54*(12), 1481–1489.

Rumsey, J. M., Dorwart, R., Vermess, M., Denckla, M. B., Kuesi, M. J. P., & Rappaport, J. L. (1986). Magnetic resonance imaging of brain anatomy in severe developmental dyslexia. *Archives of Neurology*, *43*(10), 1045–1046.

Rutter, M., Caspi, A., Fergusson, D., Horwood, L. J., Goodman, R., Maughan, B., et al. (2004). Sex differences in developmental reading disability: New findings from 4 epidemiological studies. *JAMA: Journal of the American Medical Association, 291*(16), 2007–2012.

Ryan, E. B. (1982). Identifying and remediating failures in reading comprehension: Toward an instructional approach for poor comprehenders. In G. E. MacKinnon & T. G. Waller (Eds.), *Advances in reading research* (Vol 3). New York: Academic Press.

Sailor, A. L., & Ball, S. E. (1975). Peripheral vision training in reading speed and comprehension. *Perceptual and Motor Skills, 41*, 761–762.

Saint-Aubin, J., Kenny, S., & Roy-Charland, A. (2010). The role of eye movements in the missing-letter effect revisited with the rapid serial visual presentation procedure. *Canadian Journal of Experimental Psychology, 64*, 47–52.

Saldaña, D., Carreiras, M., & Frith, U. (2009). Orthographic and phonological pathways in hyperlexic readers with autism spectrum disorders. *Developmental Neuropsychology, 34*(3), 240–253.

Samuels, S. J., & Flor, R. F. (1997). The importance of automaticity for developing expertise in reading. *Reading and Writing Quarterly: Overcoming Learning Difficulties, 13*, 107–121.

Samuels, S. J., LaBerge, D., & Bremer, C. D. (1978). Units of word recognition: Evidence of developmental change. *Journal of Verbal Learning and Verbal Behavior, 17*, 715–720.

Sandak, R., Mencl, W. E., Frost, S. J., Rueckl, J. G., Katz, L., Moore, D. L., et al. (2004). The neurobiology of adaptive learning in reading: A contrast of different training conditions. *Cognitive, Affective & Behavioral Neuroscience, 4*(1), 67–88.

Sanford, A. J., & Garrod, S. C. (1998). The role of scenario mapping in text comprehension. *Discourse Processes, 26*, 159–190.

Sanford, A. J., & Garrod, S. C. (2005). Memory-based approaches and beyond. *Discourse Processes, 39*, 205–224.

Sanford, A. J., Moar, K., & Garrod, S. C. (1988). Proper names as controllers of discourse focus. *Language and Speech, 31*, 43–56.

Savin, H. B. (1972). What the child knows about speech when he starts to learn to read. In J. F. Kavanagh & I. G. Mattingly (Eds.), *Language by ear and by eye*. Cambridge, MA: MIT Press.

Scanlon, D. M., Boudah, D., Elksnin, L. K., Gersten, R., & Klingner, J. (2003). Important publications in the field of LD in light of imminent topics. *Learning Disability Quarterly, 26*(3), 215–224.

Scanlon, D. M., & Vellutino, F. R. (1996). Prerequisite skills, early instruction, and success in first-grade reading: Selected results from a longitudinal study. *Mental Retardation and Developmental Disabilities Research Reviews, 2*, 54–63.

Scarborough, H. S. (1990). Very early language deficits in dyslexic children. *Child Development, 61*(6), 1728–1743.

Scarborough, H. S. (1991). Early syntactic development of dyslexic children. *Annals of Dyslexia, 41*, 207–220.

Scarborough, H. S., & Dobrich, W. (1994). On the efficacy of reading to preschoolers. *Developmental Review, 14*(3), 245–302.

Schank, R. C., & Abelson, R. P. (1977). *Scripts, plans, goals, and understanding: An inquiry into human knowledge structures*. Hillsdale, NJ: Lawrence Erlbaum Associates Inc.

Schatschneider, C., Fletcher, J. M., Francis, D. J., Carlson, C. D., & Foorman, B. R. (2004). Kindergarten prediction of reading skills: A longitudinal comparative analysis. *Journal of Educational Psychology, 96*, 265–282.

Schatschneider, C., Francis, D. J., Fletcher, J. M., Foorman, B. R., & Mehta, P. (1999). The dimensionality of phonological awareness: An application of item response theory. *Journal of Educational Psychology, 91*, 439–449.

Schilling, H. E. H., Rayner, K., & Chumbley, J. (1998). Comparing naming, lexical decision, and eye fixation times: Word frequency effects and individual differences. *Memory & Cognition, 26*, 1270–1281.

Schindler, R. M. (1978). The effect of prose context on visual search for letters. *Memory & Cognition, 6*, 124–130.

Schneider, D., & Phillips, C. (2001). Grammatical search and reanalysis. *Journal of Memory and Language, 45*, 308–336.

Schneider, W., & Shiffrin, R. M. (1977). Controlled and automatic human information processing: I. Detection, search, and attention. *Psychological Review, 84*, 1–66.

Schoonbaert, S., & Grainger, J. (2004). Letter position coding in printed word perception: effects of repeated and transposed letters. *Language and Cognitive Processes, 19*, 333–367.

Schuberth, R. E. & Eimas, P. D. (1977). Effects of context on the classification of words and nonwords. *Journal of Experimental Psychology: Human Perception and Performance, 3*, 27–36.

Schultz, R. T., Cho, N. K., Staib, L. H., & Kier, L. E. (1994). Brain morphology in normal and dyslexic children: The influence of sex and age. *Annals of Neurology, 35*(6), 732–742.

Schustack, M. W., Ehrlich, S. F., & Rayner, K. (1987). The complexity of contextual facilitation in reading: Local and global influences. *Journal of Memory and Language, 26*, 322–340.

Schütze, C. T., & Gibson, E. (1999). Argumenthood and English prepositional phrase attachment. *Journal of Memory and Language, 40*, 409–431.

Schwantes, F. M. (1981). Effect of story context on children's ongoing word recognition. *Journal of Reading Behavior, 13*, 305–311.

Scott, J. A., & Ehri, L. C. (1990). Sight word reading in prereaders: Use of logographic vs. alphabetic access routes. *Journal of Reading Behavior, 22*(2), 149–166. Retrieved from www.csa.com

Sears, C. R., Campbell, C. R., & Lupker, S. J. (2006). Is there a neighborhood frequency effect in English? Evidence from reading and lexical decision. *Journal of Experimental Psychology: Human Perception and Performance, 32*, 1040–1062.

Segal, D., & Wolf, M. (1993). Automaticity, word retrieval, and vocabulary development in children with reading disabilities. In L. J. Meltzer (Ed.), *Strategy assessment and instruction for students with learning disabilities: From theory to practice* (pp. 141–165). Austin, TX: Pro-Ed.

Seidenberg, M. S. (1985). Constraining models of word recognition. *Cognition, 20*, 169-190.

Seidenberg, M. S. (2011). Reading in different writing systems: One architecture, multiple solutions. In P. McCardle, J. Ren, & O. Tzeng, & B. Miller (Eds.), *Dyslexia across languages: Orthography and the brain–gene–behavior link* (pp. 151–168). Baltimore, MD: Brookes Publishing.

Seidenberg, M. S., & McClelland, J. L. (1989). A distributed, developmental model of visual word recognition and naming. *Psychological Review, 96*, 523–568.

Seidenberg, M. S., & Vidanovic, S. (1985). *Word recognition in Serbo-Croatian and English: Do they differ?* Paper presented at Psychonomic Society Meeting, Boston.

Seidenberg, M. S., Waters, G. S., Barnes, M. A., & Tanenhaus, M. K. (1984a). When does irregular spelling or pronunciation influence word recognition? *Journal of Verbal Learning and Verbal Behavior, 23*, 383–404.

Seidenberg, M. S., Waters, G. S., Sanders, M., & Langer, P. (1984b). Pre- and post-lexical loci of contextual effects on word recognition. *Memory & Cognition, 12*, 315–328.

Seigneuric, A., Ehrlich, M. F., Oakhill, J.V., & Yuill, N. M. (2000). Working memory resources and children's reading comprehension. *Reading and Writing, 13*, 81–103.

Selkirk, E. (1982). *The syntax of words*. Cambridge, MA: MIT Press.

Selkirk, E. (2003). Sentence phonology. In *International encyclopedia of linguistics* (2nd ed.). Oxford, UK: Oxford University Press.

Sénéchal, M., LeFevre, J., Thomas, E. M., & Daley, K. E. (1998). Differential effects of home literacy experiences on the development of oral and written language. *Reading Research Quarterly, 33*(1), 96–116.

Sereno, S. C., O'Donnell, P. J., & Rayner, K. (2006). Eye movements and lexical ambiguity resolution: Investigating the subordinate bias effect. *Journal of Experimental Psychology: Human Perception and Performance, 32*, 335–350.

Sereno, S. C., & Rayner, K. (1992). Fast priming during eye fixations in reading. *Journal of Experimental Psychology: Human Perception and Performance, 18*, 173–184

Sereno, S. C., & Rayner, K. (2000). Spelling–sound regularity effects on eye fixations in reading. *Perception & Psychophysics, 62*(2), 402–409.

Sereno, S. C., & Rayner, K. (2003). Measuring word recognition in reading: Eye movements and event-related potentials. *Trends in Cognitive Sciences, 7*, 489–493.

Sereno, S. C., Rayner, K., & Posner, M. I. (1998). Establishing a time-line of word recognition: Evidence from eye movements and event-related potentials. *Neuroreport, 9*, 2195–2200.

Seymour, P. H., Aro, M., & Erskine, J. M. (2003). Foundation literacy acquisition in European orthographies. *British Journal of Psychology, 94*(2), 143–174.

Seymour, P. H. K., & Evans, H. M. (1994). Levels of phonological awareness and learning to read. *Reading and Writing, 6*(3), 221–250.

Shallice, T., & Warrington, E. K. (1980). Single and multiple component central dyslexic syndromes. In M. Coltheart, K. Patterson, & J. C. Marshall (Eds.), *Deep dyslexia*. London: Routledge & Kegan Paul.

参考文献 ▶▶

Shankweiler, D., Liberman, I. Y., Mark, L. S., Fowler, C. A., & Fischer, F. W. (1979). The speech code and learning to read. *Journal of Experimental Psychology: Human Learning and Memory*, *5*, 531–545.

Shankweiler, D., Lundquist, E., Katz, L., Stuebing, K. K., Fletcher, J. M., Brady, S., et al. (1999). Comprehension and decoding: Patterns of association in children with reading difficulties. *Scientific Studies of Reading*, *3*(1), 69–94.

Share, D. L. (1995). Phonological recoding and self-teaching: Sine qua non of reading acquisition. *Cognition*, *55*(2), 151–218.

Share, D. L. (1999). Phonological recording and orthographic learning: A direct test of the self-teaching hypothesis. *Journal of Experimental Child Psychology*, *72*, 95–129.

Share, D. L. (2008). On the anglocentricities of current reading research and practice: The perils of overreliance on an outlier orthography. *Psychological Bulletin*, *134*, 584–615.

Share, D. L., & Gur, T. (1999). How reading begins: A study of preschoolers' print identification strategies. *Cognition and Instruction*, *17*(2), 177–213.

Share, D. L., Jorm, A. F., Maclean, R., & Matthews, R. (1984). Sources of individual differences in reading acquisition. *Journal of Educational Psychology*, *76*(6), 1309–1324.

Share, D. L., Jorm, A. F., Maclean, R., & Matthews, R. (2002). Temporal processing and reading disability. *Reading and Writing*, *15*(1–2), 151–178.

Share, D. L., & Stanovich, K. E. (1995). Cognitive processes in early reading development: A model of acquisition and individual differences. *Issues in Education: Contributions from Educational Psychology*, *1*, 1–57.

Shaywitz, B. A., Fletcher, J. M., Holahan, J. M., & Shaywitz, S. E. (1992). Discrepancy compared to low achievement definitions of reading disability: Results from the Connecticut Longitudinal Study. *Journal of Learning Disabilities*, *25*(10), 639–648.

Shaywitz, B. A., Holford, T. R., Holahan, J. M., & Fletcher, J. M. (1995). A Matthew effect for IQ but not for reading: Results from a longitudinal study. *Reading Research Quarterly*, *30*(4), 894–906.

Shaywitz, B. A., Shaywitz, S. E., Blachman, B., Pugh, K. R., Fulbright, R.K., Skudlarski, P., et al. (2004). Development of left occipito-temporal systems for skilled reading following phonologically based reading intervention in children. *Biological Psychiatry*, *55*, 926–933.

Shaywitz, B. A., Shaywitz, S. E., Pugh, K. R., Mencl, W. E., Fulbright, R. K., Skudlarksi, P., et al. (2002). Disruption of posterior brain systems for reading in children with developmental dyslexia. *Biological Psychiatry*, *52*(2), 101–110.

Shaywitz, B. A., Skudlarksi, P., Holahan, J. M., Marchione, K. E., Constable, R. T., Fulbright, R. K., et al. (2007). Age-related changes in readings systems of dyslexic children. *Annals of Neurology*, *61*(4), 363–370.

Shaywitz, S. E. (1998). Current concepts: Dyslexia. *The New England Journal of Medicine*, *338*(5), 307–312.

Shaywitz, S. E., Fletcher, J. M., Holahan, J. M., Shneider, A. E., Marchione, K. E., Stuebing, K. K., et al. (1999). Persistence of dyslexia: The Connecticut Longitudinal Study at adolescence. *Pediatrics*, *104*(6), 1351–1359.

Shaywitz, S. E., & Shaywitz, B. A. (2004). Neurobiologic basis for reading and reading disability. In P. McCardle & V. Chhabra (Eds.), *The voice of evidence in reading research* (pp. 417–442). Baltimore, MD: Paul Brookes.

Shaywitz, S. E., & Shaywitz, B. A. (2005). Dyslexia (specific reading disability). *Biological Psychiatry*, *57*(11), 1301–1309.

Shaywitz, S. E., Shaywitz, B. A., Fletcher, J. M., & Escobar, M. D. (1990). Prevalence of reading disability in boys and girls: Results of the Connecticut Longitudinal Study. *Journal of the American Medical Association*, *264*(8), 998–1002.

Shen, E. (1927). An analysis of eye movements in the reading of Chinese. *Journal of Experimental Psychology*, *10*, 158–183.

Shiffrin, R. M., & Schneider, W. (1977). Controlled and automatic human information processing: II. Perceptual learning, automatic attending and a general theory. *Psychological Review*, *84*, 127–190.

Siegel, L. S. (1984). A longitudinal study of a hyperlexic child: Hyperlexia as a language disorder. *Neuropsychologia*, *22*(5), 577–585.

Siegel, L. S. (1992). An evaluation of the discrepancy definition of dyslexia. *Journal of Learning Disabilities*, *25*, 618–629.

Simos, P. G., Breier, J. I., Fletcher, J. M., Bergman, E., & Papanicolaou, A. C. (2000). Cerebral mechanisms involved in word reading in dyslexic children: A magnetic source imaging approach. *Cerebral Cortex*, *10*(8), 809–816.

Singer, M. (1979). Processes of inference in sentence encoding. *Memory & Cognition*, *7*, 192–200.

Singer, M. (2007). Inference processing in discourse comprehension. In M. G. Gaskell (Ed.), *The Oxford handbook of psycholinguistics* (pp. 343–360). Oxford, UK: Oxford University Press.

Singer, M., & Ferreira, F. (1983). Inferring consequences in story comprehension. *Journal of Verbal Learning and Verbal Behavior, 22,* 437–448.

Singer, M., & Halldorson, M. (1996). Constructing and verifying motive bridging inferences. *Cognitive Psychology, 30,* 1–38

Slattery, T. J. (2009). Word misperception, the neighbor frequency effect, and the role of sentence context: Evidence from eye movements. *Journal of Experimental Psychology: Human Perception and Performance, 35,* 1969–1975.

Slattery, T. J., Angele, B., & Rayner, K. (2011). Eye movements and display change detection during reading. *Journal of Experimental Psychology: Human Perception and Performance,* in press.

Slattery, T. J., Pollatsek, A., & Rayner, K. (2007). The effect of the frequencies of three consecutive content words on eye movements during reading. *Memory & Cognition, 35,* 1283–1292.

Slattery, T. J., & Rayner, K. (2010). The influence of text legibility on eye movements during reading. *Applied Cognitive Psychology, 24,* 1129–1148.

Slowiaczek, M. L., & Clifton, C. Jr. (1980). Subvocalization and reading for meaning. *Journal of Verbal Learning and Verbal Behavior, 19,* 573–582.

Smith, F. (1971). *Understanding reading: A psycholinguistic analysis of reading and learning to read.* New York: Holt, Rinehart & Winston.

Smith, F. (1973). *Psycholinguistics and reading.* New York: Holt, Rinehart & Winston.

Smith, F. (2004). *Understanding reading* (6th ed.). Mahwah, NJ: Lawrence Lawrence Erlbaum Associates Inc.

Smith, F., & Goodman, K. S. (1971). On the psycholinguistic method of teaching reading. *Elementary School Journal,* 177–181.

Smith, P. T., & Groat, A. (1979). Spelling patterns: Letter cancellation and the processing of text. In P. A. Kolers, M. E. Wrolstad, & H. Bouma (Eds.), *Processing of visible language.* New York: Plenum.

Smith, F., Lott, D., & Cronnell, B. (1969). The effect of type size and case alternation on word identification. *American Journal of Psychology, 82,* 248–253.

Snedeker, J., & Trueswell, J. C. (2004). The developing constraints on parsing decisions: The role of lexical-biases and referential scenes in child and adult sentence processing. *Cognitive Psychology, 49,* 238–299.

Snowling, M. J. (1980). The development of grapheme–phoneme correspondence in normal and dyslexic children. *Journal of Experimental Child Psychology, 29,* 294–305.

Snowling, M. J. (2000a). *Dyslexia.* Malden, MA: Blackwell Publishing.

Snowling, M. J. (2000b). Language and literacy skills: Who is at risk and why? In D. V. M. Bishop & L. B. Leonard (Eds.), *Speech and language impairments in children: Causes, characteristics, intervention and outcome* (pp. 245–259). New York: Psychology Press.

Snowling, M. J. (2001). From language to reading and dyslexia. *Dyslexia, 7,* 37–46.

Snowling, M. J., Bryant, P. E., & Hulme, C. (1996). Theoretical and methodological pitfalls in making comparisons between developmental and acquired dyslexia: Some comments on A. Castles & M. Coltheart (1993). *Reading and Writing, 8*(5), 443–451.

Snowling, M. J., & Frith, U. (1986). Comprehension in "hyperlexic" readers. *Journal of Experimental Child Psychology, 42*(3), 392–415.

Snowling, M. J., Gallagher, A., & Frith, U. (2003). Family risk of dyslexia is continuous: Individual differences in the precursors of reading skill. *Child Development, 74*(2), 358–373.

Snowling, M. J., & Hulme, C. (2005). Learning to read with a language impairment. In M. J. Snowling & C. Hulme (Eds.), *The science of reading: A handbook* (pp. 397–412). Malden, UK: Blackwell Publishing.

Snowling, M. J., Nation, K., Moxham, P., Gallagher, A., & Frith, U. (1997). Phonological processing skills of dyslexic students in higher education: A preliminary report. *Journal of Research in Reading, 20*(1), 31–41.

Sokolov, A. N. (1972). *Inner speech and thought.* New York: Plenum.

Sparks, R. L. (2001). Phonemic awareness and reading skill in hyperlexic children: A longitudinal study. *Reading and Writing, 14*(3–4), 333–360.

Spear-Swerling, L., & Brucker, P. O. (2003). Teachers' acquisition of knowledge about English word structure. *Annals of Dyslexia, 53,* 72–96.

Speer, O. B., & Lamb, G. S. (1976). First grade reading ability and fluency in naming verbal symbols. *The Reading Teacher, 29,* 572–576.

参考文献 ▶ ▶

Speer, S., & Clifton, C. Jr. (1998). Plausibility and argument structure in sentence comprehension. *Memory & Cognition, 26,* 965–979.

Sperling, A. J., Lu, Z., Manis, F. R., & Seidenberg, M. S. (2005). Deficits in perceptual noise exclusion in developmental dyslexia. *Nature Neuroscience, 8*(7), 862–863.

Sperling, A. J., Lu, Z., Manis, F. R., & Seidenberg, M. S. (2006). Motion-perception deficits and reading impairment: It's the noise, not the motion. *Psychological Science, 17*(12), 1047–1053.

Sperling, G. (1960). The information available in brief visual presentations. *Psychological Monographs, 74* (No. 498).

Sperling, G. (1963). A model for visual memory tasks. *Human Factors, 5,* 19–31.

Spragins, A. B., Lefton, L. A., & Fisher, D. F. (1976). Eye movements while reading and searching spatially transformed text: A developmental examination. *Memory & Cognition, 4,* 36–42.

Sprenger-Charolles, L., & Bonnet, P. (1996). New doubts on the significance of the logographic stage. *Current Psychology of Cognition, 15,* 173–208.

Sprenger-Charolles, L., Colle, P., Lacert, P., & Serniclaes, W. (2000). On subtypes of developmental dyslexia: Evidence from processing time and accuracy scores. *Canadian Journal of Experimental Psychology, 54*(2), 87–104.

Stahl, S. A., & Kuhn, M. R. (1995). Does whole language or instruction matched to learning styles help children learn to read? *School Psychology Review, 24*(3), 393–404.

Stahl, S. A., McKenna, M. C., & Pagnucco, J. R. (1994). The effects of whole-language instruction: An update and a reappraisal. *Educational Psychologist, 29*(4), 175–185.

Stanley, G., Smith, G. A., & Howell, E. A. (1983). Eye movements and sequential tracking in dyslexic and control children. *British Journal of Psychology, 74,* 181–187.

Stanovich, K. E. (1980). Toward an interactive-compensatory model of individual differences in the development of reading fluency. *Reading Research Quarterly, 16,* 32–71.

Stanovich, K. E. (1986). Matthew effects in reading: Some consequences of individual differences in the acquisition of literacy. *Reading Research Quarterly, 4,* 360–406.

Stanovich, K. E. (1988). Explaining the differences between the dyslexic and the garden-variety poor reader: The phonological-core variable-difference model. *Journal of Learning Disabilities, 21*(10), 590–604, 612.

Stanovich, K. E. (1992). Developmental reading disorder. In S. R. Hooper, G. W. Hynd, & R. E. Mattison (Eds.), *Developmental disorders: Diagnostic criteria and clinical assessment* (pp. 173–208). Hillsdale, NJ: Lawrence Erlbaum Associates Inc.

Stanovich, K. E. (2005). The future of a mistake: Will discrepancy measurement continue to make the learning disabilities field a pseudoscience? *Learning Disability Quarterly, 28*(2), 103–106.

Stanovich, K. E., Cunningham, A. E., & Cramer, B. (1984). Assessing phonological awareness in kindergarten children: Issues of task comparability. *Journal of Experimental Child Psychology, 38,* 175–190.

Stanovich, K. E., & Siegel, L. S. (1994). Phenotypic performance profile of children with reading disabilities: A regression-based test of the phonological-core variable-difference model. *Journal of Educational Psychology, 86*(1), 24–53.

Stanovich, K. E., Siegel, L. S., & Gottardo, A. (1997). Converging evidence for phonological and surface subtypes of reading disability. *Journal of Educational Psychology, 89*(1), 114–127.

Stanovich, K. E., Siegel, L. S., Gottardo, A., Chiappe, P., & Sidhu, R. (1997). Subtypes of developmental dyslexia: Differences in phonological and orthographic coding. In B. A. Blachman (Ed.), *Foundations of reading acquisition and dyslexia: Implications for early intervention* (pp. 115–141). Mahwah, NJ: Lawrence Lawrence Erlbaum Associates Inc.

Stanovich, K. E. & West, R. F. (1979). Mechanisms of sentence context effects in reading: Automatic activation and conscious attention. *Memory & Cognition, 7,* 77–85.

Stanovich, K. E. & West, R. F. (1983). On priming by a sentence context. *Journal of Experimental Psychology: General, 112,* 1–36.

Stanovich, K. E., & West, R. F. (1989). Exposure to print and orthographic processing. *Reading Research Quarterly, 24*(4), 402–433.

Stanovich, K. E., West, R. F., & Freeman, D. J. (1981). A longitudinal study of sentence context effects on second-grade children: Tests of an interactive-compensatory model. *Journal of Experimental Child Psychology, 32,* 185–199.

Staub, A. (2007a). The parser doesn't ignore intransitivity, after all. *Journal of Experimental Psychology: Learning, Memory, and Cognition, 33*, 550–569.

Staub, A. (2007b). The return of the repressed: Abandoned parses facilitate syntactic reanalysis. *Journal of Memory and Language, 57*, 299–323.

Staub, A., Clifton, C. Jr., & Frazier, L. (2006). Heavy NP shift is the parser's last resort: Evidence from eye movements. *Journal of Memory and Language, 54*, 389–406.

Stein, J. (2001). The sensory basis of reading problems. *Developmental Neuropsychology, 20*(2), 509–534.

Stein, J. F., & Fowler, S. (1982). Ocular motor dyslexia. *Dyslexia Review, 5*, 25–28.

Stein, J. F., & Fowler, S. (1984). Ocular motor problems of learning to read. In A.G. Gale & F. Johnson (Eds.), *Theoretical and applied aspects of eye movement research*. Amsterdam: North Holland Press.

Stein, N. L., & Glenn, C. G. (1979). An analysis of story comprehension in elementary school children. In P. O. Freedle (Ed.), *New directions in discourse processing*. Norwood, NJ: Ablex.

Stephenson, K., Parrila, R., Georgiou, G., & Kirby, R. (2008). Effects of home literacy, parents' beliefs, and children's task-focused behaviour on emergent literacy and word reading skills. *Scientific Studies of Reading, 12*, 24–50.

Stern, J. A. (1978). Eye movements, reading, and cognition. In J. W. Senders, D. F. Fisher, & R. A. Monty (Eds.), *Eye movements and higher psychological functions* (Vol. 2). Hillsdale, NJ: Lawrence Erlbaum Associates Inc.

Sternberg, S. (1969). The discovery of processing stages: Extensions of Donder's method. In W. G. Koster (Ed.), Attention and performance II. *Acta Psychologica, 30*, 276–315.

Sternberg, S., Monsell, S., Knoll, R. L., & Wright, C. E. (1978). The latency and duration of rapid movement sequences: Comparison of speech and typewriting. In G. E. Stelmach (Ed.), *Information processing in motor control and learning* (pp. 117–152). San Diego, CA: Academic Press.

Stevenson, H. W., Parker, T., Wilkinson, A., Hegion, A., & Fish, E. (1976). Longitudinal study of individual differences in cognitive development and scholastic achievement. *Journal of Educational Psychology, 68*, 377–400.

Sticht, T. G., & James, J. H. (1984). Listening and reading. In P. D. Pearson, R. Barr, M. L. Kamil, & P. Mosenthal (Eds.), *Handbook of reading research: Volume I* (pp. 293–317). White Plains, NY: Longman.

Storch, S. A., & Whitehurst, G. J. (2002). Oral language and code-related precursors to reading: Evidence from a longitudinal structural model. *Developmental Psychology, 38*, 934–947.

Stowe, L. (1986). Parsing wh-constructions: Evidence for on-line gap location. *Language and Cognitive Processes, 1*, 227–246.

Stringer, R., & Stanovich, K. E. (2000). The connection between reaction time and variation in reading ability: Unraveling covariance relationships with cognitive ability and phonological sensitivity. *Scientific Studies of Reading, 4*(1), 41–53.

Stroop, J. R. (1935). Studies of interference in serial verbal reactions. *Journal of Experimental Psychology, 18*, 643–662.

Stuart, M., & Coltheart, M. (1988). Does reading develop in a sequence of stages? *Cognition, 30*(2), 139–181.

Stuebing, K. K., Fletcher, J. M., LeDoux, J. M., Lyon, G. R., Shaywitz, S. E., & Shaywitz, B. A. (2002). Validity of IQ-discrepancy classifications of reading disabilities: A meta-analysis. *American Educational Research Journal, 39*(2), 469–518.

Sturt, P. (2007). Semantic re-interpretation and garden path recovery. *Cognition, 105*, 477–488.

Sturt, P., Pickering, M. J., Scheepers, C., & Crocker, M. W. (2001). The preservation of structure in language comprehension: Is reanalysis the last resort? *Journal of Memory and Language, 45*, 283–207.

Sturt, P., Sanford, A., Stewart, A., & Dawydiak, E. J. (2004). Linguistic focus and good-enough representations: An application of the change-detection paradigm. *Psychonomic Bulletin & Review, 11*, 882–888.

Suh, S., & Trabasso, T. (1993). Inferences during reading: Converging evidence from discourse analysis, talk-aloud protocols, and recognition priming. *Journal of Memory and Language, 32*, 279–300.

Sun, F., Morita, M., & Stark, L. W. (1985). Comparative patterns of reading eye movement in Chinese and English. *Perception & Psychophysics, 37*, 502–506.

Swan, D., & Goswami, U. (1997). Phonological awareness deficits in developmental dyslexia and the phonological representations hypothesis. *Journal of Experimental Child Psychology, 66*(1), 18–41.

Swets, B., DeSmet, T., Clifton, C. Jr., & Ferreira, F. (2008). Underspecification of syntactic ambiguities: Evidence from self–paced reading. *Memory & Cognition, 36*, 201–217.

参考文献 ▶

Swinney, D. (1982). The structure and time course of information during speech comprehension: Lexical segmentation, access, and interpretation. In J. Mehler, E. Walker, & M. Garrett (Eds.), *Perspectives on mental representation: Experimental and theoretical studies of cognitive processes and capacities* (pp. 151–167). Hillsdale, NJ: Lawrence Erlbaum Associates Inc.

Tabor, W., Galantucci, B., & Richardson, D. (2004). Effects of merely local syntactic coherence on sentence processing. *Journal of Memory and Language, 50*, 355–370.

Taft, M. (1979). Lexical access via an othographic code: The Basic Orthographic Syllable Structure (BOSS). *Journal of Verbal Learning and Verbal Behavior, 18*, 21–39.

Taft, M. (1981). Prefix stripping revisited. *Journal of Verbal Learning and Verbal Behavior, 20*, 284–297.

Taft, M. (1985). The decoding of words in lexical access: A review of the morphological approach. In D. Besner, T. G. Waller, & G. E. MacKinnon (Eds.), *Reading research: Advances in theory and practice* (Vol. 5). New York: Academic Press.

Taft, M. (1986). Lexical access codes in visual and auditory word recognition. *Language and Cognitive Processes, 4*, 297–308.

Taft, M. (2006). A localist-cum-distributed (LCD) framework for lexical processing. In S. M. Andrews (Ed.), *From inkmarks to ideas: Current issues in lexical processing*. Hove, UK: Psychology Press.

Taft, M., & Forster, K. I. (1975). Lexical storage and retrieval of prefixed words. *Journal of Verbal Learning and Verbal Behavior, 14*, 638–647.

Taft, M., & Forster, K. I. (1976). Lexical storage and retrieval of polymorphemic and polysyllabic words. *Journal of Verbal Learning and Verbal Behavior, 15*, 607–620.

Tallal, P. (1980a). Auditory temporal perception, phonics, and reading disabilities in children. *Brain and Language, 9*, 182–198.

Tallal, P. (1980b). Language disabilities in children: A perceptual or linguistic deficit? *Journal of Pediatric Psychology, 5*(2), 127–140

Tanenhaus, M., & Trueswell, J. C. (2006). Eye movements and spoken language comprehension. In M. J. Traxler & M. A. Gernsbacher (Eds.), *Handbook of psycholinguistics* (2nd ed., pp. 863–900). London: Academic Press.

Tangel, D. M., & Blachman, B. A. (1992). Effect of phoneme awareness instruction on kindergarten children's invented spelling. *Journal of Reading Behavior, 24*(2), 233–261.

Tarkiainen, A., Helenius, P., Hansen, P. C., Cornelissen, P. L., & Salmelin, R. (1999). Dynamics of letter string perception in the human occipitotemporal cortex. *Brain: A Journal of Neurology, 122*(11), 2119–2132.

Taylor, I. (1981). Writing systems and reading. In G. E. MacKinnon & T. G. Waller (Eds.), *Reading research: Advances in theory and practice* (Vol. 2). New York: Academic Press.

Taylor, I., & Taylor, M. M. (1983). *The psychology of reading*. New York: Academic Press.

Taylor, S. E. (1962). An evaluation of forty-one trainees who had recently completed the "Reading Dynamics" program. In E. P. Bliesmer & R. C. Staiger (Eds.), *Problems, programs, and projects in college adult reading. Eleventh yearbook of the National Reading Conference*. Milwaukee, WI: National Reading Conference.

Taylor, S. E. (1965). Eye movements while reading: Facts and fallacies. *American Educational Research Journal, 2*, 187–202.

Temple, C. M., & Carney, R. (1996). Reading skills in children with Turner's syndrome: An analysis of hyperlexia. *Cortex, 32*(2), 335–345.

Temple, E., Deutsch, G. K., Poldrack, R. A., Miller, S. L., Tallal, P., Merzenich, M. M., et al. (2003). Neural deficits in children with dyslexia ameliorated by behavioral remediation: Evidence from functional MRI. *Proceedings of the National Academy of Sciences, 100*(5), 2860–2865.

Thorndyke, P. W. (1977). Cognitive structures in comprehension and memory of narrative discourse. *Cognitive Psychology, 9*, 135–147.

Tinker, M. A. (1939). Reliability and validity of eye-movement measures of reading. *Journal of Experimental Psychology, 19*, 732–746.

Tinker, M. A. (1955). Perceptual and oculomotor efficiency in reading materials in vertical and horizontal arrangement. *American Journal of Psychology, 68*, 444–449.

Tinker, M. A. (1958). Recent studies of eye movements in reading. *Psychological Bulletin, 55*, 215–231.

Tinker, M. A. (1963). *Legibility of print*. Ames, IA: Iowa State University Press.

Tinker, M. A. (1965). *Bases for effective reading*. Minneapolis: University of Minnesota Press.

Torgesen, J. K. (2004). Lessons learned from research on interventions for students who have difficulty learning to read. In P. McCardle & V. Chhabra (Eds.), *The voice of evidence in reading research* (pp. 355–382). Baltimore, MD: Paul Brookes.

Torgesen, J. K., Alexander, A. W., Wagner, R. K., Rashotte, C. A., Voeller, K. K. S., & Conway, T. (2001). Intensive remedial instruction for children with severe reading disabilities: Immediate and long-term outcomes from two instructional approaches. *Journal of Learning Disabilities, 34*(1), 33–58.

Torgesen, J. K., & Hudson, R. (2006). Reading fluency: Critical issues for struggling readers. In S. J. Samuels & A. Farstrup (Eds.), *Reading fluency: The forgotten dimension of reading success.* Newark, DE: International Reading Association Monograph of the British Journal of Educational Psychology.

Torgesen, J. K., Rashotte, C. A., & Alexander, A. (2001). Principles of fluency instruction in reading: Relationships with established empirical outcomes. In M. Wolf (Ed.), *Dyslexia, fluency, and the brain* (pp. 333–355). Timonium, MD: York Press.

Torgesen, J. K., Wagner, R. K., & Rashotte, C. A. (1994). Longitudinal studies of phonological processing and reading. *Journal of Learning Disabilities, 27*(5), 276–286.

Torgesen, J. K., Wagner, R. K., Rashotte, C. A., Burgess, S., & Hecht, S. (1997). Contributions of phonological awareness and rapid automatic naming ability to the growth of word-reading skills in second- to fifth-grade children. *Scientific Studies of Reading, 1*(2), 161–185.

Torgesen, J. K., Wagner, R. K., Rashotte, C. A., Rose, E., Lindamood, P., Conway, T., et al. (1999). Preventing reading failure in young children with phonological processing disabilities: Group and individual responses to instruction. *Journal of Educational Psychology, 91*(4), 579–593.

Torneus, M. (1984). Phonological awareness and reading: A chicken and egg problem? *Journal of Educational Psychology, 76*, 1346–1348.

Townsend, D. J. (1978). Interclause relations and clausal processing. *Journal of Verbal Learning and Verbal Behavior, 17*, 509–521.

Townsend, D. T., & Bever, T. (1982). Natural units of representation interact during sentence comprehension. *Journal of Verbal Learning and Verbal Behavior, 21*, 688–703.

Townsend, D. J., & Bever, T. (2001). *Sentence comprehension: The integration of habits and rules.* Cambridge, MA: MIT Press.

Townsend, J. (1976). Serial and within-stage independent parallel model equivalence on the minimum completion time. *Journal of Mathematical Psychology, 14*, 219–238.

Transler, C., Gombert, J. E., & Leybaert, J. (2001). Phonological decoding in severely and profoundly deaf children: Similarity judgment between written pseudowords. *Applied Psycholinguistics, 22*, 61–82.

Transler, C., & Reitsma, P. (2005). Phonological coding in reading of deaf children: Pseudohomophone effects in lexical decision. *British Journal of Developmental Psychology, 23*, 525–542.

Traxler, M. J. (2007). Working memory contributions to relative clause attachment processing: A hierarchical linear modeling analysis. *Memory & Cognition, 35*, 1107–1121.

Traxler, M. J., & Gernsbacher, M. A. (Eds.). (2006). *Handbook of psycholinguistics (2nd ed.).* Amsterdam: Elsevier.

Traxler, M. J., Long, D. L., Johns, C. L., Tooley, K. M., Zirnsein, M., & Jonathan, E. (in press). Modeling individual differences in eye-movements during reading: Working memory and speed-of-processing effects. *Journal of Eye Movement Research.*

Traxler, M. J., Pickering, M., & Clifton, C. Jr. (1998). Adjunct attachment is not a form of lexical ambiguity resolution. *Journal of Memory and Language, 39*, 558–592.

Traxler, M. J., Pickering, M. J., & McElree, B. (2002). Coercion in sentence processing: Evidence from eye movements and self-paced reading. *Journal of Memory and Language, 47*, 530–548.

Traxler, M. J., Williams, R. S., Blozis, S. A., & Morris, R. K. (2005). Working memory, animacy, and verb class in the processing of relative clauses. *Journal of Memory and Language, 53*, 204–224.

Treiman, R. A. (1984). Individual differences among children in reading and spelling styles. *Journal of Experimental Child Psychology, 37*, 463–477.

Treiman, R. A., & Baron, J. (1983a). Phonemic analysis training helps children benefit from spelling–sound rules. *Memory & Cognition, 11*, 382–389.

Treiman, R. A., & Baron, J. (1983b). Individual differences in spelling: The Phoenician–Chinese distinction. *Topics in Learning & Learning Disabilities, 3*(3), 33–40.

Treiman, R. A., Baron, J., & Luk, K. (1981). Speech recoding in silent reading: A comparison of Chinese and English. *Journal of Chinese Linguistics, 9*, 116–124.

参考文献 ▶▶

Treiman, R. A., Freyd, J. J., & Baron, J. (1983). Phonological recoding and use of spelling sound rules in reading of sentences. *Journal of Verbal Learning and Verbal Behavior, 22*, 682–700.

Treiman, R. A., & Hirsh-Pasek, K. (1983). Silent reading: Insights from second-generation deaf readers. *Cognitive Psychology, 15*, 39–65.

Treiman, R. A., Kessler, B., & Bick, S. (2003). Influence of consonantal context on the pronunciation of vowels: A comparison of human readers and computational models. *Cognition, 88*(1), 49–78.

Treiman, R. A., Kessler, B., Zevin, J. D., Bick, S., & Davis, M. (2006). Influence of consonantal context on the reading of vowels: Evidence from children. *Journal of Experimental Child Psychology, 93*(1), 1–24.

Treiman, R. A., Mullennix, J., Bijeljac–Babic, R., & Richmond-Welty, E. D. (1995). The special role of rimes in the description, use, and acquisition of English orthography. *Journal of Experimental Psychology: General, 124*, 107–136.

Treiman, R. A., & Rodriguez, K. (1999). Young children use letter names in learning to read words. *Psychological Science, 10*(4), 334–338.

Treisman, A. (1988). Features and objects: The 14th Bartlett Memorial Lecture. *Quarterly Journal of Experimental Psychology, 40A*, 201–237.

Treisman, A., & Gelade, G. (1980). A feature integration theory of attention. *Cognitive Psychology, 12*, 97–136.

Trueswell, J. C. (1996). The role of lexical frequency in syntactic ambiguity resolution. *Journal of Memory and Language, 35*, 566–585.

Trueswell, J. C., & Tanenhaus, M. K. (1994). Toward a lexicalist framework of constraint-based syntactic ambiguity resolution. In C. Clifton, K. Rayner, & L. Frazier (Eds.), *Perspectives on sentence processing* (pp. 155–179). Hillsdale, NJ: Lawrence Erlbaum Associates Inc.

Trueswell, J. C., Tanenhaus, M. K., & Garnsey, S. M. (1994). Semantic influences on parsing: Use of thematic role information in syntactic disambiguation. *Journal of Memory and Language, 33*, 285–318.

Trueswell, J. C., Tanenhaus, M. K., & Kello, C. (1993). Verb-specific constraints in sentence processing: Separating effects of lexical preference from garden-paths. *Journal of Experimental Psychology: Learning, Memory, and Cognition, 19*, 528–553.

Tsai, J., Lee, C., Tzeng, O. J. L., Hung, D. L., & Yen, N. (2004). Use of phonological codes for Chinese characters: Evidence from processing of parafoveal preview when reading sentences. *Brain and Language, 91*, 235–244.

Tulving, E. (1972). Episodic and semantic memory. In E. Tulving & W. Donaldson (Eds.), *Organization and memory*. New York: Academic Press.

Tulving, E., & Gold, C. (1963). Stimulus information and contextual information as determinants of tachisto-scopic recognition of words. *Journal of Experimental Psychology, 66*, 319–327.

Tulving, E., Mandler, G., & Baumal, R. (1964). Interaction of two sources of information in tachistoscopic word recognition. *Canadian Journal of Psychology, 18*, 62–71.

Tunmer, W. E., Herriman, M. L., & Nesdale, A. R. (1988). Metalinguistic abilities and beginning reading. *Reading Research Quarterly, 23*(2), 134–158.

Turvey, M. T. (1977). Contrasting orientations to a theory of visual information processing. *Psychological Review, 84*, 67–88.

Turvey, M. T., Feldman, L. B., & Lukatela, G. (1984). The Serbo-Croatian orthography constrains the reader to a phonologically analytic strategy. In L. Henderson (Ed.), *Orthographies and reading*. Hove, UK: Lawrence Erlbaum Associates Ltd.

Tzeng, O. J. L., & Hung, D. L. (1980). Reading in a nonalphabetic writing system. In J. G. Kavanagh & R. L. Venezky (Eds.), *Orthography, reading and dyslexia*. Baltimore: University Park Press.

Tzeng, O. J. L., Hung, D. L., & Wang W. S-Y. (1977). Speech recoding in reading Chinese characters. *Journal of Experimental Psychology: Human Learning and Memory, 3*, 621–630.

Underwood, G. (1980). Attention and the non-selective lexical access of ambiguous words. *Canadian Journal of Psychology, 34*, 72–76.

Underwood, G. (1981). Lexical recognition of embedded unattended words: Some implictions for reading processes. *Acta Psychologica, 47*, 267–283.

Underwood, N. R., & McConkie, G. W. (1985). Perceptual span for letter distinctions during reading. *Reading Research Quarterly, 20*, 153–162.

Underwood, N. R., & Zola, D. (1986). The span of letter recognition of good and poor readers. *Reading Research Quarterly, 21*, 6–19.

Ungerleider, L. G., Doyon, J., & Karni, A. (2002). Imaging brain plasticity during motor skill learning. *Neurobiology of Learning and Memory*, *78*(3), 553–564.

Unsworth, S. J., & Pexman, P. M. (2003). The impact of reader skill on phonological processing in visual word recognition. *Quarterly Journal of Experimental Psychology Section A: Human Experimental Psychology*, *56*, 63–81.

Uttal, W. R., & Smith, P. (1968). Recognition of alphabetic characters during voluntary eye movement. *Perception & Psychophysics*, *3*, 257–264.

Vaessen, A., Bertrand, D., Tóth, D., Csépe, V., Faisca, L., Reis, A., et al. (2010). Cognitive development of fluent word reading does not qualitatively differ between transparent and opaque orthographies. *Journal of Educational Psychology*, *102*(4), 827–842.

Vallduvi, E., & Engdahl, E. (1996). The linguistic realization of information packaging. *Linguistics*, *34*, 459–519.

Van den Bussche, E., Van den Noortgate W., & Reynvoet, B. (2009). Mechanisms of masked priming: A meta-analysis. *Psychological Bulletin*, *135*, 452–477.

van Dijk, T. A., & Kintsch, W. (1983). *Strategies of discourse comprehension*. New York: Academic Press.

van Gompel, R. P. G., & Pickering, M. (2007). Sentence parsing. In G. Gaskell (Ed.), *Oxford handbook of psycholinguistics*. Oxford, UK: Oxford University Press.

van Gompel, R. P. G., Pickering, M., Pearson, J., & Liversedge, S. P. (2005). Evidence against competition during syntactic ambiguity resolution. *Journal of Memory and Language*, *52*, 284–307.

Van Orden, G. C. (1987). A rows is a rose: Spelling, sound, and reading. *Memory & Cognition*, *15*, 181–198.

Van Orden, G. C., Johnston, J. C., & Hale, B. L. (1987). Word identification in reading proceeds from spelling to sound to meaning. *Journal of Experimental Psychology: Learning, Memory, and Cognition*, *14*, 371–386.

Van Petten, C., & Kutas, M. (1987). Ambiguous words in context: An event-related potential analysis of the time course of meaning activation. *Journal of Memory and Language*, *26*, 188–208.

Velan, H., & Frost, R. (2009). Letter-transposition effects are not universal: The impact of transposing letters in Hebrew. *Journal of Memory and Language*, *61*, 285–302.

Vellutino, F. R. (1979). The validity of perceptual deficit explanations of reading disability: A reply to Fletcher and Katz. *Journal of Learning Disabilities*, *12*(3), 160–167.

Vellutino, F. R., & Fletcher, J. M. (2005). Developmental dyslexia. In M. J. Snowling & C. Hulme (Eds.), *The science of reading: A handbook* (pp. 362–378). Malden, MA: Blackwell Publishing.

Vellutino, F. R., Fletcher, J. M., Snowling, M. J., & Scanlon, D. M. (2004). Specific reading disability (dyslexia): What have we learned in the past four decades? *Journal of Child Psychology and Psychiatry*, *45*, 2–40.

Vellutino, F. R., & Scanlon, D. M. (1987). Phonological coding, phonological awareness, and reading ability: Evidence from longitudinal and experimental study. *Merrill Palmer Quarterly*, *33*, 321–363.

Vellutino, F. R., & Scanlon, D. M. (1991). The effects of instructional bias on word identification. In I. L. Rieben & C. A. Perfetti (Eds.), *Learning to read: Basic research and its implications* (pp. 189–204). Hillsdale, NJ: Lawrence Erlbaum Associates Inc.

Vellutino, F. R., Scanlon, D. M., Sipay, E. R., Small, S. G., Pratt, A., Chen, R., et al. (1996). Cognitive profiles of difficult-to-remediate and readily remediated poor readers: Early intervention as a vehicle for distinguishing between cognitive and experiential deficits as basic causes of specific reading disability. *Journal of Educational Psychology*, *88*(4), 601–638.

Vellutino, F. R., Scanlon, D. M., & Spearing, D. (1995). Semantic and phonological coding in poor and normal readers. *Journal of Experimental Child Psychology*, *59*, 76–123.

Vellutino, F. R., Scanlon, D. M., & Tanzman, M. S. (1994). Components of reading ability: Issues and problems in operationalizing word identification, phonological coding, and orthographic coding. In G. R. Lyon (Ed.), *Frames of reference for the assessment of learning disabilities: New views on measurement issues* (pp. 279–332). Baltimore, MD: Paul Brookes.

Venezky, R. L., & Massaro, D. W. (1979). The role of orthographic regularity in word recognition. In L. Resnick & P. Weaver (Eds.), *Theory and practice of early reading*. Hillsdale, NJ: Lawrence Erlbaum Associates Inc.

Vitu, F., McConkie, G. W., Kerr, P., & O'Regan, J. K. (2001). Fixation location effects on fixation durations during reading: An inverted optimal viewing position effect. *Vision Research*, *41*, 3513–3533.

von Plessen, K., Lundervold, A., Duta, N., Heiervang, E., Klauschen, F., Smievoll, A. I., et al. (2002). Less developed corpus callosum in dyslexic subjects: A structural MRI study. *Neuropsychologia*, *40*(7), 1035–1044.

Vonk, W. (1984). Eye movements during comprehension of pronouns. In A. G. Gale & F. Johnson (Eds.), *Theoretical and applied aspects of eye movement research*. Amsterdam: North-Holland.

Vurpoillot, E. (1968). The development of scanning strategies and their relation to visual differentiation. *Journal of Experimental Child Psychology, 6*, 632–650.

Wagner, R. K., & Torgesen, J. K. (1987). The nature of phonological processing and its causal role in the acquisition of reading skills. *Psychological Bulletin, 101*, 192–212.

Wagner, R. K., Torgesen, J. K., & Rashotte, C. A. (1994). Development of reading-related phonological processing abilities: New evidence of bidirectional causality from a latent variable longitudinal study. *Developmental Psychology, 30*, 73–87.

Wagner, R. K., Torgesen, J. K., Rashotte, C. A., Hecht, S. A., Barker, T. A., Burgess, S. R., et al. (1997). Changing relations between phonological processing abilities and word-level reading as children develop from beginning to skilled readers: A 5-year longitudinal study. *Developmental Psychology, 33*(3), 468–479.

Walker, R.Y. (1938). A qualitative study of the eye movements of good readers. *American Journal of Psychology, 51*, 472–481.

Walley, A. C. (1993). The role of vocabulary development in children's spoken word recognition and segmentation ability. *Developmental Review. Special Issue: Phonological Processes and Learning Disability, 13*(3), 286–350.

Walther, M., Frazier, L., Clifton, C. Jr., Hemforth, B., Konieczny, L., & Seelig, H. (1999). *Prosodic and syntactic effects on relative clause attachments in German and English.* Poster presented at AMLaP 99, Edinburgh, Scotland, September.

Walton, H. N. (1957).Vision and rapid reading. *American Journal of Optometry and Archives of American Academy of Optometry, 34*, 73–82.

Walton, P. D. (1995). Rhyming ability, phoneme identity, letter–sound knowledge, and the use of orthographic analogy by prereaders. *Journal of Educational Psychology, 87*, 587–597.

Wang, F. C. (1935). An experimental study of eye movements in the reading of Chinese. *Elementary School Journal, 35*, 527–539.

Wang, Y., Sereno, J. A., Jongman, A., & Hirsch, J. (2003). fMRI evidence for cortical modification during learning of mandarin lexical tone. *Journal of Cognitive Neuroscience, 15*(7), 1019–1027.

Warren, S., & Morris, R. K. (2009). *Phonological similarity effects in reading.* Paper presented at the European Conference on Eye Movements, Southampton, UK, August.

Warren, T., & McConnell, K. (2007). Investigating effects of selectional restriction violations and plausibility violation severity on eye-movements in reading. *Psychonomic Bulletin & Review, 14*, 770–775.

Warren, T., McConnell, K., & Rayner, K. (2008). Effects of context on eye movements when reading about possible and impossible events. *Journal of Experimental Psychology: Learning, Memory and Cognition, 34*, 1001–1007.

Wason, P. C. (1965). The contexts of plausible denial. *Journal of Verbal Learning and Verbal Behavior, 4*, 7–11.

Waters, G., & Caplan, D. (1999). Working memory and sentence comprehension. *Behavioral and Brain Sciences, 22*, 77–126.

Waters, G. S., Komoda, M. K., & Arbuckle, T.Y. (1985). The effects of concurrent tasks on reading: Implications for phonological recoding. *Journal of Memory and Language, 24*, 27–45.

Waters, G. S., Seidenberg, M. S., & Bruck, M. (1984). Children's and adult's use of spelling–sound information in three reading tasks. *Memory & Cognition, 12*, 293–305.

Weaver, C. (1994). Reconceptualizing reading and dyslexia. *Journal of Childhood Communication Disorders, 16*, 23–35.

Weber, R. (1970). A linguiistic analysis of first grade reading errors. *Reading Research Quarterly, 5*, 427–451.

Weekes, B. S. (1997). Differential effects of number of letters on word and nonword naming latency. *Quarterly Journal of Experimental Psychology, 50A*(2), 439–456.

Wheat, K. L., Cornelissen, P. L., Frost, S. J., & Hansen, P. C. (2010). During visual word recognition, phonology is accessed within 100 ms and may be mediated by a speech production code: Evidence from magnetoencephalography. *Journal of Neuroscience, 30*, 5229–5233.

Wheeler, D. D. (1970). Processes in word recognition. *Cognitive Psychology, 1*, 59–85.

White, S., Milne, E., Rosen, S., Hansen, P., Swettenham, J., Frith, U., & Ramus, F. (2006). The role of sensorimotor impairments in dyslexia: A multiple case study of dyslexic children. *Developmental Science, 9*(3), 237–255.

White, S. J., Rayner, K., & Liversedge, S. P. (2005a). Eye movements and the modulation of parafoveal processing by foveal processing difficulty. *Psychonomic Bulletin & Review, 12*, 891–896.

White, S. J., Rayner, K., & Liversedge, S. P. (2005b). The influence of parafoveal word length and contextual constraint on fixation durations and word skipping in reading. *Psychonomic Bulletin & Review, 12*, 466–471.

Whitehouse, D., & Harris, J. C. (1984). Hyperlexia in infantile autism. *Journal of Autism and Developmental Disorders, 14*(3), 281–289.

Whitehurst, G. J., & Lonigan, C. J. (1998). Child development and emergent literacy. *Child Development, 69,* 848–872.

Whitney, C. (2001). How the brain encodes the order of letters in a printed word: The SERIOL model and selective literature review. *Psychonomic Bulletin & Review, 8,* 221–243.

Whitney, C., & Cornelissen, P. (2008). SERIOL reading. *Language and Cognitive Processes, 23,* 143–164.

Wiley, J., & Myers, J. (2002). Availability and accessibility of causal inferences from scientific text. *Discourse Processes, 36,* 109–129.

Williams, C. C., Perea, M., Pollatsek, A., & Rayner, K. (2006). Previewing the neighborhood: The role of orthographic neighbors as parafoveal previews in reading. *Journal of Experimental Psychology: Human Perception and Performance, 32,* 1072–1082.

Williams, J. P. (1979). Reading instruction today. *American Psychologist, 34,* 917–922.

Williams, J. P. (1980). Teaching decoding with an emphasis on phoneme analysis and phoneme blending. *Journal of Educational Psychology, 72,* 1–15.

Williams, J. P., Blumberg, E. L., & Williams, D. V. (1970). Cues used in visual word recognition. *Journal of Educational Psychology, 61,* 310–315.

Williams, J. P., Taylor, M. B., & DeCani, J. S. (1984). Constructing macrostructure for expository text. *Journal of Educational Psychology, 76,* 1065–1075.

Williams, R. S., & Morris, R. K. (2004). Eye movements, word familiarity, and vocabulary acquisition. *European Journal of Cognitive Psychology, 16,* 312–339.

Willows, D. M., Borwick, D., & Hayvren, M. (1981). The content of school readers. In G. E. MacKinnon & T. G. Waller (Eds.), *Reading research: Advances in theory and practice* (Vol. 2). New York: Academic Press.

Wimmer, H., & Goswami, U. (1994). The influence of orthographic consistency on reading development: Word recognition in English and German children. *Cognition, 51*(1), 91–103.

Wimmer, H., & Hummer, P. (1990). How German-speaking first graders read and spell: Doubts on the importance of the logographic stage. *Applied Psycholinguistics, 11*(4), 349–368.

Wimmer, H., & Mayringer, H. (2001). Is the reading-rate problem of German dyslexic children caused by slow visual processes? In M. Wolf (Ed.), *Dyslexia, fluency, and the brain* (pp. 333–355). Parkton, MD: York Press.

Wimmer, H., & Mayringer, H. (2002). Dysfluent reading in the absence of spelling difficulties: A specific disability in regular orthographies. *Journal of Educational Psychology, 94*(2), 272–277.

Wimmer, H., Mayringer, H., & Landerl, K. (2000). The double-deficit hypothesis and difficulties in learning to read a regular orthography. *Journal of Educational Psychology, 92,* 668–680.

Wise, B. W., Ring, J., & Olson, R. K. (1999). Training phonological awareness with and without explicit attention to articulation. *Journal of Experimental Child Psychology, 72,* 271–304.

Witton, C., Talcott, J. B., Hansen, P. C., Richardson, A. J., Griffiths, T. D., Rees, A., et al. (1998). Sensitivity to dynamic auditory and visual stimuli predicts nonword reading ability in both dyslexic and normal readers. *Current Biology, 8,* 791–797.

Wittrock, M. C., Marks, C., & Doctorow, M. (1975). Reading as a generative process. *Journal of Educational Psychology, 67,* 484–489.

Wolf, M., & Bowers, P. G. (1999). The double-deficit hypothesis for the developmental dyslexias. *Journal of Educational Psychology, 91*(3), 415–438.

Wolf, M., Bowers, P. G., & Biddle, K. (2000). Naming-speed processes, timing, and reading: A conceptual review. *Journal of Learning Disabilities, 33*(4), 387–407.

Wolf, M., & Obregón, M. (1992). Early naming deficits, developmental dyslexia, and a specific deficithypothesis. *Brain and Language, 42*(3), 219–247.

Wolverton, G. S., & Zola, D. (1983). The temporal characteristics of visual information extraction during reading. In K. Rayner (Ed.), *Eye movements in reading: Perceptual and language processes.* New York: Academic Press.

Wood, F. B., & Felton, R. H. (1994). Separate linguistic and attentional factors in the development of reading. *Topics in Language Disorders [Special Issue: ADD and its Relationship to Spoken and Written Language], 14*(4), 42–57.

Woodworth, R. S. (1938). *Experimental psychology.* New York: Holt.

参考文献

Yaden, D. B., Smolkin, L. B., & Conlon, A. (1989). Preschoolers' questions about pictures, print conventions, and story text during reading aloud at home. *Reading Research Quarterly, 24*(2),188–214.

Yan, M., Kliegl, R., Richter, E. M., Nuthmann, A., & Shu, H. (2010). Flexible saccade-target selection in Chinese reading. *The Quarterly Journal of Experimental Psychology, 63*, 705–725.

Yan, M., Richter, E. M., Shu, H., & Kliegl, R. (2009). Readers of Chinese extract semantic information from parafoveal words. *Psychonomic Bulletin & Review, 16*, 561–566.

Yang, J., Wang, S., Tong, X, & Rayner, K. (2011). Semantic and plausibility effects on preview benefit during eye fixations in Chinese reading. *Reading and Writing*, in press.

Yang, J., Wang, S., Xu, Y., & Rayner, K. (2009). Do Chinese readers obtain preview benefit from word n+2? Evidence from eye movements. *Journal of Experimental Psychology: Human Perception and Peformance, 35*, 1192–1204.

Yekovich, F. R., & Walker, C. H. (1978). Identifying and using referents in sentence comprehension. *Journal of Verbal Learning and Verbal Behavior, 17*, 265–277.

Yeni-Komshian, G. H., Isenberg, D., & Goldberg, H. (1975). Cerebral dominance and reading disability: Left visual field deficit in poor readers. *Neuropsychologia, 13*, 83–94.

Yik, W. F. (1978). The effect of visual and acoustic similarity on short-term memory for Chinese words. *Quarterly Journal of Experimental Psychology, 30*, 487–494.

Yuill, N., & Oakhill, J. (1991). *Children's problems in text comprehension: An experimental investigation.* New York: Cambridge University Press.

Yuill, N., Oakhill, J., & Parkin, A. J. (1989). Working memory, comprehension ability and the resolution of text anomaly. *British Journal of Psychology, 80*(3), 351–361.

Yule, W. (1973). Differential prognosis of reading backwardness and specific reading retardation. *British Journal of Educational Psychology, 43*, 244–8.

Yule, W., Rutter, M., Berger, M., & Thompson, J. (1974). Over and under achievement in reading: Distribution in the general population. *British Journal of Educational Psychology, 44*, 1–12.

Zangwill, O. L., & Blakemore, C. (1972). Dyslexia: Reversal of eye movements during reading. *Neuropsychologia, 10*, 371–373.

Zechmeister, E. B., & McKillip, J. (1972). Recall of place on the page. *Journal of Educational Psychology, 63*, 446–453.

Zetzsche, T., Meisenzahl, E. M., Preuss, U. W., Holder, J. J., Kathmann, N., Leinsinger, G., et al. (2001). In-vivo analysis of the human planum temporale (PT): Does the definition of PT borders influence the results with regard to cerebral asymmetry and correlation with handedness? *Psychiatry Research: Neuroimaging, 107*(2), 99–115.

Ziegler, J. C., & Goswami, U. (2005). Reading acquisition, developmental dyslexia, and skilled reading across languages: A psycholinguistic grain size theory. *Psychological Bulletin, 131*, 3–29.

Ziegler, J. C., Pech-Georgel, C., George, F., & Lorenzi, C. (2009). Speech-perception-in-noise deficits in dyslexia. *Developmental Science, 12*(5), 732–745.

Ziegler, J. C., Stone, G. O., & Jacobs, A. M. (1997). What's the pronunciation for _OUGH and the spelling for /u/? A database for computing feedforward and feedback inconsistency in English. *Behavior Research Methods, Instruments, & Computers, 29*, 600–618.

Zifcak, M. (1981). Phonological awareness and reading acquisition. *Contemporary Educational Psychology, 6*, 117–126.

Zola, D. (1984). Redundancy and word perception during reading. *Perception & Psychophysics, 36*, 277–284.

Zwaan, R. A. (1996). Processing narrative time shifts. *Journal of Experimental Psychology: Learning, Memory, and Cognition, 22*, 1196–1207.

Zwaan, R. A., & Radvansky, G. A. (1998). Situation models in language comprehension and memory. *Psychological Bulletin, 123*(2), 162–185.

# 后 记

2010 年 10 月，受德国著名阅读眼动研究专家雷恩·胡格尔(Reihold Klegl)教授之邀，我赴德国波斯坦大学参加第十届德国认知科学大会(10th Biannual Meeting of the German Society for Cognitive Science)。会议期间，与美国加州大学圣地亚哥分校的凯斯·瑞纳(Keith Rayner)教授一起共进晚餐时，他谈起正在修订《阅读心理学》一书的事情。我当时为之一振。我知道，瑞纳教授于 1989 年与另一位知名教授亚历山大·波拉特塞克(Alexander Pollatsek)共同出版了《阅读心理学》的第一版，这本书是阅读心理学领域一部非常经典的著作。我通读过此书，也向同事和研究生推荐过。当时，我就一直非常想翻译这本书，但是由于该书的出版时间有点早，也就暂时放下了；但是，心里却一直有一个夙愿，想着如果瑞纳教授修订此书的话，我一定将此书翻译成中文版。所以，当得知瑞纳教授正在修订本书的第二版时，我喜出望外，问他是否愿意出版中译本，他欣然同意。当时自己兴奋的心情溢于言表。

国内出版的较为全面、系统地介绍当代研究成果且适合大学本科生高年级和研究生的《阅读心理学》入门教材并不多，因此，翻译介绍国外的《阅读心理学》精品著作是当务之急。可喜的是，在本书翻译的过程中，2015 年由杨玉芳教授编著的《心理语言学》、2017 年白学军教授与我合著的《阅读心理学》分别出版，这为促进国内阅读心理学的发展起了重要的作用。

本书的英文版出版后，我委托天津师范大学心理与行为研究院在英国南安普顿大学进行联合培养的梁菲菲博士帮我购买了一本。当我拿到《阅读心理学》一书后，心里异常兴奋，我马上联系出版社，商量出版事宜。之前，大多是出版社约我写书，或者是翻译专著，不用考虑其他的问题。当我自己想翻译出版一本学术著作，主动联系出版社时，才发现事情没有那么简单。原来以为，这样一部学术著作，找一个出版社在中国翻译出版应该非常容易，但是，几次联系不同的出版社，有的是没有回音，有的是遭到婉拒。我一直惴惴不安，几经碰壁之后，有一段时间自己都有些心灰意冷了。最后，在我的挚友、同事——天津市学生心理健康发展中心主任、天津师范大学心理与行为研究院副院长吴捷研究员的帮助下，我与北京师范大学出版社的周雪梅编辑联系，她欣然答应出版此书，这个结果令我喜出望外。

根据我的了解，国内心理学界的专家翻译国外的著作，通常都是由专家自己或者组织同事和研究生一起翻译的，通常不会找翻译专业的教师参与。这次翻译，我想进行一次新的尝试，将心理学专家和语言学专家联合起来，共同完成翻译工作，他们可以在专业上互补，使翻译的著作尽量做到"信、达、雅"。

参加这次翻译的人员基本都是从事阅读眼动研究的青年学者和研究生，在阅读眼动研究领域有着丰硕的成果。各章的翻译人员情况如下：

第一章　刘妮娜博士

第二章　李馨博士

第三章　赵黎明博士

第四章　臧传丽副教授、张慢慢博士

第五章　赵黎明博士

第六章　闫国利教授、刘璐博士

第七章　李馨博士

第八章　王丽红博士、于秒副教授

第九章　王丽红博士、于秒副教授

第十章　郝嘉佳博士

第十一章　闫国利教授、孟珠博士、刘璐博士

第十二章　王敬欣教授、李琳博士

第十三章　王敬欣教授、李琳博士

第十四章　闫国利教授、孟珠博士、刘璐博士

为了保证翻译质量，由天津师范大学外语学院的袁朝云老师牵线，我邀请了天津师范大学外国语学院翻译专业的硕士研究生郭晓璞同学。她对全书的初译稿从语言的角度进行了非常仔细、认真的校对。

此外，我还特别邀请了山东大学外国语学院的博士生导师刘振前教授对本书的译稿进行最后的校对。刘振前教授从事语言加工、第二语言习得、隐喻等方面的研究，其研究领域涉及应用语言学、心理语言学、认知语言学等，已发表和出版论文、专著、译著30多篇(部)。因此，刘教授具有十分丰富的翻译经验。虽然工作非常繁忙，但他还是欣然应允承担了全书的校对工作。当我看到他的校对稿时，心里非常过意不去。他修改的地方密密麻麻的，毫不夸张地说，他对部分内容几乎是重新翻译了一遍。我对他修改的地方仔细阅读，边阅读，边赞叹他的翻译水平和文字功底。为了使读者更好地理解原文，他还在本书的多处地方增加了译者注。他的敬业和精益求精的学术精神，令我钦佩，也令我十分感动。

刘振前教授是我在华东师范大学读心理学博士时的同学。他的导师是著名的心理学家曾性初先生。我的导师是著名的心理学家杨治良先生。在学期间，我和刘振前博

士首度合作，在 1996 年第 4 期的《心理学动态》(现在的《心理科学进展》)发表了《研究婴儿对特殊事件记忆的方法》这篇文章，介绍的是国外的一种新的研究婴儿记忆的方法。写这篇文章时，我们参阅了国外的文献。当时，我对他的外语功底就敬佩不已。没有想到，二十多年之后，我们又一次合作，翻译此书，这不能不说是缘分使然。刘振前教授做事是出了名的认真和严谨，这也是我找他合作的一个重要原因。

最后，由我通读了全书。可以说，这部高水平的学术著作，无论是翻译还是校对，其难度均非常大，虽然我们的翻译人员竭尽全力，但是，不妥之处，在所难免。恳请大家提出宝贵意见。

我在给我院的博士研究生讲授"阅读心理学"课程时，选取了该书作为教材，博士生们对该书的翻译初稿提出了宝贵的意见。他们是刘璐、李琳、李士一、谭珂、苏娟、刘丽、郭丰波、李诸洋、李莎、刘敏、李永杰、连坤予、厉飞飞、云薏霏等。我的博士研究生刘璐和孟珠，在本书翻译的校对、组织等方面，帮助我做了大量的工作，特此向他们表示谢意。宋子明博士以读者的身份，通读了全部译稿，并发现了不少小错误。在此，也向她表示深深的感谢。

2014 年在北京参加第六届中国国际眼动大会时，见到了瑞纳教授。自己一直想邀请瑞纳为此书的中译本写个序言以飨中国读者，由于刚刚联系好出版社，翻译工作也没有完成，自己没好意思提出这个要求，总想等翻译差不多时再联系他。会议期间，瑞纳教授见到我时还过问翻译《阅读心理学》的进展，我说正在努力翻译。他对我说："Guoli，I trust you！"(国利，我相信你!)遗憾的是，2015 年的 1 月传来噩耗，瑞纳教授因病不幸辞世。得到消息后，我十分悲痛。每每想到这个事情，瑞纳教授对我说的那句话就在我的耳畔响起，泪水就在眼圈打转。有两个遗憾是自己一生也无法挽回的：第一，自己没有及时邀请他为本书写序言；第二，在有生之年，他没有看到中文译本的出版。现在自己能够做到的，就是组织大家将这本书翻译好，让中国读者能够领略到瑞纳教授和其他作者在书中的真知灼见，借此纪念瑞纳教授。

2001—2002 年，我作为教育部公派访问学者，赴美国马萨诸塞大学心理学系访学，瑞纳教授是我的导师。他虽然名气很大，但是非常平易近人，我在他的实验室学习了很多知识。2004 年，沈德立先生和瑞纳教授共同发起了中国国际眼动大会(China International Conference on Eye Movements)。这个会议每两年举办一次，目前已经召开了七届。这个大会，对于推动中国的眼动研究事业起到了关键性的作用。瑞纳教授一生多次来到中国，并与中国的学者合作，发表了很多关于中文阅读的眼动研究论文，促进了中文阅读研究的发展。

在我的学术成长道路上，我遇到了很多"贵人"，瑞纳教授就是其中之一。我的另一位贵人、恩师沈德立先生，于 2013 年辞世。他的去世，对我是一个非常大的打击。可以说，没有沈德立先生，就没有我今天的学术成长。我于 1985 年从北京师范大学本科毕业以后，来到天津师范大学工作，一直在沈德立先生的指导下进行教学和科研工作。1990年，天津师范大学购置了眼动仪，先生让我负责管理这台价值11万美元的昂贵的心理学仪器。从此，我开始了与眼动仪器结缘的26年的历程。在沈德立先生的支持和关心下，天津师范大学心理与行为研究院汉语阅读的眼动研究团队茁壮成长。参与这部著作翻译的人员大多是这个团队的成员。组织翻译好这部书，是我学术生涯中的一件大事。我想将这部书献给沈德立先生，作为先生对我知遇之恩的报答。

在翻译本书的过程中，我得到了教育部重点研究基地重大项目(15JJD19003)和国家社科基金(16BYY074)的部分资助，在此表示衷心的感谢。同时，也向所有帮助这部书出版的各位挚友、同行、同事、研究生，表示深深的谢意，没有你们，就没有这部译著的出版。

最后，衷心希望这本中文版《阅读心理学》能够为我国阅读心理学的发展贡献一份力量。

闫国利
2023年春于天津师范大学心理学部眼动实验室

**图书在版编目(CIP)数据**

阅读心理学 /（美）凯斯·瑞纳等著；闫国利等译．刘振前审
校．—北京：北京师范大学出版社，2024.3
（经典教科书系列）
ISBN 978-7-303-25582-5

Ⅰ．①阅…　Ⅱ．①凯…　②闫…　Ⅲ．①阅读心理—教材
Ⅳ．①G252.0

中国版本图书馆 CIP 数据核字（2020）第 010312 号

---

**图书意见反馈**　gaozhifk@bnupg.com　010-58805079

---

Psychology of Reading

出版发行：北京师范大学出版社　www.bnup.com
　　　　　北京市西城区新街口外大街 12-3 号
　　　　　邮政编码：100088
印　　刷：北京盛通印刷股份有限公司
经　　销：全国新华书店
开　　本：787 mm×1092 mm　1/16
印　　张：31
字　　数：606 千字
版　　次：2024 年 3 月第 1 版
印　　次：2024 年 3 月第 1 次印刷
定　　价：128.00 元

策划编辑：周雪梅　　　　责任编辑：宋　星　朱冉冉　葛子森
美术编辑：焦　丽　李向昕　装帧设计：焦　丽　李向昕
责任校对：陈　荟　　　　责任印制：马　洁